Auf der Grundlage
der Bearbeitung
von Walter F. Otto,
Ernesto Grassi und
Gert Plamböck

neu herausgegeben
von Ursula Wolf

Platon

SÄMTLICHE WERKE

Band 1

Apologie des Sokrates, Kriton,
Ion, Hippias II, Theages,
Alkibiades I, Laches, Charmides,
Euthyphron, Protagoras, Gorgias,
Menon, Hippias I, Euthydemos,
Menexenos

Übersetzt von
Friedrich Schleiermacher

rowohlts enzyklopädie
im Rowohlt Taschenbuch Verlag

rowohlts enzyklopädie

Herausgegeben von Burghard König

36. Auflage Dezember 2023

Erstmals erschienen in der Reihe Rowohlts Klassiker
der Literatur und Wissenschaft
Griechische Philosophie, Band 1 und 3 bis 7
Veröffentlicht im Rowohlt Taschenbuch Verlag,
Reinbek bei Hamburg, Dezember 1994
Copyright © 1957–1959 und 1994
by Rowohlt Taschenbuch Verlag GmbH,
Reinbek bei Hamburg
Umschlaggestaltung any.way, Walter Hellmann
Satz Sabon (Linotronic 500)
Gesamtherstellung CPI books GmbH, Leck,
ISBN 978-3-499-55561-9

INHALT

VORWORT

Die neue Ausgabe der Werke Platons basiert im wesentlichen auf
der von W. F. Otto, E. Grassi und G. Plamböck besorgten sechs-
bändigen Rowohlt-Ausgabe von 1957 bis 1959. Es liegt ihr daher
nach wie vor die deutsche Übertragung von Schleiermacher zugrunde – mit den in der Ausgabe von 1957 ff vorgenommenen
sprachlichen Anpassungen und kleineren Korrekturen. Der Rück-
griff auf diese Übersetzung geschieht nicht nur aus Gewohnheit.
Für die Frühromantik, der Friedrich Daniel Schleiermacher
(1768–1834) zuzurechnen ist, war die Pflege der Tradition, der
Rückgang auf die Quellen in ihrer ursprünglichen Form ein wichtiges Anliegen; so verdanken wir den Vertretern dieser Richtung
eine Reihe von sorgfältigen Editionen. Ein solcher hermeneuti-
scher Zugriff hat Schleiermacher veranlaßt, die Lehre Platons aus
den Verstellungen durch eine lange Interpretationsgeschichte her-
auszulösen im Rückgang auf den historischen Platon und die
überlieferten Texte selbst. Seine Übertragung, die eine ganze Pla-
ton-Renaissance eingeleitet hat, geht aus einer intensiven Beschäftigung mit dem Wortlaut des griechischen Textes hervor und
zeichnet sich durch große Genauigkeit und Textnähe aus. Angesichts dieser Verdienste läßt sich der für uns heute etwas altertüm-
lich erscheinende deutsche Stil und Wortschatz leicht in Kauf nehmen. Man kann ihn sogar als hermeneutische Vorkehrung benut-
zen, die uns vor einer vorschnellen Vereinnahmung der Gedanken
Platons in unsere eigenen Vorstellungen bewahrt und diejenige
Frage wachhält, die hinter Schleiermachers Unternehmen stand,
die Frage, was Platon wirklich sagen wollte.

Für die wenigen Texte, die Schleiermacher nicht übersetzt hat,
wurde wie üblich die Übertragung von Hieronymus Müller ver-
wendet. Da seine Übersetzungen nicht ganz dieselbe Qualität erreichen, wurden sie von den damaligen Herausgebern an einer
Reihe von Stellen verändert.

Am Rand sind jeweils die Seiten- und Abschnittszahlen der Platon-Ausgabe von Henricus Stephanus (Paris 1578) angegeben, nach denen man Platon allgemein zitiert, und zwar gemäß der Oxford-Ausgabe von I. Burnet.

Die damaligen Herausgeber haben die Texte jeweils mit Gliederungen versehen. Diese wurden im wesentlichen beibehalten, jedoch in der Zählung und teilweise auch in der Formulierung vereinfacht. Dabei ist die Gliederung mit allen Ebenen den einzelnen Dialogen vorangestellt, während im Text selbst nur die Überschriften der unteren Ebene auftreten. Die Beibehaltung dieser Praxis der früheren Ausgabe erschien sinnvoll, weil es einem Platon-Dialog wenig angemessen ist, ihn als systematische Abhandlung zu präsentieren, während andererseits kleine Zwischentitel die Orientierung erleichtern, ohne den Textfluß zu sehr zu stören.

Die Neuauflage bot aber auch die Möglichkeit zu Veränderungen. So fehlten in der alten Auflage einige Texte, die durchaus zu den Werken Platons gehören könnten. Neu aufgenommen wurden Dialoge, bei denen nicht mit Sicherheit auszuschließen ist, daß sie von Platon stammen: *Alkibiades I, Theages, Kleitophon* und *Minos*. Auch hier wurde die Übersetzung von Schleiermacher gewählt.

Das Prinzip der Anordnung ist wie bei der früheren Ausgabe im wesentlichen die Chronologie. Die Abweichungen sind allerdings gering; die neuesten Computeranalysen des Platonischen Stils haben keine großen Überraschungen zutage gefördert. In der Forschung besteht weitgehend Einigkeit über die Reihenfolge von der *Politeia* an, während die Abfolge innerhalb der früheren Schriften nach wie vor nicht feststeht.

Die neue Ausgabe ist kompakter geworden und umfaßt jetzt vier Bände. Das hat u. a. den Vorteil, daß sich die chronologische Einteilung mit einer sinnvollen sachlichen Anordnung verbinden läßt, so daß alle Texte, die zu ein und demselben Themenkreis gehören, in einem Band zur Hand sind:

Band 1 enthält die gesamten frühen Dialoge, die manchmal auch als sokratische bezeichnet werden und um die Frage nach dem menschlichen Gutsein in Konfrontation mit Sophistik und Rhetorik kreisen:

1. Prozeß und Verurteilung des Sokrates (*Apologie* und *Kriton*);
2. Kritik an Dichtern und Rednern (*Ion* und *Hippias II*);
3. Frage der richtigen Erziehung (*Theages, Alkibiades I, Laches*);
4. Suche nach der Definition einzelner Tugenden (ebenfalls *Laches, Charmides, Euthyphron*);
5. Frage nach der Tugend (dem menschlichen Gutsein) allgemein und ihrer Lehrbarkeit (*Protagoras, Gorgias, Menon*);
6. Vertiefte Auseinandersetzung mit Rhetorik und Sophistik (*Hippias I, Euthydemos, Menexenos*).

Band 2 versammelt die Schriften des Höhepunkts der Ideenlehre und zugleich alles zum Thema Eros:
1. Die Liebe zum Schönen (*Lysis, Symposion*);
2. Die Seele und die Ideen (*Phaidon*);
3. Der gerechte Staat und die gute menschliche Seele im Lichte der Idee des Guten (*Kleitophon, Politeia*);
4. Die Liebe zum Schönen und die Möglichkeit von Wissen (*Phaidros*);

Band 3 enthält die späteren Dialoge, die sich mit den Problemen der Ideenlehre, den Fragen nach Sein, Wahrheit und Wissen befassen:
1. Sprache und Erkenntnis (*Kratylos*);
2. Sein, Wahrheit, Erkenntnis (*Parmenides, Theaitetos, Sophistes, Politikos*);
3. Status der Ideen. Lust und Glück (*Philebos*);
4. *Briefe.*

Band 4 schließlich besteht aus:
1. Kosmologie (*Timaios* und *Kritias*);
2. Gesetzeslehre (*Minos* und *Nomoi*).

Zugunsten dieser sachlichen Anordnung wurden zwei kleine Abweichungen von der wahrscheinlichsten Chronologie vorgenommen: Der *Lysis*, den viele eher zu den frühen Dialogen rechnen würden, steht in Band 2. Das scheint auch deswegen leicht zu

rechtfertigen, weil eine solche spätere Datierung ebenfalls vertreten wird. Der *Kratylos*, der früher in der Tat gewöhnlich zu den
späten unter den mittleren Dialogen gerechnet wurde, dürfte
heute eher als früher mittlerer Dialog betrachtet und daher in
Band 2 plaziert werden. In Band 2 hätte man auch den *Menexenos*
stellen können, dessen Datierung wegen seiner Eigenart aber nach
wie vor strittig ist.

Die Bibliographie wurde vollständig erneuert. Die Literatur ist
so ausgewählt, daß jeweils die Standard-Kommentare und die
Standard-Sekundärliteratur angeführt werden und ansonsten
neue Literatur vor älterer und Bücher vor Artikeln bevorzugt werden, einfach deswegen, weil das am schnellsten zu weiterer Infor-
mation und Literatur führt.

Die sprachliche Anpassung und Gliederung der neu aufgenom-
menen Dialoge besorgte Christiane Scherer, deren Mitarbeit in
allen Bereichen des Unternehmens eine wichtige Stütze für mich
war.

Für großzügige Hilfe danke ich Christian Brockmann, Christian Iber und Peter Stemmer.

Berlin, Februar 1994   *Ursula Wolf*

APOLOGIE DES SOKRATES

A. Die Verteidigungsrede

1. Begründung und Kriterium der Verteidigungsweise

Was wohl euch, ihr Athener, meine Ankläger angetan haben, weiß ich nicht: ich meines Teils aber hätte ja selbst beinahe über sie meiner selbst vergessen; so überredend haben sie gesprochen. Wiewohl Wahres, daß ich das Wort heraussage, haben sie gar nichts gesagt. Am meisten aber habe ich eins von ihnen bewundert unter dem vielen, was sie gelogen, dieses, wo sie sagten, ihr müßtet euch wohl hüten, daß ihr nicht von mir getäuscht würdet, weil ich gar gewaltig wäre im Reden. Denn daß sie sich nicht schämen, b sogleich von mir widerlegt zu werden durch die Tat, wenn ich mich nun auch im geringsten nicht gewaltig zeige im Reden, dieses dünkte mich ihr Unverschämtestes zu sein; wofern diese nicht etwa den gewaltig im Reden nennen, der die Wahrheit redet. Denn wenn sie dies meinen, möchte ich mich wohl dazu bekennen, ein Redner zu sein, der sich nicht mit ihnen vergleicht. Diese nämlich, wie ich behaupte, haben gar nichts Wahres geredet; ihr aber sollt von mir die ganze Wahrheit hören. Jedoch, ihr Athener, beim Zeus, Reden aus zierlich erlesenen Worten gefällig zusammengeschmückt und aufgeputzt, wie dieser ihre waren, keineswegs, son- c dern ganz schlicht werdet ihr mich reden hören in ungewählten Worten. Denn ich glaube, was ich sage, ist gerecht, und niemand unter euch erwarte noch sonst etwas. Auch würde es sich ja schlecht ziemen, ihr Männer, in solchem Alter gleich einem Knaben, der Reden ausarbeitet, vor euch hinzutreten.

Indes bitte ich euch darum auch noch sehr, ihr Athener, und bedinge es mir aus, wenn ihr mich hört mit ähnlichen Reden meine Verteidigung führen, wie ich gewohnt bin auch auf dem Markt zu reden bei den Wechslertischen, wo viele unter euch mich gehört haben, und anderwärts, daß ihr euch nicht verwundert noch mir d Getümmel erregt deshalb. Denn so verhält sich die Sache. Jetzt zum erstenmal trete ich vor Gericht, da ich siebzig Jahre alt bin;

ganz ordentlich also bin ich ein Fremdling in der hier üblichen Art zu reden. So wie ihr nun, wenn ich wirklich ein Fremder wäre, mir es nachsehen würdet, daß ich in jener Mundart und Weise redete, 18a worin ich erzogen worden: eben so erbitte ich mir auch nun dieses Billige, wie mich dünkt, von euch, daß ihr nämlich die Art zu reden überseht – vielleicht ist sie schlechter, vielleicht auch wohl gar besser – und nur dies erwägt und acht darauf habt, ob das recht ist oder nicht, was ich sage. Denn dies ist des Richters Tüchtigkeit, des Redners aber, die Wahrheit zu reden.

2. Ursprung und Gefährlichkeit der Verleumdung

Zuerst nun, ihr Athener, muß ich mich wohl verteidigen gegen das, dessen ich zuerst fälschlich angeklagt bin, und gegen meine ersten Ankläger, und hernach gegen der späteren Späteres. Denn b viele Ankläger habe ich längst bei euch gehabt und schon vor vielen Jahren, und die nichts Wahres sagten, welche ich mehr fürchte als den Anytos, obgleich auch der furchtbar ist. Allein jene sind furchtbarer, ihr Männer, welche viele von euch schon als Kinder an sich gelockt und überredet, mich aber beschuldigt haben ohne Grund, als gäbe es einen Sokrates, einen weisen Mann, der den Dingen am Himmel nachgrüble und auch das Unterirdische alles erforscht habe und Unrecht zu Recht mache. Diese, ihr Athener, c welche solche Gerüchte verbreitet haben, sind meine furchtbaren Ankläger. Denn die Hörer meinen gar leicht, wer solche Dinge untersuche, glaube auch nicht einmal Götter. Ferner sind auch dieser Ankläger viele, und viele Zeit hindurch haben sie mich verklagt und in dem Alter zu euch geredet, wo ihr wohl sehr leicht glauben mußtet, weil ihr Kinder wart, einige von euch wohl auch Knaben, und offenbar an leerer Stätte klagten sie, wo sich keiner d verteidigte. Das übelste aber ist, daß man nicht einmal ihre Namen wissen und angeben kann, außer etwa, wenn ein Komödienschreiber darunter ist. Die übrigen aber, welche euch gehässig und verleumderisch aufgeredet und auch die, selbst nur überredet, andre Überredenden, in Absicht dieser aller bin ich ganz ratlos. Denn weder hierher zur Stelle bringen noch ausfragen kann ich irgendeinen von ihnen: sondern muß ordentlich wie mit Schatten kämpfen in meiner Verteidigung und ausfragen, ohne daß einer antwortet. Nehmt also auch ihr an, wie ich sage, daß ich zweierlei

Ankläger gehabt habe, die einen, die mich eben erst verklagt haben, die andern, die von ehedem, die ich meine; und glaubt, daß ich mich e gegen diese zuerst verteidigen muß. Denn auch ihr habt jenen, als sie klagten, zuerst Gehör gegeben, und weit mehr als diesen späteren.

Wohl! Verteidigen muß ich mich also, ihr Athener, und den Versuch machen, die verkehrte Meinung, die ihr in langer Zeit be- 19a kommen habt, euch in so sehr kurzer Zeit zu benehmen. Ich wünschte nun zwar wohl, daß dieses so erfolgte, wenn es so besser ist für euch sowohl als für mich, und daß ich etwas gewönne durch meine Verteidigung. Ich glaube aber, dieses ist schwer, und keineswegs entgeht mir, wie es damit steht. Doch dieses gehe nun, wie es dem Gott genehm ist, mir gebührt, dem Gesetz zu gehorchen und mich zu verteidigen.

3. a) Sokrates, der übermenschliche Weise

Rufen wir uns also zurück von Anfang her, was für eine Anschuldigung es ist, aus welcher mein übler Ruf entstanden ist, worauf bauend auch Meletos diese Klage gegen mich eingegeben hat. b Wohl! Mit was für Reden also verleumdeten mich meine Verleumder? Als wären sie ordentliche Kläger, so muß ich ihre beschworene Klage ablesen: «Sokrates frevelt und treibt Torheit, indem er unterirdische und himmlische Dinge untersucht und Unrecht zu Recht macht und dies auch andere lehrt.» Solcherart ist c sie etwa: denn solcherlei habt ihr selbst gesehen in des Aristophanes Komödie, wo ein Sokrates vorgestellt wird, der sich rühmt, in der Luft zu gehen, und viel andere Albernheiten vorbringt, wovon ich weder viel noch wenig verstehe. Und nicht sage ich dies, um eine solche Wissenschaft zu schmähen, sofern jemand in diesen Dingen weise ist – möchte ich mich doch nicht solcher Anklagen von Meletos zu erwehren haben! –, sondern nur, ihr Athener, weil ich eben an diesen Dingen keinen Teil habe. Und zu Zeugen rufe d ich einen großen Teil von euch selbst und fordere euch auf, einander zu berichten und zu erzählen, so viele euer jemals mich reden gehört haben. Deren aber gibt es viele unter euch. So erzählt euch nun, ob jemals einer unter euch mich viel oder wenig über dergleichen Dinge hat reden gehört. Und hieraus könnt ihr ersehen, daß es ebenso auch mit allem übrigen steht, was die Leute von mir sagen.

3. b) Sokrates, der Menschenerzieher

Aber es ist eben weder hieran etwas, noch auch wenn ihr etwa von einem gehört habt, ich unternähme es, Menschen zu erziehen, und

e verdiente Geld damit; auch das ist nicht wahr. Denn auch das scheint mir meines Teils wohl etwas Schönes zu sein, wenn jemand imstande wäre, Menschen zu erziehen, wie Gorgias der Leontiner und Prodikos der Keier und auch Hippias von Elis. Denn diese alle, ihr Männer, verstehen es, in allen Städten umherziehend die Jünglinge – die dort unter ihren Mitbürgern zu wem sie wollten sich unentgeltlich halten könnten – diese also überreden sie, mit

20a Hintansetzung jenes Umgangs sich Geld bezahlend zu ihnen zu halten und ihnen noch Dank dazu zu wissen. Ja es gibt auch hier noch einen andern Mann, einen Parier, von dessen Aufenthalt ich erfuhr. Ich traf nämlich auf einen Mann, der den Sophisten mehr Geld gezahlt hat als alle übrigen zusammen, Kallias, den Sohn des Hipponikos. Diesen fragte ich also, denn er hat zwei Söhne: Wenn deine Söhne, Kallias, sprach ich, Füllen oder Kälber wären, wüßten wir wohl einen Aufseher für sie zu finden oder zu dingen, der

b sie gut und tüchtig machen würde in der ihnen angemessenen Tugend, es würde nämlich ein Zureiter sein oder ein Landmann: nun sie aber Menschen sind, was für einen Aufseher bist du gesonnen ihnen zu geben? Wer ist wohl in dieser menschlichen und bürgerlichen Tugend ein Sachverständiger? Denn ich glaube doch, du hast darüber nachgedacht, da du Söhne hast. Gibt es einen, sprach ich, oder nicht? O freilich, sagte er. Wer doch, sprach ich, und woher ist er und um welchen Preis lehrt er? Euenos der Parier, antwortete er, für fünf Minen. Da pries ich den Euenos glücklich,

c wenn er wirklich diese Kunst besäße und so vortrefflich lehrte. Ich also würde gewiß mich recht damit rühmen und großtun, wenn ich dies verstände: aber ich verstehe es eben nicht, ihr Athener.

4. a) Der Orakelspruch von der Weisheit des Sokrates

Vielleicht nun möchte jemand von euch einwenden: Aber Sokrates, was ist denn also dein Geschäft? Woher sind diese Verleumdungen dir entstanden? Denn gewiß, wenn du nichts Besonderes betriebest vor andern, es würde nicht solcher Ruf und Gerede entstanden sein, wenn du nicht ganz etwas anderes tätest als andere

d Leute. So sage uns doch, was es ist, damit wir uns nicht aufs Geratewohl unsere eigenen Gedanken machen über dich. Dies dünkt mich mit Recht zu sagen, wer es sagt, und ich will versuchen, euch zu zeigen, was dasjenige ist, was mir den Namen und den üblen Ruf gemacht hat. Hört also, und vielleicht wird manchen von euch bedünken, ich scherzte: glaubt indes sicher, daß ich die reine Wahrheit rede. Ich habe nämlich, ihr Athener, durch nichts anderes als durch eine gewisse Weisheit diesen Namen erlangt. Durch was für eine Weisheit aber? Die eben vielleicht die menschliche Weisheit ist. Denn ich mag in der Tat wohl in dieser weise sein; jene aber, deren ich eben erwähnt, sind vielleicht weise in einer e Weisheit, die nicht dem Menschen angemessen ist; oder ich weiß nicht, was ich sagen soll, denn ich verstehe sie nicht, sondern wer das sagt, der lügt es und sagt es mir zur Verleumdung.

Und ich bitte euch, ihr Athener, erregt mir kein Getümmel, selbst wenn ich euch etwas vorlaut zu reden dünken sollte. Denn nicht meine Rede ist es, die ich vorbringe; sondern auf einen ganz glaubwürdigen Urheber will ich sie euch zurückführen. Über meine Weisheit nämlich, ob sie wohl eine ist und was für eine, will ich euch zum Zeugen stellen den Gott in Delphoi. Den Chairephon kennt ihr doch. Dieser war mein Freund von Jugend auf, 21a und auch euer, des Volkes, Freund war er und ist bei dieser letzten Flucht mit geflohen und mit euch auch zurückgekehrt. Und ihr wißt doch, wie Chairephon war, wie heftig in allem, was er auch beginnen mochte. So auch, als er einst nach Delphoi gegangen war, erkühnte er sich, hierüber ein Orakel zu begehren; nur, wie ich sage, kein Getümmel, ihr Männer. Er fragte also, ob wohl jemand weiser wäre als ich. Da leugnete nun die Pythia, daß jemand weiser wäre. Und hierüber kann euch dieser sein Bruder hier Zeugnis ablegen, da jener bereits verstorben ist.

4. b) Prüfung des Orakels an den Staatsmännern

Bedenkt nun, weshalb ich dieses sage; ich will euch nämlich erklä- b ren, woher die Verleumdung gegen mich entstanden ist. Denn nachdem ich dieses gehört, gedachte ich bei mir also: Was meint doch der Gott und was will er etwa andeuten? Denn das bin ich mir doch bewußt, daß ich weder viel noch wenig weise bin. Was meint er also mit der Behauptung, ich sei der Weiseste? Denn lügen wird er doch wohl nicht; das ist ihm ja nicht verstattet. Und

lange Zeit konnte ich nicht begreifen, was er meinte; endlich wendete ich mich gar ungern zur Untersuchung der Sache auf folgende
c Art. Ich ging zu einem von den für weise Gehaltenen, um dort,
wenn irgendwo, das Orakel zu überführen und dem Spruch zu
zeigen: Dieser ist doch wohl weiser als ich, du aber hast auf mich
ausgesagt. Indem ich nun diesen beschaute, denn ihn mit Namen
zu nennen ist nicht nötig; es war aber einer von den Staatsmännern, auf welchen schauend es mir folgendermaßen erging, ihr
Athener. Im Gespräch mit ihm schien mir dieser Mann zwar vielen
andern Menschen und am meisten sich selbst sehr weise vorzu-
kommen, es zu sein aber nicht. Darauf nun versuchte ich ihm zu
zeigen, er glaubte zwar, weise zu sein, wäre es aber nicht; wodurch
d ich dann ihm selbst verhaßt ward und vielen der Anwesenden.
Indem ich also fortging, gedachte ich bei mir selbst, als dieser
Mann bin ich nun freilich weiser. Denn es mag wohl eben keiner
von uns beiden etwas Tüchtiges oder Sonderliches wissen; allein
dieser meint etwas zu wissen, obwohl er nicht weiß, ich aber, wie
ich eben nicht weiß, so meine ich es auch nicht. Ich scheine also um
dieses wenige doch weiser zu sein als er, daß ich, was ich nicht
weiß, auch nicht glaube zu wissen. Hierauf ging ich dann zu einem
andern von den für noch weiser als jener Geltenden, und es dünkte
e mich eben dasselbe, und ich wurde dadurch auch ihm und vielen
andern verhaßt.

4. c) *Prüfung des Orakels an den Dichtern*
Nach diesem ging ich schon nach der Reihe vor, bemerkend freilich und bedauernd, und auch in Furcht darüber, daß ich mich
verhaßt machte; doch aber dünkte es mich notwendig, des Gottes
Sache über alles andere zu setzen; und so mußte ich denn gehen,
immer dem Orakel nachdenkend, was es wohl meine, zu allen,
welche dafür galten, etwas zu wissen. Und beim Hunde, ihr Athe-
22a ner, – denn ich muß die Wahrheit zu euch reden – wahrlich, es
erging mir so. Die Berühmtesten dünkten mich beinahe die Armse-
ligsten zu sein, wenn ich es dem Gott zufolge untersuchte, andere,
minder Geachtete aber noch eher für vernünftig gelten zu können.
Ich muß euch wohl mein ganzes Abenteuer berichten, mit was für
Arbeiten gleichsam ich mich gequält habe, damit das Orakel mir
ja ungetadelt bliebe. Nach den Staatsmännern nämlich ging ich zu

den Dichtern, den tragischen sowohl als den dithyrambischen und   b
den übrigen, um dort mich selbst durch die Tat zu überführen als
unwissender denn sie. Von ihren Gedichten also diejenigen vor-
nehmend, welche sie mir am vorzüglichsten schienen ausgearbeitet zu haben, fragte ich sie aus, was sie wohl damit meinten, auf
daß ich auch zugleich etwas lernte von ihnen. Schämen muß ich
mich nun freilich, ihr Männer, euch die Wahrheit zu sagen: dennoch soll sie gesagt werden. Um es nämlich geradeheraus zu sagen,
fast sprachen alle Anwesenden besser als sie selbst über das, was
sie gedichtet hatten. Ich erfuhr also auch von den Dichtern in kurzem dieses, daß sie nicht durch Weisheit dichteten, was sie dichten, sondern durch eine Naturgabe und in der Begeisterung, eben   c
wie die Wahrsager und Orakelsänger. Denn auch diese sagen viel
Schönes, wissen aber nichts von dem, was sie sagen; ebenso nun
ward mir deutlich, erging es auch den Dichtern. Und zugleich
merkte ich, daß sie glaubten, um ihrer Dichtung willen auch in
allem übrigen sehr weise Männer zu sein, worin sie es nicht waren.
Fort ging ich also auch von ihnen mit dem Glauben, sie um das
nämliche zu übertreffen wie auch die Staatsmänner.

4. d) *Prüfung des Orakels an den Handwerkern*
Zum Schluß nun ging ich auch zu den Handarbeitern. Denn von
mir selbst wußte ich, daß ich gar nichts weiß, um es geradeheraus
zu sagen, von diesen aber wußte ich doch, daß ich sie vielerlei   d
Schönes wissend finden würde. Und darin betrog ich mich nun
auch nicht; sondern sie wußten wirklich, was ich nicht wußte, und
waren insofern weiser. Aber, ihr Athener, denselben Fehler wie die
Dichter, dünkte mich, hatten auch diese trefflichen Meister. Weil
er seine Kunst gründlich erlernt hatte, wollte jeder auch in den
andern wichtigsten Dingen sehr weise sein; und diese ihre Torheit
verdeckte jene ihre Weisheit. So daß ich mich selbst auch befragte
im Namen des Orakels, welches ich wohl lieber möchte, so sein   e
wie ich war, gar nichts verstehend von ihrer Weisheit und auch
nicht behaftet mit ihrem Unverstande, oder aber in beiden Stücken
so sein wie sie. Da antwortete ich denn mir selbst und dem Orakel,
es wäre mir besser, so zu sein, wie ich bin.

4. e) *Folge der Prüfung: Anschein der Weisheit und Anschein der Jugendverführung*

23 a Aus dieser Nachforschung also, ihr Athener, sind mir viele Feindschaften entstanden, und zwar die beschwerlichsten und lästig-
sten, so daß viel Verleumdung daraus entstand, und auch der
Name, daß es hieß, ich wäre ein Weiser. Es glauben nämlich jedesmal die Anwesenden, ich verstände mich selbst auf das, worin ich
einen andern zuschanden mache. Es scheint aber, ihr Athener, in
der Tat der Gott weise zu sein und mit diesem Orakel dies zu sagen, daß die menschliche Weisheit sehr weniges nur wert ist oder
gar nichts, und offenbar nicht dies vom Sokrates zu sagen, son-
b dern nur mich zum Beispiel erwählend, sich meines Namens zu
bedienen, wie wenn er sagte: Unter Euch, ihr Menschen, ist der
der Weiseste, der wie Sokrates einsieht, daß er in der Tat nichts
wert ist, was die Weisheit anbelangt. Dieses nun gehe ich auch
jetzt noch umher nach des Gottes Anweisung zu untersuchen und
zu erforschen, wo ich nur einen für weise halte von Bürgern und
Fremden; und wenn er es mir nicht zu sein scheint, so helfe ich
dem Gott und zeige ihm, daß er nicht weise ist. Und über diesem
Geschäft habe ich nicht Muße gehabt, weder in den Angelegenheiten der Stadt etwas der Rede Wertes zu leisten, noch auch in meinen häuslichen; sondern in tausendfältiger Armut lebe ich wegen
c dieses dem Gotte geleisteten Dienstes.

Über dieses aber folgen mir die Jünglinge, welche die meiste
Muße haben, der reichsten Bürger Söhne also, freiwillig und
freuen sich, zu hören, wie die Menschen untersucht werden; oft
auch tun sie es mir nach und versuchen selbst, andere zu untersuchen, und finden dann, glaube ich, eine große Menge solcher Menschen, welche zwar etwas zu wissen glauben, aber wenig oder
nichts wissen. Deshalb nun zürnen die von ihnen Untersuchten
mir und nicht sich und sagen, Sokrates ist doch ein ganz ruchloser
d Mensch und verdirbt die Jünglinge. Und wenn sie jemand fragt,
was doch treibt er und was lehrt er sie: so haben sie freilich nichts
zu sagen, weil sie nichts wissen; um aber nicht verlegen zu erscheinen, sagen sie dies, was gegen alle Freunde der Wissenschaft bei
der Hand ist, die Dinge am Himmel und unter der Erde, und keine
Götter glauben und Unrecht zu Recht machen. Denn die Wahrheit, denke ich, möchten sie nicht sagen wollen, daß sie nämlich

offenbar werden als solche, die zwar vorgeben, etwas zu wissen, wissen aber nichts. Weil sie nun, denke ich, ehrgeizig sind und heftig, und ihrer viele, welche einverstanden miteinander und sehr e scheinbar von mir reden: so haben sie schon lange und gewaltig mit Verleumdungen euch die Ohren angefüllt. Aus diesen sind Meletos gegen mich aufgestanden und Anytos und Lykon; Meletos der Dichter wegen mir aufsässig, Anytos wegen der Handarbeiter und Staatsmänner, Lykon aber wegen der Redner. So daß, 24a wie ich auch gleich anfangs sagte, ich mich wundern müßte, wenn ich imstande wäre, in so kurzer Zeit diese so sehr oft wiederholte Verleumdung euch auszureden. Dieses, ihr Athener, ist die Wahrheit, und ohne weder Kleines noch Großes verhehlt oder entrückt zu haben, sage ich sie euch. Wiewohl ich fast weiß, daß ich eben deshalb verhaßt bin. Welches eben ein Beweis ist, daß ich die Wahrheit rede, und daß dieses mein übler Ruf ist und dies die Ursachen davon sind. Und wenn ihr, sei es jetzt oder in der Folge, b die Sache untersucht, werdet ihr es so finden.

5. Der Inhalt der Klage des Meletos

Gegen das nun, was meine ersten Ankläger geklagt haben, sei diese Verteidigung hinlänglich vor euch. Gegen Meletos aber, den guten und vaterlandsliebenden, wie er ja sagt, und gegen die späteren will ich hiernächst versuchen mich zu verteidigen. Wiederum also laßt uns, wie sie denn andere Ankläger sind, nun auch ihre beschworene Klage vornehmen. Sie lautet aber etwa so: Sokrates, sagt er, frevle, indem er die Jugend verderbe und die Götter, welche der Staat annimmt, nicht annehme, sondern anderes neues c Daimonisches. Das ist die Beschuldigung, und von dieser Beschuldigung wollen wir nun jeden einzelnen Punkt untersuchen. Er sagt also, ich frevle durch Verderb der Jugend. Ich aber, ihr Athener, sage, Meletos frevelt, indem er mit ernsthaften Dingen Scherz treibt und leichtsinnig Menschen aufs Leben anklagt und sich eifrig und besorgt anstellt für Gegenstände, um die doch dieser Mann sich nie im geringsten bekümmert hat. Daß sich aber dies so verhalte, will ich versuchen, auch euch zu zeigen.

6. a) *Erweis der Inkompetenz des Meletos*

d Her also zu mir, Meletos, und sprich! Nicht wahr, dir ist das sehr
wichtig, daß die Jugend aufs beste gedeihe? – Mir freilich. – So
komm also und sage diesen, wer sie denn besser macht? Denn
offenbar weißt du es doch, da es dir so angelegen ist. Denn den
Verderber hast du wohl aufgefunden, mich, wie du behauptest,
und vor diese hergeführt und verklagt: so komm denn und nenne
ihnen auch den Besserer und zeige an, wer es ist! Siehst du, o Meletos, wie du schweigst und nichts zu sagen weißt? Dünkt dich denn
das nicht schändlich zu sein und Beweis genug für das, was ich
sage, daß du dich hierum nie bekümmert hast? So sage doch, du
Guter, wer macht sie besser? – Die Gesetze. – Aber danach frage
e ich nicht, Bester, sondern welcher Mensch, der freilich diese zuvor
auch kennt, die Gesetze. – Diese hier, o Sokrates, die Richter. –
Was sagst du, o Meletos? Diese hier sind imstande, die Jugend zu
bilden und besser zu machen? – Ganz gewiß. – Etwa alle? oder
einige nur von ihnen, andere aber nicht? – Alle. – Herrlich, bei der
Hera gesprochen! Und ein großer Reichtum von solchen, die uns
im Guten fördern! Wie aber, machen auch diese Zuhörer sie bes-
25a ser oder nicht? – Auch diese. – Und wie die Ratmänner? – Auch
die Ratmänner. – Aber, o Meletos, verderben nicht etwa die in der
Gemeinde, die Gemeindemänner, die Jugend? Oder machen auch
diese alle sie besser? – Auch diese. – Alle Athener also machen sie,
wie es scheint, gut und edel, mich ausgenommen; ich aber allein
verderbe sie. Meinst du das so? – Allerdings gar sehr meine ich es
so. – In eine große Unseligkeit verdammst du mich also! Antworte
mir aber, dünkt es dich mit den Pferden auch so zu stehen, daß alle
b Menschen sie bessern und nur einer sie verdirbt? Oder ist nicht
ganz im Gegenteil nur einer geschickt, sie zu bessern, oder wenige,
die Zureiter, die meisten aber, wenn sie mit Pferden umgehen und
sie gebrauchen, verderben sie? Verhält es sich nicht so, Meletos,
bei Pferden und allen andern Tieren? Allerdings so, du und Anytos
mögen es nun leugnen oder zugeben. Gar glückselig stände es freilich um die Jugend, wenn einer allein sie verderbte, die andern
c aber alle sie zum Guten förderten. Aber, Meletos, du zeigst eben
hinlänglich, daß du niemals an die Jugend gedacht hast, und offen-
barst deutlich deine Gleichgültigkeit, daß du dich nie um das bekümmert hast, weshalb du mich hierher forderst.

6. b) Erweis der Inkonsequenz des Meletos

Weiter, sage uns doch beim Zeus, Meletos, ob es besser ist, unter
guten Bürgern zu wohnen oder unter schlechten? Lieber Freund,
antworte doch! Ich frage dich ja nichts Schweres. Tun die Schlechten nicht allemal denen etwas Übles, die ihnen jedesmal am nächsten sind, die Guten aber etwas Gutes? – Allerdings. – Gibt es also
wohl jemanden, der von denen, mit welchen er umgeht, lieber geschädigt sein will als gefördert? Antworte mir, du Guter. Denn das   d
Gesetz befiehlt dir zu antworten. Will wohl jemand geschädigt
werden? – Wohl nicht. – Wohlan denn, forderst du mich hierher
als Verderber und Verschlimmerer der Jugend, so daß ich es vorsätzlich sein soll oder unvorsätzlich? – Vorsätzlich, meine ich. –
Wie doch, o Meletos, soviel bist du weiser in deinem Alter als ich
in dem meinigen, daß du zwar einsiehst, wie die Schlechten allemal denen Übles zufügen, die ihnen am nächsten sind, die Guten
aber Gutes; ich aber es so weit gebracht habe im Unverstande,   e
daß ich auch das nicht einmal weiß, wie ich, wenn ich einen von
meinen Nächsten schlecht mache, selbst Gefahr laufe, Übles von
ihm zu erdulden? So daß ich mir dieses große Übel vorsätzlich
anrichte, wie du sagst? Das glaube ich dir nicht, Meletos, ich
meine aber, auch kein anderer Mensch glaubt es dir; sondern entweder ich verderbe sie gar nicht, oder ich verderbe sie unvorsätzlich, so daß du doch in beiden Fällen lügst. Verderbe ich sie aber   26a
unvorsätzlich, so ist es solcher und zwar unvorsätzlicher Vergehungen wegen nicht gesetzlich, jemand hierher zu fordern, sondern ihn für sich allein zu nehmen und so zu belehren und zu
ermahnen. Denn offenbar ist, daß, wenn ich belehrt bin, ich aufhören werde mit dem, was ich unvorsätzlich tue. Dich aber mit
mir einzulassen und mich zu belehren, das hast du vermieden und
nicht gewollt, sondern hierher forderst du mich, wohin gesetzlich
ist, nur die zu fordern, welche der Züchtigung bedürfen und nicht
der Belehrung.

6. c) Die These der Gottlosigkeit des Sokrates

Doch, ihr Athener, das ist wohl schon offenbar, was ich sagte, daß
sich Meletos um diese Sache nie weder viel noch wenig beküm-   b
mert hat! Indes aber sage uns, Meletos, auf welche Art du denn
behauptest, daß ich die Jugend verderbe? Oder offenbar nach dei-

ner Klage, die du eingegeben, indem ich lehre, die Götter nicht zu glauben, welche der Staat glaubt, sondern allerlei neues Daimonisches. Ist das nicht deine Meinung, daß ich sie durch solche Lehre verderbe? – Freilich gar sehr ist das meine Meinung. – Nun dann, bei eben diesen Göttern, o Meletos, von denen jetzt die Rede ist, sprich noch deutlicher mit mir und mit diesen Männern hier. Denn

c ich kann nicht verstehen, ob du meinst, ich lehre zu glauben, daß es gewisse Götter gäbe – so daß ich also doch selbst Götter glaube und nicht ganz und gar gottlos bin, noch also hierdurch frevle –, nur jedoch die nicht, welche der Staat, und ob du mich deshalb verklagst, daß ich andere glaube; oder ob du meinst, ich selbst glaube überhaupt keine Götter und lehre dies auch andere? – Dieses meine ich, daß du überhaupt keine Götter glaubst. –

d O wunderlicher Meletos! Wie kommst du doch darauf, dies zu meinen? Halte ich also auch weder Sonne noch Mond für Götter, wie die übrigen Menschen? – Nein, beim Zeus, ihr Richter! denn die Sonne, behauptet er, sei ein Stein, und der Mond sei Erde. – Du glaubst wohl den Anaxagoras anzuklagen, lieber Meletos? Und du denkst so gering von diesen und hältst sie für so unerfahren in Schriften, daß sie nicht wüßten, wie des Klazomeniers Anaxagoras Schriften voll sind von dergleichen Sätzen? Und also auch die jungen Leute lernen wohl das von mir, was sie sich manchmal für höchstens eine Drachme in der Orchestra kaufen und dann den

e Sokrates auslachen können, wenn er für sein ausgibt, was überdies noch so sehr ungereimt ist? Also, beim Zeus, so ganz dünke ich dich gar keinen Gott zu glauben? – Nein, eben, beim Zeus, auch nicht im mindesten. – Du glaubst wenig genug, o Meletos, jedoch, wie mich dünkt, auch dir selbst. Denn mich dünkt dieser Mann, ihr Athener, ungemein übermütig und ausgelassen zu sein und ordentlich aus Übermut und Ausgelassenheit diese Klage wie einen Jugendstreich angestellt zu haben. Denn es sieht aus, als habe er ein Rätsel ausge-

27a sonnen und wollte nun versuchen: «Ob wohl der weise Sokrates merken wird, wie ich Scherz treibe und mir selbst widerspreche in meinen Reden, oder ob ich ihn und die andern, welche zuhören, hintergehen werde?» Denn dieser scheint mir ganz offenbar sich selbst zu widersprechen in seiner Anklage, als ob er sagte, Sokrates frevelt, indem er keine Götter glaubt, sondern Götter glaubt, wiewohl einer das doch nur im Scherz sagen kann!

6. d) Ungereimtheit des Vorwurfs der Gottlosigkeit

Erwägt aber mit mir, ihr Männer, warum ich finde, daß er dies sagt. Du aber antworte uns, o Meletos. Ihr aber, was ich euch von Anfang an gebeten habe, denkt daran, mir kein Getümmel zu erregen, wenn ich auf meine gewohnte Weise die Sache führe. Gibt es b wohl einen Menschen, o Meletos, welcher, daß es menschliche Dinge gebe, zwar glaubt, Menschen aber nicht glaubt? Er soll antworten, ihr Männer, und nicht anderes und anderes Getümmel treiben! Gibt es einen, der zwar keine Pferde glaubt, aber doch Dinge von Pferden? Oder zwar keine Flötenspieler glaubt, aber doch Dinge von Flötenspielern? Nein, es gibt keinen, bester Mann; wenn du nicht antworten willst, will ich es dir und den übrigen hier sagen. Aber das nächste beantworte: Gibt es einen, welcher zwar, daß es daimonische Dinge gebe, glaubt, Daimonen c aber nicht glaubt? – Es gibt keinen. – Wie bin ich dir verbunden, daß du endlich, von diesen gezwungen, geantwortet hast. Daimonisches nun behauptest du, daß ich glaube und lehre, sei es nun neues oder altes, also Daimonisches glaube ich doch immer nach deiner Rede? Und das hast du ja selbst beschworen in der Anklageschrift. Wenn ich aber Daimonisches glaube, so muß ich doch ganz notwendig auch Daimonen glauben. Ist es nicht so? Wohl ist es so! Denn ich nehme an, daß du einstimmst, da du ja nicht antwortest.

Und die Daimonen, halten wir die nicht für Götter entweder, d oder doch für Söhne von Göttern? Sagst du ja oder nein? – Ja, freilich. – Wenn ich also Daimonen glaube, wie du sagst, und die Daimonen sind selbst Götter, das wäre ja ganz das, was ich sage, daß du Rätsel vorbringst und scherzest, wenn du mich, der ich keine Götter glauben soll, hernach doch wieder Götter glauben läßt, da ich ja Daimonen glaube. Wenn aber wiederum die Daimonen Kinder der Götter sind, unechte von Nymphen oder andern, denen sie ja auch zugeschrieben werden: welcher Mensch könnte dann wohl glauben, daß es Kinder der Götter gäbe, Götter aber nicht? Ebenso ungereimt wäre das ja, als wenn jemand glauben e wollte, Kinder gebe es wohl von Pferden und Eseln, Maulesel nämlich, Esel aber und Pferde wollte er nicht glauben, daß es gäbe. Also Meletos, es kann nicht anders sein, als daß du, entweder um uns zu versuchen, diese Klage angestellt hast, oder in gänzlicher

Verlegenheit, was für ein wahres Verbrechen du mir wohl an-
schuldigen könntest. Wie du aber irgendeinen Menschen, der
auch nur ganz wenig Verstand hat, überreden willst, daß ein und
derselbe Mensch Daimonisches und Göttliches glaubt und wie-
28a derum derselbe doch auch weder Daimonen noch Götter noch
Heroen, das ist doch auf keine Weise zu ersinnen.

7. Die Lebensführung des Sokrates. Rechtfertigung ihrer Art und Gefährlichkeit

Jedoch, ihr Athener, daß ich nicht strafbar bin in Beziehung auf
die Anklage des Meletos, darüber scheint mir keine große Verteidigung nötig zu sein, sondern schon dieses ist genug. Was ich aber
bereits im vorigen sagte, daß ich bei vielen gar viel verhaßt bin,
wißt ihr, das ist wahr. Und das ist es auch, dem ich unterliegen
werde, wenn ich unterliege, nicht dem Meletos, nicht dem Anytos,
sondern dem üblen Ruf und dem Haß der Menge, dem auch schon
viele andere treffliche Männer unterliegen mußten und, glaube
b ich, noch ferner unterliegen werden, und es ist wohl nicht zu besorgen, daß er bei mir sollte stehenbleiben. Vielleicht aber möchte
einer sagen: Aber schämst du dich denn nicht, Sokrates, daß du
dich mit solchen Dingen befaßt hast, die dich nun in Gefahr bringen zu sterben? Ich nun würde diesem die billige Rede entgegnen:
Nicht gut sprichst du, lieber Mensch, wenn du glaubst, Gefahr um
Leben und Tod müsse in Anschlag bringen, wer auch nur ein weniges nutz ist, und müsse nicht vielmehr allein darauf sehen, wenn er
etwas tut, ob es recht getan ist oder unrecht, ob eines rechtschaffenen Mannes Tat oder eines schlechten. Denn Elende wären ja nach
c deiner Rede die Halbgötter gewesen, welche vor Troja geendet
haben, und vorzüglich vor andern der Sohn der Thetis, welcher,
ehe er etwas Schändliches ertragen wollte, die Gefahr so sehr
verachtete, daß er – obgleich seine Mutter, die Göttin, als er sich
aufmachte, den Hektor zu töten, ihm so ungefähr, wie ich glaube,
zuredete: Wenn du, Sohn, den Tod deines Freundes Patroklos
rächst und den Hektor tötest, so mußt du selbst sterben; denn,
sagte sie, alsbald nach Hektor ist dir dein Ende geordnet – er dieses hörend also dennoch den Tod und die Gefahr gering achtete
d und, weit mehr fürchtend, als ein schlechter Mann zu leben und
die Freunde nicht zu rächen, ihr antwortete: «Möcht' ich sogleich

hinsterben, nachdem ich den Beleidiger gestraft, und nicht ver-
lacht hier sitzen an den Schiffen, umsonst die Erde belastend.»
Meinst du etwa, der habe sich um Tod und Gefahr bekümmert?
Denn so, ihr Athener, verhält es sich in der Tat. Wohin jemand
sich selbst stellt in der Meinung, es sei da am besten, oder wohin
einer von seinen Oberen gestellt wird, daß muß er, wie mich
dünkt, jede Gefahr aushalten und weder den Tod noch sonst irgend etwas in Anschlag bringen gegen die Schande.

8. Ihre Notwendigkeit
Ich also hätte Arges getan, ihr Athener, wenn ich, als die Befehlsha-
ber mir einen Platz anwiesen, die ihr gewählt hattet, um über mich e
zu befehlen, bei Potidaia, bei Amphipolis und Delion, damals also,
wo jene mich hinstellten, gestanden hätte wie irgendein anderer
und es auf den Tod gewagt; wo aber der Gott mich hinstellte, wie
ich es doch glaubte und annahm, damit ich in Aufsuchung der
Weisheit mein Leben hinbrächte und in Prüfung meiner selbst und
anderer, wenn ich da, den Tod oder irgend etwas fürchtend, aus der
Ordnung gewichen wäre. Arg wäre das, und dann in Wahrheit 29a
könnte mich einer mit Recht hierher führen vor Gericht, weil ich
nicht an die Götter glaubte, wenn ich dem Orakel unfolgsam wäre
und den Tod fürchtete und mich weise dünkte, ohne es zu sein.
Denn den Tod fürchten, ihr Männer, das ist nichts anderes als sich
dünken, man wäre weise, und es doch nicht sein. Denn es ist ein
Dünkel, etwas zu wissen, was man nicht weiß. Denn niemand weiß,
was der Tod ist, nicht einmal, ob er nicht für den Menschen das
größte ist unter allen Gütern. Sie fürchten ihn aber, als wüßten sie
gewiß, daß er das größte Übel ist. Und wie wäre dies nicht eben b
derselbe verrufene Unverstand, die Einbildung, etwas zu wissen,
was man nicht weiß. Ich nun, ihr Athener, übertreffe vielleicht um
dasselbe auch hierin die meisten Menschen. Und wollte ich behaupten, daß ich um irgend etwas weiser wäre: so wäre es um dieses, daß,
da ich nichts ordentlich weiß von den Dingen in der Unterwelt, ich
es auch nicht glaube zu wissen; gesetzwidrig handeln aber und dem
Besseren, Gott oder Mensch, ungehorsam sein, davon weiß ich, daß
es übel und schändlich ist. Im Vergleich also mit den Übeln, die ich
als Übel kenne, werde ich niemals das, wovon ich nicht weiß, ob es
nicht ein Gut ist, fürchten oder fliehen.

c   So daß, wenn ihr mich jetzt lossprecht, ohne dem Anytos zu
folgen, welcher sagt, entweder sollte ich gar nicht hierher gekommen sein, oder nachdem ich einmal hier wäre, sei es ganz unmöglich, mich nicht hinzurichten, indem er euch vorstellt, wenn ich
nun durchkäme, dann erst würden eure Söhne sich dessen recht
befleißigen, was Sokrates lehrt, und alle ganz und gar verderbt
werden; wenn ihr mir hierauf sagtet: Jetzt, Sokrates, wollen wir
zwar dem Anytos nicht folgen, sondern lassen dich los, unter der
Bedingung jedoch, daß du diese Nachforschung nicht mehr betreibst und nicht mehr nach Weisheit suchst; wirst du aber noch
d   einmal darauf betroffen, daß du dies tust, so mußt du sterben;
wenn ihr mich also, wie gesagt, auf diese Bedingung losgeben
wolltet, so würde ich zu euch sprechen: Ich bin euch, ihr Athener,
zwar zugetan und freund, gehorchen aber werde ich dem Gotte
mehr als euch, und solange ich noch atme und es vermag, werde
ich nicht aufhören, nach Weisheit zu suchen und euch zu ermahnen und zu beweisen, wen von euch ich antreffe, mit meinen gewohnten Reden, wie: Bester Mann, als ein Athener, aus der größten und für Weisheit und Macht berühmtesten Stadt, schämst du
dich nicht, für Geld zwar zu sorgen, wie du dessen aufs meiste
e   erlangst, und für Ruhm und Ehre, für Einsicht aber und Wahrheit
und für deine Seele, daß sie sich aufs beste befinde, sorgst du nicht
und hieran willst du nicht denken? Und wenn jemand unter euch
dies leugnet und behauptet, er denke wohl daran, werde ich ihn
nicht gleich loslassen und fortgehen, sondern ihn fragen und prüfen und ausforschen. Und wenn mich dünkt, er besitze keine Tugend, behaupte es aber: so werde ich es ihm verweisen, daß er das
30 a Wichtigste geringer achtet und das Schlechtere höher. So werde
ich mit Jungen und Alten, wie ich sie eben treffe, verfahren, und
mit Fremden und Bürgern, um soviel mehr aber mit euch Bürgern,
als ihr mir näher verwandt seid. Denn so, wißt nur, befiehlt es der
Gott.

Und ich meines Teils glaube, daß noch nie ein größeres Gut dem
Staate widerfahren ist als dieser Dienst, den ich dem Gott leiste.
Denn nichts anderes tue ich, als daß ich umhergehe, um jung und
alt unter euch zu überreden, ja nicht für den Leib und für das
b   Vermögen zuvor noch überhaupt so sehr zu sorgen wie für die
Seele, daß diese aufs beste gedeihe, indem ich zeige, daß nicht aus

dem Reichtum die Tugend entsteht, sondern aus der Tugend der Reichtum und alle andern menschlichen Güter insgesamt, eigentümliche und gemeinschaftliche. Wenn ich nun durch solche Reden die Jugend verderbe, so müßten sie ja schädlich sein; wenn aber jemand sagt, ich rede etwas anderes als dies, der sagt nichts. Demgemäß nun, würde ich sagen, ihr Athenischen Männer, gehorcht nun dem Anytos oder nicht, sprecht mich los oder nicht, aber seid gewiß, daß ich auf keinen Fall anders handeln werde, und müßte ich noch so oft sterben.   c

9. Ihr Nutzen für die Athener

Kein Getümmel, ihr Athener, sondern harrt mir aus bei dem, was ich euch gebeten, mir nicht zu toben über das, was ich sage, sondern zu hören. Auch wird es euch, glaube ich, heilsam sein, wenn ihr zuhört. Denn ich bin im Begriff, euch noch manches andere zu sagen, worüber ihr vielleicht schreien möchtet; aber keineswegs tut das. Denn wißt nur, wenn ihr mich tötet, einen solchen Mann, wie ich sage, so werdet ihr mir nicht größeren Schaden zufügen als euch selbst. Denn Schaden zufügen wird mir weder Meletos noch Anytos im mindesten. Sie könnten es auch nicht; denn es ist, glaube ich, nicht in Ordnung, daß dem besseren Manne von dem schlechteren Schaden geschehe. Töten freilich kann mich einer, d oder vertreiben oder des Bürgerrechtes berauben. Allein dies hält dieser vielleicht und sonst mancher für große Übel, ich aber gar nicht; sondern weit mehr dergleichen tun, wie dieser jetzt tut, einen andern widerrechtlich suchen hinzurichten.

Daher ich auch jetzt, ihr Athener, weit davon entfernt bin, um meiner selbst willen mich zu verteidigen, wie einer wohl denken könnte, sondern um euretwillen, damit ihr nicht gegen des Gottes Gabe an euch etwas sündigt durch meine Verurteilung. Denn e wenn ihr mich hinrichtet, werdet ihr nicht leicht einen andern solchen finden, der ordentlich, sollte es auch lächerlich gesagt scheinen, von dem Gotte der Stadt beigegeben ist, wie einem großen und edlen Rosse, das aber eben seiner Größe wegen sich zur Trägheit neigt und der Anreizung durch einen Sporn bedarf, wie mich der Gott dem Staat als einen solchen zugelegt zu haben scheint, der ich euch einzeln anzuregen, zu überreden und zu verweisen den 31a ganzen Tag nicht aufhöre, überall euch anliegend. Ein anderer solcher nun wird euch nicht leicht wieder werden, ihr Männer. Wenn ihr also mir folgen wollt, werdet ihr meiner schonen. Ihr aber werdet vielleicht verdrießlich, wie die Schlummernden, wenn man sie aufweckt, um euch stoßen und mich, dem Anytos folgend, leichtsinnig hinrichten, dann aber das übrige Leben weiter fort schlafen, wenn euch nicht der Gott wieder einen andern zuschickt aus Erbarmen.

Daß ich aber ein solcher bin, der wohl von dem Gotte der Stadt
b mag geschenkt sein, das könnt ihr hieraus abnehmen. Denn nicht wie etwas Menschliches sieht es aus, daß ich das meinige samt und sonders versäumt habe und es so viele Jahre schon ertrage, daß meine Angelegenheiten zurückstehen, immer aber die eurigen betreibe, an jeden einzeln mich wendend und wie ein Vater oder älterer Bruder ihm zuredend, sich doch die Tugend angelegen sein zu lassen. Und wenn ich hiervon noch einen Genuß hätte und um Lohn andere so ermahnte, so hätte ich noch einen Grund. Nun aber seht ihr ja selbst, daß meine Ankläger, so schamlos sie mich auch alles andern beschuldigen, dieses doch nicht erreichen konnten mit ihrer Schamlosigkeit, einen Zeugen aufzustellen, daß ich
c jemals einen Lohn mir ausgemacht oder gefordert hätte. Ich aber stelle, meine ich, einen hinreichenden Zeugen für die Wahrheit meiner Aussage, meine Armut.

*10. Warum sich Sokrates von den Staatsgeschäften zurückhält.
Das Daimonion*
Vielleicht könnte auch dies jemanden ungereimt dünken, daß ich, um einzelnen zu raten, umhergehe und mir viel zu schaffen mache, öffentlich aber mich nicht erdreiste, in eurer Versammlung auftretend dem Staate zu raten. Hiervon nun ist die Ursache, was ihr mich oft und vielfältig sagen gehört habt, daß mir etwas Gött-
d liches und Daimonisches widerfährt, was auch Meletos in seiner Anklage spottend erwähnt hat. Mir aber ist dieses von meiner Kindheit an geschehen, eine Stimme nämlich, welche jedesmal, wenn sie sich hören läßt, mir von etwas abredet, was ich tun will, zugeredet aber hat sie mir nie. Das ist es, was sich mir widersetzt, die Staatsgeschäfte zu betreiben. Und sehr mit Recht scheint es mir sich dem zu widersetzen. Denn wißt nur, ihr Athener, wenn ich schon vor langer Zeit unternommen hätte, Staatsgeschäfte zu be-

treiben: so wäre ich auch schon längst umgekommen und hätte
weder euch etwas genutzt noch auch mir selbst. Werdet mir nur
nicht böse, wenn ich die Wahrheit rede. Denn kein Mensch kann e
sich erhalten, der sich, sei es nun euch oder einer andern Volksmenge, tapfer widersetzt und viel Ungerechtes und Gesetzwidriges
im Staate zu verhindern sucht: sondern notwendig muß, wer in
der Tat für die Gerechtigkeit streiten will, auch wenn er sich nur 32a
kurze Zeit erhalten soll, ein zurückgezogenes Leben führen, nicht
ein öffentliches.

11. Bewährung der Haltung des Sokrates im Staat

Tüchtige Beweise will ich euch hiervon anführen, nicht Worte,
sondern was ihr höher achtet, Tatsachen. Hört also von mir, was
mir selbst begegnet ist, damit ihr seht, daß ich auch nicht einem
nachgeben würde gegen das Recht aus Todesfurcht und daß ich,
wenn ich das nicht täte, sogleich umkommen müßte. Ich werde
euch freilich unangenehme und langweilige Geschichten erzählen,
aber doch wahre. Ich nämlich, ihr Athener, habe niemals irgendein anderes Amt im Staate bekleidet, nur zu Rate bin ich gesessen. b
Und eben hatte unser Stamm, der antiochische, den Vorsitz, als ihr
den Anschlag faßtet, die zehn Heerführer, welche die in der Seeschlacht Gebliebenen nicht begraben hatten, sämtlich zu verurtei-
len, ganz gesetzwidrig, wie es späterhin euch allen dünkte. Da war
ich unter allen Prytanen der einzige, der sich euch widersetzte,
damit ihr nichts gegen die Gesetze tun möchtet, und euch entge-
genstimmte. Und obgleich die Redner bereit waren, mich anzugeben und gefangenzusetzen, und ihr es fordertet und schriet: so
glaubte ich doch, ich müßte lieber mit dem Recht und dem Gesetz c
die Gefahr bestehen, als mich zu euch gesellen in einem so ungerechten Vorhaben aus Furcht des Gefängnisses oder des Todes.
Und dies geschah, als im Staat noch das Volk herrschte.

Nachdem aber die Regierung an einige wenige gekommen, so
ließen einst die Dreißig mich mit noch vier anderen auf die Tholos
holen und trugen uns auf, den Salaminier Leon aus Salamis herzu-
bringen, um ihn hinzurichten, wie sie denn dergleichen vieles vielen andern auch auftrugen, um so viele als irgend möglich in Verschuldungen zu verstricken. Auch da nun zeigte ich wiederum
nicht durch Worte, sondern durch die Tat, daß der Tod, wenn d

euch das nicht zu bäurisch klingt, mich auch nicht das mindeste
kümmerte, nichts Ruchloses aber und nichts Ungerechtes zu begehen mich mehr als alles kümmert. Denn mich konnte jene Regierung, so gewaltig sie auch war, nicht so einschrecken, daß ich
etwas Unrechtes tat. Sondern als wir von der Tholos herunterka-
men, gingen die viere nach Salamis und brachten den Leon; ich
aber ging meines Weges nach Hause. Und vielleicht hätte ich deshalb sterben gemußt, wenn nicht jene Regierung kurz darauf wäre
e aufgelöst worden. Dies werden euch sehr viele bezeugen können.

12. Sokrates ohne Lehre und ohne Schüler
Glaubt ihr wohl, daß ich so viele Jahre würde durchgekommen
sein, wenn ich die öffentlichen Angelegenheiten verwaltet und, als
ein redlicher Mann sie verwaltend, überall dem Recht geholfen
und dies, wie es sich gebührt, über alles gesetzt hätte? Weit gefehlt,
33 a ihr Athener; und ebensowenig irgendein anderer Mensch. Ich
werde also mein ganzes Leben hindurch, wo ich etwas öffentlich
verrichtet, und ebenso auch für mich als ein solcher erscheinen,
daß ich nie einem jemals irgend etwas eingeräumt habe wider das
Recht, weder sonst jemand noch auch von diesen einem, die meine
Verleumder meine Schüler nennen. Eigentlich aber bin ich nie irgend jemandes Lehrer gewesen; wenn aber jemand, wie ich rede
und mein Geschäft verrichte, Lust hat zu hören, jung oder alt, das
habe ich nie jemandem mißgönnt. Auch nicht etwa nur, wenn ich
Geld bekomme, unterrede ich mich, wenn aber keines, dann
b nicht; sondern auf gleiche Weise stehe ich dem Armen wie dem
Reichen bereit zu fragen, und wer da will, kann antworten und
hören, was ich sage. Und ob nun jemand von diesen besser wird
oder nicht, davon bin ich nicht schuldig, die Verantwortung zu
tragen, da ich Unterweisung hierin weder jemals jemandem versprochen noch auch erteilt habe. Wenn aber einer behauptet, jemals von mir etwas ganz Besonderes gelernt oder gehört zu haben,
was nicht auch alle andern, so wißt, daß er nicht die Wahrheit
redet.

13. Ergebenheit seiner Anhänger
Aber weshalb halten sich wohl einige so gern seit langer Zeit zu
c mir? Das habt ihr gehört, Athener, ich habe euch die ganze Wahr-

heit gesagt, daß sie nämlich diejenigen gern mögen ausforschen hören, welche sich dünken, weise zu sein, und es nicht sind. Denn es ist nicht unerfreulich. Mir aber ist dieses, wie ich behaupte, von dem Gotte auferlegt zu tun, durch Orakel und Träume und auf jede Weise, wie nur je göttliche Schickung einem Menschen etwas auferlegt hat zu tun.

Dies, ihr Athener, ist ebenso wahr als leicht zu erweisen. Denn wenn ich von unsern Jünglingen einige verderbe, andere verderbt d habe: so würden doch, wenn einige unter ihnen bei reiferem Alter eingesehen hätten, daß ich ihnen je in ihrer Jugend zum Bösen geraten, diese selbst jetzt aufstehen, um mich zu verklagen und zur Strafe zu ziehen; wollten sie aber selbst nicht, so würden irgendwelche von ihren Verwandten, Eltern, Brüder oder andere Angehörige, wenn ich ihren Verwandten irgend Böses zugefügt, es mir jetzt gedenken. Auf jeden Fall sind ja viele von ihnen hier zugegen, die ich sehe, zuerst hier Kriton, mein Alters- und Demengenosse, der Vater dieses Kritobulos; dann Lysanias der Sphettier, dieses e Aischines Vater; auch Antiphon der Kephesier, des Epigenes Vater. Und andere sind diese, deren Brüder meines Umgangs gepflogen, Nikostratos, des Theosdotides Sohn, der Bruder des Theodotos – und zwar ist Theodotos tot, der ihn also nicht kann beschwichtigt haben; und Paralos, des Demodokos Sohn, dessen Bruder Theages war; und Adeimantos, des Ariston Sohn, der Bruder dieses Platon; und Aiantodoros, dessen Bruder dieser Apollo- 34a doros ist. Und noch viele andere kann ich euch nennen, von denen doch vor allen Dingen Meletos in seiner Rede irgendeinen zum Zeugen sollte aufgerufen haben. Hat er es aber damals vergessen; so rufe er noch einen auf, ich gebe es nach, und er sage es, wenn er so etwas hat. Allein hiervon werdet ihr ganz das Gegenteil finden, ihr Männer, alle willig, mir beizustehen, mir, dem Verderber, dem Unheilstifter ihrer Verwandten, wie Meletos und Anytos sagen. Denn die Verführten selbst könnten vielleicht Grund haben, mir b beizustehen; aber die unverderbten, schon reiferen Männer, die ihnen verwandt sind, welchen anderen Grund hätten diese, mir beizustehen, als den gerechten und billigen, daß sie wissen, Meletos lügt, ich aber rede die Wahrheit?

14. Rechtfertigung des ungewöhnlichen Verhaltens vor Gericht
Wohl, ihr Männer! Was ich zu meiner Verteidigung zu sagen
wüßte, das ist etwa dieses, und vielleicht mehr dergleichen. Viel-
c leicht aber wird mancher unter euch unwillig gegen mich, wenn er
an sich selbst denkt, wenn er etwa bei Durchfechtung eines vielleicht weit leichteren Kampfes als dieser die Richter gebeten und
gefleht hat unter vielen Tränen und seine Kinder mit sich herauf-
gebracht, um nur möglichst viel Erbarmen zu erregen, und viele
andere von seinen Verwandten und Freunden, ich aber von dem
allen nichts tun will, und das, da ich, wie es scheinen kann, in der
äußersten Gefahr schwebe. Vielleicht wird mancher, dies bedenkend, seine Eitelkeit von mir gekränkt fühlen und, eben hierüber
erzürnt, im Zorn seine Stimme abgeben. Wenn jemand unter euch
d so gesinnt ist, ich glaube es zwar nicht, aber wenn doch: so denke
ich, meine Rede wird zu billigen sein, wenn ich ihm sage: Auch
ich, o Bester, habe so einige Verwandte. Denn auch ich, wie Homeros sagt, nicht der Eiche entstammte ich oder dem Felsen,
sondern Menschen. Daher ich denn Verwandte habe und auch
Söhne, ihr Athener, drei, einer schon herangewachsen, zwei noch
Kinder. Dennoch aber werde ich keinen hierher bringen, um euch
zu erbitten, daß ihr günstig abstimmen möget. Warum doch
werde ich nichts dergleichen tun? Nicht aus Eigendünkel, ihr
e Athener, noch daß ich euch geringschätzte; sondern ob ich etwa
besonders furchtlos bin gegen den Tod oder nicht, das ist eine
andere Sache, aber in Beziehung auf das, was rühmlich ist für mich
und euch und für die ganze Stadt, dünkt es mich anständig, daß ich
nichts dergleichen tue, zumal in solchem Alter und im Besitz dieses
Rufes, sei er nun gegründet oder nicht, angenommen ist doch ein-
35 a mal, daß Sokrates sich in etwas auszeichnet vor andern Menschen. Wenn nun, die unter euch dafür gelten, sich auszuzeichnen
durch Weisheit oder Tapferkeit oder welche andere Tugend es sei,
sich so betragen wollten, das wäre schändlich, wie ich doch öfters
gesehen habe, daß manche, die sich etwas dünken, doch, wenn sie
vor Gericht standen, ganz wunderliche Dinge anstellten, meinend,
was ihnen Arges begegnete, wenn sie etwa sterben müßten, gleich
als würden sie unsterblich sein, wenn ihr sie nur nicht hinrichtetet.
Solche, dünkt mich, machen der Stadt Schande; so daß wohl man-
b cher Fremde denken mag, diese ausgezeichneten Männer unter

den Athenern, denen sie selbst unter sich bei der Wahl der Obrigkeiten und allem, was sonst ehrenvoll ist, den Vorzug einräumen,
betragen sich ja nicht besser als die Weiber. Dergleichen also, ihr
Athener, dürfen weder wir tun, die wir dafür gelten, auch nur irgend etwas zu sein, noch auch, wenn wir es täten, dürft ihr es
dulden, sondern müßt eben dies zeigen, daß ihr weit eher den verurteilt, der euch solche Trauerspiele vorführt und die Stadt lächerlich macht, als den, der sich ruhig verhält.

15. Pflicht der Richter

Abgesehen aber von dem Rühmlichen dünkt es mich auch nicht
einmal recht, den Richter zu bitten und sich durch Bitten loszuhelfen, sondern belehren muß man ihn und überzeugen. Denn nicht c
dazu ist der Richter gesetzt, das Recht zu verschenken, sondern es
zu beurteilen; und er hat geschworen, nicht sich gefällig zu erweisen gegen wen es ihm beliebt, sondern Recht zu sprechen nach den
Gesetzen. Also dürfen weder wir euch gewöhnen an den Meineid
noch ihr euch gewöhnen lassen, sonst würden wir von keiner Seite
fromm handeln. Mutet mir also nicht zu, ihr Athener, dergleichen
gegen euch zu tun, was ich weder für anständig halte noch für
recht, noch für fromm, zumal ich ja, beim Zeus, eben auch der d
Gottlosigkeit angeklagt bin von diesem Meletos. Denn offenbar,
wenn ich euch durch Bitten zu etwas überredete oder nötigte gegen euren Schwur, dann lehrte ich euch, nicht zu glauben, daß es
Götter gebe, und recht durch die Verteidigung klagte ich mich
selbst an, daß ich keine Götter glaubte. Aber weit gefehlt, daß es so
wäre! Denn ich glaube an sie, ihr Athener, wie keiner von meinen
Anklägern, und überlasse es euch und dem Gott, über mich zu
entscheiden, wie es für mich das beste sein wird und für euch.

16. Sokrates und das Urteil

Daß ich nicht unwillig bin, ihr Athener, über dieses Ereignis, daß e
ihr mich verurteilt habt, dazu trägt noch sonst vieles bei, aber 36a
auch nicht unverhofft ist mir das Geschehene geschehen; sondern
vielmehr wundere ich mich über die sich ergebende Zahl der beiderseitigen Stimmen. Denn ich glaubte nicht, daß es nur auf so
weniges ankommen würde, sondern auf sehr viel. Nun aber, wie
man sieht, wenn nur dreißig Stimmen anders gefallen wären, so

wäre ich entkommen. Dem Meletos zwar bin ich auch jetzt entkommen, wie mich dünkt; und nicht nur entkommen, sondern es
liegt auch jedem vor Augen, daß, wenn nicht Anytos und Lykon
aufgetreten wären, mich anzuklagen, er tausend Drachmen erle-
b gen müßte, weil er den fünften Teil der Stimmen nicht erlangt
hätte.

17. Gegenschätzung des Sokrates

Zuerkennen also will mir der Mann den Tod. Wohl! Was soll ich
mir nun dagegen zuerkennen, ihr Athener? Doch gewiß, was ich
verdiene! Wie also? Was verdiene ich zu erleiden oder zu erlegen,
weshalb auch immer ich in meinem Leben nie Ruhe gehalten, sondern unbekümmert um das, was den meisten wichtig ist, um das
Reichwerden und den Hausstand, um Kriegswesen und Volksred-
nerei und sonst um Ämter, um Verschwörungen und Parteien, die
sich in der Stadt hervorgetan, weil ich mich in der Tat für zu gut
c hielt, um mich durch Teilnahme an solchen Dingen zu erhalten,
mich mit nichts eingelassen, wo ich weder euch noch mir etwas
nutz gewesen wäre, vielmehr nur darauf bedacht, wie ich jedem
einzelnen die meines Dafürhaltens größte Wohltat erweisen
könnte, mich dessen allein, wie ich behaupte, befleißigt, bemüht,
jeden von euch zu bewegen, daß er weder für irgend etwas von
dem seinigen eher sorge, bis er für sich selbst gesorgt habe, wie er
immer besser und vernünftiger, wo möglich, werden könnte, noch
auch für die Angelegenheiten des Staates eher als für den Staat
selbst und nach derselben Weise auch nur für alles andere sorgen
d möchte. Was also verdiene ich dafür zu leiden, daß ich ein solcher
bin? Etwas Gutes, ihr Athener, wenn ich der Wahrheit gemäß
nach Verdienst mir etwas zuerkennen soll, und zwar etwas Gutes
von der Art, wie es mir angemessen ist. Was ist also einem unver-
mögenden Wohltäter angemessen, welcher der freien Muße bedarf, um euch zu ermahnen? Es gibt nichts, was so angemessen ist,
ihr Athener, als daß ein solcher Mann im Prytaneion gespeist
werde, weit mehr, als wenn einer von euch mit dem Rosse oder
dem Zwiegespann oder dem Viergespann in den olympischen
Spielen gesiegt hat. Denn ein solcher bewirkt nur, daß ihr glückselig scheint, ich aber, daß ihr es seid; und jener bedarf der Speisung
e nicht, ich aber bedarf ihrer. Soll ich mir also, was ich mir Recht

verdiene, zuerkennen: so erkenne ich mir dieses zu, Speisung im 37a
Prytaneion.

18. Begründung der Schätzung

Vielleicht wird euch nun, daß ich dieses sage, ebenso bedünken,
als was ich von dem Flehen und der Mitleidserregung sagte, als
hartnäckiger Eigendünkel. Das ist aber nicht so, ihr Athener, sondern so vielmehr: Ich bin überzeugt, daß ich nie jemanden vorsätzlich beleidige. Euch freilich überzeuge ich davon nicht, weil wir
gar zu kurze Zeit miteinander geredet haben. Denn ich glaube,
wenn ihr ein Gesetz hättet, wie man es anderwärts hat, über Leben
und Tod nicht an einem Tage zu entscheiden, sondern nach mehreren: so wäret ihr wohl überzeugt worden; nun aber ist es nicht b
leicht, in kurzer Zeit sich von so schweren Verleumdungen zu rei-
nigen. Überzeugt also, wie ich bin, daß ich niemand Unrecht zu-
füge, werde ich doch wahrlich nicht mir selbst Unrecht tun und
selbst gegen mich reden, als ob ich etwas Übles verdiente, und mir
etwas dergleichen zuerkennen. Was doch befürchtend? Daß ich
das erleiden müßte, was Meletos mir zuerkennt und wovon ich
nicht zu wissen gestehe, ob es ein Gut oder ein Übel ist? Anstatt
dessen also sollte ich von den Dingen eines wählen und mir zuerkennen, von welchen ich gar wohl weiß, daß sie Übel sind? Etwa
Gefängnisstrafe? Und wozu sollte ich doch leben im Kerker, unter
dem Befehl der jedesmaligen Obrigkeit? Oder Geldstrafe und ge- c
fangen zu sein, bis ich sie entrichtet habe? Das wäre aber für mich
ganz dasselbe wie das vorige. Denn ich habe kein Geld, wovon ich
sie entrichten könnte. Aber die Verweisung soll ich mir wohl zuerkennen? Die möchtet ihr mir vielleicht wohl zugestehen. Aber von
großer Lebenslust müßte ich wohl besessen sein, ihr Athener,
wenn ich so unvernünftig wäre, daß ich nicht berechnen könnte:
da ihr, meine Mitbürger, nicht imstande gewesen seid, meine
Lebensweise und meine Reden zu ertragen, sondern sie euch zu d
beschwerlich und verhaßt geworden sind, so daß ihr euch nun
davon loszumachen sucht, ob also wohl andere sie leichter ertragen
werden? Weit gefehlt, ihr Athener! Ein schönes Leben wäre mir das
also, in solchem Alter auszuwandern und, immer umhergetrieben,
eine Stadt mit der andern zu vertauschen. Denn das weiß ich wohl,
wohin ich auch komme, werden die Jünglinge meinen Reden zu-

hören, eben wie hier. Und wenn ich diese von mir weise, so werden
sie selbst bei den Alten meine Verweisung bewirken; weise ich sie
e nicht von mir, so werden dasselbe doch ihre Väter und Verwandten um jener willen tun.

19. *Unmöglichkeit für Sokrates, seine Lebensform aufzugeben*
Vielleicht aber wird einer sagen: Also still und ruhig, Sokrates,
wirst du nicht imstande sein, nach deiner Verweisung zu leben?
Das nun ist wohl am allerschwersten manchem von euch begreif-
lich zu machen. Denn wenn ich sage, das hieße dem Gotte ungehorsam sein, und deshalb wäre es mir unmöglich, mich ruhig zu
38 a verhalten: so werdet ihr mir nicht glauben, als meinte ich etwas
anderes als ich sage. Und wenn ich wiederum sage, daß ja eben
dies das größte Gut für den Menschen ist, täglich über die Tugend
sich zu unterhalten und über die andern Gegenstände, über welche
ihr mich reden und mich selbst und andere prüfen hört, ein Leben
ohne Selbsterforschung aber gar nicht verdient, gelebt zu werden,
das werdet ihr mir noch weniger glauben, wenn ich es sage. Aber
gewiß verhält sich dies so, wie ich es vortrage, ihr Männer, nur
euch davon zu überzeugen ist nicht leicht.

20. *Erneute Schätzung*
Auch bin ich nicht gewohnt, mich selbst etwas Üblen wert zu achten. Hätte ich nun Geld, so würde ich mir soviel Geldstrafe zuer-
b kennen, als ich entrichten könnte: denn davon hätte ich weiter
keinen Schaden. Nun aber, ich habe eben keins; wenn ihr nicht
etwa soviel, als ich zu entrichten vermag, mir zuerkennen wollt.
Ich vermöchte euch aber vielleicht etwa eine Mine zu entrichten.
Die will ich mir also zuerkennen. Platon aber hier und Kriton und
Kritobulos und Apollodoros reden mir zu, mir dreißig Minen zu-
zuerkennen, und sie wollten Bürgschaft leisten. Soviel also erkenne ich mir zu, und diese werden euch für dies Geld zuverlässige
Bürgen sein.

21. *Urteil des Sokrates über den Prozeß*
c Nur um einer gar kurzen Zeit willen, ihr Athener, werdet ihr nun
den Namen behalten und den Vorwurf von denen, welche die
Stadt gern lästern mögen, daß ihr den Sokrates hingerichtet habt,

diesen weisen Mann. Denn behaupten werden die nun freilich, daß ich weise bin, wenn ich es auch nicht bin, die euch lästern wollen. Hättet ihr nun eine kleine Weile gewartet: so wäre auch ja dies von selbst erfolgt. Denn ihr seht ja mein Alter, daß es schon weit fortgerückt ist im Leben und nahe am Tode. Ich sage dies aber nicht zu euch allen, sondern nur zu denen, die für meinen Tod d gestimmt haben.

Und zu eben diesen sage ich auch noch dies: Vielleicht glaubt ihr, Athener, ich unterläge jetzt aus Unvermögen in solchen Reden, durch welche ich euch wohl möchte überredet haben, wenn ich geglaubt hätte, alles reden und tun zu dürfen, um nur dieser Klage zu entkommen. Weit gefehlt! Sondern aus Unvermögen unterliege ich freilich, aber nicht an Worten, sondern an Frechheit und Schamlosigkeit und an dem Willen, dergleichen zu euch zu reden, was ihr freilich am liebsten gehört hättet: wenn ich gejammert hätte und gewehklagt und viel anderes getan und geredet meiner Unwürdiges, wie ich behaupte, dergleichen ihr freilich ge- e wohnt seid von den andern zu hören. Allein weder vorher glaubte ich der Gefahr wegen irgend etwas Unedles tun zu dürfen noch auch gereut es mich jetzt, mich so verteidigt zu haben; sondern weit lieber will ich auf diese Art mich verteidigt haben und sterben, als auf jene und leben. Denn weder vor Gericht noch im Kriege ziemt es weder mir noch irgend jemandem, darauf zu sinnen, wie man nur auf jede Art dem Tode entgehen möge. Auch ist 39a ja das bei Gefechten oft sehr offenbar, daß dem Tode einer wohl entfliehen könnte, würfe er nur die Waffen weg und wendete sich flehend an die Verfolgenden; und viele andere Rettungsmittel gibt es in jeglicher Gefahr, um dem Tode zu entgehen, wenn einer sich nicht scheut, alles zu tun und zu reden. Allein, daß nur nicht dies gar nicht schwer ist, ihr Athener, dem Tode zu entgehen, aber weit schwerer, der Schlechtigkeit; denn sie läuft schneller als der Tod. Auch jetzt bin ich daher als ein langsamer Greis von dem langsa- b meren gefangen worden; meine Ankläger aber, gewaltig und heftig, wie sie sind, von dem schnelleren, der Bosheit. Jetzt also gehe ich hin und bin von euch der Strafe des Todes schuldig erklärt; diese aber sind von der Wahrheit schuldig erklärt der Unwürdigkeit und Ungerechtigkeit. Und sowohl ich beruhige mich bei der Zuerkenntnis als auch diese.

Dieses nun mußte vielleicht so kommen, und ich glaube, daß es ganz gut so ist.

22. Weissagung an die Verurteilenden

Was aber nun hierauf folgen wird, gelüstet mich euch zu weissa‐
c gen, ihr, meine Verurteiler! Denn ich stehe ja auch schon da, wo vorzüglich die Menschen weissagen, wenn sie nämlich im Begriff sind zu sterben. Ich behaupte also, ihr Männer, die ihr mich hin‐richtet, es wird sogleich nach meinem Tode eine weit schwerere Strafe über euch kommen als die, mit welcher ihr mich getötet habt. Denn jetzt habt ihr dies getan in der Meinung, nun entledigt zu sein von der Rechenschaft über euer Leben. Es wird aber ganz entgegengesetzt für euch ablaufen, wie ich behaupte. Mehr wer‐den es sein, die euch zur Untersuchung ziehen, welche ich nur bis‐
d her zurückgehalten, ihr aber gar nicht bemerkt habt. Und um de‐sto beschwerlicher werden sie euch werden, je jünger sie sind, und ihr um desto unwilliger. Denn wenn ihr meint, durch Hinrichtun‐gen dem Einhalt zu tun, daß euch jemand schilt, wenn ihr nicht recht lebt, so bedenkt ihr das sehr schlecht. Denn diese Entledi‐gung ist weder recht ausführbar noch ist sie edel. Sondern jene ist die edelste und leichteste, nicht anderen wehren, sondern sich selbst so einrichten, daß man möglichst gut sei. Dieses will ich euch, die ihr gegen mich gestimmt habt, geweissagt haben und nun von euch scheiden.

23. Erklärung an die Freisprechenden: a) Das Ausbleiben des Daimonion und seine Bedeutung

e Mit denen aber, welche für mich gestimmt, möchte ich gern noch reden über dies Ereignis, welches sich zugetragen, solange die Ge‐walthaber noch Abhaltung haben und ich noch nicht dahin gehen muß, wo ich sterben soll. Also, ihr Männer, so lange haltet mir noch aus. Nichts hindert ja, uns vertraulich zu unterhalten mitein‐ander, solange es noch vergönnt ist. Denn euch als meinen Freun‐
40a den will ich gern das erklären, was mir soeben begegnet ist, was es eigentlich bedeutet. Mir ist nämlich, ihr Richter – denn euch be‐nenne ich recht, wenn ich euch Richter nenne –, etwas Wunderba‐res vorgekommen. Mein gewohntes Vorzeichen nämlich war in der vorigen Zeit wohl gar sehr häufig, und oft in großen Kleinig‐

keiten widerstand es mir, wenn ich im Begriff war, etwas nicht auf die rechte Art zu tun. Jetzt aber ist mir doch, wie ihr ja selbst seht, dieses begegnet, was wohl mancher für das größte Übel halten könnte und was auch dafür angesehen wird; dennoch aber hat mir weder, als ich des Morgens von Hause ging, das Zeichen des Gottes widerstanden, noch auch als ich hier die Gerichtsstätte be- b trat, noch auch irgendwo in der Rede, wenn ich etwas sagen wollte. Wiewohl bei anderen Reden es mich oft mitten im Reden aufhielt. Jetzt aber hat es mir nirgends bei dieser Verhandlung, wenn ich etwas tat oder sprach, im mindesten widerstanden. Was für eine Ursache nun soll ich mir hiervon denken? Das will ich euch sagen. Es mag wohl, was mir begegnet ist, etwas Gutes sein, und unmöglich können wir recht haben, die wir annehmen, der Tod sei ein Übel. Davon ist mir dies ein großer Beweis. Denn un- c möglich würde mir das gewohnte Zeichen nicht widerstanden ha- ben, wenn ich nicht im Begriff gewesen wäre, etwas Gutes auszu- richten.

23. b) Hoffnungen für den Tod
Laßt uns aber auch so erwägen, wieviel Ursache wir haben, zu hoffen, es sei etwas Gutes. Denn eins von beiden ist das Totsein, entweder soviel als nichts sein noch irgendeine Empfindung von irgend etwas haben, wenn man tot ist; oder, wie auch gesagt wird, es ist eine Versetzung und ein Umzug der Seele von hinnen an einen anderen Ort. Und ist es nun gar keine Empfindung, sondern wie ein Schlaf, in welchem der Schlafende auch nicht einmal einen d Traum hat, so wäre der Tod ein wunderbarer Gewinn. Denn ich glaube, wenn jemand einer solchen Nacht, in welcher er so fest geschlafen, daß er nicht einmal einen Traum gehabt, alle übrigen Tage und Nächte seines Lebens gegenüberstellen und nach reif- licher Überlegung sagen sollte, wieviel angenehmere und bessere Tage und Nächte als jene Nacht er wohl in seinem Leben gelebt hat: so, glaube ich, würde nicht nur ein gewöhnlicher Mensch, sondern der Großkönig selbst finden, daß diese sehr leicht zu zäh- len sind gegen die übrigen Tage und Nächte. Wenn also der Tod e etwas solches ist, so nenne ich ihn einen Gewinn, denn die ganze Zeit scheint ja auch nicht länger auf diese Art als eine Nacht.

Ist aber der Tod wiederum wie eine Auswanderung von hinnen

an einen anderen Ort und ist das wahr, was gesagt wird, daß dort alle Verstorbenen sind, was für ein größeres Gut könnte es wohl geben als dieses, ihr Richter? Denn wenn einer, in der Unterwelt
41 a angelangt, nun dieser sich so nennenden Richter entledigt, dort die wahren Richter antrifft, von denen auch gesagt wird, daß sie dort Recht sprechen, den Minos und Rhadamanthys und Aiakos und Triptolemos, und welche Halbgötter sonst gerecht gewesen sind in ihrem Leben, wäre das wohl eine schlechte Umwanderung? Oder auch mit dem Orpheus umzugehen und Musaios und Hesiodos und Homeros, wie teuer möchtet ihr das wohl erkaufen? Ich
b wenigstens will gern oftmals sterben, wenn dies wahr ist. Ja, mir zumal wäre es ein herrliches Leben, wenn ich dort den Palamedes und Aias, des Telamon Sohn, anträfe und wer sonst noch unter den Alten eines ungerechten Gerichtes wegen gestorben ist, und mit dessen Geschick das meinige zu vergleichen, das müßte, glaube ich, gar nicht unerfreulich sein. Ja was das Größte ist, die dort eben so ausfragend und ausforschend zu leben, wer unter ihnen weise ist und wer es zwar glaubt, es aber nicht ist. Für wieviel, ihr Richter, möchte das einer wohl annehmen, den, welcher das große Heer nach Troja führte, auszufragen, oder den Odys-
c seus oder Sisyphos, und viele andere könnte einer nennen, Männer und Frauen: mit welchen dort zu sprechen und umzugehen und sie auszuforschen auf alle Weise eine unbeschreibliche Glückseligkeit wäre. Gewiß werden sie einen dort um deswillen doch wohl nicht hinrichten. Denn nicht nur sonst ist man dort glückseliger als hier, sondern auch die übrige Zeit unsterblich, wenn das wahr ist, was gesagt wird.

23. *c) Schlußworte an die Richter*
Also müßt auch ihr, Richter, gute Hoffnung haben in Absicht des Todes und dies eine Richtige im Gemüt halten, daß es für den guten Mann kein Übel gibt weder im Leben noch im Tode, noch
d daß je von den Göttern seine Angelegenheiten vernachlässigt werden. Auch die meinigen haben jetzt nicht von ungefähr diesen Ausgang genommen: sondern mir ist deutlich, daß Sterben und aller Mühen entledigt werden nun das beste für mich war. Daher auch hat weder mich irgendwo das Zeichen gewarnt, noch auch bin ich gegen meine Verurteiler und gegen meine Ankläger irgend aufge-

bracht. Obgleich nicht in dieser Absicht sie mich verurteilt und angeklagt haben, sondern in der Meinung, mir Übles zuzufügen. Das verdient an ihnen getadelt zu werden. Soviel jedoch erbitte ich e von ihnen: An meinen Söhnen, wenn sie erwachsen sind, nehmt eure Rache, ihr Männer, und quält sie ebenso, wie ich euch ge-quält habe, wenn euch dünkt, daß sie sich um Reichtum oder um sonst irgend etwas eher bemühen als um die Tugend; und wenn sie sich dünken, etwas zu sein, sind aber nichts: so verweist es ihnen wie ich euch, daß sie nicht sorgen, wofür sie sollten, und sich ein-bilden, etwas zu sein, da sie doch nichts wert sind. Und wenn ihr das tut, werde ich Billiges von euch erfahren haben, ich selbst und 42a meine Söhne. Jedoch, es ist nun Zeit, daß wir gehen, ich, um zu sterben, und ihr, um zu leben. Wer aber von uns beiden zu dem besseren Geschäft hingehe, das ist allen verborgen außer nur Gott.

KRITON

A. Einleitung

B. Kritons Argumente zur Flucht

C. Widerlegung der Argumente

*1. Festgelegtheit des Todeszeitpunkts des Sokrates durch die
Ankunft des Schiffs aus Delos*

SOKRATES: Warum bist du schon um diese Zeit gekommen, Kri- 43 a
ton? Oder ist es nicht noch früh?

KRITON: Noch gar sehr.

SOKRATES: Welche Zeit wohl?

KRITON: Die erste Morgendämmerung.

SOKRATES: Da wundere ich mich, daß der Schließer des Gefängnisses dir hat aufmachen wollen.

KRITON: Er ist schon gut bekannt mit mir, Sokrates, weil ich oft hierher komme. Auch hat er wohl eher etwas von mir erhalten.

SOKRATES: Bist du eben erst gekommen oder schon lange?

KRITON: Schon ziemlich lange.

SOKRATES: Warum also hast du mich nicht gleich geweckt, b
sondern dich so still hingesetzt?

KRITON: Nein, beim Zeus, Sokrates, wollte ich doch selbst lieber nicht so lange gewacht haben in solcher Betrübnis. Aber sogar dir habe ich schon lange verwundert zugesehen, wie sanft du schliefst; und recht wohlbedächtig habe ich dich nicht geweckt, damit dir die Zeit noch recht sanft hingehe. Denn oft schon freilich auch sonst im ganzen Leben habe ich dich glücklich gepriesen deiner Gemütsart wegen, bei weitem aber am meisten bei dem jetzigen Unglück, wie leicht und gelassen du es erträgst.

SOKRATES: Es wäre ja auch frevelhaft, o Kriton, mich in solchem Alter unwillig darüber zu gebärden, wenn ich endlich sterben muß.

KRITON: Werden doch auch andere, Sokrates, ebenso Bejahrte c
von solchen Unglück bestrickt; aber ihr Alter schützt sie nicht davor, sich nicht unwillig zu gebärden gegen das eintretende Geschick.

SOKRATES: Wohl wahr! Aber warum doch bist du so früh gekommen?

KRITON: Um eine traurige Botschaft zu bringen, Sokrates. Nicht dir, wie ich wohl sehe, aber mir und allen deinen Freunden traurig und schwer, und die ich, wie mich dünkt, ganz besonders am schwersten ertragen werde.

SOKRATES: Was doch für eine? Ist etwa das Schiff aus Delos

d zurückgekommen, nach dessen Ankunft ich sterben soll?

KRITON: Noch ist es zwar nicht hier, aber ich glaube doch, es wird heute kommen, nach dem, was einige von Sunion Gekommene berichten, die es dort verlassen haben. Aus dieser Nachricht nun ergibt sich, daß es heute kommt und daß du also morgen dein Leben wirst beschließen müssen.

SOKRATES: Also, o Kriton, Glück auf! Wenn es den Göttern so genehm ist, sei es so. Jedoch glaube ich nicht, daß es heute kommt.

44a KRITON: Woher vermutest du das?

SOKRATES: Das will ich dir sagen. Ich soll doch an dem folgenden Tage sterben, nachdem das Schiff gekommen ist.

KRITON: So sagen wenigstens die, die darüber zu gebieten haben.

SOKRATES: Daher glaube ich nun nicht, daß es an dem jetzt anbrechenden Tage kommen wird, sondern erst an dem nächsten. Ich schließe das aber aus einem Traume, den ich vor einer kleinen Weile in dieser Nacht gesehen habe, und beinahe mag es sich recht gelegen gefügt haben, daß du mich nicht aufgeweckt hast.

KRITON: Und was träumte dir?

SOKRATES: Es kam mir vor, als ob eine schöne wohlgestalte

b Frau, mit weißen Kleidern angetan, auf mich zukam, mich anrief und mir sagte: O Sokrates, möchtst du am dritten Tag in die schollige Phthia gelangen.

KRITON: Welch ein sonderbarer Traum, o Sokrates!

SOKRATES: Deutlich gewiß, wie mich dünkt, o Kriton!

2. Die Meinung der Menge als Fluchtgrund

KRITON: Gar sehr, wie es scheint. Aber, du wunderlicher Sokrates, auch jetzt noch folge mir und rette dich. Denn für mich ist es nicht ein Unglück nur, wenn du stirbst: sondern außerdem, daß ich eines solchen Freundes beraubt werde, wie ich nie wieder einen finden kann, werden auch viele glauben, die mich und dich nicht genau kennen, daß, ob ich schon imstande gewesen wäre, dich zu c retten, wenn ich einiges Geld aufwenden gewollt, ich es doch verabsäumt hätte. Und was für einen schlechteren Ruf könnte es wohl geben, als dafür angesehen sein, daß man das Geld höher achte als die Freunde. Denn das werden die Leute nicht glauben, daß du selbst nicht weggehn gewollt habest, wiewohl wir alles dazu getan.

SOKRATES: Aber du guter Kriton, was soll uns doch die Meinung der Leute so sehr kümmern? Denn die Besseren, auf welche es eher lohnt, Bedacht zu nehmen, werden schon glauben, es sei so gegangen, wie es gegangen ist.

KRITON: Aber du siehst doch nun, Sokrates, daß es nötig ist, d auch um der Leute Meinung sich zu kümmern. Eben das Gegenwärtige zeigt ja genug, daß die Leute wohl vermögen, nicht das kleinste Übel nur zuzufügen, sondern wohl das größte, wenn jemand bei ihnen verleumdet ist.

SOKRATES: Möchten sie nur, o Kriton, das größte Übel zuzufügen vermögen, damit sie auch das größte Gut vermöchten. Das wäre ja vortrefflich! Nun aber vermögen sie keines von beiden. Denn weder vernünftig noch unvernünftig können sie machen; sondern sie machen nur, was sich eben trifft.

3. Möglichkeiten der Flucht

KRITON: Das mag immer so sein. Dies aber, Sokrates, sage mir, e ob du auch nicht etwa um mich besorgt bist und um die anderen Freunde, daß nicht, wenn du von hier weggingest, die Angeber uns Händel anrichten, weil wir dir heimlich fortgeholfen hätten, und wir dann entweder unser ganzes Vermögen darangeben müßten oder doch vieles Geld, und vielleicht noch sonst etwas dazu erleiden. Denn wenn du dergleichen etwas fürchtest, das laß gut sein. 45a Uns gebührt es ja wohl, über deiner Rettung diese Gefahr auf uns zu nehmen, und wenn es sein müßte, eine noch größere. Also gehorche mir und tue ja nicht anders.

SOKRATES: Auch darum bin ich besorgt; auch noch um vieles andere.

KRITON: Also weder dieses befürchte. Denn zuerst ist es nicht einmal viel Geld, wofür einige dich retten und von hier wegführen

wollen. Und dann, siehst du nicht diese Angeber, wie wohlfeil sie
sind und wie gar nicht viel Geld für sie nötig sein würde? Für dich
b also, glaube ich, würde auch mein Geldvorrat hinreichend sein.
Wenn du aber etwa aus Vorsorge für mich nicht leiden wolltest,
daß ich von dem meinigen aufwendete: so sind hier die Fremden
bereit, es auszulegen. Ja, einer hat ausdrücklich hierzu eine hinreichende Summe zur Stelle gebracht, Simmias von Theben. Auch
Kebes ist bereit und gar viele andere. So daß, wie gesagt, weder aus
dieser Besorgnis du es aufgeben darfst, dich zu retten, noch auch,
was du vor Gericht sagtest, dir hinderlich sein muß, daß du nämlich nach deiner Auswanderung von hier nicht wissen würdest,
c was du anfangen solltest mir dir selbst. Denn an vielen Orten auch
anderwärts, wohin du nur kämest, würde man dich gern sehen;
wolltest du aber nach Thessalien gehen, so habe ich dort Gast-
freunde, die dich sehr wert achten und dir Sicherheit genug gewähren würden, so daß dir niemand etwas anhaben dürfte in
Thessalien.

4. Ethische Gründe zur Flucht
Ferner, Sokrates, dünkt mich auch nicht einmal recht zu sein, daß
du darauf beharrst, dich selbst preiszugeben, da du dich retten
kannst, und selbst betreibst, daß es so mit dir werde, wie nur deine
Feinde es betreiben könnten und betrieben haben, welche dich
verderben wollen. Überdies dünkst du mich deinen eigenen Söh-
d nen untreu zu sein, die du ja auferziehen und ausbilden könntest,
nun aber verläßt du sie und gehst davon, so daß es ihnen, was dich
anlangt, ergehen wird, wie es sich trifft. Es wird sie aber wahrscheinlich so treffen, wie es Waisen zu ergehen pflegt im Waisen-
stande. Denn entweder solltest du keine Kinder erzeugt haben
oder auch treulich aushalten bei ihrer Erziehung und Ausbildung.
Du aber scheinst das Bequemste zu erwählen; und solltest doch,
was ein tüchtiger und tapferer Mann wählen würde, nur das wählen, da du ja behauptest, dein ganzes Leben hindurch dich der
Tugend befleißigt zu haben. Wie denn auch ich für dich und für
e uns deine Freunde mich schäme, daß es fast das Ansehen hat, als
ob diese ganze Geschichte mit dir nur durch eine Unmännlichkeit
von unserer Seite so geschehen sei, sowohl die Einlassung der
Klage, daß du dich vor Gericht gestellt hast, da es dir freistand,

dich nicht zu stellen, als auch der ganze Rechtshandel selbst, wie er
ist geführt worden; und nun gar dieses Ende, recht das Lächerliche
von der Geschichte, wird uns nur aus Feigheit und Unmännlichkeit entgangen zu sein scheinen, die wir dich nicht gerettet haben, 46a
noch du dich selbst, da es gar wohl möglich gewesen wäre und
auch ausführbar, wenn wir nur irgend etwas nutz waren. Dies
also, o Sokrates, sieh wohl zu, daß es nicht außer dem Unglück
auch zur Schande gereiche dir wie uns. Also berate dich! Oder es
ist vielmehr nicht einmal mehr Zeit, sich zu beraten, sondern sich
beraten zu haben. Und es gibt nur einen Rat. Denn in der nächsten
Nacht muß dies alles geschehen sein, oder wenn wir zaudern, ist es
unausführbar und nicht mehr möglich. Also auf alle Weise, Sokrates, gehorche mir, und tue ja nicht anders.

5. Nicht jede Meinung zählt

SOKRATES: Deine Sorge um mich, du lieber Kriton, ist viel wert, b
wenn sie nur irgend mit dem Richtigen bestehen könnte; wo aber
nicht, so ist sie je dringender um desto peinlicher. Wir müssen also
erwägen, ob dies wirklich tunlich ist oder nicht. Denn nicht jetzt
nur, sondern schon immer habe ich ja das an mir, daß ich nichts
anderem von mir gehorche als dem Satze, der sich mir bei der
Untersuchung als der beste zeigt. Das aber, was ich schon ehedem
in meinen Reden festgesetzt habe, kann ich ja nun nicht verwerfen,
weil mir dieses Schicksal geworden ist; sondern jene Reden erscheinen mir noch ganz als dieselben, und ich schätze und ehre sie c
noch ebenso wie vorher. Wenn wir also nicht bessere als sie jetzt
vorzutragen haben: so wisse nur, daß ich dir nicht nachgeben
werde, und wenn auch die Macht der Menge noch mehr, als schon
geschieht, um uns wie Kinder einzuschrecken, Gefangenschaft
und Tod auf uns losließe und Verlust des Vermögens. Wie können
wir also dies recht zu unserer Befriedigung untersuchen? Wenn
wir zuerst den Satz aufnehmen wegen der Meinungen, von dem du
sprichst, ob wohl für jeden Fall gut gesagt war oder nicht, daß man d
auf einige Meinungen zwar achten müsse, auf andere aber nicht?
Oder ob es zwar, ehe ich sterben sollte, gut gesagt war, nun aber
offenbar geworden ist, daß es nur obenhin des Redens wegen gesagt, in der Tat aber nichts war als Scherz und Geschwätz? Ich
meines Teils habe Lust, Kriton, dies mit dir gemeinschaftlich zu

untersuchen: ob diese Rede mir jetzt etwa wunderlicher erscheinen wird, nun es so mit mir steht, oder noch ebenso; und demgemäß wollen wir sie entweder gehen lassen oder ihr gehorchen. So aber, glaube ich, wurde sonst immer von denen behauptet, die etwas zu sagen meinten, wie ich jetzt eben sagte, daß von den Meinungen, welche die Menschen hegen, man einige zwar sehr hoch achten müsse, andere aber nicht. Sprich nun, Kriton, bei den Göttern, dünkt dich dies nicht gut gesagt zu sein? Denn du bist doch menschlichem Ansehen nach fern davon, morgen sterben zu müssen, und das bevorstehende Schicksal könnte dich nicht berücken. Erwäge also: scheint dir das nicht gut gesagt, daß man nicht alle Meinungen der Menschen ehren muß, sondern einige wohl, andere aber nicht, und auch nicht aller Menschen, sondern die einiger wohl, die anderer aber nicht? Was meinst du? Ist das nicht gut gesagt?

KRITON: Gut.

SOKRATES: Nämlich doch die guten Meinungen soll man ehren, die schlechten nicht?

KRITON: Ja.

SOKRATES: Und die guten, sind das nicht die der Vernünftigen, die schlechten aber die der Unvernünftigen?

KRITON: Wie anders?

6. Es zählt nur die Meinung des Sachverständigen

SOKRATES: Wohlan, wie wurde wiederum hierüber gesprochen? Ein Mann, der Leibesübungen treibt und sich dies zum eigentlichen Geschäfte macht, wird der wohl auf jedermanns Lob und Tadel und Meinung achten, oder nur auf jenes einen allein, die des Arztes oder des Turnmeisters?

KRITON: Auf jenes allein.

SOKRATES: Also fürchten muß er auch nur den Tadel und Freude haben nur an dem Lobe jenes einen, und nicht der Menge?

KRITON: Offenbar.

SOKRATES: Auf die Art also muß er zu Werke gehn und sich üben und essen und trinken, wie dieser eine es gut findet, der Meister und Sachverständige, vielmehr als wie alle anderen insgesamt.

KRITON: So ist es.

SOKRATES: Wohl! Ist er aber diesem einen unfolgsam und achtet seine Meinung und sein Lob gering, höher aber das der andern, unkundigen Leute: wird ihm dann nichts Übles begegnen?

KRITON: Wie sollte es ihm nicht?

SOKRATES: Was ist nun wohl dieses Übel? Worauf zielt es, und was trifft es von dem Unfolgsamen?

KRITON: Seinen Leib offenbar: denn diesen zerrüttet er.

SOKRATES: Wohl gesprochen. Ist es nun nicht ebenso mit allem andern, Kriton, damit wir nicht alles durchgehn; also auch mit dem Gerechten und Ungerechten, dem Schändlichen und Schönen, dem Guten und Bösen, worüber wir eben jetzt beratschlagen, ob wir hierin der Meinung der Vielen folgen und sie fürchten müssen, oder nur der des einen, wenn es einen Sachverständigen hierin gibt, den man mehr scheuen und fürchten muß als alle anderen, welchem dann nicht folgend wir uns das verderben werden und verstümmeln, was eben durch das Recht besser wird, durch das Unrecht aber untergeht. Oder gibt es dergleichen nichts? d

KRITON: Jawohl, denke ich wenigstens, Sokrates.

7. Auch in Fragen der Gerechtigkeit zählt nur die Meinung des Sachverständigen

SOKRATES: Wohlan denn! Wenn wir nun das, was durch das Ungesunde zerrüttet, durch das Gesunde aber gebessert wird, indem wir nicht der Sachkundigen Meinung gehorchen, zerrüttet haben, lohnt es wohl noch zu leben nach dessen Zerrüttung? Dies ist aber e doch der Leib? Oder nicht?

KRITON: Ja.

SOKRATES: Lohnt es nun wohl, zu leben mit einem abgeschwächten und zerrütteten Leibe?

KRITON: Keineswegs.

SOKRATES: Allein, wenn jenes zerrüttet ist, soll es doch noch lohnen zu leben, was eben durch Unrechthandeln beschädigt wird, durch Rechthandeln aber gewinnt? Oder halten wir das etwa schlechter als den Leib, was es auch sei von dem unsrigen, worauf Gerechtigkeit und Ungerechtigkeit sich beziehen? 48a

KRITON: Keineswegs.

SOKRATES: Sondern für edler?

KRITON: Bei weitem.

SOKRATES: Also keineswegs, o Bester, haben wir das so sehr zu bedenken, was die Leute sagen werden von uns, sondern was der eine, der sich auf Gerechtes und Ungerechtes versteht, und die Wahrheit selbst. So daß du schon hierin die Sache nicht richtig einleitest, wenn du vorträgst, wir müßten auf die Meinung der Leute vom Gerechten, Schönen und Guten und dem Gegenteil Bedacht nehmen. Aber doch, könnte wohl jemand sagen, haben die Leute es ja in ihrer Gewalt, uns zu töten.

b KRITON: Offenbar freilich auch dieses; und so könnte es leicht jemand sagen, o Sokrates.

SOKRATES: Ganz wahr. Allein, du Wunderlicher, nicht nur dieser Satz selbst, den wir durchgenommen, erscheint mir wenigstens noch immer ebenso wie vorher; sondern betrachte nun auch diesen, ob er uns noch fest steht oder nicht, daß man nämlich nicht das Leben am höchsten achten muß, sondern das gut Leben.

KRITON: Freilich besteht der.

SOKRATES: Und daß das Gute mit dem gerecht und sittlich Leben einerlei ist, besteht der, oder besteht er nicht?

KRITON: Er besteht.

8. Gerechtigkeit der Flucht als einziger Entscheidungsgrund

SOKRATES: Also von dem Eingestandenen aus müssen wir dieses erwägen, ob es gerecht ist, daß ich versuche, von hier fortzugehen, c ohne daß die Athener mich fortlassen, oder nicht gerecht. Und wenn es sich als gerecht zeigt, wollen wir es versuchen: wo nicht, es unterlassen. Die du aber vorbringst, o Kriton, die Überlegungen über Verlust des Geldes und den Ruf und die Erziehung der Kinder, daß das nur nicht recht eigentlich Betrachtungen dieser Leute sind, die leichtsinnig töten und ebenso auch hernach gern wieder lebendig machten, wenn sie könnten, alles ohne Vernunft; und daß nur nicht im Gegenteil für uns, da ja unsere Rede es so festgesetzt, gar nichts anderes zu überlegen ist, als, wie wir eben sagten, ob wir gerecht handeln werden, wenn wir denen, welche mich von d hier fortbringen wollen, Geld zahlen und Dank dazu, und wenn wir selbst, ihr mich fortbringt und ich mich fortbringen lasse, oder ob wir nicht in Wahrheit unrecht handeln werden, indem wir dies alles tun! Und wenn sich zeigt, wir können dies nur ungerechterweise ausführen, daß wir dann nur nicht jenes, ob wir sterben müssen, wenn ich hier bleibe und mich ruhig verhalte, oder was sonst erleiden, gar nicht in Anschlag bringen dürfen gegen das Unrechthandeln.

KRITON: Schön dünkt mich das gesagt, Sokrates. Sieh aber, was wir tun wollen.

SOKRATES: Gemeinschaftlich, du Guter, wollen wir das überlegen; und hast du etwas einzureden, wenn ich rede, so rede ein, und e ich will dir folgen. Wo aber nicht, so höre auf, mir immer dieselbe Rede zu wiederholen, ich solle wider der Athener Willen von hier fortgehn. Denn es ist mir ja wohl viel wert, wenn du mich überredest, dieses zu tun, nur nicht wider meinem Willen. Betrachte also den Anfang der Untersuchung, ob er dir genügt, und suche das 49a Gefragte zu beantworten nach deiner besten Meinung.

KRITON: Das will ich versuchen.

9. Unrecht ist weder zu tun noch zu vergelten

SOKRATES: Sagen wir, man müsse auf gar keine Weise vorsätzlich Unrecht tun oder auf einige zwar, nur auf andere nicht? Oder ist auf keine Weise das Unrechthandeln weder gut noch schön, wie wir oft ehedem übereingekommen sind und auch jetzt eben gesagt worden? Oder sind uns alle jene Behauptungen von ehedem seit diesen wenigen Tagen verschüttet? Und so lange, o Kriton, haben wir, so bejahrte Männer, nicht gemerkt, daß wir im ernsthaftesten Gespräch miteinander doch nichts besser waren als Kinder? Oder b verhält es sich auf alle Weise so, wie wir damals sagten, die Leute mögen es nun annehmen oder nicht, und es mag uns nun deshalb noch härter ergehen als jetzt oder auch besser, das Unrechttun ist doch dem, der es tut, schädlich und schändlich auf alle Weise? Wollen wir dies sagen oder nicht?

KRITON: Das wollen wir.

SOKRATES: Auf keine Weise also soll man Unrecht tun?

KRITON: Nein freilich.

SOKRATES: Also auch nicht der, dem Unrecht geschehen ist, darf wieder Unrecht tun, wie die meisten glauben, wenn man doch auf keine Weise Unrecht tun darf?

KRITON: Es scheint nicht. c

SOKRATES: Und wie doch? Darf man mißhandeln oder nicht?

KRITON: Man darf es wohl nicht, Sokrates.

SOKRATES: Aber wie, wieder mißhandeln, nachdem man

schlecht behandelt worden, ist das, wie die meisten sagen, gerecht, oder nicht?

KRITON: Auf keine Weise.

SOKRATES: Denn jemanden schlecht behandeln ist nicht unterschieden vom Unrechttun.

KRITON: Wahr gesprochen.

SOKRATES: Also weder wiederbeleidigen darf man, noch irgendeinen Menschen mißhandeln, und wenn man auch, was es immer sei, von ihm erleidet. Und siehe wohl zu, Kriton, wenn du
d dies eingestehst, daß du es nicht gegen deine Meinung eingestehst. Denn ich weiß wohl, daß nur wenige dieses glauben und glauben werden. Welche also dies annehmen, und welche nicht, für die gibt es keine gemeinschaftliche Beratschlagung; sondern sie müssen notwendig einander gering achten, wenn einer des andern Entschließungen sieht. Überlege also auch du recht wohl, ob du Gemeinschaft mit mir machst und dies auch annimmst und wir hiervon unsere Beratung anfangen wollen, daß niemals weder Beleidigen noch Wiederbeleidigen recht ist, noch auch, wenn einem Übles geschieht, sich dadurch helfen, daß man wieder Übles zu-
e fügt; oder ob du abstehst und keinen Teil haben willst an diesem Anfang. Ich meines Teils habe schon immer dieses angenommen und auch jetzt noch. Du aber, nimmst du irgend etwas anderes an, so sprich und trage es vor; bleibst du aber bei dem ehemaligen, so höre nun das Weitere.

KRITON: Allerdings bleibe ich dabei und nehme es mit dir an. Also sage.

SOKRATES: Ich sage also hierauf weiter, oder vielmehr ich frage, ob, was jemand jemandem Billiges versprochen hat, er auch leisten müsse, oder ob er betrügen dürfe?

KRITON: Leisten muß er es.

10. Flucht bedeutet Gesetzesverletzung

SOKRATES: Von hier aus nun schaue um. Wenn wir, ohne die
50a Stadt zu überreden, von hier weggehen, ob wir dann jemanden schlecht behandeln, und zwar die, welchen es am wenigsten geschehen wollte, oder ob nicht? Und ob wir an dem halten, was wir Billiges versprochen haben, oder ob nicht?

KRITON: Darauf weiß ich nicht zu antworten, Sokrates, was du fragtest: denn ich verstehe es nicht.

SOKRATES: Erwäge es denn so. Wenn, indem wir von hier davonlaufen wollten, oder wie man dies sonst nennen soll, die Gesetze kämen und das gemeine Wesen dieser Stadt und, uns in den Weg tretend, fragten: Sage mir, Sokrates, was hast du im Sinne zu tun? Ist es nicht so, daß du durch diese Tat, welche du unternimmst, uns den Gesetzen und also dem ganzen Staat den Untergang zu bereiten gedenkst, soviel an dir ist? Oder dünkt es dich möglich, daß jener Staat noch bestehe und nicht in gänzliche Zerrüttung gerate, in welchem die abgetanen Rechtssachen keine Kraft haben, sondern von Einzelpersonen können ungültig gemacht und umgestoßen werden? Was sollen wir hierauf und auf mehr dergleichen sagen, Kriton? Denn noch gar vieles könnte einer, und zumal ein Redner, vorbringen zum Besten dieses gefährdeten Gesetzes, welches befiehlt, daß die geschlichteten Rechtssachen sollen gültig bleiben. Oder sollen wir zu ihnen sagen: die Stadt hat uns ja unrecht getan und die Klage nicht recht gerichtet? Dies, oder was sollen wir sagen?

KRITON: Dies beim Zeus.

11. Recht des Vaterlandes auf Gehorsam

SOKRATES: Wie nun, wenn die Gesetze sagten: O Sokrates, war denn auch das unser Abkommen, oder vielmehr, dich dabei zu beruhigen, wie die Stadt die Rechtssachen schlichtet? Wenn wir uns nun über ihre Rede wunderten, würden sie vielleicht sagen: Wundere dich nicht, Sokrates, über das Gesagte, sondern antworte, da du ja gewohnt bist, in Fragen und Antworten zu reden. Denn sprich, welche Beschwerden hast du gegen uns und die Stadt, daß du suchst, uns zugrunde zu richten? Sind wir es nicht zuerst, die dich zur Welt gebracht haben, und durch welche dein Vater deine Mutter bekommen und dich gezeugt hat? Erkläre also, tadelst du etwas an denen unter uns Gesetzen, die sich auf die Ehe beziehen, was nicht gut wäre? Nichts tadle ich, würde ich dann sagen. Aber an den Gesetzen über des Geborenen Auferziehung und Unterricht, nach denen auch du bist unterrichtet worden? Ist es etwa nicht gut, was die unter uns, die hierüber gesetzt sind, gebieten, indem sie deinem Vater auflegten, dich in den Geistesübungen und Leibeskünsten zu unterrichten? Sehr gut, würde ich sagen. Wohl. Nachdem du nun geboren, auferzogen und unterrichtet worden, kannst du zuerst wohl leugnen, daß du unser warst als Abkömmling und Knecht, du und deine Vorfahren? Und wenn sich dies so verhält, glaubst du, daß du gleiches Recht hast mit uns und daß, was immer wir uns beigehen lassen, dir anzutun, auch du das Recht habest, uns wieder zu tun? Oder hattest du gegen deinen Vater zwar nicht gleiches Recht oder gegen deinen Herrn, wenn du einen gehabt hättest, so daß du, was dir geschähe, ihm wieder antun dürftest, weder wenn er dich verunglimpfte, wi-

51 a dersprechen, noch wenn er dich schlug, wiederschlagen und mehreres dergleichen: gegen das Vaterland aber und gegen die Gesetze soll es dir erlaubt sein, so daß, wenn wir darauf ausgingen, dich zugrunde zu richten, indem wir es für gerecht hielten, auch du wieder auf unsern, der Gesetze und des Vaterlands Untergang, so viel an dir ist, ausgehen und dann sagen dürftest, du handeltest hierin recht, du, der sich in Wahrheit und Tugend befleißigt? Oder bist du so weise, daß du nicht weißt, wieviel höher als Vater und Mutter und alle anderen Vorfahren das Vaterland geachtet ist und

b wieviel ehrwürdiger und heiliger bei den Göttern und bei allen Menschen, welche Vernunft haben? Und wie man ein aufgebrachtes Vaterland noch mehr ehren und ihm nachgeben und es besänftigen muß als einen Vater und entweder es überzeugen oder tun, was es befiehlt, und was es zu leiden auflegt ganz ruhig leiden, wenn es auch wäre, dich schlagen zu lassen oder dich fesseln zu lassen oder wenn es dich in den Krieg schickt, wo du verwundet und getötet werden kannst, du dies doch alles tun mußt und es so allein recht ist? Und daß du nicht weichen und nicht weggehen und nicht deine Stelle verlassen mußt, sondern im Kriege und vor

c Gericht und überall tun, was der Staat gebietet und das Vaterland, oder es überzeugen, was eigentlich Recht sei? Gewalt aber nicht ohne Frevel gebraucht werden kann gegen Vater oder Mutter und noch viel weniger als gegen sie gegen das Vaterland? Was sollen wir hierauf sagen, o Kriton? Daß es wahr ist, was die Gesetze sagen, oder nicht?

KRITON: Mich dünkt, ja.

12. Dieses Recht wird von jedem Bürger zugestanden

SOKRATES: Überlege also, o Sokrates, würden die Gesetze vielleicht weiter sagen, wenn wir dies wahr gesprochen haben, daß du alsdann nicht mit Recht uns das antun willst, was du jetzt willst. Denn wir, die wir dich zur Welt gebracht, auferzogen, unterrichtet und alles Gute, was nur in unserm Vermögen stand, dir und jedem d Bürger mitgeteilt haben, wir verkünden dennoch, indem wir Freiheit gestatten jedem Athener, der es nur will, daß, wenn jemand Bürger geworden ist und den Zustand der Stadt und uns, die Gesetze, kennengelernt hat und wir ihm dann nicht gefallen, er das Seinige nehmen und fortgehen dürfe, wohin er nur will. Und keins von uns Gesetzen steht im Wege oder verbietet, wenn jemand von euch, dem wir und die Stadt nicht gefallen, in eine Pflanzstadt ziehen will oder auch anderswohin sich als Schutzverwandter ansiedeln, dorthin zu gehen, wo er nur will mit Beibehaltung alles des e Seinigen. Wer von euch aber geblieben ist, nachdem er gesehen, wie wir die Rechtssachen schlichten und sonst die Stadt verwalten, von dem behaupten wir dann, daß er uns durch die Tat angelobt habe, was wir nur immer befehlen möchten, wolle er tun. Und wer nicht gehorcht, sagen wir, der tue dreifach Unrecht, weil er uns als seinen Erzeugern nicht gehorcht und nicht als seinen Erziehern und weil er, unerachtet er uns angelobt, er wolle gewiß gehorchen, doch weder gehorcht noch uns überzeugt, wo wir etwas nicht recht tun; und da wir ihm doch vortragen und nicht auf rauhe Art 52a gebieten, was wir anordnen, sondern freistellen eins von beiden, entweder uns zu überzeugen oder zu folgen, er doch hiervon keines tut.

13. Besonders von Sokrates wird dieses Recht zugestanden
Und diese Verschuldungen nun, behaupten wir, werden auch auf dir, Sokrates, haften, wenn du ausführst, was du im Sinne hast, und zwar auf dir nicht am wenigsten unter den andern Athenern, sondern wohl ganz vorzüglich. Wenn ich nun fragte: Weshalb denn das? so würden sie mich wohl ganz recht angreifen, wenn sie sprächen, daß ich ganz vorzüglich vor andern Athenern ihnen das Versprechen geleistet hätte. Denn, würden sie sagen, hiervon haben wir große Beweise, daß wir sowohl als die Stadt dir wohl b gefallen haben. Sonst würdest du ja wohl nicht so vorzüglich vor allen Athenern immer einheimisch darin geblieben sein, wenn sie dir nicht vorzüglich gefiele. Denn weder bist du je zur Schau der großen Feste aus der Stadt hinausgegangen, außer einmal auf den

Isthmos, noch sonst irgendwohin anders als nur mit dem Heere
ziehend, oder hast sonst eine Reise gemacht, wie andere Menschen, noch auch hat dich jemals Lust angewandelt, andere
Städte und andere Gesetze zu sehen, sondern wir genügten dir
c und unsere Stadt: so sehr zogst du uns vor und gelobest uns gemäß dein Bürgerleben zu führen, hast auch überdies Kinder in
der Stadt gezeugt, weil sie dir gefiel. Ja auch noch während des
Rechtshandels konntest du dir ja die Verweisung zuerkannt haben, wenn du gewollt hättest, und so, was du jetzt gegen den Willen der Stadt unternimmst, damals mit ihrem Willen tun. Du aber
tastest damals gar schön, als wärest du gar nicht unwillig, wenn
du sterben müßtest, sondern wähltest, wie du sagtest, lieber als
die Verweisung den Tod: nun hingegen schämst du dich weder
vor jenen deinen Reden, noch scheust du uns, die Gesetze, son-
d dern versuchst uns zu zerstören und handelst, wie nur der
schlechteste Knecht handeln könnte, indem du zu entlaufen versuchst gegen alle Verträge und Versprechungen, nach denen du
uns versprochen hast, als Bürger zu leben. Zuerst also beantworte uns nur dieses, ob wir die Wahrheit reden, indem wir behaupten, du habest nach unserer Anordnung dein Bürgerleben zu
führen uns durch die Tat versprochen, nicht bloß durch Worte,
oder nicht die Wahrheit? Was sollen wir hierauf sagen, Kriton?
Sollen wir es nicht einräumen?

KRITON: Wir müssen wohl, Sokrates.

SOKRATES: Ist es also nicht so, würden sie sagen, daß du deine
e Verträge mit uns und deine Versprechungen übertrittst, die du
doch nicht gezwungen abgelegt hast noch überlistet noch in der
Notwendigkeit, dich in kurzer Zeit zu beraten, sondern siebzig
Jahre lang, während deren du hättest fortgehen können, wenn wir
dir nicht gefielen und du die Bedingungen nicht für billig hieltest.
Du aber hast weder Lakedaimon vorgezogen noch Kreta, die du
doch immer rühmst als wohlgeordnete Staaten, noch irgendeinen
53 a andern von den hellenischen Staaten oder von den unhellenischen,
sondern weniger hast du dich von hier entfernt, als die Lahmen,
Blinden und andere Verstümmelte. So vorzüglich vor allen Athenern hat dir die Stadt gefallen, und wir, die Gesetze, also auch.
Denn wem würde eine Stadt wohl gefallen ohne die Gesetze! Und
nun also willst du doch dem Versprochenen nicht treu bleiben?

Wohl, wenn du uns folgst, o Sokrates, und wirst dich nicht lächerlich machen durch deinen Auszug aus der Stadt.

14. Konsequenzen der Flucht auf dieser Welt

Denn erwäge nur, wenn du es übertrittst und etwas davon verletzt, was du Gutes dir selbst bereiten wirst und deinen Freunden. Denn daß deine Freunde ja freilich in Gefahr geraten, auch selbst flüch- b tig zu werden und sich der Stadt entsagen zu müssen oder ihr Vermögen einzubüßen, das ist wohl offenbar. Du selbst aber, wenn du zuerst in eine der nächstgelegenen Städte gehst, sei es nach Theben oder nach Megara, denn wohleingerichtet sind beide: so kommst du als ein Feind ihrer Verfassung; und wer nur seiner eignen Stadt zugetan ist, wird dich scheel ansehen als einen Verderber der Gesetze, und so wirst du nur das Ansehen deiner Richter befestigen, daß sie dafür gelten werden, in deiner Sache recht gerichtet zu haben: denn wer der Gesetze Verderber ist, muß wohl gar sehr c dafür gehalten werden, auch der jüngeren und noch unvernünftigen Menschen Verderber zu sein. Willst du also etwa die wohleingerichtetsten Staaten und die ehrenwertesten Menschen meiden? Und wenn du dieses tust, wird es dir etwa noch lohnen zu leben? Oder willst du dich zu ihnen halten und unverschämt genug sein, was doch für Reden vorzubringen, o Sokrates? Etwa dieselben wie hier, daß über Tugend und Gerechtigkeit nichts gehe für den Menschen und über Ordnungen und Gesetze? Und glaubst nicht, des Sokrates Sache werde dann ganz unanständig erscheinen? Wohl d muß man das glauben! Aber aus diesen Gegenden wirst du dich wohl fortmachen und dich nach Thessalien begeben zu den Gastfreunden des Kriton! Denn dort sind ja Unordnung und Ungebundenheit am größten, und die möchten dir wohl mit Vergnügen zuhören, wie lächerlich du aus dem Gefängnis entlaufen bist, in irgendein Stück Zeug eingehüllt oder mit einem gemeinen Kittel umgetan, oder wie sich sonst die Entfliehenden zu verkleiden pflegen, und nachdem du dich ganz unkenntlich gemacht. Daß du aber als ein alter Mann, dem wahrscheinlich nur noch wenig Lebenszeit übrig ist, dich nicht gescheut hast, mit solcher Gier nach dem Leben lüstern zu sein mit Übertretung jedes heiligsten Geset- e zes, wird das niemand sagen? Vielleicht nicht, wenn du niemanden beleidigst: wenn aber, o Sokrates, dann wirst du auch viel

deiner Unwürdiges hören müssen. Kriechend also vor allen Menschen wirst du leben; und was denn tun als schmausen in Thessalien? Und jene Reden von der Gerechtigkeit und von den übrigen
54a Tugenden, wo werden uns die bleiben? Doch deiner Kinder wegen willst du leben, um sie selbst aufzuziehen und zu unterrichten? Wie also? Nach Thessalien willst du sie mitnehmen und dort aufziehen und unterrichten? Und sie zu Fremdlingen machen, damit sie dir auch das noch zu verdanken haben? Oder das wohl nicht; aber hier sollten sie, wenn du nur lebst, besser aufgezogen und unterrichtet werden, obgleich du nicht bei ihnen bist? Deine Freunde nämlich werden sich ihrer annehmen. Ob nun wohl, wenn du nach Thessalien wanderst, sie sich ihrer annehmen werden, wenn du aber in die Unterwelt wanderst, dann nicht? Wenn
b sie anders etwas wert sind, die deine Freunde zu sein behaupten, so muß man es ja wohl glauben.

15. Konsequenzen der Flucht im Hades

Also, Sokrates, gehorche uns, deinen Erziehern, und achte weder die Kinder, noch das Leben, noch irgend etwas anderes höher als das Recht, damit, wenn du in die Unterwelt kommst, du dies alles zu deiner Verteidigung anführen kannst den dortigen Herrschern. Denn es zeigt sich ja weder hier für dich besser oder gerechter oder frömmer, dies wirklich auszuführen, oder für irgendeinen der Deinigen, noch auch wird es, wenn du dort ankommst, besser für dich sein. Sondern wenn du jetzt hingehst, so gehst du hin als einer, der
c Unrecht erlitten hat, nicht zwar von uns Gesetzen, sondern von Menschen. Entfliehst du aber so schmählich, Unrecht und Böses mit gleichem vergeltend, deine eignen Versprechungen und Verträge mit uns verletzend und allen denen Übles zufügend, denen du es am wenigsten solltest, dir selbst nämlich, deinen Freunden, dem Vaterlande und uns: so werden nicht nur wir auf dich zürnen, solange zu lebst, sondern auch unsere Brüder, die Gesetze der Unterwelt, werden dich nicht freundlich aufnehmen, wenn sie wissen, daß du auch uns zugrunde zu richten versucht hast, so viel
d an dir war. Also, daß ja nicht Kriton mehr dich überrede, zu tun, was er sagt, als wir.

16. Unerschütterlichkeit der Überzeugung des Sokrates

Dies, lieber Freund Kriton, glaube ich zu hören, wie die, welche das Ohrenklingen haben, die Flöte zu hören glauben. Denn auch in mir klingt so der Ton dieser Reden und macht, daß ich andere nicht hören kann. Also wisse nur, was meine jetzige Überzeugung betrifft, daß, wenn du etwas hiergegen sagst, du es vergeblich reden wirst. Dennoch aber, wenn du glaubst, etwas damit auszurichten, so sprich.

KRITON: Nein, Sokrates, ich habe nichts zu sagen.

SOKRATES: Wohl denn, Kriton! So laß uns auf diese Art handeln, da uns hierhin der Gott leitet.   e

ION

A. Einleitung

B. Hauptteil

C. Schluß

SOKRATES. ION

1. Dignität der Rhapsoden. Ihr Geschäft der Auslegung

SOKRATES: Willkommen dem Ion! Woher kommst du uns jetzt 530a
gewandert? Wohl von Hause aus Ephesos?

ION: Mitnichten, Sokrates; sondern von Epidauros vom Feste
des Asklepios.

SOKRATES: Halten etwa die Epidaurier dem Gotte zu Ehren
auch einen Wettstreit von Rhapsoden?

ION: Jawohl, so wie ja auch in den übrigen Musenkünsten.

SOKRATES: Wie also? Hast du uns mitgekämpft? Und mit welchem Erfolge hast du gekämpft?

ION: Den ersten Preis haben wir davongetragen, Sokrates. b

SOKRATES: Wohl gesprochen! Wohlan denn, mache, daß wir
auch noch in den Panathenaien siegen.

ION: Das soll geschehen, so Gott will.

SOKRATES: Wahrlich, oft habe ich schon euch Rhapsoden beneidet um eure Kunst. Denn sowohl daß am Leibe immer geschmückt zu sein und euch aufs schönste zu zeigen eurer Kunst
angemessen ist, als auch daß ihr in der Notwendigkeit seid, mit
vielen andern trefflichen Dichtern euch zu beschäftigen, besonders aber mit dem Homeros, dem trefflichsten und göttlichsten
der Dichter, und seinen Sinn zu verstehen, nicht seine Worte nur, c
das ist beneidenswert. Denn es kann doch keiner ein Rhapsode
sein, wenn er nicht versteht, was der Dichter meint; da ja der
Rhapsode den Zuhörern den Sinn des Dichters überbringen soll,
und dies gehörig zu verrichten, ohne einzusehen, was der Dichter
meint, ist unmöglich. Dies alles also ist beneidenswert.

2. Beschränktheit der Fähigkeit Ions auf Homer

ION: Ganz recht, Sokrates. Auch hat mir dies die meiste Mühe gemacht bei meiner Kunst; und ich glaube, daß ich am besten unter allen Menschen über den Homeros rede, und daß weder Me-

d trodoros der Lampsakener, noch Stesimbrotos der Thasier, noch Glaukon, noch irgendeiner, der je gewesen, so viele schöne Auslegungen über den Homeros vorzutragen weiß als ich.

SOKRATES: Wohl gesprochen, Ion. Denn so wirst du mir auch nicht mißgönnen, mir davon zu zeigen.

ION: Es lohnt auch schon zu hören, Sokrates, wie gut ich den Homeros ausgestattet habe. So daß ich glaube, ich verdiene von den Homeriden mit goldnem Kranze bekränzt zu werden.

SOKRATES: Gewiß, ich werde mir noch Muße machen, um dich

531a zu hören. Jetzt aber beantworte mir nur dieses, ob du nur über den Homeros so gewaltig bist oder auch über den Hesiodos und Archilochos!

ION: Keineswegs; sondern über den Homeros nur. Auch dünkt mich das genug.

SOKRATES: Gibt es aber nicht manches, worüber Homeros und Hesiodos dasselbe sagen?

ION: Das glaube ich, und gar vieles.

SOKRATES: Würdest du nun wohl besser auslegen, was Homeros hierüber sagt, als was Hesiodos?

b ION: Das wohl gleich gut, glaube ich, worüber sie dasselbe sagen.

SOKRATES: Und wie, worüber sie nicht dasselbe sagen? Über das Wahrsagen z. B. spricht doch Homeros und auch Hesiodos?

ION: Freilich.

SOKRATES: Wie also? Was auf gleiche Art und was auf abweichende diese beiden Dichter über die Wahrsagekunst sagen, würdest du das besser auslegen oder einer von den guten Wahrsagern?

ION: Von den Wahrsagern einer.

SOKRATES: Wenn du nun ein Wahrsager wärest, würdest du nicht, wie du das auf ähnliche Art Gesagte auszulegen wüßtest, auch das Abweichende auszulegen wissen?

ION: Offenbar wohl.

c SOKRATES: Wie kannst du also über den Homeros zwar gewaltig sein, nicht aber über die andern Dichter? Spricht etwa Homeros über andere Gegenstände als worüber alle anderen Dichter auch? Handelt er nicht meistens vom Kriege und von dem Verkehr guter und böser Menschen untereinander und Unkundiger und Kundiger, und von dem Umgang der Götter untereinander und mit den Menschen, wie sie mit ihnen umgehen, und von den Ereignissen im Himmel und in der Unterwelt und von den Erzeugungen der Götter sowohl als Heroen? Ist es nicht dies, worüber Homeros d seine Gedichte gedichtet hat?

ION: Ganz richtig, Sokrates.

3. Erkenntnis des qualitativ Unterschiedenen als Geschäft des einen Sachverständigen

SOKRATES: Und wie? Die andern Dichter nicht gleichfalls über eben dieses?

ION: Ja, Sokrates. Aber sie haben doch gar nicht so gedichtet wie Homeros.

SOKRATES: Wie denn? Schlechter?

ION: Bei weitem.

SOKRATES: Und Homeros besser?

ION: Besser, jawohl, beim Zeus.

SOKRATES: Wenn nun, du edelster Freund Ion, unter vielen, die über Zahlen sprechen, einer am besten spricht: so wird doch einer den erkennen, der gut spricht?

ION: Das denke ich.   e

SOKRATES: Ob wohl derselbe, der auch die schlecht Sprechenden, oder ein anderer?

ION: Derselbe gewiß.

SOKRATES: Nicht wahr, der die Rechenkunst innehat, der ist es?

ION: Ja.

SOKRATES: Und wie? Wenn über die Zuträglichkeit der Speisen unter vielen einer am besten spricht, wird ein anderer den am besten Sprechenden erkennen, daß er am besten spricht, und wiederum ein anderer den schlechteren, daß er schlechter, oder derselbe?

ION: Offenbar ja doch derselbe.

SOKRATES: Wer ist es? Welchen Namen hat er?

ION: Der Arzt ist es.

SOKRATES: Wollen wir nun nicht im allgemeinen sagen, daß allemal, wo über denselben Gegenstand viele sprechen, einer und 532a derselbe den erkennen wird, der gut spricht, und den, der schlecht. Oder wenn jemand nicht den schlecht Redenden erkennt, dann offenbar auch nicht den gut Redenden von derselben Sache.

ION: Das wollen wir.

SOKRATES: Derselbe also wird uns stark in beiden?

ION: Ja.

SOKRATES: Nun behauptest du doch, daß Homeros und die anderen Dichter, unter denen ja auch Hesiodos und Archilochos sind, über dieselben Gegenstände sprechen; aber nicht auf gleiche Art, sondern jener gut, diese aber schlechter.

ION: Und das ist auch wahr, wie ich es sage.

SOKRATES: Also, wenn du den gut Sprechenden erkennst, so b mußt du ja auch die schlechter Sprechenden erkennen, daß sie schlechter sprechen.

ION: Das scheint wohl.

SOKRATES: Also, Bester, wenn wir sagen, Ion sei gleich stark im Homeros und in den andern Dichtern, so werden wir nicht fehlen, indem er ja selbst gesteht, ein und derselbe Beurteiler reiche hin für alle, welche von denselben Gegenständen reden, die Dichter aber dichteten alle fast über das nämliche.

4. *Fähigkeit der Rhapsoden beruht nicht auf Wissen*

ION: Was ist also wohl die Ursache, Sokrates, daß ich, wenn jemand über einen andern Dichter spricht, weder sonderlich acht-c gebe noch auch irgend etwas der Rede Wertes mit beizubringen imstande bin, sondern ordentlich wie schlummere; sobald aber jemand des Homeros erwähnt, dann gleich erwache und aufmerke und gar vieles zu sagen weiß?

SOKRATES: Das ist nicht schwer aufzufinden, Freund; sondern es ist wohl jedem deutlich, daß du durch Kunst und Wissenschaft über den Homeros zu reden unvermögend bist. Denn vermöchtest du es durch Kunst: so vermöchtest du auch über alle andern Dichter zu reden. Denn die Dichtkunst ist doch wohl das Ganze, oder nicht?

ION: Ja.

d   SOKRATES: Wenn nun jemand auch irgendeine andere Kunst

ganz nimmt, so ist es immer dieselbe Betrachtungsart in allen Künsten. Wie ich das meine, willst du das wohl von mir hören, Ion?

ION: Gar sehr, o Sokrates, beim Zeus! Denn ich mag gar gern
euch Weisen zuhören.

SOKRATES: Ich wollte wohl, du sprächest wahr, Ion! Aber
weise seid ihr wohl eigentlich, ihr Rhapsoden und Schauspieler,
und die, deren Gedichte ihr singt; ich aber rede eben nur die Wahrheit, wie es sich für einen ungelehrten Menschen schickt. So auch e
darüber, wonach ich dich jetzt fragte, betrachte nur, wie gemein
und ungelehrt, so daß jeder Mensch es einsehen kann, das ist, was
ich eben sagte, daß es nur eine und dieselbe Untersuchung sei,
wenn jemand eine Kunst ganz nimmt. Laß es uns aber durchgehen. Die Malerei ist doch eine ganze Kunst.

ION: Ja.

SOKRATES: Und auch viele Maler gibt es und hat es gegeben,
gute und schlechte.

ION: Freilich.

SOKRATES: Hast du nun wohl je einen gesehen, der stark darin
ist zu zeigen, was Polygnotos, des Aglaophon Sohn, gut malt und
was nicht, von andern Malern aber es nicht kann? Und wenn je- 533a
mand Werke von andern Malern vorzeigt, dann schlummert und
verlegen ist und seinerseits nichts beizubringen hat; wenn er aber
über den Polygnotos, oder welchen andern einzelnen Maler du
sonst willst, seine Meinung mitteilen soll, dann erwacht und seiner
Gedanken mächtig ist und vieles zu sagen weiß?

ION: Beim Zeus, nein, dergleichen nicht.

SOKRATES: Oder wie, hast du wohl in der Bildnerei einen gesehen, der von Daidalos, dem Sohne des Metion, oder Epeios, dem b
des Panops, oder Theodoros dem Samier oder irgendeinem andern einzelnen Bildner stark wäre zu erklären, was er gut gebildet
hat, bei anderer Bildner Werken aber verlegen wäre und schlum-
merte, nicht habend, was er sage?

ION: Nein, beim Zeus, auch einen solchen habe ich nicht gesehen.

SOKRATES: Auch nicht, glaube ich, beim Flötenspielen oder
dem Gesang zur Lyra oder beim Spiel darauf, noch auch bei der
Rhapsodenkunst wirst du einen gesehen haben, der über den
Olympos stark ist sich zu erklären oder über den Thamyras oder c

Orpheus oder Phemios, den Ithakesischen Rhapsoden, über Ion den Ephiesischen aber im argen wäre und nichts darüber zu sagen wüßte, was der gut vorträgt und was schlecht!

ION: Dagegen weiß ich dir nicht zu widersprechen, Sokrates; jenes aber bin ich mir wohl bewußt, daß ich über den Homeros am besten unter allen Menschen rede und sehr reichhaltig, so daß auch alle andern sagen, ich redete gut, über die andern aber nicht. Also sieh zu, was das wohl sein mag.

5. Die dichterische Inspiration

SOKRATES: Ich sehe ja zu, o Ion, und fange schon an, dir zu zeigen,
d was mich dies zu sein dünkt. Nämlich dies wohnt dir nicht als Kunst bei, gut über den Homeros zu reden, wie ich eben sagte, sondern als eine göttliche Kraft, welche dich bewegt, wie in dem Steine, der vom Euripides der Magnet, gewöhnlich aber der Herakleiische genannt wird. Denn auch dieser Stein zieht nicht nur selbst die eisernen Ringe, sondern er teilt auch den Ringen die Kraft mit, daß sie eben dieses tun können wie der Stein selbst,
e nämlich andere Ringe ziehen, so daß bisweilen eine ganze lange Reihe von Eisen und Ringen aneinander hängt; allen diesen aber ist ihre Kraft von jenem Steine angehängt. Ebenso auch macht zuerst die Muse selbst Begeisterte, und an diesen hängt eine ganze Reihe anderer durch sie sich Begeisternder. Denn alle rechten Dichter alter Sagen sprechen nicht durch Kunst, sondern als Begeisterte und Besessene alle diese schönen Gedichte, und ebenso die rechten Liederdichter, und so wenig die, welche vom tanzenden
534a Wahnsinn befallen sind, mit vernünftigem Bewußtsein tanzen, so dichten auch die Liederdichter nicht bei vernünftigem Bewußtsein diese schönen Lieder, sondern wenn sie von Harmonie und Rhythmus erfüllt sind, dann werden sie den Bacchen ähnlich, und begeistert, wie diese aus den Strömen Milch und Honig nur wenn sie begeistert sind schöpfen, wenn aber ihres Bewußtseins mächtig, dann nicht, so bewirkt auch der Liederdichter Seele dieses, wie sie auch selbst sagen. Es sagen uns nämlich die Dichter, daß sie aus
b honigströmenden Quellen aus gewissen Gärten und Hainen der Musen pflückend diese Gesänge uns bringen, wie die Bienen, auch selbst so umherfliegend. Und wahr reden sie. Denn ein leichtes Wesen ist ein Dichter und geflügelt und heilig, und nicht eher ver-

mögend zu dichten, bis er begeistert worden ist und bewußtlos und die Vernunft nicht mehr in ihm wohnt. Denn solange er diesen Besitz noch festhält, ist jeder Mensch unfähig, zu dichten oder Orakel zu sprechen. Weil sie nun nicht durch Kunst dichtend Vieles und Schönes über die Dinge sagen, eben wie du über den Homeros, sondern durch göttliche Schickung: so ist nun deshalb jeder nur dasjenige schön zu dichten vermögend, wozu die Muse ihn antreibt, der Dithyramben, der Lobgesänge, der Tänze, der Sagen, der Jamben, und im übrigen ist jeder schlecht. Nämlich nicht durch Kunst bringen sie dieses hervor, sondern durch göttliche Kraft. Denn wenn sie durch Kunst über eines schön zu reden wüßten, würden sie es auch über alles andere. Daher auch der Gott nur, nachdem er ihnen die Vernunft genommen, sie und die Orakelsänger und die göttlichen Wahrsager zu Diensten gebraucht, damit wir Hörer gewiß wissen mögen, daß nicht diese es sind, welche das sagen, was soviel wert ist, denen ihre Vernunft ja nicht innewohnt; sondern daß der Gott selbst es ist, der es sagt, und daß er nur durch diese zu uns spricht. Ein großer Beweis für diese Rede ist Tynnichos der Chalkidier, der nie irgendein anderes Gedicht gedichtet hat, dessen es nur lohnte zu erwähnen, doch aber diesen Päan, den jedermann singt, fast unter allen Liedern das schönste, recht, wie er selbst sagt, einen Fund der Musen. Denn an ihm scheint ganz vorzüglich der Gott uns dieses gezeigt zu haben, damit wir ja nicht zweifeln, daß diese schönen Gedichte nicht Menschliches sind und von Menschen, sondern Göttliches und von Göttern, die Dichter aber nichts sind als Sprecher der Götter, besessen jeder von dem, der ihn eben besitzt. Um dies zu zeigen, hat recht absichtlich der Gott durch den schlechtesten Dichter das schönste Lied gesungen. Oder dünkt dich nicht, daß ich recht habe, Ion?

ION: Ja, beim Zeus, mich dünkt es gewiß. Denn du ergreifst mir recht die Seele mit deinen Worten, Sokrates; und ich glaube wohl, daß durch göttliche Schickung die rechten Dinge uns dies von den Göttern überbringen.

6. Mitergriffensein der Rhapsoden
SOKRATES: Und nicht wahr, ihr Rhapsoden überbringt wieder jenes von den Dichtern?

ION: Auch darin hast du recht.

SOKRATES: Ihr seid also Sprecher der Sprecher?

ION: Allerdings.

b   SOKRATES: Komm aber und sage mir auch dies, Ion, und ver-
heimliche es mir nicht, was ich dich fragen will. Wenn du die Verse
schön vorträgst und deine Zuschauer am meisten hinreißt, es sei
nun, daß du den Odysseus singst, wie er auf die Schwelle springt,
sich den Freiern offenbart und sich die Pfeile ausgießt vor die
Füße, oder den Achilleus, wie er gegen den Hektor dringt, oder
auch etwas Klägliches von der Andromache oder der Hekabe oder
dem Priamos: bist du dann bei völligem Bewußtsein, oder gerätst
c   du außer dich und glaubt deine begeisterte Seele, bei den Gegenständen zu sein, von welchen du sprichst, sie mögen nun in Ithaka
sein oder in Troja oder wo sonst das Gedicht sich aufhält?

ION: Welchen deutlichen Beweis hast du mir da aufgestellt, Sokrates! Denn ich will dir nichts davon verheimlichen. Wenn ich
nämlich etwas Klägliches vortrage: so füllen sich mir die Augen
mit Tränen, wenn aber etwas Furchtbares und Schreckliches, so
sträuben sich die Haare aufwärts vor Furcht, und das Herz pocht.

d   SOKRATES: Was wollen wir also sagen, Ion? Daß derjenige bei
vollem Bewußtsein ist, welcher, mit bunten Kleidern und goldnen
Kränzen geschmückt, mitten unter Opfern und Festlichkeiten
weint, ohne von jenen Herrlichkeiten etwas verloren zu haben,
oder sich fürchtet mitten unter zwanzigtausend befreundeten
Menschen, ohne daß ihn jemand ausziehen oder sonst ihm Leiden
zufügen will?

ION: Nein, beim Zeus, Sokrates, nicht eben, wenn ich doch die
Wahrheit sagen soll.

SOKRATES: Und weißt du wohl, daß ihr auch unter den Zuschauern gar viele ebendahin bringt?

e   ION: Gar sehr weiß ich das. Denn ich betrachte sie jedesmal
oben herab von der Bühne, wie sie weinen und furchtbar umher-
blicken und mitstaunen über das Gesagte. Auch muß ich ja wohl
gar sehr auf sie achtgeben: denn habe ich sie recht weinen gemacht, so lache ich hernach, weil ich Geld einnehme; habe ich sie
aber lachen gemacht, so muß ich selbst weinen, weil ich das Geld
einbüße.

7. Wirkungen der göttlichen Kraft

SOKRATES: Merkst du nun, daß dieser Zuschauer der letzte ist von den Ringen, von welchen ich sagte, daß sie aus dem herakleotischen Stein einer durch den andern ihre Kraft empfinden? Der mittlere aber bist du, der Rhapsode und Darsteller, und der erste   536a ist der Dichter selbst. Der Gott aber zieht durch alle diese die Seelen der Menschen wohin er will, indem er der einen Kraft an den andern anhängt. Und wie an jenem Steine, so hängt auch hier eine gar lange Reihe von Chorsängern und Lehrern des Chors und Unterlehrern, die wieder seitwärts angehängt sind, an den an der Muse hängenden Ringen. Und der eine Dichter hängt an dieser, der andere an jener Muse; wir nennen das zwar «sie besitzt ihn», das ist aber ziemlich dasselbe, denn sie hält ihn doch immer. An   b diesen ersten Ringen nun, den Dichtern, hängen wieder an jedem andere und sind begeistert, einige vom Orpheus, andere vom Musaios, die meisten aber werden vom Homeros besessen und gehalten, von denen auch du, Ion, einer bist und vom Homeros gehalten wirst. Wenn daher jemand von einem andern Dichter etwas singt, so schlummerst du und hast nichts zu sagen; wenn aber jemand ein Lied von diesem Dichter anstimmt, so wachst du sogleich und deine Seele tanzt und gar vieles weißt du zu sagen. Denn nicht durch Kunst oder Wissenschaft sagst du, was du vom Homeros   c sagst, sondern durch göttliche Schickung und Besitzung, so wie die Korybanten nur auf jenen Gesang recht hören, der von dem Gotte herrührt, welcher sie besitzt, und für dessen Weise einen Reichtum an Gebärden und Worten haben, um andere sich aber gar nicht bekümmern: so hast auch du, Ion, wenn jemand des Homeros erwähnt, großen Vorrat, bei andern aber gar keinen. Und die Ursache hiervon, wonach du mich fragst, weshalb du nur   d über den Homeros etwas weißt, über andere aber nicht, ist die, daß du nicht durch Kunst, sondern durch göttliche Schickung so gewaltig bist als ein Verherrlicher des Homeros.

8. Jeder Kunst eignet ein spezifischer Gegenstand

ION: Sehr gut zwar sprichst du, Sokrates, jedoch wollte ich mich wundern, wenn du so gut sprächest, daß du mich überreden könntest, ich verherrlichte den Homeros durch Eingeistung und Wahnsinn. Ich glaube auch, es würde nicht einmal dir so vorkommen, wenn du mich hörtest über den Homeros reden.

SOKRATES: Gewiß will ich dich ja hören, nicht eher jedoch, bis
e du mir dies beantwortest. Worüber von allem, wovon Homeros
spricht, sprichst du gut? Denn über alles und jedes doch wohl
nicht?

ION: Das wisse nur, Sokrates, über alles ohne Ausnahme.

SOKRATES: Doch aber nicht darüber, wovon du nichts verstehst und Homeros doch spricht?

ION: Und was für Dinge wären das, wovon Homeros zwar
spricht, ich aber nichts verstehe?

537a SOKRATES: Redet nicht auch Homeros von allerlei Künsten an
vielen Orten vielerlei? So wie von der Kunst des Wagenführers;
wenn mir die Verse einfallen, will ich sie dir sagen.

ION: Ich will sie dir schon sagen; mir fallen sie gewiß ein.

SOKRATES: So sage mir denn, was Nestor zu seinem Sohne An-
tilochos spricht, indem er ihn erinnert, sich wohl vorzusehen mit
der Wendung beim Wagenrennen zu Ehren des Patroklos.

ION: «Selber zugleich dann beug’ in dem schöngeflochtenen
b Sessel, Sanft zur Linken dich hin, und das rechte Roß des Gespan-
nes Treib’ mit Geißel und Ruf, und laß ihm die Zügel ein wenig,
Während dir nah am Ziele das linke Roß sich herumdreht, So daß
fast die Nabe den Rand zu erreichen dir scheinet Deines zierlichen
Rades: den Stein nur zu rühren vermeide –»

c SOKRATES: Genug. Ob also, o Ion, in diesen Versen Homeros
richtig spricht oder nicht, welcher von beiden wird das besser verstehen, der Arzt oder der Wagenführer?

ION: Der Wagenführer allerdings.

SOKRATES: Etwa, weil er diese Kunst innehat, oder sonst weswegen?

ION: Nein, sondern deswegen.

SOKRATES: Ist nun nicht jeder Kunst von Gott ein Werk angewiesen, das sie vermögend ist zu verstehen? Denn was wir durch
die Steuermannskunst verstehen, das verstehen wir doch nicht
durch die Heilkunst.

ION: Nein freilich.

SOKRATES: Und was durch die Heilkunst, das nicht auch durch
die Baukunst.

ION: Nein freilich.

d SOKRATES: Und wird es nicht mit allen Künsten so sein, daß,

was wir durch die eine verstehen, wir nicht auch durch eine andere
verstehen? Zuerst aber beantworte mir das, behauptest du auch,
daß diese Kunst eine ist, und jene wieder eine andere?

ION: Ja.

SOKRATES: Auch wohl wie ich urteilend, wenn nämlich die eine
die Erkenntnis dieser Gegenstände ist und die andere wieder jener,
ich diese dann eine andere Kunst nenne und jene wieder eine andere, so auch du?

ION: Ja.   e

SOKRATES: Denn wenn jene die Erkenntnis derselben Gegenstände wäre, warum soll man dann sagen, die eine wäre diese und
die andere wieder jene, wenn man doch durch beide nur einerlei
weiß? So wie ich weiß, daß dies fünf Finger sind und du dies ganz
ebenso weißt wie ich; und wenn ich dich nun fragte, ob auch wohl
durch dieselbe Kunst, nämlich die Rechenkunst, wir beide das
nämliche wissen, ich und du, oder durch eine andere: du doch
wohl sagen würdest, durch dieselbe.

ION: Ja.

SOKRATES: Was ich dich also schon vorher im Begriff war zu   538a
fragen, das sage mir nun, ob es dich auch in Absicht aller Künste so
dünkt, daß man notwendig durch dieselbe Kunst auch dasselbe
erkennt, durch eine andere aber nicht dasselbe, sondern da sie ja
eine andere ist, sie auch notwendig etwas anderes erkennen muß?

ION: So dünkt es mich, Sokrates.

9. Beurteilung der bei Homer geschilderten Künste kommt dem
Sachverständigen zu

SOKRATES: Also, wer irgendeine Kunst nicht besitzt, der wird
auch, was vermöge dieser Kunst geredet oder getan wird, nicht
richtig zu beurteilen vermögen.

ION: Wahr gesprochen.

SOKRATES: Wirst nun wohl über die Verse, welche du eben her-   b
sagtest, ob sie gut gesagt sind vom Homeros oder nicht, du besser
urteilen können oder ein Wagenführer?

ION: Ein Wagenführer.

SOKRATES: Denn du bist ein Rhapsode und kein Wagenführer.

ION: Nein.

SOKRATES: Und die Kunst der Rhapsoden ist eine andere als die
der Wagenführer?

ION: Ja.

SOKRATES: Wenn also eine andere, so ist sie auch Erkenntnis anderer Gegenstände.

ION: Ja.

SOKRATES: Wie nun, wenn Homeros sagt, daß Hekamede, des Nestors Leibdienerin, dem verwundeten Machaon einen Kühl-
c trank zu trinken reicht und er so etwa sagt: «Mengte des Pramni- schen Weins», spricht er, «und rieb mit eherner Raspel Ziegen- käse darauf, mit weißem Mehl ihn bestreuend»; ob dies Homeros recht sagt oder nicht, ist das die Sache der Arzneikunst, richtig zu beurteilen, oder der rhapsodischen?

ION: Der Arzneikunst.

SOKRATES: Und wie, wenn Homeros sagt: «Jene sank wie ge-
d ründetes Blei in die Tiefe hinunter, Welches über dem Horn des geweideten Stieres befestigt Sinkt, den gefräßigen Fischen des Meers das Verderben zu bringen»; wollen wir sagen, dies gehöre mehr für die Fischerkunst zu beurteilen oder für die rhapsodische, was er hier sagt, und ob es recht ist oder nicht?

ION: Offenbar, Sokrates, für die Fischerkunst.

SOKRATES: Erwäge also, wenn du nun der Fragende wärest und
e mich fragtest: Da du nun, Sokrates, für alle diese Künste etwas findest im Homeros, was ihnen zusteht zu beurteilen, so komm und finde mir auch heraus, was für den Wahrsager und die Wahr- sagekunst gehört, was das wohl sein mag, was denen gebührt, be- urteilen zu können, ob es gut oder schlecht gedichtet ist – so sieh, wie leicht und richtig ich dir antworten werde. Denn gar oft sagt er dergleichen auch in der Odysseia, wie was der Seher der Melam-
539a podideer, Theoklymenos, zu den Freiern sagt: «Ach, unglückliche Männer, was duldet ihr? Rings ja in Nacht sind Euch gehüllt die Häupter, die Angesicht' und die Glieder! Schrecklich ertönt Weh- klag', und tränenbenetzt sind die Wangen! Voll der Schattenge- bild' ist die Flur und voll auch der Vorhof, Die zum Erebos eilen in
b Finsternis! Aber die Sonn' ist Ausgelöscht am Himmel, und rings herrscht gräßliches Dunkel!» Oft auch in der Ilias, wie im Mauergefecht, denn auch hier sagt er: «Denn ein Vogel erschien, da sie überzugehn sich entschlossen, Ein hochfliegender Adler, der links hin streifend das Kriegsheer Eine Schlang' in den Klauen da-
c hertrug, rot und unendlich, Lebens annoch und zappelnd, noch

nicht vergessend der Streitlust. Denn dem haltenden Adler durch-
stach sie die Brust an dem Halse, Rückwärts drehend das Haupt,
er schwang sie hinweg auf die Erde, Hart von Schmerzen gequält,
und sie fiel in die Mitte des Haufens. Aber er selbst lauttönend
entflog im Hauche des Windes.» Dieses, würde ich sagen, gehört d
für den Wahrsager zu betrachten und zu beurteilen.

10. *Was erkennt der Rhapsode am besten?*
ION: Sehr wahr sprichst du damit, o Sokrates.

SOKRATES: Auch du sprichst hierin sehr wahr, o Ion! So komm
denn, und wie ich dir ausgesucht habe aus der Odysseia und Ilias,
was für den Wahrsager gehört und was für den Arzt und was für
den Fischer: so suche du auch mir heraus, da du ja des Homeros e
kundiger bist als ich, was nun für den Rhapsoden gehört, o Ion,
und für die rhapsodische Kunst, und was diesem gebührt zu betrachten und zu beurteilen vor den übrigen Menschen.

ION: Ich behaupte eben, alles, Sokrates.

SOKRATES: Soeben, Ion, wolltest du doch nicht behaupten, alles. Oder bist du so vergeßlich? Das ziemt ja wohl einem Rhapsoden nicht, vergeßlich zu sein?

ION: Was vergesse ich denn? 540a

SOKRATES: Erinnerst du dich nicht, daß du behauptetest, die
Kunst des Rhapsoden wäre eine andere als die des Wagenführers?

ION: Dessen erinnere ich mich.

SOKRATES: Und daß sie als eine andere auch anderes verstehe,
gestandest du das auch?

ION: Ja.

SOKRATES: Nicht alles also wird doch die rhapsodische Kunst
nach deiner Rede verstehen und der Rhapsode?

ION: Ausgenommen vielleicht dergleichen, Sokrates.

SOKRATES: Mit diesem «dergleichen» meinst du doch, ausge- b
nommen, was für alle übrigen Künste gehört? Aber was wird er
denn verstehen, wenn doch nicht alles?

ION: Was einem Manne zu sprechen ziemt, glaube ich, und was
einer Frau, was einem Knechte und was einem Freien, was einem
Gehorchenden und was einem Gebietenden.

SOKRATES: Meinst du etwa, was dem Gebietenden über ein auf
dem Meere mit dem Sturme kämpfendes Schiff zu sprechen geziemt, werde der Rhapsode besser verstehen als der Steuermann?

ION: Nein, sondern dies wohl der Steuermann.

c   SOKRATES: Aber was dem, der über einen Kranken gebietet, zu sprechen geziemt, das wird der Rhapsode besser verstehen als der Arzt?

ION: Auch das nicht.

SOKRATES: Aber was einem Knechte geziemt, sagst du?

ION: Ja.

SOKRATES: Was einem Knechte, der das Vieh hütet, zu sprechen gebührt, wenn ihm die Rinder wild werden und er ihnen zuredet, das wird der Rhapsode verstehen und nicht der Ochsenhirte?

ION: Freilich wohl nicht.

SOKRATES: Aber was einer webenden Frau geziemt von der Verarbeitung der Wolle zu sprechen?

ION: Nein.

d   SOKRATES: Was aber einem Heerführer zu sprechen geziemt, der den Kriegern zuredet, wird er verstehen?

ION: Ja, dergleichen wird der Rhapsode verstehen.

11. Kunst des Rhapsoden mit der des Heerführers identisch?

SOKRATES: Wie doch? Ist die Kunst des Rhapsoden die des Heerführers?

ION: Ich würde wenigstens schon verstehen, was einem Heerführer zu sprechen geziemt!

SOKRATES: Vielleicht bist du eben auch ein Heerführer der Kunst nach. Denn wenn du zugleich ein Bereiter wärst und ein Künstler auf der Lyra, so verständest du dich auch auf Pferde, die

e   gut und schlecht zugeritten wären. Aber wenn ich dich dann fragte: durch welche Kunst, o Ion, erkennst du die gut zugerittenen Pferde? Durch die, vermöge deren du ein Bereiter bist, oder durch die, vermöge deren ein Lyraspieler? Was würdest du mir antworten?

ION: Durch die, vermöge welcher ich ein Bereiter bin, antwortete ich.

SOKRATES: Also, wenn du auch die, welche die Lyra gut spielen, erkenntest: so würdest du gestehen, sie durch die Kunst, vermöge deren du selbst die Lyra spielst, zu erkennen, nicht durch die, vermöge deren du ein Bereiter bist?

ION: Ja.

SOKRATES: Wenn du also, was zur Heerführung gehört, verstehst, verstehst du es, insofern du der Kunst nach ein Heerführer oder insofern du ein guter Rhapsode bist?

ION: Das dünkt mich gar nicht unterschieden zu sein.

SOKRATES: Wie meinst du, gar nicht unterschieden? Meinst 541 a du, das wäre nur eine Kunst, die des Rhapsoden und die des Heerführers, oder zwei?

ION: Eine, scheint es mir wenigstens.

SOKRATES: Wer also ein guter Rhapsode ist, der ist auch ein guter Heerführer?

ION: Ganz gewiß, Sokrates.

SOKRATES: Und auch wer ein guter Heerführer ist, ist also ein guter Rhapsode?

ION: Das dünkt mich wieder nicht.

SOKRATES: Aber jenes dünkt dich, wer nur ein guter Rhapsode ist, sei auch ein guter Heerführer?   b

ION: Gar sehr.

SOKRATES: Nun bist du doch unter den Hellenen der beste Rhapsode?

ION: Bei weitem, Sokrates.

SOKRATES: Bis du etwa auch, o Ion, der beste Heerführer unter den Hellenen?

ION: Wisse nur, Sokrates, daß ich auch das aus dem Homeros gelernt habe.

12. Verhinderter Heerführer und göttlicher Ausleger

SOKRATES: Warum also doch bei den Göttern, o Ion, wenn du unter den Hellenen beides der beste bist, Rhapsode und Heerführer, gehst du zwar umher und singst den Hellenen vor als Rhapsode, führst sie aber nicht an als Heerführer? Oder glaubst du, daß um einen mit goldenem Kranze bekränzten Rhapsoden zwar c große Not ist unter den Hellenen, um Heerführer aber gar nicht?

ION: Unsere Stadt wird ja von euch regiert und beschützt und bedarf keines Heerführers, die eurige aber, Sokrates, und Lakedaimon würden mich nicht zum Heerführer wählen, denn ihr glaubt, dazu selbst genug zu sein.

SOKRATES: Bester Ion, kennst du nicht Apollodoros den Kyzikener?

ION: Was doch für einen?

SOKRATES: Den die Athener als einen Fremden doch schon oft zu ihrem Heerführer gewählt haben, wie auch den Phanosthenes
d von Andros und Herakleides den Klazomenier, welche, obgleich Fremde, die aber gezeigt haben, was sie wert sind, die Stadt zu Heerführern sowohl als zu andern Staatsämtern erhebt. Und Ion den Ephesier also sollte sie nicht zum Heerführer wählen und sonst ehren, wenn sie glaubt, daß er der Rede wert sei? Und wie? Seid ihr Ephesier nicht noch überdies Athener von alters her und
e Ephesos nicht geringer als irgendeine andere Stadt? Aber du, o Ion, wenn du recht darin hast, daß du durch Kunst und Wissenschaft imstande bist, den Homeros zu verherrlichen, so tust du Unrecht, da du doch viel Schönes über den Homeros zu wissen behauptest und mir versprochen hast, davon zu zeigen, daß du mich betrügst und, weit gefehlt, dich mir mit jenem zu zeigen, mir nicht einmal sagen willst, was das ist, worin du gewaltig bist, wonach mich doch schon lange recht gelüstet. Sondern ordentlich wie Proteus vervielfältigst du dich und drehst dich von oben nach unten, bis du mir endlich ganz entschlüpfst und mir als Heerführer wieder erscheinst, um nur nicht zu zeigen, wie stark du bist in der
542a Weisheit über den Homeros. Wenn du also als ein Künstler um dein Versprechen, dessen ich eben erwähnte, daß du dich mir über den Homeros zeigen wolltest, mich betrügst: so tust du unrecht. Wenn du aber kein Künstler bist, sondern, durch göttliche Schikkung am Homeros festgehalten, ohne etwas zu wissen, viel und Schönes sagst über den Dichter, wie ich eben von dir sagte, dann tust du nicht unrecht. So wähle nun, wofür du lieber von uns willst gehalten sein, für einen unrechtlichen Mann oder für einen göttlichen.

b   ION: Ein großer Unterschied ist das, Sokrates! Denn weit schöner ist es, für einen göttlichen gehalten zu werden.

SOKRATES: Dieses Schönere also, o Ion, trägst du von unsertwegen davon, ein göttlicher zu sein, nicht aber ein kunstmäßiger Verherrlicher des Homeros.

HIPPIAS II
(Das kleinere Gespräch dieses Namens)

EUDIKOS. SOKRATES. HIPPIAS

1. Aufforderung zum Fragen. Achill oder Odysseus der bessere Mann?

EUDIKOS: Du aber, Sokrates, warum schweigst du, nachdem 363a
Hippias uns so vieles ausgestellt, und lobst nicht entweder mit uns
etwas von dem Gesagten, oder tadelst auch, wenn dir etwas nicht
gut gesagt zu sein scheint? Zumal auch nur wir übriggeblieben
sind, die wir uns doch vorzüglich bestreben, teilzuhaben an wis-
senschaftlicher Beschäftigung.

SOKRATES: Allerdings, Eudikos, habe ich einiges, was ich ganz
gern erfragen möchte vom Hippias über das, was er eben sprach b
vom Homeros. Denn auch von deinem Vater Apemantos habe ich
gehört, die Ilias wäre ein schöneres Gedicht als die Odysseia, und
zwar um soviel schöner, als Achilleus besser wäre denn Odysseus.
Jedes nämlich von diesen Gedichten, sagte er, wäre auf einen, das
eine auf den Odysseus gedichtet, das andere auf den Achilleus.
Darüber nun möchte ich gern, wenn es dem Hippias gelegen ist,
weiter fragen, was ihn wohl dünkt von diesen beiden Männern,
welchen er für den besseren hält; da er uns ja doch so viel und c
vielerlei anderes vorgetragen hat über andere Dichter sowohl als
über den Homeros.

2. Vortrefflichkeit des Hippias

EUDIKOS: Offenbar wird dir ja Hippias nicht abschlagen, wenn
du ihn etwas fragst, zu antworten. Nicht wahr, Hippias, wenn
Sokrates dich etwas fragt, wirst du antworten? Oder was wirst du
tun?

HIPPIAS: Das wäre ja arg, o Eudikos, wenn ich nach Olympia
zwar in die Festversammlung der Hellenen, wenn die Spiele gefei-
ert werden, jedesmal von Hause aus Elis hinaufginge nach dem d

Tempel und mich anböte, sowohl was nur einer will von allem zur
Prunkrede von mir schon Vorbereiteten vorzutragen, als auch je-
dem zu antworten, der mich nur was immer fragt, jetzt aber des
Sokrates Frage ausweichen wollte!

364a   SOKRATES: In einem glückseligen Zustande befindest du dich,
Hippias, wenn du jede Olympiade mit so guter Zuversicht für
deine Seele, was Weisheit betrifft, zum Feste kommst; und es sollte
mich wundern, wenn irgendeiner von denen, die sich dort in Leibesübungen zeigen, so furchtlos und fest vertrauend auf seinen
Leib dort hinginge zum Kampf, wie du sagst auf deinen Verstand.

HIPPIAS: Ganz natürlich, o Sokrates, daß es mir so ergeht.
Denn seitdem ich angefangen, bei den Olympischen Spielen mich
im Wettkampf zu zeigen, bin ich noch auf keinen jemals getroffen,
der in irgend etwas vortrefflicher gewesen wäre als ich.

3. Achill der Beste, Odysseus der Vielgewandteste

b   SOKRATES: Ein schönes Denkmal der Weisheit, o Hippias, muß
dieser dein Ruhm sowohl der Stadt Elis sein als auch deinen Eltern. Allein was sagst du uns wegen des Achilleus und des Odysseus? Welchen hältst du, und worin, für besser? Denn als unserer
so viele drin waren und du deine Schaurede hieltest, blieb ich zurück hinter deiner Rede. Denn ich trug Bedenken, dich weiter zu
fragen, weil viel Volks drinnen war, und um dir nicht Störungen
zu machen durch mein Fragen in deiner Prunkrede. Nun wir aber
c   weniger sind und Eudikos mir zuredet zu fragen: so sprich doch
und lehre uns deutlicher, was du sagtest von diesen beiden Männern? Wie unterscheidest du sie?

HIPPIAS: Ich will dir also noch deutlicher als damals erklären,
was ich meine von diesen und andern. Ich behaupte nämlich, Homeros habe in seinen Gedichten als den Besten unter den nach
Troja Gekommenen den Achilleus dargestellt, als den Weisesten
aber den Nestor, und als den Vielgewandtesten den Odysseus.

SOKRATES: Weh mir Hippias! Tätest du mir wohl soviel zuliebe, mich nicht auszulachen, wenn ich nur mit Mühe begreife,
d   was du meinst, und oft weiter frage? So versuche denn, mir gern
und sanftmütig zu antworten.

HIPPIAS: Das wäre ja schändlich, Sokrates, wenn ich andere
zwar eben hierin unterwiese und mir Geld dafür geben ließe, selbst

aber von dir befragt keine Nachsicht beweisen und dir nicht sanftmütig antworten wollte.

4. Vielgewandtheit bedeutet Falschheit

SOKRATES: Sehr schön gesprochen! Ich also, wie du sagtest,
Achilleus werde als der Beste dargestellt, glaubte ich zu verstehen,
was du meintest, so auch, wie Nestor als der Weiseste. Hernach e
aber, als du vom Odysseus sagtest, der Dichter habe ihn als den
Vielgewandtesten dargestellt, dieses, um dir die Wahrheit zu sagen, weiß ich ganz und gar nicht, wie du es meinst. Sage mir also,
ob ich es vielleicht hieraus besser verstehen werde, wird Achilleus
nicht als vielgewandt vom Homeros dargestellt?

HIPPIAS: Ganz und gar nicht, Sokrates, sondern als höchst einfach. Denn gleich in der Bittgesandtschaft, wo er sie miteinander
redend vorstellt, sagt sein Achilleus zum Odysseus: «Edler Laer-
tiad', erfindungsreicher Odysseus, Sieh, ich muß die Rede nur 365a
grad' und frank dir verweigern, So wie im Herzen ich denk' und
wie's zu vollenden ich meine. Denn mir verhaßt ist jener so sehr
wie des Aïdes Pforten, Wer ein andres im Herzen verbirgt, ein b
anderes redet. Aber ich selbst will sagen, so wie's unfehlbar ge-
schehn wird.» In diesen Versen offenbart er die Gemütsart jedes
der beiden Männer, daß nämlich Achilleus wahr sei und einfach,
Odysseus aber vielgewandt und falsch. Denn den Achilleus läßt er
ja diese Verse dem Odysseus sagen.

SOKRATES: Jetzt mag ich wohl beinahe verstehen, Hippias, was
du meinst. Unter dem Vielgewandten nämlich meinst du einen
Falschen, wie sich ja zeigt.

HIPPIAS: Allerdings, Sokrates. Denn als einen solchen stellt c
Homeros den Odysseus dar an vielen Orten, sowohl in der Ilias als
in der Odysseia.

SOKRATES: Also dünkte, wie es scheint, den Homeros ein anderer Mann wahrhaft zu sein und wieder ein anderer falsch, nicht
aber derselbe?

HIPPIAS: Wie sollte es auch nicht, Sokrates?

SOKRATES: Dünkt es etwa dich auch selbst so, Hippias?

HIPPIAS: Vor allen Dingen freilich! Es wäre ja auch arg, wenn
nicht.

5. Falschheit verbunden mit Tüchtigkeit und Klugheit

SOKRATES: So wollen wir dann den Homeros jetzt lassen, da es
d ohnedies unmöglich ist, ihn zu befragen, was er sich wohl dachte,
als er diese Verse dichtete. Da du aber dich der Sache offenbar
annimmst und selbst das glaubst, was du behauptest, das Homeros meine: so antworte gemeinschaftlich für den Homeros und für
dich selbst.

HIPPIAS: Das soll geschehen; frage nur in kurzem, was du
willst.

SOKRATES: Meinst du unter den Falschen solche, die untüchtig
sind, etwas zu tun, wie die Kranken, oder die tüchtig sind, etwas
zu tun?

HIPPIAS: Tüchtige meine ich, und zwar gar sehr zu vielem andern sowohl als auch dazu, die Menschen zu hintergehen.

e SOKRATES: Tüchtig sind sie also nach deiner Rede, wie es
scheint, und vielgewandt. Nicht wahr?

HIPPIAS: Ja.

SOKRATES: Sind sie nun vielgewandt und betrügerisch etwa aus
Albernheit und Unklugheit, oder aus einer gewissen List und
Klugheit?

HIPPIAS: Aus List allerdings und aus Klugheit.

SOKRATES: Klug sind sie also, wie es scheint.

HIPPIAS: Ja beim Zeus, gar sehr.

SOKRATES: Und als Kluge sollten sie nicht dessen kundig sein,
was sie tun? Oder sind sie es?

HIPPIAS: Wohl sind sie dessen gar sehr kundig; darum eben
tun sie ja übel.

SOKRATES: Und als dessen Kundige, sind sie Unverständige
oder Weise?

366a HIPPIAS: Weise allerdings eben darin, im Betrügen.

6. Falschheit als Vermögen des Lügens

SOKRATES: Komm denn, laß uns noch einmal wiederholen, was
das ist, was du sagst. Die Falschen, behauptest du, sind tüchtig
und klug und kundig und weise, worin sie falsch sind?

HIPPIAS: Das behaupte ich freilich.

SOKRATES: Und andere sind die Wahren und die Falschen, ganz
einander entgegengesetzt?

HIPPIAS: Das meine ich.

SOKRATES: Wohlan also: von den Tüchtigen und Weisen sind die Falschen welche, nach deiner Rede?

HIPPIAS: Ganz gewiß.

SOKRATES: Wenn du nun sagst, tüchtig und weise wären die b Falschen eben darin: meinst du, daß sie tüchtig sind zu lügen, wann sie wollen darin, worin sie eben lügen, oder untüchtig?

HIPPIAS: Tüchtig, meine ich.

SOKRATES: Um es also kurz zusammenzufassen, die Falschen sind weise und tüchtig zu lügen?

HIPPIAS: Ja.

SOKRATES: Ein zum Lügen untüchtiger und unverständiger Mann wäre also nicht falsch?

HIPPIAS: So ist es.

SOKRATES: Tüchtig aber ist doch wohl jeder, der das, was er will, alsdann tut, wann er es will; ich meine aber nicht, wenn einer c aus Krankheit daran verhindert wird oder dergleichen; sondern so, wie du vermögend bist, meinen Namen zu schreiben, wann immer du willst, so meine ich. Nennst du nicht den tüchtig, mit dem es so steht?

HIPPIAS: Ja.

7. Verbundenheit des Vermögens zum Lügen und zum Wahrheit sagen

SOKRATES: Sage mir also, Hippias, bist du nicht wohlerfahren im Rechnen und der Rechenkunst?

HIPPIAS: Ganz vorzüglich, Sokrates.

SOKRATES: Also, wenn dich jemand fragte nach dreimal siebenhundert, welche Zahl das ist, so würdest du, wenn du nur wolltest, ganz vorzüglich und geschwind das Richtige hierüber sa- d gen?

HIPPIAS: Allerdings.

SOKRATES: Etwa weil du der Tüchtigste und Weiseste bist hierin?

HIPPIAS: Ja.

SOKRATES: Bist du aber wohl nur der Weiseste und Tüchtigste oder auch der Beste eben darin, worin der Tüchtigste und Weiseste, im Rechnen?

HIPPIAS: Auch der Beste offenbar, Sokrates.

SOKRATES: Das Wahre also hierüber zu sagen, wärst du der Tüchtigste, nicht wahr?

e   HIPPIAS: Ich denke wenigstens.

SOKRATES: Wie aber das Falsche eben hierin? Und beantworte mir das wie das vorige, o Hippias, unverhohlen und edelmütig. Wenn dich jemand fragte nach dreimal siebenhundert, wieviel das ist, würdest du wohl auch am besten lügen und jedesmal auf gleiche Weise das Falsche hierüber sagen können, wenn du lügen und

367a niemals richtig antworten wolltest; oder könnte der Unverständige im Rechnen besser lügen als du, wenn du wolltest? Oder würde der Unverständliche oft, wenn er auch Falsches sagen wollte, das Richtige vorbringen unvorsätzlich, wenn es sich eben träfe, weil er es nämlich nicht weiß? Du aber, der Unterrichter, würdest, wenn du doch lügen wolltest, jedesmal gleich gut lügen?

HIPPIAS: Ja, so verhält es sich, wie du sagst.

SOKRATES: Ist nun wohl der Falsche in andern Dingen zwar falsch, aber nicht in Zahlen? Und könnte er im Zählen nicht lügen?

HIPPIAS: Beim Zeus, auch in Zahlen.

8. a) *Der Gute und Wahre im Rechnen mit dem Falschen identisch*

SOKRATES: Setzen wir also auch dies, Hippias, es sei ein Mensch falsch in Rechnungen und Zahlen?

b   HIPPIAS: Ja.

SOKRATES: Wer also wäre dieser? Muß ihm nicht, wenn er falsch sein soll, das zukommen, wie du eben eingestandest, daß er tüchtig ist im Lügen? Denn von dem Untüchtigen im Lügen sagtest du, wenn du dich noch erinnerst, daß er nie falsch sein könne.

HIPPIAS: Dessen erinnere ich mich, und so wurde gesagt.

SOKRATES: Und zeigtest du dich nicht eben als der Allertüchtigste zum Lügen im Rechnen?

HIPPIAS: Ja, auch das wurde gesagt.

c   SOKRATES: Und bist du nicht auch der Tüchtigste, das Richtige zu sagen in Rechnungen?

HIPPIAS: Allerdings.

SOKRATES: Also derselbe ist der Tüchtigste, das Wahre und

auch das Falsche zu sagen im Rechnen! Dies aber ist der Gute hierin, der Rechner?

HIPPIAS: Ja.

SOKRATES: Wer anders wird uns also falsch im Rechnen, Hippias, als der Gute? Denn der ist auch der Tüchtige, der aber ist auch der Wahre?

HIPPIAS: So zeigt es sich.

SOKRATES: Siehst du also, daß derselbe der Falsche ist und auch der Wahre hierin? Und der Wahre um nichts besser als der Falsche? Denn er ist ja derselbe, und keineswegs verhalten sie sich d ganz entgegengesetzt, wie du vorhin meintest.

HIPPIAS: Es scheint nicht, hierin wenigstens.

SOKRATES: Willst du, daß wir es auch anderwärts betrachten?

HIPPIAS: Wenn anders auch du es willst.

8. b) Ebenso in Meßkunst und Astronomie

SOKRATES: Bist du nicht auch in der Meßkunst erfahren?

HIPPIAS: Das bin ich.

SOKRATES: Wie nun? Verhält es sich in der Meßkunst nicht ebenso? Derselbe ist der Tüchtigste zu lügen und auch das Richtige zu sagen über die Umrisse, der Meßkünstler?

HIPPIAS: Ja.

SOKRATES: Ist nun hierin ein anderer gut, als eben dieser?   e

HIPPIAS: Kein anderer.

SOKRATES: Also der gute und weise Meßkünstler ist der geschickteste zu beidem. Und wenn irgendeiner falsch ist in dem, was Umrisse betrifft, so ist er es, der Gute. Denn dieser ist tüchtig. Der Schlechte aber war untüchtig zum Lügen, so daß er nie falsch sein kann, da er untüchtig ist zum Lügen, wie wir waren einig geworden.

HIPPIAS: So ist es.

SOKRATES: Nun auch noch den dritten laß uns betrachten, den Sternkundigen, in welcher Kunst du noch mehr ein Meister zu sein glaubst als in den vorigen. Nicht wahr, Hippias?   368a

HIPPIAS: Ja.

SOKRATES: Ist es nun nicht in der Sternkunde ganz dasselbe?

HIPPIAS: Wahrscheinlich wohl, Sokrates.

SOKRATES: Auch in der Sternkunde also, wenn irgendeiner

falsch ist, wird es der gute Sternkundige sein, der tüchtig ist zum
Lügen. Denn der Untüchtige nicht, der ist unverständig.

HIPPIAS: So ergibt es sich.

SOKRATES: Derselbe also wird auch in der Sternkunde der
Wahrhafte sein und der Falsche.

HIPPIAS: Das scheint so.

8. c) Überhaupt in allen Hippias- und sonstigen Künsten

SOKRATES: Komm also, Hippias, und erwäge es überall so in allen
b Erkenntnissen, ob es sich irgendwo anders verhält oder so. Denn
du bist ja in den meisten Künsten unter allen Menschen der Weiseste, wie ich dich einmal habe rühmen hören und deine vielfältige,
beneidenswerte Weisheit beschreiben auf dem Markt an den
Wechseltischen. Du sagtest nämlich, du wärest einmal so nach
Olympia gekommen, daß alles, was du an deinem Leibe hattest,
deine Arbeit gewesen wäre. Zuerst der Ring, den du anhattest –
c damit fingst du an –, wäre deine Arbeit gewesen, so daß du also
auch Steine zu schneiden verständest, und noch ein anderes Siegel
deine Arbeit, und ein Badekratzer und ein Ölfläschchen, die du
selbst gemacht. Hernach auch die Schuhe, die du anhattest, behauptetest du, selbst geschnitten zu haben und den Mantel gewebt
und das Unterkleid, und was allen das Sonderbarste schien und
der größten Geschicklichkeit Ausstellung, als du sagtest, der Gürtel deines Unterkleides sehe zwar aus wie die persischen der Vornehmen, diesen aber hättest du selbst geflochten. Überdies hättest
du Gedichte bei dir gehabt, epische und Tragödien und Dithyram-
d ben, und in Prosa gar viele und mancherlei ausgearbeitete Vor-
träge. Und so wärest du in jenen Künsten also, deren ich vorhin
erwähnte, als ein Meister hingekommen, ausgezeichnet vor den
andern, und auch im Tonmaß und Wohllaut und der Sprachrich-
tigkeit, und noch überdies in vielen andern, wie ich mich gar wohl
zu erinnern glaube. Wiewohl dein Erinnerungskunststück habe
ich ganz vergessen, wie es scheint, worin du glaubtest, am meisten
e zu glänzen. Ich glaube aber auch noch viel anderes vergessen zu
haben. Also, was ich eigentlich meine, sowohl in Hinsicht auf
deine eignen Künste, denn auch die sind schon hinreichend, als
auch auf anderer ihre, sage mir, ob du irgend findest nach dem
bisher unter uns Eingestandenen, worin der Wahrhafte und der

Falsche getrennt sind und nicht derselbe. Erwäge dies an welcher
Geschicklichkeit oder Kunst, oder wie du es am liebsten nennen 369 a
magst, du nur immer willst. Gewiß, du wirst keine finden, Freund,
denn es gibt keine. Aber sage selbst.

9. Konklusion: Achill und Odysseus einander ganz ähnlich. Protest des Hippias

HIPPIAS: Ich weiß nichts, Sokrates, so jetzt gleich.

SOKRATES: Du wirst auch niemals, wie ich glaube. Wenn ich
aber recht habe: so erinnerst du dich doch, was uns aus der Rede
folgt.

HIPPIAS: Noch merke ich nicht recht, Sokrates, was du willst.

SOKRATES: Jetzt vielleicht bedienst du dich eben nicht deines
Erinnerungs-Kunststückes, offenbar weil du glaubst, daß du nicht
darfst. Ich will dich aber wohl erinnern. Du weißt doch, daß du
sagtest, Achilleus sei wahrhaft, Odysseus aber falsch und vielge- b
wandt?

HIPPIAS: Ja.

SOKRATES: Jetzt aber, merkst du doch, hat sich gezeigt, daß der
Wahre und der Falsche derselbe ist: so daß, wenn Odysseus falsch
war, er auch wahr wird, und Achilleus, der Wahre, auch falsch,
und daß die Männer nicht verschieden sind oder entgegengesetzt,
sondern ähnlich.

HIPPIAS: O Sokrates, jedesmal flichtst du solcherlei Reden zusammen, und aufnehmend, was nur das Schwierigste an einer Sache ist, bleibst du an diesem hängen und greifst es immer nur bei c
wenigem an; niemals aber streitest du gegen die ganze Sache, von
der die Rede ist. Denn auch jetzt, wenn du willst, will ich dir durch
viele Beweisstellen in einer tüchtigen Rede dartun, daß Homeros
in seinen Gedichten am Achilleus einen Besseren darstellt als
Odysseus und einen ohne Falsch, diesen aber als listig und vieles
erlügend und schlechter als Achilleus. Wenn du nun willst: so
stelle dieser Rede eine andere entgegen, daß jener der Bessere ist.
Dann werden die hier Anwesenden leichter erfahren, welcher von
uns besser spricht.

10. a) Aufzeigung der Falschheit Achills

d SOKRATES: O Hippias, ich bestreite das ja gar nicht, daß du weiser
wärest als ich. Aber ich pflege jedesmal, wenn jemand etwas sagt,
recht acht zu geben, zumal wenn ich den für weise halte, der da
redet; und aus Verlangen, zu verstehen, was er meint, forsche ich
nach und überlege die Sache weiter und vergleiche das Gesagte,
um es zu verstehen. Wenn mir aber der Sprechende unbedeutend
vorkommt: so frage ich weder weiter noch kümmere ich mich
überhaupt um das, was er sagt. Und hieran eben kannst du erkennen, wen ich für weise halte. Denn du wirst mich immer gar emsig
e darüber her finden, was ein solcher sagt, und forschend von ihm,
damit ich etwas lerne und gefördert werde dadurch. Daher habe
ich auch jetzt während einer Rede mir bedacht, daß in Absicht der
Verse, welche du vorhin anführtest und zeigtest, Achilleus sage sie
gegen den Odysseus als gegen einen, der leere Worte mache, wie
wunderbar es mich bedünken würde, wenn du recht haben soll-
370a test; weil Odysseus, der Vielgewandte, nirgends als ein Lügner
erscheint, Achilleus aber erscheint als ein Vielgewandter nach deiner Rede; er lügt wenigstens. Denn nachdem er jene Verse gesprochen, welche auch du vorhin anführtest: «Denn mir verhaßt ist
jener so sehr wie des Aïdes Pforten, Wer ein andres im Herzen
b verbirgt, ein anderes redet»: so sagt er bald darauf, er würde sich
weder vom Odysseus und Agamemnon herumbringen lassen noch
überhaupt vor Troja bleiben, sondern «Morgen», spricht er,
«bring ich ein Opfer für Zeus und die anderen Götter, Wohl dann
belad' ich die Schiffe, und wann ich ins Meer sie gezogen, Wirst du
schaun, so du willst und solcherlei Dinge dich kümmern, Schwim-
c men im Morgenrot auf dem flutenden Hellespontos Meine Schiff'
und darin die eifrig rudernden Männer; Und wenn glückliche
Fahrt der Gestaderschütterer gönnet, Möcht' ich am dritten Tag
in die schollige Phthia gelangen.» Und noch vor diesem hatte er
zankend zum Agamemnon gesagt: «Doch nun geh ich gen Phthia!
d Denn weit zuträglicher ist es, Heim mit den Schiffen zu geh'n, den
gebogenen! Schwerlich auch wirst du, Weil du allhier mich ent-
ehrst, noch Schätz' und Güter dir häufen.» Unerachtet er nun dieses gesprochen, das eine Mal vor dem ganzen Heer, das andere
Mal zu seinen Freunden: so zeigt sich doch nirgends, daß er weder
die geringste Zurüstung gemacht noch irgend versucht, die Schiffe

in See zu lassen, um nach Hause zu segeln; sondern vielmehr, daß er sehr vornehm sich wenig daraus macht, ob er wahr redet. Deshalb nun, Hippias, fragte ich dich von Anfang an, im Zweifel darüber, welchen von diesen Männern der Dichter als den besseren e gedichtet hat, und in der Meinung, daß beide sehr vortrefflich wären und schwer zu entscheiden, welcher der bessere sowohl in Absicht auf Wahrheit und Falschheit als in jeder andern Tugend. Denn beide sind auch hierin einander fast gleich.

10. b) *Aufzeigung seiner vorsätzlichen Tücke*

HIPPIAS: Du untersuchst eben die Sache gar nicht ordentlich, Sokrates. Denn was Achilleus lügt, das lügt er offenbar gar nicht hinterlistig, sondern unvorsätzlich, weil er durch die Unglücksfälle des Heeres genötigt ward, zu bleiben und Hilfe zu leisten, Odysseus aber tut es vorsätzlich und hinterlistig.

SOKRATES: Du betrügst mich, liebster Hippias, und ahmst selbst den Odysseus nach.

HIPPIAS: Keineswegs, Sokrates! Was meinst du aber, und 371a worin?

SOKRATES: Weil du behauptest, Achilleus lüge nicht mit böser Absicht, der doch so listig und tückisch ist, noch außer seinen leeren Worten, wie ihn nämlich Homeros gedichtet hat, daß er sich um so viel klüger zeigt als Odysseus in der Kunst, leicht und unentdeckt mit seinen Worten zu spielen, daß er es sogar wagte, in jenes Gegenwart sich selbst zu widersprechen, ohne daß Odysseus es bemerkt. Wenigstens findet sich nirgends, daß Odysseus so mit ihm spricht, als habe er bemerkt, daß jener gelogen. b

HIPPIAS: Was meinst du nur hiermit, Sokrates?

SOKRATES: Weißt du nicht, daß nachher einmal redend er zum Odysseus zwar gesagt hatte, er werde mit der Morgenröte absegeln, zum Ajas aber sagt, er werde nicht absegeln, sondern ganz andere Dinge redet?

HIPPIAS: Wo denn?

SOKRATES: Wo er sagt: «Denn nicht werd' ich eher des blutigen Kampfes gedenken, Ehe des waltenden Priamos Sohn, der c göttliche Hektor, Schon die Gezelt' und Schiffe der Myrmidonen erreicht hat, Argos' Volk hinmordend, und Glut in den Schiffen entflammet. Doch wird, hoff' ich, bei meinem Gezelt und dunkeln

Schiffen Hektor, wie eifrig er ist, sich wohl enthalten des Kamp-
d fes.» Du also, Hippias, glaubst, der Sohn der Thetis und des so
sehr weisen Cheiron Zögling sei so vergeßlich gewesen, daß, nachdem er kurz zuvor diejenigen aufs heftigste geschmäht, die leere
Worte machen, er unmittelbar darauf zum Odysseus gesagt habe,
er werde schiffen, zu Ajas aber, er werde bleiben, es aber doch
nicht aus böser Absicht getan habe noch in der Meinung, Odysseus sei einfältig, und er selbst werde ihn im Ränkemachen und
Lügen weit übertreffen?

11. Vorsätzlich oder unvorsätzlich Schlechthandeln besser?

HIPPIAS: Nicht so, dünkt mich, Sokrates; sondern auch hier
e spricht er, weil er sich anders besonnen, aus Einfalt zum Ajas anders als zum Odysseus. Odysseus aber, wenn er wo die Wahrheit
sagt, tut er es in böser Absicht, und wenn er lügt, ebenso.

SOKRATES: So ist, wie es scheint, Odysseus besser als Achilleus.

HIPPIAS: Keineswegs doch wohl, Sokrates.

SOKRATES: Wie denn? Sind uns nicht eben die vorsätzlich Lü-
genden besser erschienen als die unvorsätzlich?

HIPPIAS: Und wie sollten doch, o Sokrates, die, welche vorsätz-
372a lich beleidigen und andern Unheil bereiten und Übles zufügen, besser sein als die es unvorsätzlich tun, gegen die man ja viel Nachsicht zu haben pflegt, wenn jemand ohne Wissen beleidigt oder
hintergeht oder sonst etwas Übles tut. Wie denn auch die Gesetze
weit härter sind gegen die, welche vorsätzlich etwas Böses tun
oder Lügen, als gegen die andern.

12. Augenblicklicher Standpunkt des Sokrates

SOKRATES: Siehst du Hippias, daß ich recht habe, wenn ich sage,
b daß ich emsig bin im Fragen der Weisen? Und ich mag wohl nur
dies eine Gute haben, übrigens aber es schlecht genug um mich
stehen. Denn wie die Dinge sich eigentlich verhalten, das entgeht
mir, und ich weiß davon nichts. Das ist daraus zur Genüge abzu-
nehmen, daß, wenn ich mit einem von euch zusammenkomme, die
ihr gepriesen werdet um eure Weisheit und denen alle Hellenen
ihre Weisheit bezeugen, ich immer als einer erscheine, der nichts
weiß. Denn ich bin, um es geradeheraus zu sagen, fast über gar
c nichts derselben Meinung mit euch. Und welchen größeren Beweis

des Unverstandes könnte es wohl geben, als wenn jemand mit weisen Männern uneins ist? Nur dies eine sonderbare Gute habe ich an mir, was mich noch erhält: ich schäme mich nämlich nicht zu lernen, sondern ich forsche und frage und bin jedem sehr dankbar, der mir antwortet, und habe noch nie jemandem diesen Dank entzogen. Denn ich habe noch nie verleugnet, wo ich etwas gelernt hatte, und etwa das Gelernte für das meinige ausgegeben, als hätte ich es erfunden. Sondern ich lobpreise meinen Lehrer als einen Weisen und zeige, was ich von ihm gelernt. So auch jetzt in dem, was du d sagst, stimme ich dir nicht bei, sondern weiche sehr weit von dir ab. Und soviel weiß ich sehr gut, daß die Schuld davon ganz an mir liegt, weil ich eben ein solcher bin, wie ich bin, um nichts Größeres auf mich selbst zu sagen. Denn mir, o Hippias, scheint ganz das Gegenteil von dem, was du sagst, daß nämlich, wer andern Schaden tut und sie beleidigt, belügt, betrügt und sonst sich vorsätzlich vergeht und nicht unvorsätzlich, besser ist als wer unvorsätzlich. Bisweilen freilich dünkt mich auch wieder das Gegenteil davon, und ich schwanke also über die Sache, offenbar, weil ich sie nicht weiß. Jetzt e nun in diesem Augenblick habe ich jenen Anfall bekommen, daß mich die vorsätzlich in etwas Fehlenden besser dünken als die unvorsätzlich. Ich beschuldige aber die bisherigen Reden, an dem jetzigen Zufall Ursache zu sein, daß mir eben jetzt die, welche dies alles unvorsätzlich tun, schlechter erscheinen als welche vorsätzlich. Du also nimm dich meiner an und schlage mir nicht ab, meine Seele zu heilen. Denn weit größere Wohltat erzeigst du mir ja, wenn 373 a du meine Seele von ihrem Unverstande befreist, als wenn meinen Leib von einer Krankheit. Willst du nun eine lange Rede sprechen: so sage ich dir voraus, daß du mich nicht heilen wirst; denn ich könnte dir nicht folgen. Willst du mir aber so wie bisher antworten: so wirst du mir großen Nutzen schaffen und auch selbst, glaube ich, keinen Schaden davon haben. Mit Recht auch könnte ich dich zu Hilfe rufen, o Sohn des Apemantos. Denn du hast mich aufgeregt, mit dem Hippias zu reden. Wenn er mir also nun nicht antworten will, so bitte du ihn für mich.

EUDIKOS: Gewiß, Sokrates, ich glaube, daß es bei dem Hippias unserer Bitte gar nicht bedürfen wird. Denn so lautet gar nicht, b was er uns vorher gesagt, sondern daß er keines Menschen Frage ausweichen wollte. Nicht wahr, Hippias, sagtest du das nicht?

HIPPIAS: Das habe ich gesagt. Aber Sokrates verwirrt einen immer im Gespräch, Eudikos, und tut recht wie einer, der auf Beleidigung ausgeht.

SOKRATES: O bester Hippias, nicht vorsätzlich tue ich das, sonst wäre ich ja gar weise und gewaltig nach deiner Rede, sondern unvorsätzlich, so daß du mir Nachsicht zu beweisen hast. Denn du sagst ja, man müsse, wenn jemand unvorsätzlich beleidigt, Nachsicht beweisen.

c   EUDIKOS: Tue auch nur ja nicht anders, Hippias; sondern sowohl deiner vorigen Reden als auch unsertwegen beantworte, was dich Sokrates fragt.

HIPPIAS: Gut, ich will antworten, da auch du mich bittest. Frage also, was du willst.

13. *a) Beim Körper vorsätzliche Schlechtigkeit vorzuziehen*
SOKRATES: Ich trage eben großes Verlangen, o Hippias, das jetzt Besprochene zu erforschen, wer wohl besser ist, die vorsätzlich oder die unvorsätzlich Fehlenden. Nun glaube ich, so am besten der Untersuchung beizukommen; antworte mir also. Nennst du einen Läufer gut?

HIPPIAS: Ja.

SOKRATES: Auch schlecht?

d   HIPPIAS: Ja.

SOKRATES: Nicht wahr, gut ist, der gut läuft, schlecht aber, der schlecht?

HIPPIAS: Ja.

SOKRATES: Im Laufen also und für den Läufer ist die Geschwindigkeit das Gute, die Langsamkeit das Schlechte?

HIPPIAS: Wie sollte es nicht.

SOKRATES: Welcher ist nun der bessere Läufer, der vorsätzlich langsam läuft oder der unvorsätzlich?

HIPPIAS: Der vorsätzlich.

SOKRATES: Ist nun nicht Laufen ein etwas Verrichten?

HIPPIAS: Ja.

SOKRATES: Und wenn Verrichten, dann doch auch Tun?

HIPPIAS: Ja.

e   SOKRATES: Wer also schlecht läuft, der tut Schlechtes und Unrühmliches im Lauf?

HIPPIAS: Schlechtes. Wie sollte er nicht?

SOKRATES: Und schlecht läuft der langsam Laufende?

HIPPIAS: Ja.

SOKRATES: Der gute Läufer also tut dieses Schlechte und Unrühmliche vorsätzlich, der schlechte unvorsätzlich?

HIPPIAS: So scheint es wenigstens.

SOKRATES: Im Laufen also ist der nichtsnutziger, der das
Schlechte unvorsätzlich, als der es vorsätzlich tut?

HIPPIAS: Im Laufen, ja.   374a

SOKRATES: Und wie im Ringen? Welcher ist der bessere Ringer? Der vorsätzlich fällt oder der unvorsätzlich?

HIPPIAS: Der vorsätzlich, scheint es.

SOKRATES: Und was ist doch schlechter und unrühmlicher
beim Ringen, das Fallen oder das Niederwerfen?

HIPPIAS: Das Fallen.

SOKRATES: Auch im Ringen also ist, wer vorsätzlich das
Schlechte und Unrühmliche tut, der bessere Ringer als wer unvorsätzlich?

HIPPIAS: Es scheint.

SOKRATES: Und wie in jeder andern Tätigkeit des Leibes? Kann
nicht der dem Leibe nach Bessere beides hervorbringen, das Starke
und das Schwache, das Häßliche und das Schöne? So daß, was sie   b
Schlechtes in Beziehung auf den Leib verrichten, der dem Leibe
nach Bessere vorsätzlich verrichtet, der Schlechtere aber unvorsätzlich?

HIPPIAS: Es scheint auch in Absicht auf die Stärke sich so zu
verhalten.

SOKRATES: Und wie in Absicht auf die Schönheit der Bewegungen, Hippias? Wird nicht der schönere Leib sich nur vorsätzlich in
schlechte und häßliche Stellungen gestalten, der schlechtere aber
unvorsätzlich? Oder wie dünkt dich?

HIPPIAS: Ebenso.

SOKRATES: Also auch von der Häßlichkeit der Bewegungen
steht die vorsätzliche auf seiten der Güte, die unvorsätzliche aber   c
auf seiten der Schlechtigkeit des Leibes.

HIPPIAS: So zeigt es sich.

SOKRATES: Und was meinst du von der Stimme? Welche hältst
du für besser, die vorsätzlich mißtönende oder die unvorsätzlich?

HIPPIAS: Die vorsätzlich.

SOKRATES: Und untauglicher, die es unvorsätzlich tut?

HIPPIAS: Ja.

SOKRATES: Und möchtest du lieber das Gute besitzen oder das Schlechte?

HIPPIAS: Das Gute.

SOKRATES: Möchtest du also lieber, daß deine Füße vorsätzlich hinkten oder unvorsätzlich?

HIPPIAS: Vorsätzlich.

d   SOKRATES: Und ist nicht das Hinken eine Schlechtigkeit und Untauglichkeit der Füße?

HIPPIAS: Ja.

SOKRATES: Und wie? Ist nicht die Schwachsichtigkeit eine Schlechtigkeit der Augen?

HIPPIAS: Ja.

SOKRATES: Was für Augen also möchtest du haben und mit was für welchen zufrieden sein? Mit denen einer vorsätzlich etwas undeutlich sieht und übersieht oder unvorsätzlich?

HIPPIAS: Mit denen vorsätzlich.

SOKRATES: Besser also achtest du an dir selbst dasjenige, was vorsätzlich etwas schlecht verrichtet als was unvorsätzlich?

HIPPIAS: Ja, in solchen Dingen.

SOKRATES: Nicht auch über alles, wie Ohren, Nase und Mund und alle Sinne, erstreckt sich diese eine Erklärung, daß man die
e   unvorsätzlich Schlechtes Verrichtenden nicht zu haben begehrt, weil sie schlecht sind; die es aber vorsätzlich tun, wohl zu haben wünscht, weil sie gut sind?

HIPPIAS: Mich dünkt es.

13. b) Ebenso bei Werkzeugen und bei der Seele

SOKRATES: Und welche Werkzeuge im Gebrauch zu haben ist besser, mit denen einer vorsätzlich die Sache schlecht verrichtet oder unvorsätzlich? Zum Beispiel ist ein Steuerruder, womit einer unvorsätzlich schlecht steuert besser, oder womit vorsätzlich?

HIPPIAS: Womit vorsätzlich.

SOKRATES: Und Bogen ebenso, und Leier und Flöte und alles zusammen?

HIPPIAS: Du hast recht.

SOKRATES: Und wie? Ist es besser, ein Pferd mit einer solchen 375a
Seele zu haben, daß es einer nur vorsätzlich schlecht reitet, oder
unvorsätzlich?

HIPPIAS: Vorsätzlich.

SOKRATES: Diese also ist die bessere?

HIPPIAS: Ja.

SOKRATES: Mit der besseren Pferdeseele also wird einer die
Geschäfte dieser Seele vorsätzlich schlecht verrichten, mit der
schlechten unvorsätzlich?

HIPPIAS: Allerdings.

SOKRATES: Nicht auch ebenso bei Hunden und allen andern
Tieren?

HIPPIAS: Ja.

SOKRATES: Und wie, ist es besser, einen Schützen mit einer solchen Seele zu haben, welche vorsätzlich das Ziel verfehlt, oder b
welche unvorsätzlich?

HIPPIAS: Welche vorsätzlich.

SOKRATES: Also ist diese die bessere zum Schießen?

HIPPIAS: Ja.

SOKRATES: Also auch die unvorsätzlich fehlende Seele ist
schlechter als die vorsätzliche?

HIPPIAS: Im Schießen, ja.

SOKRATES: Wie aber in der Heilkunde? Ist nicht die, welche
vorsätzlich Übles an Leibern anrichtet, heilkundiger?

HIPPIAS: Ja.

SOKRATES: Besser also ist sie in dieser Kunst als die nicht heil-
kundige?

HIPPIAS: Besser.

SOKRATES: Und wie die tonkundigere, sei es auf der Leier oder
Flöte und so in allem übrigen, was Künste und Wissenschaften
betrifft, wird nicht überall die bessere vorsätzlich das Schlechte c
und Unrühmliche tun und also fehlen, die schlechtere aber unvorsätzlich?

HIPPIAS: So zeigt es sich.

SOKRATES: Also unserer Knechte Seelen möchten wir wohl lieber so haben, daß sie vorsätzlich, als daß sie unvorsätzlich fehlen
und übeltun, weil jene besser sind hierzu?

HIPPIAS: Ja.

SOKRATES: Und wie, unsere eigene wollten wir nicht so gut als möglich haben?

HIPPIAS: Ja.

d   SOKRATES: Und wird sie nun nicht besser sein, wenn sie vorsätzlich übeltut und fehlt, als wenn unvorsätzlich?

HIPPIAS: Arg wäre das aber doch, Sokrates, wenn die vorsätzlich Unrechttuenden besser sein sollten als die unvorsätzlich.

SOKRATES: Aber es zeigt sich doch so aus dem Gesagten.

HIPPIAS: Mir doch nicht.

14. Der Gute also tut vorsätzlich Unrecht?

SOKRATES: Ich glaubte doch, Hippias, es habe sich dir auch gezeigt. Antworte mir aber noch einmal. Die Gerechtigkeit, ist sie nicht entweder eine Kraft oder eine Erkenntnis oder beides? Oder ist nicht notwendig, daß die Gerechtigkeit eines von diesen ist?

e   HIPPIAS: Ja.

SOKRATES: Also wenn die Gerechtigkeit eine Kraft der Seele ist: so ist doch die tüchtigere Seele die gerechtere. Denn als besser war uns eben diese erschienen, Bester.

HIPPIAS: So war sie uns erschienen.

SOKRATES: Und wie wenn eine Erkenntnis? Ist dann nicht die weisere Seele die gerechtere und die ungelehrigere die ungerechtere?

HIPPIAS: Ja.

SOKRATES: Und wie, wenn beides? Ist dann nicht die, welche beides hat, Erkenntnis und Kraft, die gerechtere, und die unverständigere auch die ungerechtere? Verhält es sich nicht notwendig so?

HIPPIAS: Es scheint.

SOKRATES: Und die tüchtigere und weisere, hatte sich die nicht auch als die bessere gezeigt und die mehr imstande ist, beides zu

376a verrichten, das Schöne sowohl als das Schlechte, in jedem Geschäft?

HIPPIAS: Ja.

SOKRATES: Wenn sie also Schlechtes verrichtet: so verrichtet sie es vorsätzlich durch Kraft und Kunst. Und dieses scheint zur Gerechtigkeit zu gehören, entweder beides oder eins von beiden.

HIPPIAS: Das scheint.

SOKRATES: Und Unrecht tun heißt Schlechtes verrichten, nicht Unrecht tun aber Schönes?

HIPPIAS: Ja.

SOKRATES: Also die tüchtigere und bessere Seele, wenn sie Unrecht tut, wird sie vorsätzlich Unrecht tun, die schlechtere aber unvorsätzlich?

HIPPIAS: Es scheint.

SOKRATES: Und der gute Mann ist doch, der die gute Seele hat, b der schlechte aber, der die schlechte?

HIPPIAS: Ja.

SOKRATES: Der gute Mann also wird vorsätzlich Unrecht tun, der schlechte aber unvorsätzlich, wenn doch der gute die gute Seele hat.

HIPPIAS: Die hat er freilich.

SOKRATES: Der also vorsätzlich fehlt und das Schlechte und Unrechte tut, o Hippias, wenn es einen solchen gibt, wäre kein anderer als der Gute?

HIPPIAS: Auf keine Weise kann ich dir dieses doch einräumen, o Sokrates.

SOKRATES: Auch ich nicht mir selbst, Hippias. Aber es erscheint uns doch jetzt notwendig, so aus unserer Rede. Indes, wie c ich schon gesagt habe, ich schwankte hierüber bald so, bald so, und bleibe mir niemals gleich in meiner Meinung. Und daß ich schwanke, ist wohl nichts Wunderbares, noch daß ein anderer Ungelehrter: wenn aber auch ihr schwanken wollt, ihr Weisen, das ist dann ein großes Unglück auch für uns, wenn wir nicht einmal bei euch zur Ruhe kommen können von unserm Schwanken.

THEAGES

DEMODOKOS. SOKRATES. THEAGES

1. *Schwierigkeiten bei der Ausbildung des Theages. Theages' Wunsch, weise zu werden*

DEMODOKOS: O Sokrates, ich möchte wohl etwas mit dir beson- 121 a
ders sprechen, wenn du Muße hast. Und hättest du auch ein Geschäft, ist es nur nicht gar zu wichtig, so mache dir doch Muße um
meinetwillen.

SOKRATES: Ich habe auch so schon Muße; nun gar für dich
ganz gewiß. Willst du mir also etwas sagen, so steht es dir frei.

DEMODOKOS: Wollen wir also hierher in die Halle des Zeus,
des befreienden, bei Seite gehen?

SOKRATES: Wie es dir gefällt.

DEMODOKOS: So laß uns gehen, Sokrates.   b

Alle Gewächse scheinen hierin dieselbe Weise zu haben, sowohl, was aus der Erde wächst, als auch die Tiere, die übrigen
sowohl als der Mensch. Denn auch bei den Gewächsen ist dieses
das leichteste für uns, die wir das Land bauen, alles zuzubereiten
vorher zum Anpflanzen und dann das Anpflanzen selbst. Wenn
aber das Gepflanzte nun aufgegangen ist, dann beginnt eine Pflege
des Gepflanzten, die gar mannigfalt ist und schwierig und beschwerlich. Ebenso nun scheint es auch mit den Menschen zu ste-   c
hen. Von meinen Angelegenheiten schließe ich auch auf das übrige. Denn auch mir ist dieses Sohnes – soll ich es Anpflanzung
nennen oder Erzeugung – das leichteste von allem gewesen, die
Erziehung aber ist schwierig und immer in Furcht, weil ich um ihn
besorgt bin. Von dem übrigen nun wäre gar viel zu sagen; aber die
Lust, die ihm jetzt angekommen ist, ängstigt mich gar sehr. Denn
unedel ist sie freilich nicht, aber sehr bedenklich. Nämlich dieser
hat uns Lust, o Sokrates, wie er sagt, weise zu werden. Ich denke, d
es mögen von seinen Altersgenossen aus dem Demos einige, die

zur Stadt gehen, ihm allerlei vorgesagt und ihn aufgereizt haben;
die beneidet er nun und läßt mir schon lange nicht Ruhe, immer
darauf dringend, ich solle Sorge für ihn tragen und einem von den
Sophisten Geld geben, daß er ihn weise mache. Und mir liegt an
122a dem Gelde wohl weniger; ich glaube aber, er begibt sich, wo er hin
will, in keine kleine Gefahr. Bis jetzt nun habe ich ihn durch Zureden noch zurückgehalten; nun ich es aber nicht mehr vermag,
halte ich es für das Beste, ihm nachzugeben, damit er sich nicht
etwa gar ohne mein Wissen einem zugeselle und mir verderbt
werde. Eben dazu bin ich also jetzt hier, damit ich ihn bei einem
von denen, die für Sophisten gelten, unterbringe. Du bist uns also
recht zum Glück erschienen, mit dem ich am liebsten über solche
Dinge, wenn ich etwas unternehmen will, mich beraten möchte.
Weißt du mir also einen Rat zu geben nach dem, was du eben
b gehört, so darfst und sollst du.

2. Überlegungen zur Gesprächsführung
SOKRATES: Sagt man doch überhaupt, o Demodokos, Beratung
sei eine heilige Sache. Ist nun irgend eine andere heilig, so ist es
gewiß auch diese, worüber du dich jetzt beraten willst. Denn über
nichts Göttlicheres kann wohl ein Mensch einen Beschluß zu fassen haben als über seine eigne und seiner Angehörigen Ausbildung. Zuerst also wollen wir uns miteinander verständigen, ich
und du, was wir glauben, daß dasjenige sei, worüber wir Beschluß
zu fassen haben, damit nicht gar ich es für etwas anderes nehme
c und du wieder für etwas anderes, und wir erst hernach weit im
Geschäft merken, wie lächerlich wir sind, ich der Ratgebende und
du der Ratfragende, indem wir gar nicht dasselbe meinen.
DEMODOKOS: Darin dünkst du mich ganz recht zu haben, o
Sokrates, und wir müssen es so machen.
SOKRATES: Wohl habe ich recht, aber doch nicht ganz und gar,
sondern ein klein wenig ändere ich um. Ich bedenke nämlich, daß
vielleicht auch der Knabe gar nicht das begehrt, was wir glauben,
d sondern etwas anderes, und wir dann noch ungereimter sind,
wenn wir über etwas anderes ratschlagen. Daher dünkt mich das
richtigste, damit anzufangen, daß wir eben von ihm selbst zu erfahren suchen, was das recht ist, was er begehrt.
DEMODOKOS: Wohl mag es so am besten sein, wie du sagst.

SOKRATES: So sage mir denn, was für einen schönen Namen hat der Jüngling, und wie sollen wir ihn anreden?

DEMODOKOS: Theages ist sein Name.

SOKRATES: Gewiß, Demodokos, einen schönen und andächtigen Namen hast du deinem Sohne beigelegt.

3. a) *Bestimmung der Weisheit, nach der Theages strebt, als diejenige Wissenschaft, die lehrt, über die Menschen insgesamt zu herrschen*

So sage uns denn, o Theages, du verlangst, so sprichst du, weise zu e
werden, und willst, dein Vater soll dir eines solchen Mannes Umgang verschaffen, der dich weise machen kann?

THEAGES: Ja.

SOKRATES: Weise aber nennst du die Kundigen, wessen sie nun auch kundig sein mögen, oder die Nichtkundigen?

THEAGES: Die Kundigen nenne ich so.

SOKRATES: Wie nun? Hat dein Vater dich denn nicht lehren und unterrichten lassen in dem, worin hier die andern unterrichtet werden, die rechtlicher Eltern Kinder sind? Wie lesen und die Leier spielen und ringen nebst den andern Leibesübungen?

THEAGES: Das hat er.

SOKRATES: Und glaubst du also noch einer Wissenschaft zu 123a
ermangeln, zu welcher dir dein Vater billig noch verhelfen sollte?

THEAGES: Das glaube ich.

SOKRATES: Was für eine ist das? Sage es auch uns, damit wir dir dann den Willen tun können.

THEAGES: Er weiß es recht gut, Sokrates; denn ich habe es ihm oft gesagt. Aber er redet absichtlich so zu dir, als wüßte er nicht, was ich recht will. Denn eben so und noch anders streitet er auch mit mir und will mich bei keinem einführen.

SOKRATES: Gut, was du vor diesem zu ihm gesagt hast, das war gleichsam ohne Zeugen gesprochen. Nun aber nimm mich zum b
Zeugen und erkläre noch einmal in meiner Gegenwart, welches die Weisheit ist, nach der du strebst? Denn sieh nur, wenn du Lust hättest zu der, vermittelst deren Menschen die Schiffe regieren, und ich dich fragte: O Theages, welche Weisheit fehlt dir noch, daß du dem Vater vorwirfst, er wolle dich zu keinem hinbringen, bei dem du weise werden könntest? Was würdest du mir

antworten, was für eine es wäre? Nicht wahr, die Steuermannskunst?

THEAGES: Ja.

c   SOKRATES: Wenn du aber Lust hättest, in der Wissenschaft geschickt zu werden, vermittelst deren man einen Wagen lenkt, und deshalb deinem Vater Vorwürfe machtest, und ich dich wieder fragte, was ist das für eine Wissenschaft? Was würdest du antworten, daß sie wäre? Nicht die des Wagenlenkers?

THEAGES: Ja.

SOKRATES: Zu der du aber nun Lust hast, ist die unbenannt oder hat sie einen Namen?

THEAGES: Ich glaube, sie hat einen.

SOKRATES: Kennst du nun etwa nur sie, nicht aber ihren Namen? Oder auch den Namen?

THEAGES: Auch den Namen kenne ich.

SOKRATES: Welches ist er also, sprich.

d   THEAGES: Welchen andern Namen, o Sokrates, könnte wohl einer sagen, daß sie hätte, als eben Wissenschaft.

SOKRATES: Ist aber das Wagenlenken nicht auch Wissenschaft? Oder dünkt es dich, Unwissenheit zu sein?

THEAGES: Gewiß nicht.

SOKRATES: Sondern Wissenschaft.

THEAGES: Ja.

SOKRATES: Mit der wir was doch anfangen? Nicht, durch die wir verstehen ein Gespann Pferde zu regieren?

THEAGES: Ja.

SOKRATES: Und ist nicht auch die Steuermannskunst Wissenschaft?

THEAGES: Mich dünkt es.

SOKRATES: Nicht die, durch die wir wissen Schiffe zu regieren?

THEAGES: Dieselbe allerdings.

SOKRATES: Zu der du aber jetzt Lust hast, was ist das für eine

e   Wissenschaft? Und was wissen wir durch sie zu regieren?

THEAGES: Mich dünkt, die Menschen.

SOKRATES: Etwa die kranken?

THEAGES: Wohl nicht.

SOKRATES: Denn das ist die Heilkunst. Nicht wahr?

THEAGES: Ja.

SOKRATES: Aber die, durch welche wir die Sänger in den Chö-
ren zu regieren wissen?

THEAGES: Nein.

SOKRATES: Denn das ist ja die Tonkunst.

THEAGES: Freilich.

SOKRATES: Aber durch welche wir wissen die zu regieren, welche Leibesübungen treiben?

THEAGES: Nein.

SOKRATES: Denn das ist ja die Gymnastik.

THEAGES: Ja.

SOKRATES: Also durch welche wir wen doch bei welchem Geschäft regieren? Versuche es mir zu bezeichnen, wie ich dir das
vorige.

THEAGES: Durch welche wir die in der Stadt regieren, dünkt   124a
mich.

SOKRATES: Sind aber nicht in der Stadt auch die Kranken?

THEAGES: Ja, aber ich meine nicht diese allein, sondern auch
die andern alle in der Stadt.

SOKRATES: Ob ich nun wohl verstehe, welche Kunst du
meinst? Du scheinst mir nämlich nicht die zu meinen, durch welche wir die Schnitter zu regieren verstehen und die Winzer und die
Pflanzer und die Säer und die Drescher; denn das ist die Ackerbau-
kunst, durch die wir diese regieren. Nicht wahr?

THEAGES: Ja.

SOKRATES: Auch die, durch welche wir die Sägenden und Boh-   b
renden und Schleifenden und Drechselnden zu regieren verstehen,
auch die meinst du nicht. Denn ist das nicht die Tischlerkunst?

THEAGES: Ja.

SOKRATES: Aber vielleicht, durch die wir alle diese und auch
die Ackerbauer und Tischler selbst, und alle Künstler insgesamt,
und auch die es nicht sind, und Männer und Weiber zu regieren
wissen; diese Wissenschaft meinst du vielleicht?

THEAGES: Eben diese, o Sokrates, wollte ich schon immer andeuten.

SOKRATES: Kannst du mir nun wohl sagen, hat Aigisthos, der   c
den Agamemnon tötete, in Argos über alle diese geherrscht, die du
meinst, über die Gewerbsleute und die ohne Gewerbe leben, und
über Männer und Weiber insgesamt oder über irgend andere?

THEAGES: Nein, sondern über diese.

SOKRATES: Und wie? Peleus, der Sohn des Aiakos, herrschte nicht der in Phthia über eben diese?

THEAGES: Ja.

SOKRATES: Und daß Periandros, der Sohn des Kypselos, Herr in Korinthos gewesen, hast du wohl auch gehört?

THEAGES: O ja.

SOKRATES: Nicht wahr, indem er über eben diese herrschte in seiner Stadt.

d   THEAGES: Ja.

SOKRATES: Und Archelaos, der Sohn des Perdikkas, der nur neuerlich in Makedonien regiert, glaubst du nicht, daß der über eben diese regiert?

THEAGES: Allerdings.

SOKRATES: Und als Hippias, der Sohn des Peisistratos, in dieser Stadt herrschte, über wen glaubst du, daß er geherrscht habe? Nicht über diese?

THEAGES: Wie sollte er nicht!

3. b) Der Wunsch zu herrschen entspricht dem Wunsch, Tyrann zu sein

SOKRATES: Kannst du mir nun wohl sagen, was für einen Beinamen Bakis führt und Sibylla und unser Landsmann Amphilytos?

THEAGES: Was für einen andern wohl, o Sokrates, als Orakelsänger.

e   SOKRATES: Ganz richtig. Aber auch von diesen versuche mir so zu beantworten, was für einen Beinamen führen Hippias und Periandros um eben dieser Herrschaft willen?

THEAGES: Ich glaube, Tyrannen. Denn was sonst?

SOKRATES: Wer also Lust hat, über die Menschen in der Stadt insgesamt zu herrschen, der hat Lust zu derselben Herrschaft wie sie, der tyrannischen, und ein Tyrann zu sein?

THEAGES: Offenbar.

SOKRATES: Und zu dieser behauptest du Lust zu haben?

THEAGES: Es scheint, nach dem was ich selbst sagte.

SOKRATES: O du Böser! Also unser Tyrann zu werden hast du
125a Lust, und wirfst es deinem Vater schon lange vor, daß er dich nicht in eine Tyrannenschule zu jemand in die Lehre schickt? Und

du, Demodokos, schämst dich nicht, daß du schon lange weißt, wonach dieser strebt? Und wiewohl du ihn könntest wohin geschickt haben, wo er ein Meister würde in dieser Wissenschaft, nach der er strebt, beneidest du es ihm und willst ihn nicht hinschicken? Aber nun sieh, da er dich vor mir verklagt hat, so laß uns gemeinschaftlich beratschlagen, ich und du, wohin wir ihn wohl schicken sollen, und durch wessen Umgang er ein geschickter Tyrann werden könnte?

DEMODOKOS: Ja beim Zeus, Sokrates, darüber wollen wir Rat b pflegen. Denn es dünkt mich hierzu keine geringe Beratung nötig zu sein.

SOKRATES: Laß noch, Guter. Wir wollen ihn erst recht zur Genüge ausfragen.

DEMODOKOS: So frage denn.

SOKRATES: Wie wenn wir uns den Euripides etwas zu Nutze machten, o Theages. Denn Euripides sagt irgendwo, der Weisen Umgang macht die Herrscher weise nur. Wenn nun jemand den Euripides fragte: O Euripides, worin weise sind die Männer, deren Umgang die Herrscher weise macht? So wie wenn er gesagt hätte, c der Weisen Umgang macht den Landmann weise nur, und wir ihn gefragt hätten, was für Weiser Umgang, was würde er uns geantwortet haben? Etwas anders als derer, die im Landbau weise sind?

THEAGES: Nein, sondern dies.

SOKRATES: Und wie, wenn er sagte, der Weisen Umgang macht die Köche weise nur, und wir fragten, worin weiser, was glaubst du werde er antworten? Nicht der Kochkünstler?

THEAGES: Ja.

SOKRATES: Und wenn der Weisen Umgang macht die Ringer weise nur, und wir fragten, worin weiser: Würde er nicht sagen, die es im Ringen sind? d

THEAGES: Ja.

SOKRATES: Da er nun aber gesagt hat, der Weisen Umgang macht die Herrscher weise nur, was wird er uns nun wohl auf die Frage, worin weiser meinst du, Euripides, antworten, was für welche es wären?

THEAGES: Beim Zeus, ich weiß nicht.

SOKRATES: Willst du also, daß ich es sage?

THEAGES: Wenn du willst.

SOKRATES: Dasselbe ist es, was Anakreon sagt, daß die Kallikrete verstehe. Oder kennst du das Gedicht nicht?

THEAGES: O ja.

SOKRATES: Wie also? Eines solchen Umgangs begehrst auch du
e mit einem Kunstgenossen der Kallikrete, der Tochter der Kyane,
der sich auf das Tyrannenwesen verstände, wie der Dichter es von
jener sagt, um Tyrann zu werden über uns und die Stadt?

THEAGES: Schon lange, o Sokrates, spottest du und scherzest
über mich.

SOKRATES: Wieso? Sagst du nicht, daß du dieser Wissenschaft
nachstrebst, durch die du über alle in der Stadt herrschen könntest? Und wenn du dies tust, bist du dann nicht ein Tyrann?

THEAGES: Ich möchte wohl, glaube ich, Tyrann sein, am lieb-
126a sten über alle Menschen, wo nicht, doch über so viele als möglich,
und auch du, glaube ich, und alle anderen Menschen; und vielleicht noch lieber ein Gott sein. Aber das wollte ich doch gar nicht
sagen, daß ich danach strebe.

SOKRATES: Was ist es denn also, wonach du strebst? Sagtest du
nicht, du möchtest über die Bürger herrschen?

THEAGES: Aber nicht mit Gewalt, noch wie die Tyrannen, sondern mit ihrem Willen, wie auch die andern im Staate berühmten
Männer.

SOKRATES: Meinst du etwa wie Themistokles und Perikles und
Kimon und die andern, die in Staatssachen gewaltig gewesen sind?

THEAGES: Beim Zeus, diese meine ich.

4. a) Frage, bei wem man es lernt, in der Staatskunst weise zu werden

SOKRATES: Wie nun? Wenn du in der Reitkunst wünschtest weise
b zu werden, zu wem glaubst du wohl, daß du gehen müßtest, um
ein tüchtiger Reiter zu werden? Etwa zu andern als den Bereitern?

THEAGES: Nein, gewiß nicht.

SOKRATES: Sondern wiederum zu denen, die in der Sache selbst
Meister sind und Pferde haben und mit vielen immer umgehen,
eigenen und fremden?

THEAGES: Offenbar.

SOKRATES: Und wie, wenn du im Schießen weise werden wolltest, glaubst du nicht, daß, wenn du zu den Schützen gingest, du

hierin weise werden würdest, zu denen, die Pfeile haben und viele
eigene und fremde immer gebrauchen?   c

THEAGES: So dünkt es mich.

SOKRATES: Sage mir also, da du nun in der Staatskunst willst
weise werden: Glaubst du, daß du zu andern gehen mußt, um
weise hierin zu werden, als eben zu diesen Staatsmännern, die
selbst gewaltig sind in Staatssachen und immer zu tun haben mit
ihrem eigenen Staat und mit vielen andern, sowohl mit hellenischen Staaten Verkehr treibend als barbarischen? Oder glaubst du
mit irgend andern umgehen zu müssen, um weise zu werden darin,
worin diese es sind, aber nicht mit ihnen selbst?

THEAGES: Ich habe von den Reden wohl gehört, Sokrates, die   d
sie sagen, daß du hierüber führst, daß dieser Staatsmänner Söhne
um nichts besser sind als die der Schuster. Und du dünkst mich
vollkommen recht zu haben nach dem, was ich davon merken
kann. Ganz unvernünftig wäre ich also, wenn ich glaubte, einer
von diesen würde mir seine Weisheit mitteilen, seinen eigenen
Sohn aber nicht darin gefördert haben, wenn er imstande wäre,
hierin irgendeinem andern Menschen förderlich zu sein.

SOKRATES: Was würdest du also, bester Mann, beginnen,
wenn du einen Sohn hättest, und er dir so zu schaffen machte, und
erst sagte, er möchte gern ein guter Maler werden, und dir, seinem e
Vater, Vorwürfe machte, daß du eben hierzu nicht Geld an ihn
wenden wolltest, dann aber wieder die Künstler selbst, in diesem
Fache die Maler, verachtete und nicht bei ihnen lernen wollte,
oder die Flötenspieler, wenn er ein Flötenspieler werden wollte,
oder die Leierspieler? Wüßtest du wohl, was du mit ihm anfangen
und wohin du ihn anders schicken solltest, wenn er bei diesen
nicht lernen wollte?

THEAGES: Beim Himmel! Ich nicht.

SOKRATES: Nun aber du es ebenso machst mit deinem Vater,   127a
wunderst du dich und tadelst ihn, daß er verlegen ist und nicht weiß,
was er mit dir anfangen und wohin er dich schicken soll? Denn
unter den Athenern, die rechtliche und tüchtige Männer sind in
Staatssachen, wollen wir dich, zu welchem du selbst willst, hinbringen, der dir umsonst seinen Umgang vergönnen wird; und so wirst
du sowohl das Geld sparen als auch in weit besserm Ruf kommen bei
den meisten Menschen, als wenn du dich zu einem andern hältst.

4. b) Theages' Wunsch, bei Sokrates in die Lehre zu gehen

THEAGES: Wie nun, Sokrates? Gehörst du nicht auch unter die rechtlichen und tüchtigen Männer? Denn wenn du mit mir umgehen willst, habe ich genug und suche weiter keinen andern.

b   SOKRATES: Was sagst du da, Theages?

DEMODOKOS: Gar nichts Schlechtes, o Sokrates, sagt er, und mir wirst du auch dadurch gefällig sein. Denn ich wüßte nicht, was ich als einen glücklicheren Fund ansehen könnte für diesen, als wenn er sich in deinem Umgange gefiele, und du dich zu ihm halten wolltest. Ja, ich schäme mich fast zu sagen, wie sehr ich es wünsche. Also bitte ich euch beide, dich, daß du mit ihm umgehen wollest, und dich, daß du nicht erst suchest, dich zu einem andern zu geben als zum Sokrates. So werdet ihr mich vieler und ängst-
c   licher Sorgen entledigen; denn jetzt bin ich sehr besorgt um diesen, daß er nicht auf einen andern treffe, der sich dazu eigne, ihn zu verderben.

THEAGES: Um mich, Vater, sei nun nicht länger besorgt, wenn du nur imstande bist, diesen zu überreden, daß er sich meinen Umgang gefallen lasse.

DEMODOKOS: Sehr wohl gesprochen. Also, Sokrates, an dich richtet sich von nun an die Rede. Denn ich bin gern bereit, um es mit kurzem zu sagen, dir mich und alles Meinige ganz aufs eigenste hinzugeben, wessen du nur bedürfen magst mit einem Wort,
d   wenn du dich dieses Theages annimmst und ihm Hülfe leistest, soviel du nur vermagst.

4. c) Sokrates' Zweifel, daß er ein geeigneter Lehrer für die Staatskunst ist

SOKRATES: O Demodokos, daß es dir so großer Ernst ist, wundert mich nicht, wenn du meinst, daß dieser von mir vorzüglich könne Nutzen ziehen. Denn ich weiß nicht, was ein vernünftiger Mann ernstlicher betreiben könnte, als daß sein Sohn ihm aufs beste gedeihe. Woher dir aber diese Meinung gekommen ist, daß ich besser imstande wäre, deinem Sohne förderlich zu sein, damit er ein guter Bürger werde, als du selbst, und woher dieser glaubt, daß ich mehr als du ihn fördern könne, darüber wundere ich mich höchlich.
e   Denn du bist erstlich älter als ich, dann hast du viele und wichtige Ämter unter den Athenern verwaltet und stehst bei den Ana-

gyrasiern, deinen Zunftgenossen, in vorzüglichen Ehren und bei der übrigen Stadt niemandem nach. An mir aber wird keiner von euch dergleichen etwas gewahr. Dann auch, wenn nun einmal Theages den Umgang der Staatsmänner verschmäht und andere aufsucht, welche sich dafür ausgeben, daß sie verstehen, die Jünglinge zu bilden: So sind hier Prodikos der Keer und Gorgias der Leontiner und Polos der Akragantiner und viele andere, die so 128 a weise sind, daß sie in den Städten umhergehen und die edelsten und reichsten Jünglinge überreden, denen freistände, zu wem sie wollten unter ihren Mitbürgern unentgeltlich sich zu halten, diese überreden sie mit Hintansetzung des Umganges jener, sich zu ihnen, die doch erst vieles Geld als einen hohen Preis ansetzen, zu halten, und ihnen noch Dank dazu zu wissen. Von diesen solltet ihr wohl billig einige vorgezogen haben, dein Sohn und du selbst; nicht aber mich; denn gar nichts verstehe ich von diesen glückseli- b gen und schönen Kunststücken. Ich möchte es freilich wohl; aber ich sage ja das auch selbst immer, daß ich, mit einem Wort zu sagen, nichts verstehe außer nur eine kleine Kunst, die Liebeskunst. In dieser Kunst glaube ich stärker zu sein als irgendeiner sowohl von den ehemaligen als den jetzigen.

THEAGES: Siehst du wohl, Vater, wie Sokrates gar nicht scheint Lust zu haben, sich mit mir einzulassen? Denn meinerseits ist alles bereit, wenn er nur wollte. Aber er redet ja nichts als Scherz mit c uns. Denn ich kenne unter meinen Altersgenossen und etwas ältern, die, ehe sie mit ihm umgingen, nichts wert waren, nachdem sie sich aber zu ihm gegeben, zeigen sie sich in kurzer Zeit besser als alle, hinter denen sie vorher zurückstanden.

SOKRATES: Weißt du wohl, was für eine Bewandtnis es hiermit hat, o Sohn des Demodokos?

THEAGES: Jawohl beim Zeus, daß nämlich, wenn du willst, auch ich ein solcher werden kann wie jene.

5. Das Daimonion des Sokrates. a) Beispiele für die verschiedenen Wirkungen des Daimonion

SOKRATES: Nicht so, Guter, sondern du bist ganz unbekannt mit d der Bewandtnis dieser Sache; ich will sie dir aber erklären. Es begleitet mich nämlich durch göttliche Schickung von Kindheit an etwas Wunderbares. Es ist nämlich das eine Stimme, welche jedes-

mal, wenn sie sich hören läßt, mir von dem, was ich tun will, Ab-
mahnung andeutet, zugeredet aber hat sie mir nie. Und wenn einer
von den Freunden mir etwas anvertraut, und die Stimme läßt sich
vernehmen, so ist es dasselbe; sie mahnt ab und läßt es ihn nicht
ausführen. Und davon will ich euch Zeugen aufstellen. Den Charmides hier kennt ihr doch, den Schönen, den Sohn des Glaukon.

e   Dieser vertraute mir einmal, er wollte beim Wettlauf auftreten in
den Nemeischen Spielen, und gleich wie er anfing zu sagen, daß er
auftreten wolle, ließ die Stimme sich vernehmen. Ich hielt ihn also
zurück und sagte ihm: Indem du sprachst, habe ich die Stimme
vernommen, die göttliche; also tritt nicht auf. Vielleicht, sprach
er, deutet sie nur an, daß ich nicht siegen werde. Allein wenn ich
auch nicht siegen soll, wird es mir doch Nutzen bringen, wenn ich
mich diese Zeit hindurch geübt habe. Das sagte er und schickte
sich an zum Wettlauf, und es lohnt wohl, von ihm zu erfahren, wie

129 a diese Übung für ihn abgelaufen ist. Und wollt ihr, so fragt des
Timarchos Bruder, Kleitomachos, was Timarchos ihm gesagt hat,
als er seinem Tode entgegenging wider den Rat des Göttlichen, er
und Euathlos, der Eilläufer, der den Timarchos aufnahm auf seiner Flucht. Er wird euch also sagen, er habe ihm dieses gesagt.

THEAGES: Was denn?

SOKRATES: O Kleitomachos, sagte er, ich muß jetzt sterben,
weil ich dem Sokrates nicht gehorchen wollte. Wie dies aber Timarchos meinte, will ich erklären. Als nämlich Timarchos vom

b   Gastmahl aufstand und Philemon, der Sohn des Philemonides, um
Nikias, den Sohn des Heroskamandros, umzubringen, wußten sie
zwar nur beide allein um diese Nachstellung, Timarchos aber
sagte im Aufstehen zu mir: Was meinst du nun, Sokrates? Ihr
trinkt hier, ich aber muß mich anderswohin aufmachen; ich will
aber bald wiederkommen, wenn es gut geht. Da geschah mir die
Stimme, und ich sagte zu ihm: Keineswegs gehe mir weg, denn mir
ist das gewohnte Zeichen geschehen, das göttliche. Da wartete er,

c   und nachdem einige Zeit vorübergegangen, rüstete er sich wieder
zum Gehen, und sagte: Nun gehe ich, Sokrates. Wiederum ließ
sich die Stimme vernehmen; ich nötigte ihn also auch wiederum
da zu bleiben. Zum dritten Male nun, weil er mich nichts merken
lassen wollte, stand er auf, ohne mir etwas zu sagen, und entging
mir, indem er eine Zeit wahrnahm, wo ich anderswo aufmerkte;

und so entfernte er sich und ging und führte das aus, was ihm hernach den Tod brachte. Daher er dann dieses sagte zu seinem Bruder, wie ich es euch jetzt wieder sage, daß er nämlich sterben müsse, weil er mir nicht geglaubt habe. Ebenso werdet ihr wegen der Ereignisse in Sikelien von vielen hören, was ich von dem Untergange des Heeres gesagt habe. Doch das Vergangene könnt ihr d
von denen hören, die es wissen. Aber jetzt gleich könnt ihr eine Prüfung anstellen mit dem Zeichen, ob es etwas bedeutet. Denn als Sannion, der Sohn des Kalos, ins Feld zog, ist mir auch das Zeichen widerfahren. Er ist nun fort, mit dem Thrasyllos ins Feld gegen Ephesos und Ionien; und ich glaube nun, daß er entweder sterben wird oder doch ein großes Unglück erleiden, und was übrigens die ganze Unternehmung betrifft, bin ich sehr besorgt ihretwegen.

5. b) *Das Daimonion als Ursache davon, daß Sokrates nicht für jeden der geeignete Lehrer ist*

Dieses alles nun habe ich dir erzählt, weil die Kraft dieses gött- e
lichen Zeichens auch für das Verhältnis derer, die meines nähern Umganges pflegen, alles entscheidet. Denn vielen ist es zuwider, und diesen wäre es nicht möglich, irgend Nutzen zu haben von ihrem Umgange mit mir, so daß es mir auch nicht möglich ist, mit ihnen umzugehen. Viele verhindert es zwar nicht, sich zu mir zu halten, aber sie haben doch keinen Nutzen davon, wenn sie es tun. Welchen aber die Kraft dieses göttlichen Zeichens zu Hülfe kommt bei ihrem Umgang mit mir, das sind solche, wie du auch kennengelernt; denn sie machen gleich schnelle Fortschritte. Und auch von diesen wiederum, welche fortschreiten, haben nur einige 130a
einen bleibenden und dauernden Nutzen. Viele aber machen, so lange sie bei mir sind, wunderbare Fortschritte, wenn sie sich aber von mir entfernen, sind sie wiederum nicht besser als erst einer. Dies ist einst dem Aristeides, dem Sohn des Lysimachos und Enkel des Aristeides, begegnet. Er hielt sich nämlich zu mir und schritt sehr fort in kurzer Zeit. Hernach fiel ihm ein Kriegsdienst vor, und er mußte fort zu Schiffe. Als er nun zurückkam, fand er, daß zu meiner Gesellschaft auch gehörte Thukydides, der Sohn des Milesias, Enkel des Thukydides. Thukydides aber war mir Tages b
zuvor etwas böse geworden im Gespräch. Als nun Aristeides

zu mir kam und mich begrüßt, auch sonst mancherlei mit mir gesprochen hatte, sagte er: Und Thukydides, höre ich, ist verdrießlich auf dich und tut ordentlich vornehm, als ob er etwas wäre? –
Ja, sprach ich, so ist es. – Und wie? sagte er, weiß er denn nicht,
was für ein Kerlchen er war, ehe er zu dir kam? – Es scheint wohl
eben nicht, sprach ich, bei den Göttern. – Allein auch mir, fuhr er
c fort, ergeht es ganz lächerlich, o Sokrates. – Wieso? fragte ich. –
Weil, sagte er, ehe ich zu Schiffe ging, ich wohl imstande war, mich
mit jedem Menschen ordentlich einzulassen in Gespräch und mich
nicht schlechter zeigte in Reden als irgendeiner, so daß ich auch
den Umgang mit den feinsten Leuten aufsuchte. Nun aber im Gegenteil weiche ich jedem aus, von dem ich merke, daß er irgend
unterrichtet ist; so schäme ich mich über meine eigene Schlechtigkeit. – Hat dich denn, fragte ich, dies Vermögen plötzlich verlassen oder allmählich? – Allmählich, sagte er. – Als du es aber besa-
d ßest, sagte ich, besaßest du es etwa, weil du etwas von mir gelernt
hattest, oder auf welche andere Weise? – Ich will es dir sagen,
Sokrates, sprach er, wiewohl es unglaublich klingt bei den Göttern, wahr ist es doch. Gelernt habe ich nämlich nie etwas von dir,
wie du auch selbst weißt. Ich machte aber Fortschritte, so oft ich
bei dir war, wenn ich auch nur in einem Hause mit dir war und
nicht in einem Zimmer, mehr aber wenn auch in einem Zimmer.
Und wie mich dünkte, wenn ich in demselben Zimmer mit dir war,
e mehr wenn ich dich zugleich auch ansah, indem du sprachst, als
wenn ich anderswohin sah. Bei weitem aber am meisten und besten nahm ich zu, wenn ich dicht neben dir saß und mich an dich
hielt und dich berührte. Nun aber, sprach er, ist jene ganze Fertigkeit verschwunden.

6. Gemeinsamer Beschluß, Sokrates dennoch als Lehrer des Theages einzusetzen

So demnach, o Theages, steht es um den Umgang mit mir. Ist es
dem Gotte genehm, so wirst du dich viel verbessern und schnell;
wo aber nicht, dann nicht. Sieh also zu, ob es dir nicht sicherer ist,
dich von einem von jenen unterrichten zu lassen, die den Vorteil in
ihrer Gewalt haben, den sie andern bringen, lieber als bei mir dich
so zu befinden, wie es eben kommt.

131 a   THEAGES: Mich dünkt, o Sokrates, wir sollten es so machen.

Wir wollen im Umgang miteinander dieses Göttliche versuchen. Zeigt es sich uns nun günstig, so ist das am besten; wo nicht, so wollen wir alsdann gleich Rat pflegen, was wir tun sollen, ob uns zu einem andern halten, oder ob versuchen, das dir beiwohnende Göttliche zu überreden durch Gelübde und Opfer und was uns sonst die Wahrsager angeben werden.

DEMODOKOS: Setze nun dem Knaben nichts weiter entgegen hierauf, o Sokrates. Denn ganz recht hat Theages.

SOKRATES: Wohl, wenn ihr glaubt, daß wir so tun sollen, so wollen wir es tun.

ALKIBIADES I

A. Einleitung

B. Der Wunsch des Alkibiades, Herrscher von Athen zu werden

1. Sokrates spricht Alkibiades an. Alkibiades' Verwunderung
darüber, daß Sokrates als einziger seiner Liebhaber nicht
von ihm abläßt

SOKRATES: O Sohn des Kleinias, ich glaube, du wunderst dich, 103a
daß ich, der ich dein erster Liebhaber gewesen, nun die übrigen
aufgehört haben, mich allein nicht abwendig machen lasse, und
daß die übrigen haufenweise sich mit dir unterhielten, ich aber seit
vielen Jahren dich auch nicht einmal angeredet habe. Hiervon nun
ist die Ursache nicht ein menschliches, sondern ein dämonisches
Hindernis gewesen, von dessen Kraft du auch in der Folge noch
hören wirst. Jetzt aber, da es mich nicht mehr hindert, habe ich b
mich dir genaht und bin der guten Hoffnung, daß es mir auch
künftig nicht mehr entgegen sein wird. In dieser Zeit nun habe ich
ziemlich achtgegeben und gemerkt, wie du dich gegen deine Liebhaber verhieltest. Nämlich ohnerachtet ihrer so viele gewesen und
gar hochsinnige, war doch keiner, der nicht wäre überragt von
deiner Großartigkeit zur Flucht gebracht worden. Die Gründe
aber, vermöge deren du so über sie hinweggesehen, will ich dir 104a
darlegen. Du meinst, keines Menschen bedürftig zu sein zu nichts,
weil das, was du hast, so reichlich ist, daß du nichts brauchst, vom
Leibe anfangend bis zur Seele. Denn du meinst zuerst, sehr schön
zu sein und sehr wohlgewachsen, und das kann jeder deutlich sehen, daß du dich hierin nicht irrst; dann auch von dem glänzendsten Geschlecht in deiner Vaterstadt, welche wiederum die größte
ist unter den hellenischen; und hier rühmst du dich, von Vaterseite
die trefflichsten Freunde und Verwandten zu haben, welche dir b
dienen würden, wenn es irgend nötig wäre, und von Mutterseite
nicht wenigere noch geringere. Mehr aber als alles insgesamt, was
ich angeführt, glaubst du, vermöge dir Perikles, der Sohn des Xan-

thippos, welchen dein Vater dir und deinem Bruder zum Vor-
munde gesetzt, der nicht nur in dieser Stadt auszurichten vermag,
was er nur will, sondern auch in ganz Hellas und bei vielen und
großen Geschlechtern der Ausländer. Ich würde auch hinzusetzen,
c wie reich du bist: Aber hierauf scheinst du mir am wenigsten groß-
zutun. Mit dem allen nun dich brüstend hast du deine Liebhaber
überwunden, und sie, weit unter dir darin, sind überwunden worden, und dir ist das nicht entgangen. Daher weiß ich auch gewiß,
daß du dich wunderst, was ich wohl denke, daß ich mich gar nicht
abwendig machen lasse von der Liebe, und was für eine Hoffnung
ich wohl haben muß, daß ich noch bleibe, da die andern schon
zurückgetreten sind.

ALKIBIADES: Und vielleicht weißt du nicht, Sokrates, daß du
d mir nur um ein weniges zuvorgekommen bist. Denn ich hatte eben
im Sinn, dir zuerst entgegenzugehen und dich auf dasselbige anzu-
reden, was du doch eigentlich willst, und was für eine Hoffnung
im Auge habend du mich quälst und überall, wo ich nur bin, auf
das sorgfältigste dich auch zeigst. Denn ich wundere mich in der
Tat, was doch deine Absicht ist, und möchte es gern erfahren.

SOKRATES: Also wirst du mir, wie es scheint, willig zuhören,
wenn du doch, wie du sagst, Lust hast zu erfahren, was ich denke,
und ich also als zu einem, der hören und aushalten will, reden
kann.

ALKIBIADES: Gewiß gar sehr, also rede nur.

e SOKRATES: Siehe wohl zu; denn es wäre kein Wunder, wenn
ich, wie ich schwer angefangen habe, nun auch schwer wieder aufhören könnte.

ALKIBIADES: O Guter, rede nur, ich will schon hören.

2. *Alkibiades strebt nach immer Höherem. Sokrates' Behauptung, daß Alkibiades ohne ihn nichts Höheres erreichen kann*
SOKRATES: So sei es denn geredet. Schwer ist es freilich wohl für
einen Liebhaber, sich an einen Mann wenden, dem Liebhaber
nichts anhaben können; dennoch aber muß ich es wagen, meine
Meinung kundzutun. Nämlich, o Alkibiades, wenn ich dich mit
demjenigen, was wir eben durchgegangen sind, zufrieden gesehen
hätte und gesonnen, dein Leben damit hinzubringen: so hätte ich
schon längst von meiner Liebe abgelassen, wie ich von mir selbst

glaube. Nun aber will ich dich noch ganz anderer Gedanken, die   105 a
du hegst vor dir selbst, bezichtigen, woraus du auch erkennen
wirst, daß ich immer sehr wohl auf dich achtgehabt habe. Ich
denke nämlich von dir, daß, wenn dir einer der Götter sagte: O
Alkibiades, willst du wohl das behaltend, was du jetzt hast, leben
oder lieber gleich tot sein, wenn es dir nicht erlaubt sein soll, Größeres zu erwerben? ich denke, du würdest wählen tot zu sein. Und
nun, auf welche Hoffnung lebst du? Das will ich dir sagen. Du
glaubst, sobald du nur bei den Volksversammlungen der Athener
zugegen sein werdest, und das werde ja in gar wenigen Tagen ge-   b
schehen, werdest du den Athenern dort zeigen, daß du solcher
Ehre wert seiest wie weder Perikles noch irgendein anderer von
allen, die nur je gewesen, und wenn du ihnen dies gezeigt, werdest
du dann am meisten vermögen in der Stadt; wärest du aber hier
der größte, dann wärest du es auch bei den andern, nicht nur Hellenen, sondern auch den Barbaren, die mit uns in demselben Welt-
teil wohnen. Und wenn nun derselbige Gott dir sagte, hier in Europa solltest du zwar herrschen, aber nach Asien solle dir nicht   c
erlaubt sein überzugehen und an die dortigen Angelegenheiten
deine Hand zu legen: so dünkt mich, werdest du auch auf diese
Bedingungen allein nicht leben wollen, wenn du nicht mit deinem
Namen und deiner Macht, kurz zu sagen, alle Menschen erfüllen
darfst. Und ich meine, außer dem Kyros und Xerxes hältst du
wohl keinen sonderlich der Rede wert. Daß du nun diese Hoffnung hegst, weiß ich sehr wohl und vermute es nicht nur. Vielleicht nun wirst du sagen, weil du weißt, daß ich wahr rede: Was
hat doch aber dies, o Sokrates, mit dem zu schaffen, was du vor-
hattest zu erklären, weshalb nämlich du nicht von mir abläßt? Das   d
will ich dir sagen, lieber Sohn des Kleinias und der Deinomache.
Nämlich allen diesen Gedanken ist es dir unmöglich die Krone
aufzusetzen ohne mich, so große Gewalt glaube ich zu haben über
deine Angelegenheiten und über dich. Deshalb glaube ich auch,
hat mir so lange der Gott nicht verstattet, mit dir zu reden, auf den
ich wartete, wann er es doch zulassen würde. Denn so wie du
Hoffnungen hegst, vor der Stadt zu beweisen, daß du ihr alles
wert bist, und wenn du es bewiesen, dann nichts mehr sein würde,   e
was du nicht gleich solltest ausrichten können: so hoffe auch ich,
bei dir alles auszurichten, wenn ich dir gezeigt habe, daß ich dir

alles wert bin, und daß weder Vormund noch Verwandter noch
sonst jemand imstande ist, dir die Macht zu verschaffen, nach der
du strebst, außer ich, mit Gott freilich. Solange du nun jünger und
ehe du so großer Hoffnung voll warst, ließ mich, wie mich dünkt,
der Gott nicht mit dir reden, damit ich nicht vergeblich redete.
106a Nun aber hat er es verstattet, denn nun möchtest du mich wohl
hören.

ALKIBIADES: Noch viel wunderlicher, o Sokrates, kommst du
mir nun vor, nachdem du angefangen zu reden, als solange du mir
schweigend nachgingest. Wiewohl du auch damals schon gar sehr
so aussahest. Ob ich nun dieses im Sinne habe oder nicht, darüber
hast du, wie es scheint, schon entschieden, und wenn ich es auch
leugnen wollte, würde mir das wohl nicht helfen, dich zu überreden. Wohl denn! Wenn ich nun dies aber auch noch so sehr im
Sinne habe: Wie soll mir das durch dich werden, so daß es ohne
dich gar nicht geschehen könnte, weißt du mir das wohl zu sagen?

3. Kurzes methodisches Intermezzo

b SOKRATES: Fragst du etwa, ob ich eine lange Rede darüber vorzutragen weiß, wie du gewohnt bist zu hören? Das ist freilich nicht
meine Sache. Aber zeigen kann ich dir allerdings, wie ich glaube,
daß sich dies wirklich so verhält, wenn du mir nur ein weniges
dabei willst zu Hilfe kommen.

ALKIBIADES: Wenn es nur keine schwere Hilfsleistung ist, die
du meinst, so will ich wohl.

SOKRATES: Dünkt es dich schwer zu antworten, was gefragt
wird?

ALKIBIADES: Nicht schwer.

SOKRATES: So antworte denn.

ALKIBIADES: Frage nur.

SOKRATES: Ich darf also doch fragen, als hättest du das im
c Sinne, was ich sage, daß du gedenkst?

ALKIBIADES: Das sei so, wenn du willst, damit ich nur erfahre,
was du doch sagen wirst.

4. Suche nach den Bereichen, in denen Alkibiades wissend ist

SOKRATES: Wohlan denn. Du gedenkst also, wie ich sage, binnen
kurzer Zeit dich daran zu geben, mit den Athenern zu ratschlagen.

Wenn ich nun, indem du im Begriff wärest, die Bühne zu bestei-
gen, dich bei der Hand faßte und fragte: O Alkibiades, weil die
Athener worüber doch gedenken jetzt Rat zu pflegen bist du aufgestanden, um auch Rat zu erteilen? Doch wohl weil über etwas,
was du besser verstehst als diese? Was würdest du antworten?

ALKIBIADES: Ich würde offenbar sagen: Allerdings über etwas,   d
was ich besser weiß als diese.

SOKRATES: Also was du weißt, darin bist du auch ein guter
Ratgeber?

ALKIBIADES: Wie sollte ich nicht!

SOKRATES: Und du weißt doch wohl nur das, was du entweder
von andern gelernt oder selbst erfunden hast?

ALKIBIADES: Was für anderes sollte ich wohl!

SOKRATES: Kannst du nun wohl irgendwann etwas erlernt haben oder erfunden, ohne daß du es weder lernen noch selbst suchen wolltest?

ALKIBIADES: Das kann ich nicht.

SOKRATES: Wie nun? Hast du wohl je suchen oder lernen gewollt, was du schon zu wissen glaubtest?

ALKIBIADES: Gewiß nicht.

SOKRATES: Also was du jetzt weißt, dafür gab es doch eine Zeit,   e
wo du es nicht zu wissen glaubtest?

ALKIBIADES: Notwendig.

SOKRATES: Allein was du gelernt hast, das weiß ich doch ungefähr; sollte mir aber etwas entgangen sein, so sage es mir. Du hast,
soviel ich mich erinnere, die Sprache gelernt und die Leier spielen
und fechten, denn die Flöte wolltest du ja nicht lernen. Dies ist es,
was du verstehst, wenn du nicht etwas gelernt hast mir unbe-
merkt; ich glaube aber nicht, daß du so jemals aus dem Hause
gegangen bist, weder bei Tage noch bei Nacht.

ALKIBIADES: Ich habe auch keine anderen Schulen gemacht als
diese.

SOKRATES: Wirst du also wohl, wenn die Athener über Buch-   107 a
staben ratschlagen, wie sie richtig schreiben sollen, alsdann aufstehen, um deinen Rat auch zu erteilen?

ALKIBIADES: Beim Zeus, ich nicht.

SOKRATES: Aber wenn über das Leierschlagen?

ALKIBIADES: Keineswegs.

SOKRATES: Aber über das Fechten pflegen sie ja wohl gar nicht zu ratschlagen in der Versammlung?

ALKIBIADES: Freilich nicht.

SOKRATES: Also wenn sie worüber doch ratschlagen? Doch wohl nicht, wenn über Gebäude?

ALKIBIADES: Auch nicht.

SOKRATES: Denn da wäre wohl ein Baumeister ein besserer Ratgeber als du.

b   ALKIBIADES: Ja.

SOKRATES: Auch wohl nicht, wenn sie über das Wahrsagen ratschlagen?

ALKIBIADES: Nein.

SOKRATES: Denn da wäre wieder ein Wahrsager besser als du.

ALKIBIADES: Ja.

SOKRATES: Und zwar er mag klein sein oder groß, schön oder häßlich, vornehmer oder geringer Abkunft.

ALKIBIADES: Freilich wohl.

SOKRATES: Denn von dem Wissenden, denke ich, kommt guter Rat in jeder Sache, nicht von dem Reichen.

ALKIBIADES: Wie könnte es anders sein!

SOKRATES: Ob also der, welcher ihnen zuspricht, arm ist oder reich, das wird den Athenern nichts verschlagen, wenn sie wegen der Bewohner der Stadt ratschlagen, wie sich diese wohl gesund
c   erhalten können; sondern sie werden nur suchen, daß der Ratgeber ein Arzt sei.

ALKIBIADES: Ganz natürlich wohl.

SOKRATES: Wenn sie also was doch überlegen, wirst du mit Recht auftreten, wenn du auftrittst, ihnen Rat zu erteilen?

ALKIBIADES: Wenn ihre eigenen Angelegenheiten, o Sokrates.

SOKRATES: Meinst du die des Schiffbaues, was für Schiffe sie sollen zimmern lassen?

ALKIBIADES: Nicht doch, Sokrates.

SOKRATES: Denn Schiffe zu bauen, denke ich, verstehst du nicht. Ist das die Ursache, oder sonst etwas?

ALKIBIADES: Nein, sondern dieses.

5. Alkibiades will Ratgeber für Kriegs- und Staatsangelegenheiten sein

SOKRATES: Also die Beratschlagung über welche von ihren Angelegenheiten meinst du denn? d

ALKIBIADES: Wenn sie über Krieg und Frieden ratschlagen, o Sokrates, oder über sonst eine von den Angelegenheiten des Staats.

SOKRATES: Meinst du, wenn sie ratschlagen, mit wem sie Frieden machen sollen und mit wem Krieg führen und auf welche Weise?

ALKIBIADES: Ja.

SOKRATES: Müssen sie nun nicht dies, mit wem es am besten ist?

ALKIBIADES: Ja.

SOKRATES: Und dann, wann es am besten ist? e

ALKIBIADES: Freilich.

SOKRATES: Und so lange, als es besser ist?

ALKIBIADES: Ja.

SOKRATES: Wenn nun die Athener sich berieten, mit wem man ringen muß und mit wem lieber mit dem bloßen Vorderarm kämpfen und auf welche Weise: würdest dann du besseren Rat geben oder der Meister in Leibesübungen?

ALKIBIADES: Der letztere offenbar.

SOKRATES: Weißt du nun wohl zu sagen, worauf sehend er seinen Rat darüber erteilen würde, mit wem man ringen muß und mit wem nicht? Und wann und auf welche Weise? – Ich meine es so. Man muß doch mit denen ringen, mit denen es besser ist? Oder nicht?

ALKIBIADES: Ja.

SOKRATES: Und so viel Gänge, als es besser ist? 108a

ALKIBIADES: So viele.

SOKRATES: Und auch dann, wann es besser ist?

ALKIBIADES: Freilich.

SOKRATES: Und wer singt, muß bisweilen die Leier schlagen zum Gesang und tanzen?

ALKIBIADES: Das muß er.

SOKRATES: Und nicht wahr, dann, wenn es besser ist?

ALKIBIADES: Ja.

SOKRATES: Und so lange, als es besser ist?

ALKIBIADES: Das behaupte ich.

SOKRATES: Wie nun? Da du doch beide Male das Bessere ge-
b nannt hast beim Leierschlagen zum Gesang und beim Ringen, wie
nennst du das Bessere im richtigen Leierschlagen? So wie ich das
Bessere im Ringen das gymnastische nenne, wie nennst du jenes?

ALKIBIADES: Ich verstehe nicht.

SOKRATES: Versuche nur, mich nachzuahmen. Denn ich habe
schon beantwortet, das, was sich überall richtig verhält. Denn richtig verhält sich doch das, was nach der Kunst geschieht oder nicht?

ALKIBIADES: Ja.

SOKRATES: War aber nicht jene Kunst die Gymnastik?

ALKIBIADES: Wie sollte sie nicht.

c SOKRATES: Und ich nannte das Bessere im Ringen das gymnastische?

ALKIBIADES: Das tatest du.

SOKRATES: Und mit Recht?

ALKIBIADES: So dünkt mich.

6. Alkibiades' Unwissen, was das Bessere in Kriegs- und Friedens-
angelegenheiten ist

SOKRATES: So komm denn! Denn dir steht es ja auch wohl an,
dich richtig auszudrücken, und sage mir zuerst, welches ist die
Kunst, welcher das richtige Leierschlagen und Singen und Sich-
dazu-Bewegen obliegt, wie wird sie insgesamt genannt? Kannst du
es noch nicht sagen?

ALKIBIADES: Nicht recht.

SOKRATES: Versuche es so. Welches sind die Göttinnen, denen
diese Kunst zukommt?

ALKIBIADES: Die Musen meinst du, Sokrates?

d SOKRATES: Freilich. Sieh nun, was für einen Beinamen hat von
ihnen diese Kunst?

ALKIBIADES: Die Musik dünkst du mich zu meinen.

SOKRATES: Die meine ich auch. Was ist nun das, was nach dieser richtig erfolgt? So wie ich dir dort das nach der gymnastischen
Kunst Richtige benannte, wie sagst du nun auch hierbei, daß es
geschehe?

ALKIBIADES: Musikalisch, dünkt mich.

SOKRATES: Wohl gespròchen. Wohlan denn, auch das Bessere beim Kriegführen oder beim Frieden-Halten, dieses Bessere, wie nennst du es? Wie du dort von jedem sagtest, das Bessere sei das e Musikalischere, und bei dem andern, es sei das Gymnastischere, so versuche auch hier, das Bessere zu benennen.

ALKIBIADES: Aber ich weiß wirklich nicht wie.

SOKRATES: Allein ist das nicht schmählich, wenn dich, indem du sprächest und Rat gäbest über Speisen, daß die eine besser ist als die andere und jetzt und in dieser Menge, jemand hernach fragte: Wie nennst du dieses Bessere, o Alkibiades? Daß du hiervon zwar zu sagen wüßtest, es ist das Gesundere, wiewohl du dich nicht für einen Arzt ausgibst: wofür du dich aber ausgibst, es zu verstehen, und auftrittst, um Rat zu erteilen als ein Wissender, 109a hiernach gefragt du, wie es scheint, nicht zu sagen weißt, willst du dich dessen nicht schämen, oder dünkt es dich nicht schmählich?

ALKIBIADES: Gar sehr, freilich.

SOKRATES: So überlege denn und versuche zu sagen, worauf doch ziele dieses Bessere in dem Frieden-Halten und in dem Kriegführen, mit wem man soll.

ALKIBIADES: Aber ich überlege es und kann es doch nicht innewerden.

7. Der gerechtere Krieg als der bessere

SOKRATES: Und weißt auch nicht, wenn wir Krieg anfangen, was für Begegnisse wir einander beschuldigen, weshalb wir zum Kriegführen schreiten, und wie wir sie nennen?

ALKIBIADES: Das weiß ich, wir waren hintergangen oder beraubt worden, oder man hätte uns Gewalt angetan.

SOKRATES: Halt, und wie sagen wir, sei uns das alles begegnet? Versuche anzugeben, wie dabei das So oder So verschieden ist.

ALKIBIADES: Meinst du unter dem So, o Sokrates, das Gerecht oder Ungerecht?

SOKRATES: Eben dieses.

ALKIBIADES: Das ist ja freilich ein großer und gänzlicher Unterschied.

SOKRATES: Wie nun? Gegen welche von beiden willst du den Athenern raten, Krieg zu führen, gegen die Unrechttuenden oder die, welche gerecht gehandelt haben?

c ALKIBIADES: Das ist ja eine harte Frage. Denn wenn einer auch dächte, man sollte gegen die, welche recht handeln, Krieg führen, so würde er es doch nicht eingestehen.

SOKRATES: Denn dies ist nicht gesetzlich, wie ja einleuchtet.

ALKIBIADES: Freilich nicht; und auch für schön wird es ja nicht gehalten.

SOKRATES: Also in bezug hierauf, auf das Gerechte, würdest auch du deine Reden stellen?

ALKIBIADES: Notwendig.

SOKRATES: Ist nun wohl, wonach ich eben fragte, das Bessere im Kriegführen und nicht, und mit wem man soll, mit wem dagegen nicht, und wann, wann aber nicht, etwas anderes als das Gerechtere? Oder nein?

ALKIBIADES: Offenbar ja eben dieses.

8. Alkibiades hat weder gelernt, was das Gerechtere ist, noch hat er es selbst gesucht

d SOKRATES: Wie nun, o lieber Alkibiades? Weißt du entweder selbst nicht, daß du dies nicht verstehst? Oder weiß ich nicht, daß du es gelernt und einen Lehrer besucht hast, der dich gelehrt hat, das Gerechtere und Ungerechtere zu unterscheiden? Und wer ist doch der? Zeige ihn mir doch auch an, damit ich mich ihm als Schüler von dir vorstellen lasse.

ALKIBIADES: Du spottest, o Sokrates.

SOKRATES: Bei meinem und deinem Freundschaftsgotte, bei dem ich am wenigsten falsch schwören möchte, nein. Sondern wenn du kannst, so sage, wer es ist.

e ALKIBIADES: Und wie, wenn ich nun nicht kann? Glaubst du nicht, daß ich anderswoher wissen kann, was gerecht ist und ungerecht?

SOKRATES: Ja, wenn du es selbst gefunden hättest.

ALKIBIADES: Und das, glaubst du, könnte ich nicht haben?

SOKRATES: O sicher, wenn du es gesucht hättest.

ALKIBIADES: Und glaubst du, ich hätte es nicht gesucht?

SOKRATES: Das wohl, wenn du geglaubt hättest, es nicht zu wissen.

ALKIBIADES: Also gab es etwa keine Zeit, wo es so mit mir stand?

SOKRATES: Richtig gesprochen. Kannst du mir also diese Zeit angeben, wo du nicht glaubtest, das Gerechte und Ungerechte zu erkennen? Sprich, hast du es vor dem Jahre gesucht und nicht geglaubt, es zu wissen? Oder glaubtest du es da schon? Und antworte mir die Wahrheit, damit wir unsere Gespräche nicht vergeblich führen. 110a

ALKIBIADES: Da glaubte ich, es zu wissen.

SOKRATES: Und vor zwei und drei und vier Jahren nicht so?

ALKIBIADES: Allerdings.

SOKRATES: Und früher warst du doch noch ein Knabe. Nicht wahr?

ALKIBIADES: Ja.

SOKRATES: Damals nun weiß ich ganz gewiß, daß du es zu verstehen glaubtest.

ALKIBIADES: Woher weißt du das so gewiß?

SOKRATES: Weil ich dich oft in den Schulen gehört habe als ein Kind, auch sonst, vornehmlich aber, wenn du Knöchel spieltest oder irgendein anderes Spiel, gar nicht als ob du ungewiß wärest über Recht und Unrecht, sondern ganz laut und zuversichtlich, von welchem Knaben es nun eben war, sagen, er wäre schlecht und ungerecht und er täte Unrecht. Oder ist das nicht wahr? b

ALKIBIADES: Aber was sollte ich denn tun, o Sokrates, wenn mir nun einer Unrecht tat?

SOKRATES: Meinst du, wenn du ungewiß wärest, ob dir Unrecht geschähe oder nicht, was du dann tun solltest?

ALKIBIADES: Beim Zeus! Ich war ja gar nicht ungewiß; sondern ich erkannte ganz bestimmt, daß mir Unrecht geschah. c

SOKRATES: Also schon als ein Kind glaubtest du zu verstehen, wie sich zeigt, was recht und unrecht ist?

ALKIBIADES: Freilich, und ich verstand es auch.

SOKRATES: Nachdem du es in welcher Zeit doch gefunden? Denn gewiß doch nicht, als du es schon zu wissen glaubtest.

ALKIBIADES: Freilich nicht.

SOKRATES: Wann also glaubtest du, es nicht zu wissen? Bedenke dich! Du wirst aber diese Zeit nicht finden.

ALKIBIADES: Beim Zeus, Sokrates, ich weiß sie nicht anzugeben.

SOKRATES: Also durch Selbstfinden weißt du es nicht. d

ALKIBIADES: Offenbar wohl nicht.

SOKRATES: Aber eben gestandest du ja auch, es nicht durch Erlernung zu wissen. Wenn du es nun weder gefunden noch gelernt hast, wie weißt du es denn und woher?

9. Alkibiades' Annahme, von den Leuten gelernt zu haben, was gerecht ist

ALKIBIADES: Das habe ich vielleicht wohl nicht richtig geantwortet, daß ich sagte, ich wisse es durch eignes Finden; sondern es verhielt sich wohl so: Ich habe es gelernt, denke ich, ich so gut als alle andern.

SOKRATES: Da kommen wir ja wieder auf dieselbe Rede. Von wem? Sage es mir auch.

e ALKIBIADES: Von den Leuten.

SOKRATES: Nicht zu sonderlichen Lehrern nimmst du deine Zuflucht, wenn du es auf die Leute bringst.

ALKIBIADES: Wieso? Sollten sie nicht taugen, das zu lehren?

SOKRATES: Wenigstens nicht, was im Brettspiel kunstmäßig ist und was nicht; wiewohl ich das doch für geringer halte als das Gerechte. Und du, glaubst du nicht auch so?

ALKIBIADES: Ja.

SOKRATES: Also das Geringfügigere sollten sie nicht lehren können, wohl aber das Wichtigere?

ALKIBIADES: Das glaube ich doch. Wenigstens können sie ja vieles lehren, was wichtiger ist als Brettspielen.

SOKRATES: Was wäre doch das?

111 a ALKIBIADES: Wie das Hellenisch-Reden ich meines Teils ja von eben diesen gelernt habe und keinen andern Lehrer zu nennen wüßte, sondern es auf die nämlichen bringe, von denen du sagst, daß sie nicht sonderliche Lehrer wären.

SOKRATES: Aber, mein Bester, hierin sind die Leute wohl gute Lehrer, und man kann mit Recht ihre Lehre rühmen.

ALKIBIADES: Wieso?

SOKRATES: Weil sie hiervon haben, was gute Lehrer haben müssen.

10. *Widerlegung dieser Annahme: Die Uneinigkeit der Leute*
    darüber, was das Gerechte ist, als Zeichen ihres Nicht-Wis-
    sens

ALKIBIADES: Was meinst du damit?

SOKRATES: Weißt du nicht, daß, die irgend etwas lehren sollen,
es zuerst selbst wissen müssen? Oder nicht?   b

ALKIBIADES: Wie sollten sie nicht?

SOKRATES: Und daß, die etwas wissen, darüber einig sind untereinander und nicht im Streit?

ALKIBIADES: Ja.

SOKRATES: Worüber sie aber uneinig sind, wirst du sagen, daß
sie das wissen?

ALKIBIADES: Wohl nicht.

SOKRATES: Darin nun, wie sollten sie wohl Lehrer sein können?

ALKIBIADES: Gar auf keine Weise.

SOKRATES: Wie nun? Scheinen dir die Leute darüber uneins zu
sein, was Stein ist und was Holz? Und wenn du einen fragst, werden sie nicht alle in demselben zusammentreffen und nach demsel-   c
ben greifen, wenn sie einen Stein oder ein Holz nehmen wollen?
Und so mit allen dergleichen Dingen? Denn ich merke, daß du dies
ungefähr meinst, wenn du sagst, sie verstehen hellenisch zu reden.
Oder nicht?

ALKIBIADES: Allerdings.

SOKRATES: Und nicht wahr, hierüber, wie wir sagten, sind sie
untereinander einig, und jeder mit sich einzeln, und auch insgemein die Staaten haben keinen Streit miteinander, daß der eine
dies annähme und der andere jenes?

ALKIBIADES: Freilich nicht.

SOKRATES: Natürlich also können sie darin auch gute Lehrer
sein.

ALKIBIADES: Ja.   d

SOKRATES: Also wenn wir machen wollten, daß einer dies
wüßte, so täten wir recht, ihn bei diesen in die Lehre zu schicken,
bei den Leuten?

ALKIBIADES: Ganz gewiß.

SOKRATES: Wie aber, wenn wir wollten, er sollte nicht nur wissen, was Menschen sind und was Pferde, sondern auch, welche

unter ihnen rechte Läufer sind und welche nicht, sind noch die Leute tauglich, dieses zu lehren?

ALKIBIADES: Wohl nicht.

SOKRATES: Und ist dir das Beweis genug, daß sie es nicht verste-
e hen und keine tüchtigen Lehrer darin sind, daß sie gar nicht unter sich einig sind darüber?

ALKIBIADES: Mir genug.

SOKRATES: Und wenn wir wollten, einer solle nicht nur wissen, was Menschen sind, sondern auch, was gesunde und was kränkliche, wären uns auch dann die Leute tüchtige Lehrer?

ALKIBIADES: Wohl nicht.

SOKRATES: Und wäre es dir ein hinreichender Beweis, daß sie nur schlechte Lehrer wären, wenn du sie untereinander uneins sähest?

ALKIBIADES: Mir ja.

SOKRATES: Und wie denn? Was gerechte Menschen und Hand-
112a lungen sind, dünken dich darüber die Leute übereinzustimmen, jeder mit sich selbst und alle untereinander?

ALKIBIADES: Nichts weniger als das, beim Zeus, o Sokrates!

SOKRATES: Sondern wie? Über die Maßen uneinig zu sein hierüber?

ALKIBIADES: Gar sehr.

SOKRATES: Wenigstens glaube ich nicht, daß du jemals über das, was gesund ist oder nicht, Menschen so uneinig wirst gesehen oder gehört haben, daß sie deshalb miteinander kämpften oder sich umbrachten.

ALKIBIADES: Freilich nicht.

SOKRATES: Wohl aber wegen Recht und Unrecht weiß ich ge-
b wiß, daß, wenn du es auch nicht selbst gesehen, du es wenigstens von vielen andern gehört hast und auch vom Homeros. Denn die Odysseia und Ilias hast du doch gehört?

ALKIBIADES: Das versteht sich ja wohl, o Sokrates.

SOKRATES: Und nicht wahr, diese Gedichte handeln ganz und gar von einem Streit über Recht und Unrecht?

ALKIBIADES: Ja.

SOKRATES: Und Gefechte und Tod entstanden aus diesem Zwist den Achaiern und Troern und den Freiern der Penelope und dem Odysseus.

ALKIBIADES: Du hast recht.   c

SOKRATES: Ich glaube, auch den Athenern, Lakedaimoniern und Böotiern, die bei Tanagra blieben und hernach bei Koroneia, wo auch dein Vater Kleinias endete, hat kein anderer Streit Krieg und Tod gebracht als über Recht und Unrecht. Nicht wahr?

ALKIBIADES: Du hast recht.

SOKRATES: Sollen wir nun sagen, daß diese dasjenige wissen, worüber sie sich so heftig streiten, daß sie im Zwist darüber sich   d untereinander das Äußerste antun?

ALKIBIADES: Das sieht wohl nicht so aus.

SOKRATES: Und auf solche Lehrer berufst du dich doch, von denen du selbst eingestehst, daß sie nicht wissen?

ALKIBIADES: Das scheine ich.

SOKRATES: Wie soll man nun glauben, daß du dich auf Recht und Unrecht verstehst, worüber du so schwankst, und es offenbar weder von jemandem gelernt, noch es selbst erfunden hast?

ALKIBIADES: Nach dem, was du sagst, sollte man es nicht glauben.

11. *Überlegung zur Gesprächsführung*

SOKRATES: Siehst du, wie du auch dies wieder gar nicht richtig   e gesprochen hast, o Alkibiades?

ALKIBIADES: Was denn?

SOKRATES: Daß du behauptest, ich sage dies.

ALKIBIADES: Wie doch? Bist du es etwa nicht, der behauptet, daß ich nichts verstehe von Recht und Unrecht?

SOKRATES: Gar nicht.

ALKIBIADES: Sondern ich etwa?

SOKRATES: Ja.

ALKIBIADES: Woher aber?

SOKRATES: Das wirst du so sehen. Wenn ich dich frage, eins und zwei, welches von beiden ist mehr; so wirst du doch sagen, zwei?

ALKIBIADES: Gewiß.

SOKRATES: Um wieviel?

ALKIBIADES: Um eins.

SOKRATES: Welcher von uns beiden ist nun der Behauptende, daß zwei um eins mehr ist als eins?

ALIBIADES: Ich.

SOKRATES: Und nicht wahr, ich fragte, und du antwortetest?

ALKIBIADES: Ja.

113a SOKRATES: Hierüber also scheine ich, der Fragende, es zu sein, der etwas sagt, oder du, der Antwortende?

ALKIBIADES: Ich.

SOKRATES: Und wie, wenn ich frage, was für Buchstaben hat Sokrates, und du sagst es, wer ist der Behauptende?

ALKIBIADES: Ich.

SOKRATES: Wohlan, so sage es auf einmal. Wo Frage und Antwort gewechselt wird, wer behauptet, der Fragende oder der Antwortende?

ALKIBIADES: Der Antwortende, dünkt mich, o Sokrates.

b SOKRATES: Und eben war ich doch durchweg der Fragende?

ALKIBIADES: Ja.

SOKRATES: Und du der Antwortende?

ALKIBIADES: Freilich.

SOKRATES: Was also behauptet worden ist, wer hat es ausgesprochen?

ALKIBIADES: Offenbar wohl, o Sokrates, nach dem, was wir eingestanden haben, ich.

SOKRATES: Und es ist behauptet worden, daß über Recht und Unrecht der schöne Alkibiades, der Sohn des Kleinias, nichts verstehe, glaube es aber, und wolle in die Versammlung gehen, um den Athenern Rat zu geben über das, wovon er nichts weiß. War es nicht so?

c ALKIBIADES: Offenbar.

SOKRATES: Es kommt also das vom Euripides heraus, o Alkibiades, von dir magst du das wohl, nicht von mir gehört haben, und ich bin es nicht, der dies behauptet, sondern du; mich aber beschuldigst du fälschlich.

ALKIBIADES: Und doch ist es ganz richtig.

SOKRATES: Nämlich ein törichtes Unternehmen hast du im Sinn, o Bester, lehren zu wollen, was du nicht weißt, nachdem du verabsäumt, es zu lernen.

12. Behauptung des Alkibiades, daß es bei Staatsberatungen nicht um das Gerechte geht, sondern um das Vorteilhafte

ALKIBIADES: Ich denke aber, o Sokrates, die Athener mögen d
wohl gar selten darüber beratschlagen, und so auch die andern
Hellenen, was gerechter sei oder ungerechter. Denn das, denken
sie, sieht jedermann. Sie lassen es also und überlegen nur, welches
von zweien ihnen vorteilhaft sein wird, wenn sie es tun. Denn das
ist, glaube ich, nicht einerlei, das Gerechte und das Vorteilhafte;
sondern vielen hat es schon Nutzen gebracht, daß sie große Unge-
rechtigkeiten begangen haben, und andern, glaube ich, die recht
gehandelt, hat das nicht gevorteilt.

SOKRATES: Wie also? Wenn das Gerechte wirklich so sehr
etwas anderes ist, und das Vorteilhafte wieder etwas anderes: e
meinst du nicht wiederum, das zu verstehen, was den Menschen
vorteilhaft ist und warum?

ALKIBIADES: Was hindert es, o Sokrates? Wenn du mich nur
nicht wieder fragen willst, von wem ich es gelernt oder wie ich es
selbst gefunden habe.

13. Alkibiades kann nicht beweisen, daß das Gerechte nicht vorteilhaft ist

SOKRATES: Was du nun anstellst! Wenn du etwas unrichtig behauptest, und es ist möglich, dir dies auf dieselbe Art nachzuwei-
sen wie schon in einem früheren Fall, glaubst du dennoch, daß du
etwas Neues hören mußt und andere Beweise, als ob die vorigen
wie Kleider abgetragen wären und du sie nicht mehr umnehmen
wolltest, sondern es müßte dir einer einen ganz neuen, noch unbe-
rührten Beweis bringen? Ich will mich aber an deine Vorklage 114a
nicht kehren, sondern dich nichtsdestoweniger fragen, woher du
nun wieder das Vorteilhafte gelernt hast, daß du es nun verstehst,
und wer dein Lehrer gewesen ist, und alles jenes Vorige frage ich
dich mit einer Frage. Aber offenbar wirst du wieder auf dasselbige
kommen und wirst nicht aufzeigen können, weder daß du durch
Selbstfinden das Vorteilhafte weißt noch durch Erlernung. Aber
weil du vornehm tust und nicht gern dieselbe Rede noch einmal
kosten möchtest: so lasse ich das gut sein, ob du weißt oder nicht,
was den Athenern vorteilhaft ist; ob aber das Gerechte und das
Vorteilhafte einerlei ist oder verschieden, warum zeigst du mir das b

nicht, entweder, wenn du willst, indem du mich fragst wie ich dich, oder wenn nicht, so führe es auch in eigner Rede durch.

ALKIBIADES: Ich weiß aber nicht, ob ich imstande sein werde, o Sokrates, es vor dir durchzuführen.

SOKRATES: Stelle dir doch nur vor, du Guter, ich wäre die Versammlung und das Volk. Dort wirst du ja auch müssen jeden einzelnen überzeugen. Nicht wahr?

ALKIBIADES: Ja.

c SOKRATES: Und es ist ja wohl die Sache desselbigen, einen einzeln überzeugen zu können und viele zugleich von dem, was er weiß, wie der Sprachlehrer ja wohl einen überzeugt in Sachen der Sprache und viele?

ALKIBIADES: Jawohl.

SOKRATES: Nicht auch von dem, was die Zahlen betrifft, wird derselbige einen überzeugen können und auch viele?

ALKIBIADES: Ja.

SOKRATES: Dieser ist aber der, der es versteht, der Rechenkünstler?

ALKIBIADES: Freilich.

SOKRATES: Also nicht auch du, wovon du viele zu überzeugen imstande bist, davon auch einen?

ALKIBIADES: Wahrscheinlich wohl.

SOKRATES: Und das ist doch das, was du weißt?

ALKIBIADES: Ja.

SOKRATES: Und ist nun nicht der Redner im Volke nur insoweit d von dem in einem solchen Zusammensein verschieden, daß der eine viele auf einmal von demselben überzeugt, der andere einzeln?

ALKIBIADES: So scheint es.

SOKRATES: So komm also! Wenn es doch für denselben gehört, einen zu überzeugen und viele, so übe dich an mir und versuche mir zu zeigen, daß das Gerechte bisweilen noch nützlich ist!

14. *Kurze methodische Überlegungen*

ALKIBIADES: Du treibst Übermut, Sokrates.

SOKRATES: So will ich denn jetzt wenigstens aus Übermut dich von dem Gegenteil dessen überzeugen, wovon du mich willst.

ALKIBIADES: Sprich denn.

SOKRATES: Antworte nur, was ich dich fragen werde.

ALKIBIADES: Nein! Sondern sprich du allein.   e

SOKRATES: Wie doch? Willst du denn nicht so sehr als nur
möglich überzeugt werden?

ALKIBIADES: Allerdings will ich das.

SOKRATES: Und nicht wahr, wenn du selbst behauptest, daß
sich etwas so verhält, dann bist du aufs beste überzeugt?

ALKIBIADES: Das dünkt mich wenigstens.

SOKRATES: So antworte denn. Und wenn du es nicht von dir
selbst hörst, daß das Gerechte zugleich vorteilhaft ist, so glaube es
nicht, wenn es ein anderer sagt.

ALKIBIADES: Freilich nicht; und so will ich denn antworten;
denn ich denke ja auch, ich werde keinen Schaden davon haben.

*15. Sokrates' Nachweis, daß das Gerechte vorteilhaft ist: Hand-
lungen können nur in unterschiedlichen Hinsichten gut (gerecht) und übel (unvorteilhaft) sein*

SOKRATES: Du bist eben wahrsagerisch. Sage mir also, du be-   115a
hauptest, einiges Gerechte vorteile, anderes nicht?

ALKIBIADES: Ja.

SOKRATES: Und wie? Auch daß einiges davon schön sei und
anderes nicht?

ALKIBIADES: Wie meinst du das?

SOKRATES: Ob dich schon jemand gedünkt hat schändlich zu
handeln, zugleich aber gerecht?

ALKIBIADES: Nein, das nicht.

SOKRATES: Sondern alles Gerechte ist auch schön?

ALKIBIADES: Ja.

SOKRATES: Wie nun das Schöne? Ist es alles gut, oder einiges
wohl, anderes aber nicht?

ALKIBIADES: Ich wenigstens meine, einiges Schöne sei wohl
übel.

SOKRATES: Etwa auch Schändliches gut?

ALKIBIADES: Ja.

SOKRATES: Meinst du etwa solches, wie daß schon viele im   b
Kriege, indem sie einem Freunde oder Angehörigen Hilfe leisteten,
Wunden davongetragen haben oder gestorben sind, andere aber,
die nicht halfen, obschon sie es gesollt hätten, gesund sind davon-
gekommen?

ALKIBIADES: Allerdings eben das.

SOKRATES: Und nicht wahr, eine solche Hilfsleistung nennst du zwar schön in Beziehung auf das Bestreben, diejenigen zu retten, welche man sollte, und das ist Tapferkeit; oder nicht?

ALKIBIADES: Ja.

SOKRATES: Übel aber nennst du sie in Beziehung auf den Tod und die Wunden. Nicht wahr?

ALKIBIADES: Ja.

c   SOKRATES: Ist nun nicht etwas anderes die Tapferkeit und wieder etwas anderes der Tod?

ALKIBIADES: Freilich.

SOKRATES: Nicht also in derselben Beziehung ist es schön und übel, den Freunden helfen.

ALKIBIADES: Nein, wie sich zeigt.

SOKRATES: Sieh nun, ob es nicht eben insofern als schön auch gut ist, wie ja auch hier. Denn in bezug auf die Tapferkeit, gestehst du, sei die Hilfsleistung schön. Nun betrachte eben dieses, die Tapferkeit, ob sie gut ist oder übel. Überlege es aber so. Welches von beiden möchtest du wohl haben, Gutes oder Übles?

ALKIBIADES: Gutes.

d   SOKRATES: Und zwar das Größte am liebsten, und am unliebsten möchtest du dir das nehmen lassen?

ALKIBIADES: Wie sollte ich nicht?

SOKRATES: Was meinst du nun von der Tapferkeit, für wieviel möchtest du sie dir wohl nehmen lassen?

ALKIBIADES: Auch nicht leben möchte ich, wenn ich sollte feige sein.

SOKRATES: Das äußerste Übel also dünkt dich die Feigheit?

ALKIBIADES: Ganz gewiß.

SOKRATES: Gleichgeltend dem Sterben, wie sich zeigt?

ALKIBIADES: Das behaupte ich.

SOKRATES: Und dem Tode und der Feigheit ist doch das Entgegengesetzteste das Leben und die Tapferkeit?

ALKIBIADES: Ja.

e   SOKRATES: Und diese beiden wünschest du dir am liebsten, jene am wenigsten?

ALKIBIADES: Ja.

SOKRATES: Wohl, weil du die einen für das Beste hältst, die anderen für das Übelste?

ALKIBIADES: Freilich wohl.

SOKRATES: Das Helfen also den Freunden im Kriege, sofern es schön ist, nämlich vermöge der Vollbringung des Guten, der Tapferkeit, hast du schön genannt.

ALKIBIADES: Das scheine ich wohl.

SOKRATES: Vermöge der Vollbringung des Üblen aber, des Todes, übel.

ALKIBIADES: Ja.

SOKRATES: Ist es nun nicht recht, jegliche Handlung so zu bezeichnen, wenn du sie doch, sofern sie Übles bewirkt, übel nennst, mußt du sie auch, sofern sie Gutes bewirkt, gut nennen.   116a

ALKIBIADES: Das dünkt mich wohl.

SOKRATES: Nicht auch, sofern Gutes schön, sofern aber Übles schlecht?

ALKIBIADES: Ja.

SOKRATES: Wenn du also sagst, die den Freunden im Kriege geleistete Hilfe sei schön, aber übel, so sagst du nichts anderes, als wenn du sie gut nenntest und auch übel.

ALKIBIADES: Du scheinst richtig zu reden, Sokrates.

SOKRATES: Nichts Schönes also ist, insofern schön, übel, noch Schändliches, insofern schändlich, gut.

ALKIBIADES: Nein, wie sich zeigt.   b

16. Bekräftigung, daß das Gerechte vorteilhaft ist

SOKRATES: Betrachte es auch noch so. Wer schön lebt, lebt der nicht auch wohl?

ALKIBIADES: Ja.

SOKRATES: Die Wohllebenden aber, sind die nicht glückselig?

ALKIBIADES: Wie sollten sie nicht!

SOKRATES: Und nicht wahr, glückselig durch den Besitz des Guten?

ALKIBIADES: Vornehmlich.

SOKRATES: Dies besitzen sie aber vermöge des Wohl- und Schönlebens?

ALKIBIADES: Ja.

SOKRATES: Wohl zu leben also ist gut?

ALKIBIADES: Wie sollte es nicht!

SOKRATES: Ist nun aber nicht das Wohlleben etwas Schönes?

ALKIBIADES: Ja.

c   SOKRATES: So zeigt sich uns also wiederum als dasselbe das
Gute und das Schöne?

ALKIBIADES: So zeigt es sich.

SOKRATES: Was wir also schön gefunden haben, das werden
wir auch gut finden nach dieser Rede.

ALKIBIADES: Notwendig.

SOKRATES: Und wie! Vorteilt das Gute oder nicht?

ALKIBIADES: Es vorteilt.

SOKRATES: Erinnerst du dich auch, was wir über das Gerechte
eingestanden haben?

ALKIBIADES: Ich glaube wenigstens, daß alle Rechttuenden
notwendig auch Schönes tun.

SOKRATES: Und die Schönes, auch Gutes?

ALKIBIADES: Ja.

d   SOKRATES: Das Gute aber vorteile?

ALKIBIADES: Ja.

SOKRATES: Das Gerechte also, o Alkibiades, ist vorteilhaft.

ALKIBIADES: Es scheint ja.

17. Die Verwirrung des Alkibiades

SOKRATES: Wie nun, bist du es, der dies behauptet, oder ich, der
Fragende?

ALKIBIADES: Ich ja wohl, wie es scheint.

SOKRATES: Wenn nun einer aufsteht, um zu beratschlagen,
gleichviel ob mit den Athenern oder Peparethiern, in der Meinung
zu verstehen, was recht und unrecht ist, und will doch behaupten
zu wissen, das Gerechte sei bisweilen übel: würdest du ihn nicht
e   auslachen, da doch auch du behauptest, das Gerechte und das
Vorteilhafte sei dasselbe?

ALKIBIADES: Aber bei den Göttern, o Sokrates, ich weiß nicht,
was ich behaupte, sondern ordentlich ganz verdreht komme ich
mir vor. Denn bald dünkt es mich so, wenn du mich fragst, bald
wieder anders.

SOKRATES: Und das weißt du nicht, Lieber, was für ein Zustand dies ist?

ALKIBIADES: Gar nicht.

*18. Schwankende Meinungen als Beweis dafür, daß man etwas
zu wissen glaubt, obwohl man es nicht weiß*

SOKRATES: Glaubst du denn, wenn dich jemand fragte, hast du
zwei oder drei Augen und zwei Hände oder vier, daß du dann auch
bald dies antworten würdest, bald wieder anderes? Oder immer
dasselbe?

ALKIBIADES: Mir ist zwar nun schon ganz bange um mich 117a
selbst, ich glaube aber doch, dasselbe.

SOKRATES: Und daß du es weißt, ist die Ursache davon?

ALKIBIADES: Das denke ich wenigstens.

SOKRATES: Worauf du also wider deinen Willen Entgegengesetztes antwortest, darin bist du doch offenbar nichtwissend?

ALKIBIADES: So sieht es wenigstens aus.

SOKRATES: Und nicht wahr, auch indem du über Gerechtes und
Ungerechtes, über Schönes und Schändliches, über Übles und Gutes, über was vorteilt und nicht, antwortest, gestehst du, daß du
schwankst? Ist es nun nicht offenbar, daß du, weil du nichts davon
verstehst, deshalb schwankst?

ALKIBIADES: Mir wenigstens. b

SOKRATES: Verhält es sich etwa auch immer so, wenn jemand
etwas nicht weiß, daß die Seele notwendig darüber schwankt?

ALKIBIADES: Wie sollte sie nicht!

SOKRATES: Wie nun? Weißt du, auf welche Weise du gen Himmel fahren kannst?

ALKIBIADES: Beim Zeus, ich nicht.

SOKRATES: Schwankt etwa deine Meinung auch hierüber?

ALKIBIADES: Wohl nicht.

SOKRATES: Und die Ursache, weißt du sie, oder soll ich sie sagen?

ALKIBIADES: Sage sie.

SOKRATES: Weil du, Lieber, nicht glaubst, es zu wissen, wie du
es auch nicht weißt.

ALKIBIADES: Wie meinst du das wieder? c

SOKRATES: Betrachte es nur mit mir gemeinschaftlich. Was du
nicht verstehst, aber auch erkennst, daß du es nicht verstehst,
schwankst du etwa über dergleichen? Wie von der Zubereitung
der Gemüse weißt du doch wohl, daß du nichts weißt?

ALKIBIADES: Ganz gewiß.

SOKRATES: Machst du dir nun hierüber eine Meinung, wie man sie wohl zubereiten müsse, und schwankst dann, ober überläßt du es dem Sachverständigen?

ALKIBIADES: Das letzte tue ich.

SOKRATES: Und wenn du zu Schiffe führest, würdest du dir eine
d Meinung darüber machen, ob man das Steuerruder wohl müsse nach sich halten oder von sich, und, weil du es nicht recht wüßtest, schwanken, oder würdest du das dem Steuermann überlassen und dich ganz ruhig halten?

ALKIBIADES: Dem Steuermann.

SOKRATES: Du schwankst also nicht über das, was du nicht weißt, wenn du nur weißt, daß du es nicht weißt.

ALKIBIADES: Ich scheine nicht.

SOKRATES: Merkst du nun wohl, daß auch die Fehler im Handeln aus dieser Unwissenheit entstehen, daß, wer nicht weiß, doch meint zu wissen?

ALKIBIADES: Wie meinst du nur das wieder?

SOKRATES: Wir unternehmen doch nur dann etwas zu tun, wenn wir meinen, das zu verstehen, was wir tun?

ALKIBIADES: Ja.

e SOKRATES: Wenn aber jemand nicht meint, etwas zu verstehen: so überläßt er es andern?

ALKIBIADES: Wie sollte er nicht?

SOKRATES: Und solche Nichtwissende leben doch wohl fehlerlos, weil sie ihre Angelegenheiten andern überlassen?

ALKIBIADES: Ja.

SOKRATES: Wer sind nun die Fehlenden? Die Wissenden doch wohl nicht?

ALKIBIADES: Nicht füglich.

SOKRATES: Wenn nun aber weder die Wissenden, noch diejenigen unter den Nichtwissenden, welche wissen, daß sie nicht wis-
118a sen: bleiben wohl andere übrig als die Nichtwissenden, welche glauben zu wissen?

ALKIBIADES: Nein, sondern diese.

SOKRATES: Diese Unwissenheit nun ist Ursache allen Übels, die schmähliche Torheit.

ALKIBIADES: Ja.

SOKRATES: Und wenn sie die wichtigsten Dinge betrifft, dann ist sie am verderblichsten und schändlichsten?

ALKIBIADES: Bei weitem.

SOKRATES: Wie nun? Weißt du etwas Wichtigeres zu nennen als Rechtes und Schönes und Gutes und Vorteilhaftes?

ALKIBIADES: Wohl nicht.

SOKRATES: Und hierüber gestehst du, daß du schwankst?

ALKIBIADES: Ja.

SOKRATES: Wenn du aber schwankst, ist es nicht aus dem vorigen klar, daß du nicht nur das Wichtigste nicht weißt, sondern b auch nichtwissend es doch zu wissen glaubst?

ALKIBIADES: Das mag wohl sein.

19. *Die Torheit des Alkibiades und der meisten Regierenden in Athen. Obwohl Perikles selbst weise ist, hat er niemanden weise gemacht*

SOKRATES: Weh also, o Alkibiades, was ist dir widerfahren, was ich zu nennen Bedenken trage, aber doch, weil wir allein sind, muß ich es heraussagen. Nämlich mit der Torheit hausest du, und zwar mit der schimpflichsten, wie die Rede dich beschuldiget und du dich selbst. Darum also läufst du so nach den Staatssachen, ehe du unterrichtet bist. Aber nicht du allein befindest dich in diesem Zustande, sondern die meisten von denen, welche die Angelegenheiten dieser Stadt besorgen, bis auf wenige wohl und vielleicht dei- c nen Vormund Perikles.

ALKIBIADES: Von diesem sagt man ja auch, daß er nicht von selbst so weise geworden ist, sondern durch den Umgang mit vielen weisen Männern, dem Pythokleides und Anaxagoras, und auch jetzt noch in solchem Alter geht er eben deshalb mit dem Damon um.

SOKRATES: Aber wie doch? Hast du wohl schon einen irgendworin Weisen gesehen, der nicht vermögend gewesen wäre, einen andern eben darin weise zu machen, worin er es ist? Wie wer dich die Sprache gelehrt hat, war selbst darin vollkommen und hat dich auch dazu gemacht, und wen er sonst wollte. Nicht wahr?

ALKIBIADES: Ja.

SOKRATES: Und auch du, nachdem du es von jenem gelernt, d wirst es einem andern können beibringen?

ALKIBIADES: Ja.

SOKRATES: Ebenso nun der Musikmeister und der Fechtmeister.

ALKIBIADES: Freilich.

SOKRATES: Denn das ist ein schöner Beweis für die, welche irgend etwas verstehen, daß sie es verstehen, wenn sie auch einen andern können verständig darin machen.

ALKIBIADES: Das dünkt mich auch.

SOKRATES: Wie nun? Weißt du einen zu nennen, den Perikles verständig in Staatssachen gemacht hätte von seinen Söhnen an?

e   ALKIBIADES: Wie aber, wenn Perikles' beide Söhne einfältig wären, Sokrates!

SOKRATES: Aber den Kleinias, deinen Bruder?

ALKIBIADES: Wie kannst du nur wieder den Kleinias anführen, diesen tollen Menschen!

SOKRATES: Wenn nun Kleinias toll ist und Perikles' Söhne einfältig waren: was für eine Ursache sollen wir anführen, weshalb er dich so übersieht, da du dich doch in diesem Zustande befindest?

ALKIBIADES: Ich bin wohl schuld, denke ich, weil ich nicht aufgemerkt.

119a   SOKRATES: Aber nenne mir doch sonst einen Athener oder Fremden, Knecht oder Freien, der wirklich angeben kann, daß er durch den Umgang des Perikles weiser geworden ist, wie ich dir anführen kann, durch den des Zenon sind es Pythodoros, der Sohn des Isolochos, und Kallias, der Sohn des Kalliades, die jeder dem Zenon hundert Minen bezahlt haben und ganz weise und berühmt geworden sind.

ALKIBIADES: Beim Zeus, das kann ich doch nicht.

20. Alkibiades' Meinung, er müsse sich nur mit den Athenern messen

SOKRATES: Gut. Was gedenkst du nun aber mit dir selbst zu tun? Es so zu lassen, wie du jetzt bist, oder irgendeine Fürsorge zu treffen?

b   ALKIBIADES: Das wollen wir noch miteinander beraten, o Sokrates; wiewohl ich verstehe, was du sagst, und es zugebe. Denn mir scheinen die, welche die Angelegenheiten der Stadt besorgen, bis auf wenige gar unterrichtet zu sein.

SOKRATES: Was also weiter?

ALKIBIADES: Wenn sie nun unterrichtet wären, dann müßte

freilich, wer es unternähme mit ihnen zu wetteifern, erst lernen und sich üben, und dann gegen sie auftreten wie gegen gelernte Kämpfer. Nun sie aber auch ganz unkundig an die Staatssachen gegangen sind, was soll man sich erst Mühe geben mit Lernen und Üben? Denn das weiß ich ja doch, daß ich diese schon durch meine Natur gar weit übertreffen werde.   c

SOKRATES: O weh, Bester, was hast du da gesagt! Wie Unwürdiges deiner Gestalt und deiner übrigen Eigenschaften.

ALKIBIADES: Wieso denn? Und worauf zielst du damit, o Sokrates?

SOKRATES: Es tut mir leid für deine und meine eigene Liebe.

ALKIBIADES: Weshalb?

SOKRATES: Wenn du deinen Wetteifer nur nehmen willst gegen die Leute hier.

ALKIBIADES: Gegen welche denn sonst?

SOKRATES: Sollte das ein Mann, der so großdenkend sein will,   d auch nur fragen?

ALKIBIADES: Wie meinst du? Nicht gegen diese hier hätte ich aufzutreten?

SOKRATES: Würde es dir denn etwa auch, wenn du ein Kriegsschiff zu steuern gedächtest, welches ins Gefecht gehen soll, dann genügen, in der Steuerkunst der beste zu sein unter denen, die mit dir auf einem Schiffe sind; oder würdest du denken, dies müsse zwar auch sein, würdest aber weiter auf deine wahren Gegner sehen, und nicht wie jetzt auf deine Mitstreiter, über die du ja so weit   e hervorragen mußt, daß sie gar nicht begehren, gegen dich zu streiten, sondern zu gering dazu geachtet, mit dir zu streiten gegen die Feinde, wenn du in Wahrheit eine schöne Tat aufzustellen gedenkst und die deiner würdig ist und der Stadt.

ALKIBIADES: Das denke ich ja allerdings.

SOKRATES: So ist es also deiner ganz unwürdig, dich damit zu begnügen, wenn du besser bist als die Krieger, und nicht auf die Anführer der Gegner zu sehen, immer strebend besser zu werden als sie und dich übend gegen sie.

ALKIBIADES: Welche meinst du denn damit, o Sokrates?   120a

21. *Die Überlegenheit der Perser über Athener wie Lakedaimonier. Der Erwerb von Geschick und Kunst als die einzige Möglichkeit, die Perser zu überwinden*

SOKRATES: Weißt du denn nicht, daß unsere Stadt immer mit den Lakedaimoniern und mit dem großen Könige Krieg führt?

ALKIBIADES: Das ist wahr.

SOKRATES: Wenn du also im Sinne hast, der Führer dieser Stadt zu sein, so wirst du wohl ganz recht haben, wenn du glaubst, dein Wettstreit gehe eigentlich gegen die Könige der Lakedaimonier und der Perser.

ALKIBIADES: Das mag ganz wahr gesprochen sein.

SOKRATES: Nicht doch, du Guter! Sondern auf Meidias, den b Wachtelfutterer, mußt du sehen und auf andere solche, die die Angelegenheiten der Stadt zu führen unternehmen und noch das knechtische Haar, wie die Weiber sagen würden, auf der Seele habend, das sie aus Unbildung immer nicht abgeworfen haben, und die noch ungeschickt stammelnd herkommen, um der Stadt zu schmeicheln, nicht sie zu regieren. Auf diese, von denen ich jetzt rede, sehend magst du dann dich selbst vernachlässigen und weder lernen, was sich lernen läßt, da du doch einen so großen Kampf bestehen willst, noch dich üben in dem, was der Übung bedarf, um c so auf alle Weise gerüstet zur Führung des Staates zu schreiten.

ALKIBIADES: Aber, o Sokrates, du scheinst mir zwar recht zu haben, nur denke ich doch, die Heerführer der Lakedaimonier und der König der Perser werden um nichts besser sein als die andern.

SOKRATES: Aber, o Bester, betrachte nur diese Meinung recht, was du an ihr hast.

ALKIBIADES: In welcher Hinsicht?

SOKRATES: Zuerst, in welchem Falle, glaubst du wohl, wirst du d am meisten auf dich selbst Bedacht nehmen, wenn du besorgt bist und jene für furchtbar hältst, oder nicht?

ALKIBIADES: Offenbar wohl, wenn ich sie für furchtbar halte.

SOKRATES: Und denkst du Schaden davon zu haben, wenn du recht auf dich selbst Bedacht nimmst?

ALKIBIADES: Keineswegs, sondern gar großen Nutzen.

SOKRATES: Also dieses eine große Übel hat schon jene Meinung.

ALKIBIADES: Du hast recht.

SOKRATES: Das zweite nun, daß sie auch falsch ist, nimm aus der Wahrscheinlichkeit ab.

ALKIBIADES: Wie das?

SOKRATES: Ist es wohl wahrscheinlich, daß aus edlen Geschlechtern bessere Naturen hervorgehen, oder nicht?   e

ALKIBIADES: Offenbar aus edlen.

SOKRATES: Und daß die gut Erzeugten, wenn sie auch gut sind erzogen worden, dann vollkommen werden in der Tugend?

ALKIBIADES: Notwendig.

SOKRATES: So laß uns denn ihnen das Unsrige entgegenstellen und zusehen, zuerst ob wohl der Lakedaimonier und Perser Könige von schlechterem Geblüt sein mögen. Oder wissen wir nicht, daß die einen vom Herakles und die andern vom Achämenes abstammen, und daß des Herakles und des Achämenes Geschlecht auf Perseus, den Sohn des Zeus, zurückgeführt wird?

ALKIBIADES: Aber das meinige, o Sokrates, auch auf den Eury-   121 a
sakes und dessen auf den Zeus.

SOKRATES: Und auch das meinige, o edler Alkibiades, auf den Daidalos, und Daidalos auf Hephaistos, den Sohn des Zeus. Allein jener Familien, wenn man von ihnen selbst anfängt, sind lauter Könige von Königen abstammend bis auf den Zeus, die einen von Argos und Lakedaimon, die andern aber von Persien, immer oft aber von ganz Asien wie auch jetzt. Wir aber und unsere Väter sind nur Bürger. Und wenn du nun deine Voreltern und des Eury-   b
sakes Vaterland Salamin oder Aigina, das des noch früheren Aiakos, dem Artaxerxes, dem Sohne des Xerxes, aufzeigtest, was für ein Gelächter, meinst du wohl, würdest du bereiten? Sondern sieh zu, ob wir nicht an Glanz der Abkunft hinter den Männern zurückbleiben und auch sonst an der Erziehung. Oder hast du nicht vernommen, wie herrlich die Könige der Lakedaimonier daran sind, deren Frauen von Staats wegen von den Ephoren beaufsichtet werden, damit womöglich nie etwa ein König aus einem anderen Geschlecht sich einschleiche als dem der Herakliden? Der Kö-   c
nig der Perser aber ist so erhaben, daß niemandem auch nur der Verdacht einfällt, es könne der König von einem andern erzeugt werden als von ihm. Daher wird auch des Königs Gattin nicht bewacht als nur durch die Furcht. Ist aber der älteste Sohn gebo-

ren, auf den die Herrschaft kommt, so feiern zuerst alle in des
Königs Reich, über die er herrscht, ein Fest, und von da an begeht
hernach immer an diesem Tage ganz Asien feierlich und gottes-
dienstlich das Geburtsfest des Königs. Wenn aber unsereins gebo-
d ren ist, geht es, wie es in der Komödie heißt, die Nachbarn merken
es nicht einmal recht, o Alkibiades. Dann wird der Knabe auferzogen nicht von einem Weibe, die immer nur eine schlechte Wärterin
ist, sondern von Eunuchen, welche eben für die vortrefflichsten
von denen um den König gehalten werden, welchen aufgegeben
ist, nicht nur übrigens, den Neugeborenen zu pflegen, sondern
auch darauf zu denken, daß er recht schön werde, indem sie die
Glieder des Knaben bearbeiten und einrichten müssen. Und dieses
e Geschäftes wegen stehen sie in hohen Ehren. Sind dann die Knaben siebenjährig, so besuchen sie die Pferde und die Lehrer der
Reitkunst und fangen an, auf die Jagd zu gehen. Und sind sie zweimal sieben Jahre, dann übernehmen den Knaben die, welche man
die königlichen Erzieher nennt. Diese sind ausgewählt aus allen
Persern die viere, welche für die vortrefflichsten gehalten werden
in der Blüte des Alters, der Weiseste, der Gerechteste, der Beson-
122a nenste und der Tapferste, wovon der eine ihn die geheime Weisheit des Zoroasters, Sohn des Oromazes, lehrt, welches die Vereh-
rung der Götter ist; er lehrt ihn aber auch die königlichen Geschäfte. Der Gerechteste aber lehrt ihn, die Wahrheit sein ganzes
Leben durch heilig halten; der Besonnenste, sich auch nicht von
einer Lust beherrschen zu lassen, damit er sich gewöhne, frei zu
sein und wahrhaft ein König, indem er zuerst, was in ihm selbst ist,
alles beherrscht und keinem dient: Der Tapferste aber bildet ihn
furchtlos und der Angst unfähig, weil, wenn er sich je fürchtete, er
ein Knecht wäre. Dir aber, o Alkibiades, hat Perikles zum Erzieher
b bestellt den vor Alter unbrauchbarsten unter seinen Hausleuten,
den Thraker Zopyros. Ich könnte dir auch die übrige Erziehung
und Unterweisung deiner Gegner durchgehen, wenn es nicht zu
weitläufig und nicht dieses schon hinreichend wäre, um auch auf
das übrige schließen zu lassen, was damit zusammenhängt. Um
deine Erzeugung aber, o Alkibiades, und Auferziehung und Unterweisung oder auch jedes andern Atheners, um es auf einmal zu
sagen, kümmert sich niemand, außer wenn etwa einer dein Liebhaber ist. Willst du aber auf Reichtum sehen und Pracht und Ge-

wänder, auf zierliche Tracht von Kleidern und Duft von Salben c
und auf zahlreiches Gefolge von Dienerschaft und die übrigen Be-
quemlichkeiten der Perser: So müßtest du dich vor dir selbst schämen, wenn du bemerkst, wie weit du darin zurückstehst. Willst du
aber wieder auf die Besonnenheit und Sittsamkeit sehen, auf die
Behilflichkeit und Genügsamkeit, die Großmut und Ordnung, die
Tapferkeit und Beharrlichkeit und Arbeitsamkeit und Bestreb-
samkeit und Ehrliebe der Lakedaimonier: So würdest du dir selbst
als ein Kind vorkommen in dem allen. Hältst du aber wiederum d
etwas auf Reichtum und glaubst, dadurch etwas zu sein: So brauchen wir auch das nicht unerwähnt zu lassen, wenn du nur irgend
weißt, wie du stehst. Denn willst du den Reichtum der Lakedaimonier betrachten: So wirst du wohl einsehen, daß der hiesige gar
sehr hinter jenem zurückbleibt. Denn welche große Landbesitzun-
gen sie haben, bei sich und in dem Messenischen, damit könnte es
ja wohl nicht einer hier aufnehmen, weder an Größe noch Güte
noch Menge der Sklaven, anderer sowohl als helotischer, noch an
Pferden und anderem Vieh, was im Messenischen weidet. Allein e
das lasse ich alles, aber auch Gold und Silber wird in ganz Hellas
nicht so viel als in Lakedaimon vom einzelnen besessen. Denn
schon seit vielen Menschengeschlechtern zieht es von allen Seiten,
von den Hellenen und oft auch von den Barbaren herein, kommt
aber nirgends wieder heraus, sondern recht wie in der Aesopi- 123a
schen Fabel der Fuchs zu dem Löwen sagt, könnte man auch von
dem nach Lakedaimon gehenden Gelde sagen, daß die dort hin-
wärts gehenden Spuren kenntlich genug sind, von herauskom-
menden aber nirgends niemand welche sieht. So daß man wohl
einsehen muß, daß sie dort auch an Gold und Silber die reichsten
sind unter den Hellenen, und unter ihnen wiederum ihr König;
denn die meisten und größten Einnahmen hiervon hat der König,
und der königliche Schoß ist auch nicht gering, den die Lakedaimonier ihren Königen entrichten. Und so ist nun der Reichtum der b
Lakedaimonier mit anderm hellenischen verglichen zwar groß,
mit persischem aber und dem des Perserkönigs nichts. So habe ich
einmal von einem glaubwürdigen Manne, einem von denen, die
zum Könige hinaufgereist waren, gehört, daß er durch einen großen und schönen Strich Landes gereist wäre, beinah eine Tagereise
lang, welchen die Einwohner den Gürtel der Königin nennen, und

c einen anderen gäbe es wieder, der ihre Haube heiße, und viele
andere schöne und gute Gegenden wären ganz für den Schmuck
der Frau gewidmet und hätten ihren Namen jede von einem be-
sondern Teile des Schmuckes. So daß ich denke, wenn jemand der
Mutter des Königes, der Gemahlin des Xerxes, Amestris, erzählte,
deinem Sohne gedenkt der Sohn der Deinomache sich entgegenzu-
stellen, deren Schmuck vielleicht fünfzig Minen wert ist, wenn es
hoch kommt, und der selbst kaum dreihundert Acker Landes in

d Erchia besitzt, würde sie sich wundern, worauf sich doch dieser
Alkibiades verließe, daß er im Schilde führte, gegen den Artaxerxes zu kämpfen. Und ich glaube gewiß, sie würde sagen, unmöglich verläßt sich der Mann auf etwas anderes bei seinem Unternehmen als auf Geschick und Weisheit, denn dies allein ist der Rede
wert bei den Hellenen. Denn wenn sie hörte, daß dieser Alkibiades
zuerst kaum zwanzig Jahre alt ist und ganz und gar ununterrichtet, und überdies, wenn sein Liebhaber ihm sagt, er müsse erst

e lernen und sich üben und Geschick erwerben und so gehen, um
gegen den König zu kämpfen, dann nicht will, sondern meint, er
wäre gut genug, auch wie er ist: so glaube ich, würde sie sich wundern und fragen: Was ist es also doch nur, worauf sich das Knäb-
lein verläßt? Wenn wir ihr nun sagten, auf Schönheit und Größe
und Abkunft und Reichtum und Naturgaben, dann, o Alkibiades,
würde sie glauben, wir wären toll, wenn sie dies alles vergliche mit
dem, wie sie es bei sich findet. Ich glaube aber, auch Lampito, die

124a Tochter des Leotychides, die Gattin des Archimados, die Mutter
des Agis, die alle Könige gewesen sind, auch die würde sich wundern, wenn sie auf das sieht, was sie bei sich haben, wie doch dir so
übel Bestelltem einfallen könne, gegen ihren Sohn zu streiten. Und
doch, dünkt dich das nicht schmählich, wenn die Weiber der
Feinde es richtiger einsehen, wie wir wohl sein müßten, um es mit
ihnen aufzunehmen, als wir selbst von uns selbst? Also, Bester,
gehorche nur mir und dem Spruche in Delphi und erkenne dich

b selbst, weil diese und nicht die, welche du nennst, unsere Gegner
sind, deren keinen wir wohl anders überwinden könnten als durch
Geschick und Kunst. Und wenn du diese nicht erwirbst, wirst du
auch nicht erwerben, daß du berühmt wirst unter Hellenen und
Ausländern, was du doch zu lieben scheinst, wie nur einer etwas
lieben kann.

22. *Alkibiades' Wunsch, so vortrefflich wie möglich zu werden*

ALKIBIADES: Wie aber soll ich mich geschickt machen, o Sokrates? Kannst du mir das wohl erklären? Denn gar sehr scheinst du mir die Wahrheit gesagt zu haben.

SOKRATES: Ja, aber nur durch gemeinsame Beratung, auf welche Weise wir wohl so trefflich werden könnten als möglich. Denn ich sage das nicht etwa von dir, daß du bedarfst, dich bilden zu c lassen, und von mir nicht. Denn ich bin gar um nichts besser als du außer in einem Stück.

ALKIBIADES: Und in welchem?

SOKRATES: Mein Vormund ist besser und weiser als Perikles, der deinige.

ALKIBIADES: Wer ist denn das, o Sokrates?

SOKRATES: Der Gott, o Alkibiades, welcher mir auch nicht zugelassen hat, vor diesem Tage mit dir zu reden, und dem vertrauend ich auch behaupte, daß Ruhm dir durch keinen andern werden kann als durch mich.

ALKIBIADES: Du scherzest, Sokrates.   d

SOKRATES: Vielleicht. Aber darin rede ich doch wahr, daß wir Mühe anwenden müssen, freilich auch wohl alle Menschen, aber wir beide gar besonders.

ALKIBIADES: Daß ich es muß, das lügst du nicht.

SOKRATES: Auch nicht, daß ich.

ALKIBIADES: Was sollen wir also tun?

SOKRATES: Wir müssen uns nicht abschrecken lassen noch weichlich werden, Freund!

ALKIBIADES: Das ziemt uns ja auch nicht, Sokrates.

23. *Diejenigen, die trefflich über Menschen in der bürgerlichen*
    Gemeinschaft herrschen, als Vorbilder

SOKRATES: Freilich nicht. Aber zusehen müssen wir gemeinschaftlich. So sage mir denn, wir behaupten doch, wir wollen so e trefflich werden als möglich. Nicht wahr?

ALKIBIADES: Ja.

SOKRATES: In welcher Eigenschaft denn?

ALKIBIADES: Offenbar doch in der, worin treffliche Männer es sind.

SOKRATES: Die worin trefflich sind?

ALKIBIADES: Offenbar in Verrichtung der Geschäfte.

SOKRATES: Was für welcher? Etwa der Pferdegeschäfte?

ALKIBIADES: Wohl nicht.

SOKRATES: Denn dann gingen wir zu den Bereitern?

ALKIBIADES: Ja.

SOKRATES: Aber die Schiffsgeschäfte meinst du?

ALKIBIADES: Nein.

SOKRATES: Denn dann gingen wir zu den Seeleuten.

ALKIBIADES: Ja.

SOKRATES: Also was für welche, und die wer verrichtet?

ALKIBIADES: Die die guten und stattlichen unter den Athenern verrichten.

125a SOKRATES: Gut und stattlich nennst du die Verständigen oder Unverständigen?

ALKIBIADES: Die Verständigen.

SOKRATES: Und worin jeder verständig ist, darin ist er auch gut?

ALKIBIADES: Ja.

SOKRATES: Der Unverständige aber schlecht?

ALKIBIADES: Wie sollte er nicht.

SOKRATES: Nun ist doch der Lederarbeiter verständig in der Verfertigung der Schuhe?

ALKIBIADES: Freilich.

SOKRATES: Darin also ist er gut?

ALKIBIADES: Gut.

SOKRATES: Aber wie? In Verfertigung der Kleider, ist da nicht der Lederarbeiter unverständig?

ALKIBIADES: Ja.

b SOKRATES: Schlecht also ist er darin?

ALKIBIADES: Ja.

SOKRATES: Derselbe also ist nach dieser Rede schlecht und auch gut?

ALKIBIADES: So scheint es.

SOKRATES: Meinst du nun etwa, daß die guten Männer auch schlecht sind?

ALKIBIADES: Wohl nicht.

SOKRATES: Also was für gute meinst du denn?

ALKIBIADES: Die vermögend sind in der Stadt zu herrschen, meine ich.

SOKRATES: Doch nicht über Pferde?

ALKIBIADES: Wohl nicht.

SOKRATES: Sondern über Menschen?

ALKIBIADES: Ja.

SOKRATES: Etwa über kranke?

ALKIBIADES: Nein.

SOKRATES: Aber über schiffende?

ALKIBIADES: Nein, sage ich.

SOKRATES: Aber über erntende?

ALKIBIADES: Nein.

SOKRATES: Also über nichts tuende oder etwas tuende?   c

ALKIBIADES: Über etwas tuende, sage ich.

SOKRATES: Was aber? Versuche auch mir das deutlich zu machen.

ALKIBIADES: Doch wohl über die, welche untereinander Verkehr treiben und sich einer des andern bedienen, so wie wir in den Städten leben.

SOKRATES: Also meinst du, die über solche Menschen herrschen, welche sich der Menschen bedienen?

ALKIBIADES: Ja.

SOKRATES: Etwa über Bootsführer, die sich der Ruderer bedienen?

ALKIBIADES: Nicht doch.

SOKRATES: Denn diese Tugend gehört zur Steuermannskunst.

ALKIBIADES: Ja.

SOKRATES: Sondern du meinst, die über flötenspielende Menschen herrschen, welche den Leuten das Regiment führen beim   d
Gesang und sich der Tänzer bedienen?

ALKIBIADES: Nicht doch.

SOKRATES: Denn dies wäre wieder die Chorführerkunst.

ALKIBIADES: Allerdings.

SOKRATES: Also wozu sollen sich denn die Menschen, die man soll regieren können, der Menschen bedienen?

ALKIBIADES: Die miteinander in bürgerlicher Gemeinschaft stehen, meine ich, und Verkehr unter sich treiben, über diese in der Stadt zu regieren.

24. Versuch, die Herrscherkunst als diejenige Kunst zu bestim-
men, die Eintracht und Freundschaft in den Städten stiftet.
Ende in der Aporie

SOKRATES: Welches ist nun diese Kunst? Wie wenn ich dich noch
einmal das vorige fragte, die miteinander in Schiffahrtsgemein-
schaft stehen, welche Kunst macht, daß man über diese zu regieren
versteht?

ALKIBIADES: Die Steuermannskunst.

e   SOKRATES: Und die miteinander in musikalischer Gemeinschaft stehen, welche Wissenschaft macht diese regieren?

ALKIBIADES: Die du eben nanntest, die Chorführerkunst.

SOKRATES: Und nun die miteinander in bürgerlicher Gemeinschaft stehen, welche Wissenschaft nennst du da?

ALKIBIADES: Die Klugheit denke ich, o Sokrates.

SOKRATES: Wieso? Dünkt dich die Kunst des Steuermanns Unklugheit zu sein?

ALKIBIADES: Nicht wohl.

SOKRATES: Sondern doch auch Klugheit?

126a   ALKIBIADES: Mich dünkt ja, nämlich in Errettung der Schif-
fenden.

SOKRATES: Richtig gesprochen! Wie aber, was du Klugheit
nennst, worin zeigt sich die?

ALKIBIADES: In besserer Verwaltung und Erhaltung der Stadt.

SOKRATES: Besser aber wird sie verwaltet und erhalten, wenn
was doch da ist und was nicht da ist? Wie wenn du mich fragtest:
Wenn was doch da ist und nicht da ist, wird der Leib besser erhalten und verwaltet, ich sagen würde, wenn Gesundheit da ist und
Krankheit nicht da ist. Meinst du nicht auch so?

b   ALKIBIADES: Ja.

SOKRATES: Und wenn du mich wieder fragtest, wenn was doch
die Augen besser, ich ebenso sagen würde, wenn Gesicht da ist,
und Blindheit nicht da ist. Und ebenso die Ohren, wenn Taubheit
nicht da ist und Gehör da ist, werden selbst besser und auch besser
besorgt.

ALKIBIADES: Richtig.

SOKRATES: Wie nun die Stadt? Wenn was doch da ist und nicht
da ist, wird die besser, und auch besser besorgt und verwaltet?

c   ALKIBIADES: Mich dünkt, o Sokrates, wenn die Leute Freundschaft untereinander halten, und Haß und Parteisucht entfernt ist.

SOKRATES: Verstehst du unter Freundschaft Eintracht oder Zwietracht?

ALKIBIADES: Eintracht.

SOKRATES: Welche Kunst nun bringt Eintracht in die Städte in Ansehung der Zahlen?

ALKIBIADES: Die Rechenkunst.

SOKRATES: Und wie? Unter die einzelnen nicht dieselbe?

ALKIBIADES: Ja.

SOKRATES: Nicht auch in jeden einzelnen mit sich selbst?

ALKIBIADES: Ja.

SOKRATES: Durch welche Kunst nun ist jeder einzelne einig mit sich in Ansehung der Spanne und der Elle, welche von beiden größer ist? Nicht durch die Meßkunst? d

ALKIBIADES: Durch welche sonst?

SOKRATES: Nicht auch einzelne unter sich und ganze Städte?

ALKIBIADES: Ja.

SOKRATES: Und wie in Absicht des Gewichtes? Nicht ebenso?

ALKIBIADES: Ja.

SOKRATES: Was du aber Eintracht nennst, was ist das für eine und worin? Und welche Kunst bewirkt sie? Und ist sie dieselbe für die Stadt und den einzelnen in bezug auf sich selbst und auf andere?

ALKIBIADES: Wahrscheinlich doch.

SOKRATES: Was ist es also für eine? Laß dir es keine Qual sein zu antworten, sondern sage es dreist heraus. e

ALKIBIADES: Ich meine, ich werde sagen, die Freundschaft und Eintracht, mit welcher Vater und Mutter den Sohn liebend eins mit ihm sind, und ein Bruder mit dem andern, und das Weib mit dem Mann.

SOKRATES: Glaubst du also, o Alkibiades, daß der Mann mit der Frau in Absicht der Wollspinnerei könne einig sein, er, der nichts davon versteht, mit ihr, die es versteht?

ALKIBIADES: Wohl nicht.

SOKRATES: Aber es ist auch nicht nötig. Denn es ist ein weibliches Geschäft.

ALKIBIADES: Ja.

SOKRATES: Und wie? Könnte wohl die Frau mit dem Manne 127a in der Fechtkunst einig sein, da sie sie nicht gelernt hat?

ALKIBIADES: Nicht füglich.

SOKRATES: Denn, würdest du vielleicht sagen, das ist ein männliches Geschäft.

ALKIBIADES: Das würde ich gewiß.

SOKRATES: Es gibt also einige nur weibliche und andere nur männliche Geschäfte nach deiner Rede.

ALKIBIADES: Wie sollte es nicht.

SOKRATES: Und über diese also findet sich keine Eintracht zwischen Männern und Frauen?

ALKIBIADES: Nein.

SOKRATES: Also auch keine Freundschaft, wenn doch Freundschaft Eintracht war.

ALKIBIADES: Nein, zeigt sich.

SOKRATES: Sofern also die Weiber das Ihrige verrichten, werden sie von den Männern nicht geliebt.

b ALKIBIADES: Es scheint nicht.

SOKRATES: Noch auch die Männer von den Frauen, inwiefern wiederum sie das Ihrige?

ALKIBIADES: Nein.

SOKRATES: Also werden auch die Städte nicht dadurch gut verwaltet, daß ein jeglicher das Seinige tut.

ALKIBIADES: Das denke ich doch, o Sokrates.

SOKRATES: Wie meinst du? Wenn doch keine Freundschaft da ist, welche eben da sein mußte, wie wir sagten, wenn Städte sollten gut verwaltet werden, sonst könnten sie es nicht?

ALKIBIADES: Aber ich dächte auch, eben deshalb müßte doch Freundschaft stattfinden, weil jeglicher das Seinige tut.

c SOKRATES: Eben wenigstens dachtest du es nicht. Wie meinst du es aber jetzt wieder? Wenn Eintracht nicht da ist, soll doch Freundschaft da sein? Oder ist es möglich, daß Eintracht stattfinde über dasjenige, was die einen verstehen, und die andern nicht?

ALKIBIADES: Unmöglich.

SOKRATES: Tun sie nun recht oder unrecht, wenn sie jeder das Seinige tun?

ALKIBIADES: Recht; wie sollten sie nicht!

SOKRATES: Wenn also die Bürger in der Stadt recht tun: so findet dann keine Freundschaft unter ihnen statt?

ALKIBIADES: Das dünkt mich nun wieder ganz notwendig zu sein.

SOKRATES: Was meinst du also für eine Freundschaft oder Ein- d tracht, in Beziehung auf welche wir weise sein sollen und klug, um treffliche Männer zu sein? Denn ich kann nicht verstehen, weder worin sie besteht noch bei wem sie sich findet. Denn unter denselbigen kommt bald heraus, daß sie ist, bald wieder, daß sie nicht ist nach deiner Rede.

25. Alkibiades' Einsicht in seine schmähliche Lage. Sokrates' Empfehlung, Sorgfalt auf sich zu wenden

ALKIBIADES: Bei den Göttern, o Sokrates, ich weiß auch selbst nicht, was ich sage, und mir unbewußt muß es schon lange sehr schmählich um mich stehen.

SOKRATES: Du mußt nur guten Mutes sein. Denn hättest du, daß es so mit dir steht, im fünfzigsten Jahre gemerkt: so wäre es dir wohl schwer geworden, noch Sorgfalt auf dich zu wenden; e so aber ist dein Alter eben das rechte, worin man es innewerden muß.

ALKIBIADES: Was muß nun aber tun, wer es innegeworden ist, o Sokrates?

SOKRATES: Beantworten, was gefragt wird, o Alkibiades. Und wenn du das tust, werden wir uns, so Gott will, wenn ich anders auch meiner Weissagung etwas glauben darf, besser befinden, du und ich.

ALKIBIADES: Das soll uns nicht fehlen, so viel wenigstens auf mein Antworten ankommt.

26. Das Seinige zu besorgen ist etwas anderes, als für sich selbst zu sorgen

SOKRATES: Wohlan denn, was heißt es doch, auf sich selbst Sorgfalt wenden, damit wir nicht etwa gar, ohne es zu wissen, nichts 128a weniger als für uns selbst sorgen und es doch glauben, und wann tut der Mensch dies wohl? Etwa wenn er für das Seinige sorgt, dann auch für sich selbst?

ALKIBIADES: Das dünkt mich wenigstens doch.

SOKRATES: Wie doch? Wann besorgt der Mensch seine Füße? Etwa wenn er das besorgt, was seinen Füßen gehört?

ALKIBIADES: Ich verstehe nicht.

SOKRATES: Nennst du nicht etwas der Hand gehörig? Wie den Ring, möchtest du wohl sagen, daß der irgendeinem andern Teile des Menschen angehöre als dem Finger?

ALKIBIADES: Wohl nicht.

SOKRATES: Nicht auch dem Fuße der Schuh auf dieselbe Weise?

ALKIBIADES: Ja.

b   SOKRATES: Wenn wir nun für die Schuhe sorgen, sorgen wir dann für die Füße?

ALKIBIADES: Ich verstehe nicht ganz, o Sokrates.

SOKRATES: Wie doch, o Alkibiades! Du nennst doch etwas eine Sache, was es auch sei, richtig besorgen?

ALKIBIADES: Ganz gewiß.

SOKRATES: Und wohl, wenn einer etwas besser macht, das nennst du die richtige Besorgung?

ALKIBIADES: Ja.

SOKRATES: Welche Kunst nun macht die Schuhe besser?

ALKIBIADES: Die Schuhmacherkunst.

SOKRATES: Also durch die Schuhmacherkunst sorgen wir für die Schuhe?

c   ALKIBIADES: Ja.

SOKRATES: Auch für den Fuß durch die Schuhmacherkunst? Oder durch jene, durch welche wir die Füße besser machen?

ALKIBIADES: Durch jene.

SOKRATES: Machen wir aber nicht die Füße durch dieselbe besser, durch welche auch den übrigen Leib?

ALKIBIADES: Das dünkt mich wenigstens.

SOKRATES: Und ist nicht das die Gymnastik?

ALKIBIADES: Ganz vorzüglich.

SOKRATES: Durch die Gymnastik also besorgen wir den Fuß, durch die Schuhmacherkunst aber, was dem Fuße gehört?

ALKIBIADES: Freilich wohl.

SOKRATES: Und durch die Gymnastik die Hände, durch die Steinschneidekunst aber, was den Händen gehört?

ALKIBIADES: Ja.

SOKRATES: Und durch die Gymnastik den Leib, durch die We-
d berkunst aber und die übrigen das, was zum Leibe gehört?

ALKIBIADES: Auf alle Weise.

SOKRATES: Durch eine andere Kunst also besorgen wir jedes selbst, und durch eine andere das, was ihm angehört.

ALKIBIADES: So zeigt es sich.

SOKRATES: Nicht also, wenn du das Deinige besorgst, besorgst du dich selbst?

ALKIBIADES: Keineswegs.

SOKRATES: Denn es ist nicht die nämliche Kunst, durch welche einer sich selbst besorgt und das Seinige.

ALKIBIADES: Es scheint nicht.

27. Notwendigkeit, sich selbst zu kennen, bevor man für sich sorgen kann

SOKRATES: Wohlan denn! Durch was für eine mögen wir wohl für uns selbst sorgen?

ALKIBIADES: Ich weiß es nicht zu sagen.

SOKRATES: Aber soviel ist doch eingestanden, daß nicht durch e die, durch welche wir, was es auch sei von dem übrigen, besser machen, sondern durch welche uns selbst?

ALKIBIADES: Richtig.

SOKRATES: Könnten wir nun wohl wissen, was für eine Kunst die Schuhe besser macht, wenn wir gar keinen Schuh kennten?

ALKIBIADES: Unmöglich.

SOKRATES: Auch nicht, was für eine Kunst die Ringe besser macht, wenn wir keinen Ring kennten?

ALKIBIADES: Richtig.

SOKRATES: Und wie? Was für eine Kunst einen selbst besser macht, könnten wir das wohl einsehen, wenn wir nicht wüßten, was wir selbst sind?

ALKIBIADES: Unmöglich.   129a

SOKRATES: Ist das nun wohl etwas Leichtes, sich selbst zu kennen, und war das wohl nur ein gemeiner Mensch, der dies aufgeschrieben hat im Pythischen Tempel; oder ist es schwer und nicht jedermanns Sache?

ALKIBIADES: Mir, o Sokrates, ist es oft als etwas ganz Gemeines vorgekommen, und oft auch als etwas Schweres.

SOKRATES: Aber, o Alkibiades, es mag nun leicht sein oder nicht, so steht es doch auf jeden Fall so: wissen wir es, dann kön-

nen wir wohl auch wissen, worin die Sorge für uns selbst besteht,
wissen wir es aber nicht, dann wohl niemals.

ALKIBIADES: So ist es.

28. Die Seele als das Wesentliche am Menschen. Wer sich um den Leib besorgt, besorgt sich nur um das Seinige, aber nicht um sich selbst

b   SOKRATES: Wohlan denn, auf welche Weise könnte man wohl das
Selbst finden? Denn dann könnten wir wohl auch finden, was wir
selbst sind, ist aber jenes noch unbekannt, dann wohl unmöglich.

ALKIBIADES: Du hast recht.

SOKRATES: So komm denn beim Zeus. Mit wem redest du
jetzt? Nicht wahr, doch mit mir?

ALKIBIADES: Ja.

SOKRATES: Und ich mit dir?

ALKIBIADES: Ja.

SOKRATES: Sokrates also ist der Redende?

ALKIBIADES: Freilich.

SOKRATES: Und Alkibiades der Hörende?

ALKIBIADES: Ja.

SOKRATES: Und nicht wahr, mit der Sprache redet Sokrates?

c   ALKIBIADES: Womit sonst?

SOKRATES: Und Reden und Sich-der-Sprache-Gebrauchen
nennst du doch einerlei?

ALKIBIADES: Freilich.

SOKRATES: Der Gebrauchende aber und was er gebraucht, sind
die nicht verschieden?

ALKIBIADES: Wie meinst du?

SOKRATES: Wie der Schuster schneidet doch mit dem Werk-
messer und dem Kneif und andern Werkzeugen?

ALKIBIADES: Ja.

SOKRATES: Nun ist doch wohl der Schneidende und Gebrauchende etwas anderes, und etwas anderes das, was der Schneidende gebraucht?

ALKIBIADES: Wie sollte es nicht?

SOKRATES: Ist nun nicht auch ebenso das, womit der Leierspieler spielt, und der Leierspieler selbst etwas anderes?

ALKIBIADES: Ja.

SOKRATES: Dies nun fragte ich eben, ob der Gebrauchende und   d
das, was er gebraucht, wohl immer scheinen verschieden zu sein?

ALKIBIADES: Das scheint wohl.

SOKRATES: Was sagen wir aber weiter vom Schuster? Schneidet er bloß mit den Werkzeugen oder auch mit den Händen?

ALKIBIADES: Auch mit den Händen.

SOKRATES: Er gebraucht also auch diese?

ALKIBIADES: Ja.

SOKRATES: Gebraucht er auch die Augen, wenn er seine Arbeit
verrichtet?

ALKIBIADES: Ja.

SOKRATES: Und der Gebrauchende und was er gebraucht, gestanden wir doch, sei verschieden?

ALKIBIADES: Ja.

SOKRATES: Verschieden also sind der Schuster und der Leierspieler von den Augen und Händen, womit sie arbeiten?   e

ALKIBIADES: So scheint es.

SOKRATES: Und nicht wahr, auch seinen ganzen Leib gebraucht der Mensch?

ALKIBIADES: Freilich.

SOKRATES: Und verschieden war das Gebrauchende und was es
gebraucht?

ALKIBIADES: Ja.

SOKRATES: Verschieden also ist auch der Mensch von seinem
eigenen Leibe?

ALKIBIADES: So scheint es.

SOKRATES: Was ist also der Mensch?

ALKIBIADES: Ich weiß es nicht zu sagen.

SOKRATES: Das doch wohl, daß er das den Leib Gebrauchende
ist?

ALKIBIADES: Ja.

SOKRATES: Gebraucht den nun wohl etwas anderes als die   130a
Seele?

ALKIBIADES: Nichts anderes.

SOKRATES: Indem sie ihn regiert doch wohl?

ALKIBIADES: Ja.

SOKRATES: Und hierüber, glaube ich, wird wohl niemand andrer Meinung sein?

ALKIBIADES: Worüber?

SOKRATES: Daß der Mensch nicht eines von diesen dreien wäre?

ALKIBIADES: Von welchen?

SOKRATES: Entweder die Seele oder der Leib oder beides zusammen, dieses Ganze.

ALKIBIADES: Ganz gewiß.

SOKRATES: Aber doch eben das den Leib Regierende, haben wir angenommen, sei der Mensch.

b ALKIBIADES: Das haben wir angenommen.

SOKRATES: Welches ist also der Mensch? Regiert etwa der Leib sich selbst?

ALKIBIADES: Keineswegs.

SOKRATES: Denn wir sagten, auch er werde regiert?

ALKIBIADES: Ja.

SOKRATES: Dieser ist also nicht das, was wir suchen.

ALKIBIADES: Es scheint nicht.

SOKRATES: Aber regiert etwa das Beiderlei den Leib, und wäre dieses der Mensch?

ALKIBIADES: Vielleicht wohl.

SOKRATES: Wohl am allerwenigsten. Denn wenn das eine von beiden nicht mitregiert, so ist wohl gar nicht auszusinnen, wie das Beiderlei regieren soll.

ALKIBIADES: Richtig.

c SOKRATES: Wenn nun weder der Leib noch das Beiderlei der Mensch ist, so bleibt nur übrig: entweder nichts ist er, oder wenn etwas, so kann nichts anders der Mensch sein als die Seele.

ALKIBIADES: Offenbar wohl.

SOKRATES: Soll dir nun erst noch deutlicher bewiesen werden, daß die Seele der Mensch ist?

ALKIBIADES: Nein, beim Zeus, sondern dies dünkt mich hinreichend.

SOKRATES: Ist es auch nicht ganz genau, sondern nur mäßig: so genügt es uns schon. Denn ganz genau werden wir es nur wissen können, wenn wir das gefunden haben, was wir jetzt, weil es eine

d zu große Untersuchung wäre, vorbeigelassen haben.

ALKIBIADES: Was denn?

SOKRATES: Das, wovon wir vorher sagten, daß es zuerst müsse

gefunden werden, das Selbst selbst. Jetzt aber haben wir statt dieses Selbst nur das einzelne Selbst betrachtet, was es ist. Und vielleicht würden wir damit ausreichen. Wenigstens werden wir wohl niemals zugeben, daß irgend etwas an uns selbst wesentlicher sei als die Seele.

ALKIBIADES: Gewiß nicht.

SOKRATES: Es wird also ganz recht sein so festzustellen, daß wir, ich und du, zueinander reden der Sprache uns bedienend mit der Seele zu der Seele.

ALKIBIADES: Allerdings.   e

SOKRATES: Und dies war es also, was wir kurz vorher sagten, daß Sokrates mit dem Alkibiades redend der Sprache sich bedient, nicht an dein Gesicht seine Reden richtend, wie es scheint, sondern an den Alkibiades; dieser ist aber die Seele.

ALKIBIADES: So scheint es mir.

SOKRATES: Die Seele also befiehlt uns kennenzulernen, wer da vorschreibt, sich selbst zu kennen.

ALKIBIADES: So zeigt es sich.   131 a

SOKRATES: Wer also etwas von seinem Leibe kennt, der kennt das Seinige, aber nicht sich selbst.

ALKIBIADES: So ist es.

SOKRATES: Kein Arzt also kennt sich selbst, sofern er ein Arzt ist, und auch kein Meister der Leibesübungen als solcher.

ALKIBIADES: Es scheint nicht.

SOKRATES: Weit mehr also noch gefehlt, daß die Ackerleute oder die andern Handwerker sich selbst kennen sollten. Denn diese kennen noch nicht einmal das Ihrige, wie man sieht, sondern was noch weiter liegt als das Ihrige, vermöge der Künste wenigstens, die sie innehaben. Denn sie kennen nur das dem Leibe Zuge-   b
hörige, wodurch dieser besorgt wird.

ALKIBIADES: Du hast recht.

SOKRATES: Wenn also die Besonnenheit darin besteht, daß man sich selbst kennt: so ist keiner von diesen besonnen vermöge seiner Kunst.

ALKIBIADES: Nein, wie mich dünkt.

SOKRATES: Darum werden auch diese Künste für niedrig gehalten, und nicht für Beschäftigungen eines edlen Mannes.

ALKIBIADES: Ganz richtig.

SOKRATES: Und nicht wahr, ebenso wiederum, wer den Leib besorgt, der besorgt auch nur das Seinige und nicht sich selbst.

ALKIBIADES: So mag es wohl sein.

SOKRATES: Wer aber nur das Geld, der besorgt weder sich
c selbst noch das Seinige, sondern Entfernteres noch als das Seinige.

ALKIBIADES: Das dünkt mich auch.

SOKRATES: Also der Wucherer besorgt nicht mehr das Seinige.

ALKIBIADES: Richtig.

29. *Sokrates als einziger wahrhafter Liebhaber des Alkibiades,*
    weil er um dessen Seele besorgt ist. Wiederaufnahme der
    Frage, wie man um sich selbst sorgt

SOKRATES: Wer also in des Alkibiades Leib verliebt ist, der ist nicht in den Alkibiades verliebt, sondern in etwas, was dem Alkibiades gehört.

ALKIBIADES: Du hast recht.

SOKRATES: Wer aber in dich, der liebt deine Seele.

ALKIBIADES: Notwendig nach deiner Rede.

SOKRATES: Und wer deinen Leib liebt, der geht ab und davon, wenn dieser aufhört zu blühen?

ALKIBIADES: Natürlich.

d SOKRATES: Wer aber die Seele liebt, der geht nicht ab, solange sie dem Besseren nachstrebt.

ALKIBIADES: Wahrscheinlich wohl.

SOKRATES: Bin ich nun nicht der nicht Abgehende, sondern Bleibende, auch nachdem dein Leib verblüht ist und die andern fortgegangen sind?

ALKIBIADES: Wohl tust du gewiß daran, o Sokrates, und gehe nur ja nicht!

SOKRATES: So bestrebe dich denn recht schön zu sein.

ALKIBIADES: Das will ich mich bestreben.

e SOKRATES: Daß es also mit dir so steht: Alkibiades, der Sohn des Kleinias, wie wir sehen, hat keinen Liebhaber weder gehabt noch hat er deren jetzt als nur einen allein, und zwar einen, mit dem er zufrieden sein muß, Sokrates, den Sohn des Sophroniskos und der Phainarete.

ALKIBIADES: Richtig.

SOKRATES: Sagtest du nun nicht, ich sei dir nur um ein Weniges zuvorgekommen, indem ich dich anredete; denn du hättest mich zuerst darauf anreden gewollt, um zu erfahren, weshalb doch ich allein mich nicht zurückzöge?

ALKIBIADES: So war es freilich.

SOKRATES: Dies nun ist die Ursache, daß ich allein dein Liebhaber war, die andern aber nur des Deinigen. Das Deinige aber nimmt ab an Schönheit, du selbst hingegen fängst erst an zu blühen. Und wenn du nur jetzt nicht von dem Volke der Athener verdorben oder häßlicher wirst, werde ich dich nicht verlassen. Denn das besorge ich nur am meisten, daß du uns nicht etwa ein Volksliebhaber werdest, und dadurch verderbest; denn gar vielen und guten ist das schon begegnet unter den Athenern. Denn schön ist von Larve des großmütigen Helden Erechtheus Volk, aber ausgezogen muß man es sehen. Gebrauche also ja die Vorsicht, die ich dir anriet. 132a

ALKIBIADES: Welche doch?

SOKRATES: Übe dich zuerst, o Bester, und lerne, was du mußt b gelernt haben, um an die Angelegenheiten der Stadt zu gehen; ohne das aber nicht, damit du mit guten Gegenmitteln versehen gehest und dir nichts Übles begegne.

ALKIBIADES: Du scheinst mir sehr gut zu reden, o Sokrates! Aber ich versuche nun auch mir zu erklären, auf welche Weise wir denn nun für uns selbst sollen Sorge tragen?

SOKRATES: Soviel ist uns doch schon im voraus bestimmt, was wir nämlich sind, darüber sind wir doch ganz einig. Wir fürchteten aber, daß, wenn wir dieses verfehlten wir, ohne es zu wissen, für etwas anderes sorgen könnten als für uns.

ALKIBIADES: So ist es.

SOKRATES: Und nach diesem haben wir nun für die Seele zu c sorgen und hierauf zu sehen.

ALKIBIADES: Offenbar.

SOKRATES: Für Leib aber und Vermögen die Sorge andern zu überlassen.

ALKIBIADES: Wie anders?

30. Die Seele muß, um sich selbst zu erkennen, in eine andere
Seele blicken. Wissen und Einsicht als das Göttlichste in der
Seele

SOKRATES: Wie können wir aber dies am genauesten kennenler-
nen? Denn wenn wir dies kennen, werden wir auch uns selbst kennen, wie es scheint. Haben wir etwa bei den Göttern nur nicht
recht verstanden, was der eben erwähnte delphische Spruch sehr
gut sagt?

ALKIBIADES: Was hast du doch in Gedanken, daß du dieses
sagst, o Sokrates?

d   SOKRATES: Ich will dir sagen, was ich glaube, daß dieser Spruch
meint und uns anrät. Und es mag wohl nicht recht viel Beispiele
dazu geben sondern am Gesicht allein.

ALKIBIADES: Wie meinst du das?

SOKRATES: Überlege auch du es. Wenn jemand unserm Auge
wie einem Menschen den Rat gäbe, und sagte, «Besieh dich
selbst», wie würden wir doch glauben, daß er das fordere? Nicht,
daß es dahin schauen sollte, wohinein das Auge schauend sich
selbst sehen würde?

ALKIBIADES: Offenbar.

SOKRATES: So laß uns denn bedenken, in welches unter allen
e   Dingen schauend wir doch jenes und uns selbst erblicken würden?

ALKIBIADES: Offenbar doch, o Sokrates, in Spiegel und dergleichen.

SOKRATES: Richtig gesprochen. Ist aber nicht auch in dem
Auge das, womit wir eigentlich sehen, ebenso etwas?

ALKIBIADES: Freilich.

SOKRATES: Denn du hast doch bemerkt, daß, wenn jemand
133a in ein Auge hineinsieht, sein Gesicht in der gegenüberstehen-
den Sehe erscheint wie in einem Spiegel, was wir deshalb auch
das Püppchen nennen, da es ein Abbild ist des Hineinschauen-
den.

ALKIBIADES: Ganz richtig.

SOKRATES: Ein Auge also, welches ein Auge betrachtet und in
das hineinschaut, was das Edelste darin ist und womit es sieht,
würde so sich selbst sehen.

ALKIBIADES: Das ist offenbar.

SOKRATES: Wenn es aber auf irgendeinen anderen Teil des

Menschen sähe oder auf irgendein anderes Ding außer jenem, dem dieses ähnlich ist, wird es nicht sich selbst sehen.

ALKIBIADES: Richtig. b

SOKRATES: Wenn also ein Auge sich selbst schauen will, muß es in ein Auge schauen, und zwar in den Teil desselben, welchem die Tugend des Auges eigentlich einwohnt. Und dies ist doch die Sehe?

ALKIBIADES: So ist es.

SOKRATES: Muß nun etwa ebenso, lieber Alkibiades, auch die Seele, wenn sie sich selbst erkennen will, in eine Seele sehen? Und am meisten in den Teil derselben, welchem die Tugend der Seele einwohnt, die Weisheit, und in irgend etwas anderes, dem dieses ähnlich ist?

ALKIBIADES: So dünkt es mich wenigstens, o Sokrates.

SOKRATES: Haben wir nun wohl etwas anzuführen, was gött- c licher wäre in der Seele als das, worin das Wissen und die Einsicht sich findet?

ALKIBIADES: Das haben wir nicht.

SOKRATES: Dem Göttlichen also gleicht dieses in ihr, und wer auf dieses schaute und alles Göttliche erkennte, Gott und die Vernunft, der würde so auch sich selbst am besten erkennen.

ALKIBIADES: So scheint es.

31. *Derjenige, der sich selbst nicht kennt, kennt auch nicht das Seinige*

SOKRATES: Das sich selbst Kennen aber, gestanden wir doch ein, sei Besonnenheit.

ALKIBIADES: Freilich.

SOKRATES: Wenn wir nun uns selbst nicht kennen und nicht besonnen sind, können wir dann wohl wissen, was für uns gut und übel ist?

ALKIBIADES: Wie sollte das auch nur möglich sein, o Sokrates?

SOKRATES: So mag es wohl unmöglich sein, wenn man den Al- d kibiades nicht kennt, das ihm Gehörige zu kennen, daß es ihm gehört?

ALKIBIADES: Unmöglich allerdings, beim Zeus.

SOKRATES: Also auch das Unsrige nicht, daß es das Unsrige ist, wenn nicht einmal uns selbst?

ALKIBIADES: Wie sollten wir auch!

SOKRATES: Und wenn nicht das Unsrige, dann auch wohl nicht das, was sich auf das Unsrige bezieht?

ALKIBIADES: Nein, scheint es.

SOKRATES: Also haben wir wohl nicht ganz richtig eingeräumt, was wir eben einräumten, es gebe einige, die zwar sich selbst nicht kennten, aber das Ihrige doch. Sondern nicht einmal, was auf das Ihrige sich bezieht: denn dies alles zu verstehen scheint nur einer e und derselben Kunst anzugehören, sich, das Seinige und das des Seinigen.

ALKIBIADES: So muß es wohl sein.

32. *Der Unbesonnene kann weder selbst glückselig werden, noch andere zur Glückseligkeit anleiten*

SOKRATES: Wer sich nun aber auf das Seinige nicht versteht, muß sich wohl auch auf das der andern ebenso nicht verstehen.

ALKIBIADES: Wie anders?

SOKRATES: Und wenn nicht auf das der anderen, wird er sich auch auf das der Staaten nicht verstehen.

ALKIBIADES: Notwendig nicht.

SOKRATES: Also könnte auch ein solcher Mann kein Staatsmann werden?

ALKIBIADES: Wohl nicht.

134a SOKRATES: Ja, auch nicht einmal ein Hauswirt?

ALKIBIADES: Wohl nicht.

SOKRATES: Und wird gar nie wissen, was er tut?

ALKIBIADES: Freilich wohl nicht.

SOKRATES: Und der nicht Wissende, wird der nicht fehlen?

ALKIBIADES: Freilich.

SOKRATES: Und wenn er fehlt, wird er dann nicht schlechte Geschäfte machen für sich und öffentlich?

ALKIBIADES: Wie sollte er nicht?

SOKRATES: Und wer schlechte Geschäfte macht, ist der nicht elend dran?

ALKIBIADES: Gar sehr.

SOKRATES: Und wie die, für die ein solcher Geschäfte macht?

ALKIBIADES: Auch diese.

SOKRATES: Nicht möglich also ist, wenn einer nicht besonnen ist und gut, daß er glückselig sei?

ALKIBIADES: Nicht möglich.   b

SOKRATES: Also sind die schlechten unter den Menschen elend?

ALKIBIADES: Gar sehr.

SOKRATES: Also auch nicht wer reich wird, wird des Elends entledigt, sondern wer besonnen wird?

ALKIBIADES: So zeigt es sich.

SOKRATES: Also nicht Mauern und Kriegsschiffe und Werfte brauchen die Städte, o Alkibiades, wenn es ihnen wohlergehen soll, noch auch Volksmenge oder Größe ohne Tugend.

ALKIBIADES: Freilich nicht.

33. Notwendigkeit, daß sich Alkibiades tugendhaft und besonnen macht, wenn er gut über die Stadt herrschen will

SOKRATES: Wenn du also die Geschäfte der Stadt recht und schön verwalten willst, mußt du den Bürgern Tugend mitteilen.   c

ALKIBIADES: Wie sollte ich nicht.

SOKRATES: Kann einer aber wohl mitteilen, was er nicht hat?

ALKIBIADES: Und wie?

SOKRATES: Dir selbst also mußt du zuerst dieses anschaffen, Tugend, und jeder, der nicht nur sich und seine Angelegenheiten besonders regieren und besorgen will, sondern auch die Stadt und ihre Angelegenheiten.

ALKIBIADES: Du hast recht.

SOKRATES: Nicht also Macht und Gewalt mußt du dir zu erwerben suchen, um zu tun, was du etwa willst, auch nicht der Stadt, sondern Gerechtigkeit und Besonnenheit.

ALKIBIADES: So zeigt es sich.

SOKRATES: Denn nur gerecht handelnd und besonnen werdet   d ihr, du und die Stadt, gottgefällig handeln.

ALKIBIADES: Wahrscheinlich wohl.

SOKRATES: Und so werdet ihr, wie wir in dem vorigen sagten, in das Göttliche und Glänzende schauend handeln.

ALKIBIADES: So zeigt es sich.

SOKRATES: Und dahin sehend werdet ihr dann euch selbst und das, was euch gut ist, erblicken und erkennen.

ALKIBIADES: Ja.

SOKRATES: Und also werdet ihr recht und wohl handeln.

ALKIBIADES: Ja.

e   SOKRATES: Und wenn ihr denn so handelt, will ich euch wohl Bürgschaft leisten, daß ihr wahr und gewiß glücklich sein werdet.

ALKIBIADES: Und du bist ein sicherer Bürge.

SOKRATES: Handelt ihr aber ungerecht, indem ihr auf das Ungöttliche und Dunkle seht, so werdet ihr auch, wie man schließen muß, dem Ähnliches tun, indem ihr euch selbst nicht kennt.

ALKIBIADES: Das leuchtet ein.

SOKRATES: Denn wer, o lieber Alkibiades, Macht hat zu tun, was er will, Vernunft aber nicht hat, was wird dem wahrscheinlich begegnen, sei er nun ein einzelner oder ein Staat? Wie wenn ein Kranker Macht hat zu tun, was er will, ohne ärztlichen Verstand

135a zu haben, aber mit Gewalt alles durchsetzt, daß ihn auch nicht einmal einer schilt, was wird dabei wohl herauskommen? Nicht vermutlich, daß er seinen Leib wird zugrunde richten?

ALKIBIADES: Du hast recht.

SOKRATES: Und wie in einem Schiffe? Wenn einer Macht hätte zu tun, was ihm gutdünkt, welcher steuermännischer Vernunft und Tüchtigkeit ganz beraubt wäre, siehst du wohl, was ihm und seinen Mitschiffenden begegnen wird?

ALKIBIADES: Ich sehe wohl, daß sie alle können zugrunde gehen.

SOKRATES: Wird nicht auch ebenso im Staat und überall sonst

b   der Herrschaft und Eigenmacht, der es an Tugend gebricht, das Übelbefinden folgen?

ALKIBIADES: Notwendig.

SOKRATES: Also keine willkürliche Gewalt, o bester Alkibiades, mußt du weder dir verschaffen noch der Stadt, wenn ihr wollt glücklich sein, sondern Tugend.

ALKIBIADES: Du hast recht.

SOKRATES: Und ehe er Tugend hat, ist es besser von einem Bessern regiert zu werden als zu regieren, nicht nur einem Knaben, sondern auch einem Mann.

ALKIBIADES: So zeigt es sich.

SOKRATES: Und das Bessere ist doch auch schöner?

ALKIBIADES: Ja.

SOKRATES: Und das Schönere auch geziemender?

c   ALKIBIADES: Wie sollte es nicht?

SOKRATES: Also dem Schlechten ziemt es zu dienen; denn es ist ihm besser?

ALKIBIADES: Ja.

SOKRATES: Etwas Knechtisches also ist die Schlechtigkeit?

ALKIBIADES: Es zeigt sich.

SOKRATES: Und etwas Adeliges die Tugend?

ALKIBIADES: Ja.

SOKRATES: Fliehen aber, o Freund, muß man doch das Knechtische?

ALKIBIADES: Am meisten wohl.

34. *Alkibiades' Vorsatz, sich mit Hilfe des Daimonion des Sokrates besonnen zu machen*

SOKRATES: Wie meinst du nun, daß du beschaffen bist? Adelig oder nicht?

ALKIBIADES: Das glaube ich jetzt gar sehr zu merken.

SOKRATES: Weißt du nun, wie du dem entfliehen sollst, was jetzt mit dir ist, damit wir es doch nicht nennen an einem trefflichen Manne?

ALKIBIADES: Ich weiß wohl.   d

SOKRATES: Wie denn?

ALKIBIADES: Wenn du willst, o Sokrates.

SOKRATES: Das sagst du nicht recht, o Alkibiades.

ALKIBIADES: Wie muß ich denn sagen?

SOKRATES: Wenn Gott will.

ALKIBIADES: Das sage ich also. Und überdies sage ich noch dieses, daß wir nun wohl gar unsere Gestalt vertauschen werden, o Sokrates, ich die deinige annehmend und du die meinige. Denn es kann nicht fehlen, daß ich dich nicht überall begleiten sollte von diesem Tage an, und du von mir begleitet werden.

SOKRATES: Meine Liebe also, o Bester, wird wenig von einem e Kranich unterschieden sein, wenn sie bei dir eine junge Liebe wird flügge gemacht haben, und dann selbst wieder von dieser gepflegt werden.

ALKIBIADES: Aber so verhält es sich doch. Und ich will von jetzt anfangen, mich der Gerechtigkeit zu befleißigen.

SOKRATES: Und ich wollte, daß du es auch vollendest. Aber ich zittere, nicht als ob ich deiner Natur mißtraute, sondern nur, wenn ich die Stärke der Stadt erwäge, ob sie nicht dich und mich überwältigen wird.

LACHES

A. Einleitung

B. Beurteilungen der Fechtkunst

C. Prinzipielle Erörterung des Themas anhand des Begriffs der Tapferkeit

D. Schluß

1. Lysimachos über die Sorge um die Erziehung der Söhne

LYSIMACHOS: Gesehen habt ihr nun, o Nikias und Laches, den 178a
Mann in ganzer Rüstung fechten; weshalb aber wir, ich und Melesias, euch genötigt haben, mit uns ihm zuzusehen, dies sagten wir
damals noch nicht, wollen es aber jetzt sagen. Denn wir glauben,
zu euch freimütig reden zu dürfen. Denn es gibt freilich welche, die
einen hiermit nur auslachen; und wenn jemand sie zu Rate zieht, b
so sagen sie nicht, was sie denken, sondern den Fragenden erra-
tend, reden sie etwas anderes gegen ihre eigene Meinung. Euch
aber hielten wir nicht nur tüchtig zu der Sache Beurteilung, sondern auch, daß, nachdem ihr sie beurteilt, ihr aufrichtig sagen werdet, was ihr denkt, und so haben wir euch mit zu unserer Beratung
genommen über das, was wir euch eröffnen wollen. Worüber ich
aber schon so lange so vieles vorrede, das ist folgendes. Diese hier 179a
sind unsere Söhne, der da ist dessen, nach seinem Großvater Thukydides genannt; der meinige aber hier führt ebenfalls den groß-
väterlichen Namen meines Vaters, denn er heißt Aristeides. Für
diese nun haben wir beschlossen, so gut als möglich zu sorgen und
nicht, wie die meisten es machen, nun sie halb erwachsen sind, sie
gehen und tun zu lassen, was sie wollen, sondern vielmehr nun erst
recht anzufangen, die möglichste Sorgfalt auf sie zu wenden. Da
wir nun wissen, daß auch ihr Söhne habt: so glauben wir, wenn
irgend jemand, werdet gewiß ihr darauf gesonnen haben, auf wel- b
che Art behandelt sie am besten gedeihen werden. Solltet ihr aber
etwa nicht sehr auf diese Sache gedacht haben: so wollen wir euch
ermahnen, sie nicht zu vernachlässigen, und euch auffordern, gemeinschaftlich mit uns Sorge zu tragen für die Söhne.

2. Beispiel der Erziehung in der Fechtkunst

Weshalb wir nun dieses beschlossen, o Laches und Nikias, müßt
ihr hören, wenn es auch etwas ausführlicher sein sollte. Wir näm-
c lich speisen zusammen, ich und Melesias, und unsere Knaben mit
uns. Wie ich nun gleich anfangs gesagt, wir wollen freimütig zu
euch reden. Jeder von uns nämlich hat von seinem Vater zwar viele
schöne Taten zu erzählen, teils welche sie im Kriege getan haben,
teils welche im Frieden, sowohl der Bundesgenosssen Angelegenheit verwaltend als auch die der Stadt; eigene Taten aber von sich
selbst hat keiner von uns den Jünglingen zu erzählen. Deswegen
also schämen wir uns vor diesen und klagen auch unsere Väter an,
d daß sie uns, nachdem wir herangewachsen, nach Gutdünken leben ließen, selbst aber nur fremde Angelegenheiten verwalteten.
Diesen Jünglingen aber halten wir das Beispiel vor und sagen
ihnen, daß, wenn sie sich vernachlässigen und uns nicht gehorchen, sie auch unberühmt bleiben werden, würden sie aber Fleiß
anwenden, so könnten sie vielleicht der Namen sich wert machen,
welche sie führen. Sie nun versprechen zu gehorchen, und wir denken darauf, was diese wohl lernen und üben müssen, um recht
tüchtige Männer zu werden. Da hat uns also einer auch auf diese
e Kunst gewiesen, daß es wohl einem Jünglinge anständig wäre, in
ganzer Rüstung zu fechten, und hat uns dazu diesen gerühmt, welchen ihr eben gesehen habt sich in seiner Kunst zeigen, und uns
geheißen, ihm zuzuschauen. Wir aber glaubten, wir müßten nicht
nur selbst kommen, ihn zu sehen, sondern auch euch mitnehmen
als Mitzuschauer zunächst, dann aber auch als Mitberater und
Teilnehmer, wenn ihr wollt, an der Sorge für die Söhne. Dieses ist
180a es, weshalb wir uns mit euch zusammentun wollten. Jetzt also ist
es eure Sache, Rat zu erteilen sowohl wegen dieser Kunst, ihr mögt
nun meinen, daß sie erlernt werden müsse oder nicht, als auch
wegen der übrigen, wenn ihr uns für einen jungen Mann eine
Kunst anzurühmen habt oder eine Wissenschaft, und wegen eurer
Gemeinschaft mit uns zu sagen, was ihr tun wollt.

3. Bereitschaft des Nikias und Laches zur Mitberatung. Hin-
weis auf Sokrates

NIKIAS: Ich meines Teils, o Lysimachos und Melesias, lobe nicht
nur eure Gesinnung, sondern bin auch bereit, mit euch gemeinsame Sache zu machen; ich glaube aber dasselbe auch von Laches.

LACHES: Und ganz richtig glaubst du, o Nikias. Denn was Lysi- b
machos eben sagte von seinem und des Melesias Vater, das scheint
mir sehr richtig bemerkt zu sein, nicht nur über jene, sondern auch
über uns und alle, welche die öffentlichen Geschäfte verwalten,
indem allen fast dieses begegnet, was er sagt, sowohl was ihre Kinder betrifft als alle andern eigenen Angelegenheiten, daß diese
nämlich hintangesetzt und nachlässig betrieben werden. Dieses
also war sehr gut gesagt, o Lysimachos; daß du aber uns zu Mitbe-
ratern wegen der Erziehung dieser Jünglinge berufst, den Sokrates c
hier aber nicht berufst, darüber wundere ich mich, da er zunächst
dein Zunftgenosse ist, sodann aber sich immer da aufhält, wo
etwas von dem zu finden ist, was du suchst für die Jünglinge,
irgendeine anständige Wissenschaft oder Kunst.

LYSIMACHOS: Wie sagst du, o Laches? Läßt Sokrates sich dergleichen irgend angelegen sein?

LACHES: Allerdings, o Lysimachos.

NIKIAS: Dieses kann ich dir bezeugen nicht minder als Laches.
Denn auch mir selbst hat er erst neulich einen Mann zugeführt, als
Lehrer für meinen Sohn in der Tonkunst, des Agathokles Schüler, d
den Damon, einen gar vortrefflichen Mann in der Tonkunst nicht
nur, sondern auch sonst wie brauchbar du willst zum lehrreichen
Umgang für solche Jünglinge.

4. Art des Sokrates. Sein Verhältnis zu Lysimachos

LYSIMACHOS: Gar wenig, o Sokrates, Nikias und Laches, sind
wir, die wir so alt sind, mehr bekannt mit den Jüngeren, da wir gar
viel zu Hause bleiben unseres Alters wegen. Wenn also auch du, o
Sohn des Sophroniskos, diesem deinem Zunftgenossen etwas Gutes zu raten hast, so rate. Auch geziemt es dir so, da du schon vom e
Vater her mir befreundet bist; denn immer waren ich und dein
Vater Freunde und Vertraute, und er ist eher gestorben, als er
einen Zwist mit mir gehabt hätte. Überdies kommt mir jetzt eine
Erinnerung von dem, was diese sagen. Denn wenn die Knaben zu
Hause untereinander reden, erwähnen sie oft des Sokrates und
rühmen ihn sehr, noch nie indes habe ich sie befragt, ob sie wohl
den Sohn des Sophroniskos meinen. Sagt also, Ihr Kinder, ist die- 181 a
ses der Sokrates, dessen ihr immer erwähnt?

KNABEN: Allerdings, o Vater, ist es dieser.

LYSIMACHOS: Sehr gut, bei der Here, o Sokrates, daß du so deinem Vater, dem trefflichen Manne, Ehre bringst, schon an sich und besonders aber auch, weil nun das deinige auch uns eignen wird, so wie das unsrige dir.

LACHES: Wahrlich, o Lysimachos, lasse ja den Mann nicht los. Ich meines Teils habe ihn auch anderswo schon gesehen nicht nur

b seinem Vater Ehre bringen, sondern auch seinem Vaterlande. Denn bei der Flucht vor Delion ging er mit mir zurück, und ich versichere dir, wenn die übrigen sich hätten so beweisen wollen, unsere Stadt wäre damals bei Ehren geblieben und hätte nicht einen so schmählichen Sturz erlitten.

LYSIMACHOS: O Sokrates, dieses ist ein schönes Lob, welches dir jetzt erteilt wird von glaubwürdigen Männern zumal in dem, weshalb sie dich loben. Sei also versichert, daß es mich freut, dieses zu hören, deines guten Rufes wegen, und zähle mich zu denen,

c welche dir am meisten wohlwollen. Und schon eher zwar hättest du von selbst fleißig zu uns kommen sollen und uns zu den Deinigen rechnen: nun aber von heute an, da wir einander bekannt geworden, tue ja nicht anders, sondern halte dich zu uns und lerne auch du uns kennen und diese Jüngeren, damit auch ihr unsere Freundschaft fortsetzt. Dies tue also von selbst, und auch wir wollen dich dessen öfter wieder erinnern. Darüber aber, wovon wir anfingen, was sagt ihr? Was dünkt euch? Ist die Kunst den Jünglingen ersprießlich, in der ganzen Rüstung fechten zu lernen, oder nicht?

5. Befürwortung der Fechtkunst durch Nikias

d SOKRATES: Sowohl hierin, o Lysimachos, will ich versuchen dir zu raten, wenn ich nur kann, als auch alles andere, wozu du mich einlädst, will ich tun. Das Schicklichste aber dünkt mich zu sein, daß ich als der Jüngste von diesen und der Unerfahrenste zuerst sie höre, was sie meinen, und von ihnen lerne; wenn ich aber etwas anderes habe außer dem von ihnen Gesagten, dann erst es ihnen vortrage und sie und dich überzeuge. Also, o Nikias, warum redest du nicht zuerst unter uns?

NIKIAS: Nichts hindert mich, o Sokrates. Mich nämlich dünkt

e auch, diese Kunst zu verstehen könne jungen Männern in vieler Art nützlich sein. Denn schon deshalb, weil sie unterdes nicht eine andere Beschäftigung treiben von denen, welche junge Leute zu lieben pflegen in der Muße, sondern diese, wodurch doch ihr Körper notwendig an Stärke gewinnen muß, ist sie gut – denn diese Leibesübung ist nicht schlechter als irgendeine andere, noch geringere Anstrengungen erfordernd; zugleich aber gehört sich für einen anständigen Mann vor allen andern diese und das Reiten. **182a** Denn auf den Kampf, worin wir ja Künstler sein sollen und den wir wirklich zu bestehen haben, üben sich doch nur die, welche sich mit diesen im Kriege zu handhabenden Werkzeugen üben. Ferner kann diese Kunst ihnen auch von Vorteil sein in der Schlacht selbst, wenn sie in geschlossener Ordnung fechten sollen mit vielen andern. Ihr größter Nutzen jedoch zeigt sich erst dann, wenn die Glieder sich trennen und schon der Einzelne gegen den Einzelnen entweder verfolgend dem sich Verteidigenden zusetzen oder auch fliehend gegen den, der ihn angreift, sich selbst verteidi- **b** gen soll. Alsdann kann wohl nicht leicht, wer dieses versteht, von einem bezwungen werden, vielleicht auch nicht von mehreren, sondern dürfte überall die Oberhand haben. Ferner fordert dies auch auf zum Streben nach einer andern edlen Kunst. Denn jeder, welcher gelernt hat, in voller Bewaffnung zu fechten, wird auch Verlangen tragen nach der verwandten Kunst der Schlachtordnung, und wer diese erlangt hat und sich darin hervorgetan, der wird dann gewiß zu allem, was noch sonst dem Heerführer nötig **c** ist, fortschreiten. Und so ist schon offenbar, wie anständig und einem Manne höchst nützlich zu lernen und zu üben die hieran hängenden Künste und Kenntnisse sind, zu denen diese der Anfang sein kann. Noch ein nicht Geringes aber wollen wir hinzufügen, daß nämlich diese Kenntnisse einen jeden im Kriege um nicht weniges dreister und tapferer, als er sonst wäre, machen wird. Auch das wollen wir nicht verschmähen zu sagen, obgleich es Menschen geringfügiger dünken möchte, daß durch sie auch ein Mann in besserem Anstande sich zeigt gerade da, wo er durch **d** seinen Anstand den Feinden noch furchtbarer erscheint. Mich also, o Lysimachos, dünkt, wie ich sage, daß die Jünglinge dieses erlernen müssen, und auch weshalb es mich dünkt, habe ich hiermit ausgesprochen. Was aber Laches etwa anderes hierüber meint, wünsche ich nun selbst auch zu hören.

6. Laches gegen die Fechtkunst: a) Sie wird gerade in Sparta nicht geschätzt

LACHES: Zwar ist es bedenklich, o Nikias, von welcher Kunst es auch sei, zu sagen, daß man sie nicht lernen solle. Denn auch alles zu wissen scheint gut zu sein, und so auch dieses Fechterstück,

e wenn es eine Kunst ist, wie diejenigen, die es lehren, behaupten, und eine solche, wie Nikias sagt, dann muß man es lernen. Ist es aber keine Kunst, sondern betrügen uns nur, die es zu lehren erheißen, oder ist es zwar eine Kunst, jedoch zu gar keinem ernsthaften Gebrauch, wozu sollte man sie denn wohl lernen? Ich spreche aber hierüber so in der Hinsicht, daß ich glaube, dieses würde, wenn es etwas wäre, den Lakedaimoniern nicht entgangen sein, denen ja nichts anderes anliegt im Leben, als dasjenige zu lernen

183a und zu üben, was, gelernt und geübt, ihnen Übermacht verschaffen kann über andere im Kriege. Wäre es ihnen aber auch entgangen, so würde doch den Lehrern dieser Kunst eben das nicht entgangen sein, daß jene am meisten unter allen Hellenen sich dieser Dinge befleißigen, und daß, wer von ihnen deshalb geächtet wäre, auch bei den andern desto mehr Geld gewinnen müßte, eben wie ein Tragödiendichter, der bei uns geachtet ist. Denn gewiß, wer eine Tragödie schön gedichtet zu haben glaubt, der wird nicht

b rund um Attika in andern Städten herumziehend sie zur Schau geben, sondern er kommt geradezu hierher und stellt sie bei uns zur Schau, wie billig. Diese Fechtkünstler aber sehe ich, daß sie Lakedaimon für ein unzugängliches Heiligtum halten und es auch nicht mit der Fußspitze betreten, sondern sich lieber bei allen andern zeigen, am liebsten aber bei denen, welche selbst gestehen, daß viele ihnen überlegen sind, was den Krieg betrifft.

6. b) Die Vertreter der Fechtkunst taugen nichts

c Ferner, o Lysimachos, bin ich schon mit nicht gar wenigen von diesen zusammen gewesen bei der Tat selbst und habe gesehen, was sie wert sind. Aber auch daraus können wir dieses beurteilen, daß, recht als müßte es so sein, niemals irgendeiner von diesen Fechtkünstlern ein berühmter Mann geworden ist im Kriege, während doch sonst überall die berühmten aus denen herkommen, welche sich jeder Sache besonders befleißigen, diese aber wie es scheint, sind hierin vor allen andern sehr unglücklich gewesen. Ja,

auch diesen Stesilaos, den ihr mit mir vor einer so großen Volksmenge sich zeigen gesehen habt und so vieles von sich rühmen, als   d
er gerühmt hat, den habe ich anderwärts schon besser gesehen
ganz der Wahrheit nach, wo er sich wahrhaft zeigte, aber eben
nicht gern. Als nämlich das Schiff, auf welchem er sich befand, mit
einem Frachtschiff zusammenstieß, da focht er mit einem Sichelspeer, einer sonderlichen Waffe, wie auch er sonderlich war vor
den übrigen. Sonst nun verdient wohl nichts von dem Manne erzählt zu werden, doch aber diese Erfindung mit der Sichel an dem
Speer, wie sie ablief. Indem er nämlich damit herumfocht, hakte er   e
irgendwo an dem Takelzeug des Schiffes ein und blieb hängen.
Nun zog Stesilaos daran, um ihn loszumachen, und konnte nicht.
Die Schiffe aber gingen aneinander vorbei. Anfangs nun lief er
längs dem Schiffe seinen Speer festhaltend ihm nach, als aber jenes
Schiff schon vorüber war vor dem seinigen und ihn nun mitzog,
weil er seinen Speer halten wollte, so ließ er den Speer allmählich   184a
nach durch die Hand, bis er nur noch die äußerste Spitze am un-
tern Ende hielt. Da war nun groß Gelächter und Geklatsch unter
denen auf dem Frachtschiff schon über diese Stellung, hernach
aber, als ihm einer einen Stein vor die Füße auf das Verdeck warf
und er den Speer losließ, da konnten auch die auf dem Kriegsschiffe das Lachen nicht mehr halten, als sie an dem Frachtschiffe
hängen sahen jenen Sichelspeer. Vielleicht also kann zwar dennoch etwas an der Sache sein, wie auch Nikias sagt, was ich aber
daran gefunden habe, war nicht besser als dieses.

6. c) *Die Fechtkunst ist unnütz und gefährlich*

Wie ich also schon anfangs sagte, hat es nun so wenigen Nutzen,
obwohl es eine Kunst ist, oder ist es gar keine und sie geben es nur
dafür aus: so ist es wohl nicht der Mühe wert, es zu lernen. Daher
nun dünkt mich, wenn ein Feiger glaubte, dieses verstehen zu müssen, und sich dadurch dreist machen ließe, so würde nur um so
offenbarer werden, was für einer er war; wenn aber ein Tapferer,
der würde, von allen Menschen beobachtet, auch wenn er nun um
ein weniges fehlte, großen Tadel davontragen; denn neiderwek-
kend ist es, sich einer solchen Wissenschaft zu rühmen. So daß,   c
wer nicht, ich weiß nicht wie sehr, sich auszeichnet vor andern in
der Tapferkeit, unmöglich vermeiden kann, lächerlich zu werden,

wenn er sich dafür ausgibt, diese Wissenschaft zu besitzen. Solche
Bewandtnis dünkt es mich zu haben, o Lysimachos, mit dem Bestreben um diese Kunst. Du mußt aber, wie ich dir gleich sagte,
auch den Sokrates hier nicht loslassen, sondern ihn bitten, Rat
mitzuteilen, was ihn dünkt von der vorliegenden Sache.

LYSIMACHOS: Darum bitte ich dich allerdings, o Sokrates; zu-
d mal unsere Beratung mir gleichsam noch eines Schiedsrichters zu
bedürfen scheint. Denn wenn diese beiden übereinstimmen, so
würde es dessen weniger bedürfen; da nun aber, wie du siehst,
Laches für die entgegengesetzte Seite gestimmt hat als Nikias, so
ist es sehr dienlich, auch dich noch zu hören, welchem von den
Männern du beistimmst.

7. Suche des Sokrates nach dem Sachverständigen

SOKRATES: Wie also, o Lysimachos? Welches von beiden die meisten unter uns billigen, das willst du annehmen?

LYSIMACHOS: Wie sollte es einer denn auch wohl anders machen, o Sokrates?

SOKRATES: Würdest auch du, o Melesias, es so machen? Und
e wenn von Kampfspielen in Beziehung auf deinen Sohn die Frage
wäre, auf welches er sich üben sollte, würdest du der Mehrheit von
uns glauben oder dem, der von einem guten Lehrer in Leibesübungen unterrichtet wäre und sie eingeübt hätte?

MELESIAS: Diesem wohl natürlich, o Sokrates.

SOKRATES: Dem würdest du also mehr glauben als uns allen
vieren?

MELESIAS: Vielleicht wohl.

SOKRATES: Denn nach der Kenntnis der Sache, meine ich, muß
entschieden werden, nicht nach der Zahl, was gut soll entschieden
werden.

MELESIAS: Wie sollte man nicht?

SOKRATES: Also auch jetzt müssen wir zuerst dieses untersu-
185a chen, ob einer von uns kunstverständig ist in dem, worüber wir
Rat pflegen, oder nicht, und ist es einer, alsdann diesem folgen,
wäre es auch nur einer, die andern aber lassen; ist es aber keiner,
dann einen andern suchen. Oder glaubt ihr, du und Lysimachos,
jetzt nur eine Kleinigkeit zu wagen und nicht vielmehr dasjenige,
was das Größte ist unter allem Eurigen? Denn je nachdem die

Söhne tüchtig geraten oder im Gegenteil, wird auch das ganze Hauswesen des Vaters so verwaltet werden, wie die Söhne geraten sind.

MELESIAS: Sehr richtig gesprochen.

SOKRATES: Viele Vorsicht muß also hierbei gebraucht werden.

MELESIAS: Allerdings.

SOKRATES: Wie also würden wir, was ich eben sagte, untersu- b
chen, wenn wir beurteilen wollten, wer von uns im Wettkampfe der Kunstverständigste wäre? Nicht wer es gelernt und geübt hat und wer auch tüchtige Lehrer gehabt hat in eben dieser Kunst?

MELESIAS: So scheint es mir wenigstens.

SOKRATES: Nicht auch noch eher, was denn das eigentlich ist, worin wir nach Lehrern fragen?

MELESIAS: Wie meinst du dieses?

8. Wer ist sachverständig in der Behandlung der Seele?

SOKRATES: So wird es vielleicht deutlicher werden. Es dünkt mich nicht, daß wir uns anfänglich darüber verständigt haben, was es eigentlich ist, worüber wir beratschlagen, und untersuchen, wer von uns darin kunstverständig ist und dazu gute Lehrer gehabt c
hat, und wer nicht.

NIKIAS: Ist es denn nicht, o Sokrates, die Frage von dem Fechten in ganzer Rüstung, ob die jungen Männer es lernen sollen oder nicht?

SOKRATES: Allerdings freilich, o Nikias; aber wenn einer wegen eines Mittels für die Augen überlegt, ob er es aufstreichen soll oder nicht, glaubst du, seine Beratschlagung betreffe dann die Arznei oder die Augen?

NIKIAS: Die Augen.

SOKRATES: Also auch, wenn jemand überlegt, ob er dem Pferde d
den Zaum anlegen soll oder nicht, und wann, dann beratschlagt er wohl über das Pferd und nicht über den Zaum.

NIKIAS: Gewiß.

SOKRATES: Also mit einem Worte, wenn jemand etwas eines anderen wegen überlegt, so betrifft seine Beratung dasjenige, um deswillen er es überlegte, nicht das, was er um des andern willen suchte.

NIKIAS: Notwendig.

SOKRATES: Also müssen wir auch in Hinblick auf den Ratgeber untersuchen, ob er kunstverständig ist in der Behandlung dessen, um deswillen wir unsere Untersuchung anstellten.

NIKIAS: Freilich wohl.

e SOKRATES: Und nicht wahr, jetzt sagen wir, daß wir, ob eine Kunst soll gelernt werden, überlegen um der Seele der Jünglinge wegen.

NIKIAS: Ja.

SOKRATES: Ob also jemand von uns kunstverständig ist in Behandlung der Seele und geschickt, diese gut zu behandeln, und darin gute Lehrer gehabt hat, das müssen wir untersuchen.

LACHES: Wie doch, o Sokrates: Hast du noch nie solche gesehen, welche ohne Lehrer kunstreicher geworden sind in manchen Dingen als mit Lehrern?

SOKRATES: Wohl habe ich, o Laches, denen du aber gewiß nicht würdest trauen wollen, wenn sie behaupten, gute Künstler zu sein, wofern sie dir nicht ein Werk ihrer Kunst zu zeigen haben,
186a das gut gearbeitet ist, und wohl mehr als eins.

NIKIAS: Darin hast du sehr recht.

9. Sokrates' Frage nach der Urteilsbefähigung des Laches und Nikias

SOKRATES: Auch wir also, o Laches und Nikias, müssen, da Lysimachos und Melesias uns zur Beratung ihrer Söhne wegen gerufen haben, deren Seelen sie so trefflich als möglich zu bilden bestrebt sind, ihnen die Lehrer zeigen, welche wir gehabt, welche selbst zuerst tüchtige Männer gewesen und vieler jungen Männer Seele
b gut gebildet, hernach auch uns so gelehrt haben; oder wenn einer von uns sagte, einen Lehrer habe er zwar nicht gehabt, so müßte doch auch dieser seine Werke anführen können und zeigen, welche Athener oder Fremde, Knechte oder Freie durch ihn eingeständlich sind gut geworden. Wenn aber nichts hiervon sich bei uns findet: so müssen wir diese heißen, andere zu suchen, nicht aber an befreundeter Männer Söhnen die Gefahr wagen, sie zu verderben, und so den härtesten Vorwurf uns zuziehen von denen,
c die uns so nahe sind. Ich nun, o Lysimachos und Melesias, erkläre zuerst, was mich betrifft, daß ich keinen Lehrer hierin gehabt habe, wiewohl ich der Sache nachtrachte schon seit meiner Ju-

gend. Allein ich habe nicht genug, den Sophisten ihren Lohn zu
bezahlen, welche doch allein verhießen, imstande zu sein, mich zu
einem trefflichen und edlen Mann zu machen; selbst aber die
Kunst zu erfinden, bin ich noch unvermögend für jetzt. Wenn aber
Nikias oder Laches sie erfunden haben oder gelernt, will ich mich
nicht wundern, denn sowohl an Gelde sind sie vermögender als
ich, so daß sie sie von andern können erlernt haben, als auch zugleich älter, so daß sie sie schon gefunden haben können. Deshalb
dünken sie mich wohl tüchtig zu sein, einen Menschen zu bilden,   d
sonst würden sie auch nicht so leichthin etwas behauptet haben
von den Übungen, welche einem Jüngling nützlich sind oder
schädlich, wenn sie nicht sich selbst vertrauten, daß sie es genug-
sam verständen. Im übrigen also glaube ich ihnen; nur daß sie
verschiedener Meinung sind, wundert mich.

Dieses bitte ich dich daher meinerseits, o Lysimachos: so wie
eben Laches dir zuredete, mich nicht loszulassen, sondern zu fragen, so ermahne ich nun dich, doch ja den Laches nicht loszulassen
noch auch den Nikias, sondern frage sie und sprich zu ihnen: Sokrates behauptet, daß er nichts von der Sache versteht und nicht   e
tüchtig ist zu entscheiden, welcher von euch das Richtige sage,
denn er selbst sei weder Erfinder noch Ausgelernter in irgend
etwas hierher Gehörigem. Ihr aber, o Laches und Nikias, sagt uns
doch jeder, wer der größte Meister ist in der Erziehung der Jünglinge, mit dem ihr umgegangen seid, und ob ihr, was ihr wißt,
erlernt habt oder selbst erfunden, und wenn erlernt, wer eines je-   187a
den Lehrer gewesen ist und welche sonst noch Künstler derselben
Art sind, damit, wenn ihr nicht Muße habt vor den Angelegenheiten der Stadt, wir zu jenen gehen können und sie durch Geschenke
oder Bitten oder beides überreden, sich unserer und eurer Söhne
anzunehmen, damit diese nicht schlecht geratend ihren Voreltern
Schande bringen. Wenn ihr aber selbst Erfinder hierin seid, so
zeigt uns Beweise, welche andern ihr schon durch eure Sorgfalt
habt zu Edlen und Guten gemacht. Denn wollt ihr etwa jetzt erst   b
anfangen zu erziehen, so mögt ihr wohl erwägen, daß ihr nicht am
Karier den Versuch macht, sondern an den Söhnen und an eurer
Freunde Kindern, damit es euch nicht nach jenem Sprichwort er-
gehe vom Töpfer, der beim Fasse anfängt. Sagt also, was hiervon
bei euch zutrifft und zu finden ist, und was nicht. Dieses, o Lysimachos, erforsche von ihnen und laß die Männer nicht los.

10. Aufgreifen der Frage durch Lysimachos

LYSIMACHOS: Sehr wahr, ihr Männer, dünkt mich Sokrates ge-
c sprochen zu haben. Ob aber ihr willens seid, euch hierüber fragen
zu lassen und Rede zu stehen, das müßt ihr selbst beurteilen, o
Nikias und Laches. Denn mir und dem Melesias würde es offenbar
erfreulich sein, wenn ihr alles, was Sokrates fragt, ordentlich
durchgehen wolltet. Fing doch von Anfang her meine Rede damit
an, daß wir deshalb euch zur Ratschlagung berufen hätten, weil
wir glaubten, ihr würdet euch dieses haben angelegen sein lassen,
wie zu vermuten war nicht nur an sich schon, sondern noch mehr,
d weil eure Söhne beinahe dasselbe Alter haben wie die unsrigen zur
Erziehung. Wofern ihr also nicht etwas dagegen habt, so sprecht
und überlegt gemeinschaftlich mit dem Sokrates, gegenseitig euch
anhörend und antwortend. Denn auch darin hat er recht gesprochen, daß wir jetzt über das Größte beratschlagen unter allem
Unsrigen. Seht also zu, ob ihr glaubt, so tun zu müssen.

NIKIAS: O Lysimachos, ich sehe wohl, daß du in der Tat den
Sokrates nur von seinem Vater her kennst, mit ihm selbst aber
nicht umgegangen bist, außer als er noch ein Knabe war, wenn er
e da etwa unter den Zunftgenossen, seinen Vater begleitend, dir in
die Nähe gekommen, sei es im Tempel oder bei einer andern Versammlung der Zunft; seitdem er aber älter geworden, hast du den
Mann noch gar nicht angetroffen, das ist offenbar.

LYSIMACHOS: Wieso doch, o Nikias?

11. Bereitschaft des Nikias, sich von Sokrates prüfen zu lassen.
Die Eigenart der Gesprächsführung des Sokrates

NIKIAS: Du scheinst gar nicht zu wissen, daß, wer der Rede des
Sokrates nahe genug kommt und sich mit ihm einläßt ins Gespräch, unvermeidlich, wenn er auch von etwas ganz anderem zuerst angefangen hat zu reden, von diesem so lange ohne Ruhe her-
umgeführt wird, bis er ihn da hat, daß er Rede stehen muß über
188a sich selbst, auf welche Weise er jetzt lebt und auf welche er das
vorige Leben gelebt hat; wenn ihn aber Sokrates da hat, daß er ihn
dann gewiß nicht eher herausläßt, bis er dies alles gut und gründlich untersucht hat. Ich nun bin schon mit ihm bekannt und weiß,
daß man dieses notwendig von ihm leiden muß; ja auch, daß es
mir selbst begegnen wird, weiß ich sehr wohl. Denn gern, o Lysi-

machos, lasse ich mich ein mit dem Manne und halte es nicht für
etwas Übles, daran erinnert zu werden, wo wir etwa nicht schön
gehandelt haben oder noch handeln; sondern für notwendig, daß   b
derjenige vorsichtiger werden muß für sein nachheriges Leben, der
dieses nicht scheut, sondern es wünscht nach des Solon Wort und
gern lernen will, so lange er lebt, nicht aber meint, daß das Alter
ihm schon von selbst den Verstand mitbringen werde. Mir also ist
es weder ungewohnt noch ungewünscht, vom Sokrates geprüft zu
werden, vielmehr schon lange wußte ich es beinahe, daß von den
Knaben nicht die Rede sein würde, wenn Sokrates zugegen wäre,   c
sondern von uns selbst. Wie gesagt also, an meinem Teil hindert
nichts, daß wir uns mit dem Sokrates unterreden, wie er es selbst
will; den Laches aber befrage, wie er hierüber gesonnen ist.

12. Zustimmung des Laches

LACHES: Sehr einfach, o Nikias, ist meine Weise in Absicht solcher Reden, oder, wenn du willst, nicht einfach, sondern zwiefach; denn ich könnte einem scheinen, ein Freund davon zu sein
und auch wiederum ein Feind. Wenn ich nämlich über die Tugend
oder über irgendeine Art der Weisheit einen Mann reden höre, der
wirklich ein Mann ist und der Reden wert, welche er spricht, dann
freue ich mich über die Maßen, zugleich den Redenden und seine   d
Reden betrachtend, wie beide zusammengehören und stimmen;
und ein solcher scheint mir eigentlich ein musikalischer Mann zu
sein, der den schönsten Einklang gestimmt, nicht die Leier oder
sonst ein Werkzeug des Spiels, sondern wahrhaft sein eignes Leben, zusammenklingend mit den Worten der Werke, echt dorisch,
nicht ionisch, auch glaube ich nicht phrygisch oder lydisch, sondern nach jener einzigen echt hellenischen Tonart. Ein solcher also
macht mich erfreut, wenn er nur den Mund öffnet, so daß ich
jedem als ein Freund der Reden erscheine, so gern nehme ich von   e
ihm an, was er redet. Wer aber hiervon das Gegenteil tut, der ist
mir nur um so mehr zuwider, je besser er mir zu reden scheint und
macht, daß ich als ein Redefeind erscheine. Von des Sokrates Reden nun habe ich noch keine Erfahrung, sondern zuerst habe ich,
wie es scheint, seine Taten erproben gesollt; und in denen habe ich
ihn wohl würdig befunden, auch Schönes zu reden mit aller Frei-   189a
mütigkeit. Ward ihm nun auch dieses, so stimme ich ihm zu und

möchte gern von einem solchen geprüft werden und es mich
nicht verdrießen lassen zu lernen. Sondern auch ich stimme dem
Solon bei, nur noch mit einem Zusatz, ich wünsche nämlich alt
zu werden, vieles noch lernend, jedoch nur von Guten. Denn dieses mag er mir nachgeben, daß auch der Lehrer selbst ein guter
sei, damit ich nicht ungelehrig erscheine, ungern lernend. Ob
aber der Lehrende jünger ist oder noch keinen Ruf hat oder was
b er von dieser Art sonst an sich hat, das soll mich nicht kümmern.
Dir also, o Sokrates, erbiete ich mich, daß du mich sowohl be-
lehrst als prüfst, worin du willst, und auch wiederum lernst, was
ich weiß. So stehst du bei mir seit jenem Tage, an welchem du mit
mir die Gefahr bestanden und einen Beweis deiner Tugend gegeben hast, wie ihn derjenige geben muß, der ihn recht geben will.
Sage also, was du Lust hast, und rechne unser Alter dabei für
nichts.

13. a) Methode der Untersuchung: Ausgang vom Gegenstand
   selbst

c SOKRATES: Euch, scheint es, werden wir nicht beschuldigen können, daß ihr eures Teils nicht bereit gewesen wäret, mit zu beratschlagen und mit zu untersuchen.

   LYSIMACHOS: Nun also beruht die Sache auf uns, o Sokrates,
denn dich rechne ich für einen der unsrigen. So untersuche nun an
meiner Statt zum Besten der Jünglinge, was wir von diesen Männern zu erforschen haben, und pflege Rat mit ihnen im Gespräch.
Denn ich vergesse schon Alters wegen gar vieles, was ich im Sinn
gehabt hatte zu fragen, und so auch, was ich gehört habe; kom-
d men aber gar andere Reden zwischenein, so behalte ich fast nichts
mehr. Ihr also redet und handelt allein dasjenige ab unter euch,
was wir euch vorgelegt haben; ich aber will zuhören, und nachdem ich gehört, mit dem Melesias dasjenige tun, was euch gut
dünkt.

   SOKRATES: Wir werden wohl, o Nikias und Laches, dem Lysimachos und Melesias gehorchen müssen. Was wir nun soeben uns
vorsetzten zu untersuchen, wer nämlich unsere Lehrer gewesen
sind in dieser Kunst oder welche andere wir schon besser gemacht
e haben, auch darüber uns selbst zu prüfen, wäre gewiß nicht übel;
aber ich glaube, die folgende Untersuchung wird uns zu demsel-

ben Ziele führen und fängt eher fast noch etwas höher hinauf an. Wenn wir nämlich von irgend etwas wissen, daß es einem andern einwohnend dieses besser macht, dem es einwohnt, und zugleich imstande sind zu bewirken, daß es jenem einwohne: so kennen wir doch offenbar eben dieses, worüber wir Rat geben sollen, wie jemand es am leichtesten und besten erwerben könne. Vielleicht indes versteht ihr noch nicht, was ich meine, so aber werdet ihr es besser verstehen. Wenn wir wissen, daß das Sehen, den Augen einwohnend, die besser mache, denen es einwohnt, und zugleich 190a zu bewirken vermöge, daß es den Augen einwohne: so kennen wir doch offenbar das Sehen selbst, was es ist, über welches wir Rat geben sollen, wie jemand es am leichtesten und besten erwerben möge. Denn wenn wir auch dieses nicht einmal wüßten, was das Sehen ist oder das Hören, so hat es gute Wege, daß wir taugliche Ratgeber und Ärzte sein könnten für Augen und Ohren, auf welche Weise jemand Gehör und Gesicht am besten erlangen könnte. b

LACHES: Richtig ist, was du sagst, o Sokrates

13. b) Stellung der Frage: Was ist Tapferkeit?

SOKRATES: Haben nun nicht, o Laches, auch jetzt diese beiden uns zur Beratung gerufen, auf welche Weise wohl den Seelen ihrer Söhne Tugend beigebracht werden und sie besser machen möge?

LACHES: Freilich.

SOKRATES: Muß also nicht dieses wenigstens sich bei uns finden, daß wir wissen, was die Tugend ist? Denn wenn wir etwas ganz und gar nicht wüßten von der Tugend, was sie eigentlich ist, wie könnten wir wohl jemandem Rat darüber erteilen, auf welche c Weise er sie am besten erwerben möge?

LACHES: Wir könnten es ganz und gar nicht, wie mich wenigstens dünkt, o Sokrates.

SOKRATES: Behaupten wir also, o Laches, daß wir wissen, was sie ist?

LACHES: Freilich wollen wir das.

SOKRATES: Wovon wir aber wissen, davon müssen wir doch auch sagen können, was es ist?

LACHES: Wie sollten wir nicht.

SOKRATES: Laß uns aber nicht, o Bester, nach der ganzen Tugend sogleich fragen, denn vielleicht wäre dies Geschäft zu groß,

sondern von einem Teile derselben zuerst sehen, ob wir tüchtig
d sind, ihn zu verstehen; so wird uns wahrscheinlich die Untersuchung leichter sein.

LACHES: Wohl, o Sokrates, laß es uns so machen, wie du willst.

SOKRATES: Welchen also sollen wir wählen von den Teilen der Tugend? Oder, nicht wahr, den gewiß, auf welchen diese Kunst des Fechtens abzuzwecken scheint? Und das scheint sie doch den Leuten auf die Tapferkeit?

LACHES: Allerdings, so scheint es ihnen.

SOKRATES: Dieses also wollen wir zuerst versuchen zu erklären, was die Tapferkeit ist; dann aber nach diesem auch überle-
e gen, auf welche Art sie den Jünglingen beizubringen wäre, soweit es nämlich möglich ist, sie durch Übung und Unterricht beizubringen. Also versuche nun, wie ich sage, zu beschreiben, was die Tapferkeit ist.

14. Unvollkommene Antwort des Laches

LACHES: Dieses, o Sokrates, ist beim Zeus nicht schwer zu sagen. Denn wenn jemand pflegt in Reih und Glied standhaltend die Feinde abzuwehren und nicht zu fliehen, so wisse, daß ein solcher tapfer ist.

SOKRATES: Sehr wohl zwar gesprochen, o Laches; vielleicht aber bin ich, weil ich mich nicht deutlich erklärt, schuld daran, daß du nicht dasjenige geantwortet hast, was ich im Sinne hatte bei meiner Frage, sondern etwas anderes.

LACHES: Wie meinst du dieses, o Sokrates?

191 a SOKRATES: Ich will es dir erklären, wenn ich nur dazu imstande sein werde. Tapfer freilich ist auch der, den du beschreibst, der im Gliede standhaltend gegen die Feinde ficht.

LACHES: So wenigstens behaupte ich.

SOKRATES: Ich gewiß auch. Aber was ist denn der, welcher fliehend gegen die Feinde ficht, und nicht standhaltend?

LACHES: Wie doch fliehend?

SOKRATES: Wie ja von den Skythen gesagt wird, daß sie nicht minder fliehend als verfolgend den Feind bekriegen. Und auch Homeros, indem er irgendwo die Pferde des Aineias lobt, sagt:
b Dort zu sprengen und dort, verständen sie, in Verfolgung und in Entfliehung. Ja auch den Aineias selbst lobt er in dieser Hinsicht,

daß er sich auf die Flucht verstände, und nennt ihn Ersinner der Flucht.

LACHES: Und das sehr richtig, o Sokrates, denn er spricht von Wagen, und so meinst auch du das von den Skythen in Beziehung auf die Reiter; denn die Reiter bei ihnen fechten so, das Fußvolk der Hellenen aber so, wie ich sage.

SOKRATES: Ausgenommen doch wohl, o Laches, das der Lakedaimonier; denn von diesem wird erzählt, als es bei Plataiai auf die c Schildträger gestoßen, habe es nicht standhaltend fechten gewollt, sondern sei geflohen, nachdem aber die Reihen der Perser sich getrennt, habe es umkehrend wie Reiter gefochten und dadurch in jener Schlacht gesiegt.

LACHES: Richtig.

15. Präzisierung der Frage

SOKRATES: Das ist nun eben, was ich meinte, ich wäre schuld daran, daß du nicht recht geantwortet hast, weil ich dich nicht recht gefragt habe; denn ich wollte nicht nur erfahren, welches die d Tapfern im Fußvolke wären, sondern auch in der Reiterei und in allem, was zum Kriege gehört; und nicht nur die im Kriege, sondern auch die Tapfern in den Gefahren der See, ferner auch die, welche in Krankheiten und in Armut und in der Staatsverwaltung tapfer sind, ja noch mehr, nicht nur die gegen den Schmerz tapfer sind und gegen die Furcht, sondern auch die gegen Begierden und Lust stark sind zu fechten, und zwar sowohl standhaltend als um- e wendend. Denn es sind doch einige, o Laches, auch in diesen Dingen tapfer?

LACHES: Gar sehr, o Sokrates.

SOKRATES: Tapfer also sind alle diese, aber einige beweisen in der Lust, einige in der Unlust, einige in der Begierde, einige in der Furcht ihre Tapferkeit: andere aber dagegen, meine ich, Feigheit eben hierin?

LACHES: Allerdings.

SOKRATES: Was ist wohl jede von diesen? Danach fragte ich. Noch einmal also versuche zuerst die Tapferkeit zu erklären, was doch seiend sie in allem diesen dasselbe ist. Oder verstehst du noch nicht, was ich meine?

LACHES: Noch nicht recht.

16. These des Laches: Tapferkeit ist verständige Beharrlichkeit

192a SOKRATES: Ich meine es so, als wenn ich fragte, was wohl die Geschwindigkeit ist, was sie nämlich sowohl im Laufen ist, als in der Musik, im Reden, im Lernen und in vielen andern Dingen, und fast haben wir sie ja in allem, wovon nur der Mühe lohnt zu reden, sowohl in den Verrichtungen der Hände als der Füße, des Mundes und der Stimme oder auch des Verstandes. Oder meinst du nicht auch so?

LACHES: Allerdings.

SOKRATES: Wenn nun jemand mich fragte, wie erklärst du dieses, o Sokrates, was du in allen Dingen Geschwindigkeit nennst, so
b würde ich sagen, daß ich die in kurzer Zeit vieles vollbringende Kraft Geschwindigkeit nenne, sowohl in der Stimme als im Lauf und in allen andern Dingen.

LACHES: Sehr gut wäre dieses erklärt.

SOKRATES: Versuche also auch du, o Laches, so die Tapferkeit zu erklären, welche Kraft wohl, als dieselbe seiend, in der Lust und Unlust und allen andern Dingen, worin wir sagen, daß sie statthabe, dann Tapferkeit genannt wird.

LACHES: So dünkt sie mich denn eine gewisse Beharrlichkeit
c der Seele zu sein, wenn ich doch das in allem sich findende von der Tapferkeit sagen soll.

SOKRATES: Das mußt du allerdings, wenn wir uns die Frage wirklich beantworten wollen. Dieses ist mir indes deutlich, daß doch nicht jede Beharrlichkeit, glaube ich, dir als Tapferkeit erscheint. Ich schließe es aber hieraus: das nämlich weiß ich doch, daß du die Tapferkeit unter die vortrefflichen Dinge rechnest.

LACHES: Davon halte dich überzeugt, unter die allervortrefflichsten.

SOKRATES: Also ist die Beharrlichkeit mit Verstand wohl gut und vortrefflich?

LACHES: Allerdings.

d SOKRATES: Wie aber die mit Unverstand? Ist diese nicht im Gegensatz zu jener schädlich und verderblich?

LACHES: Ja.

SOKRATES: Vortrefflich also, wolltest du behaupten, wäre, was so schädlich ist und verderblich?

LACHES: Keineswegs wäre das recht, o Sokrates.

SOKRATES: Also wirst du auch nicht zugeben, daß eine solche Beharrlichkeit Tapferkeit ist, da sie ja nicht vortrefflich ist, die Tapferkeit aber etwas Vortreffliches.

LACHES: Richtig.

SOKRATES: Die verständige Beharrlichkeit also wäre nach deiner Rede Tapferkeit?

LACHES: So sieht es aus.

17. Widerlegung der These

SOKRATES: Laß uns also sehen, ist es die in etwas Gewissem oder e die in allen Dingen verständige, sie seien groß oder klein. Wie wenn jemand im Geldausgeben verständig beharrte, wohl wissend, daß er durch das Ausgeben gewinnen wird, möchtest du diesen tapfer nennen?

LACHES: Beim Zeus, ich nicht.

SOKRATES: Wie aber, wenn ein Arzt, den sein Sohn oder sonst ein mit der Lungenentzündung Behafteter bäte, er solle ihm zu essen oder zu trinken geben, sich doch nicht erweichen ließe, sondern auf der Weigerung beharrte? 193a

LACHES: Keineswegs, auch nicht diesen.

SOKRATES: Aber einen im Kriege Beharrlichen und zum Streite Mut Behaltenden, welcher es verständig berechnete, weil er wüßte, daß nicht nur andere ihm zu Hilfe kommen werden, sondern auch, daß er gegen Wenigere und Schlechtere zu fechten hat als die, zu denen er selbst gehört, und überdies noch mehr durch seinen Standort begünstigt ist: würdest du diesen mit solcher Kenntnis und solchen Hilfsmitteln Beharrenden für tapferer erklären oder den, der in dem entgegenstehenden Heere noch Lust hätte, standzuhalten und auszudauern?

LACHES: Mich dünkt, den im entgegenstehenden Lager, o Sokrates. b

SOKRATES: Aber dessen Beharrlichkeit ist ja doch unverständiger als die des andern.

LACHES: Das ist wahr.

SOKRATES: Und du wirst wohl den mit der Reitkunst in einem Reitergefecht Aushaltenden weniger für tapfer erklären als den ohne diese Kunst?

LACHES: Mich wenigstens dünkt es so.

SOKRATES: Also auch den, der mit der Fertigkeit des Schleuderns oder des Bogenschießens oder irgendeiner andern beharrt?

c   LACHES: Freilich.

SOKRATES: Und welche in den Brunnen springen und im Untertauchen auszuharren denken oder in sonst etwas dergleichen, wiewohl sie in der Sache nicht stark sind, die, behauptest du, wären tapferer als die, welche stark darin sind?

LACHES: Was sollte einer denn anders behaupten, o Sokrates?

SOKRATES: Nichts, wenn er es wirklich so meint.

LACHES: Aber ich meine es freilich so.

SOKRATES: Doch aber, o Laches, gefährden sich diese und beharren unverständiger als die dasselbe mit Kunst tun.

LACHES: So scheinen sie.

d   SOKRATES: Und hatte sich nicht die unverständige Kühnheit und Beharrung in dem vorigen als schlecht und verderblich gezeigt?

LACHES: Freilich wohl.

SOKRATES: Die Tapferkeit aber, waren wir übereingekommen, sei etwas Vortreffliches?

LACHES: Darin waren wir übereingekommen.

SOKRATES: Nun aber behaupten wir wieder, jenes Schlechte, die unverständige Beharrung, sei Tapferkeit?

LACHES: Das behaupten wir offenbar.

SOKRATES: Dünkt dich also, daß wir etwas Richtiges sagen?

LACHES: Beim Zeus, o Sokrates, mich nicht.

18. Entschluß zum Beharren beim Logos

SOKRATES: Wir beiden sind also wohl nicht, deiner Rede zufolge,
e   dorisch gestimmt, ich und du, o Laches; die Taten nämlich sind uns nicht im Einklang mit den Reden. Denn in den Taten möchte einer wohl sagen, wie es scheint, daß wir die Tapferkeit besäßen, in den Reden aber glaube ich wohl nicht, wenn er jetzt unser Gespräch hörte.

LACHES: Sehr wahr ist dieses.

SOKRATES: Wie also, dünkt es dich gut zu sein, daß es so um uns steht?

LACHES: Auch nicht im geringsten.

SOKRATES: Willst du also, daß wir dem, was wir behaupten, wenigstens so weit gehorchen?

LACHES: Wie weit doch, und welchem?

SOKRATES: Der Behauptung, welche zu beharren befiehlt. 194a
Wenn du nämlich willst, so wollen auch wir der Untersuchung
standhalten und beharren, damit doch gerade die Tapferkeit uns
nicht auslache, daß wir sie nicht tapfer suchen, wenn doch vielleicht eben die Beharrung Tapferkeit ist.

LACHES: Ich wenigstens bin bereit, o Sokrates, nicht eher abzu-
lassen, obschon ich ungewohnt bin solcher Reden. Aber es hat
mich ordentlich ein Eifer ergriffen über das Gesagte, und ich bin
ganz unwillig, wie ich, was ich in Gedanken habe, so gar nicht b
imstande bin zu sagen. Denn in Gedanken glaube ich es doch zu
haben, was die Tapferkeit ist; ich weiß aber nicht, wie sie mir jetzt
entgangen ist, so daß ich sie nicht ergreifen konnte in der Rede und
heraussagen, was sie ist.

SOKRATES: Nicht wahr, Lieber, der gute Jäger muß nachsetzen
und nicht ablassen?

LACHES: Auf alle Weise freilich.

SOKRATES: Willst du also, daß wir auch den Nikias hier herbeirufen zur Jagd, ob er etwa mehr ausrichten kann als wir?

LACHES: Ich will es wohl; warum sollte ich nicht?   c

19. These des Nikias: Tapferkeit ist Erkenntnis des Gefähr-
lichen und des Unbedenklichen

SOKRATES: Hierher also, Nikias! Guten Freunden, die eine stür-
mische Fahrt haben in der Untersuchung und nicht vorwärts können, komm zu Hilfe, wenn du etwas vermagst. Denn unser Tun
siehst du, wie es nichts fördert. Sage du also, was du glaubst, das
die Tapferkeit sei, um dadurch sowohl uns aus der Verlegenheit zu
erlösen als auch dir selbst, was du im Sinne hast, durch die Rede
noch fester zu begründen.

NIKIAS: Ihr dünkt mich also schon lange, o Sokrates, die Tapferkeit nicht recht bestimmt zu haben. Denn was ich dich sonst
schon sehr richtig habe sagen gehört, das wendet ihr nicht an.

SOKRATES: Was doch, o Nikias?

NIKIAS: Oft habe ich dich sagen gehört, darin wäre jeder von d
uns gut, worin er klug ist, worin aber dumm, darin auch schlecht.

SOKRATES: Wahr ist, beim Zeus, was du sagst, o Nikias.

NIKIAS: Also wenn der Tapfere gut ist, ist er offenbar auch
klug?

SOKRATES: Hast du gehört, o Laches?

LACHES: Ich habe wohl, nur verstehe ich eben nicht sehr, was er meint.

SOKRATES: Ich aber glaube es zu verstehen, nämlich mich dünkt der Mann zu meinen, die Tapferkeit sei irgendeine Klugheit.

LACHES: Was doch für eine Klugheit, o Sokrates?

e SOKRATES: Willst du das nicht von diesem lieber erfragen?

LACHES: Das tue ich.

SOKRATES: So komm denn, o Nikias, und sage ihm, was denn für eine Klugheit die Tapferkeit sein soll nach deiner Rede. Denn die des Flötenbläsers ist sie doch nicht?

NIKIAS: Keineswegs.

SOKRATES: Auch nicht dessen, der die Lyra spielt?

NIKIAS: Ebensowenig.

SOKRATES: Also was für eine Erkenntnis ist sie denn und wovon?

LACHES: Ganz recht fragst du ihn das, o Sokrates, und er sage also, was für eine er behauptet, das sie sei.

NIKIAS: Diese, o Laches, die Erkenntnis des Gefährlichen und
195 a Unbedenklichen im Kriege sowohl als in allen andern Dingen.

LACHES: Was für ungereimte Dinge er redet, o Sokrates!

SOKRATES: Weshalb meinst du denn das, o Laches?

LACHES: Weshalb? Klugheit ist doch wohl etwas ganz anderes als Tapferkeit!

SOKRATES: Nein, meint eben Nikias.

LACHES: Freilich meint er nein, und eben das ist verwirrt geredet.

SOKRATES: So laß uns ihn lehren, aber nicht schmähen.

NIKIAS: Freilich nicht. Aber Laches dünkt mich nur zu wünschen, daß ich mich auch als einen zeigen möchte, der nichts sagt,
b weil er sich eben als einen solchen gezeigt hat.

20. Widerlegungsversuch des Laches

LACHES: Allerdings, o Nikias, und ich will wenigstens versuchen, es zu beweisen; denn du sagst auch nichts. Nämlich gleich in Krankheiten, erkennen da nicht die Ärzte das Gefährliche? Oder scheinen dir die Tapfern es zu erkennen? Oder nennst du die Ärzte tapfer?

NIKIAS: Keineswegs.

LACHES: Auch wohl nicht die Landwirte, glaube ich; wiewohl das im Ackerbau Furchtbare gerade diese erkennen, und so auch erkennen alle Gewerbetreibenden jeder in seiner Kunst das Gefährliche und das Unbedenkliche; aber keineswegs sind sie deshalb tapfer.						c

SOKRATES: Was dünkt dich Laches zu sagen, o Nikias? Es sieht doch aus, als sagte er etwas.

NIKIAS: Er sagt auch wohl etwas, aber nur nichts Richtiges.

SOKRATES: Wieso?

NIKIAS: Weil er meint, die Ärzte wüßten noch etwas mehr von den Kranken, als daß sie sagen können, was ihnen gesund ist und ungesund; in der Tat aber wissen sie nur dieses. Ob aber einem eben dieses gefährlich ist, das Gesundsein mehr als das Kranksein, glaubst du, o Laches, daß dies die Ärzte wissen? Oder meinst du nicht, daß es vielen besser ist, von der Krankheit nicht aufzukommen als aufzukommen? Hierüber nämlich erkläre dich: behauptest du, daß es für alle besser ist zu leben und nicht für viele besser, zu sterben?

LACHES: Ich dieses letztere.						d

NIKIAS: Welchen also das Sterben dienlich ist, glaubst du, daß denen dasselbe gefährlich ist, wie welchen das Leben?

LACHES: Nicht ich.

NIKIAS: Und dieses zu erkennen schreibst du den Ärzten zu oder irgendeinem, der ein anderes Geschäft treibt außer dem, der sich auf das Gefährliche und Unbedenkliche versteht und welchen eben ich tapfer nenne?

SOKRATES: Merkst du nun, o Laches, was er meint?

LACHES: O ja, daß er nämlich die Wahrsager tapfer nennt.		e
Denn welcher andere kann wissen, wem besser ist zu leben oder zu sterben? Du selbst aber, o Nikias, behauptest du, daß du ein Wahrsager bist oder weder ein Wahrsager noch auch tapfer?

NIKIAS: Wie denn? Meinst du nun wieder, dem Wahrsager komme zu, das Gefährliche zu erkennen und das Unbedenkliche?

LACHES: Das meine ich. Wem sonst?

NIKIAS: Dem weit mehr, welchen ich meine, o Bester. Denn der Wahrsager soll nur die Zeichen dessen erkennen, was geschehen wird, ob einem Tod oder Krankheit oder Verlust des Vermögens

196a bevorsteht, ob Siegen oder Besiegtwerden im Kriege oder in jedem andern Kampf. Was aber einem besser ist, von diesen Dingen zu erfahren oder nicht zu erfahren, wie sollte das mehr dem Wahrsager zu beurteilen zukommen als jedem andern sonst?

LACHES: Nein, diesen kann ich nicht begreifen, o Sokrates, was er sagen will. Denn weder ist es der Wahrsager noch der Arzt, noch stellt er sonst einen auf, den er für tapfer erklärt, wo er nicht etwa nur irgendeinen Gott dafür erklärt. Mir nun scheint nur Ni-
b kias nicht ehrlich gestehen zu wollen, daß er nichts gesagt hat, sondern er windet sich hin und her, um seine Verlegenheit zu verbergen. Das aber hätten wir auch vorher gekonnt, ich und du, uns so winden, wenn wir gestrebt hätten, nicht das Ansehen zu haben, daß wir uns selbst widersprächen. Wenn nun unsere Reden vor Gericht wären, so hätte er vielleicht nicht ganz unrecht, es so zu machen; nun aber, weshalb sollte wohl einer in solchem Zusammensein sich unnützerweise mit leeren Worten schmücken!

c SOKRATES: Das dünkt auch mich zu nichts zu führen, o Laches. Aber laß uns sehen, ob nicht Nikias wirklich glaubt, etwas zu sagen, und nicht bloß um zu streiten dieses vorträgt. Laß uns daher ihn doch genauer ausforschen, was er wohl meint; und wenn sich zeigt, daß etwas Richtiges darin liegt, so wollen wir es ihm zugestehen, wo aber nicht, so wollen wir ihn belehren.

LACHES: Forsche du also weiter, Sokrates, wenn du willst; denn ich habe, denk ich, schon genug ausgeforscht.

SOKRATES: Nichts hindert mich, denn die Nachforschung wird gemeinschaftlich sein für mich sowohl als dich.

LACHES: Allerdings.

21. *Unterschied zwischen Tapferkeit und Furchtlosigkeit*

SOKRATES: Sage mir also, o Nikias, oder vielmehr uns, denn ich
d und Laches haben gemeinschaftliche Sache, die Tapferkeit, sagst du, wäre die Erkenntnis des Gefährlichen und des Unbedenklichen?

NIKIAS: Das sage ich.

SOKRATES: Und dies wäre nicht jedermanns Sache zu erkennen, da ja weder der Arzt noch der Wahrsager es wissen soll, also auch nicht tapfer sein, wenn er nicht jene Erkenntnis besonders erlangt hat. Meintest du es nicht so?

NIKIAS: So allerdings.

SOKRATES: Nach dem Sprichwort also wird in der Tat nicht jedes Schwein dieses wissen, noch auch tapfer sein.

NIKIAS: Nein, wie ich denke.

SOKRATES: Offenbar also, o Nikias, wirst du auch von dem e krommyonischen Schwein nicht glauben, es sei tapfer gewesen. Und das sage ich nicht scherzend, sondern ich meine, es ist notwendig für den, der dieses behauptet, keinem Tiere Tapferkeit zuzugestehen oder zuzugeben, irgendein Tier sei so weise, daß, was wenige Menschen wissen, weil es schwer einzusehen ist, dieses dennoch ein Löwe oder Tiger oder Eber wissen könne; sondern vielmehr, daß Löwe und Hirsch, Stier und Affe, was Tapferkeit betrifft, gleicher Natur sind, muß derjenige behaupten, der die Tapferkeit so erklärt, wie du sie erklärst.

LACHES: Bei den Göttern, sehr richtig ist, was du sagst; und 197a beantworte uns doch dieses nach der Wahrheit, o Nikias, ob du behauptest, weiser als wir wären diese Tiere, denen wir alle zugestehen, daß sie tapfer sind, oder ob du allen widersprechend wagst, sie auch nicht tapfer zu nennen?

NIKIAS: Niemals, o Laches, werde ich weder ein Tier noch sonst ein Wesen tapfer nennen, was nur aus Unwissenheit das Gefährliche nicht fürchtet, sondern furchtlos und töricht nenne ich es. Oder meinst du, ich nenne auch alle Kinder tapfer, welche sich aus Unwissenheit vor nichts fürchten? Sondern ich meine, furcht- b los und tapfer ist nicht dasselbe. Denn Tapferkeit und Vorsicht findet sich nur bei sehr wenigen, denke ich; Verwegenheit aber und Kühnheit und furchtloses Wesen mit Unvorsichtigkeit bei gar vielen Männern sowohl als Frauen und Kindern und Tieren. Das also, was du mit den meisten tapfer nennst, nenne ich nur kühn, tapfer aber nur, was verständig ist in der Art, wie ich sagte. c

22. Wiederholter Protest des Laches

LACHES: Nun sieh nur, o Sokrates, wie schön dieser sich selbst, seiner Meinung nach, durch seine Erklärung schmückt; denen aber alle zugestehen, daß sie tapfer sind, die untersteht er sich dieser Ehre zu berauben.

NIKIAS: Ganz und gar nicht, o Laches! Sei guten Mutes; denn ich behaupte eben, daß du klug bist, und Lamachos wohl auch, weil ihr ja tapfer seid, und noch verschiedene andere Athener.

LACHES: Ich werde nichts hierauf sagen, obschon ich könnte, damit du nicht etwa sagen könntest, ich wäre ein rechter Aixoneer.

d SOKRATES: Sage auch nur ja nichts, o Laches. Denn mich dünkt, du merkst noch gar nicht, daß Nikias diese Weisheit von unserm Freunde Damon überkommen hat; Damon aber ist sehr genau bekannt mit dem Prodikos, welcher dafür gilt, am besten unter allen Sophisten solche Wörter zu unterscheiden.

LACHES: Jawohl, o Sokrates, es ziemt auch besser einem Sophisten, sich mit solchen Dingen zu rühmen, als einem Manne, den die Stadt wert achtet, ihr vorzustehen.

e SOKRATES: Das aber ziemt sich doch auch, du Stolzer, daß der, dem das Größte anvertraut wird, auch die größte Weisheit besitze. Mich dünkt daher, es verdient wohl näher erwogen zu werden, worauf Nikias eigentlich geht bei seiner Erklärung dieses Wortes Tapferkeit.

LACHES: So untersuche du es denn selbst, o Sokrates.

SOKRATES: Das will ich soeben tun, o Bester. Glaube jedoch nicht, daß ich dich losgeben werde aus der Gemeinschaft der Rede, sondern merke wohl auf und erwäge mit, was gesagt wird.

LACHES: Das soll geschehen, sofern du es nötig findest.

23. Definition des Gefährlichen und des Unbedenklichen

SOKRATES: So finde ich es allerdings. Du aber, Nikias, sprich uns
198a noch einmal von Anfang an. Du weißt doch, daß wir am Anfang unseres Gesprächs nach der Tapferkeit fragten, als nach einem Teile der Tugend?

NIKIAS: Sehr gut.

SOKRATES: Also auch du hast dieses so beantwortet als einen Teil, so daß es noch andere Teile gibt, welche insgesamt Tugend genannt werden.

NIKIAS: Wie sonst?

SOKRATES: Meinst auch du wohl dieselben, die ich meine? Ich nenne nämlich außer der Tapferkeit auch noch die Besonnenheit und die Gerechtigkeit und einige andere dergleichen. Nicht auch du?

b NIKIAS: Allerdings.

SOKRATES: Halt also; denn hierüber wären wir einig, aber wegen des Furchtbaren und des Unbedenklichen laß uns zusehen, damit nicht etwa du darunter etwas anderes verstehst und wir wieder etwas anderes. Was nun wir darunter verstehen, wollen wir dir anzeigen; wenn aber du nicht einig damit bist, wirst du uns darüber belehren. Wir nämlich halten das für gefährlich, was Furcht macht, für unbedenklich aber das, was keine Furcht macht; Furcht aber machen weder die vergangenen Übel noch die gegenwärtigen, sondern die, welche erwartet werden; denn Furcht ist die Erwartung eines bevorstehenden Übels. Oder dünkt es ebenso nicht auch dich, o Laches?

LACHES: Gar sehr ebenso, o Sokrates.   c

SOKRATES: Das unsrige also, o Nikias, hörst du, daß wir sagen: künftige Übel wären das Gefährliche, das Unbedenkliche aber wäre dasjenige Zukünftige, was entweder nicht übel ist oder gut. Du aber, erklärst du dich ebenso oder anders hierüber?

NIKIAS: Ebenso ich.

SOKRATES: Und die Erkenntnis hiervon nennst du Tapferkeit?

NIKIAS: Ganz recht.

24. Das Künftige, Gegenwärtige und Vergangene ist Sache ein und derselben Erkenntnis

SOKRATES: Nun laß uns auch noch das Dritte sehen, ob du darin gleicher Meinung bist mit uns.

NIKIAS: Was ist also dieses?

SOKRATES: Ich will es dir sagen. Es dünkte nämlich mich und d diesen, daß, wovon immer es eine Erkenntnis gibt, davon gebe es nicht eine eigene für das, was geschehen ist, zu wissen, wie es geschah, und wieder eine eigene für das, was geschieht, wie es geschieht, und noch eine andere, wie das am besten wirklich werden und geschehen könnte, was noch nicht geworden ist, sondern eine und dieselbe. Zum Beispiel was die Gesundheit anbetrifft, so übersieht für alle Zeiten keine andere als die Arzneikunst, die eine ist, das Geschehende sowohl als das Geschehene und das, was geschehen wird, wie es geschehen wird. Und gegen das, was aus der Erde wächst, verhält sich die Kunst der Landwirtschaft ebenso. Und gar e was den Krieg betrifft, da könnt ihr selbst bezeugen, daß die Kriegskunst am besten nicht nur das übrige bedenkt, sondern auch das, was geschehen wird, und daß sie auch der Kunst des

Wahrsagers nicht glaubt dienen, sondern befehlen zu müssen, weil
199a sie nämlich besser versteht, was in Beziehung auf den Krieg geschieht und geschehen wird. Ebenso verordnet auch das Gesetz,
daß nicht der Wahrsager dem Heerführer befehle, sondern der
Heerführer dem Wahrsager. Wollen wir dies behaupten, o Laches?

LACHES: Wir wollen.

SOKRATES: Wie aber du, o Nikias? Stimmst du uns bei, daß in
Beziehung auf dieselben Dinge auch dieselbe Erkenntnis sowohl
das, was sein wird, als auch das Werdende und Gewordene verstehe?

NIKIAS: Ich stimme ein, denn es dünkt mich so, o Sokrates.

SOKRATES: Also, o Bester, auch die Tapferkeit ist die Erkenntnis des Gefährlichen und des Unbedenklichen, wie du behauptest.
b Nicht wahr?

NIKIAS: Ja.

SOKRATES: Das Gefährliche aber und das Unbedenkliche war
uns einstimmig dieses das künftige Gute, jenes das künftige Übel.

NIKIAS: Ganz recht.

SOKRATES: Und daß es nur eine und dieselbe Erkenntnis gebe
für einerlei Dinge, sie mögen nun künftig sein oder sich sonstwie
verhalten?

NIKIAS: So ist es.

SOKRATES: Nicht also allein des Gefährlichen und des Unbedenklichen Erkenntnis ist die Tapferkeit. Denn nicht nur auf die
künftigen Güter und Übel versteht sie sich, sondern auch auf die,
welche da sind und gewesen sind, und wie sie sich immer verhalten
c mögen, eben wie die übrigen Erkenntnisse.

NIKIAS: So sieht es aus.

25. Ist folglich die Tapferkeit mit der gesamten Tugend iden-
tisch?

SOKRATES: Also etwa ein Drittel der Tapferkeit, o Nikias, hast du
uns angegeben in deiner Antwort, obwohl wir doch nach der ganzen Tapferkeit fragten, was sie sei. Und auch jetzt, wie es scheint,
ist nach deiner Rede die Erkenntnis nicht nur des Gefährlichen
und Unbedenklichen Tapferkeit, sondern überhaupt die Erkenntnis aller Güter und Übel, wie sich auch jedes verhalte, würde, wie

jetzt wieder deine Rede lautet, Tapferkeit sein. So wieder umzuän- d
dern, o Nikias, oder wie meinst du?

NIKIAS: Ich denke so, o Sokrates.

SOKRATES: Dünkt dich denn aber, du Wunderbarer, dem noch
irgend etwas von der Tugend zu fehlen, welcher Erkenntnis hätte
von allen Gütern in jeder Art, wie sie entstehen und entstehen werden und entstanden sind, und eben so auch von den Übeln? Und
derjenige, glaubst du, bedürfe noch irgend der Besonnenheit oder
Gerechtigkeit oder Frömmigkeit, welchem allein schon eigen ist,
gegen Götter sowohl als Menschen das Gefährliche zu vermeiden
und das nicht solche und das Gute ins Werk zu richten, und der e
also weiß, sich recht gegen sie zu verhalten?

NIKIAS: Dies scheint mir etwas gesagt zu sein, o Sokrates.

SOKRATES: Nicht also ein Teil der Tugend wäre das jetzt von
dir Beschriebene, sondern die gesamte Tugend?

NIKIAS: So sieht es aus.

SOKRATES: Wir aber behaupteten doch, die Tapferkeit wäre
nur einer von den Teilen der Tugend.

NIKIAS: Das behaupteten wir freilich.

SOKRATES: Das jetzt Beschriebene aber erscheint nicht so.

NIKIAS: Es sieht nicht so aus.

SOKRATES: Wir haben also nicht gefunden, o Nikias, was die
Tapferkeit ist?

NIKIAS: Wir scheinen nicht.

LACHES: Ich aber, o lieber Nikias, glaubte gewiß, du werdest
sie finden, da du mich so weit übersahst, als ich dem Sokrates 200a
antwortete. Gar große Hoffnung hatte ich gewiß, daß vermittels
der Weisheit von Damon her du sie finden würdest.

26. Abschlußgeplänkel und Einigkeit über Sokrates

NIKIAS: Wahrlich schön, o Laches, daß du das für gar nichts mehr
rechnest, daß du selbst dich eben gezeigt hast als ein von der Tapferkeit nichts Wissender, sondern nur, ob auch ich ebenfalls als ein
solcher erscheinen werde, darauf siehst du und machst dir nun
nichts mehr daraus, wie es scheint, wenn nur mit mir, nichts zu
wissen von dem, wovon doch einem Manne, der sich etwas zu sein
dünkt, Erkenntnis zu haben geziemt. Du also scheinst mir recht
das Menschliche zu tun, nicht auf dich selbst zu sehen, sondern b

nur auf die andern. Ich aber glaube über dasjenige, wovon die
Rede war, schon jetzt mich ganz erträglich erklärt zu haben, und
sollte etwas darin noch nicht hinlänglich erklärt sein, es noch in
der Folge zu berichtigen mit dem Damon sowohl, den du auslachen zu dürfen glaubst, ohne ihn doch jemals gesehen zu haben,
als auch mit anderen. Und wenn ich es recht werde begründet
haben, will ich es auch dich lehren und es dir nicht vorenthalten,
c denn du dünkst mich noch gar sehr des Lernens zu bedürfen.

LACHES: Du freilich bist sehr klug, Nikias. Dennoch aber gebe
ich dem Lysimachos hier und dem Melesias den Rat, nach dir und
mir, was die Erziehung der Jünglinge betrifft, nicht weiter zu fragen, sondern nur den Sokrates hier, wie ich auch gleich anfangs
sagte, ja nicht loszulassen. Denn wenn meine Söhne schon das
Alter dazu hätten, würde ich dasselbe auch tun.

NIKIAS: Dagegen wende auch ich nichts ein, wenn nämlich Sokrates sich der jungen Leute annehmen will, daß sie ja keinen an-
d dern suchen sollen. Wie auch ich den Nikeratos am liebsten ihm
übergeben möchte, wenn er nur wollte; allein er empfiehlt mir
jedesmal andere, wenn ich ihm davon erwähne, selbst aber will er
nicht. Sieh du also zu, o Lysimachos, ob dir Sokrates besser gehorchen wird.

LYSIMACHOS: Das sollte er wohl billig, o Nikias. Denn auch
ich möchte ihm gern vieles tun, was ich nicht eben vielen andern
tun würde. Was sagst du also, o Sokrates? Wirst du gehorchen
und mit zu dem Besserwerden der Jünglinge helfen?

27. *Aufforderung zu weiterer Bemühung*

e SOKRATES: Das wäre ja wohl arg, o Lysimachos, irgend jemandem nicht helfen zu wollen zu seinem Besserwerden. Wenn also in
unsern jetzigen Gesprächen ich mich gezeigt hätte als einen Kundigen, diese beiden aber sich als Unkundige, dann möchte es billig
sein, mich vorzüglich zu diesem Geschäfte zu berufen; nun wir
aber alle auf gleiche Weise in Verlegenheit geraten sind, wie
könnte wohl jemand einen von uns besonders vorziehen? Mich
201a meines Teils dünkt das keinem zu gebühren. Sondern, da die Sache sich so verhält, so erwägt, ob dies euch ein guter Rat dünkt,
den ich geben will. Ich nämlich sage: Ihr Männer – denn keine
bekanntzumachende Rede ist es – wir müssen alle gemeinschaft-

lich zuerst für uns selbst den besten Lehrer suchen, den wir bekommen können, denn wir bedürfen seiner, dann aber auch für die jungen Männer, und weder Geld dabei schonen noch sonst etwas. Es aber dabei bewenden zu lassen, wie es jetzt mit uns bewandt ist, das rate ich nicht. Sollte uns aber jemand auslachen wollen, daß wir so alt schon noch Lehrer besuchen wollen: so b dünkt mich, wir müssen uns mit dem Homeros schützen, welcher gesagt hat: Nicht gut sei Scham dem darbenden Manne. Auch wir also wollen es gut sein lassen, wenn einer etwas sagt, und gemeinschaftlich für uns und für die Jünglinge Sorge tragen.

LYSIMACHOS: Mir meines Teils gefällt, o Sokrates, was du sagst; und ich will, soviel ich der älteste bin, soviel auch der bereitwilligste sein, mit den jungen Leuten zugleich zu lernen. Das aber tue mir, komme morgen früh zu mir ins Haus und verfehle es ja c nicht, damit wir weiter Rat pflegen können über eben diese Sache. Für jetzt aber müssen wir auseinandergehen.

SOKRATES: Ja, das werde ich tun, o Lysimachos, und morgen früh zu dir kommen, so Gott will.

CHARMIDES

A. Einleitung

B. Das Gespräch mit Charmides

C. Das Gespräch mit Kritias

1. *Rückkehr von der Schlacht und Begrüßung des Sokrates* 153a

Ich war am Abend zuvor von dem Heere vor Potidaia zurückgekommen und ging nun nach so langer Abwesenheit mit großem
Wohlbehagen wieder an die gewohnten Plätze. So kam ich denn
auch in die Palaistra des Taureas, gegenüber dem Tempel der Ba-
sile, und traf dort sehr viele, einige zwar auch Unbekannte, die
meisten aber Bekannte. Und als sie mich so unerwartet hereintre-
ten sahen, begrüßten sie mich schon von fern, einer hier, der andere dort. Chairephon aber, wie er denn immer heftig ist, auf- b
springend von seiner Gesellschaft, lief auf mich zu, nahm mich
bei der Hand und sagte: O Sokrates, wie bist du davongekom-
men im Gefecht? Kurz ehe wir von dort abreisten, war nämlich
ein Gefecht vorgefallen, wovon man hier nur eben erst gehört
hatte. – Ich antwortete ihm: so, wie du siehst. – Wenigstens,
sagte er, ist hierher berichtet worden, das Gefecht wäre sehr hitzig gewesen und viele bekannte Männer darin geblieben. – Und
sehr richtig, sprach ich, ist dies berichtet. – Du warst doch, fragte c
er, bei dem Gefecht? – Ich war dabei. – Hierher also, sprach er,
setze dich und erzähle uns; denn wir haben noch gar nicht alles
genau erfahren. – Und somit führte er mich zum Sitzen neben
den Kritias, den Sohn des Kallaischros. Indem ich mich nun
setzte, begrüßte ich den Kritias und die andern und erzählte
ihnen von dem Heere, wonach sich jeder erkundigte; der eine
fragte dies, der andere jenes. d

2. *Frage nach schönen Jünglingen. Ankündigung des Charmides*

Als wir aber hiervon genug hatten, fragte ich sie wieder meinerseits, wie es jetzt hier stände mit der Weisheitsliebe und den Jünglingen, ob welche von ausgezeichnetem Verstande oder Schönheit

oder beidem sich seitdem hervorgetan hätten. – Kritias, der, den
154a Blick nach der Türe gerichtet, eben einige Jünglinge, Mutwillen
miteinander treibend, hereinkommen sah und noch einen großen
Haufen hinter ihnen, sagte darauf: Wie es mit den Schönen steht,
o Sokrates, das wirst du, dünkt mich, gleich selbst sehen. Denn
diese eben Hereintretenden sind gerade die Vorläufer und Liebhaber dessen, der für den schönsten gehalten wird, wenigstens für
jetzt; gewiß ist er auch selbst schon wo auf dem Wege hierher in
der Nähe. – Wer, fragte ich, ist er denn, und wem angehörig? –
Auch du kennst ihn wohl, sprach er, er war aber, ehe du abreistest,
b noch nicht unter den Jünglingen: Charmides, mein Vetter, meines
Oheims Glaukon Sohn. – Den kenne ich freilich, beim Zeus, sagte
ich. Schon damals war er gar nicht übel, wiewohl noch ein Knabe,
jetzt aber, meine ich, muß er schon ein ziemlich herangewachsener
junger Mensch sein. – Sogleich, sprach er, wirst du sehen, wie
groß und wie schön er geworden ist. Und indem er dieses sagte,
trat auch Charmides herein.

3. Auftreten und Wirkung des Charmides

Auf mich nun, Freund, ist freilich nicht viel zu geben, denn ich bin,
wenn Schöne sollen bezeichnet werden, wie Kreide an der weißen
Wand. Mir erscheinen eben alle schön, die in diesem Alter sind.
Folglich erschien auch damals jener mir ganz bewundernswürdig
c an Wuchs und Schönheit. Aber auch die andern alle dünkten mich
in ihn verliebt zu sein, so waren sie entzückt und verwirrt, als er
hereinkam. Viele Liebhaber waren auch noch unter denen, die
ihm folgten. Und daß es uns Männern so erging, war weniger zu
verwundern; allein ich hatte auch auf die Knaben acht, wie keiner
von ihnen anderwärts hinsah, auch nicht der kleinste, sondern alle
betrachteten wie ein Götterbild nur ihn. Da rief Chairephon mich
d an und sagte: Nun, Sokrates, wie findest du den Jüngling? Nicht
schön von Angesicht? – Über die Maßen, sagte ich. – Und doch,
sprach er, wenn er sich entkleiden wollte, würdest du sagen, sein
Gesicht sei nichts, so durchaus schön ist er von Gestalt. Auch die
andern sagten alle dasselbe wie Chairephon. – Herakles, rief ich
darauf, wie unwiderstehlich beschreibt ihr den Mann, wenn nur
noch eine Kleinigkeit sich bei ihm findet! – Welche doch? fragte
e Kritias. – Wenn er, sprach ich, auch der Seele nach wohlgebildet

ist. Und es kommt ihm wohl zu, ein solcher zu sein, Kritias, da er
von eurem Hause ist. – Er ist in der Tat, sagte der, sehr schön und
gut auch hierin. – Warum nun, sprach ich, entkleiden wir ihm
nicht eben diese und betrachten sie eher noch als die Gestalt?
Denn da er schon in diesen Jahren ist, wird er sich ja wohl dem
Gespräch hergeben. – Und sehr gern, sagte Kritias. Denn nach-
denklich ist er und, wie es andere und ihm selbst dünkt, auch sehr   155a
dichterisch. – Dieser Vorzug, lieber Kritias, sprach ich, eignet
euch schon von lange her wegen der Verwandtschaft mit dem Solon. Aber warum zeigst du mir nicht den Jüngling vor und rufst ihn
her? Denn selbst wenn er jünger wäre, könnte es doch nicht unanständig für ihn sein, mit uns in deiner Gegenwart zu reden, der du
sein Vormund und zugleich Vetter bist. – Sehr wohl gesprochen,
sagte er, wir wollen ihn gleich rufen; und zugleich befahl er seinem
Diener: geh, rufe den Charmides und sage, ich wollte ihn einem   b
Arzte vorstellen, wegen des Übels, wovon er mir neulich sagte, daß
er daran litte. Er klagte mir neulich, sagte Kritias dabei, der Kopf
wäre ihm immer so schwer, wenn er des Morgens aufstände. Und
was hindert, daß du dich gegen ihn anstellst, als wüßtest du ein
Mittel wider den Kopfschmerz? – Nichts, sprach ich, wenn er nur
kommt. – Er wird schon kommen, sagte Kritias.

4. Die Kopfschmerzen des Charmides. Sokrates als Arzt

Was denn auch geschah. Er kam und verursachte uns großes Ge-   c
lächter. Denn jeder von uns, die wir saßen, drückte seinen Neben-
mann weg, um Platz zu machen, damit er sich neben ihn setzen
möchte, so daß von denen, die am Ende saßen, der eine aufstehen
mußte und der andere platt zur Erde fiel. Als er nun kam, setzte er
sich zwischen den Kritias und mich. Und schon hier, Freund, ward
ich verlegen, und die vorige Dreistigkeit verging mir, die ich hatte,
als ob ich ganz unbefangen und leicht mit ihm würde reden können. Hernach aber, als Kritias ihm sagte, ich wäre der, welcher das
Mittel wüßte, und er mich, ich kann gar nicht beschreiben wie, mit   d
seinen Augen ansah und ansetzte, als wollte er fragen, und nun alle
in der Palaistra uns ganz im Kreise umringten, da, du Herrlicher,
sah ich ihm unter das Gewand und entbrannte und war nicht mehr
bei mir, sondern gedachte, Kydias wäre wohl sehr weise in der
Liebe, welcher in Beziehung auf einen schönen Knaben bildlich

e   sagt, es hüte das Reh sich, dem Löwen ins Angesicht kommend,
    zur Beute ergriffen zu werden. Denn ich selbst dünkte mich nun
    von einem solchen Tiere gefangen.

    Dennoch, als er mich fragte, ob ich das Mittel wider den Kopf-
    schmerz wüßte, brachte ich, wiewohl mit Mühe und Not, die Ant-
    wort heraus, ich wüßte es. – Was, fragte er, ist es denn? – Ich sagte
    darauf, es wäre eigentlich ein Blatt, aber es gehörte noch ein
    Spruch zu dem Mittel, wenn man den zugleich spräche, indem
    man es gebrauchte, machte das Mittel ganz und gar gesund, ohne
    den Spruch aber wäre das Blatt zu nichts nutz. – So werde ich
156a denn, sprach er, den Spruch von dir abschreiben. – Nur wenn du
    mich überredest, fragte ich, oder auch wenn nicht? – Da lachte er
    und sagte: Freilich, wenn ich dich überrede, Sokrates. – Schön,
    sprach ich, auch meinen Namen weißt du? – Das wäre ja übel,
    sagte er, denn es ist nicht wenig die Rede von dir unter uns Jünglin-
    gen; auch erinnere ich mich ja noch, als ich ein Knabe war, dich
    bei dem Kritias hier gesehen zu haben. – Ganz wohl, sprach ich,
    tust du daran. Um so freimütiger werde ich auch zu dir reden kön-
b   nen von dem Spruch, wie er beschaffen ist, denn vorher war ich
    verlegen, auf welche Weise ich dir seine Kraft erklären sollte. Sie
    ist nämlich, o Charmides, von der Art, daß sie nicht nur den Kopf
    kann gesund machen, sondern, wie auch du vielleicht schon von
    guten Ärzten gehört hast, wenn etwa einer, der an den Augen lei-
    det, zu ihnen kommt, daß sie sagen, es wäre unmöglich, die Hei-
    lung der Augen für sich allein zu unternehmen, sondern sie müß-
c   ten zugleich auch den Kopf behandeln, wenn die Augen sollten
    hergestellt werden; und wiederum zu glauben, man könnte den
    Kopf allein für sich behandeln ohne den ganzen Leib, wäre großer
    Unverstand. Dieser Rede zufolge richten sie nun ihre Verordnung
    auf den ganzen Leib und versuchen, mit dem Ganzen auch den
    Teil zu behandeln und zu heilen. Oder hast du nicht bemerkt, daß
    sie so sprechen und daß es sich so verhält? – Allerdings, sagte er. –
    Dünkt es dich also richtig gesprochen, und nimmst du die Rede
    an? – Vor allen andern, sagte er. –

    5. Art der sokratisch-thrakischen Heilkunst. Vordringlichkeit
    der Seele

d   Ich nun, da ich ihn Beifall geben hörte, gewann wieder Mut, und bei wenigem regte sich mir die Kühnheit wieder, und die Kräfte wuchsen, und ich sprach: Eben so nun, o Charmides, ist es auch mit diesem Spruch. Gelernt aber habe ich ihn dort im Felde von einem jener Ärzte unter den Zalmoxischen Thrakiern, von denen man sagt, sie machten auch unsterblich. Dieser Thrakier nun sagte, in jenem, was ich eben gesagt habe, hätten die hellenischen Ärzte ganz recht; aber Zalmoxis, unser König, sprach er, der ein Gott ist, sagt, so wie man nicht unternehmen dürfe, die Augen zu e heilen ohne den Kopf, noch den Kopf ohne den ganzen Leib, so auch nicht den Leib ohne die Seele; sondern dieses eben wäre auch die Ursache, weshalb bei den Hellenen die Ärzte den meisten Krankheiten noch nicht gewachsen wären, weil sie nämlich das Ganze verkennten, auf welches man seine Sorgfalt richten müßte, und bei dessen Übelbefinden sich unmöglich irgendein Teil wohlbefinden könnte. Denn alles, sagte er, entspränge aus der Seele, das Böse und das Gute dem Leibe und dem ganzen Menschen, und ströme ihm von dorther zu, wie aus dem Kopfe den Augen. Jenes also müsse man zuerst und am sorgfältigsten behandeln, wenn es 157a um den Kopf und auch um den ganzen Leib gut solle stehen. Die Seele aber, mein Guter, sagte er, werde behandelt durch gewisse Besprechungen, und diese Besprechungen wären die schönen Reden. Denn durch solche Reden entstehe in der Seele Besonnenheit, und wenn diese entstanden und da wäre, würde es leicht, Gesundheit auch dem Kopf und dem übrigen Körper zu verschaffen. Als er mich daher das Mittel und die Besprechungen lehrte, sprach er: b Daß dich ja nicht jemand überrede, mit dieser Arznei seinen Kopf zu behandeln, der dir nicht zuvor auch seine Seele darbietet, um sie mit den Besprechungen von dir behandeln zu lassen. Denn auch jetzt, sagte er, ist eben dieses der Fehler bei den Menschen, daß welche es unternehmen, abgesondert für eins von beiden Ärzte zu sein. Und gar sehr befahl er mir an, daß ich mich ja von niemand, wäre er auch noch so reich und vornehm und schön, sollte überreden lassen, anders zu tun. Ich nun habe ihm geschworen und muß c notwendig gehorchen, werde es also auch. Und du, wenn du nach des Fremdlings Vorschrift zuerst die Seele hergeben willst, um sie zu besprechen mit des Thrakiers Besprechungen, so werde ich auch deinem Kopf das Mittel auflegen; wenn aber nicht, so weiß ich nichts, was ich für dich tun kann, lieber Charmides. –

6. Lob des Hauses des Kritias. Thema der Besonnenheit

Als nun Kritias dieses hörte, sagte er: Ein guter Fund, o Sokrates, wäre dieser Kopfschmerz für den Jüngling, wenn er genötigt

d würde, um des Kopfes willen auch der Seele nach besser zu werden. Ich versichere dich jedoch, daß Charmides vor seinen Altersgenossen nicht nur durch seine Gestalt sich auszuzeichnen scheint, sondern auch eben in dem Stücke, wofür du eine Besprechung zu haben behauptest; du behauptest aber, für die Besonnenheit, nicht wahr? – Eben dafür, sagte ich. – So wisse denn, sprach er, daß er bei weitem für den besonnensten unserer Jünglinge gehalten wird, so wie er auch in keinem andern Stücke, so weit nur sein Alter reicht, irgendeinem nachsteht. – Freilich, sagte ich, ist es auch bil-

e lig, o Charmides, daß du dich in allen dergleichen Dingen vor den übrigen auszeichnest. Denn ich glaube nicht, daß noch irgendein anderer hier bei uns leicht würde nachweisen können, aus welcher zwei athenischen Häuser Vereinigung sich ein besserer und edlerer Abkömmling wahrscheinlich erwarten ließe als aus der beiden, von welchen du entsprossen bist. Denn euer väterliches Haus von Kritias, dem Sohne des Dropides, her, ist uns durch die Gesänge des Anakreon sowohl als durch Solons und anderer Dichter Überlieferung angepriesen als ausgezeichnet durch Schönheit und Tu-

158a gend und was man sonst zur Glückseligkeit zu rechnen pflegt; und das mütterliche ebenso. Denn für schöner und stattlicher als dein Oheim Pyrilampes soll keiner auf dem festen Lande gehalten worden sein, sooft jener an den Großkönig oder sonstwohin auf das feste Land als Gesandter geschickt worden ist. Und dieses ganze Haus gibt in keinem Stücke jenem anderen etwas nach. Aus solchen entsprossen, ist es also billig, daß du in allem der erste seiest. Was man nun sieht von deiner Gestalt, lieber Sohn des

b Glaukon, damit dünkst du mich keinem von deinen Voreltern Schande zu machen; wenn du aber auch in Hinsicht auf Besonnenheit und das übrige nach des Kritias Aussage vollkommen gebildet bist, so hat dich, lieber Charmides, sagte ich, glückselig die Mutter geboren. So demnach steht es: Wenn dir, wie Kritias sagt, die Besonnenheit schon eignet und du hinlänglich besonnen bist: so bedarfst du ja weder des Zalmoxis noch Abaris des Hyperboreers Besprechungen mehr, sondern es kann dir gleich das Mittel für

c den Kopfschmerz selbst gegeben werden. Wenn dich aber dünkt,

es fehle dir noch etwas hieran: so mußt du dich besprechen lassen
vor dem Gebrauch des Mittels.

Sage mir also selbst, ob du diesem beistimmst und behauptest,
der Besonnenheit schon genug zu haben, oder noch Mangel
daran. – Hierbei errötete Charmides und wurde dadurch zuerst
noch schöner vor unsern Augen, denn die Verschämtheit stand
seiner Jugend sehr wohl, hernach aber antwortete er auch nicht
unedel. Er sagte nämlich, es wäre ihm nicht leicht, so im Augenblick das Gefragte weder einzugestehen noch abzuleugnen. Denn, d
sprach er, wenn ich leugne, besonnen zu sein, so ist es teils widersinnig, selbst gegen sich selbst so etwas zu sagen, teils auch zeihe
ich dann den Kritias der Unwahrheit und noch viele andere, welche mich für besonnen halten, wie er ja sagt; wenn ich es aber
behaupte und mich selbst lobe, so kann ich mich dadurch leicht
verhaßt machen. So daß ich nicht weiß, was ich dir antworten
soll. – Darauf sagte ich, mir scheint das ganz billig, was du sagst,
Charmides, und mich dünkt daher, wir sollten gemeinschaftlich
untersuchen, ob du das besitzt oder nicht, wonach ich dich frage, e
damit weder du genötigt werdest, etwas zu sagen, was du nicht
willst, noch auch ich unüberlegt mich an die Heilung mache. Ist es
dir also recht, so will ich es wohl mit dir untersuchen, wo nicht, so
lassen wir es. Auf alle Weise, sprach er, ist es mir recht; deswegen
also untersuche es, wie du selbst es am besten angreifen zu können
meinst. –

7. Besonnenheit als Bedächtigkeit
Auf folgende Art also, sprach ich, wird, dünkt mich, die Untersuchung der Sache am besten fortgehen. Offenbar nämlich, wenn dir
die Besonnenheit beiwohnt, mußt du auch etwas von ihr auszusagen wissen. Denn notwendig muß ihr Einwohnen, wie sie dir ein- 159a
wohnt, eine Empfindung hervorbringen, auf welche dir dann
irgendeine Vorstellung von der Besonnenheit sich gründet, was sie
wohl ist und worin sie besteht. Oder meinst du nicht so? – Das
meine ich wohl, sprach er. – Und dieses, fuhr ich fort, was du
meinst, mußt du doch, da du hellenisch reden kannst, auch zu
sagen wissen, wie es dir erscheint. – Vielleicht, sagte er. – Auf daß
wir nun beurteilen können, ob sie dir einwohnt oder nicht, so sage
mir, sprach ich, was behauptest du, das die Besonnenheit ist nach

b deiner Vorstellung? – Anfänglich nun war er bedenklich und
wollte gar nicht recht antworten, hernach jedoch sagte er, Besonnenheit dünke ihn zu sein, wenn man alles sittsam verrichte und
bedächtig, auf der Straße gehen und sprechen, und alles andere
ebenso. Und mich dünkt, sagte er, überhaupt eine gewisse Bedächtigkeit das zu sein, wonach du fragst. – Ist das auch, sprach
ich, gut erklärt? Sie sagen freilich, Charmides, von den Bedächtigen, daß sie besonnen sind. Laß uns also zusehen, ob etwas damit
gesagt ist.

c   Sage mir also, gehört die Besonnenheit nicht zu dem Schönen? –
Ei freilich, sagte er. – Welches ist nun schöner, beim Sprachlehrer
die Buchstaben ebenso gut und dabei geschwind zu schreiben oder
bedächtig? – Geschwind. – Und lesen, geschwind oder langsam? – Geschwind. – Und wohl auch geschwind die Lyra spielen
und mit Behendigkeit ringen ist bei weitem schöner als bedächtig
und langsam? – Ja. – Wie nun beim Faustkampf und beim Dop-
pelringen, nicht ebenso? – Allerdings. – Und im Laufen und Springen und allen andern körperlichen Handlungen, ist da nicht das
d Behende und Geschwinde auch das Schönere, was aber langsam,
mühselig und bedächtig geschieht, das Schlechtere? – So zeigt es
sich. – Es zeigt sich uns also, sprach ich, was den Leib betrifft,
nicht das Bedächtige, sondern das Schnellste und Behendeste als
das Schönste. Nicht wahr? – Allerdings. – Die Besonnenheit aber
war etwas Schönes? – Ja. – Also wäre, was wenigstens den Leib
betrifft, nicht die Bedächtigkeit besonnener, sondern die Schnelligkeit, wenn doch die Besonnenheit etwas Schönes ist. – So sieht
e es aus, sprach er. – Wie aber, fuhr ich fort, ist die Gelehrigkeit
schöner oder die Ungelehrigkeit? – Die Gelehrigkeit. – Es besteht
aber doch, sprach ich, die Gelehrigkeit im schnell Lernen, die Ungelehrigkeit aber im bedächtig und langsam? – Ja. – Und einen
andern lehren, ist das nicht auch schöner geschwind und mit
Macht als bedächtig und langsam? – Jawohl. – Und wie, etwas ins
Gedächtnis fassen und sich erinnern, ist das schöner bedächtig
und langsam oder hurtig und leicht? – Hurtig und leicht. – Und
die Geistesgegenwart, ist die nicht eine Behendigkeit der Seele,
160a nicht aber eine Langsamkeit? – Richtig. – Also auch begreifen,
was gesagt wird beim Sprachlehrer und beim Musiklehrer und
sonst überall, auch das geschieht nicht am bedächtigsten aufs

schönste, sondern am schnellsten? – Ja. – Aber gewiß auch in Absicht auf die Nachforschungen der Seele und das Beratschlagen
wird nicht der Bedächtigste, denke ich, und der nur mit Mühe sich
berät und etwas ausfindet, für lobenswürdig geachtet, sondern der
dieses am leichtesten und schnellsten vermag. – So ist es, sagte b
er. –

In allen Dingen also, sprach ich, Charmides, sowohl was die
Seele als was den Leib betrifft, erscheint uns das, worin sich Kraft
und Schnelligkeit zeigt, schöner als das, worin Langsamkeit und
Bedächtigkeit. – So kommt es heraus, sagte er. – Also wäre wohl
die Besonnenheit nicht eine Bedächtigkeit und das besonnene Leben nicht ein bedächtiges nach dieser Rede, da ja das Besonnene
das Schöne sein soll. Denn eins von beiden, entweder gar nirgends
oder nur in sehr wenigen Fällen fanden wir die bedächtigen Hand- c
lungen in dem Leben schöner als die schnellen und kräftigen. Und
wenn nun auch, mein Lieber, noch so sehr nicht weniger bedächtige Handlungen die schöneren sind als schnelle und behende: so
wäre doch auch so nicht das Bedächtig-Handeln mehr Besonnenheit als das schnelle und behende, weder im Gehen noch im
Lesen, und auch sonst nirgends wäre das bedächtige Leben irgend
besonnener als das nichtbedächtige, da wir in unserer Erklärung d
vorausgesetzt haben, die Besonnenheit gehöre unter das Schöne,
und sich uns nun das Schnelle nicht minder schön gezeigt hat als
das Bedächtige. – Richtig, Sokrates, sagte er, dünkst du mich dieses einzuwenden.

8. Besonnenheit als Scham
Noch einmal also, Charmides, sprach ich; und genauer aufmer-
kend schaue in dich selbst und beobachte, wozu dich die dir ein-
wohnende Besonnenheit macht und was sie wohl sein muß, um
dich hierzu zu machen, und, dies alles zusammennehmend, sage
dann gerade und entschlossen, als was sie dir erscheint. – Hierauf e
hielt er an sich, und nachdem er sehr wacker die Sache bei sich
überlegt hatte, sagte er: Mich dünkt also, die Besonnenheit mache
schämen und den Menschen verschämt, und daß also die Besonnenheit ist, was die Scham. – Wohl, sprach ich. Gestandest du
nicht vorher ein, die Besonnenheit wäre etwas Schönes? – Allerdings, sagte er. – Also sind auch wohl die besonnenen Menschen

gute? – Ja. – Kann nun wohl etwas gut sein, was sie nicht zu guten macht? – Nicht wohl. – Nicht nur also etwas Schönes ist sie, sondern auch etwas Gutes? – So dünkt es mich. – Wie nun, sprach
161a ich, glaubst du nicht, daß Homeros recht hat, wenn er sagt: «Nicht gut ist Scham dem darbenden Manne?» – Ich wohl, sagte er. – Also, wie es scheint, ist die Scham gut und auch nicht gut? – So zeigt es sich. – Die Besonnenheit aber ist gut, da sie diejenigen zu Guten macht, denen sie beiwohnt, zu Schlechten aber nicht. – Ganz gewiß, so dünkt es mich zu sein, wie du sagst. – Nicht also wäre die Besonnenheit Scham, wenn jener zukommt, gut zu sein,
b dieser aber um nichts mehr gut als schlecht. –

9. Besonnenheit als Tun des Seinigen

Dies scheint mir ganz richtig gesagt zu sein, Sokrates. Folgendes aber betrachte dir, wie es dich dünken wird von der Besonnenheit. Eben nämlich erinnere ich mich, was ich schon einen habe sagen hören, Besonnenheit sei, wenn man das Seinige tue. Überlege also, ob dich der dünkt, richtig zu erklären, der dieses sagt. – Du Schlauer, sagte ich darauf, das hast du vom Kritias gehört, oder
c von einem anderen Weisen. – So muß es wohl, sagte Kritias, von einem anderen sein, denn von mir wenigstens nicht. – Aber Sokrates, sagte Charmides wieder, was verschlägt es denn, von wem ich es gehört habe? – Nichts, sprach ich. Denn allewege ist nicht darauf zu sehen, wer etwas gesagt hat, sondern ob es richtig gesagt ist oder nicht. – Nun sprichst du, wie es sich gehört, sagte er. – Beim Zeus, sprach ich, ob wir aber auch nur finden werden, was dies eigentlich bedeutet, das soll mich wundern; denn es sieht aus wie ein Rätsel. – Weshalb doch? fragte er. – Weil doch gewiß derje-
d nige es nicht so gemeint hat, wie die Worte lauten, welcher sagt, Besonnenheit sei, wenn man das Seinige tue. Oder glaubst du, der Sprachlehrer tue nichts, wenn er schreibt oder liest? – Ich, sagte er, glaube ja. – Meinst du nun, daß der Sprachlehrer immer nur seinen eigenen Namen liest und schreibt und euch Kinder lehrt? Oder schrieb und last ihr der Feinde Namen nicht minder als eure eignen und der Freunde ihre? – Nicht minder. – Also wart ihr mit fremden Angelegenheiten beschäftigt und also nicht besonnen, in-
e dem ihr dieses tatet? – Keineswegs. – Doch aber tatet ihr nicht das Eurige, wenn doch Schreiben ein Tun ist und Lesen. – Das ist es

gewiß. – Und Heilen, lieber Freund, und Bauen und Weben, und mit welcher Kunst du immer willst eins von den Werken dieser Kunst verrichten, das ist doch wohl auch ein Tun? – Allerdings. – Wie also, sprach ich, dünkt dich wohl eine Stadt gut verwaltet zu werden unter diesem Gesetz, welches befiehlt, jeder solle sein eigenes Kleid weben und waschen und seine eigenen Schuhe schneiden und mit Ölschläuchen und Kratzeisen und allem anderen nach demselben Verhältnis, das Fremde nämlich ja nicht berühren, sondern jeder sein eigenes machen und verrichten? – Mich dünkt 162a nicht, sagte er. – Aber besonnen verwaltet, würde sie doch gut verwaltet? – Wie sonst? sagte er. – Also kann nicht in solchen Dingen und auf solche Art das Seinige tun Besonnenheit sein. – Offenbar nicht. –

Also hat der rätselhaft gesprochen, wie es scheint und ich auch vorher schon sagte, der da sagt, das Seinige tun sei Besonnenheit. Denn so einfältig war er doch wohl nicht. Oder hast du einen b albernen Menschen dieses sagen hören, Charmides? – Keineswegs, sprach er, vielmehr dünkte er mich gar weise zu sein. – Ganz gewiß also, wie mich dünkt, hat er dies nur als ein Rätsel hingeworfen, weil es nämlich schwer ist zu wissen, was das heißen soll, das Seinige tun. – Vielleicht, sagte er. – Was mag also das wohl heißen, das Seinige tun? Kannst du es sagen? – Beim Zeus, sagte er, ich weiß es nicht. Aber was hindert, daß vielleicht der, welcher es gesagt hat, auch nicht wußte, was er dachte? Und indem er dies sagte, lächelte er und sah nach dem Kritias hin.

10. Eingreifen des Kritias. Unterschied von Machen und Tun
Dem Kritias aber war schon lange deutlich anzusehen, wie gepei- c nigt er war und wie gern er sich gezeigt hätte vor dem Charmides und den Anwesenden, und wie er sich schon vorher nur mit Gewalt zurückgehalten hatte, konnte er es nun gar nicht mehr. Daher glaube ich, es war ganz gewiß so, wie ich vermutete, daß Charmides diese Antwort über die Besonnenheit vom Kritias gehört hatte. Charmides nun, der nicht Lust hatte, selbst die Antwort zu vertreten, sondern daß jener es tun sollte, reizte ihn nun selbst auf und deutete auf ihn hin, als wäre er widerlegt. Dies nun hielt er nicht d aus, sondern schien ihm sehr böse zu sein, wie ein Dichter dem Schauspieler, der sein Gedicht übel zurichtet, so daß er ihn ansah

und sagte: So meinst du, Charmides, weil du nicht weißt, was jener dachte, welcher sagte: Besonnenheit sei, wenn man das Seinige tue, daß deshalb jener selbst es auch nicht wisse? –

e Aber, sprach ich, bester Kritias, das ist wohl nicht zu verwundern, daß dieser es nicht weiß, der noch so jung ist; wohl aber ist zu glauben, daß du es weißt in deinem Alter und bei deinen Beschäftigungen mit diesen Dingen. Wenn du also einräumst, das sei die Besonnenheit, was dieser sagt, und du den Satz übernehmen willst: so möchte ich noch weit lieber mit dir untersuchen, ob das Gesagte wahr ist oder nicht. – Allerdings, sagte er, räume ich es ein und übernehme es. – Sehr wohl getan, sprach ich, und sage mir, ob du auch das, was ich eben fragte, zugibst, daß alle Handwerker

163 a etwas machen? – Ich gewiß. – Meinst du also, daß sie nur das Ihrige machen oder auch anderer ihres? – Auch anderer ihres. – Besonnen also sind Leute, die doch nicht nur das Ihrige machen? – Was hindert's? sagte er. – Mich freilich nichts, sprach ich, aber sieh doch zu, ob es nicht jenen hindert, welcher angenommen hatte: Besonnen sein heiße, das Seinige tun, wenn er hernach wieder sagt, es hindere nichts, daß auch die, welche anderer ihres tun, können besonnen sein. – Habe ich denn, sagte er, das eingestanden, daß, die anderer ihres tun, besonnen sind? Oder habe ich nur zugegeben, die es machen? –

b Sage mir doch, sprach ich, ist denn das bei dir nicht dasselbe, das Tun und das Machen? – Keineswegs doch, sagte er, auch nicht Verrichten und Machen. Dies habe ich nämlich vom Hesiodos gelernt, welcher sagt: Keine Verrichtung ist Schande. Glaubst du denn, wenn er dergleichen hätte Verrichtungen genannt und Verrichten und Tun, was du jetzt anführst, er würde behauptet haben, es sei niemandem Schande, Schuhe zu machen oder zu hökern oder sich selbst feil zu haben? Das darf man ja wohl nicht glauben, Sokrates, sondern auch er, glaube ich, hielt Machen für etwas an-

c deres als Verrichten und Tun, und daß etwas zu machen wohl bisweilen Schande wäre, wenn das Schöne nicht dabei ist, keine Verrichtung aber jemals Schande wäre. Denn nur was schön und nützlich gemacht ist, nannte er Werke, und nur ein solches Machen Verrichtungen und Handlungen. Und man muß behaupten, nur dergleichen habe er für das einem jeden Gehörige gehalten, alles Schädliche aber für ungehörig. So daß man glauben muß, auch Hesiodos und jeder andere, wer nur vernünftig ist, halte den, der das Seinige tut, für besonnen. –

11. Besonnenheit als Tun des Guten

O Kritias, sprach ich, gleich als du anfingst, habe ich wohl beinahe d deine Erklärung verstanden, daß du unter dem einem jeden Gehörigen und Seinigen Gutes verständest und unter dem Tun das Machen des Guten; denn auch vom Prodikos habe ich tausenderlei dergleichen gehört, wie er die Worte unterscheidet. Ich aber will dir gern gestatten, jedes Wort zu nehmen, wie du willst; erkläre dich aber nur, worauf du jedes Wort beziehst, dessen du dich bedienst.

Jetzt also bestimme von vorn noch einmal deutlicher, ob du die Handlung oder Verrichtung des Guten, oder wie du es sonst nen- e nen willst, ob du diese Besonnenheit nennst? – Das tue ich, sagte er. – Der also ist nicht besonnen, der das Böse tut, sondern der das Gute? – Und dich, Bester, sprach er, dünkt es nicht so? – Mag es doch, antwortete ich. Denn noch untersuchen wir ja nicht, was ich denke, sondern was du jetzt sagst. – Ich meines Teils jedoch, sagte er, leugne, daß, wer nicht Gutes macht, sondern Böses, besonnen ist; aber wer Gutes macht und nicht Böses, der ist besonnen. Denn daß das Tun des Guten Besonnenheit ist, das bestimme ich dir nun ganz deutlich. – Vielleicht hindert auch nichts, daß du recht ha- 164a best, sprach ich; das indessen wundert mich, wenn du glaubst, besonnene Menschen könnten auch wohl nicht wissen, daß sie besonnen sind. – Aber das glaube ich auch nicht, sagte er. –

Wurde nicht, fragte ich, vor kurzem von dir gesagt, es stehe nichts im Wege, daß Künstler, auch wenn sie etwas für andere machen, könnten besonnen sein? – Das wurde gesagt, sprach er; aber was soll dieses? – Nichts. Aber sage mir, dünkt dich ein Arzt, indem er jemanden gesund macht, etwas Nützliches zu machen für sich selbst und auch für den, den er heilt? – Mich dünkt er. – b Und der tut doch, was sich gehört, der dieses tut? – Ja. – Und wer tut, was sich gehört, ist der nicht besonnen? – Wohl ist er besonnen. – Muß aber wohl jeder Arzt notwendig wissen, wann er mit Erfolg den Kranken behandelt und wann nicht? Und so jeder Künstler, wann er Nutzen haben wird von dem Werke, welches er verrichtet, und wann nicht? – Vielleicht wohl nicht. – Also biswei-

len, sprach ich, indem er nützlich handelt oder schädlich, weiß der
c Arzt selbst nicht, wie er handelt; dennoch aber, wenn er nützlich
handelt, nach deiner Rede, hat er auch besonnen gehandelt. Oder
sagtest du nicht so? – Allerdings. – Also, wie es scheint, bisweilen
handelt er zwar besonnen, indem er ja nützlich handelt, und ist
also besonnen, weiß aber selbst nicht, daß er besonnen ist. –

12. Besonnenheit ist das Sichselbstkennen

Aber dieses, o Sokrates, sagte er, kann doch auf keine Weise sein;
sondern wenn du meinst, daß etwas von dem, was ich vorher behauptete, hierauf notwendig führe, möchte ich lieber etwas von
d jenem zurücknehmen und mich nicht schämen einzugestehen, daß
ich mich unrichtig ausgedrückt habe, eher als daß ich zugeben
sollte, irgendein Mensch, der von sich selbst nicht wisse, könne
besonnen sein. Vielleicht möchte ich beinahe sagen, eben dieses
wäre die Besonnenheit, das Sichselbstkennen, und ganz dem beistimmen, der in Delphi diesen Spruch aufgestellt hat. Denn in solchem Sinne scheint mir dieser Spruch hingestellt zu sein, als eine
Anrede des Gottes an die Eintretenden, anstatt des: Sei fröhlich;
e als ob nämlich jener Wunsch nicht recht wäre, fröhlich zu sein,
und wir uns nicht dazu ermuntern müßten, sondern besonnen zu
sein. Auf diese Art also begrüßt der Gott die Eintretenden in seinem Tempel ganz anders als die Menschen, nach der Meinung
dessen, der diese Tafel geweiht hat, wie mich wenigstens dünkt,
und spricht zu jedem Eintretenden nichts anderes als: Sei besonnen, sagt er ihm. Etwas rätselhaft freilich, wie ein Wahrsager,
drückt er sich aus. Das «Kenne dich selbst» und «Sei besonnen»
ist also zwar dasselbe, wie jener Spruch behauptet und ich; leicht
165 a aber mag mancher glauben, beides wäre verschieden, und das
dünkt mich auch denen begegnet zu sein, welche die folgenden
Sprüche aufgestellt haben, das «Nichts zu viel» und «Wer sich
verbürgt, dem nahet Verderben». Denn diese haben geglaubt, das
«Kenne dich selbst» wäre ein Rat, nicht aber eine Begrüßung des
Gottes für die Eintretenden, und um also auch selbst nicht minder
heilsame Ratschläge aufzustellen, haben sie dieses niedergeschrie-
ben und aufgestellt. Weshalb ich nun alles dieses sage, o Sokrates,
b das ist folgendes. Das vorige alles schenke ich dir. Denn vielleicht
hast du einiges richtiger darüber gesagt, vielleicht auch ich; recht be-

stimmt aber war gar nichts von dem, was wir sagten. Jetzt aber
will ich dir hierüber Rede stehn, wenn du nicht annimmst, die
Besonnenheit sei das Sichselbstkennen. –

13. a) Gibt es ein Werk der Besonnenheit?

Aber Kritias, sprach ich, du handelst mit mir, als behauptete ich,
das zu wissen, wonach ich frage, und als könnte ich also, wenn ich
nur wollte, gleich dir beistimmen. So verhält es sich aber nicht,
sondern ich suche erst mit dir, was wir uns aufgegeben haben, weil
ich es eben selbst nicht weiß. Habe ich es also untersucht, dann   c
will ich wohl sagen, ob ich es annehme oder nicht; aber gedulde
dich, bis ich es untersucht habe. – So untersuche es denn, sagte
er. – Ich tue es auch schon, sprach ich. Wenn also die Besonnenheit darin besteht, daß man etwas kennt, so ist sie offenbar eine
Erkenntnis und von etwas. Oder nicht? – Das ist sie auch, sagte er,
seiner selbst nämlich. – Ist nicht auch die Heilkunde, sprach ich,
eine Erkenntnis, des Gesunden nämlich? – Allerdings. – Wenn du
mich nun, sprach ich, fragtest, die Heilkunde, als die Erkenntnis
des Gesunden, wozu ist sie uns nützlich und was bewirkt sie uns:
so würde ich antworten, keinen kleinen Vorteil; nämlich die Ge-   d
sundheit, ein gar schönes Werk, bewirkt sie uns, wenn du dies
annimmst. – Das nehme ich an. – Und wenn du mich weiter fragtest nach der Baukunst, als der Erkenntnis des Bauens, was für ein
Werk ich behauptete, das die uns bewirkte: so würde ich sagen,
Wohnungen. Und so auch mit den übrigen Künsten. Ebenso etwas
mußt nun auch du von der Besonnenheit, da du behauptest, sie sei
die Erkenntnis seiner selbst, zu sagen wissen, wenn du gefragt
wirst: Kritias, die Besonnenheit als die Erkenntnis seiner selbst,
was für ein schönes und ihres Namens würdiges Werk bewirkt sie   e
uns denn? So komm nun und sage es. –

Aber Sokrates, sagte er, du untersuchst nicht richtig. Denn diese
Erkenntnis ist ihrer Natur nach den übrigen nicht ähnlich, wie
auch nicht die übrigen alle untereinander, du aber führst deine
Untersuchung, als wären sie einander ähnlich. Denn sage mir,
sprach er, wo gibt es wohl von der Rechenkunst oder von der
Meßkunst ein solches Werk wie das Haus von der Baukunst oder
das Kleid von der Webekunst oder andere dergleichen Werke,
deren einer viele von vielen andern Künsten aufzeigen könnte?   166a

Hast du mir etwa auch von diesen ein solches Werk zu zeigen? Das
wirst du gewiß nicht haben. – Darauf sagte ich, du hast recht.
Aber das kann ich dir doch aufzeigen, wovon eine jede von diesen
Erkenntnissen die Erkenntnis ist, was wieder etwas anderes ist, als
die Erkenntnis selbst. So ist die Rechenkunst die Erkenntnis des
Geraden und Ungeraden, wie sie sich unter sich und gegeneinander in jeder Menge verhalten. Nicht wahr? – Allerdings. – Und ist
nicht das Gerade und Ungerade etwas anderes als die Rechenkunst selbst? – Wie sollte es nicht? – Und die Statik ist doch die
b des schwereren und leichteren Gewichts; das Schwere und Leichte
aber ist etwas anderes als die Statik selbst. Gibst du das zu? – O
ja. – Sage also auch, wessen Erkenntnis denn die Besonnenheit ist,
was etwas anderes ist als die Besonnenheit selbst. –

13. b) Sinn der sokratischen Widerlegung

Das ist eben die Sache, Sokrates, sprach er, nun bist du dem auf die
Spur gekommen, wodurch die Besonnenheit sich von allen Erkenntnissen unterscheidet, du aber suchst bei ihr eine Ähnlichkeit
c mit den übrigen. So ist es aber nicht, sondern die übrigen alle sind
eines anderen Erkenntnisse, sie allein aber ist sowohl der anderen
Erkenntnisse Erkenntnis als auch selbst ihrer selbst. Auch fehlt
viel, daß dir das sollte entgangen sein. Aber ich glaube, was du
vorher leugnetest, daß du es tätest, das tust du doch, nämlich du
gehst nur darauf aus, mich zu widerlegen, und kümmerst dich wenig um das, wovon die Rede ist. – Was machst du doch, sprach
ich, daß du denkst, wenn ich auch wirklich dich widerlege, ich täte
es um einer andern Ursache willen, als um derentwillen ich auch
d mich selbst ebenso ausfragen würde, ob ich wohl etwas Rechtes
sage, aus Besorgnis nämlich, daß ich unvermerkt mir einbilden
möchte, etwas zu wissen, was ich doch nicht weiß. Und auch jetzt
behaupte ich, daß ich nur dieses tue, die Erklärung nämlich untersuche vorzüglich meiner selbst, vielleicht aber auch der andern
guten Freunde wegen. Oder meinst du nicht, daß dieses ein ge-
meinsames Gut fast aller Menschen ist, wenn jegliches Ding offenbar wird, wie es sich damit verhält? – Gewiß, sagte er, glaube ich
das, o Sokrates. – Getrost also, du Trauter, sprach ich, beantworte
das Gefragte, wie es dir erscheint, und laß es dir einerlei sein, ob
e Kritias es ist oder Sokrates, der widerlegt wird, sondern habe nur

auf die Erklärung acht, wie die Untersuchung darüber ablaufen wird. – Wohl, sagte er, so will ich es machen; denn es dünkt mich annehmlich, was du sagst. – So sage denn, sprach ich, wie du es eigentlich meinst mit der Besonnenheit. –

14. *Besonnenheit als Erkenntnis ihrer selbst und der anderen Erkenntnisse*

Ich sage also, sprach er, daß sie allein unter allen Erkenntnissen sowohl ihrer selbst als der übrigen Erkenntnisse Erkenntnis ist. – Müßte sie nicht auch, sprach ich, der Unkenntnis Erkenntnis sein, wenn der Erkenntnis? – Allerdings, sagte er. – Der Besonnene 167a also allein wird sich selbst erkennen und auch imstande sein zu ergründen, was er wirklich weiß und was nicht; und ebenso auch wird er vermögend sein, andere zu beurteilen, was einer weiß und zu wissen glaubt, wenn er es weiß, und auch wieder, was einer zu wissen glaubt, es aber nicht weiß; sonst aber keiner. Und dies ist also das Besonnensein und die Besonnenheit und das Sichselbstkennen, zu wissen, was einer weiß und was er nicht weiß. Ist es dieses, was du meinst? – Dies ist es, sagte er. –

Noch einmal also, sprach ich, das dritte von den drei guten Dingen, laß uns von Anfang an erwägen, zuerst, ob dies wohl möglich b ist oder nicht, was einer weiß und nicht weiß, zu wissen, daß er es weiß und nicht weiß, hernach, wenn es auch noch so möglich ist, was für ein Nutzen es uns wohl wäre, es zu wissen. – Das müssen wir freilich erwägen, sagte er. – Komm also, Kritias, sprach ich, und sieh zu, ob du besseren Rat dafür hast als ich, denn ich habe keinen. Wieso ich aber ratlos bin, soll ich dir das sagen? – Jawohl, sagte er. – Ist es nicht so, sprach ich. Alles dieses findet statt, wenn, was du jetzt eben sagtest, es eine gewisse Erkenntnis gibt, welche von nichts anderem als von sich selbst und den übrigen Erkennt- c nissen die Erkenntnis ist, und diese selbe zugleich auch von der Unkenntnis? – Allerdings. – Sieh also, Freund, was wir Wunderliches zu behaupten unternehmen! Denn wenn du an andern Dingen dasselbe aufsuchst, wird es dich unmöglich zu sein dünken. –

Wie doch und wo? – So meine ich: Bedenke nur, ob du glauben kannst, es gebe ein Sehen, welches gar nicht ein Sehen der Dinge ist, die anderes Sehen sieht, sondern nur ein Sehen von sich selbst und anderem Sehen, und vom Nichtsehen ebenfalls, und welches d keine Farbe sieht, ob es gleich ein Sehen ist, sich selbst aber und anderes Sehen sieht. Glaubst du, daß es ein solches gibt? – Beim Zeus, ich nicht. – Und wie ein Hören, welches keine Stimmen hört, sich selbst aber und anderes Hören und Nichthören? – Auch das nicht. – Und so erwäge überhaupt von allen Empfindungen, ob es dich irgendeine Empfindung anderer Empfindungen und ihrer selbst zu geben dünkt, die aber von dem allen, was andere Empfindungen empfinden, nichts empfindet? – Mich dünkt

e nicht. – Aber glaubst du etwa, es gebe ein Verlangen, welches nicht ein Verlangen nach irgendeiner Lust ist, sondern nach sich selbst und anderem Verlangen? – Nicht wohl. – Auch wohl kein Wollen, denke ich, welches nicht irgendein Gut will, sondern sich selbst und das andere Wollen will. – Freilich nicht. – Oder möchtest du behaupten, es gäbe eine solche Liebe, welche keine Liebe irgend eines Schönen ist, sondern nur ihrer selbst und anderer Liebe? – Ich, sagte er, nicht. – Oder hast du schon eine Furcht

168 a bemerkt, die nur sich selbst und andere Furcht fürchtet, Furchtbares aber nichts fürchtet? – Nichts dergleichen, sagte er. – Aber eine Vorstellung von sich selbst und anderen Vorstellungen, die aber von dem, was andere Vorstellungen vorstellen, nichts vorstellt? – Niemals. –

Eine solche Erkenntnis aber, wie es scheint, wollen wir behaupten, daß es gebe, welche keines erkennbaren Gegenstandes Erkenntnis ist, sondern nur ihrer selbst, und der andern Erkenntnisse Erkenntnis? – Das behaupten wir freilich. – Ist die nicht seltsam, wenn sie wirklich ist? Denn noch laß uns nicht behaupten, daß sie

b nicht ist, sondern nur untersuchen, ob sie ist. – Richtig gesprochen. –

15. Aporie des Sokrates, ob es eine Erkenntnis der Erkenntnis gibt

Wohlan denn, diese Erkenntnis ist doch eine Erkenntnis von etwas und hat eine solche Eigenschaft, vermöge deren sie sich auf etwas bezieht. Nicht wahr? – Allerdings. – Denn auch das Größere, behaupten wir, hat eine solche Eigenschaft, daß es ein Größeres ist von etwas? – Eine solche hat es. – Nicht wahr, von irgendeinem Kleineren, wenn es doch größer sein soll? – Notwendig. – Wenn wir nun ein Größeres fänden, welches das Größere ist von ande-

rem Größeren und von sich selbst, gar nicht aber von etwas unter
dem, wovon anderes Größere das Größere ist, müßte dem nicht c
auf alle Weise dieses zukommen, wenn es größer ist als es selbst,
auch kleiner zu sein als es selbst? Oder nicht? – Ganz notwendig,
Sokrates, sagte er. – Nicht auch, wenn etwas das Doppelte ist von
dem übrigen Doppelten und von sich selbst, so kann es nur, indem
es auch die Hälfte ist von sich selbst und dem übrigen, zugleich das
Doppelte sein? Denn es gibt von nichts anderem ein Doppeltes als
von der Hälfte. – Richtig. – Und was mehr ist als es selbst, wird
das nicht auch weniger sein, was schwerer ist auch leichter, was
älter ist auch jünger, und ebenso in allen andern Dingen, was seine d
Eigenschaft in Beziehung auf sich selbst hat, wird das nicht auch
dasjenige an sich haben müssen, worauf die Eigenschaft sich bezieht? Ich meine nämlich dieses: das Gehör, sagten wir doch, war
von nichts anderem Gehör als von der Stimme, nicht wahr? – Ja. –
Also, wenn es sich selbst hören soll, so muß es sich selbst eine
Stimme habend hören; denn sonst kann es nicht hören. – Ganz
unumgänglich. – Und auch wohl das Gesicht, o Bester, wenn es
sich selbst sehen soll, muß irgendeine Farbe haben; denn Farblo-
ses kann das Gesicht nichts jemals sehen. – Freilich nicht. – Du
siehst also, o Kritias, was wir nur durchgegangen sind, so zeigte es e
sich uns teils gänzlich unmöglich, teils gar sehr unglaublich, daß
jemals etwas seine Eigenschaft in Beziehung auf sich selbst haben
könne. Denn bei Größen und Vielheiten und dergleichen war es
ganz und gar unmöglich; oder nicht? – Allerdings. – Vom Gehör
und Gesicht aber und ferner von der Bewegung, daß die sich selbst
bewegen und die Wärme sich selbst erwärmen sollte und von
allem der Art möchte es einigen wohl sehr unglaublich erscheinen, 169a
anderen aber vielleicht nicht.

Ein großer Mann freilich, o Freund, gehört dazu, um im allgemeinen zu entscheiden, ob gar nichts so geartet ist, seine Eigenschaft auf sich selbst zu beziehen, sondern nur auf ein anderes,
oder ob einiges so beschaffen ist und anderes nicht; und wiederum
wenn einiges sich auf sich selbst bezieht, ob hierunter auch die
Erkenntnis gehört, von welcher wir alsdann behaupten, sie sei die
Besonnenheit. Ich nun traue mir nicht zu, daß ich imstande bin,
dieses zu entscheiden; weshalb ich auch, weder ob es möglich ist,
daß es so etwas gebe wie eine Erkenntnis der Erkenntnis, mit Ge-

b wißheit behaupten kann, noch auch, wenn es wirklich dergleichen
gibt, annehmen, daß dieses die Besonnenheit ist, bis ich untersucht
habe, ob sie uns auch, wenn sie dieses wäre, etwas nützlich sein
würde oder nicht. Denn daß die Besonnenheit etwas Gutes und
Nützliches sein müsse, das ahne ich wohl. Du also, Sohn des Kallaischros, denn du sagst ja, die Besonnenheit sei dieses, Erkenntnis
der Erkenntnis und so auch der Unkenntnis, zeige mir zuerst, daß
dieses möglich ist, was ich jetzt eben sagte, und dann nächst dem
Möglichen auch, daß es nützlich ist, und so möchtest du mir viel-
c leicht genügen, daß du dich richtig erklärst über die Besonnenheit,
was sie ist.

*16. Eine Erkenntnis der Erkenntnis würde nur erkennen, daß
einer weiß, nicht, was er weiß*
Als nun Kritias dies hörte und mich ratlos sah, dünkte es mich, daß
gerade wie denen, welche einen andern gegenüber gähnen sehen,
dasselbige zu begegnen pflegt, so auch er, von mir, dem Ratlosen,
überwältigt, selbst in Ratlosigkeit gefangen war. Da er nun jedesmal Lob einzuernten pflegt, schämte er sich vor den Anwesenden
und wollte mir weder zugeben, daß er unfähig wäre, das auszufüh-
d ren, wozu ich ihn aufforderte, noch sagte er irgend etwas Bestimmtes, sondern suchte nur seine Verlegenheit zu verbergen.
Damit wir also doch weiter kämen in der Sache, so sprach ich:
   Gut, Kritias, wenn dir das recht ist, so wollen wir für jetzt dieses
einräumen, es könne wirklich eine Erkenntnis der Erkenntnis geben, und auf ein anderes Mal untersuchen, ob es sich wirklich so
verhält oder nicht. Komm aber und sage mir, wenn dies auch noch
so möglich ist, wieso ist es deshalb leichter zu wissen, was einer
weiß und was nicht? Denn dies, behaupteten wir ja eigentlich,
wäre das Sichselbstkennen und das Besonnensein? Nicht wahr? –
Allerdings, sagte er, und das folgt ja auch, Sokrates. Denn wenn
e einer die Erkenntnis hat, welche sich selbst erkennt, so muß er ja
auch so sein, wie das ist, was er hat; so wie einer geschwind ist,
wenn er Geschwindigkeit hat, und schön, wenn Schönheit, und
wenn Erkenntnis, erkennend, so auch, wenn jemand die Erkenntnis ihrer selbst hat, muß er dann auch sich selbst erkennend sein. –
Daran, sprach ich, zweifle ich auch nicht, daß, wer das Selbster-
kennende hat, auch sich selbst erkennen wird, sondern nur, mit

welcher Notwendigkeit, wer dieses hat, auch wissen müsse, was er
weiß und was er nicht weiß. – Weil das einerlei ist, Sokrates, die-   170a
ses mit jenem. –

Vielleicht, sprach ich. Aber ich bin eben leider wohl immer der
Alte. Denn ich verstehe schon wieder nicht, wie das einerlei sein
kann, zu wissen, was einer weiß und was einer nicht weiß. – Wie
meinst du das, sagte er. – So, sprach ich. Es gebe eine Erkenntnis
der Erkenntnis, wird die nun mehr imstande sein zu unterscheiden, als daß hiervon dies eine Erkenntnis ist, das andere keine
Erkenntnis? – Nein, sondern gerade soviel. – Ist sie damit nun
dasselbe wie die Erkenntnis oder Unkenntnis des Gesunden und
die Erkenntnis oder Unkenntnis des Gerechten? – Keineswegs. –   b
Sondern diese sind, glaube ich, eine die Heilkunde, eine die Staats-
kunde, jene andere aber ist eben nichts weiter als die Erkenntnis? – Wie anders? – Also, wenn jemand nicht auch noch das
Gesunde und das Gerechte dazu kennt, sondern nur die Erkenntnis kennt, indem er von dieser allein Erkenntnis hat, so wird er
zwar, daß er etwas weiß und irgendeine Erkenntnis hat, wahrscheinlich wissen von sich selbst und von andern; nicht wahr? –
Ja. – Was er aber erkennt, wie soll er das vermittels dieser Erkenntnis wissen? Denn das Gesunde erkennt er vermöge der Heilkunst, nicht vermöge der Besonnenheit, das Wohlklingende ver-   c
möge der Tonkunst, nicht vermöge der Besonnenheit, das zum
Bauen Gehörige vermöge der Baukunst, nicht vermöge der Besonnenheit, und so auch alles übrige. Oder nicht? – Offenbar. – Vermöge der Besonnenheit aber, wenn sie nur die Erkenntnis der Erkenntnisse ist, wie soll er wissen, daß er das Gesunde kennt oder
daß er das zum Bauwesen Gehörige kennt? – Auf keine Art. – Und
wer dies nicht weiß, der wird doch nicht wissen, was er weiß, sondern nur, daß er weiß? – So scheint es. –

17. Untauglichkeit der Erkenntnis der Erkenntnis zur Prüfung
irgendeines Wissens

Das wäre also nicht die Besonnenheit und das Besonnensein, zu   d
wissen, was man weiß und was man nicht weiß, sondern wie es
scheint nur, daß man weiß und daß man nicht weiß. – So sieht es
aus. – Noch auch wird also ein solcher imstande sein, einen andern zu prüfen, welcher etwas zu wissen behauptet, ob er das

wirklich weiß, was er zu wissen vorgibt, oder ob er es nicht weiß;
sondern nur soviel, wie es scheint, wird er erkennen, daß jener
irgendeine Erkenntnis hat, wovon aber, das wird ihn die Besonnenheit nicht erkennen machen. – Offenbar nicht. –

e   Also auch den, der ein Arzt zu sein vorgibt, es aber nicht ist,
wird er nicht imstande sein, von dem, der es in der Tat ist, zu
unterscheiden, noch auch in andern Dingen den Kundigen von
dem Unkundigen. Laß es uns hieran uns anschaulich machen.
Wenn der Besonnene, oder wer es sonst sein mag, den wahrhaften
Arzt erkennen will und den, der es nicht ist, wird er es nicht so
machen? Von der Heilkunde wird er nicht mit ihm reden. Denn
der Arzt, wir wir sagten, versteht nichts als das Gesunde und Ungesunde. Oder sagten wir nicht so? – Ja, so. – Von der Erkenntnis
aber weiß er nichts, sondern dieses haben wir allein der Besonnen-
171 a heit zugeschrieben. – Ja. – Also weiß auch von der Heilkunde
der Arzt nichts, da ja die Heilkunde eine Erkenntnis ist? – Richtig. – Daß nun der Arzt irgendeine Erkenntnis hat, wird der Besonnene freilich einsehen; unternimmt er aber zu erproben, was für
eine, muß er dann nicht sehen, wovon sie es ist? Oder ist nicht
eben dadurch jede Erkenntnis bestimmt, nicht nur daß sie eine
Erkenntnis ist, sondern auch was für eine, daß sie es von etwas
ist? – Eben dadurch. – Auch die Heilkunde ist also bestimmt als
eine verschiedene von andern Erkenntnissen dadurch, daß sie des
Gesunden und Ungesunden Erkenntnis ist. – Ja. – Also eben hierin
b   muß, wer jemandes Heilkunst untersuchen will, sie untersuchen,
worin sie besteht. Gewiß doch nicht in dem außer ihr, worin sie
nicht besteht? – Freilich nicht. – In dem Gesunden also und Ungesunden muß, wer recht prüft, den Arzt prüfen, inwiefern er heil-
kundig ist. – So zeigt es sich. – Nämlich doch indem er, was hierin
gesprochen oder getan wird, prüft, ob das Gesprochene wahr gesprochen und das Getane richtig getan ist? – Nowendig. – Könnte
nun wohl jemand ohne Heilkunde eines von beiden gehörig ver-
c   folgen? – Gewiß nicht. – Also auch wohl kein anderer außer der
Arzt, auch nicht der Besonnene? Er wäre sonst ein Arzt noch außer der Besonnenheit. – So ist es. –

     Auf alle Weise also, wenn die Besonnenheit nur die Erkenntnis
der Erkenntnis ist und der Unkenntnis, wird sie auch nicht imstande sein, weder den Arzt zu unterscheiden, der seine Kunst ver-

steht, und den, der sie nicht versteht, sondern es nur vorgibt oder
sich einbildet, noch auch irgendeinen andern, ob er wirklich das
Seinige versteht, was es auch sei, ausgenommen seinen Kunstverwandten, eben wie die andern Künstler auch. – Offenbar,
sagte er. –

18. a) Fehlender Nutzen der Erkenntnis der Erkenntnis

Welchen Nutzen also, Kritias, sprach ich, hätten wir wohl noch d
von der so beschaffenen Besonnenheit? Denn wenn, wie wir anfänglich annahmen, der Besonnene wüßte, was er weiß und was er
nicht weiß, das eine, daß er es weiß, und das andere, daß er es nicht
weiß, und auch einen andern, wie es eben hierin mit ihm steht, zu
beurteilen imstande wäre: dann wäre es uns, das können wir behaupten, höchst nützlich, besonnen zu sein. Denn fehlerfrei würden wir selbst unser Leben durchführen im Besitz der Besonnenheit und auch alle übrigen, so viele von uns regiert würden. Denn
weder würden wir selbst etwas zu tun unternehmen, was wir nicht e
verständen, sondern diejenigen ausfindend, welche es verstehen,
würden wir es ihnen überlassen, noch auch würden wir den übrigen, welche wir regierten, verstatten, irgend etwas anderes zu tun
als das, was sie, wenn sie es tun, auch richtig tun werden. Dies
wäre aber das, wovon sie die Erkenntnis haben. Und so würde ein
durch Besonnenheit verwaltetes Hauswesen wohl verwaltet werden und eine so regierte Stadt und auch alles andere, worüber Besonnenheit herrschte. Denn wenn das Fehlen beseitigt ist und das 172a
Richtighandeln überall obwaltet: so müssen die, die in dieser Verfassung sind, notwendig ein schönes und gutes Leben führen, die
aber wohl leben, müssen glückselig sein. Würden wir nicht dieses,
sprach ich, von der Besonnenheit sagen, o Kritias, wenn wir beschreiben wollten, welch ein großes Gut es wäre, zu wissen, was
einer weiß und nicht weiß? – Allerdings dieses. –

Nun aber siehst du doch, sprach ich, daß sich uns nirgends eine
solche Erkenntnis gezeigt hat? – Ich sehe es, sagte er. – Hat etwa, b
sprach ich, die Besonnenheit, wie wir sie jetzt gefunden haben, daß
man nämlich durch sie die Erkenntnis erkennt und die Unkenntnis, das Gute, daß, wer sie besitzt, alles, was er sonst lernen will,
leichter lernen und daß ihm alles klarer erscheinen wird, weil er
neben jedem, was er lernt, auch noch die Erkenntnis dazu sieht?

Und daß er auch andere besser beurteilen wird, in dem nämlich, was er selbst gelernt hat, die aber ohne dieses andere beurteilen wollen, werden es schlechter und ungründlicher tun? Ist es etwa

c dergleichen etwas, Freund, was wir noch von der Besonnenheit an Vorteil haben werden, und wir haben nur etwas Größeres im Sinn und suchen etwas Größeres in ihr, als sie ist? – Vielleicht, sagte er, verhält es sich so. –

18. b) *Wunderliche Einfälle*
Vielleicht, sprach ich; vielleicht aber auch haben wir etwas ganz Unnützes gesucht. Ich denke nur so, weil mir allerlei wunderliche Dinge einfallen von der Besonnenheit, wenn sie so etwas ist.

Laß uns doch sehen, wenn du willst. Eingestanden, es sei möglich, die Erkenntnis zu erkennen, laß uns auch jenes, was wir anfänglich als die Besonnenheit setzten, das Wissen, was einer weiß

d und was er nicht weiß, auch das laß uns nicht abstreiten, sondern zugeben, und dies alles zugegeben laß uns noch besser überlegen, ob sie uns etwas helfen wird, wenn sie nun diesen ganzen Umfang hat. Denn was wir nur eben sagten, daß die Besonnenheit ein großes Gut sein würde, wenn sie dieses wäre und so der Verwaltung der Hauswesen und Staaten vorstände, das, dünkt mich, Kritias, haben wir eben nicht gar löblich ausgesagt. – Wie doch? sprach er. – Weil wir, sagte ich, sehr obenhin behauptet haben, es wäre ein großes Gut für die Menschen, wenn jeder das täte, was er wisse, was er aber nicht wisse, andern überließe, die es wissen. –

e Und dieses, fragte er, hätten wir nicht löblich ausgesagt? – Nein, wie mich dünkt. – Wunderliche Dinge in der Tat, sagte er, sprichst du, Sokrates. – Beim Hunde, sprach ich, auch mich dünkt es ebenso. Das hatte ich auch eben im Sinne, als ich sagte, es fielen mir wunderliche Ding ein, und wie ich fürchtete, daß wir gar nicht richtig untersuchten. Denn in der Tat, wenn auch die Besonnenheit alles dieses wirklich ist, so dünkt mich gar nicht klar zu sein,

173a daß sie uns irgendein Gut bewirkt. – Wie denn? sprach er; sage doch, damit auch wir sehen, was du meinst. – Ich glaube wohl, sagte ich, daß ich fasele; aber doch muß man, was einem vorschwebt, in Betrachtung ziehen und nicht leichtsinnig vorübergehen, wenn einem auch nur im mindesten an sich selbst etwas gelegen ist. – Wohl gesprochen, sagte er. –

18. c) Der Traum des Sokrates

So höre denn, sprach ich, meinen Traum, ob er aus der Pforte von
Horn kommt oder aus der von Elfenbein. Wenn nämlich die Besonnenheit, sofern sie dasjenige ist, was wir jetzt festgestellt haben, auch noch so sehr über uns herrscht, würde dann nicht überall nach der Erkenntnis verfahren werden und keiner, der ein b
Steuermann zu sein behauptete, es aber nicht wäre, uns hintergehen können, noch auch ein Arzt oder Heerführer noch sonst einer,
der vorgäbe zu wissen, was er nicht weiß, würde unentdeckt bleiben? Würde uns aber hieraus, wenn es sich so verhielte, wohl
etwas anderes entstehen, als daß wir eben gesunder sein werden
am Leibe als jetzt und besser aus Gefahren zur See und im Kriege
errettet werden, und daß unser Hausgerät, Kleidung, Beschuhung c
und was sonst hierher gehört, kunstreich wird gearbeitet sein, weil
wir uns überall wahrer Künstler bedienten? Ja, wenn du willst,
wollen wir auch noch die Wahrsagekunst zugeben, daß sie eine
Erkenntnis des Zukünftigen sein werde, und die Besonnenheit soll
auch dieser vorstehen, um die Großsprecher abzuwehren und uns
die wahrhaften Wahrsager als Ausleger des Zukünftigen aufzustellen. Daß nun das menschliche Geschlecht, also versorgt, verständig handeln und leben würde, das begreife ich. Denn die d
achthabende Besonnenheit würde nicht zulassen, daß sich uns der
Unverstand als Mitarbeiter neben einschleichen könnte. Daß wir
aber, verständig und erkenntnismäßig lebend, auch gut leben und
glücklich sein würden, das können wir doch noch nicht einsehen,
lieber Kritias. –

18. d) Die Erkenntnis der Erkenntnis ist ohne Nutzen für das
        glückliche Leben. Hinweis auf die Erkenntnis des Guten

Aber, sagte er, du wirst doch nicht leicht ein anderes Ziel des Gut-
lebens finden, wenn das erkenntnismäßige dir zu schlecht ist. –
Lehre mich nur noch das Wenige, sprach ich, welcher Erkenntnis
gemäß du denn meinst? Etwa der von Schneidung der Schuhe? –
Beim Zeus, sagte er, die meine ich nicht. – Oder von Verarbeitung e
des Metalls? – Keineswegs. – Oder der Wolle, des Holzes und irgend etwas dergleichen? – Auch nicht. – Also, sprach ich, bleiben
wir nicht mehr bei der Erklärung, der lebe glückselig, der erkenntnismäßig lebe; denn diesen, obgleich sie erkenntnismäßig leben,

willst du doch nicht zugestehen, daß sie glückselig sind; sondern
du scheinst mir nur als einen in gewisser Hinsicht erkenntnismäßig Lebenden den Glückseligen zu beschreiben; und vielleicht
174a meinst du den, dessen ich eben erwähnte, der das Zukünftige
alles wissen soll, den Wahrsager. Meinst du den oder einen andern? – Auch den, sagte er, meine ich, auch andere. –
Welche doch? fragte ich. Nicht etwa den, der außer dem Zukünftigen auch das Vergangene alles wüßte und das Gegenwärtige, und dem gar nichts unbekannt wäre? Denn laß uns annehmen, es gäbe einen solchen. Und ich denke doch, du wirst nicht
behaupten, daß irgend jemand erkenntnismäßiger lebe als dieser. – Freilich nicht. – Das aber vermisse ich nun noch, welche von
seinen Erkenntnissen ihn glückselig macht; oder alle auf gleiche
Weise? – Mitnichten auf gleiche Weise. – Aber welche denn vor-
b nehmlich? Was doch aus allem Gegenwärtigen, Vergangenen und
Zukünftigen weiß er durch diese? Etwa was zum Brettspiel gehört? – Ei was Brettspiel! sagte er. – Oder zum Rechnen? – Keineswegs. – Oder zur Gesundheit? – Schon eher. – Aber jene
eigentliche, sprach ich, die ich meine, was erkennt er durch die? –
Das Gute, sagte er, und das Böse. –
O du böser Mensch! sprach ich, so lange ziehst du mich rund-
herum und verbirgst mir, daß nicht das erkenntnismäßig Leben
c überhaupt wohllebend und glückselig macht, auch nicht das nach
allen andern Erkenntnissen zusammengenommen, sondern nur
das nach dieser einen, welche sich auf das Gute und Böse bezieht!
Denn, Kritias, wenn du nun diese Erkenntnis wegnimmst von den
übrigen Erkenntnissen, wird dann die Heilkunst uns weniger heilen, die Kunst des Schuhmachers uns weniger beschuhen, die des
Webers uns weniger bekleiden und die des Steuermanns uns weniger bewahren, daß wir nicht zur See, so wie die des Heerführers,
daß wir nicht im Kriege umkommen? – Um nichts weniger, sagte
er. – Aber, lieber Kritias, daß alles dieses gut geschehe und zu un-
d serm Nutzen, das werden wir eingebüßt haben, wenn jene Erkenntnis weggenommen ist. – Richtig. –
Aber diese ist doch, wie es scheint, nicht die Besonnenheit, sondern sie ist die, deren Geschäft ist, uns zu nutzen. Denn sie ist ja
nicht die Erkenntnis der Erkenntnis und Unkenntnis, sondern die
Erkenntnis des Guten und Bösen, so daß, wenn diese die nützende

ist, die Besonnenheit etwas anderes sein muß als nützend. – Wie? sagte er, die sollte nicht nützen? Denn wenn doch einmal die Besonnenheit die Erkenntnis der Erkenntnisse ist und den andern Erkenntnissen vorsteht: so muß sie ja auch dieser sich auf das e Gute beziehenden Erkenntnis vorstehen und uns so doch nützen. – Macht sie uns auch, sprach ich, etwa gesund, und nicht die Heilkunde? Und so auch mit den andern Künsten; verrichtet sie die Geschäfte derselben und nicht vielmehr jede von ihnen das ihrige? Oder haben wir nicht lange schon eingestanden, daß sie nur der Erkenntnisse und Unkenntnisse Erkenntnis wäre und keiner andern Sache? Nicht so? – Allerdings wohl. – Sie also wird uns nicht die Gesundheit bewirken? – Wohl nicht. – Weil näm- 175a lich die Gesundheit für eine andere Kunst gehört. Oder nicht? – Ja, für eine andere. – Also auch nicht den Nutzen, Freund, wird sie uns bewirken. Denn auch dieses Geschäft haben wir jetzt eben einer andern Kunst beigelegt. Nicht wahr? – Freilich. – Wie kann also die Besonnenheit nützlich sein, wenn sie uns gar keinen Nutzen irgend bewirkt? – Auf keine Weise, Sokrates, scheint es ja. –

19. Zusammenfassung und Zweifel am Ergebnis
Du siehst also, Kritias, wie sehr mit Recht ich schon lange Besorgnis hegte und wohl mit Grund mich selbst beschuldigte, daß ich gar nichts Nützliches von der Besonnenheit herausbrächte. Denn gewiß würde nicht, was einstimmig für das Vortrefflichste von allen gehalten wird, uns als etwas Unnützes erschienen sein, wenn b ich etwas nutz wäre, um eine Untersuchung gut zu führen. Nun aber werden wir ja überall geschlagen und können nicht aufzeigen, was wohl dasjenige ist, dem der Wortbildner diesen Namen Besonnenheit beigelegt hat, unerachtet wir vieles eingeräumt haben, was gar nicht herauskam in unserer Rede. Denn zuerst haben wir eingeräumt, es gebe eine Erkenntnis der Erkenntnis, unerachtet unsere Rede dies nicht zuließ noch behauptete, es gebe eine; dann haben wir ferner dieser Erkenntnis eingeräumt, daß sie auch die Werke der übrigen Erkenntnisse erkennen sollte, obwohl auch dieses unsere Rede nicht zuließ, um nur den Besonnenen so weit zu c bringen, daß er erkennte, was er weiß, daß er es weiß, und was er nicht weiß, daß er es nicht weiß. Und dieses haben wir in der Tat sehr freigebig eingeräumt, ohne darauf zu sehen, wie unmöglich es

ist, was einer ganz und gar nicht weiß, dieses doch gewissermaßen zu wissen. Denn daß er es nicht wisse, hatten wir ihm doch eingestanden zu wissen, obgleich, wie ich glaube, dieses offenbar unvernünftiger ist als irgend sonst etwas. Und dennoch hat die Un-
d tersuchung, wie gutmütig und gar nicht hart wir auch gegen sie gewesen sind, die Wahrheit nicht finden können, sondern ihr dergestalt Hohn gesprochen, daß sie uns, was wir durch ewiges Zugeben und Zudichten als das Wesen der Besonnenheit aufgestellt hatten, dieses zuletzt höchst übermütig als etwas ganz Unnützes gezeigt hat.

Meinetwegen nun verdrießt es mich weniger, deinetwegen aber, o Charmides, verdrießt es mich sehr, daß du, mit einer solchen Gestalt und überdies von Gemüt so besonnen, dennoch von dieser
e Besonnenheit gar keinen Nutzen haben sollst und sie dir nichts helfen soll im Leben. Noch mehr aber verdrießt es mich wegen der Besprechung, die ich von dem Thrakier gelernt habe, daß ich an etwas so gar nichts Wertes so viele Mühe gewendet habe, es zu lernen. Auch glaube ich gar nicht, daß es sich wirklich so verhält; sondern nur, daß ich ein schlechter Forscher bin, die Besonnenheit aber gewiß ein großes Gut ist und du, wenn du es besitzt, sehr
176a glückselig. Sieh also zu, ob du es etwa besitzt und der Besprechung gar nicht bedarfst. Denn besitzt du es, so wollte ich dir lieber raten, mich nur für einen Schwätzer zu halten, der unfähig ist, etwas ordentlich zu suchen im Gespräch, dich selbst aber, je besonnener du bist, für desto glückseliger.

20. Auftrag an Charmides

Darauf sagte Charmides: Aber beim Zeus, Sokrates, ich weiß ja nicht, ob ich sie habe oder ob ich sie nicht habe. Wie sollte ich es auch wohl wissen, da ja nicht einmal ihr imstande seid herauszufinden, was sie wohl ist, wie du sagst. Ich meines Teils jedoch
b glaube dir eben nicht sehr und meine von mir selbst, Sokrates, daß ich der Besprechung gar sehr bedarf; auch soll von meiner Seite nichts hindern, daß ich mich von dir besprechen lasse alle Tage, bis du sagst, es sei genug. – Wohl, sagte Kritias, denn wenn du dies tust, Charmides, das wird mir ein Beweis sein, daß du besonnen bist, wenn du dich dem Sokrates hingibst, um dich von ihm besprechen zu lassen, und nicht von ihm läßt weder viel noch we-

nig. – Gewiß, sagte er, werde ich ihm folgen und nicht von ihm
lassen. Es wäre ja auch arg von mir, wenn ich dir, meinem Vor- c
munde, nicht gehorchte und nicht täte, was du befiehlst. – Und
gar sehr, sagte er, befehle ich es. – So werde ich es denn tun, antwortete Charmides, mit diesem Tage anfangend. – Ihr da, sprach
ich, was beratet ihr euch zu tun? – Nichts, sagte Charmides, sondern wir haben uns schon beraten. – Gewalt also, sprach ich,
willst du brauchen, und mir nicht einmal eine Wahl lassen? – Ja,
Gewalt, sagte er, will ich brauchen, zumal es ja dieser befiehlt.
Hingegen nun berate du dich auch, was du zu tun gedenkst. – Da
ist ja, sprach ich, weiter kein Rat übrig. Denn dir, wenn du etwas d
auszuführen unternimmst und noch gar Gewalt brauchst, wird
wohl kein Mensch imstande sein, sich zu widersetzen. – So wider-
setze du dich denn auch nicht, sagte er. – Ich werde auch nicht,
sprach ich.

EUTHYPHRON

A. Einleitendes Gespräch

B. Hauptgespräch. Was ist Frömmigkeit?

C. Schluß

EUTHYPHRON. SOKRATES

1. Die Anklage des Meletos gegen Sokrates

EUTHYPHRON: Was hat sich doch Neues ereignet, o Sokrates, 2a
daß du dem Aufenthalt im Lykeion entsagend, dich jetzt hier auf-
hältst bei der Halle des Basileus? Denn du hast doch wohl nicht
auch einen Rechtsstreit bei dem Basileus, wie ich?

SOKRATES: Wenigstens, o Euthyphron, nennen dies die Athener nicht einen Rechtsstreit, sondern eine Staatsklage.

EUTHYPHRON: Was sagst du? Eine solche hat jemand gegen b
dich eingeleitet? Denn du gegen einen andern, das kann ich von dir
nicht denken.

SOKRATES: So ist es auch nicht.

EUTHYPHRON: Sondern ein anderer gegen dich?

SOKRATES: Freilich.

EUTHYPHRON: Wer denn?

SOKRATES: Ich kenne den Mann selbst nicht recht, Euthyphron; jung scheint er mir nämlich noch zu sein und ziemlich unbekannt. Man nennt ihn, glaube ich, Meletos, und von Zunft ist er
ein Pitthier, wenn du dich etwa auf einen Pitthier Meletos besinnst
mit glattem Haar, noch schwachem Bart und Habichtsnase.

EUTHYPHRON: Ich besinne mich nicht; aber was für eine Klage
hat er denn gegen dich eingegeben?

SOKRATES: Was für eine? Die ihm nicht wenig Ehre bringt, c
dünkt mich. Denn so jung noch sein und schon eine so wichtige
Sache verstehen, ist nichts Geringes. Nämlich er weiß, wie er behauptet, auf welche Weise die Jugend verderbt wird und wer sie
verdirbt. Er mag also wohl ein Weiser sein, und weil er meiner
Unweisheit inne geworden, durch welche ich seine Altersgenossen
verderbe: so geht er, wie zur Mutter, zum Staat, um mich zu verklagen. Und er allein unter allen öffentlichen Männern scheint mir

d die Sache recht anzufangen: Denn ganz recht ist es, zuerst für die Jugend zu sorgen, daß sie aufs beste gedeihe; wie auch ein guter Landmann immer zuerst für die jungen Pflanzen sorgt und hernach für die übrigen. So wahrscheinlich will auch Meletos zuerst

3a uns vertilgen, die wir den frischen Trieb der Jugend verderben, wie er sagt; hernach aber wird er natürlich auch für die Älteren sorgend dem Staat ein Urheber sehr vieler und großer Vorteile werden, wie man ja erwarten muß von dem, der mit einem solchen Anfang anfängt.

EUTHYPHRON: Das wünschte ich wohl, o Sokrates! Allein es graut mir, daß es nur nicht das Gegenteil sei. Denn mich dünkt er recht vom heiligsten Grund aus den Staat mißhandeln zu wollen, da er sich bemüht, dich zu verletzen. Aber sage mir doch, wodurch behauptet er denn, daß du die Jugend verderbest?

b SOKRATES: Unsinnig genug, mein Guter, wenn man es so hört. Er sagt nämlich, ich erdichtete Götter, und als einen Erdichter neuer Götter, der an die alten nicht glaubt, verklagt er mich eben deshalb, wie er sagt.

EUTHYPHRON: Ich verstehe, Sokrates. Weil du immer sagst, das Dämonische sei dir widerfahren: so stellt er diese Klage gegen dich an als gegen einen Neuerer in göttlichen Dingen und kommt, um dich zu verleumden, vor Gericht, weil er weiß, daß dergleichen Verleumdungen sehr leicht Eingang finden bei den meisten. Denn

c auch mit mir, wenn ich in der Gemeinde etwas rede von göttlichen Dingen und ihnen vorhersage, was geschehen wird, treiben sie Spott wie mit einem Wahnsinnigen, und doch ist nichts, was nicht eingetroffen wäre von allem, was ich vorhersagte. Aber doch sind wir alle ihnen verhaßt. Aber man muß sich nur nicht um sie kümmern, sondern geradezu gehen.

SOKRATES: Lieber Euthyphron, bespöttelt zu werden, das ist nun eben keine große Sache. Und weiter, wie mich dünkt, kümmern sich die Athener nicht sonderlich um einen, wenn sie ihn auch für noch so gewaltig halten, der nur nicht lehrlustig ist mit seiner Weisheit. Von wem sie aber glauben, er wolle auch andere

d zu solchen machen, dem zürnen sie, sei es nun aus Haß, wie du meinst, oder aus was sonst.

EUTHYPHRON: Was dies betrifft, begehre ich gar nicht zu versuchen, wie sie über mich denken.

SOKRATES: Weil du eben das Ansehen hast, dich selten zu machen und niemanden deine Weisheit lehren zu wollen; ich aber befürchte, daß ich bei ihnen in dem Ruf stehe meiner Menschenliebe wegen, was ich nur weiß, verschwenderisch jedermann zu sagen, nicht nur unentgeltlich, sondern auch noch gern etwas dazugebend, wenn mich nur jemand hören will. Wie ich also eben sagte, wenn sie mit mir nur Scherz treiben wollten, wie du behauptest, daß sie es mit dir machen: so wäre das gar nicht übel, scher- e zend und lachend vor Gericht zu stehen. Wenn sie aber Ernst machen wollen, so kann wohl niemand leicht wissen, wie die Sache ablaufen wird, außer ihr Wahrsager.

EUTHYPHRON: Wahrscheinlich wird es wohl nichts sein, Sokrates; sondern du wirst deine Sache nach Wunsch ausfechten und, so denke ich, auch ich die meinige.

2. Die Klage Euthyphrons gegen seinen Vater

SOKRATES: Und was für eine Sache hast denn du, Euthyphron? Verfolgst du oder wirst du verfolgt?

EUTHYPHRON: Ich verfolge.

SOKRATES: Und wen?

EUTHYPHRON: Einen solchen, daß man mich für rasend halten wird, ihn zu verfolgen. 4a

SOKRATES: Wieso? Kann er etwa fliegen?

EUTHYPHRON: Am Fliegen fehlt ihm wohl viel, da er schon ganz wohlbetagt ist.

SOKRATES: Und wer ist es denn?

EUTHYPHRON: Mein eigener Vater.

SOKRATES: Dein eigener Vater, o Bester?

EUTHYPHRON: Ganz sicher.

SOKRATES: Und welches ist denn die Beschuldigung? Worauf geht die Klage?

EUTHYPHRON: Auf Totschlag, Sokrates.

SOKRATES: Herakles! Aber die meisten Menschen, Euthyphron, wissen wohl gar nicht, wie dies recht ist? Denn ich glaube wohl nicht, daß der erste beste dies richtig tun kann; sondern nur, b wer schon weit in der Weisheit vorgeschritten ist.

EUTHYPHRON: Weit genug allerdings, beim Zeus, Sokrates.

SOKRATES: Es ist also wohl deiner nächsten Angehörigen einer, der durch deinen Vater ums Leben gekommen ist? Oder versteht sich das von selbst: denn eines Fremden wegen würdest du ihn wahrlich nicht als Totschläger verklagen!

EUTHYPHRON: Lächerlich ist es, o Sokrates, daß du meinst, dies mache einen Unterschied, ob der Getötete ein Fremder ist oder ein Angehöriger, und man müsse nicht das allein beachten, ob der Tötende ihn mit Recht getötet hat oder nicht, und wenn mit Recht, ihn gehen lassen, wenn aber nicht, ihn verfolgen, und wenn c auch der Totschläger dein Herd- und Tischgenosse ist. Denn gleich groß ist ja die Befleckung, wissentlich mit einem solchen zu leben, ohne daß man sich und ihn durch die Angabe vor Gericht reinigt. Übrigens war der Tote ein Dienstmann von mir, und als wir des Landbaus wegen auf Naxos waren, war er dort bei uns Tagelöhner. In der Trunkenheit nun erzürnt er sich mit einem unserer Knechte und schlägt ihn tot. Der Vater also läßt ihn an Händen und Füßen gebunden in eine Grube werfen und schickt einen d hierher zum Ausleger, sich Rat zu holen, was zu tun wäre. Binnen dieser Zeit aber vernachlässigte er den Gebundenen als einen Totschläger und als ob es nichts wäre, wenn er auch stürbe. Welches ihm dann auch begegnete: denn Frost, Hunger und Fesseln töteten ihn, ehe noch der Bote von dem Ausleger zurückkehrte. Dieses nun verdrießt eben den Vater und die übrigen Verwandten, daß ich eines Totschlägers wegen den Vater des Totschlages anklage, da er ihn doch, wie sie sagen, nicht einmal umgebracht hat, und selbst wenn er ihn umgebracht hätte, man doch eines solchen wegen sich nicht viel kümmern dürfe, der ja selbst ein Totschläger e war. Denn es sei doch ruchlos, daß der Sohn den Vater des Totschlages anklage. Aber schlecht, o Sokrates, wissen sie, wie das Göttliche sich verhält, was Frommes und Ruchloses betrifft.

SOKRATES: Du aber, um des Zeus willen, o Euthyphron, glaubst so genau dich auf die göttlichen Dinge zu verstehen, wie es sich damit verhält, und auf das Fromme und Ruchlose, daß du bei diesem Hergang der Sache, wie du ihn berichtet hast, gar nicht besorgst, ob du nicht selbst wiederum, indem du den Vater zu Recht belangst, etwas Ruchloses begehst?

EUTHYPHRON: Gar nichts wäre ich ja nutz, o Sokrates, und um 5 a nichts wäre Euthyphron bessser als die andern, wenn ich dergleichen nicht alles genau verstände.

3. Wunsch des Sokrates, sich über das Fromme belehren zu lassen

SOKRATES: So wird es demnach für mich, du bewunderungswürdiger Euthyphron, wohl das beste sein, daß ich dein Schüler werde und dem Meletos, noch ehe ich mich auf seine Klage einlasse, eben hierauf Vergleich anbiete und ihm sage: Auch vorher schon hätte ich es mir sehr angelegen sein lassen, das Göttliche zu verstehen, und nun, da er behauptete, daß ich auf meine eigene Weise grüble und Neuerungen in göttlichen Dingen aufbringend mich schwer versündige, wäre ich eben dein Schüler geworden. Und wenn du nun, o Meletos, würde ich sagen, zugibst, daß Euthyphron weise ist in diesen Dingen und richtig darüber denkt: so glaube es von b mir auch und verklage mich nicht. Wo aber nicht, so melde ihm, meinem Lehrer, die Klage eher an als mir, weil er die alten Leute verdirbt, mich und seinen Vater, mich durch Lehre, jenen aber durch Verweis und Strafe. Wenn er mir nun nicht glaubt, noch auch mich von der Klage losläßt und statt meiner dich angibt: so werde ich vor Gericht eben das sagen, was ich ihm vorher beim Versuch des Vergleiches allein gesagt.

EUTHYPHRON: Ja, beim Zeus, Sokrates, wenn er es doch wagen wollte, mich anzugeben! Ich würde wohl finden, glaube ich, c wo es faul mit ihm ist, und es sollte weit eher noch vor Gericht von ihm die Rede sein als von mir.

SOKRATES: Eben weil ich dies auch weiß, lieber Freund, wünsche ich, dein Schüler zu werden. Denn ich weiß ja, wie auch sonst mancher und so auch dieser Meletos dich nicht einmal zu sehen scheint, mich aber hat er so scharf und leicht überschaut, daß er mich schon der Gottlosigkeit anklagt. So sage mir nun um Zeus' willen, was du jetzt eben so genau zu wissen behauptest, worin doch deiner Behauptung nach das Gottesfürchtige und das Gottlose bestehe, sowohl in Beziehung auf Totschlag als auf alles üb- d rige. Oder ist nicht das Fromme in jeder Handlung sich selbst gleich und das Ruchlose wiederum allem Frommen entgegengesetzt und sich selbst ähnlich, so daß alles, was ruchlos sein soll, soviel nämlich seine Ruchlosigkeit betrifft, eine gewisse Gestalt hat?

EUTHYPHRON: Auf alle Weise freilich, Sokrates.

4. Erste These: Fromm ist, den Übeltäter zu verfolgen. Beispiel der Götter

SOKRATES: So sage also, was du behauptest, das das Fromme sei, und was das Ruchlose.

EUTHYPHRON: Ich sage eben, daß das fromm ist, was ich jetzt tue, den Übeltäter nämlich, er habe nun durch Totschlag oder durch der Heiligtümer Beraubung oder durch irgend etwas dergleichen gesündigt, zu verfolgen, sei er auch Vater oder Mutter e oder wer sonst immer; ihn nicht zu verfolgen aber ist ruchlos. Denn, o Sokrates, betrachte nur, welchen starken Beweis ich dir anführen werde für diese Vorschrift, daß sie richtig ist: wie ich auch andern schon gesagt, daß dies ganz richtig wäre, dem Gottlosen nichts durchgehen zu lassen, und wäre er auch, was du nur willst. Nämlich die Menschen halten ja selbst den Zeus für den trefflichsten und gerechtesten aller Götter, und von diesem geste-6a hen sie doch, daß er seinen eigenen Vater gefesselt, weil der seine Söhne verschluckt ohne rechtlichen Grund; und dieser wiederum habe seinen Vater verschnitten ähnlicher Dinge wegen. Mir aber wollen sie böse sein, daß ich meinen Vater, der auch unrecht getan, vor Gericht belange; und so widersprechen sie sich selbst in dem, was sie sagen in bezug auf die Götter und auf mich.

SOKRATES: Ist etwa eben dies die Ursache, o Euthyphron, weshalb ich mit der Klage verfolgt werde, weil ich nämlich, wenn jemand dergleichen von den Götter sagt, es übel aufnehme? Und meint man, wie es scheint, daß ich eben hierin fehle? Nun also, wenn auch du dieser Meinung bist, der in solchen Dingen so wohl b Unterrichtete: so müssen, wie es scheint, auch wir es zugeben. Denn was wollten wir auch sagen, die wir selbst eingestehen, nichts von der Sache zu wissen? Aber sage mir, beim Gott der Freundschaft, glaubst du wirklich, daß dieses so gewesen ist?

EUTHYPHRON: Und noch Wunderbareres als dieses, o Sokrates, wovon nur die wenigsten etwas wissen.

SOKRATES: Auch Krieg, glaubst du also wirklich, daß die Götter haben gegeneinander und gewaltige Feindschaften und Schlachten und viel anderes dergleichen, wie es von den Dichtern c erzählt wird, und wie es teils an andern heiligen Orten von guten Malern abgebildet ist, teils auch der Teppich voll ist von solchen Abbildungen, der an den großen Panathenäen in die Akropolis hinaufgetragen wird? Dies alles wollen wir für wahr erklären, Euthyphron?

EUTHYPHRON: Und zwar nicht dieses allein, o Sokrates; sondern, wie ich eben sagte, noch vieles andere kann ich dir, wenn du willst, von göttlichen Dingen erzählen, welches vernehmend du, wie ich wohl weiß, erstaunen wirst.

5. Ungenügen der ersten These

SOKRATES: Das soll mich nicht wundern. Allein dies magst du mir ein andermal bei Gelegenheit erzählen. Jetzt aber versuche das, wonach ich dich soeben fragte, mir genauer zu erklären. Denn d Freund, du hast mich vorher nicht hinlänglich belehrt auf meine Frage, was wohl das Fromme wäre; sondern du sagtest mir nur, dieses wäre fromm, was du jetzt tust, indem du den Vater des Totschlages wegen belangst.

EUTHYPHRON: Und daran habe ich wahr gesprochen, o Sokrates.

SOKRATES: Wahrscheinlich. Aber du gibst doch zu, Euthyphron, daß es noch viel anderes Frommes gibt?

EUTHYPHRON: Das gibt es auch.

SOKRATES: Du erinnerst dich doch, daß ich dir nicht dieses aufgab, mich einerlei oder zweierlei von dem vielen Frommen zu lehren, sondern jenen Begriff selbst, durch welchen alles Fromme fromm ist. Denn du gabst ja zu, einer gewissen Gestalt wegen, die es habe, sei alles Ruchlose ruchlos und das Fromme fromm. Oder e besinnst du dich darauf nicht?

EUTHYPHRON: Sehr wohl.

6. Zweite These: Fromm ist, was den Göttern lieb ist

SOKRATES: Diese Gestalt selbst also lehre mich, welche sie ist, damit ich, auf sie sehend und mich ihrer als Urbild bedienend, was nun ein solches ist in deinen oder sonst jemandes Handlungen, für fromm erkläre, was aber nicht ein solches ist, davon ausschließe.

EUTHYPHRON: Wenn du es so willst, Sokrates, kann ich es dir auch so erklären.

SOKRATES: Gar sehr will ich das.

EUTHYPHRON: Was also den Göttern lieb ist, ist fromm; was 7 a nicht lieb, ruchlos.

SOKRATES: Sehr schön, o Euthyphron, und so, wie ich wünschte, daß du antworten möchtest, hast du jetzt geantwortet. Ob indes auch richtig, das weiß ich noch nicht. Allein, du wirst mir gewiß auch das noch dazu zeigen, wie es richtig ist, was du sagst.

EUTHYPHRON: Ganz gewiß.

7. Die Ambiguität der zweiten These

SOKRATES: So komm denn, laß uns betrachten, was wir sagen. Was den Göttern lieb ist, und der den Göttern liebe Mensch ist fromm, und das den Göttern Verhaßte und der ihnen Verhaßte ist ruchlos. Und nicht etwa einerlei, sondern ganz entgegengesetzt ist das Fromme dem Ruchlosen, Nicht so?

EUTHYPHRON: Allerdings so.

SOKRATES: Und gut ist das wohl offenbar gesagt.

b   EUTHYPHRON: Ich denke: denn es ist so erklärt worden.

SOKRATES: Ferner auch, daß die Götter entzweit sind und uneins untereinander, o Euthyphron, und daß es Feindschaft unter ihnen gibt gegeneinander, auch das wurde gesagt.

EUTHYPHRON: Das wurde freilich gesagt.

SOKRATES: Aus der Uneinigkeit über was für Dinge aber entsteht wohl Feindschaft und Erzürnung, o Bester? Laß uns das so überlegen. Wenn wir uneinig wären, ich und du, über Zahlen, welche von beiden mehr betrüge, würde die Uneinigkeit hierüber uns wohl zu Feinden machen und erzürnt gegeneinander? Oder wür-
c den wir zur Rechnung schreitend sehr bald über dergleichen Dinge uns einigen?

EUTHYPHRON: Ganz gewiß.

SOKRATES: Nicht auch, wenn wir über Größeres und Kleineres uneinig wären, würden wir zur Messung schreitend sehr bald dem Streit ein Ende machen?

EUTHYPHRON: Das ist richtig.

SOKRATES: Und zur Abwägung schreitend, würden wir, glaube ich, über Leichteres und Schwereres entscheiden?

EUTHYPHRON: Wie sollten wir nicht?

SOKRATES: Worüber also müßten wir uns wohl streiten und zu was für einer Entscheidung nicht kommen können, um uns zu erzürnen und einander feind zu werden? Vielleicht fällt es dir eben nicht bei: allein, laß mich es aussprechen, und überlege, ob es

wohl dieses ist, das Gerechte und Ungerechte, das Edle und d
Schlechte, das Gute und Böse. Sind nicht dies etwa die Gegenstände, worüber streitend und nicht zur völligen Entscheidung ge-
langend wir einander feind werden, sooft wir es werden, du und
ich sowohl als auch alle übrigen Menschen?

EUTHYPHRON: Freilich ist es gerade dieser Streit, Sokrates, und
über diese Dinge.

SOKRATES: Und wie die Götter, o Euthyphron? Werden sie
nicht, wenn sie sich je streiten, sich über diese Dinge streiten?

EUTHYPHRON: Ganz notwendig.

SOKRATES: Also auch von den Göttern, du teurer Euthyphron, e
halten andere anderes für gerecht nach deiner Rede, und für edel
und schlecht und für gut und böse? Denn sie würden ja nicht in
Zwietracht miteinander sein, wenn sie nicht im Streit wären über
diese Gegenstände. Nicht wahr?

EUTHYPHRON: Ganz richtig.

SOKRATES: Und, nicht wahr, was jeder von ihnen für edel hält
und für gut und gerecht, das liebt er auch, und das Gegenteil davon haßt er?

EUTHYPHRON: Allerdings.

SOKRATES: Dasselbige aber, wie du sagst, halten die einen für
gerecht, die andern für ungerecht, welcher Uneinigkeit halber sie
sich eben in Zwietracht und Krieg untereinander befinden. Ist es 8a
nicht so?

EUTHYPHRON: Gerade so.

SOKRATES: Dasselbige also, wie es scheint, wird von den Göttern gehaßt und auch geliebt, und dasselbe also wäre gottgehässig
und gottgefällig?

EUTHYPHRON: Das scheint so.

SOKRATES: Also wäre ein und dasselbe auch fromm und ruchlos nach dieser Rede?

EUTHYPHRON: So ist es beinahe.

8. Was ist den Göttern lieb, und wer tut Unrecht?

SOKRATES: Also hast du doch nicht, was ich fragte, beantwortet,
du Wunderlicher. Denn ich fragte nicht nach dem, was, dasselbe
bleibend, fromm und auch ruchlos sein kann; was aber gottgefällig ist, das ist auch gottverhaßt, wie es scheint. So daß nicht zu b

verwundern ist, o Euthyphron, wenn das, was du jetzt tust, indem du deinen Vater zur Strafe ziehst, dem Zeus etwa ganz wohlgefällig ist, dem Kronos aber und dem Uranos verhaßt, oder dem Hephaistos zwar lieb, der Here aber verhaßt, und ebenso auch mit andern Göttern, wenn etwa noch sonst einer mit einem andern hierüber uneins ist.

EUTHYPHRON: Allein, ich glaube, o Sokrates, daß hierüber kein Gott mit dem andern uneins ist, daß nämlich der nicht Strafe leiden müsse, der einen andern ungerechterweise getötet hat.

SOKRATES: Wie doch, Euthyphron? Hast du etwa von Menschen jemals einen gehört, welcher das bezweifelt hätte, ob, wer c ungerechterweise einen andern getötet oder irgend sonst etwas ungerechterweise getan, auch wohl Strafe leiden müsse?

EUTHYPHRON: Sie hören ja gar nicht auf, über dergleichen zu streiten, sowohl sonst als auch besonders vor Gericht. Denn nachdem sie noch so viel Unrecht getan, tun und reden sie alles Ersinnliche, um nur loszukommen von der Klage.

SOKRATES: Gestehen sie denn auch ein, daß sie Unrecht getan, und behaupten, nachdem sie dies eingestanden, dennoch, daß sie keine Strafe erleiden dürften?

EUTHYPHRON: Das freilich keineswegs.

SOKRATES: Also doch nicht alles tun und sagen sie. Denn dies, denke ich, unterstehen sie sich nicht zu sagen oder zu bestreiten, daß sie nicht, wenn sie Unrecht getan, müßten Strafe leiden; sond dern sie behaupten nur, glaube ich, sie hätten nicht Unrecht getan. Nicht wahr?

EUTHYPHRON: Darin hast du recht.

SOKRATES: Nicht also jenes bestreiten sie, daß der Unrechthandelnde müsse bestraft werden; sondern nur darüber streiten sie miteinander, wer es denn ist, der Unrecht tut, und wodurch und wann.

EUTHYPHRON: Das ist richtig.

SOKRATES: Muß nun nicht dasselbe auch den Göttern begegnen, wenn sie doch in Zwietracht untereinander sind wegen des Gerechten und Ungerechten, wie ja deine Rede besagt, und einige behaupten, sie hätten einander Unrecht getan, andere leugnen es? Denn dieses, du Wunderbarer, wagt doch wohl niemand, weder e Gott noch Mensch, zu sagen, daß auch, wer wirklich Unrecht getan, doch nicht Strafe leiden müsse.

EUTHYPHRON: Ja, hierin, o Sokrates, redest du wohl wahr im ganzen.

SOKRATES: Sondern über jegliches einzelne, was getan worden ist, streiten die, welche streiten, Menschen wie Götter, wenn anders Götter miteinander streiten; weil sie über eine Handlung ungleicher Meinung sind, sagen einige, es sei recht gewesen, so zu handeln, andere, es sei unrecht gewesen. Ist es etwa nicht so?

EUTHYPHRON: Allerdings.

9. Anwendung auf den Fall des Euthyphron?

SOKRATES: So komm denn, lieber Euthyphron, und lehre auch 9a mich, damit ich weiser werde: Was für einen Beweis hast du denn darüber, daß alle Götter glauben, der sei ungerechterweise getötet, der als Tagelöhner selbst einen totgeschlagen, dann von dem Herrn des Erschlagenen gebunden und an diesen Banden noch eher gestorben ist, als der, welcher ihn gebunden, Erkundigungen von den Auslegern eingezogen, was seinetwegen zu tun wäre, und es sei ganz recht, wenn eines solchen wegen der Sohn den Vater des Totschlages beschuldigte und belangte? Komm und versuche mir recht deutlich zu erweisen, daß vor allen Dingen diese Handlung b alle Götter für recht halten; und wenn du es mir zur Genüge erweist, werde ich nie aufhören, dich deiner Weisheit wegen zu preisen.

EUTHYPHRON: Das ist nun wohl auch keine geringe Sache, o Sokrates; aber gewiß könnte ich es dir ganz deutlich zeigen.

SOKRATES: Ich verstehe, du hältst mich für ungelehriger als die Richter: denn denen willst du doch gewiß deutlich machen, daß das ungerecht ist und daß alle Götter es hassen.

EUTHYPHRON: Ganz deutlich, Sokrates, wenn sie nur hören werden auf meine Rede.

10. Verbesserung der zweiten These: Was alle Götter lieben, ist fromm

SOKRATES: Sie werden schon zuhören, wenn sie nur finden, daß c du gut redest. Aber folgendes ist mir eingefallen, während du sprachst, und ich überlege es bei mir: Wenn mich nun auch Euthyphron noch so gründlich belehrt, daß sämtliche Götter einen solchen Tod für ungerecht halten: was habe ich dadurch mehr vom

Euthyphron gelernt, was das Fromme ist und das Ruchlose? Denn
gottgehässig wäre nun wohl diese Tat, wie es scheint. Aber eben
hatte sich gezeigt, daß hierdurch das Fromme und Ruchlose nicht
bestimmt ist, weil nämlich von dem Gottgehässigen sich gezeigt
hatte, daß es auch gottgefällig ist. So daß ich dich hiervon gern
loslasse, Euthyphron, und wenn du willst, sollen alle Götter dies
d für ungerecht halten und alle sollen es hassen. Wollen wir aber
nun dieses berichtigen in unserer Erklärung, daß nämlich, was alle
Götter hassen, ruchlos sein soll und was alle lieben fromm, was
aber einige lieben und andere hassen, das soll auch keins von beiden sein oder beides? Willst du, daß uns nun so die Erklärung
gestellt sein soll über das Fromme und Ruchlose?

EUTHYPHRON: Was hindert uns, Sokrates?

SOKRATES: Mich wohl nichts, Euthyphron; aber du überlege
dir deinerseits, ob du dies zugrunde legend mich am leichtesten
das lehren kannst, was du versprochen hast.

e EUTHYPHRON: Ich möchte allerdings behaupten, das sei das
Fromme, was alle Götter lieben, und gegenteils, was alle Götter
hassen, sei ruchlos.

SOKRATES: Wollen wir nun nicht wieder dieses in Betrachtung
ziehen, ob es gut gesagt ist, Euthyphron, oder es lassen und so
leicht mit uns selbst und andern zufrieden sein, daß, wenn nur
jemand behauptet, etwas verhalte sich so, wir es gleich einräumen
und annehmen? Oder muß man erst erwägen, was der wohl sagt,
der etwas sagt?

EUTHYPHRON: Erwägen muß man es; ich jedoch glaube, dieses
ist nun richtig gesagt.

11. Das Fromme ist nicht mit dem Gottgeliebten identisch

10a SOKRATES: Bald, mein Guter, werden es besser wissen. Bedenke dir nämlich nur dieses, ob wohl das Fromme, weil es fromm
ist, von den Göttern geliebt wird, oder ob es, weil es geliebt wird,
fromm ist?

EUTHYPHRON: Ich verstehe nicht, was du meinst, Sokrates.

SOKRATES: So will ich versuchen, es dir deutlicher zu erklären.
Wir nennen doch etwas bewegt und bewegend, getrieben und treibend, gesehen und sehend, und alles dergleichen siehst du doch
ein, daß es verschieden ist und auch wie es verschieden ist.

EUTHYPHRON: Dies glaube ich einzusehen.

SOKRATES: Gibt es nicht ebenso auch ein Geliebtes und von diesem verschieden das Liebende?

EUTHYPHRON: Wie sollte es nicht?

SOKRATES: So sage mir denn, ob das Bewegte deswegen, weil es b bewegt wird, ein Bewegtes ist oder wegen etwas anderem?

EUTHYPHRON: Nein, sondern deswegen.

SOKRATES: Auch das Getriebene also, weil es getrieben wird, und das Gesehene, weil es gesehen wird?

EUTHYPHRON: Allerdings.

SOKRATES: Nicht also, weil es ein Gesehenes ist, deshalb wird es gesehen; sondern im Gegenteil, weil es gesehen wird, deshalb ist es ein Gesehenes. Und nicht weil etwas ein Getriebenes ist, deshalb wird es getrieben; sondern weil es getrieben wird, deshalb ist es ein Getriebenes. Noch auch weil es ein Bewegtes ist, deshalb wird es bewegt; sondern weil es bewegt wird, ist es ein Bewegtes. Ist dir nun deutlich, Euthyphron, was ich sagen will? Ich will nämlich dies sagen, wenn etwas irgendwie wird oder irgend etwas leidet: c so wird es nicht, weil es ein Werdendes ist, sondern weil es wird, ist es ein Werdendes; noch weil es ein Leidendes ist, leidet es; sondern weil es leidet, ist es ein Leidendes. Oder gibst du das nicht zu?

EUTHYPHRON: Ich gewiß.

SOKRATES: Ist nun nicht auch das Geliebte ein etwas Werdendes oder ein etwas von einem andern Leidendes?

EUTHYPHRON: Freilich.

SOKRATES: Auch dieses also verhält sich so wie das Bisherige; nicht weil es ein Geliebtes ist, wird es geliebt von denen, die es lieben, sondern weil es geliebt wird, ist es ein Geliebtes.

EUTHYPHRON: Notwendig.

SOKRATES: Was sagen wir also von dem Frommen, Euthy- d phron? Nicht, daß es von allen Göttern geliebt wird, wie die Erklärung lautet?

EUTHYPHRON: Ja.

SOKRATES: Ob wohl deshalb, weil es fromm ist, oder wegen etwas anderm?

EUTHYPHRON: Nein, sondern deshalb.

SOKRATES: Also weil es fromm ist, deshalb wird es geliebt, und nicht weil es geliebt wird, deshalb ist es fromm.

EUTHYPHRON: So scheint es.

SOKRATES: Das Gottgefällige hingegen ist doch deswegen, weil es von den Göttern geliebt wird, das Geliebte und Gottgefällige.

EUTHYPHRON: Wie anders?

SOKRATES: Also ist das Gottgefällige nicht das Fromme, o Euthyphron, noch auch das Fromme das Gottgefällige, wie du sagst, sondern verschieden ist dieses von jenem.

e EUTHYPHRON: Wie doch das, Sokrates?

SOKRATES: Weil wir doch zugeben, das Fromme werde deshalb geliebt, weil es fromm ist, nicht aber, weil es geliebt wird, sei es fromm. Nicht wahr?

EUTHYPHRON: Ja.

SOKRATES: Das Gottgefällige aber sei, weil es von den Göttern geliebt wird, eben dieses Geliebtwerdens wegen gottgefällig, nicht aber weil es gottgefällig ist, werde es geliebt.

EUTHYPHRON: Das ist richtig.

SOKRATES: Wenn also nun, lieber Euthyphron, das Gottgefällige und das Fromme dasselbe wäre: so müßte ja, wenn das
11 a Fromme um des Frommseins willen geliebt wird, auch das Gottgefällige wegen des Gottgefälligseins geliebt werden; wenn aber das Gottgefällige wegen des Von-den-Göttern-geliebt-Werdens gottgefällig ist, alsdann auch das Fromme wegen des Geliebtwerdens fromm sein. Nun aber siehst du, daß beides sich entgegengesetzt verhält und also auch gänzlich voneinander verschieden sein muß. Denn das eine ist, weil es geliebt wird, ein solches zum Geliebtwerden, das andere aber, weil es etwas ist zum Geliebtwerden, wird eben deshalb geliebt. Und es scheint beinahe, o Euthyphron, als wolltest du, gefragt, was das Fromme ist, das Wesen desselben nicht aufzeigen, sondern nur eine Eigenschaft angeben, die ihm zukommt, daß nämlich dem Frommen das eignet, von
b allen Göttern geliebt zu werden; als was aber ihm dies eignet, das hast du noch nicht gesagt. Ist es dir also genehm, so verbirg es mir nicht, sondern erkläre noch einmal von vorn, was denn an sich seiend das Fromme hernach von allen Göttern geliebt wird, oder was ihm sonst zukommt; denn hierüber wollen wir uns nicht streiten. Aber sage nur offen heraus, was denn das Fromme ist und das Ruchlose.

EUTHYPHRON: Aber ich weiß nicht, wie ich dir sagen soll, was ich denke. Denn wovon wir auch ausgehen, das geht uns ja immer herum und will nicht bleiben, wohin wir es gestellt haben.

SOKRATES: Das wäre ja meines Ahnherrn, des Daidalos, Kunst, o Euthyphron, was du da beschreibst. Wenn also ich dies gesagt c und gesetzt hätte: so würdest du mich wohl verspotten, daß auch mir wegen der Verwandtschaft mit ihm meine Wortgebilde davongingen und nicht stehen bleiben wollten, wohin sie einer auch stellt. Nun aber, denn die Grundlagen sind ja dein, brauchen wir einen andern Scherz. Denn dir wollen sie nicht bleiben, wie es dich ja selbst dünkt.

EUTHYPHRON: Mir aber, o Sokrates, scheinen unsere Reden gerade dieses Scherzes zu bedürfen. Denn dies Herumgehen und Nicht-an-Ort-und-Stelle-Bleiben habe nicht ich in sie hineingelegt, sondern du, denke ich, der Daidalos. Denn meinetwegen wä- d ren sie immer so geblieben.

SOKRATES: So scheine ich ja beinahe jenen Mann um soviel zu übertreffen in der Kunst, als er nur sein eigenes konnte in Bewegung bringen, ich aber außer dem meinigen, wie es scheint, auch fremdes. Und das eben ist die rechte Reinheit in meiner Kunst, daß ich wider Willen kunstreich bin. Denn ich wollte ja weit lieber, daß die Reden mir blieben und unbeweglich ständen, als daß ich zu der Weisheit des Daidalos hernach auch den Reichtum des Tan- e talos bekäme. Doch dem sei genug.

12. Dritte These: Das Fromme als Teil des Gerechten
Weil du mir aber weichlich zu sein scheinst: so will ich mich mit dir bemühen zu zeigen, wie du mich belehren könnest über das Fromme; und werde mir nur nicht vorher müde. Sieh also zu, ob du nicht für notwendig hältst, daß alles Fromme auch gerecht sei?

EUTHYPHRON: Allerdings.

SOKRATES: Etwa auch alles Gerechte fromm? Oder alles Fromme zwar gerecht, das Gerechte aber nicht alles fromm, son- 12a dern einiges davon zwar fromm, anderes aber auch anders?

EUTHYPHRON: Ich folge nicht, Sokrates, dem, was du sagst.

SOKRATES: Du bist ja doch um nicht viel wenigeres jünger, als du auch weiser bist denn ich. Aber, wie ich sage, du bist weichlich aus Überfluß von Weisheit. Allein, du Glücklicher, nimm dich ein wenig zusammen: denn es ist ja gar nicht schwer zu verstehen, was

ich meine. Ich meine nämlich das Gegenteil von dem, was jener
Dichter gedichtet hat, welcher sagt: «Aber den Zeus, der's wirkte,
der dies hat alles geordnet, Weigerst zu nennen du dich, denn wo
b   Furcht, da immer ist Scham auch.» Ich nun weiche ab von diesem
Dichter; soll ich dir sagen wie?

EUTHYPHRON: Sage es frei.

SOKRATES: Mich dünkt nicht, wo Furcht, ist immer die Scham
auch. Denn viele, denke ich, welche Krankheit, Armut und dergleichen vielerlei fürchten, fürchten dies zwar, aber schämen sich
keineswegs dessen, was sie fürchten. Denkst du nicht auch?

EUTHYPHRON: Allerdings.

SOKRATES: Wohl aber dünkt mich, wo Scham, da immer auch
Furcht zu sein. Oder gibt es wohl jemand, der eine Sache scheuend
c   und sich schämend nicht auch Furcht und Angst hätte vor dem
Ruf der Schlechtigkeit?

EUTHYPHRON: Gewiß fürchtet er ihn.

SOKRATES: Also ist es nicht richtig zu sagen: Wo nur Furcht, ist
immer die Scham auch; wohl aber, wo Scham, ist immer die
Furcht auch. Nämlich größer ist, glaube ich, die Furcht als die
Scham: denn die Scham ist ein Teil der Furcht, so wie das Ungerade ein Teil der Zahl ist. Wie denn auch nicht überall, wo nur
Zahl, immer auch Ungerades ist, wo aber Ungerades ist, da ist
immer auch Zahl. Nun folgst du mir doch wohl?

EUTHYPHRON: Vollkommen.

SOKRATES: In demselben Sinne nun fragte ich auch dort, ob
d   etwa, wo Gerechtes, immer auch Frommes ist? Oder zwar, wo
Frommes, immer auch Gerechtes, wo aber Gerechtes, nicht überall Frommes, weil nämlich das Fromme ein Teil des Gerechten ist.
Wollen wir dies behaupten oder willst du anders?

EUTHYPHRON: Nein, sondern so, denn es leuchtet mir ein, daß
dies richtig ist.

13. Das Fromme als derjenige Teil des Gerechten, der auf die Behandlung der Götter geht

SOKRATES: Sieh also auch das folgende. Denn wenn das Fromme
ein Teil des Gerechten ist, so liegt uns ob, wie es scheint, auszufin-
den, welcher Teil des Gerechten das Fromme denn ist. Wenn du
mich nun über etwas von dem vorigen fragtest, wie z. B., was für

ein Teil der Zahl wohl das Gerade wäre und welche Zahl dies eigentlich ist, so würde ich sagen, es ist die, welche nicht schief ist, sondern gleichschenklig. Oder meinst du nicht?

EUTHYPHRON: Ich gewiß.

SOKRATES: Versuche also auch du ebenso mir zu zeigen, was e für ein Teil des Gerechten das Fromme ist, damit ich doch dem Meletos sagen kann, er solle mir nicht länger unrecht tun und mich der Gottlosigkeit verklagen, indem ich von dir schon vollkommen gelernt hätte, was gottesfürchtig und fromm ist und was nicht.

EUTHYPHRON: Mich dünkt also, o Sokrates, derjenige Teil des Gerechten das Gottesfürchtige und Fromme zu sein, der sich auf die Behandlung der Götter bezieht; der aber auf die der Menschen, ist der übrige Teil des Gerechten.

14. *Behandlung der Götter bedeutet Dienst*

SOKRATES: Und sehr schön, o Euthyphron, scheinst du mir dies erklärt zu haben. Nur noch ein weniges fehlt mir, die Behandlung 13a nämlich verstehe ich noch nicht recht, was für eine du meinst: denn gewiß meinst du nicht, wie man von einer Behandlung anderer Dinge redet, eine solche auch der Götter. Denn wir reden so auch sonst. So zum Beispiel sagen wir, nicht jedermann wisse Pferde zu behandeln, sondern nur der Reiter. Nicht wahr?

EUTHYPHRON: Allerdings.

SOKRATES: Nämlich die Reitkunst ist die Behandlung der Pferde.

EUTHYPHRON: Ja.

SOKRATES: Auch Hunde weiß nicht jeder zu behandeln, sondern der Jäger.

EUTHYPHRON: So ist es.

SOKRATES: Zur Jägerei nämlich gehört auch die Behandlung der Hunde.

EUTHYPHRON: Ja.   b

SOKRATES: Und die Viehzucht ist die Behandlung der Ochsen.

EUTHYPHRON: Allerdings.

SOKRATES: Und die Frömmigkeit und Gottesfurcht, o Euthyphron, die der Götter. Meinst du so?

EUTHYPHRON: So meine ich es.

SOKRATES: Bezweckt aber nicht alle Behandlung ein und das-selbe, sie gereicht nämlich irgendwie zum Besten und zum Vorteil dessen, was man behandelt, wie du wohl siehst, daß die Pferde, von der Reitkunst behandelt und bedient, Vorteil haben und bes-ser werden. Oder denkst du nicht?

EUTHYPHRON: Ich wohl.

c SOKRATES: Ebenso die Hunde von der Jägerei, die Ochsen von der Rindviehzucht und alles andere gleichermaßen. Oder meinst du, die Behandlung gereiche zum Schaden des Behandelten?

EUTHYPHRON: Ich nicht, beim Zeus.

SOKRATES: Sondern zum Nutzen?

EUTHYPHRON: Wie anders?

SOKRATES: Ist also auch die Frömmigkeit, da sie die Behand-lung der Götter ist, ein Vorteil für die Götter und macht die Götter besser? Und würdest du das gelten lassen, daß, wenn du etwas Frommes verrichtest, du dadurch einen der Götter besser machst?

EUTHYPHRON: Beim Zeus, ich nicht!

SOKRATES: Auch ich, o Euthyphron, glaube nicht, daß du dies meinst; weit gefehlt! Sondern eben deshalb fragte ich vorher, was

d für eine Behandlung der Götter du wohl meintest, weil ich nicht glaubte, daß du eine solche meintest.

EUTHYPHRON: Und das ganz richtig, o Sokrates, denn ich meine auch nicht eine solche.

SOKRATES: Gut. Aber was für eine Behandlung der Götter wäre denn die Frömmigkeit?

EUTHYPHRON: Von der Art, o Sokrates, wie man auch sagen kann, daß die Knechte ihre Herren behandeln und bedienen.

SOKRATES: Ich verstehe; ein Dienst, wie es scheint, soll sie den Göttern sein?

EUTHYPHRON: Allerdings.

15. Welches ist das Werk dieses Dienstes?
SOKRATES: Kannst du mir nun wohl sagen, die Dienstleistung an Ärzte, zu welches Werkes Hervorbringung ist sie wohl behilflich? Zur Hervorbringung der Gesundheit, glaubst du doch?

EUTHYPHRON: Gewiß.

e SOKRATES: Und die Dienstleistung an Schiffbauer, zu welches Werkes Hervorbringung ist die behilflich?

EUTHYPHRON: Offenbar, o Sokrates, zu der des Schiffes.

SOKRATES: Und die an Baumeister zu der des Hauses?

EUTHYPHRON: Ja.

SOKRATES: So sage denn, o Bester, die Dienstleistung an Götter, zu welches Werkes Hervorbringung mag die behilflich sein? Denn gewiß weißt du es doch, da du behauptest, unter allen Menschen am besten dich auf göttliche Dinge zu verstehen.

EUTHYPHRON: Woran ich auch ganz recht habe, o Sokrates.

SOKRATES: So sage denn, beim Zeus, welches ist doch jenes vortreffliche Werk, das die Götter hervorbringen und uns dabei als Diener gebrauchen?

EUTHYPHRON: Sehr viele und schöne gibt es dergleichen, o Sokrates.

SOKRATES: Auch so die Heerführer, Freund. Dennoch aber 14a kannst du mir sehr leicht das Wesentliche davon sagen, daß sie nämlich im Kriege den Sieg hervorbringen. Oder nicht?

EUTHYPHRON: Allerdings.

SOKRATES: Ebenso auch vieles und schönes die Landbauer. Dennoch aber ist das Wesentliche davon die Hervorbringung der Nahrung aus der Erde.

EUTHYPHRON: So ist es.

SOKRATES: Was also von dem vielen Schönen, das die Götter hervorbringen? Was ist das Wesentliche ihrer Hervorbringung?

EUTHYPHRON: Auch vorher schon, o Sokrates, sagte ich dir, es wäre ein zu großes Geschäft, dies alles, wie es sich verhält, genau b zu lernen. So viel sage ich dir indes kurz und gut, daß, wenn jemand versteht, betend und opfernd den Göttern Angenehmes zu reden und zu tun, das ist fromm, und das errettet die Häuser der einzelnen und das Gemeinwohl der Staaten. Das Gegenteil aber des ihnen Angenehmen ist das Ruchlose, wodurch auch alles umgestürzt und zerstört wird.

16. Vierte These: Frömmigkeit als Wissen von Geschenk und Bitte an die Götter

SOKRATES: Gewiß weit kürzer, o Euthyphron, könntest du mir, wenn du nur wolltest, den Inhalt dessen sagen, wonach ich dich fragte. Daß du aber nicht Lust hast, es mich zu lehren, das ist nun offenbar. Denn auch jetzt, als du eben daran warst, bist du umge- c wendet, da ich, wenn du dies beantwortet hättest, jetzt vielleicht schon von dir gelernt hätte, was Frömmigkeit ist. Jetzt aber, denn der Fragende muß doch dem Befragten folgen, wohin ihn dieser führt, was sagst du wiederum, was das Fromme sei und die Frömmigkeit? Nicht eine Wissenschaft des Betens und Opferns?

EUTHYPHRON: Das sage ich.

SOKRATES: Heißt nun nicht opfern, den Göttern etwas schenken, und beten, die Götter um etwas bitten?

EUTHYPHRON: Allerdings, Sokrates.

d   SOKRATES: Die Wissenschaft also von Geschenk und Bitte an die Götter wäre die Frömmigkeit nach dieser Erklärung.

EUTHYPHRON: Sehr schön, o Sokrates, hast du verstanden, was ich meinte.

SOKRATES: Ich trage eben große Lust, o Freund, zu deiner Weisheit und richte alle Gedanken darauf, so daß nichts zur Erde fallen soll, was du sagen wirst. Aber sage mir, was für eine Dienstleistung an die Götter ist dies nun? Man bittet sie, sagst du, und gibt ihnen?

EUTHYPHRON: Das sage ich.

17. Frömmigkeit als Handel zwischen Göttern und Menschen. Rückkehr zur zweiten These

SOKRATES: Würde nun nicht das rechte Bitten das sein, wenn wir sie um dasjenige bäten, was wir von ihnen bedürfen?

EUTHYPHRON: Welches sonst?

e   SOKRATES: Und das rechte Geben wiederum, ihnen das, was sie von uns bedürfen, zum Gegengeschenk zu machen? Denn das wäre doch kein kunstmäßiges Schenken, jemandem etwas zu geben, dessen er gar nicht bedarf.

EUTHYPHRON: Ganz richtig, Sokrates.

SOKRATES: So wäre also, o Euthyphron, die Frömmigkeit eine Kunst des Handelns zwischen Menschen und Göttern?

EUTHYPHRON: Auch das sei sie, wenn es dir lieber ist, sie so zu nennen.

SOKRATES: Mir ist es wahrlich um nichts lieber, wenn es nicht richtig ist. Erkläre mir also, welchen Nutzen die Götter wohl haben von den Geschenken, die sie von uns empfangen. Denn was sie

15 a   geben, weiß jeder, da wir ja gar nichts Gutes haben, was sie nicht

gegeben hätten. Was sie aber von uns empfangen, welchen Nutzen bringt ihnen das? Oder gewinnen wir so viel bei diesem Handel, daß wir alles Gute von ihnen empfangen, sie aber von uns nichts?

EUTHYPHRON: Aber meinst du denn, Sokrates, daß die Götter Vorteil haben von dem, was sie von uns empfangen?

SOKRATES: Aber was wären denn sonst, o Euthyphron, unsere Geschenke an die Götter?

EUTHYPHRON: Wofür anders hältst du sie als für Ehrenbezeigungen und Ehrengaben und, was ich eben sagte, Angenehmes?

SOKRATES: Angenehm also, o Euthyphron, ist die Frömmigkeit b den Göttern, aber nicht nützlich oder lieb?

EUTHYPHRON: Lieb, glaube ich nun meines Teils ganz vorzüglich.

SOKRATES: So ist also wiederum, wie es scheint, das Fromme das den Göttern Liebe?

EUTHYPHRON: Ganz vorzüglich.

18. Konstatierung eines Zirkels

SOKRATES: Und dies erklärend, wunderst du dich noch, wenn sich zeigt, deine Erklärungen wollen nicht bestehen, sondern wandeln? Und willst mich noch beschuldigen, ich, der Daidalos, mache sie wandeln, da du doch selbst, weit künstlicher noch als Daidalos, sie gar im Kreise herumgehen machst? Oder merkst du nicht, daß die Rede, rund herum gegangen, sich nun wieder am alten Orte befindet? Denn du erinnerst dich doch, daß sie uns im c vorigen das Fromme und das Gottgefällige nicht als einerlei gezeigt hatte, sondern als verschieden voneinander? Oder entsinnst du dich dessen nicht einmal?

EUTHYPHRON: O ja.

SOKRATES: Nun aber merkst du nicht, daß du behauptest, was den Göttern lieb ist, sei fromm? Wird denn dies etwa nicht das Gottgefällige? Oder doch?

EUTHYPHRON: Ganz dasselbe.

SOKRATES: Also haben wir entweder vorher etwas fälschlich zugegeben; oder wenn damals gut, so behaupten wir jetzt nicht richtig.

EUTHYPHRON: So scheint es.

19. Erneute Frage und Flucht des Euthyphron

SOKRATES: Von Anfang an also müssen wir noch einmal erwägen, was denn das Fromme ist. Denn ich werde, ehe ich es erfahre,
d nicht gutwillig abziehen. Aber behandele mich nicht so geringschätzig, sondern nimm deinen Verstand recht zusammen und sage mir endlich das Richtige. Denn wissen mußt du es, wenn irgendein Mensch, und man muß dich, wie den Proteus, nicht loslassen, bis du es sagst. Denn kenntest du nicht ganz bestimmt das Fromme und das Ruchlose: so hättest du auf keine Weise unternommen, um eines Tagelöhners willen einen betagten Vater des Totschlages zu verklagen; sondern sowohl vor den Göttern hättest du dich gefürchtet, so etwas zu wagen, falls es doch vielleicht nicht recht getan wäre, als auch die Menschen hättest du gescheut. Daher weiß ich gewiß, daß du ganz genau zu kennen meinst, was
e fromm ist und was nicht. Sage daher, bester Euthyphron, und verbirg nicht, was du davon hältst.

EUTHYPHRON: Ein anderes Mal denn, o Sokrates; denn jetzt eile ich wohin, und es ist Zeit, daß ich gehe.

SOKRATES: Was tust du doch, Freund! Du gehst und wirfst mich von der großen Hoffnung herab, die ich hatte, teils der Anklage des Meletos, von dir über das Fromme und Ruchlose belehrt, glücklich zu entkommen, wenn ich ihm beweisen könnte,
16a daß ich nun schon vom Euthyphron weise gemacht wäre in göttlichen Dingen und nicht mehr aus Unwissenheit auf meine eigene Weise grübelte oder Neuerungen suchte, teils aber auch, mein übriges Leben würdiger zu verleben.

PROTAGORAS

D. Schluß

EIN FREUND. SOKRATES

1. Sokrates soll von den Gesprächen mit Protagoras erzählen
FREUND: Woher erscheinst du uns, Sokrates? Oder, versteht sich, 309a
von der Jagd auf des Alkibiades Schönheit? Wahrlich, auch ich
fand den Mann erst neulich, als ich ihn sah, noch recht schön; aber
ein Mann ist er doch, Sokrates, unter uns gesagt, dem der Bart
schon überall hervorwächst.

SOKRATES: Nun, und was ist das mehr? Lobst du nicht den
Homeros, welcher das die holdesten Reize der Jugend nennt, b
wenn nun der Bart aufkeimt? Und dieser eben erfreut sich jetzt
Alkibiades.

FREUND: Aber was nun? Kommst du von ihm? Und wie zeigt
sich der Jüngling gegen dich?

SOKRATES: Sehr gut, dünkt es mich, und zumal heute. Denn gar
vieles hat er zu meiner Verteidigung geredet; auch komme ich gerade von ihm. Etwas Wunderbares aber muß ich dir sagen: nämlich, obgleich er zugegen war, habe ich doch wenig auf ihn geachtet, ja, ihn nicht selten ganz vergessen.

FREUND: Was kann doch so Großes zwischen dir und ihm ge- c
wesen sein? Denn einen anderen, schöneren hast du doch hier in
der Stadt wohl nicht angetroffen.

SOKRATES: Und zwar einen weit schöneren.

FREUND: Was sagst du? Einen Einheimischen oder einen Fremden?

SOKRATES: Einen Fremden.

FREUND: Und woher?

SOKRATES: Von Abdera.

FREUND: Und so schön dünkte dich der Fremde, daß er dir
schöner erschien als der Sohn des Kleinias?

SOKRATES: Wie sollte denn nicht, du kluger Freund, das Weisere immer als das Schönere erscheinen?

FREUND: So bist du wohl eben mit einem Weisen zusammen gewesen und kommst uns von daher?

d SOKRATES: Und zwar mit dem Weisesten, unter denen wenigstens, die jetzt leben; wenn du den Protagoras für den Weisesten hältst.

FREUND: Oh, was du sagst! Protagoras hält sich bei uns auf?

SOKRATES: Seit drei Tagen schon.

FREUND: Und eben aus seiner Gesellschaft kommst du?

310a SOKRATES: Nachdem ich gar vieles mit ihm gesprochen und von ihm gehört.

FREUND: Warum also läßt du nicht den Knaben dort aufstehen und setzt dich hierher, um uns eure Verhandlungen zu erzählen, wenn dich nichts hindert?

SOKRATES: Sehr gern sogleich, und ich werde euch noch Dank wissen, wenn ihr zuhört.

FREUND: Wahrlich auch wir dir, wenn du erzählst.

SOKRATES: Beiden geschieht also Erwünschtes. So hört denn.

2. Eifer des Hippokrates, Protagoras zu hören

Diese vergangene Nacht, noch am ersten grauen Morgen, pochte Hippokrates, der Sohn des Apollodoros, des Phason Bruder, ge-
b waltig mit dem Stock bei mir an die Tür, und als ihm einer geöffnet hatte, stürmte er sogleich herein und rief mit lauter Stimme: Sokrates, wachst oder schläfst du? Ich, ihn an der Stimme erkennend, entgegnete: Das ist ja Hippokrates! Du bringst doch nichts Neues? – Nichts wenigstens, sagte er, als Gutes. – Das möge wahr sein, sprach ich, was gibt es aber? Und weshalb bist du so früh schon hier? – Protagoras ist hier, sagte er, indem er zu mir herantrat. – Seit vorgestern, sprach ich, und du hast es jetzt erst erfah-
c ren? – Bei den Göttern, sagte er, gestern abend. Zugleich tappte er nach dem Bette, setzte sich mir zu Füßen und fuhr fort. Gestern abend also ganz spät, als ich aus Oinoë zurückkam. Satyros, der Bursche, war mir entlaufen; ich wollte dir auch sagen, daß ich ihm nachsetzen würde, über etwas anderem aber entfiel es mir wieder. Als ich nun zurück war, nach der Mahlzeit erst, da wir uns eben zur Ruhe legen wollten, sagte mir der Bruder, Protagoras ist da. Zuerst wollte ich sogleich zu dir gehen, hernach aber dünkte es mich doch schon zu spät in der Nacht zu sein. Nun aber bin ich,

sobald nur nach solcher Ermüdung der Schlaf mich verlassen
wollte, aufgestanden und hierher gegangen. – Ich nun, der ich sein d
mutiges und eifriges Wesen kenne, fragte: Was hast du denn aber?
Tat dir Protagoras etwas zuleide? – Da sagte er lachend: Ja bei den
Göttern, daß er allein weise ist und mich nicht dazu macht. – Nun,
beim Zeus, sprach ich, wenn du ihm nur Geld gibst und ihn überredest, wird er dich auch wohl weise machen. – Wollte doch Zeus
und alle Götter, rief er aus, es beruhte nur hierauf, so ließ ich es e
weder an dem meinigen ermangeln, noch an der Freunde Beistand.
Aber eben deshalb komme ich jetzt zu dir, damit du meinetwegen
mit ihm redest. Denn ich selbst bin nicht nur zu jung, sondern habe
auch den Protagoras noch niemals weder gesehen noch gesprochen, denn ich war noch ein Kind, als er das erstemal hierher kam.
Aber alle, o Sokrates, loben ja den Mann und sagen, er wäre der
kunstreichste im Reden. Warum aber gehen wir nicht gleich zu
ihm, damit wir ihn noch zu Hause treffen? Er wohnt, wie ich gehört habe, bei dem Kallias, dem Sohne des Hipponikos. Laß uns 311a
doch gehen. – Da sagte ich: Jetzt gleich, mein Guter, laß uns noch
nicht dorthin gehen, denn es ist noch zu früh; sondern laß uns
aufstehn und komm in den Hof hinaus, da wollen wir auf- und
abgehend verweilen, bis es Tag wird, und dann gehen. Ohnedies
hält sich Protagoras meist zu Hause auf, darum sei guten Mutes,
wir wollen ihn wohl finden.

3. a) *Zweck des Unterrichts bei dem Sophisten*

Somit standen wir auf und gingen im Hofe umher. Ich nun wollte
gern des Hippokrates Stärke versuchen, betrachtete mir ihn daher b
recht und fragte ihn: Sage mir, Hippokrates, zum Protagoras
willst du jetzt, um ihm Geld für dich zu entrichten, hingehen; aber
als zu wem willst du doch hingehen und um was zu werden? Wie,
wenn du zu deinem Namensverwandten, dem Hippokrates von
Kos, dem Asklepiaden, gehen wolltest, dem Lehrgeld für dich zu
bezahlen, und es fragte dich jemand: Sage mir, Hippokrates, dem
Hippokrates willst du Lehrgeld entrichten: als wem doch? Was
würdest du antworten? – Ich würde sagen, sprach er, als einem c
Arzte. – Und um was zu werden? – Ein Arzt, sagte er. – Oder
wenn du zum Polykleitos von Argos oder zum Pheidias hier aus
Athen zu gehen im Sinne hättest, um ihnen Lehrgeld für dich zu

entrichten, und es fragte dich jemand: Als wem gedenkst du denn
dem Polykleitos oder dem Pheidias dieses Geld zu entrichten? Was
würdest du antworten? – Ich würde sagen, als Bildhauern. – Und
um was selbst zu werden? – Offenbar ein Bildhauer. – Gut, sprach

d ich. Nun aber gehen wir zum Protagoras, ich und du, und sind
bereit, ihm Lehrgeld für dich zu bezahlen, wenn das unsrige dazu
hinreicht und wir ihn um diesen Preis überreden können, wo
nicht, auch noch das unserer Freunde daran zu wenden. Wenn
nun jemand, in solchem Eifer über diese Sache uns sehend, fragte:
Sagt mir doch, Sokrates und Hippokrates, als wem gedenkt ihr
dem Protagoras dieses Geld zu geben? Was würden wir antwor-

e ten? Mit was für einem anderen Namen hören wir den Protagoras
noch genannt, wie den Pheidias einen Bildhauer und den Homeros
einen Dichter? Was hören wir Ähnliches vom Protagoras? – Einen
Sophisten, o Sokrates, sagte er, nennen sie den Mann. – Also als
einem Sophisten wollen wir ihm das Geld entrichten gehen? –
Freilich. – Wenn dich nun jemand auch das noch fragte: Und um

312a was selbst zu werden gehst du zum Protagoras? – Da sagte er errö-
tend – denn der Tag schimmerte schon etwas, so daß ich es deutlich sehen konnte –: Wenn es sich damit wie mit dem Vorigen
verhält, so ist es offenbar, um ein Sophist zu werden. – Und du,
sprach ich, um der Götter willen, würdest du dich nicht schämen,
den Hellenen dich als einen Sophisten darzustellen? – Beim Zeus,
Sokrates, sagte er, wenn ich reden soll, wie ich denke, ja. – Vielleicht aber, Hippokrates, ist gar nicht deine Meinung, daß dein

b Unterricht bei dem Protagoras ein solcher sein solle, sondern so
wie der war bei deinem Sprachlehrer, deinem Musiklehrer und
deinem Lehrer in den Leibesübungen. Denn in dem allen nahmst
du Unterricht nicht als Kunst, um ein Gewerbe daraus zu machen,
sondern zur Bildung, wie es einem von freier Herkunft, der sich
selbst leben will, geziemt. – Allerdings, sagte er, dünkt mich der
Unterricht beim Protagoras mehr von dieser Art zu sein. –

3. b) Was ist ein Sophist?

Weißt du also wohl, was du jetzt zu tun im Begriff bist, oder
merkst du es nicht? sagte ich. – Was meinst du denn? – Daß du im
Begriff stehst, deine Seele einem Sophisten, wie du sagst, zur Bear-

c beitung zu übergeben, was aber ein Sophist eigentlich ist, sollte mich wundern, wenn du es wüßtest. Und doch, wenn dir dieses unbekannt ist, weißt du auch nicht, wem du deine Seele übergibst, ob einem guten oder einem schlechten Dinge. – Ich glaube wenigstens, sagte er, es zu wissen. – So sage denn, was glaubst du, ist ein Sophist? – Ich meines Teils, sagte er, wie auch schon der Name besagt, der, welcher sich auf Kluges versteht. – Aber, sprach ich, dieses kann man auch von Malern und Zimmerleuten sagen, daß sie die sind, welche sich auf Kluges verstehen. Wenn uns aber jemand weiter fragte, auf was für Kluges verstehen sich denn die d Maler, so würden wir ihm sagen, auf das zur Verfertigung von Bildern gehörige, und so auch im übrigen. Wenn uns aber jemand fragte: Und der Sophist, auf was für Kluges denn der? Was würden wir ihm antworten, was zu verfertigen er versuche? Was würden wir sagen daß er sei? – O Sokrates, er verstehe, gewaltig zu machen im Reden. – Vielleicht, sprach ich, sagten wir dann etwas Richtiges, aber hinreichend doch nicht. Denn die Antwort bedarf uns noch einer Frage, nämlich im Reden worüber denn der Sophist gewaltig macht? So wie der Musikmeister doch auch wohl seinen Schüler gewaltig macht im Reden, darüber nämlich, worin er ihn e auch sachverständig macht, über die Musik. Nicht wahr? – Ja. – Gut, also der Sophist, im Reden worüber macht denn der gewaltig? Offenbar über das, worauf er sich auch versteht? – So sollte man denken. – Was ist also dasjenige, worin er selbst, der Sophist, sachverständig ist und auch seinen Schüler dazu macht? – Beim Zeus, sagte er, weiter weiß ich dir nun nichts zu sagen. –

3. c) Sophistischer Unterricht bedeutet Gefahr für die Seele
Darauf sprach ich: Wie nun? Weißt du also, welcher Gefahr du 313 a gehst deine Seele preiszugeben? Oder würdest du, wenn du deinen Körper einem anvertrauen solltest auf die Gefahr, ob er gestärkt werden würde oder verdorben, dann wohl erst vielfach überlegen, ob du ihn ihm anvertrauen wolltest oder nicht, und zur Beratung deine Freunde herbeirufen und deine Verwandten, mehrere Tage lang der Sache nachdenkend: was du aber weit höher als deinen Körper achtest und dem gemäß alle deine Angelegenheiten gut oder schlecht gehen müssen, je nachdem es gestärkt wird oder verdorben, die Seele, hierüber hast du dich weder deinem Vater noch deinem Bruder mitgeteilt, noch irgendeinem von uns, deinen b

Freunden, ob du diesem eben angekommenen Fremdling deine
Seele anvertrauen sollst oder nicht; sondern nachdem du gestern
abend von ihm gehört, wie du sagst, kommst du heute mit dem
frühesten Morgen, nicht etwa um noch darüber irgend Gespräch
und Beratung zu pflegen, ob du dich selbst ihm hingeben sollst
oder nicht, sondern ganz bereit schon, dein und deiner Freunde
Vermögen daran zu wenden, also als wäre dieses schon fest beschlossen, daß du auf alle Weise dich mit dem Protagoras einlassen mußt, welchen du doch weder kennst, wie du sagst, noch auch
c jemals gesprochen hast; sondern du nennst ihn einen Sophisten,
was aber ein solcher Sophist eigentlich ist, dem du dich selbst
übergeben willst, darin zeigst du dich ganz unwissend. – Als er
dieses angehört, sagte er: So hat es freilich das Ansehen, o Sokrates, nach dem, was du sagst. –

   Ist etwa, Hippokrates, der Sophist ein Kaufmann oder Klein-
krämer in solchen Waren, von welchen die Seele sich nährt? Mir
wenigstens scheint er ein solcher. – Aber wovon nährt sich die
Seele, Sokrates? – Von Kenntnissen doch wohl, sprach ich. Daß
also nur nicht der Sophist uns betrüge, Freund, was er verkauft
uns anpreisend, wie Kaufleute und Krämer es mit den Nahrungs-
d mitteln für den Körper tun. Denn auch diese verstehen selbst
nicht, was wohl von den Waren, welche sie führen, dem Körper
heilsam oder schädlich ist, loben aber alles, wenn sie es feil haben;
noch auch verstehen es die, welche von ihnen kaufen, wenn nicht
einer etwa ein Arzt ist oder ein Vorsteher der Leibesübungen.
Ebenso auch die, welche mit Kenntnissen in den Städten umher-
ziehen und jedem, der Lust hat, davon verkaufen und verhökern,
loben freilich alles, was sie feil haben; vielleicht aber, mein Bester,
mag auch unter ihnen so mancher nicht wissen, was wohl von
e seinen Waren heilsam oder schädlich ist für die Seele, und ebensowenig wissen es die, welche von ihnen kaufen, wenn nicht etwa
einer darunter in Beziehung auf die Seele ein Heilkundiger ist. Verstehst du dich nun darauf, was hiervon heilsam oder schädlich ist,
so kannst du unbedenklich Kenntnisse kaufen vom Protagoras sowohl als von jedem anderen; wo aber nicht, so siehe wohl zu, du
314a Guter, daß du nicht, um dein Teuerstes würfelnd, ein gefähr-
liches Spiel wagst. Denn überdies noch ist weit größere Gefahr
beim Einkauf der Kenntnisse als bei dem der Speisen. Denn Spei-

sen und Getränke, die du vom Kaufmann oder Krämer eingehandelt hast, kannst du in anderen Gefäßen davontragen, und ehe du sie essend oder trinkend in deinen Leib aufnimmst, sie zu Hause hinstellen und auch dann noch, einen Sachverständigen herbeirufend, beratschlagen, was davon du essen und trinken sollst und was nicht, und wieviel und wann; so daß es beim Einkauf nicht viel bedeutet mit der Gefahr. Kenntnisse aber kannst du nicht in b einem anderen Gefäß davontragen, sondern hast du den Preis bezahlt, so mußt du sie in deine Seele selbst aufnehmend lernen und hast deinen Schaden oder Vorteil schon weg, wenn du gehst. Dies also laß uns wohl überlegen, und zwar mit Älteren, als wir sind: Denn wir sind noch zu jung, um eine so wichtige Angelegenheit zu entscheiden. Jetzt indes, wie wir einmal unsern Sinn darauf gesetzt haben, laß uns immer hingehen und den Mann hören; haben wir ihn aber gehört, dann wollen wir auch mit anderen uns besprechen. Denn Protagoras ist auch nicht allein dort, sondern auch Hippias von Elis, und ich glaube auch Prodikos von Keos und viele c andere gar weise Männer.

4. Hindernisse beim Eintritt ins Haus des Kallias

Dies beschlossen, gingen wir. Und als wir in den Vorhof kamen, standen wir still und sprachen noch über eine Sache, die uns unterwegs eingefallen war. Um nun diese nicht abzubrechen, sondern zu Ende zu bringen, ehe wir hineingingen, blieben wir im Vorhofe stehen und sprachen, bis wir einig waren untereinander. Dies, dünkt mich, mochte der Türsteher, ein Verschnittener, etwa gehört haben, und er scheint wohl wegen der Menge der Sophisten allen, die das Haus besuchen, sehr unhold zu sein. Als wir daher d anpochten und er aufmachte und unser ansichtig ward, rief er aus: Ha, schon wieder Sophisten! Er hat nicht Muße; und somit schlug er die Tür ohne Umstände mit beiden Händen recht tüchtig wieder zu, und wir pochten eben als neue. Darauf gab er uns durch die verschlossene Tür zur Antwort: Leute, habt ihr denn nicht gehört, daß er nicht Muße hat? – Aber guter Mann, sprach ich, weder kommen wir zum Kallias, noch sind wir Sophisten. Gib dich also zufrieden, wir sind nur gekommen, um den Protagoras zu besu- e chen, und so melde uns hinein. Darauf öffnete uns der Mensch endlich mit genauer Not die Tür.

5. Aufzug der Sophisten
Als wir nun hineintraten, fanden wir den Protagoras im bedeckten
Gange herumwandelnd. Mit ihm wandelten hintereinander auf
der einen Seite Kallias, der Sohn des Hipponikos, und sein Halb-
bruder von mütterlicher Seite, Paralos, der Sohn des Perikles, und
315 a Charmides, der Sohn des Glaukon; auf der anderen Seite aber der
Sohn des Perikles, Xanthippos, und Philippides, der Sohn des Phi-
lomelos, und Antimoiros von Menda, der gepriesenste unter allen
Schülern des Protagoras, der auch ordentlich auf die Kunst bei
ihm lernt, um selbst ein Sophist zu werden. Die übrigen hinter
diesen folgenden, Zuhörer nur des Gesprochenen, waren größtenteils Fremde, deren Protagoras aus allen Städten, die er durchzieht,
b mitbringt, sie mittels der Töne Gewalt kirrend, wie Orpheus, und
sie folgen ihm auf den Ton, die Gekirrten; indes befanden sich
doch auch einige Einheimische unter dem Chor. Diesen Chor nun
betrachtend, ergötzte ich mich besonders daran, wie artig sie sich
in acht nahmen, niemals dem Protagoras vorn im Wege zu sein,
sondern, wenn er mit seinen Begleitern umwendete, wie ordentlich und geschickt diese Hörer zu beiden Seiten sich teilten und
sich dann im Kreise herumschwenkten, um fein artig immer hinten zu sein. Jenem zunächst erblickte ich, spricht Homeros, den
c Hippias von Elis in dem bedeckten Gange gegenüber auf einem
Sessel sitzend. Um ihn herum saßen auf Bänken: Eryximachos, der
Sohn des Akumenos, und Phaidros, der Myrrhinusier, und Andron, der Sohn des Androtion, und einige Fremde, teils Landsleute
von ihm, teils andere. Sie schienen über die Natur und die Him-
melserscheinungen allerlei Fragen aus der Sternkunde dem Hippias vorzulegen, und er, auf seinem Throne sitzend, ging mit jedem seine Frage durch und gab seine Entscheidung. Auch den
Tantalos schaut' ich; Prodikos nämlich, der Keier, war auch ange-
d kommen und befand sich in einem Gemach, welches Hipponikos
ehedem als Vorratskammer gebraucht hatte, jetzt aber hatte Kallias wegen der Menge der Einkehrenden auch dieses ausgeleert
und zum Gastzimmer gemacht. Prodikos nun lag noch dort eingehüllt in Decken und Felle, und zwar in sehr viele, wie man sah. Auf
den nächsten Polstern um ihn her saßen Pausanias, der Kerameer,
und neben ihm ein noch kaum halb erwachsener Jüngling schöner
e und edler Natur, wie ich glaube, von Gestalt aber gewiß sehr

schön; mich dünkt gehört zu haben, daß man ihn Agathon
nannte, und es sollte mich nicht wundern, wenn er der Liebling des
Pausanias wäre. Dieser Jüngling also und die beiden Adeimante,
der Sohn des Kepis und der des Leukolophides, nebst einigen anderen zeigten sich da. Wovon sie aber sprachen, konnte ich von
draußen nicht vernehmen, wiewohl sehr begierig, den Prodikos zu
hören, denn gar weise und göttlich dünkt mich der Mann zu sein.
Allein die Tiefe seiner Stimme verursachte in dem Gemach ein   316a
dumpfes Getöse, das alles Gesprochene unvernehmlich machte.
Und wir waren nur eben eingetreten, als hinter uns noch hereinka-
men: Alkibiades, der Schöne, wie du sagst und auch ich glaube,
und Kritias, der Sohn des Kallaischros.

6. Zurüstung zum Gespräch. Protagoras über Alter und Art sei-
ner Kunst

Wir nun verweilten nach unserm Eintritt ein wenig, um dies alles
zu beschauen; dann gingen wir zum Protagoras heran, und ich
sagte: Protagoras, zu dir kommen wir um etwas, ich und hier Hip-   b
pokrates. – Wollt ihr etwa, fragte er, allein mit mir sprechen, oder
hier mit den übrigen? – Uns, sprach ich, macht es keinen Unterschied, höre aber, weshalb wir kommen, und überlege es dann
selbst. – Was ist es denn also, fragte er, weshalb ihr hergekommen
seid? – Dieser Hippokrates, sagte ich, ist hier einheimisch, der
Sohn des Apollodoros, von einem großen und glänzenden Geschlecht, und auch er selbst dünkt mich, was seine natürlichen
Anlagen betrifft, es mit seinen Altersgenossen wohl aufnehmen zu   c
können und Lust zu haben, ein ausgezeichneter Mann in unserer
Stadt zu werden; und eben dieses glaubt er am besten zu erreichen,
wenn er mit dir sein könnte. Ob du nun meinst, hierüber mit uns
allein sprechen zu müssen oder vor anderen, das überlege dir
selbst. –

Sehr mit Recht, Sokrates, sprach er, bist du besorglich um mich.
Denn ein Fremdling, der die großen Städte durchreist und dort die
vorzüglichsten Jünglinge überredet, dem Umgang mit anderen
Verwandten und Mitbürgern, alten und jungen entsagend, sich zu
ihm zu halten, weil sie durch den Umgang mit ihm besser werden   d
würden, ein solcher muß freilich auf seiner Hut sein. Denn nicht
wenig Mißgunst entsteht hieraus und Übelwollen und Nachstel-

lungen aller Art. Daher auch behaupte ich, daß die sophistische Kunst zwar schon sehr alt ist, daß aber diejenigen unter den Alten, welche sie ausübten, aus Furcht vor dem Gehässigen derselben einen Vorwand genommen und sie versteckt haben, einige hinter der Poesie, wie Homeros, Hesiodos und Simonides, andere hinter Mysterien und Orakelsprüchen, wie Orpheus und Musaios, ja einige, habe ich bemerkt, bedienten sich dazu sogar der Kunst der Leibesübungen, wie Ikkos der Tarentiner, und auch jetzt noch einer, der ein Sophist ist so gut wie irgendeiner, Herodikos der

e Selymbrianer, ursprünglich aber aus Megara. Die Musik hat Agathokles, euer Landsmann, zum Vorwande genommen, der ein großer Sophist ist, so auch Pythokleides von Keos und viele andere. Alle diese, wie gesagt, haben aus Furcht des Neides sich jener Künste zum Deckmantel bedient. Ich aber will mich hierin ihnen

317a allen nicht gleichstellen, glaube auch, daß sie das nicht ausgerichtet haben, was sie wollten, diejenigen nämlich nicht getäuscht, welche in einem Staate mächtig sind, um derentwillen eben solche Vorwände gesucht werden; denn der große Haufe, daß ich es kurz heraus sage, merkt überall nichts und singt nach, was jene ihm vorsagen. Wenn nun jemand heimlich davonlaufen will und es nicht kann, sondern entdeckt wird, so ist schon das Unternehmen sehr töricht und muß die Menschen notwendig noch mehr auf-

b bringen; denn neben allem anderen halten sie dann einen solchen auch noch für einen Ränkemacher. Daher habe ich den ganz entgegengesetzten Weg eingeschlagen und sage geradeheraus, daß ich ein Sophist bin und die Menschen erziehen will, und halte diese Vorsicht für besser als jene, sich lieber dazu zu bekennen als es zu leugnen. Und noch einige andere beobachte ich, so daß mir, es sei mit Gott gesprochen, noch nicht Übles um deswillen widerfahren

c ist, daß ich mich für einen Sophisten ausgebe, obgleich ich diese Kunst schon viele Jahre lang treibe; wie ich denn überhaupt schon hoch in Jahren bin und es keinen unter euch gibt, dessen Vater ich nicht dem Alter nach sein könnte. So daß es mir weit lieber ist, wenn ihr etwas wünscht, daß ihr vor allen, die hier zugegen sind, eure Sache anbringt. –

Darauf sprach ich – denn ich merkte wohl, er wollte es den Prodikos und Hippias sehen lassen und damit groß gegen sie tun, daß wir als seine Verehrer hingekommen wären –: Warum rufen wir

also nicht gleich auch den Prodikos und Hippias und die bei ihnen d
sind, damit sie uns auch hören? – O ja, sagte Protagoras. – Wollt
ihr also, sprach Kallias, so wollen wir eine Sitzung veranstalten,
damit ihr euch niederlassen und miteinander verhandeln könnt. –
Das waren wir sehr zufrieden; und hocherfreut, daß wir die weisen Männer sollten reden hören, legten wir selbst Hand an und
machten Bänke und Polster da zurecht, wo Hippias saß, denn da
standen schon die Bänke. Darüber kamen auch Kallias und Alkibiades, den Prodikos, den sie aus seinem Lager aufgestört hatten, e
und seine Gesellschaft herbeiführend.

7. Behauptung des Protagoras, zum guten Staatsbürger zu er-
ziehen

Als wir uns nun alle gesetzt hatten, hub Protagoras an. Nun also,
Sokrates, da auch diese Männer alle hier sind, so trage jetzt vor,
was du vorhin erwähntest gegen mich wegen dieses Jünglings. –
Ich sagte also: Mein Anfang, o Protagoras, ist derselbe wie vor- 318a
her, wegen dessen, warum ich gekommen bin. Hier dieser Hippokrates nämlich trägt großes Verlangen nach deinem näheren Umgange; was ihm aber eigentlich daraus herkommen wird, wenn er
sich zu dir hält, dies möchte er, wie er sagte, gern vorher vernehmen. Das ist unsere Rede. – Darauf nahm Protagoras das Wort
und sprach: Junger Mann, es wird dir also geschehen, wenn du
dich zu mir hältst, daß du schon an dem ersten Tage, den du bei
mir zubringst, besser geworden nach Hause gehen wirst, und an
dem folgenden ebenfalls, und so alle Tage zum Besseren fortschreitest. – Als ich das gehört hatte, sprach ich: Dieses ist nichts b
Wunderbares gesagt, Protagoras, sondern ganz natürlich. Denn
auch du, wiewohl so alt und so weise, wenn dich jemand lehrte,
was du noch nicht wüßtest, würdest besser werden. Aber nicht
also; sondern so, wie wenn Hippokrates, sein Verlangen plötzlich
ändernd, nun verlangte, sich zu dem kürzlich hier angekommenen
jungen Manne zu begeben, zu dem Zeuxippos von Herakleia, und
er nun zu diesem käme und von ihm dasselbe hörte, was du jetzt c
sagst, daß er an jedem bei ihm zugebrachten Tage besser werden
und Fortschritte machen würde, und weiter fragte, inwiefern sagst
du, daß ich besser werden und worin Fortschritte machen werde?
ihm Zeuxippos gewiß antworten würde, in der Malerei; oder wie

wenn er, zum Orthagoras von Theben sich begebend, von diesem
dasselbe hörte wie von dir und er ihn dann weiter fragte, worin er
denn besser werden würde durch seinen Umgang, dieser ihm gewiß sagen würde, im Flötenspielen: eben so sage also auch du dem
d jungen Manne und mir, der ich an seiner Stelle frage, Hippokrates
soll, wenn er sich zum Protagoras hält, schon an dem ersten Tage,
den er bei ihm zubringt, besser nach Hause gehen und so täglich
Fortschritte machen, inwiefern, Protagoras, und worin? – Und
nachdem Protagoras mich ausgehört hatte, sagte er: Du fragst
sehr gut, Sokrates, und mir macht es Freude, denen, die gut fragen,
zu antworten.

Wenn also Hippokrates zu mir kommt, wird ihm das nicht begegnen, was ihm bei einem anderen Sophisten begegnen würde.
Die andern nämlich mißhandeln die Jünglinge offenbar. Denn
e nachdem diese den Schulkünsten eben glücklich entkommen sind,
führen jene sie wider ihren Willen wiederum zu Künsten und lehren sie Rechnen und Sternkunde und Meßkunde und Musik – wobei er den Hippias ansah –, bei mir aber soll er nichts lernen als
das, weshalb er eigentlich kommt. Diese Kenntnis aber ist die
Klugheit in seinen eigenen Angelegenheiten, wie er sein Hauswesen am besten verwalten, und dann auch in den Angelegenheiten
319a des Staates, wie er am geschicktesten sein wird, diese sowohl zu
führen als auch darüber zu reden. – Folge ich wohl, sagte ich darauf, deiner Rede? Du scheinst mir nämlich die Staatskunst zu bezeichnen und zu verheißen, du wolltest zu tüchtigen Männern für
den Staat die Männer bilden? – Eben dieses, sagte er, ist das Aner-
bieten, wozu ich mich erbiete. –

8. Gegenthese des Sokrates: Die Tugend ist nicht lehrbar
Gewiß eine schöne Kunst, sprach ich, besitzt du, wenn du sie besitzt; denn zu dir soll nichts anderes geredet werden, als was ich
b denke. Ich nämlich, Protagoras, meinte, dieses wäre nicht lehrbar;
dir aber, da du es sagst, weiß ich nicht, wie ich nicht glauben sollte.
Weshalb ich aber denke, dies sei nicht lehrbar, noch könne ein
Mensch es dem andern verschaffen, das muß ich billig sagen.

Ich halte nämlich, wie auch wohl alle Hellenen tun, die Athener
für weise, und nun sehe ich, wenn wir in der Gemeinde versammelt sind und es soll im Bauwesen der Stadt etwas geschehen, so

holen sie die Baumeister zur Beratung über die Gebäude; wenn im
Schiffswesen, dann die Schiffbauer, und in allen andern Dingen c
ebenso, welche sie für lehrbar und lernbar halten. Will sich aber
ein anderer unterfangen, ihnen Rat zu geben, von dem sie glauben,
daß er kein Fachmann in dieser Sache ist, sei er auch noch so schön
und reich und vornehm: so nehmen sie ihn doch nicht an, sondern
lachen ihn aus und betreiben Lärm, bis er entweder herunterge-
lärmt von selbst wieder abtritt oder die Gerichtsdiener ihn herun-
terziehen oder herausschaffen auf Geheiß der Prytanen. Und in
allem, wovon sie glauben, daß es auf Kunst beruhe, verfahren sie
so. Wenn aber über Verwaltung der Stadt zu ratschlagen ist,
so steht jeder auf und erteilt ihnen seinen Rat: Zimmermann, d
Schmied, Schuster, Krämer, Schiffsherr, Reiche, Arme, Vor-
nehme, Geringe, einer wie der andere, und niemand macht einem
Vorwürfe darüber, wie im vorigen Falle, daß er, ohne dies irgendwo gelernt zu haben oder seinen Meister darin aufzeigen zu
können, sich nun doch unterfangen wolle, Rat zu geben. Offenbar
also glauben sie, dies sei nicht lehrbar. Und nicht nur das versammelte Volk denkt so, sondern auch zu Hause für sich sind unsere e
verständigsten und vortrefflichsten Mitbürger nicht imstande,
diese Tugend, welche sie besitzen, andern mitzuteilen. Perikles
zum Beispiel, der Vater dieser beiden jungen Männer, hat sie in
allem, was von Lehrern abhing, vortrefflich unterrichten lassen;
aber in dieser Sache, worin er selbst weise ist, unterrichtet er sie 320a
weder selbst, noch hat er sie einem andern übergeben, sondern sie
laufen ganz frei herum und weiden allein, ob sie irgendwo von
selbst etwas von dieser Tugend antreffen möchten. Wenn du noch
mehr willst, derselbe Perikles ist Vormund von Kleinias, dem jüngeren Bruder dieses Alkibiades hier, und aus Besorgnis, daß er von
dem Alkibiades möchte verdorben werden, trennte er ihn von diesem und gab ihn in das Haus der Ariphron, um ihn dort erziehen
zu lassen, der aber gab ihn ihm zurück, ehe sechs Monate um waren, weil er nicht wußte, was er mit ihm anstellen sollte. Und so b
kann ich dir sehr viele nennen, welche, selbst treffliche Männer,
dennoch niemals irgendeinen besser gemacht haben, weder von
ihren Angehörigen noch sonst.

Ich meines Teils also, Protagoras, halte, hierauf Rücksicht nehmend, nicht dafür, die Tugend sei lehrbar. Nun aber ich dich die-

ses behaupten höre, lenke ich um und denke, du werdest wohl recht haben, weil ich von dir halte, du habest vieles in der Welt erfahren, vieles gelernt und manches auch selbst erfunden. Kannst

c du uns also deutlicher zeigen, daß die Tugend lehrbar ist, so wolle es nicht vorenthalten, sondern zeige es. – Gut, Sokrates, sagte er, ich will es auch nicht vorenthalten. Aber wie soll ich es euch zeigen, indem ich ein Märchen erzähle, wie Ältere wohl Jüngeren zu tun pflegen, oder indem ich eine Abhandlung vortrage? – Viele nun der Umhersitzenden sagten, er möchte vortragen, auf welche Weise er selbst am liebsten wollte. – So dünkt es mich denn anmutiger, sagte er, euch einen Mythos zu erzählen.

9. Beginn des Mythos des Protagoras: Verteilung von Fähigkeiten an die Tiere

Es war einst eine Zeit, wo es Götter zwar gab, sterbliche Ge-

d schlechter aber gab es noch nicht; nachdem aber auch für diese die vorherbestimmte Zeit ihrer Erzeugung gekommen war, bildeten die Götter sie innerhalb der Erde aus Erde und Feuer und auch das hinzumengend, was von Erde und Feuer gemengt ist. Und als sie nun ans Licht bringen sollten, übertrugen sie dem Prometheus und Epimetheus, sie auszustatten und die Kräfte unter sie, wie es jedem zukomme, zu verteilen. Vom Prometheus aber erbat sich Epimetheus, er wolle verteilen, und, sagte er, wenn ich ausgeteilt, so komme du, es zu besichtigen. Und so, nachdem er ihn beredet, verteilte er. Bei der Verteilung nun verlieh er einigen Stärke ohne

e Schnelligkeit, die Schwächeren aber begabte er mit Schnelligkeit; einige bewaffnete er, anderen, denen er eine wehrlose Natur gegeben, ersann er eine andere Kraft zur Rettung. Welche er nämlich in Kleinheit gehüllt hatte, denen verlieh er geflügelte Flucht oder unterirdische Behausung, welche aber zu bedeutender Größe ausge-

321 a dehnt, die rettete er eben dadurch, und so auch verteilte er alles Übrige ausgleichend. Dies aber ersann er so aus Vorsorge, daß nicht eine Gattung gänzlich verschwände. Als er ihnen nun des Wechselverderbens Entfliehungen zustande gebracht, begann er ihnen auch gegen die Zeiten des Zeus leichte Gewöhnung zu ersinnen durch Bekleidung mit dichten Haaren und starken Fellen, hinreichend, um die Kälte, aber auch vermögend, die Hitze abzuhalten, und außerdem zugleich jedem, wenn es zur Ruhe ging, zur

eigentümlichen und angewachsenen Lagerbedeckung dienend. Und unter den Füßen versah er einige mit Hufen und Klauen, andere mit Haaren und starken, blutlosen Häuten. Hiernächst wies b er dem einen diese, dem anderen jene Nahrung an, dem einen aus der Erde die Kräuter, dem anderen von den Bäumen die Früchte, einigen auch verordnete er zur Nahrung anderer Tiere Fraß. Und diesen letzteren verlieh er dürftige Zeugung, dagegen den von ihnen verzehrten eine vielerzeugende Kraft, dem Geschlecht zur Erhaltung.

10. *Ausstattung des Menschen mit Kunstfertigkeit und Feuer durch Prometheus*

Wie aber Epimetheus doch nicht ganz weise war, hatte er unvermerkt schon alle Kräfte aufgewendet für die unvernünftigeren Tiere; übrig also war ihm noch unbegabt das Geschlecht der Men- c schen, und er war ratlos, was er diesem tun sollte. In dieser Ratlosigkeit nun kommt ihm Prometheus, die Verteilung zu beschauen, und sieht die übrigen Tiere zwar in allen Stücken weislich bedacht, den Menschen aber nackt, unbeschuht, unbedeckt, unbewaffnet, und schon war der bestimmte Tag vorhanden, an welchem auch der Mensch hervorgehen sollte aus der Erde an das Licht. Gleichermaßen also der Verlegenheit unterliegend, welcherlei Rettung er dem Menschen noch ausfände, stiehlt Prometheus die kunstrei- d che Weisheit des Hephaistos und der Athene, nebst dem Feuer – denn unmöglich war, daß sie einem ohne Feuer hätte angehörig oder nützlich sein können –, und so schenkte er sie dem Menschen. Die zum Leben nötige Wissenschaft also erhielt der Mensch auf diese Weise, die bürgerliche aber hatte er nicht. Denn diese war beim Zeus, und dem Prometheus stand in die Feste, die Behausung des Zeus, einzugehen nicht mehr frei, auch waren furchtbar die Wachen des Zeus. Aber in das dem Hephaistos und der Athene gemeinschaftliche Gemach, wo sie ihre Kunst übten, geht e er heimlich hinein, und nachdem er so die feurige Kunst des Hephaistos und die andere der Athene gestohlen, gibt er sie dem Menschen. Und von da an genießt nun der Mensch Behaglichkeit des Lebens; den Prometheus aber hat hernach, so wie erzählt wird, die Strafe für diesen Diebstahl um des Epimetheus willen 322 a ergriffen.

11. Verteilung der bürgerlichen Tugend an alle
Da nun aber der Mensch göttlicher Vorzüge teilhaftig geworden,
hat er auch zuerst, wegen seiner Verwandtschaft mit Gott, allein
unter allen Tieren Götter geglaubt, auch Altäre und Bildnisse der
Götter aufzurichten versucht, dann bald darauf Töne und Worte
mit Kunst zusammengeordnet, dann Wohnungen und Kleider und
Beschuhungen und Lagerdecken und die Nahrungsmittel aus der
b Erde erfunden. So ausgerüstet, wohnten die Menschen anfänglich
zerstreut, Städte aber gab es nicht. Daher wurden sie von den wilden Tieren ausgerottet, weil sie in jeder Art schwächer waren
als diese, und die verarbeitende Kunst war ihnen zwar zur Ernäh-
rung hinreichende Hilfe, aber zum Kriege gegen die Tiere unwirksam; denn die bürgerliche Kunst hatten sie noch nicht, von
elcher die kriegerische ein Teil ist. Sie versuchten also, sich zu sammeln und sich zu retten durch Erbauung der Städte; wenn sie sich
aber gesammelt hatten, so beleidigten sie einander, weil sie eben
die bürgerliche Kunst nicht hatten, so daß sie wiederum sich zer-
streuend auch bald wieder aufgerieben wurden.
c   Zeus also, für unser Geschlecht, daß es nicht etwa gar untergehen möchte, besorgt, schickt den Hermes ab, um den Menschen
Scham und Recht zu bringen, damit diese der Städte Ordnungen
und Bande würden, der Zuneigung Vermittler. Hermes nun fragt
den Zeus, auf welche Art er den Menschen das Recht und die
Scham geben solle. Soll ich, so wie die Künste verteilt sind, auch
diese verteilen? Jene nämlich sind so verteilt: Einer, welcher die
Heilkunst innehat, ist genug für viele Unkundige, und so auch die
andern Künste. Soll ich nun auch Recht und Scham ebenso unter
d den Menschen aufstellen, oder soll ich sie unter alle verteilen? Unter alle, sagte Zeus, und alle sollen teil daran haben; denn so könnten keine Staaten bestehen, wenn auch hieran nur wenige Anteil
hätten, wie an anderen Künsten. Und gib auch ein Gesetz von meinetwegen, daß man den, der Scham und Recht sich anzueignen
unfähig ist, töte wie einen bösen Schaden des Staates. Auf diese
Art also, Sokrates, und aus dieser Ursache glauben alle anderen
und auch die Athener, daß, wenn von der Tugend eines Baumei-
sters die Rede ist oder eines anderen Künstlers, alsdann nur weni-
e gen Anteil zustehe an der Beratung; und wenn jemand außer diesen wenigen dennoch Rat geben will, so dulden sie es nicht, wie du

sagst, und zwar ganz mit Recht, wie ich sage. Wenn sie aber zur Beratung über die bürgerliche Tugend gehen, wo alles auf Gerechtigkeit und Besonnenheit ankommt, so dulden sie mit Recht einen jeden, weil es jedem gebührt, an dieser Tugend Anteil zu haben, oder es könnte keine Staaten geben. Dieses, Sokrates, ist hiervon die Ursache.

323 a

12. Gerechtsein gegenüber Gerechtscheinen

Nimm aber auch noch diesen Beweis hinzu, damit du nicht etwa glaubst, nur damit überlistet zu werden, daß wirklich alle Menschen annehmen, ein jeder habe Anteil an der Gerechtigkeit und der übrigen bürgerlichen Tugend. In anderen Dingen nämlich, wie du selbst sagst, wenn jemand behauptet, im Flötenspiel vortrefflich zu sein oder in irgendeiner anderen Kunst, worin er es nicht ist, verlachen ihn die Leute entweder oder werden unwillig, und seine Angehörigen gehen hin und stellen ihn zur Rede als einen Verwirrten. In Sachen der Gerechtigkeit aber und der übrigen bürgerlichen Tugend, wenn sie auch sehr wohl wissen, daß einer ungerecht ist, er selbst aber wollte hierüber gegen sich selbst die Wahrheit reden vor vielen Menschen: so würden sie eben dieses, was sie in jenem Falle für vernünftig hielten, nämlich die Wahrheit zu sagen, in diesem für eine Verrücktheit erklären und behaupten, ein jeder müsse wenigstens behaupten, er sei gerecht, möge er es nun sein oder nicht, oder er wäre verrückt, wenn er sich die Gerechtigkeit nicht zuschriebe; als ob notwendig ein jeder Mensch auf irgendeine Art Anteil an ihr haben müsse oder gar nicht unter Menschen leben.

b

c

13. Erweis, daß alle Menschen die Tugend für lehrbar halten

Daß sie also mit Recht einen jeden als Ratgeber in Sachen dieser Tugend annehmen, weil sie nämlich glauben, daß ein jeder Anteil an ihr habe, das habe ich hierdurch gezeigt. Daß sie aber dennoch nicht glauben, man habe sie von Natur, oder sie komme ganz von selbst, sondern sie sei allerdings lehrbar, und durch Fleiß habe sie jeder erlangt, der sie erlangt habe, das will ich dir demnächst zu beweisen suchen. Nämlich über ein Übel, wovon jeder glaubt, wer es hat, habe es von Natur oder durch ein Unglück, erzürnt sich niemand oder schilt oder belehrt oder bestraft, die mit dergleichen

d

behaftet sind, damit sie etwa aufhören möchten so zu sein, sondern man bemitleidet sie; wie die Häßlichen, die Kleinen, die Schwächlichen, wer wäre wohl so unverständig, gegen solche etwas dergleichen zu tun? Weil man nämlich weiß, glaube ich, daß in diesen Dingen das Gute und das Entgegengesetzte den Menschen von Natur oder durch Zufall kommt. Von was für Gutem sie aber glauben, daß es der Mensch durch Fleiß, Übung und Un-

e terricht erlange, wenn jemand das nicht hat, sondern das entgegengesetzte Böse, darüber entstehen dann die Erzürnungen und die Bestrafungen und die Ermahnungen.

Wovon eins nun auch die Ungerechtigkeit ist und die Gottlosig-

324 a keit, und überhaupt alles der bürgerlichen Tugend Entgegengesetzte. Hier also schilt und zürnt einer auf den andern, offenbar, als werde diese allerdings durch Achtsamkeit und Unterricht erworben. Denn wenn du bedenken willst das Bestrafen der Unrechttuenden, was damit wohl gemeint ist, so wird schon dieses dich lehren, daß alle Menschen glauben, die Tugend sei zu erwerben. Denn niemand bestraft die, welche Unrecht getan haben, darauf seinen Sinn richtend und deshalb, weil einer eben Unrecht ge-

b tan hat, außer wer sich ganz vernunftlos wie ein Tier eigentlich nur rächen will. Wer aber mit Vernunft sich vornimmt, einen zu strafen, der bestraft nicht um des begangenen Unrechts willen, denn er kann ja doch das Geschehene nicht ungeschehen machen, sondern des zukünftigen wegen, damit nicht ein andermal wieder, weder derselbe noch einer, der diesen bestraft gesehen hat, dasselbe Unrecht begehe. Und indem er dieses beabsichtigt, denkt er doch wohl, daß die Tugend kann angebildet werden; denn der Abwendung wegen straft er ja. Dieser Meinung sind also alle zugetan,

c welche Strafen verhängen von Volks wegen und zu Hause. Es strafen und züchtigen ja aber sowohl die übrigen Menschen den, von welchem sie glauben, er habe Unrecht getan, als auch nicht minder die Athener, deine Mitbürger; so daß, hieraus zu schließen, auch die Athener zu denen gehören, welche annehmen, die Tugend könne gelehrt werden und durch allerlei Anstalten hervorgebracht. Daß also ganz mit Recht deine Mitbürger es annehmen, wenn auch ein Schmied und Schuster ihnen Rat erteilt in bürgerlichen Dingen, und daß sie glauben, die Tugend könne gelehrt und

d erworben werden, dieses, Sokrates, ist dir nun hinlänglich erwiesen, wie es mir scheint.

14. Postulat, daß die vortrefflichen Männer ihre Söhne in der
Tugend unterrichten

Jetzt ist noch der Zweifel übrig, den du vorher hegtest von wegen
der vortrefflichen Männer, warum nämlich wohl diese ihre Söhne
in allem, was von Lehrern abhängt, unterrichten und weise machen, in der Tugend aber, worin sie selbst sich auszeichnen, sie
nicht besser machen als andere. Hierüber nun, Sokrates, will ich
dir nicht mehr eine Erzählung vorlegen, sondern die Gründe. Erwäge die Sache so: Gibt es oder gibt es nicht etwas Gewisses, was
notwendig alle Bürger an sich haben müssen, wenn es einen Staat
geben soll? Denn hierdurch wird dieser Zweifel gelöst, den du   e
hegst, oder sonst durch nichts. Denn wenn es so etwas gibt, und
wenn dieses Etwas nicht die Zimmerkunst ist noch die Schmiede-
kunst noch die Töpferkunst, sondern die Gerechtigkeit und die   325a
Besonnenheit und das Frommsein, und was ich alles in eins zusam-
mengefaßt die Tugend eines Mannes nennen möchte, wenn diese
das ist, was alle an sich haben müssen, und mit dieser ein jeder, der
sonst etwas lernen und verrichten will, alles verrichten muß, ohne
sie aber nichts; oder wer sie nicht an sich hat, sei es Mann oder
Kind oder Weib, wird belehrt und gezüchtigt, bis er durch die
Züchtigung besser geworden ist, wer aber auf die Züchtigung und
Belehrung nicht merkt, als ein Unheilbarer aus dem Staate heraus-   b
getrieben oder getötet; wenn es sich so verhält, und wenn bei so
bewandten Sachen deine vortrefflichen Männer ihre Söhne in allem anderen unterrichten lassen, hierin aber nicht: so sieh doch
zu, wie wunderlich diese trefflichen Männer sein müssen. Denn
daß sie es für lehrbar halten zu Hause und öffentlich im Staate, das
haben wir gezeigt. Und obgleich es gelehrt und angebildet werden
kann, sollten sie ihren Söhnen wohl alles andere lehren lassen,
worauf nicht der Tod oder eine andere Strafe gesetzt ist, wenn sie
es nicht wissen; weshalb aber ihren Söhnen der Tod als Strafe
bevorsteht oder die Verweisung, wenn sie es nicht gelernt haben,
noch zur Tugend gebildet worden sind, und außer dem Tode die   c
Einziehung der Güter und, daß ich es kurz sage, das Verderben des
ganzen Hauses, dieses sollen sie ihnen nicht lehren lassen und
nicht alle Sorgfalt daran wenden? Man muß ja wenigstens glauben, Sokrates, daß sie es tun.

15. Aufzeigen, daß faktisch das Lehren stattfindet
Schon von der zartesten Kindheit anfangend, so lange sie leben,
belehren und ermahnen sie ein Kind, sobald es nur versteht, was
zu ihm geredet wird; sowohl die Wärterin als die Mutter, der Kna-

d benführer und der Vater selbst beeifern sich darauf, daß der
Knabe aufs beste gedeihe, indem sie ihn bei jeder Handlung und
Rede belehren und ihm zeigen, dies ist recht, jenes ist unrecht, dies
gut, jenes schlecht, dies fromm, jenes gottlos, dies tue, jenes tue
nicht; und wenn er gutwillig gehorcht, gut; wo nicht, so suchen sie
ihn wie ein Holz, das sich geworfen und verbogen hat, wieder
gerade zu machen durch Drohungen und Schläge. Hernach, wenn
sie ihn in die Schule schicken, schärfen sie dem Lehrer weit dringli-

e cher ein, für die Sittsamkeit der Kinder zu sorgen, als für ihr Lesen
und ihr Spiel auf der Lyra. Die Lehrer also haben hierauf acht, und
auch wenn die Kinder nun Lesen gelernt haben und das Geschrie-
bene schon verstehen wie vorher nur den Ton: so geben sie ihnen
auf den Bänkchen die Gedichte der trefflichsten Dichter zu lesen
und lassen sie sie einlernen, in denen viele Zurechtweisungen ent-

326a halten sind und Erläuterungen, auch Lob und Verherrlichung
alter trefflicher Männer, damit der Knabe sie bewundernd nachahme und sich bestrebe, auch ein solcher zu werden. Die Musikmeister ebenso sehen auf Sittsamkeit, und daß die Knaben nicht
Unfug treiben. Überdies, wenn sie nun die Lyra spielen gelernt
haben, lehren diese ihnen wiederum anderer vortrefflicher Dichter,
nämlich der liederdichtenden, Gedichte, welche sie den Gesang-

b weisen unterlegen, und arbeiten dahin, Zeitmaß und Wohlklang
den Seelen der Kinder geläufig zu machen, damit sie milder werden
und, indem sie Maß und Ton halten, auch geschickter zum Reden
und Handeln. Denn überall bedarf das Leben der Menschen des
richtigen Zeitmaßes und der Zusammenstimmung. Über das alles
schicken sie sie noch zum Meister der Leibesübungen, damit sie,
dem Körper nach besser ausgebildet, auch der richtigen Gesinnung
dienen können und nicht nötig haben, sich feigherzig zurückzuzie-

c hen wegen des Körpers Untüchtigkeit, es sei nun im Kriege oder bei
anderen Geschäften. Und dieses nun führt am besten aus, wer es am
besten vermag; am besten aber vermögen es die Reichsten, deren
Kinder auch am frühesten in ihrer Jugend anfangen, die Lehre zu
suchen, und am spätesten damit aufhören.

Wenn sie dann aber ihre Lehrer verlassen, so nötigt wiederum die Stadt sie, die Gesetze zu lernen und nach diesen zu leben wie nach einer Vorschrift, damit sie nicht eigenem Gutdünken folgend etwas Ungeschicktes beginnen; sondern recht eigentlich wie der d Sprachlehrer den Kindern, die noch nicht schreiben können, die Buchstaben mit dem Griffel vorschreibt und ihnen dann die Tafel hingibt und ihnen befiehlt, diese Züge, wie er sie ihnen vorgeschrieben hat, nachzuziehen, ebenso schreibt die Stadt die Gesetze vor, von trefflichen alten Gesetzgebern ausgedacht, und befiehlt ihnen, nach diesen zu regieren und sich regieren zu lassen. Wer aber hiervon abweicht, den züchtigt sie, und diese Züchtigung heißt bei euch und an vielen anderen Orten, gleichsam weil die e Strafe den Menschen wieder weise macht, eine Weisung. Da nun sowohl zu Hause als von Staats wegen so viele Sorgfalt und Tugend gewendet wird, wie kannst du dich noch wundern, Sokrates, und Zweifel hegen, ob sie lehrbar sei? Darüber ist sich nicht zu wundern, sondern vielmehr, wenn sie nicht lehrbar wäre.

16. Grund für das Mißraten der Söhne von guten Vätern
Weshalb mißraten viele Söhne vortrefflicher Männer? Das erfahre nun auch. Dies nämlich ist nichts Wunderbares, wenn ich anders im vorigen richtig gesagt habe, daß in dieser Sache, nämlich der Tugend, wenn es Staaten geben soll, niemand unwissend sein 327a darf. Wenn dieses sich so, wie ich sage, verhält, es verhält sich aber allerdings und auf alle Weise so: so erwäge einmal die Sache an irgendeiner andern Kunst und Geschicklichkeit, an welcher du am liebsten willst.

Wenn es keinen Staat geben könnte, wofern wir nicht alle Flötenspieler wären, wie gut eben jeder könnte, und wenn hierin jeder den andern unterrichtete zu Hause und im öffentlichen Leben und den schlecht Spielenden tadelte und ihm dies nicht neidisch vorenthielte, so wie jetzt keiner dem andern das Gerechte und Gesetzmäßige vorenthält oder verbirgt, wie es wohl in andern Kün- b sten geschieht denn jedem von uns, glaube ich, nützt die Gerechtigkeit und Tugend der anderen, deshalb lehrt jeder so gern den andern das Gerechte und Gesetzmäßige; wenn nun ebenso im Flötenspielen jeder dem andern alle Bereitwilligkeit und Dienstfertigkeit erzeigte, ihn zu unterrichten: glaubst du, Sokrates, sagte er,

daß dann mehr die Söhne guter Flötenspieler gute Flötenspieler werden würden als die Söhne der schlechten? Ich glaube es nicht, sondern wessen Sohn die besten Anlagen zum Flötenspieler hätte,
c der würde zu einem ausgezeichneten gedeihen, wessen es aber daran fehlte, der würde unberühmt bleiben, und oft würde der Sohn eines guten Flötenspielers ein schlechter werden und der eines schlechten ein guter; aber alle würden doch ordentliche Flötenspieler sein im Vergleich mit den Ununterrichteten, die gar nichts vom Flötenspiel verstehen.

So glaube nun auch jetzt, daß selbst derjenige, welcher sich dir als der Ungerechteste zeigt von allen, die unter Gesetzen und mit Menschen auferzogen sind, dennoch gerecht ist und wirklich ein ausübender Künstler in dieser Sache, wenn du ihn mit solchen
d Menschen vergleichen solltest, die gar keine Erziehung haben, keine Gerichtshöfe, keine Gesetze, und überall keinen Zwang, der sie zwingt, sich in allen Stücken der Tugend zu befleißigen, sondern die solche Wilde wären, wie sie uns im vorigen Jahre der Dichter Pherekrates am Bakchosfest aufgestellt hat. Wahrlich, wenn du dich unter solchen Menschen befändest wie die Menschenfeinde in jenem Chore, würdest du sehr zufrieden sein, wenn du auch nur einen Eurybatos oder Phrynondas anträfest, und würdest jammern aus Sehnsucht nach der Schlechtigkeit der hiesigen Menschen.

e   Nun aber bist du verwöhnt, Sokrates, weil eben alle Lehrer der Tugend sind, jeder so gut er kann, und siehst deshalb nirgends einen. Eben als wenn du nachfragtest, wo es wohl einen Lehrer im Hellenischsprechen gäbe, würdest du auch keinen einzigen finden.
328a Ja ich glaube nicht einmal, wenn du nachfragtest, wer wohl die Söhne unserer Handwerker in der Kunst unterrichtete, die sie bereits von ihrem Vater, soweit er dazu imstande war, und von seinen kunstverwandten Freunden gelernt haben. Wer unterrichtet diese wohl noch besonders? Ich glaube, es würde nicht leicht sein, Sokrates, ihren Lehrer aufzuzeigen, dagegen der noch ganz Unkundigen sehr leicht. So ist es in der Tugend und in allen andern Dingen. Also wenn einer auch nur um ein weniges besser als wir
b versteht, sie in der Tugend weiterzubringen, muß man es gern annehmen. Von welchen nun auch ich glaube einer zu sein, und besser als andere Menschen mancherlei zu verstehen, wodurch einer

gut und trefflich wird, wohl wert der Belohnung, die ich dafür
fordere, und noch größerer, nach der Meinung dessen selbst, der
gelernt hat. Daher ich auch diese Art, meine Belohnung zu bestimmen, eingerichtet habe. Wenn nämlich jemand bei mir gelernt hat
und er will, so gibt er mir den Preis, den ich fordere, wo nicht, so
geht er in den Tempel und schwört dort, wie hoch er die erworbe-   c
nen Kenntnisse schätze, und soviel gibt er dann.

Somit, Sokrates, sagte er, habe ich dir durch Geschichte und
Gründe erwiesen, daß die Tugend allerdings lehrbar ist und daß
auch die Athener sie dafür halten und daß es dennoch nicht zu
verwundern ist, wenn die Söhne guter Väter schlecht und schlechter gut werden. Denn auch die Söhne des Polykleitos von gleichem
Alter mit dem Paralos und Xanthippos hier sind nichts im Vergleich mit ihrem Vater, und so auch andere anderer Künstler. Diesen aber darf man hieraus noch keinen Vorwurf machen, sondern   d
man muß Gutes von ihnen hoffen, denn sie sind jung.

17. Sind die Einzeltugenden unterschiedliche Teile der Tugend
oder nur verschiedene Namen für dasselbe?
Protagoras nun, nachdem er sich derart und so ausführlich vor uns
gezeigt hatte, hörte auf zu reden; ich aber, auf lange Zeit bezaubert, sah noch immer auf ihn, als würde er weiter reden, lüstern zu
hören. Da ich aber merkte, daß er wirklich aufgehört hatte, sam-
melte ich mich sozusagen endlich mit Mühe, wendete mich zu dem
Hippokrates und sagte: Wie danke ich dir, Sohn des Apollodoros,
daß du mich aufgefordert hast, hierher zu gehen! Denn gar viel ist
es mir wert, das gehört zu haben vom Protagoras, was ich gehört   e
habe. Bis jetzt nämlich glaubte ich, es wären nicht menschliche
Bemühungen, wodurch die Guten gut werden; nun aber bin ich
davon überzeugt. Ausgenommen eine Kleinigkeit ist mir im Wege,
was offenbar Protagoras leicht noch dazu lehren wird, da er ja
dieses viele gelehrt hat. Denn wenn sich jemand über eben dieses
mit einem von unseren Volksrednern bespräche, könnte er solche
Reden vom Perikles oder einem von den andern Meistern im Re-   329a
den auch wohl hören; aber wenn einer etwas weiter fragt, so wissen sie wie die Bücher nichts weiter weder zu antworten noch
selbst zu fragen; aber wenn einer auch nur ein weniges von dem
Gesagten fragt, dann, wie Metall, worauf einer geschlagen, lange

forttönt, wenn es nicht einer anrührt; ebenso dehnen auch diese
b Redner, um weniges gefragt, eine meilenlange Rede. Unser Protagoras aber versteht zwar ebenfalls lange und schöne Reden zu halten, wie eben die Tat gezeigt, er versteht aber auch sowohl gefragt
im kurzen zu antworten, als auch selbst fragend die Antwort abzuwarten und aufzunehmen, und hierauf sind nur wenige ausgerüstet. Jetzt also, Protagoras, fehlt mir noch ein weniges, um alles zu
haben, wenn du mir dieses beantworten möchtest.

Du sagst, die Tugend sei lehrbar, und ich, wenn ich irgendeinem
Menschen glaube, glaube ich gewiß dir. Was mir aber aufgefallen
c ist, als du sprachst, das ergänze mir noch in meiner Seele. Du sagtest nämlich, Zeus habe den Menschen die Gerechtigkeit geschickt
und die Scham, und wiederum erwähntest du vielfältig in deiner
Rede der Gerechtigkeit und Besonnenheit und Frömmigkeit, und
dieses alles, als ob es zusammengenommen eins wäre, die Tugend.
Eben dieses also setze mir doch genauer auseinander, ob die Tugend eins zwar ist, doch aber Teile von ihr sind die Gerechtigkeit
und die Besonnenheit und die Frömmigkeit, oder ob alles, was ich
d jetzt genannt habe, nur verschiedene Namen sind für eine und dieselbe Sache. Das ist es, was ich noch vermisse. –

18. Bestimmung des Teilseins der Tugenden
Sehr leicht, sagte er, ist dies ja zu beantworten, Sokrates, daß von
der Tugend, die eins ist, dieses Teile sind, wonach du fragst. – Ob
wohl auf die Art, sprach ich, wie die Teile des Gesichts Teile sind,
Mund und Nase und Augen und Ohren? Oder so, wie die Teile des
Goldes gar nicht unterschieden sind eins vom andern und vom
Ganzen als durch Größe und Kleinheit? – Auf jene Art scheint es
e mir, Sokrates, wie die Teile des Gesichtes sich zum ganzen Gesicht
verhalten. – Besitzen denn auch die Menschen, fragte ich, von diesen Teilen der Tugend der eine den, der andere jenen, oder muß
notwendig wer einen hat auch alle haben? – Keineswegs, sprach
er, denn viele sind ja tapfer, aber ungerecht, und gerecht, weise
330a aber nicht. – Also dies sind auch Teile der Tugend, fragte ich,
Weisheit und Tapferkeit? – Freilich vor allen Dingen, sprach er,
und der größte sogar ist die Weisheit unter diesen Teilen. – Und
jeder von ihnen, sagte ich, ist etwas anderes als der andere? – Ja. –
Hat auch jeder seine eigene Verrichtung, wie im Gesicht das Auge

nicht ist wie die Ohren, noch seine Verrichtung dieselbe und überhaupt kein Teil wie der andere ist, weder der Verrichtung nach noch
sonst; ist nun ebenso auch von den Teilen der Tugend keiner wie der
andere, weder an sich selbst noch auch seine Verrichtung? Oder b
muß nicht offenbar die Sache sich so verhalten, wenn sie unserm
Beispiel ähnlich sein soll? – Sie verhält sich auch so, Sokrates, sagte
er. – Darauf sprach ich: Also ist keiner von den anderen Teilen der
Tugend wie die Erkenntnis, oder wie die Gerechtigkeit, oder wie die
Besonnenheit, oder wie die Frömmigkeit? – Nein, sagte er. –
   Wohlan also, sprach ich, laß uns zusammen sehen, wie beschaffen jedes von ihnen ist. Zuerst so: Ist die Gerechtigkeit etwas Bestimmtes, oder ist sie nicht etwas Bestimmtes? Mir scheint sie so c
etwas zu sein; wie aber dir? – Auch mir, sagte er. – Wie nun? Wenn
einer mich und dich fragte: Sagt mir doch, Protagoras und Sokrates, dieses, was ihr jetzt eben genannt habt, die Gerechtigkeit, ist
dies selbst gerecht oder ungerecht? dann würde ich ihm freilich
antworten, gerecht; du aber, was für eine Stimme würdest du geben, dieselbe mit mir oder eine andere? – Dieselbe, sagte er. – Die
Gerechtigkeit also ist so beschaffen wie gerecht sein, würde ich
sagen dem Fragenden zur Antwort. Du auch? – Ja, sagte er. – Wenn
er uns nun hiernach fragte: Sagt ihr nicht auch, daß es eine Fröm- d
migkeit gibt? Dann würden wir es doch bejahen, glaube ich? –
Freilich, sagte er. – Sagt ihr auch, daß diese etwas Bestimmtes ist?
Sollen wir es dann zugeben oder nicht? – Auch dies bejahte er. –
Sagt ihr nun, daß eben dies selbst von Natur so beschaffen ist wie
gottlos sein oder fromm? Ich, sprach ich, würde unwillig werden
über die Frage und sagen: Rede nicht dergleichen, lieber Mensch!
Wie sollte denn irgend etwas anderes fromm sein, wenn die Frömmigkeit selbst nicht fromm wäre! Und wie du? Würdest du nicht so e
antworten? – Allerdings, sagte er. –

19. Widersprüchlichkeit einer Trennung der Teile
Wenn er nun hierauf uns fragend spräche: Wie habt ihr doch vor
kurzem gesagt? Habe ich euch etwa nicht recht vernommen?
Mich dünkt, ihr sagtet, die Teile der Tugend verhielten sich so
gegeneinander, daß keiner von ihnen wäre wie der andere? Dann
würde ich ihm sagen: Sonst hast du wohl recht gehört, daß du aber
glaubst, ich hätte dieses auch gesagt, das hast du verhört. Denn

331a Protagoras hier hat dies geantwortet, ich habe nur gefragt. Wenn er nun fragte: Spricht dieser wahr, Protagoras? Du also sagst, kein Teil der Tugend sei wie der andere? Deine Rede ist dies? Was würdest du ihm antworten? – Natürlich, sagte er, mich dazu bekennen. –

Was also, Protagoras, werden wir, dieses eingestanden, ihm antworten, wenn er uns weiter fragt: Also ist die Frömmigkeit nicht wie gerecht sein, und die Gerechtigkeit nicht wie fromm, sondern wie nicht fromm, und die Frömmigkeit wie nicht gerecht, also ungerecht, und jene gottlos? Was werden wir ihm antworten?

b Ich meines Teils für mich wenigstens würde sagen, daß die Gerechtigkeit allerdings fromm sei und die Frömmigkeit gerecht; und auch für dich, wenn du es mir zuließest, würde ich das nämliche antworten, daß die Gerechtigkeit entweder dasselbe ist mit der Frömmigkeit oder ihr doch so ähnlich, als nur irgend möglich, und also auf alle Weise die Gerechtigkeit wie die Frömmigkeit, und die Frömmigkeit wie die Gerechtigkeit. Siehe also zu, ob du mir verbietest, so zu antworten, oder ob es dich ebenso dünkt? – Keineswegs, sprach er, dünkt mich dieses unbedingt so zu sein, daß man

c zugeben müsse, die Gerechtigkeit sei Frommes und die Frömmigkeit Gerechtes, sondern mich dünkt wohl noch etwas Verschiedenes darin zu sein. Doch was liegt daran, sprach er? Wenn du willst, soll uns auch die Gerechtigkeit fromm und auch die Frömmigkeit gerecht sein. – Das ja nicht! sagte ich. Ich begehre gar nicht, daß ein solches ‹Wenn du willst› und ‹Wie du meinst› untersucht werde, sondern Ich und Du. Das ‹Ich› und ‹Du› sage ich aber in der

d Meinung, der Satz selbst werde am besten geprüft werden, wenn man dieses ‹Wenn› ganz herausläßt. –

Aber freilich, sprach er, ist ja die Gerechtigkeit der Frömmigkeit ähnlich; denn auch jedes Ding ist jedem Dinge gewissermaßen ähnlich. Sogar ist auf eine Art der Weiße dem Schwarzen ähnlich und das Harte dem Weichen und was sonst einander am meisten entgegengesetzt zu sein scheint; und auch das, wovon wir vorher sagten, jedes habe eine eigene Verrichtung und eines sei nicht wie das andere, die Teile des Gesichtes sind einander doch auch gewissermaßen ähnlich und eins ist wie das andere, so daß du auf diese

e Art auch das beweisen könntest, wenn du wolltest, daß alles einander ähnlich ist. Aber es ist nicht recht, Dinge, die etwas Ähn-

liches haben, gleich ähnlich zu nennen, und die etwas Unähnliches
haben, unähnlich, auch wenn sie gar wenig Ähnliches und Unähnliches haben. – Darüber verwundert sagte ich zu ihm: Verhält sich
denn bei dir das Gerechte und das Fromme so gegeneinander, daß
es ein wenig Ähnliches miteinander hat? – Nicht ganz so, sprach
er, aber doch auch nicht so, wie du zu glauben scheinst. – Ei nun,   332a
sprach ich, weil dir dieses ungelegen zu sein scheint, wollen wir
dieses nur lassen, und dies andere von dem, was du sagtest, in
Betrachtung ziehen.

20. Beweis der Identität von Weisheit und Besonnenheit

Du nennst doch etwas Unsinnigkeit? – Er sagte ja. – Ist nicht davon ganz das Gegenteil die Weisheit? – Mich dünkt es so, sagte
er. – Und wenn die Menschen richtig und, wie es heilsam ist, handeln, scheinen sie dir denn besonnen zu sein, wenn sie so handeln,
oder wenn entgegengesetzt? – Alsdann sind sie besonnen, sagte
er. – Nicht wahr, durch die Besonnenheit sind sie besonnen? –   b
Natürlich. – Und nicht wahr, die nicht richtig Handelnden handeln unsinnig und sind nicht besonnen, indem sie so handeln? –
Das dünkt mich ebenso, sagte er. – Das Gegenteil ist also das
Unsnnig-Handeln vom Besonnenen? – Er gab es zu. – Nicht wahr,
was unsinnig getan wird, wird durch Unsinnigkeit, und was besonnen, durch Besonnenheit getan? – Das räumte er ein. – Nicht
wahr, wenn etwas mit Stärke getan wird, das wird stark getan,
und wenn mit Schwäche, schwach? – So schien es ihm. – Und was
mit Schnelligkeit schnell, was mit Langsamkeit langsam. – Er bejahte. – Und wenn also etwas ebenso getan wird, wird es auch von   c
demselben getan, wenn aber entgegengesetzt, dann auch von dem
Entgegengesetzten. – Er stimmte bei. – Wohlan, sagte ich, gibt es
etwas Schönes? – Er räumte es ein. – Und ist diesem noch irgend
etwas entgegengesetzt außer dem Häßlichen? – Nichts weiter. –
Und wie? Gibt es etwas Gutes? – Es gibt. – Ist diesem etwas entgegengesetzt außer dem Bösen? – Nichts weiter. – Und wie? Gibt es
etwas Hohes in der Stimme? – Er bejahte es. – Ist diesem nicht
anderes entgegengesetzt außer dem Tiefen? – Nein, sagte er. –
Also, sprach ich, jedem einzelnen von diesen Entgegengesetzten ist
auch nur eins entgegengesetzt und nicht viele? – Dazu bekannte er
sich. –

d Komm denn, sprach ich, laß uns zusammenrechnen, was wir eingestanden. Haben wir eingestanden, daß einem nur eins entgegengesetzt ist, mehreres aber nicht? – Das haben wir eingestanden. – Und daß, was auf entgegengesetzte Art getan wird, auch durch Entgegengesetztes getan wird? – Er bejahte. – Und haben wir eingestanden, daß, was unsinnig getan wird, auf entgegengesetzte Art getan wird, als was besonnen? – Er bejahte es. – Und daß, was besonnen getan wird, durch Besonnenheit verrichtet wird, was aber unsinnig durch Unsinnigkeit? – Er räumte es

e ein. – Also, da es auf entgegengesetzte Art getan wird, muß es auch durch Entgegengesetztes verrichtet werden? – Ja. – Es wird aber das eine durch Besonnenheit und das andere durch Unsinnigkeit verrichtet? – Ja. – Auf entgegengesetzte Art? – Freilich. – Also auch durch Entgegengesetztes? – Ja. – Entgegengesetzt also ist die Unsinnigkeit der Besonnenheit? – Das ist klar. – Erinnerst du dich wohl, daß im vorigen von uns eingestanden war, die Unsinnigkeit sei der Weisheit entgegengesetzt? – Das gestand er. – Und daß einem nur eines entgegengesetzt sei? – Das behaupte ich. –

333a Welche von unsern beiden Behauptungen wollen wir nun aufgeben, Protagoras? Die, daß einem nur eins entgegengesetzt ist der jene, als wir sagten, die Besonnenheit wäre etwas anderes als die Weisheit und beide wären Teile der Tugend? Und außerdem, daß jede etwas anderes wäre, wären sie auch einander unähnlich, sie selbst und ihre Verrichtungen, wie die Teile des Gesichts? Welche von beiden wollen wir nun aufgeben? Denn zugleich können diese beiden Behauptungen nicht sehr musikalisch vorgetragen werden, denn sie stimmen nicht und klingen nicht zusammen. Wie können sie auch zusammen klingen, wenn notwendig eins nur

b einem entgegengesetzt ist, mehreren aber nicht, der Unsinnigkeit aber, welche eins ist, sich sowohl die Weisheit als die Besonnenheit entgegengesetzt zeigt? Ist es so, Protagoras, fragte ich, oder irgendwie anders? – Er gestand es sehr ungern. – So wären diese also wohl eines, die Besonnenheit und die Weisheit? Vorher aber zeigten sich uns die Gerechtigkeit und die Frömmigkeit fast als dasselbe.

Komm also, sprach ich, Protagoras, laß uns nicht müde werden, sondern nun das Übrige auch noch durchnehmen. Scheint dir ein

Mensch, welcher Unrecht tut, wohl darin besonnen zu sein, daß er c
Unrecht tut? – Ich würde mich ja schämen, o Sokrates, sagte er,
dieses zuzugeben, obgleich die meisten Menschen es wohl sagen. –
Soll ich also an jene meine Rede richten, oder an dich? – Wenn du
willst, sagte er, so rede zuerst gegen jenen Satz der meisten. – Gut,
sprach ich, mir verschlägt es nichts, wenn du nur antwortest, ob
übrigens du selbst dieses annimmst oder nicht. Denn ich will eigentlich nur den Satz prüfen, aber es ereignet sich dann wohl, daß
dabei auch ich, der Fragende, und der Antwortende geprüft werden. – Zuerst nun zierte sich Protagoras und klagte, es wäre ein d
gar beschwerlicher Satz; endlich aber bequemte er sich doch, zu
antworten. –

21. *Protagoras über die Relativität des Nützlichen*
Komm also, sprach ich, antworte mir von Anfang an. Dünken
dich einige Menschen, indem sie Unrecht tun, besonnen zu sein? –
Es soll so sein, sagte er. – Unter dem Besonnensein aber meinst du,
daß sie sich wohl besinnen? – Er bejahte es. – Und sich recht besinnen heißt, daß sie sich wohl beraten in dem, was sie Unrecht tun? –
Das soll gelten, sagte er. – Ob wohl, fragte ich, wenn sie sich wohl
befinden beim Unrechttun, oder wenn übel? – Wenn sie sich wohl
befinden. – Nimmst du nun an, daß einiges gut ist? – Das sage
ich. – Ist etwa, sprach ich, dasjenige gut, was den Menschen nütz- e
lich ist? – Ja auch, beim Zeus, sagte er, manches, was den Menschen nicht nützlich ist, nenne ich wenigstens doch gut. – Und
mich dünkte Protagoras schon ganz verdrießlich zu sein und sich
zu ängstigen und zu sträuben gegen das Antworten; und da ich ihn
in dieser Verfassung sah, nahm ich mich in acht und fragte nur
ganz bedächtig weiter.

Meinst du nur, sprach ich, was keinem Menschen nützlich ist, 334a
oder auch, was ganz und gar nicht nützlich ist; und nennst du auch
solche Dinge gut? – Keineswegs, sagte er, aber ich kenne sehr viele
Dinge, welche dem Menschen völlig unnütz sind, Speisen, Getränke, Arzneien und sonst tausenderlei; andere sind ihm nützlich; wiederum andere sind dem Menschen zwar keines von beiden, wohl aber den Pferden, andere wieder nur den Ochsen, andere den Hunden, noch andere keinem von allen diesen, wohl aber
den Bäumen; ja einiges ist wiederum für die Wurzeln der Bäume

b gut, für die Zweige aber schädlich, wie zum Beispiel der Mist, um
die Wurzeln gelegt, allen Pflanzen heilsam ist, wolltest du ihn aber
auf die Triebe oder auf die jungen Zweige legen, so würde alles
verderben. So ist auch das Öl allen Pflanzen sehr schädlich und
auch den Haaren der anderen Tiere sehr verderblich, nur denen
des Menschen nicht, denn diesen ist es zum Wachstum beförder-
lich und so auch seinem übrigen Körper. Und so schillert das Gute
c und verwandelt sich immer wieder, daß auch dieses hier für die
äußeren Teile des Körpers zwar sehr gut ist, dasselbige aber den
inneren sehr übel. Daher verbieten auch alle Ärzte den Kranken
das Öl bis auf etwas weniges an dem, was sie genießen, nur so viel
eben hinreicht, um das Widrige zu dämpfen, was verschiedene
Speisen sonst für die Empfindungen, die wir durch die Geruchs-
werkzeuge bekommen, an sich haben würden.

22. Drängen des Sokrates auf kurze Gesprächsführung

Als er dies gesagt, erhoben die Anwesenden ein Geräusch von Bei-
fallsbezeigungen, wie schön er spräche. Ich aber sagte, o Protago-
d ras, ich bin ein sehr vergeßlicher Mensch, und wenn jemand so
lange spricht, vergesse ich ganz, wovon eigentlich die Rede ist. So
wie nun, wenn ich etwas taub wäre, du glauben würdest, wenn du
anders mit mir reden wolltest, lauter sprechen zu müssen als mit
anderen: so auch jetzt, da du mit einem Vergeßlichen zu tun hast,
beschneide mir die Antworten und mache sie etwas kürzer, wenn
ich dir anders folgen soll. – Wie heißt du mich denn kurz antworten? Etwa kürzer soll ich dir antworten, sagte er, als nötig ist? –
Keineswegs, sprach ich. – Also so viel, als nötig ist? – O ja, sagte
e ich. – Soll ich dir also so viel antworten, als ich für nötig halte,
oder so viel als du? – Ich habe doch gehört, sprach ich, du besäßest
die Geschicklichkeit und teiltest sie auch andern mit, über dieselbe
Sache sowohl lange zu reden, wenn du willst, so daß dir die Rede
niemals abreißt, als auch wiederum so kurz, daß sich niemand
335a kürzer fassen kann als du. Willst du nun mit mir ein Gespräch
führen, so bediene dich gegen mich der andern Art zu reden, der
Kurzrederei. – O Sokrates, sagte er, schon mit vielen Menschen
habe ich den Kampf des Redens bestanden, hätte ich aber das getan, was du von mir verlangst, nämlich immer auf die Art das
Gespräch geführt, wie mein Gegner es mich führen hieß, so würde

ich gewiß keinen einzigen überwunden haben, und Protagoras würde keinen Namen haben unter den Hellenen. –

Ich aber – denn ich merkte wohl, daß er sich in seinen vorigen Antworten gar nicht gefallen hatte und daß er gutwillig nicht würde der Antwortende sein wollen im Gespräch – glaubte, daß für mich in dieser Zusammenkunft nichts mehr zu tun wäre, und sagte: Aber, Protagoras, auch ich bin ja nicht erpicht darauf, daß unsere Unterhaltung anders, als dir recht ist, geführt werde; sondern wenn es dir gelegen sein wird, so Gespräch zu führen, wie ich dir folgen kann, dann will ich mit dir reden. Denn du, wie man von dir rühmt und du auch selbst sagst, verstehst beides, sowohl in langen Reden als in kurzen die Unterhaltung zu führen; denn du bist eben ein weiser Mann, ich aber weiß nun einmal mit diesen langen Reden gar nicht umzugehen, wiewohl ich sehr wünschte, auch das zu verstehen. Also solltest du, der du beides kannst, uns nachgeben, damit eine Unterhaltung zustande käme. Nun du aber nicht willst, und ich auch nicht länger Zeit habe und es nicht abwarten könnte, wenn du deine Reden so in die Länge zögest, denn ich muß anderswohin: so gehe ich; wiewohl auch dieses hörte ich gewiß gern von dir.

Und mit diesen Worten stand ich auf, um fortzugehen; aber sowie ich aufstand, ergriff mich Kallias mit einer Hand bei der Rechten und mit der andern hielt er mich hier beim Mantel und sagte: Wir werden dich nicht loslassen, Sokrates, denn wenn du uns fortgehst, wird es mit unseren Gesprächen gar nicht mehr dasselbe sein. Ich bitte dich also, bei uns zu bleiben; denn ich weiß keinen, den ich lieber hören möchte, als dich und den Protagoras miteinander reden. Sei also uns allen gefällig. – Ich erwiderte – ich war aber schon aufgestanden, um zu gehen: Immer, Kallias, habe ich an deiner Liebe zur Wissenschaft meine Freude gehabt, und so lobe und liebe ich sie auch jetzt. So daß ich dir gern willfahren würde, wenn du etwas Mögliches bätest; nun aber ist es, wie wenn du mich bätest, mit dem Krison aus Himera, unserm stärksten Wettläufer, oder mit irgendeinem andern Wettläufer oder Eilboten zu laufen und gleichen Schritt mit ihnen zu halten, ich dir dann sagen würde, mir wäre es noch weit lieber als dir, wenn ich diesen nachkommen könnte im Laufen; aber ich kann doch nicht. Ist es dir also lieb, mich und den Krison zusammen laufen zu sehen, so

bitte diesen, daß er nachlasse; denn ich kann nicht geschwind laufen, er aber kann langsam. Wünschst du also mich und den Protagoras zusammen zu hören, so bitte diesen, wie er mir vorher geantwortet hat in kurzen Worten und auf das, was ich fragte, so auch
jetzt noch mir zu antworten; wo aber nicht, welches soll denn die
b Weise der Gespräche sein? Denn ich wenigstens habe immer
geglaubt, dies wären zwei ganz verschiedene Dinge, Gespräch miteinander führen und Reden halten. – Aber sieh nur, Sokrates,
sagte er, Protagoras scheint doch recht zu haben, wenn er verlangt, ihm solle erlaubt sein, zu sprechen, wie er will, und dir, wie
du willst. –

23. Alkibiades, Kritias und Prodikos zur Methode der Weiter-
führung des Gesprächs

Darauf nahm Alkibiades das Wort und sagte: Du hast unrecht,
Kallias! Denn Sokrates gesteht ja, mit der Langrednerei nicht Be-
scheid zu wissen, und räumt darin dem Protagoras den Vorzug
c ein: aber ein ordentliches Gespräch recht zu führen, dem andern
Rede zu stehen und ihn dann auch wieder auszufragen, darin
sollte es mich sehr Wunder nehmen, wenn er irgend jemand den
Vorzug einräumte. Gesteht nun Protagoras seinerseits, daß er
schlechter ist im Gesprächführen als Sokrates, so ist Sokrates zufrieden; will er sich ihm aber gegenüber stellen, wohl, so mag er
auch ordentlich in Frage und Antwort mit ihm sprechen, nicht
aber nach jeder Frage eine lange Rede ausspinnen, der Frage aus-
d weichen und, anstatt den andern zum Worte zu lassen, immer weiter reden, bis die meisten unter den Zuhörern vergessen haben,
was die Frage eigentlich betraf. Denn für den Sokrates verbürge
ich mich, daß er es nicht vergessen wird, ob er gleich scherzt und
sagt, er sei vergeßlich. Mir also scheint, was Sokrates sagt, billiger;
denn jeder muß seine Meinung kundgeben. –

Nach dem Alkibiades war es, glaube ich, Kritias, welcher sagte:
O Prodikos und Hippias, Kallias freilich dünkt mich sehr für den
e Protagoras zu sein, Alkibiades aber ist auch immer rechthabe-
risch, wenn er worauf seinen Sinn gesetzt hat. Uns aber ziemt es,
für keinen von beiden Partei zu nehmen, weder für Sokrates noch
für Protagoras, sondern nur insgemein beide zu bitten, uns die
Unterhaltung nicht in der Mitte abzubrechen. – Als er dies gesagt,

sprach Prodikos: Sehr richtig dünktst du mich zu sprechen, Kri-   337a
tias. Denn die bei einer solchen Unterredung Gegenwärtigen müssen zwar beide Unterredner insgemein anhören, nicht aber beide
gleich, denn das ist nicht einerlei. Nämlich sie müssen zwar beide
insgemein anhören, nicht aber beiden Gleiches gewähren, sondern
dem Weiseren mehr, dem Unweiseren weniger.

Auch ich, o Protagoras und Sokrates, bitte euch beide, nachzugeben und über eure Sätze zu streiten, aber nicht zu zanken, denn
streiten können auch Freunde mit Freunden in allem Wohlmei-   b
nen, aber zanken können nur die, welche uneinig und auch feind-
selig gegeneinander sind. Und auf diese Art wird unsere Unterhaltung am schönsten fortgehen. Denn ihr, die Sprechenden, werdet
so am meisten von uns, den Hörenden, geachtet werden, nicht
gelobt; geachtet nämlich wird man in den Seelen der Hörenden
ohne Betrug, gelobt aber mit Worten von solchen, die oft gegen
ihre Überzeugung Unwahres reden: wir aber, die Hörenden, werden so am meisten Vergnügen davon haben, nicht Genuß, denn   c
Vergnügen hat auch, wer etwas erlernt und Gedanken auffaßt mit
der Seele selbst, Genuß aber nur, wer etwas ißt oder sonst eine
angenehme Empfindung durch den Körper selbst empfängt. – Mit
dieser Rede fand Prodikos bei sehr vielen Anwesenden großen Beifall.

24. Vermittlungsvorschlag des Hippias

Nach dem Prodikos aber sprach Hippias, der Weise. Ich denke,
sagte er, ihr versammelten Männer, daß wir Verwandte und Be-
freundete und Mitbürger von Natur sind, nicht durch das Gesetz.
Denn das Ähnliche ist dem Ähnlichen von Natur verwandt, das   d
Gesetz aber, welches ein Tyrann der Menschen ist, erzwingt vieles
gegen die Natur. Für uns also wäre es schädlich, die Natur der
Sache zwar zu kennen, uns aber dennoch, obgleich die Weisesten
unter den Hellenen und eben deshalb in dieser Stadt als dem
Hauptsitz hellenischer Weisheit und in diesem Hause als dem an-
gesehensten und glänzendsten dieser Stadt versammelt, dieser
Würde nicht würdig zu zeigen, sondern wie die gemeinsten Men-   e
schen untereinander uns zu verunreinigen. Ich bitte und rate euch
daher, o Protagoras und Sokrates, von uns als euern Schiedsrich-
tern in der Mitte zusammengeführt euch zu vereinigen, so daß

338a weder du diese strengste Art des Gespräches forderst, die allzu gedrungene Kürze, wenn sie dem Protagoras nicht angenehm ist, sondern den Reden ein wenig die Zügel nachläßt, damit sie sich mutiger und in schöneren Bewegungen zeigen können, noch auch Protagoras alle Segel beisetze, um mit vollem Winde das Land ganz aus dem Gesicht verlierend in die hohe See der Reden zu entfliehen, sondern daß ihr euch beide in einem mittleren Durchschnitt haltet. Folgt mir daher und macht es so, daß ihr einen Kampfrichter und Aufseher und Vorsitzer erwählt, welcher dar-

b auf halte, daß jeder von euch das gehörige Maß in seinen Reden beobachte. –

25. Festlegung der Art der Fortsetzung des Gesprächs durch Sokrates

Das gefiel den Anwesenden, und sie lobten ihn alle, und Kallias versicherte, er würde mich nicht loslassen, und sie baten, einen Aufseher zu erwählen. Ich sagte also, es würde schimpflich sein, einen Kampfrichter für unser Gespräch zu bestellen; denn wenn der Gewählte schlechter wäre als wir, so wäre es nicht richtig, daß der Schlechtere über Bessere die Aufsicht führe. Wenn er uns ähnlich wäre, wäre es auch so nicht richtig; denn der Ähnliche würde

c auch Ähnliches wie wir tun, so daß er ganz zum Überfluß würde gewählt sein. Aber ihr werdet freilich einen Besseren, als wir sind, erwählen. Einen in der Tat Weiseren als unseren Protagoras ist euch, glaube ich, unmöglich zu wählen. Werdet ihr aber einen wählen, der um nichts besser ist, von dem ihr es aber behauptet, so ist auch das für diesen hier schimpflich, daß ihr ihm wie einem gemeinen Menschen einen Aufseher bestellt, denn mir für mein Teil gilt es gleich. Dies aber will ich tun, damit, wie ihr es wünscht, Unterhaltung und Gespräch zwischen uns zustande komme.

d Wenn Protagoras nicht antworten will: so mag er fragen, und ich will antworten und dabei versuchen, ihm zu zeigen, wie ich meine, daß der Antwortende antworten müsse. Nachdem aber ich geantwortet habe, wieviel er nur hat fragen gewollt, soll auch er wiederum gleichermaßen mir Rede stehen; und zeigt er sich nicht geneigt, auf das Gefragte selbst zu antworten, dann wollen ich und

e ihr ihn insgemein bitten, wie ihr jetzt mich, uns die Unterhaltung nicht zu zerstören. Und es braucht deshalb nicht einer Aufseher zu

sein, sondern ihr alle könnt insgemein die Aufsicht führen. Alle
waren der Meinung, so müßte es gehalten werden. Und Protagoras wollte zwar gar nicht recht, ward aber doch genötigt, zu versprechen, daß er fragen und, wenn er genug gefragt hätte, auch
wiederum Rede stehen und in der Kürze antworten wollte. Er fing
also an zu fragen, ungefähr so.

26. Auslegung des Simonides: Enthält seine Dichtung einen Widerspruch?

Ich glaube, sprach er, o Sokrates, daß es ein wichtiges Stück der
Unterweisung ist für einen Mann, in Gedichten stark zu sein. Dies
besteht aber darin, daß er imstande ist, das von den Dichtern Ge-   339a
sagte zu verstehen, was nämlich gut gedichtet ist und was nicht,
auch es zu erklären und, wenn er gefragt wird, Rechenschaft geben zu können. So soll auch jetzt zwischen uns die Frage noch
ferner von derselben Sache sein, worüber wir jetzt sprechen, ich
und du, nämlich von der Tugend, nur zunächst in Beziehung auf
ein Gedicht, dies soll der ganze Unterschied sein. Simonides sagt
doch irgendwo zum Skopas, dem Sohne des Thessaliers Kreon:
«Ein trefflicher Mann zu werden schon wahrhaftig ist schwer, ein   b
kernfester an Hand und Fuß und Sinn und ein tadellos gebildeter.»
Kennst du das Lied, oder soll ich es dir ganz hersagen? – Ich sagte,
es ist nicht nötig, denn ich kenne es, und gar viel habe ich mich
gemüht um das Lied. – Schön, sprach er. Glaubst du also, daß dies
gut und richtig gedichtet ist oder nicht? – Sehr, sagte ich, gut und
auch richtig. –
   Dünkt dich das denn gut gedichtet, wenn der Dichter sich selbst
widerspricht? – Nicht gut, sagte ich. – Überlege es dir noch besser,
sprach er. – Aber, mein Guter, ich habe es hinlänglich bedacht. –   c
Weißt du also, sprach er, daß er weiterhin im Gedicht irgendwo
sagt: «Auch ist mir nicht abgemessen genug das Pittakeische
Wort, obwohl von einem weisen Manne gesprochen: schwer ist
es, sagt er, tugendlich sein.» Bedenkst du wohl, daß dieser selbe
Mann dieses sagt und auch jenes vorige? – Ich weiß wohl, sagte
ich. – Dünkt dich denn, sprach er, dieses mit jenem übereinzustimmen? – Mir scheint es, sagte ich. Zugleich aber ward mir bange,
was er sagte, möchte doch etwas sein, und ich fragte: Also dir
erscheint es nicht so? – Wie sollte auch wohl derjenige mit sich   d

selbst übereinstimmend erscheinen, der dieses beides sagt, zuerst
selbst annimmt, es sei schwer, in Wahrheit ein trefflicher Mann zu
werden, nachdem er aber etwas weiter vorgerückt ist im Gedicht,
dies wieder vergißt und den Pittakos, der ganz dasselbe sagt wie er,
daß es «schwer sei tugendlich sein», darüber tadelt und ihm nicht
beistimmen will, wo er doch ganz das nämliche wie er selbst behauptet. Wenn er nun den tadelt, der dasselbe wie er sagt, so ist
doch offenbar, daß er sich selbst auch tadelt. So daß entweder das
erste oder das andere nicht richtig ist. Als er das gesagt, erregte er
e wieder Geräusch und Beifall von vielen der Zuhörer. Mir aber
wurde zuerst, wie von einem guten Faustkämpfer tüchtig getroffen, ganz dunkel vor den Augen und schwindlig, als er das sagte
und die andern das Geräusch des Beifalls erhoben.

Hernach aber wendete ich mich – damit ich doch dir wenigstens
die Wahrheit sage, um Zeit zu gewinnen zum Nachdenken, was
der Dichter wohl meinte – zum Prodikos, rief ihn auf und sagte:
Prodikos, dein Landsmann ist ja Simonides, du bist schuldig, dem
Manne beizustehen. Ich werde dich also, dünkt mich, zu Hilfe
340a rufen, wie Homeros erzählt, daß Skamandros, vom Achilleus be-
drängt, den Simoeis zu Hilfe gerufen und gesagt habe: «Bruder,
wohlan! die Gewalt des Mannes da müssen wir beide jetzt bändigen.» Dergestalt rufe auch ich dich herbei, damit Protagoras uns
den Simonides nicht ganz in den Staub werfe. Überdies auch bedarf des Simonides Verteidigung deiner Kunst, durch welche du
das Wollen und Begehren unterscheidest, daß das nicht einerlei ist,
b und was du nur eben wieder vieles und Schönes gesagt hast. Sieh
doch also auch hier zu, ob du derselben Meinung bist wie ich. Mir
nämlich scheint es nicht, als ob Simonides sich selbst widersprä-
che. Du aber, Prodikos, eröffne zuerst deine Meinung. Dünkt dich
das Werden und das Sein einerlei oder zweierlei? – Zweierlei,
beim Zeus, sagte Prodikos. – Hatte nun nicht, sprach ich, in der
ersten Stelle Simonides seine eigene Meinung dahin geäußert, daß
ein trefflicher Mann in Wahrheit zu werden schwer sei? – Du hast
c ganz recht, sagte Prodikos. – Und Pittakos, fuhr ich fort, den er
tadelt, sagt gar nicht, wie Protagoras glaubt, dasselbe, sondern
etwas anderes. Dem Pittakos erklärt gar nicht das für das Schwere,
tugendlich zu werden, wie Simonides, sondern es zu sein. Und wie
unser Prodikos sagt, o Protagoras, so ist Werden und Sein gar

nicht das nämliche, ist aber Werden und Sein nicht dasselbe, so hat
auch Simonides nicht sich selbst widersprochen. Vielleicht würde
auch Prodikos und mancher andere sagen, nach dem Hesiodos sei d
gut zu werden zwar schwer, denn vor die Tugend hätten die Götter den Schweiß gestellt, wäre aber einer erst zum Gipfel gelangt,
alsdann werde sie leicht, wie schwer sie zuvor auch gewesen zu
erlangen. –

27. Bedeutung von «Schwer»

Als Prodikos dies hörte, lobte er mich. Protagoras aber sagte:
Deine Verteidigung, Sokrates, hat noch schlimmere Gebrechen,
als was du verteidigst. – Dann, sprach ich, habe ich schlechte Arbeit gemacht und bin wohl ein lächerlicher Arzt, wenn ich durch
meine Behandlung die Krankheit verschlimmere. – Aber so ver- e
hält es sich, sagte er. – Und wieso? fragte ich. – Großer Unverstand, sprach er, wäre ja das von dem Dichter, wenn er es für
etwas Geringes hielte, die Tugend zu besitzen, was unter allem das
Schwierigste ist, wie alle Menschen glauben. – Darauf sprach ich:
Beim Zeus, recht zur gelegenen Zeit ist Prodikos uns zugegen bei
der Verhandlung. Denn es mag wohl, o Protagoras, des Prodikos
Weisheit eine göttliche sein schon seit lange her, habe sie nun vom 341a
Simonides angefangen oder noch weit eher. Du aber, wiewohl so
vieles anderen kundig, bist dieser offenbar unkundig, nicht wie ich
kundig, weil ich ein Schüler des Prodikos bin. Auch jetzt dünkst du
mich nicht zu merken, daß auch dieses «Schwer» Simonides vielleicht gar nicht so gemeint hat, wie du es meinst, sondern wie Prodikos mich immer schilt wegen des Furchtbaren, wenn ich dich
oder einen andern lobend sage, Protagoras ist doch gar ein weiser
und furchtbarer Mann, fragt, ob ich mich denn nicht schäme, b
etwas Gutes furchtbar zu nennen; denn das Furchtbare, sagt er, ist
böse, kein Mensch redet ja jemals von furchtbarem Reichtum oder
furchtbarem Frieden oder furchtbarer Gesundheit, sondern von
furchtbarer Krankheit, furchtbarem Kriege, furchtbarer Armut,
so daß das Furchtbare Böses ist. Vielleicht nun verstehen eben so
die Keer und mit ihnen Simonides unter «Schwer» entweder das
Böse oder sonst etwas, was du nicht weißt. Laß uns also den Prodikos fragen – denn es ist ja billig, über des Simonides Sprache ihn
zu befragen –, was doch, o Prodikos, hat Simonides mit dem

c «Schwer» gemeint? – Böses, sagte er. – Und deswegen, Prodikos, sprach ich, tadelt er auch wohl den Pittakos, welcher sagt, «Schwer ist es tugendlich sein», als ob er ihn hätte sagen gehört, böse ist es, tugendlich sein. – Was sonst, sagte er, glaubst du denn, habe Simonides sagen gewollt als eben dieses, und daß er dem Pittakos vorwerfen will, er wisse die Worte nicht zu unterscheiden, wie denn dieser auch ein Lesbier war, ein in barbarischer Mundart Auferzogener? –

Du hörst doch, Protagoras, sprach ich, was Prodikos sagt; hast d du etwas dagegen zu sagen? – Darauf sagte Protagoras: Weit gefehlt, Prodikos, daß es sich so verhalten sollte. Sondern das weiß ich ganz gewiß, daß Simonides unter «Schwer» eben das verstanden hat, was wir andern darunter verstehn, nämlich nicht das Böse, sondern das, was nicht leicht ist, sondern nur durch viele Mühe zu erlangen. – Auch ich glaube, sprach ich, daß Simonides dieses gemeint hat und daß auch Prodikos es recht gut weiß; er scherzt aber und scheint dich versuchen zu wollen, ob du imstande sein wirst, deinem Satz beizustehen. Denn daß Simonides unter dem Schweren nicht das Böse versteht, davon ist gleich das Fol- e gende ein deutlicher Beweis, wo er sagt: «Gott allein mag diese Ehre besitzen.» Denn hätte er gesagt, böse ist es, tugendlich sein, so konnte er ja unmöglich hernach sagen, dies komme Gott allein zu, und Gott allein dies als Vorzug beilegen. Oder Prodikos müßte einen ganz ruchlosen Simonides meinen und gar nicht einen Keischen. Aber was mir Simonides zu meinen scheint in diesem Liede, das will ich dir sagen, wenn du doch einen Versuch von mir sehen 342a willst, ob ich, was du nennst, in Gedichten stark bin; wenn du aber willst, will ich es von dir hören. – Protagoras nun, als er mich dies sagen hörte, sagte: Wenn du willst, Sokrates. Prodikos und Hippias aber drangen sehr darauf und die andern auch. –

28. Weisheit der Lakedaimonier und Absicht des Simonides
So will ich denn, sprach ich, was mich von diesem Liede dünkt, versuchen, euch darzulegen. Nämlich die älteste und meiste Philosophie unter den Hellenen ist in Kreta und Lakedaimon. Auch die b meisten Sophisten sind dortzulande, aber sie verleugnen es und stellen sich unwissend, damit sie nicht bekannt dafür werden, daß sie die übrigen Hellenen an Weisheit übertreffen, eben wie jene

Sophisten, von welchen Protagoras vorher sagte, sondern damit sie das Ansehen haben, als überträfen sie sie nur im Fechten und in der Tapferkeit, weil sie glauben, wenn bekannt würde, worin ihre Stärke bestehe, würden sich eben alle dessen befleißigen. Nun aber, indem sie das Wahre verborgen gehalten, haben sie die in anderen Städten Lakonisierenden getäuscht, so daß diese, um sie nachzuahmen, sich die Ohren einschlagen, nicht anders als mit Kampfriemen gehen, sich ganz den Leibesübungen ergeben und c kurze Mäntel tragen, als ob hierdurch die Lakedaimonier die Hellenen beherrschten. Die Lakedaimonier aber, wenn sie einmal in Ruhe ihren Sophisten zuhören wollen und es schon satt haben, sich nur heimlich bei ihnen zu versammeln, so veranstalten sie eine Fremdenaustreibung jener Lakonisierenden sowohl, als wer sonst noch von Fremden sich bei ihnen aufhält, und besuchen dann ihre Sophisten, den Fremden unvermerkt. Sie aber lassen von ihren Jünglingen keinen in andere Städte reisen, wie auch die Kreter d nicht, damit sie nicht verlernen, was sie sie lehren. Und in diesen beiden Staaten gibt es nicht nur Männer, welche sich ihrer Kenntnisse rühmen, sondern auch Frauen.

Daß ich aber dies alles mit Wahrheit sage, und die Lakedaimonier auch zur Philosophie und zum Reden am besten unterrichtet sind, das könnt ihr hieraus abnehmen. Wenn sich jemand auch mit dem schlechtesten Lakedaimonier einläßt, er wird finden, daß dieser sich lange Zeit in seinen Reden ganz schlecht zeigt, hernach aber, wo es sich trifft im Gespräch, schießt er auf ihn ein tüchtiges, e ganz kurzes und zusammengedrängtes Wort, wie ein gewaltiger Bogenschütze, so daß, wer mit ihm spricht, nicht besser als ein Kind gegen ihn erscheint. Eben dieses nun haben sowohl von den Neueren einige eingesehen als auch von den Alten, daß das Lakonisieren weit mehr in der Liebe zur Weisheit besteht als in der Liebe zu den Leibesübungen, wohl wissend, daß solche Sprüche reden zu können nur dem vollkommen Unterrichteten gegeben ist. Unter diesen nun waren auch Thales von Milet, Pittakos von 343a Mytilene, Bias von Priene, unser Solon, Kleobulos von Lindos, Myson von Chenai, und als der siebente wurde zu diesen gezählt der Lakedaimonier Chilon. Alle diese waren Nachfolger, Verehrer und Lehrlinge der Lakedaimonischen Künste. Denn jeder kann ihre Weisheit wissen, daß sie von dieser Art ist, kurze denkwür-

dige Sprüche, die ein jeder geredet hat. Diese haben auch gemeinb schaftlich Musterstücke ihrer Weisheit dem Apollon und seinem
Delphischen Tempel gewidmet, darauf schreibend, was in aller
Mund ist, das «Kenne dich selbst» und «Nichts zu viel». Weshalb
sage ich nun dieses? Weil das die Weise der Alten war in der Philosophie, solche lakonische Kurzrederei. Und so ging auch dieser
Spruch des Pittakos herum, von den Weisen viel gesprochen:
Schwer ist es, tugendlich sein. Simonides nun, auch dem Ruhm der
c Weisheit nachtrachtend, gedachte, wenn er diesen Spruch niederwerfen könnte wie einen berühmten Fechter und überwinden,
müßte auch er berühmt werden unter seinen Zeitgenossen. Gegen
diesen Spruch also und aus dieser Ursache, diesem nachstellend,
ihn zu unterdrücken, hat er das ganze Lied gedichtet, wie es mir
scheint.

29. *Aufzeigung der Absicht am «Schon» des Anfangs*
Laßt es uns einmal gemeinsam betrachten, ob ich wohl recht habe.
Denn gleich der Anfang des Liedes müßte als unsinnig erscheinen,
wenn er überhaupt nur hätte sagen wollen, daß es schwer wäre,
d ein trefflicher Mann zu werden, und hätte doch dieses «Schon»
hineingebracht. Denn dies muß ohne den mindesten Grund hineingeworfen zu sein scheinen, wenn man nicht annimmt, Simonides sage es wie im Streit gegen den Spruch des Pittakos. Was nämlich Pittakos sagt, Schwer ist es, tugendlich sein, dieses bestreitend
sagt er: Nein, sondern schon ein trefflicher Mann zu werden ist
schwer, o Pittakos, wahrhaftig. Nicht etwa «ein in Wahrheit trefflicher»; denn dieses «Wahrhaftig» sagt er nicht in der Beziehung,
als ob es einige gäbe, die wahrhaft trefflich sind, und wieder ane dere, die zwar trefflich sind, aber nicht in Wahrheit trefflich, denn
das wäre ja offenbar einfältig und nicht vom Simonides; sondern
man muß annehmen, dieses «Wahrhaftig» sei eine Wortversetzung in dem Liede und so ungefähr der Spruch des Pittakos hinzuzudenken, als wenn wir den Fall setzten, Pittakos selbst redete und
Simonides antwortete, und jener sagte: O ihr Leute, schwer ist es,
344 a tugendlich sein; und dieser antwortete: O Pittakos, du redest
nicht richtig; denn nicht zu sein, sondern schon zu werden ein
trefflicher Mann, kernfest an Hand und Fuß und Sinn und tadellos
gebildet, ist wahrhaftig schwer. Auf diese Art ist das «Schon» ver

nünftig hineingebracht und das «Schwer» steht hinten, wie es sich
gebührt; und auch alles Folgende bestätigt, daß es so gemeint ist.
Denn vielfältig könnte man von jedem einzelnen in diesem Liede b
Gesagten zeigen, wie schön es gedichtet ist, denn es ist alles sehr
anmutig und bedeutsam; allein es wäre weitläufig, es so durchzugehen; aber den ganzen Umriß desselben laßt uns durchgehen und
die Absicht, daß sie auf alle Weise eine Widerlegung dieses Pitta-
keischen Spruches ist durch das ganze Lied.

30. Unmöglichkeit, ein trefflicher Mann dauernd zu sein

Denn er sagt hierauf, nachdem er noch einiges beigebracht, wie
wenn er den Satz ausführte, daß schon ein trefflicher Mann zu
werden wahrhaftig schwer ist, doch aber möglich, auf einige Zeit
wenigstens; wenn man es aber geworden ist, auch in dieser Verfas- c
sung zu bleiben und, ein trefflicher Mann fortdauernd zu sein, wie
du sagst, Pittakos, das ist unmöglich und nicht dem Menschen
angemessen, sondern Gott allein darf diese Ehre besitzen. «Dem
Menschen aber ist nicht möglich, nicht schlecht sein, welchen ein
ratloses Unglück niederwirft.» Wen wirft nun ein ratloses Unglück nieder bei der Regierung eines Schiffes? Offenbar doch nicht
den Unkundigen, denn der ist schon immer niedergeworfen. So
wie nun niemand den Liegenden niederreißen kann, sondern den
Stehenden zwar kann man niederreißen, so daß er ein Liegender
wird, den Liegenden aber nicht: so kann auch nur den, der sich
sonst wohl zu raten weiß, ein ratloses Unglück niederwerfen, den d
immer Ratlosen aber nicht. Und den Steuermann kann ein heftiger
Sturm, der ihn überfällt, ratlos machen, den Landmann schlechte
Witterung, die eintritt, und ähnliches auch den Arzt. Denn dem
Vortrefflichen kann es begegnen, einmal schlecht geworden zu
sein, wie auch ein anderer Dichter bezeugt, welcher sagt: «Auch
wohl ein Trefflicher ist nun schlecht, dann wieder zu rühmen»;
dem Schlechten aber begegnet nicht, es einmal gewesen zu sein, e
sondern ihm ist notwendig, es immer zu sein, so daß der Wohl-
beratene, Weise und Treffliche, wenn ihn ratloses Unglück niederwirft, «nicht anders kann, als schlecht sein»; du aber, Pittakos,
sagst: Schwer ist es, tugendlich sein. Es ist aber tugendlich werden
schon schwer, jedoch möglich; sein aber unmöglich. «Denn jeglicher Mann, wer gut gehandelt, ist gut, schlecht aber, wenn

schlecht.» Was ist nun im Lesen das gute Handeln? Und was
345 a macht einen Mann gut hierin? Offenbar die Erlernung davon.
Und welches Guthandeln macht einen guten Arzt? Offenbar die
Erlernung des Behandelns der Kranken. «Schlecht aber, wer
schlecht.» Wer kann denn ein schlechter Arzt werden? Offenbar
der, von welchem zuerst gesagt werden kann, daß er ein Arzt ist,
und dann, daß er ein guter Arzt ist. Denn der kann auch ein
schlechter werden. Wir aber, die der Arzneikunst Unkundigen,
wir können niemals durch Schlecht-Handeln weder Ärzte werden,
b noch Zimmerleute, noch irgend etwas anderes, und wer kein Arzt
werden kann, indem er schlecht handelt, der auch offenbar kein
schlechter. So auch kann der treffliche Mann wohl auch einmal
schlecht werden, es geschehe aus Schuld der Zeit, aus Ermüdung
oder durch Krankheit oder irgendeinen andern Zufall; denn dies
ist ja das einzige Schlechthandeln, der Erkenntnis beraubt sein:
der schlechte Mann aber kann nie schlecht werden, denn er ist es
immer, sondern wenn er schlecht werden soll, muß er erst gut geworden sein. So daß auch diese Stelle des Liedes darauf abzweckt
zu zeigen, ein trefflicher Mann zu sein, es unausgesetzt immer blei-
c bend, sei nicht möglich, trefflich aber werden könne einer und
schlecht auch eben derselbe; am weitesten aber gedeihen und die
trefflichsten sind, welche die Götter lieben.

31. *Grund des Tadels an Pittakos*
Dieses alles ist gegen den Pittakos gesagt, und auch das Folgende
im Liede macht dies noch deutlicher. Er sagt nämlich: «Darum
will ich auch nie, was nicht sein kann suchend, vergeblich uner-
füllter Hoffnung ein Teil der Zeit hinwerfen, einen tadellosen
Mann unter allen, die wir der weitbewohnten Erde Früchte bre-
chen. Find' ich ihn, dann verkünd' ich es euch.» So heftig und
d durch das ganze Lied fällt er aus gegen den Spruch des Pittakos.
«Alle daher lobe ich und liebe, wer nichts Schlechtes vollbringt,
aus freier Wahl; der Notwendigkeit jedoch sträuben sich auch
Götter nicht.» Auch dies ist wieder gegen eben dasselbe gesagt.
Denn so ununterrichtet war Simonides nicht, daß er gesagt hätte,
er lobe diejenigen, die nichts Böses aus freier Wahl tun, als gäbe es
welche, die aus freier Wahl Böses tun. Ich wenigstens glaube die-
e ses, daß kein weiser Mann der Meinung ist, irgendein Mensch

fehle aus freier Wahl oder vollbringe irgend etwas Böses und
Schlechtes aus freier Wahl, sondern sie wissen wohl, daß alle, welche Böses und Schlechtes tun, es unfreiwilllig tun. Daher auch Simonides nicht dessen, der nicht aus freier Wahl Böses tut, Lobredner zu sein behauptet, sondern dieses «aus freier Wahl» bezieht
sich auf ihn selbst. Er glaubt nämlich, ein guter und edler Mann
zwinge oft sich selbst, jemandes Freund und Lobredner zu werden, wie ja manchem begegne, einen unliebenswürdigen Vater zu   346a
haben oder solche Mutter oder ein solches Vaterland oder sonst
etwas dergleichen. Schlechte Menschen nun, die so etwas beträfe,
sähen es fast gern und verbreiteten tadelnd und anklagend die
Schlechtigkeit der Eltern oder des Vaterlandes, damit sie selbst
von den Menschen nicht ihrer Vernachlässigung wegen möchten
angeklagt und ihnen dies zur Schande angerechnet werden, daß sie
sie vernachlässigen. Weshalb sie sie auch wohl über Gebühr tadeln
und noch selbstgemachte Mißhelligungen zu allem Unvermeid-   b
lichen hinzufügen. Gute Menschen aber suchten dergleichen zu
verbergen und zwängen sich noch zum Lobe, und wenn sie erzürnt
wären gegen Eltern oder Vaterland wegen erlittenen Unrechtes,
ermahnten sie sich selbst und versöhnten sich, indem sie sich dazu
nötigten, die Ihrigen zu lieben und zu loben. Und oft auch, meine
ich, hat Simonides selbst geglaubt, einen Tyrannen oder einen andern solchen zu loben und zu preisen nicht aus freier Wahl, sondern gezwungen. Dieses sagt er daher auch dem Pittakos: Ich, o
Pittakos, tadle dich nicht etwa deshalb, weil ich tadelsüchtig wäre.   c
«Denn mir genügt, wer nicht schlecht ist noch gänzlich tatenlos,
kundig des staatfördernden Rechts, ein gesunder Mann. Nicht
will ich ihn tadeln», denn nicht bin ich ein Gerntadler; «unzählig
sind ja die Geschlechter der Toren», so daß, wenn einer liebt zu
tadeln, er genug haben kann, wenn er jene tadelt. «Alles ist schön,
dem nichts Schlechtes ist beigemischt.» Dies meint er nicht so, als   d
ob er sagte: alles ist weiß, dem nichts Schwarzes ist beigemischt,
denn das wäre ja lächerlich auf alle Weise, sondern er will sagen,
daß er selbst sich auch an dem Mittelmäßigen genügen läßt, so daß
er es nicht tadle. Und ich suche nicht, sagt er, einen tadellosen
Mann unter allen, die wir der weitbewohnten Erde Früchte bre-
chen. Find' ich ihn, dann verkünd' ich es euch. So daß ich deshalb
keinen loben will, sondern es genügt mir, wenn sich einer in der

Protagoras

Mitte hält und nichts Schlechtes tut. Daher werde ich alle loben
und lieben, und hier bedient er sich gar der Mundart der Mytile-
e ner, als sagte er ausdrücklich zum Pittakos dieses: Alle daher lobe
ich und liebe, wer nichts Schlechtes vollbringt, und hier muß man
innehalten bei dem «vollbringt», aus freier Wahl, denn es gibt
auch welche, die ich wider Willen lobe und liebe. Dich nun, wenn
du auch nur mittelmäßig wahr und verständig gesprochen hättest,
347a o Pittakos, hätte ich nimmer getadelt, nun aber täuschst du dich
zu sehr und über die wichtigsten Dinge und glaubst doch, Wahres
gesagt zu haben, deshalb tadle ich dich.

In dieser Meinung, o Prodikos und Protagoras, sprach ich,
dünkt mich Simonides dieses Lied gedichtet zu haben. –

*32. Der Dialog ist der Interpretation von Dichtung vorzuzie-
hen*

Darauf sagte Hippias: Sehr gut, Sokrates, dünkt mich, hast auch
du dieses Lied erklärt; indes habe auch ich darüber eine ganz
b schöne Rede, welche ich euch vortragen will, wenn ihr wollt. – O
ja, sprach Alkibiades, hernach nämlich. Jetzt aber muß erst noch,
wie Protagoras und Sokrates übereingekommen sind, entweder,
wenn Protagoras noch etwas fragen will, Sokrates antworten,
oder, wenn jener dem Sokrates antworten will, dieser fragen. Ich
sagte darauf: Für mein Teil überlasse ich dem Protagoras, welches
ihm lieber ist; will er indes, so wollen wir Lieder und Gedichte
c beiseite lassen; worüber ich dich aber zuerst fragte, Protagoras,
das möchte ich gern mit dir untersuchend zu Ende bringen. Denn
mich dünkt, über Gedichte zu sprechen habe allzuviel Ähnlichkeit
mit den Gastmahlen ungebildeter und gemeiner Menschen. Denn
auch diese, weil sie sich nicht selbst miteinander unterhalten können beim Becher, noch durch ihre eigene Stimme und Rede aus
d Unbildung, verteuern sie die Flötenspielerinnen und mieten für
vieles Geld die fremde Stimme der Flöte und unterhalten sich
durch deren Stimme. Wo aber gute und edle und unterrichtete
Zecher zusammenkommen, da findest du keine Flötenspielerin
noch Tänzerin noch Lautenschlägerin, sondern du findest sie sich
untereinander genug zur Unterhaltung ohne diese Possen und
Tändeleien, durch ihre eigene Stimme, jeden an seinem Teile bald
redend, bald hörend ganz sittsam, und sollten sie auch sehr vielen

Wein getrunken haben. So bedürfen auch solche Unterhaltungen, e
wie die gegenwärtige, wenn Männer darin begriffen sind, wie die
meisten unter uns sich zu sein rühmen, keiner fremden Stimme
und keiner Dichter, welche man nicht einmal befragen kann über
das, was sie sagen, so daß auch die, welche ihrer in ihren Reden
erwähnen, teils sagen, dies habe der Dichter gemeint, teils wieder
etwas anderes, indem sie von einer Sache reden, welche sie nicht
auszumitteln vermögen; sondern solcher Unterhaltung entschla-
gen sie sich und unterhalten sich selbst durch sich selbst, indem 348 a
sie sich in eigenen Reden aneinander versuchen und versuchen lassen. Solche, dünkt mich, sollten ich und du lieber nachahmen und,
die Dichtung beiseite setzend, aus uns selbst miteinander reden,
um die Wahrheit und uns zu erforschen. Willst du mich also noch
weiter fragen, so bin ich bereit, mich dir als Antwortender zu stellen; willst du aber, so stelle du dich mir, um den Gegenstand, dessen Erörterung wir abgebrochen haben, zu Ende zu führen. –
Hierauf und auf das, was ich weiter hinzufügte, erklärte sich Pro- b
tagoras nicht, welches von beiden er tun wollte. Daher sagte Alkibiades, zum Kallias sich wendend: Wie ist es, Kallias? Dünkt dich
auch nun Protagoras recht zu tun, indem er nicht erklären will, ob
er Rede stehen will oder nicht? Mich dünkt nämlich nicht; entweder setze er daher die Unterredung fort, oder er sage, daß er sie
nicht fortsetzen will, damit wir wissen, woran wir mit diesem sind
und Sokrates sich dann mit einem andern unterreden könne, oder
welcher andere sonst Lust hat mit einem andern. Hierauf, be-
schämt, wie es mir schien, da Alkibiades so sprach und Kallias ihn c
bat und fast alle Anwesenden mit, bequemte sich Protagoras endlich wieder zum Gespräch und hieß mich ihn fragen, indem er
antworten wollte.

33. Rückgang zur Frage nach der Einheit der Tugend

Ich fing also an und sagte: Glaube nur nicht, Protagoras, daß ich
irgend etwas anderes wollend mich mit dir unterrede, als nur das,
worüber ich eben Zweifel habe, erforschen. Denn ich glaube, daß
Homeros sehr recht hat, wenn er sagt: «Wo zwei wandeln zu- d
gleich, da bemerket der ein' und der andre»; denn so sind alle
Menschen besser gerüstet zu jeder Handlung und Rede und Untersuchung. Doch der einzelne, wenn er etwas bemerkt, geht sogleich

umher und sucht, bis er einen findet, dem er es vorzeige und mit dem er es sich recht begründe. So wie auch ich eben deshalb so gern mit dir rede, lieber als mit einem andern, weil ich glaube, daß
e du am besten sowohl alles andere, worüber ein rechtlicher Mann wohl nachdenken mag, auseinandersetzen kannst, als auch besonders das, was die Tugend betrifft. Denn wer auch anders als du? Der du nicht nur selbst glaubst, gut und edel zu sein, wie andere, die selbst zwar ganz rechtliche Männer sind, aber keinen andern dazu machen können: du aber bist sowohl selbst ein trefflicher Mann als auch imstande, andere zu trefflichen Männern zu machen, und vertraust so sehr dir selbst, daß während andere diese
349a Kunst verbergen, du dich selbst öffentlich dazu ausrufend vor allen Hellenen unter dem Namen eines Sophisten dich zum Lehrer in der Tugend und Vollkommenheit anbietest als der erste, der dafür Bezahlung zu erhalten begehrt. Wie sollte man also nicht dich herberufen zu solcher Dinge Untersuchung und dich befragen und sich mit dir beraten? Gewiß, man kann auf keine Weise anders. Und so wünsche ich auch jetzt, daß du das, worüber ich dich zuerst befragte, teils mir von Anfang wieder in Erinnerung bringst, teils es weiter mit mir untersuchen wollest.

Es war aber, wie ich glaube, die Frage diese, ob Weisheit und
b Besonnenheit und Tapferkeit und Gerechtigkeit und Frömmigkeit, ob dies nur fünf verschiedene Namen für eine Sache sind oder ob jedem dieser Namen auch eine eigene Wesenheit unterliegt und eine eigene Sache, die jede ihre besondere Verrichtung hat, so daß die eine nicht ist wie die andere. Du nun hattest gesagt, es wären nicht nur verschiedene Namen für eines, sondern jeder dieser Na-
c men sei einer besonderen Sache untergelegt, und diese alle wären Teile der Tugend, nicht wie die Teile des Goldes einander und dem Ganzen ähnlich sind, dessen Teile sie sind, sondern wie die Teile des Gesichtes dem Ganzen, dessen Teile sie sind, und auch sich untereinander unähnlich sind und jeder seine besondere Verrichtung hat. Dünkt dich nun dieses noch ebenso wie vorher, so sage es; wo aber anders, so erkläre dieses. Denn ich will dich nicht verantwortlich machen, wenn du jetzt etwas anderes behauptest,
d indem es mich gar nicht wundern sollte, wenn du damals, um mich zu versuchen, jenes gesagt hättest.

34. *Sind Weisheit und Tapferkeit identisch? Einspruch des Protagoras*

So sage ich dir denn, Sokrates, sprach er, dies alles sind freilich Teile der Tugend, und die vier anderen sind einander auch sehr nahe, die Tapferkeit aber ist von ihnen allen gar sehr unterschieden. Daß ich aber richtig rede, kannst du hieraus erkennen. Du wirst nämlich viele Menschen finden, welche sehr ungerecht sind und sehr ruchlos, sehr unbändig und sehr unverständig, tapfer aber ganz ausgezeichnet. – Halt doch, sagte ich, denn was du da sagst, ist wohl wert, daß wir es betrachten. Nennst du die Tap- e feren dreist oder etwas anderes? – Und auch keck zufahrend, worauf die meisten sich fürchten zu gehen. – So komm denn! Sagst du, die Tugend sei etwas Schönes, und als in etwas Schönem erbietest du dich in ihr zum Lehrer? – Und zwar das Schönste allerdings, sagte er, wenn ich anders nicht von Sinnen bin. – Ob etwa, sprach ich, einiges an ihr schlecht ist und anderes schön, oder alles schön? – Alles durchaus schön, so sehr als immer möglich. – Weißt du auch, welche dreist ins Wasser springen? – O ja, die 350a Schwimmer. – Weil sie es verstehen, oder aus einer anderen Ursache? – Weil sie es verstehen. – Und wer ficht im Kriege dreist zu Pferde? Die Reiter oder die Unberittenen? – Die Reiter. – Und wer mit kurzen Schilden? Die Leichtbewaffneten oder andere? – Jene, sagte er, und überhaupt sind auch in allen anderen Dingen, wenn du darauf hinaus willst, die Kundigen dreister als die Unkundigen, und nachdem sie es gelernt haben, dreister als sie selbst waren, ehe sie es gelernt hatten. – Hast du auch schon solche gesehen, fragte b ich, die aller dieser Dinge unkundig waren und doch zu allem dreist? – O ja, sagte er, und sehr dreist. – Sind wohl diese Dreisten auch tapfer? – Dann wäre ja, sagte er, die Tapferkeit etwas sehr Schlechtes, denn diese sind toll. – Was sagst du denn von den Tapferen? sprach ich. Nicht, daß sie die Dreisten sind? – Auch jetzt noch, sagte er. – Also diese, sprach ich, die auf solche Art dreist c sind, scheinen nicht tapfer zu sein, sondern toll? Und vorher dort waren die Weisesten auch die Dreistesten, und wenn die Dreistesten, auch die Tapfersten? Und so wäre ja nach dieser Rede die Weisheit die Tapferkeit? –

Nicht richtig, sagte er, trägst du vor, o Sokrates, was ich gesagt und dir geantwortet habe. Gefragt von dir, ob die Tapferen dreist

wären, habe ich dies bejaht, ob aber die Dreisten auch tapfer sind, das wurde ich gar nicht gefragt. Denn wenn du mich das gefragt
d hättest, würde ich gesagt haben, nicht alle. Daß aber die Tapferen nicht dreist wären und ich diese meine Behauptung mit Unrecht behauptet hätte, hast du nirgends erwiesen. Hernach zeigst du von den einer Sache Kundigen, daß sie dreister darin sind, als sie selbst vorher waren und so auch dreister als andere Unkundige, und deshalb meinst du, nun sei Weisheit und Tapferkeit dasselbe. Wenn du es so herumholen willst, kannst du auch glauben, Stärke sei Weisheit. Denn zuerst, wenn du mich mit einer solchen Wen-
e dung fragtest, ob nicht die Starken kraftvoll sind, so würde ich ja sagen und dann, ob nicht die des Fechtens Kundigen kraftvoller sind als die Unkundigen und auch, nachdem sie es gelernt, kraftvoller als sie selbst waren, ehe sie es lernten, so würde ich es ebenfalls bejahen. Nachdem ich nun dieses zugegeben, könntest du dann eben diesen Beweis anwendend sagen, daß nach meinem Geständnis Weisheit Stärke wäre. Aber ich gebe ja keineswegs in diesem Falle zu, daß die Kraftvollen stark, sondern daß die Starken
351a kraftvoll sind und nicht, daß Kraft und Stärke einerlei ist; denn jene, die Kraft, entsteht auch aus Kenntnis, ja auch aus Wahnsinn oder aus Gemütsbewegung, die Stärke aber aus der guten Natur und der Wohlgenährtheit des Körpers. So auch in unserm Falle nicht, daß Dreistigkeit und Tapferkeit einerlei ist, so daß zwar folgt, die Tapferen sind dreist, jedoch nicht, daß die Dreisten auch alle tapfer sind. Denn Dreistigkeit entsteht dem Menschen auch
b aus Kunst oder aus Tollheit oder aus Gemütsbewegung, wie die Kraft; die Tapferkeit aber entsteht aus der Gutartigkeit und Wohlgenährtheit der Seele.

35. Die Lust und das Gute. Macht oder Ohnmacht der Erkenntnis

Sagst du denn, Protagoras, sprach ich, daß einige Menschen gut leben und andere schlecht? – Er sagte ja. – Dünkt dich nun wohl ein Mensch gut zu leben, wenn er gequält und gepeinigt lebt? – Nein. – Wie aber, wenn er nach einem vergnügten Leben seinen Lauf beschließt, dünkt dich dieser nicht gut gelebt zu haben? –
c Dann wohl, sagte er. – Also vergnügt leben ist gut, unangenehm leben aber böse? – Wenn man nämlich, sagte er, am Schönen Ver-

gnügen findend lebt. – Wie doch, Protagoras? Nennst auch du,
wie die meisten, einiges Angenehme böse und Peinliches gut? Ich
meine nämlich, inwiefern es angenehm ist, ob es insofern nicht gut
ist – nicht, wenn etwas anderes daraus entsteht? Und auf der andern Seite wiederum das Peinliche, ob es nicht, insofern peinlich,
auch böse ist? – Ich weiß nicht, Sokrates, sagte er, so unbedingt
wie du fragst, ob ich antworten soll, daß alles Angenehme gut ist   d
und das Peinliche böse. Vielmehr dünkt es mich nicht nur in Beziehung auf die gegenwärtige Antwort sicherer, sondern auch für
mein ganzes übriges Leben, wenn ich antworte, daß es einiges gibt
unter dem Angenehmen, was nicht gut, und wiederum unter dem
Unangenehmen einiges, was nicht böse ist, anderes was so ist, und
drittens noch anderes, was keins von beiden ist, weder gut noch
böse. – Angenehm aber, sprach ich, nennst du doch, womit Lust
verbunden ist oder was Lust macht? – Allerdings, sagte er. – Dieses nun meine ich, ob es nicht, inwiefern angenehm, auch gut ist,   e
nach der Lust selbst fragend, ob die nicht gut ist? – Darauf sagte
er: Laß uns zusehn, Sokrates, wie du ja immer sagst, und wenn die
Untersuchung zur Sache zu gehören scheint und sich zeigt, daß das
Gute und Angenehme einerlei ist, so wollen wir es einräumen, wo
aber nicht, so wollen wir es dann schon bestreiten. – Willst nun,
sprach ich, du die Untersuchung führen oder soll ich sie führen? –
Es ist billig, antwortete er, daß du sie führst, denn du leitest ja das
Gespräch. –
Vielleicht also, sagte ich, wird es uns auf diese Art offenbar   352a
werden. So wie nämlich jemand, der einen Menschen aus der Gestalt in Absicht auf seine Gesundheit oder sonst eine körperliche
Beschaffenheit untersuchen sollte, wenn er nichts von ihm sähe als
das Gesicht und die Hände, gewiß zu ihm sagen würde, komm her,
entblöße mir auch die Brust und den Rücken und zeige sie mir,
damit ich dich genauer betrachten kann: so ungefähr vermisse ich
etwas bei unserer Untersuchung und möchte, nachdem ich gesehen, wie du über das Angenehme und Gute denkst, dir ebenso
sagen: Komm her, Protagoras! Enthülle mir von deiner Gesin-   b
nung auch noch dieses, was du von der Erkenntnis hältst, ob du
auch hierüber so denkst wie die meisten Menschen oder anders?
Die meisten nämlich denken von der Erkenntnis so ungefähr, daß
sie nichts Starkes, nichts Leitendes und Beherrschendes ist; und sie

achten sie auch gar nicht als ein solches, sondern meinen, daß oft, wenn auch Erkenntnis im Menschen ist, sie ihn doch nicht beherrscht, sondern irgend sonst etwas, bald der Zorn, bald die Lust, bald die Unlust, manchmal die Liebe, oft auch die Furcht, so daß
c sie offenbar von der Erkenntnis denken wie von einem elenden Wicht, daß sie sich von allem andern herumzerren läßt. Dünkt nun auch dich so etwas von ihr, oder vielmehr, sie sei etwas Schönes, das wohl den Menschen regiere, und wenn einer Gutes und Böses erkannt habe, werde er von nichts anderem mehr gezwungen werden, irgend etwas anderes zu tun, als was seine Erkenntnis ihm befiehlt, sondern die richtige Einsicht sei stark genug, dem Menschen durchzuhelfen? – So dünkt es mich, antwortete er, wie du jetzt sagst, Sokrates, und zudem wäre es, wenn für irgendeinen
d anderen, gewiß auch für mich unziemlich zu behaupten, daß Weisheit und Erkenntnis nicht das Mächtigste wäre unter allem Menschlichen. – Wohl gesprochen von dir, sagte ich, und sehr wahr.

Du weißt aber doch, daß die meisten Menschen mir und dir nicht glauben, sondern sie sagen, daß viele, welche das Bessere sehr gut erkennen, es doch nicht tun wollen, obgleich sie könnten, sondern etwas anderes tun. Und so viele ich gefragt habe, was doch die Ursache wäre hiervon, haben mir alle gesagt, von der
e Lust überwunden oder der Unlust oder irgendeinem unter den Dingen, deren ich vorhin erwähnte, bezwungen, taten die das, die es tun. – Sagen doch wohl, sprach er, die Leute, o Sokrates, noch viel anderes Unrichtiges. – So komm denn, und versuche mit mir, die Leute zu überreden und zu belehren, was für ein Zustand das ist, was sie nennen von der Lust überwunden werden und um deswillen das Bessere nicht tun, denn erkannt habe man es ja. Viel-
353a leicht nämlich, wenn wir ihnen nur sagten: Ihr habt unrecht, Leute, und ihr irrt euch, möchten sie uns fragen: O Sokrates und Protagoras, wenn dieser Zustand nicht darin besteht, von der Lust überwunden zu werden, was ist er denn, und wie erklärt ihr ihn? Sagt es uns doch! – Aber o Sokrates, sagte Protagoras, was sollen wir denn die Meinung der Leute in Betrachtung ziehen, welche
b sagen, was ihnen einfällt? – Ich glaube nur, sprach ich, daß uns dies etwas helfen wird, um zu entdecken, wie sich die Tapferkeit eigentlich zu den übrigen Teilen der Tugend verhalte. Bleibst du

also noch bei dem eben Beschlossenen, daß ich führen soll, so folge
mir auch dahin, wo ich glaube, daß sich uns die Sache am deutlich-
sten darstellen wird. Willst du aber nicht, so will ich es gut sein
lassen, wenn dir das lieber ist. – Nein, sagte er, du hast recht,
bringe es nur zu Ende, wie du es angefangen hast.

36. *Lust und Unlust als Handlungsprinzipien der Menge*

Noch einmal also, sprach ich, wenn sie uns fragten: Wie erklärt c
ihr also das, was wir nannten zu schwach sein gegen die Lust? So
würde ich zu ihnen sagen: Hört denn! Protagoras und ich, wir
wollen versuchen, es euch zu erklären. Ihr meint doch darunter
nichts anderes, als was euch in solchen Dingen begegnet, wie daß
ihr oft von Speise und Trank und Wollust als dem Angenehmen
bezwungen, wiewohl ihr wißt, daß es schlecht ist, es dennoch
tut? – Das würden sie bejahen. – Nicht wahr, dann würden wir sie
wieder fragen, ich und du: Aber inwiefern sagt ihr, daß diese
Dinge schlecht sind? Etwa eben deshalb, weil sie diese Lust für den d
Augenblick gewähren, und also jedes für sich angenehm sind, oder
weil sie in der folgenden Zeit Krankheit und Mangel herbeiführen
und viel anderes der Art bewirken? Oder sollten sie auch, wenn sie
nichts dergleichen in der Folge bewirken, sondern nur Vergnügen
machen, dennoch etwas Böses sein, weil sie, was einer auch treibe,
ihn vergnügt machen und auf welche Art es auch sei? Sollen wir
glauben, Protagoras, daß sie uns etwas anderes antworten werden, als diese Dinge wären nicht wegen der Lust, welche sie für den
Augenblick gewähren, böse, sondern allerdings wegen der her- e
nach entstehenden Krankheiten und des übrigen? – Ich glaube,
sagte Protagoras, daß die Leute so antworten werden. – Und was
Krankheit bringt, bringt Unlust, was Armut bringt, bringt Unlust?
Das würden sie zugeben, denke ich? – Protagoras war auch der
Meinung. – Also scheinen euch, ihr Leute, wie ich und Protagoras
behaupten, diese Dinge aus keiner andern Ursache böse zu sein,
als weil sie selbst die Pein endigen und euch anderer Lust berauben? Das würden sie doch zugeben? – So schien es uns beiden. – 354a
Wenn wir nun auch nach dem Entgegengesetzten fragten: Ihr
Leute, die ihr wiederum sagt, daß manches Peinliche gut ist, meint
ihr damit nicht dergleichen wie die anstrengenden Leibesübungen,
die Feldzüge, die Behandlungen der Ärzte mit Brennen und

Schneiden, Arzneinehmen und Fasten, daß dergleichen gut ist, aber peinlich? So würden sie das bejahen? – So schien es ihm

b auch. – Ob ihr sie nun wohl deshalb gut nennt, weil sie für den Augenblick die heftigsten Qualen und Schmerzen verursachen, oder weil in der Folge Gesundheit daraus entsteht und Wohlbefinden des Körpers und Rettung der Staaten und sonst Herrschaft und Reichtum? Sie würden das letztere bejahen, wie ich glaube. – Er glaubte es ebenfalls. – Sind also diese Dinge aus einer andern Ursache gut, als weil sie in Lust endigen und in der Unlust Abwen-

c dung und Vertreibung? Oder habt ihr ein anderes Ziel anzugeben, in Beziehung auf welches ihr sie gut nennt, als nur Lust oder Unlust? Ich glaube, sie werden kein anderes angeben. – Auch ich glaube es nicht, sagte Protagoras. – Also jagt ihr doch der Lust nach als dem Guten, und die Unlust flieht ihr als das Böse? Das würden sie zugeben? – So dünkte es ihn auch. –

Dies also haltet ihr eigentlich für böse, die Unlust, und die Lust für gut; wenn ihr doch behauptet, das Wohlbefinden selbst sei in dem Fall böse, wenn es größere Lust raubt, als es selbst enthält, oder größere Unlust herbeiführt, als seine eigene Lust war. Denn

d wenn ihr in einer andern Hinsicht das Wohlbefinden für böse hieltet und in Beziehung auf ein anderes Ziel: so würdet ihr uns das auch wohl sagen können, aber ihr werdet es nicht können. – Ich glaube auch nicht, daß sie es können, sagte Protagoras. – Ist es nun nicht wiederum mit dem Übelbefinden selbst die nämliche Sache? Alsdann nennt ihr selbst das Übelbefinden gut, wenn es entweder noch größere Unlust, als die es selbst in sich hat, entfernt, oder größere Lust, als die Unlust war, bereitet? Denn wenn ihr auf etwas anderes sähet, indem ihr das Übelbefinden gut nennt, als

e was ich sage: so würdet ihr es uns wohl sagen können, aber ihr werdet es nicht können. – Ganz recht, sagte Protagoras. –

Weiter also, sprach ich, wenn ihr mich fragtet, ihr Leute: Warum sagst du hierüber so viel und von allen Seiten? So würde ich antworten: Habt schon Nachsicht mit mir; denn erstlich ist es überhaupt nicht leicht zu zeigen, was das eigentlich sei, was ihr nennt von der Lust überwunden werden, und dann beruht gerade hierauf der ganze Beweis. Es steht euch aber auch jetzt noch frei zu

355a widerrufen, falls ihr etwa zu sagen wißt, das Gute sei noch etwas anderes als die Lust, und das Böse noch etwas anderes als die Unlust. Oder ist euch das genug, euer Leben angenehm hinzubringen ohne Unlust? Wenn euch nun das genug ist und ihr nichts anderes zu sagen wißt, was gut oder böse wäre, was nicht hierin endigte, so hört nun das Weitere. Nämlich ich sage euch, wenn sich dies so verhält, wird das nun eine lächerliche Rede, wenn ihr sagt, daß oftmals der Mensch, obgleich das Böse erkennend, daß es böse ist, es dennoch tut, unerachtet ihm frei stände, es nicht zu tun, weil er von der Lust getrieben wird und betäubt; und ihr dann auch wie- b der sagt, daß der Mensch, das Gute erkennend, es dennoch nicht zu tun pflegt der augenblicklichen Lust wegen und von dieser überwunden.

37. Verkehrtes Handeln beruht auf Unverstand

Daß dies lächerlich ist, wird euch ganz klar werden, sobald wir uns nur nicht mehr der vielerlei Namen zugleich bedienen wollen, des Angenehmen und Peinlichen und des Guten und Bösen, son- dern da sich gezeigt hat, daß dieses nur zweierlei ist, es auch nur mit zwei Worten bezeichnen wollen, zuerst überall durch gut und böse, und dann wieder überall durch angenehm und peinlich. Die- c ses also festgestellt, sagen wir, daß der Mensch, das Böse erken- nend, daß es böse ist, es dennoch tut. Wenn uns nun jemand fragt: Warum denn? So werden wir sagen, weil er überwunden ist. Wovon denn? wird uns jener fragen; wir aber dürfen nicht mehr sagen: Von der Lust, denn die Sache hat nun einen andern Namen bekommen, und statt Lust heißt sie Gutes. Wir antworten also jenem und sagen: Weil er überwunden ist. Wovon denn? fragt er. Von dem Guten, werden wir beim Zeus sagen müssen. Ist nun der, welcher uns fragt, ein Spötter, so wird er lachen und sagen, das ist doch wahrhaftig eine lächerliche Sache, was ihr da sagt, daß ein d Mensch das Böse tut, indem er erkennt, daß es böse ist, und ob- wohl er es nicht tun muß, es dennoch tut, weil er vom Guten über- wunden ist! Von einem Guten, wird er fragen, welches wert oder welches nicht wert war, jenes Böse zu überwinden? Offenbar wer- den wir zur Antwort sagen müssen: Von einem, welches dessen nicht wert war; denn sonst hätte der nicht gefehlt, von dem wir sagen, daß er zu schwach war gegen die Lust. Und weshalb, wird er vielleicht sprechen, ist denn das Böse des Guten, oder das Gute des Bösen unwert? Etwa wegen etwas anderem, als weil das eine

e　größer und das andere kleiner ist? Oder das eine mehr und das
andere weniger? Wir werden nichts anderes angeben können. Offenbar also, wird er sagen, meint ihr unter diesem Überwunden-
werden, daß jemand für geringeres Gutes mehr Böses erhält. So
demnach auf diese Art.

　　Nun laßt uns für dieselben Dinge wieder jene Namen zurückrufen, das Angenehme und Unangenehme, und laßt uns sagen, der
Mensch tut, vorher sagten wir das Böse, nun aber wollen wir sagen, das Unangenehme, erkennend daß es unangenehm ist, überwunden aber von dem Angenehmen; offenbar nämlich von einem
356a　solchen, welches nicht wert war zu siegen. Und welche andere
Schätzung gibt es denn für Lust gegen Unlust als den Überschuß
oder das Untermaß der einen gegen die andere, das heißt je nachdem eine größer ist oder kleiner als die andere, mehr oder weniger,
stärker oder schwächer? Denn wenn jemand sagen wollte: Aber,
Sokrates, ein großer Unterschied ist doch auch zwischen dem
augenblicklich Angenehmen und dem erst für die künftige Zeit
Angenehmen und Unangenehmen, so werde ich ihn fragen: Liegt
er in etwas anderem als in Lust und Unlust? Auf keine Weise ja in
etwas anderem. Sondern wie ein des Abwägens Kundiger lege das
b　Angenehme zusammen und das Unangenehme zusammen, und
auf der Waage das Entfernte und das Nahe abschätzend sage
dann, welches das größere ist. Denn wenn du Angenehmes gegen
Angenehmes wägst, mußt du immer das mehrere und größere nehmen, wenn Unangenehmes gegen Unangenehmes, das kleinere
und geringere; wenn aber Angenehmes gegen Unangenehmes,
mußt du, wenn das Unangenehme vom Angenehmen übertroffen
wird, es sei nun das nähere von entfernterem oder das entferntere
von näherem, die Handlung verrichten, darin sich dieses Verhältnis findet; wird aber in einer das Angenehme vom Unangenehmen
c　übertroffen, die mußt du nicht verrichten. Verhält es sich etwa
anders hiermit, ihr Leute? würde ich sagen; ich weiß, sie würden
nichts anderes zu sagen wissen. – So dünkte es ihn auch. –

　　Wenn sich nun dies so verhält, so beantwortet mir doch folgendes, werde ich sagen. Erscheint eurem Gesicht dieselbe Größe von
nahem größer, von weitem aber kleiner, oder nicht? – Das werden
sie bejahen. – Und die Dicke und die Menge ebenso? Und derselbe
Ton von nahem stärker, von weitem aber schwächer? – Sie wer-

den ja sagen. – Wenn nun unser Wohlbefinden darauf beruhte, d
daß wir große Linien zögen und zu erlangen suchten, kleine aber
vermieden und nicht zögen: was würde sich dann zeigen als das
Heil unseres Lebens? Die Kunst zu messen oder die Gewalt des
Scheins? Oder würde nicht die letztere uns gewiß irreführen und
machen, daß wir oft das Unterste wieder zuoberst kehren müßten
in derselben Sache und wieder andere Entschließungen fassen in
unserer Hervorbringung und Auswahl des Großen und Kleinen?
Die Meßkunst hingegen würde dieses Trugbild unwirksam machen und durch deutliche Bezeichnung des Wahren der Seele, wel- e
che dann bei der Wahrheit bliebe, Ruhe verschaffen und auf diese
Art unserm Leben Heil bringen? Würden die Leute bekennen, daß
in diesem Falle die Meßkunst uns Heil bringen müßte, oder würden sie eine andere nennen? – Die Meßkunst, gestand er. – Wie
aber, wenn das Heil unseres Lebens auf der Wahl gerader und
ungerader Zahlen beruhte, von beiden, wann es recht wäre, das
Größere zu wählen und wann das Kleinere im Vergleich jeder Art
mit sich selbst sowohl als mit der andern, sie möchten nun nahe
sein oder fern, was würde dann das Heil unseres Lebens sein?
Nicht auch eine Erkenntnis? Und wäre sie nicht, da sie ja auf Über- 357a
schuß und Untermaß geht, eine messende Kunst? Und da auf Gerades und Ungerades, kann sie wohl eine andere sein als die Rechenkunst? Würden uns das die Leute eingestehen oder nicht? –
Auch Protagoras glaubte, sie würden es eingestehen. – Gut, ihr
Leute. Da sich nun aber gezeigt hat, daß das Heil unseres Lebens
auf der richtigen Auswahl von Lust und Unlust beruht, der mehreren oder wenigeren, größeren oder kleineren sowohl nahen als b
fernen: zeigt sich zuerst nicht auch diese als ein Messen, da sie
Überschuß, Untermaß und Gleichheit gegenseitig zu untersuchen
hat? – Notwendig ja. – Und wenn sie ein Messen ist, so ist sie
notwendig eine Kunst und Erkenntnis? – Dem werden sie beistimmen. – Was für eine Kunst und Erkenntnis sie nun sein wird, wollen wir hernach sehen, daß es aber eine Erkenntnis ist, soviel ist
jetzt hinreichend zu dem Beweise, den ich und Protagoras zu führen haben über das, wonach ihr uns gefragt habt. c

Ihr fragtet uns nämlich, wenn ihr euch dessen erinnert, damals,
als wir beide miteinander einverstanden waren, es gebe nichts
Stärkeres als die Erkenntnis, und wo sie nur wäre, herrschte sie

auch überall über die Lust und alles andere; ihr aber wolltet behaupten, die Lust herrsche oftmals auch über den erkennenden
Menschen, wir aber wollten euch dies nicht zugeben, damals fragtet ihr uns, o Protagoras und Sokrates, wenn dieser Zustand das
nicht ist, daß man von der Lust überwunden wird, so sagt uns
d doch, was er denn ist und wie ihr ihn erklärt? Wenn wir euch nun
damals gleich gesagt hätten, er wäre eben Unverstand, so würdet
ihr uns ausgelacht haben; jetzt aber, wenn ihr uns auslachen wollt,
müßt ihr euch selbst mit auslachen, denn ihr habt selbst eingestanden, wer bei der Wahl der Lust und Unlust, das heißt des Guten
und Bösen, fehle, der fehle aus Mangel an Erkenntnis, und nicht
nur an Erkenntnis, sondern noch weiter habt ihr ja zugegeben, daß
es eine messende sei. Eine ohne Erkenntnis verfehlte Handlung
e aber, wißt ihr wohl selbst, wird aus Unverstand so verrichtet, so
daß also dies das Zuschwachsein gegen die Lust ist, der größte
Unverstand; für welchen eben dieser Protagoras ein Arzt zu sein
behauptet, so auch Prodikos und Hippias. Weil ihr aber meint, es
sei etwas anderes als Unverstand, so geht ihr weder selbst zu diesen Lehrern hierin, den Sophisten, noch schickt ihr eure Söhne zu
ihnen, als ob es nicht lehrbar wäre; sondern euer Geld so hegend
und es diesen nicht gebend, handelt ihr schlecht als Hausväter und
als Staatsbürger.

38. Niemand wählt freiwillig das Schlechte

358a Dieses also würden wir den Leuten geantwortet haben. Nun aber
frage ich nächst dem Protagoras auch euch beide, Hippias und
Prodikos, denn gemeinschaftlich soll eure Rede sein, ob ihr glaubt,
daß ich wahr rede oder unwahr? – Alle hielten das Gesagte für
über die Maßen richtig. – Ihr gebt also zu, sprach ich, daß das
Angenehme gut ist und das Peinliche böse. Aber hier des Prodikos
Unterscheidung der Worte verbitte ich mir. Du magst nun das,
was ich meine, angenehm nennen oder erfreulich oder vergnügend
oder wie und woher du sonst dieses zu benennen vorziehst, bester
b Prodikos, beantworte mir nur dieses in Beziehung auf das, was ich
will. – Lachend gab es nun Prodikos zu und die andern auch. –
Wie aber, ihr Männer, sprach ich, ist es hiermit? Die auf dies sich
beziehenden Handlungen, auf das schmerzlos und angenehm Leben, sind die nicht alle auch schön? Und ist nicht jede schöne Tat

gut und nützlich? – Das schien ihnen ebenso. – Wenn nun, sprach ich, das Angenehme gut ist, so wird ja niemand, er wisse nun oder glaube nur, daß es etwas Besseres als er tut und auch ihm Mögliches gibt, noch jenes tun, da das Bessere in seiner Macht steht; c und dieses Zuschwachsein gegen sich selbst ist also nichts anderes als Unverstand, und das Sichselbstbeherrschen nichts anderes als Weisheit. – Dem gaben alle Beifall. – Wie nun? Nennt ihr das Unverstand, falsche Meinungen zu haben und sich zu täuschen über wichtige Dinge? – Auch dem stimmten alle bei. – Ist es nicht auch so, daß niemand aus freier Wahl dem Bösen nachgeht oder dem, was er für böse hält? Und daß das, wie es scheint, gar nicht in der Natur des Menschen liegt, dem nachgehn zu wollen, was er für d böse hält, anstatt des Guten, wenn er aber gezwungen wird, von zwei Übeln eins zu wählen, niemand das größere nehmen wird, wenn er das kleinere nehmen darf? – Dieses alles kommt uns allen einem vor wie dem andern. –

Wie nun? sprach ich, nennt ihr etwas Angst und Furcht? Und zwar dasselbe was ich? Deinetwegen sage ich das, Prodikos, ich verstehe nämlich darunter die Erwartung eines Übels, ihr mögt das nun Angst nennen oder Furcht. – Protagoras und Hippias sagen, das wäre Angst und Furcht; Prodikos hingegen, Angst wäre es, Furcht aber nicht. – Es ist daran nichts gelegen, Prodikos, e sprach ich; sondern nur hieran: wenn das vorher Gesagte seine Richtigkeit hat, ob dann irgendein Mensch dem wird nachgehn wollen, wovor er sich ängstigt, wenn er auch nach etwas anderem kann; oder ob dies dem Eingestandenen zufolge unmöglich ist. Denn wovor sich jemand ängstigt, das, so ist eingestanden, hält er für böse, und was er für böse hält, dem will niemand weder nachgehn noch es auch mit seinem guten Willen hinnehmen. – Auch das bejahten alle.   359a

39. Folgerung: Tapferkeit gleich Wissen
Ist nun dieses so festgestellt, sagte ich, o Prodikos und Hippias, so mag sich doch hier unser Protagoras verteidigen über das, was er zuerst geantwortet hat, wie es wohl richtig sein kann. Nicht was er ganz zuerst sagte, denn damals behauptete er, von fünf Teilen der Tugend, die es gäbe, sei keiner wie der andere und jeder habe seine eigene Verrichtung; dies meine ich nicht, sondern was er hernach

behauptet hat. Denn hernach sagte er wieder, die vier wären einander zwar sehr nahe, der eine aber, nämlich die Tapferkeit, unterschiede sich gar sehr von den übrigen. Und erkennen, sprach er, könnte ich dies hieraus: Du wirst nämlich Menschen finden, Sokrates, die sehr ruchlos sind und sehr ungerecht und sehr unbändig und unverständig, tapfer aber ganz ausgezeichnet, woraus du denn schließen kannst, daß die Tapferkeit von den übrigen Teilen der Tugend sehr weit unterschieden ist. Und ich verwunderte mich gleich damals höchlich über diese Antwort, noch mehr aber hernach, seitdem ich dieses mit euch abgehandelt habe.

Ich fragte ihn also, ob er sagte, die Tapferen wären dreist, und er sagte: Und auch keck zufahrend. Erinnerst du dich, sprach ich, Protagoras, daß du dies geantwortet hast? – Er gestand es ein. – So komm denn, sprach ich, und sage uns, worauf meinst du denn, daß die Tapfern so keck zufahren? Etwa auf das nämliche, worauf auch die Feigen? – Nein, sagte er. – Also auf etwas anderes? – Ja, sagte er. – Gehen etwa die Feigen auf das Unbedenkliche los, die Tapferen aber auf das Furchtbare? – So sagen die Leute, Sokrates, antwortete er. – Schon recht, sprach ich, aber danach frage ich nicht, sondern du, worauf du sagst, daß die Tapfern keck zufahren, ob sie auf das Furchtbare zufahren, indem sie es selbst für furchtbar halten, oder auf das nicht Furchtbare? – Aber dies, sagte er, ist ja in dem, was du gesprochen, soeben als unmöglich erwiesen worden. – Auch darin hast du ganz recht, sagte ich; so daß, wenn dieses richtig erwiesen ist, niemand dem nachgeht, was er für furchtbar hält, da ja das Sich-selbst-nicht-beherrschen-können als ein Unverstand erfunden wurde. – Das gab er zu. – Aber auf das, wozu man guten Mut hat, geht wieder ein jeder los, die Feigen wie die Tapferen, und auf diese Art gehen also beide auf dasselbe los, die Feigen und die Tapferen. – Aber dennoch, sagte er, sind das ganz entgegengesetzte Dinge, Sokrates, worauf die Feigen und worauf die Tapferen losgehen. Gleich zum Beispiel in den Krieg wollen die einen sehr leicht gehen, die anderen wollen nicht. –

Indem es, sagte ich, schön ist hinzugehen oder schlecht? – Schön, sagte er. – Wenn also schön, sprach ich, dann auch gut, haben wir schon vorher eingestanden; denn wir gestanden, daß alle schönen Handlungen auch gut wären. – Das ist richtig, und immer habe auch ich so gedacht. – Sehr wohl, sprach ich. Aber

welche von beiden, behauptest du, wollen nicht zu Felde gehen, 360 a
wenn es schön und gut ist? – Die Feigen, sagte er. – Und, sprach
ich, wenn es schön und gut ist, wird es auch angenehm sein? – Das
ist wenigstens eingeräumt worden, sagte er. – Wissentlich also
wollen die Feigen doch nicht hingehen nach dem Schöneren, Besseren und Angenehmeren? – Aber auch hierdurch, wenn wir es
eingeständen, sagte er, zerstörten wir unsere Eingeständnisse. –
Und wie der Tapfere, fragte ich, geht der nicht nach dem Schöneren, Besseren und Angenehmeren? – Notwendig, sagte er, ist dies
anzunehmen. – Also überhaupt, wenn die Tapferen sich fürchten,
ist das keine schlechte Furcht, und wenn sie dreist sind, ist das b
keine schlechte Dreistigkeit? – Ganz recht, sagte er. – Und wenn
nicht schlecht, ist dann beides nicht schön? – Das gab er zu. – Und
wenn schön, auch gut? – Ja. – Werden also nicht im Gegenteil die
Feigen und Verwegenen und Tollkühnen sich mit einer schlechten
Furcht fürchten und mit einer schlechten Dreistigkeit dreist
sein? – Das gab er zu. –

Und können sie wohl zu dem Schlechten und Bösen aus einer
andern Ursache dreist sein als aus Unkenntnis und Unverstand? –
So muß es sich verhalten, sagte er. – Und wie? Dasjenige, wodurch c
die Feigen feige sind, nennst du das Feigheit oder Tapferkeit? –
Feigheit, versteht sich, sagte er. – Und haben wir nicht gesehen,
daß sie eben durch die Unkenntnis dessen, was furchtbar ist, feige
sind? – Allerdings, sprach er. – Also durch diese Unkenntnis sind
sie feige? – Er gab es zu. – Und wodurch sie feige sind, das, räumst
du ein, ist die Feigheit? – Er sagte ja. – Also wäre ja wohl die Unkenntnis dessen, was furchtbar ist und was nicht, die Feigheit? –
Er winkte zu. – Aber der Feigheit, sagte ich, ist doch die Tapferkeit
entgegengesetzt? – Er bejahte es. – Ist nun nicht die Kenntnis von d
dem, was furchtbar ist und was nicht, der Unkenntnis darin entgegengesetzt? – Auch hier winkte er noch zu. – Und die Unkenntnis
davon war die Feigheit? – Hier winkte er nur mit großer Mühe
noch zu. – So ist demnach die Weisheit in dem, was furchtbar ist
und was nicht, die Tapferkeit, weil sie der Unkenntnis davon entgegengesetzt ist? – Darauf wollte er mir nun nicht einmal mehr
zuwinken und schwieg ganz still. – So, Protagoras? sprach ich. Du
bejahst weder noch verneinst, was ich dich frage? – Bringe es nur
allein zu Ende, sagte er. – Nur eins, sprach ich, will ich dich noch e

fragen, ob dich auch jetzt noch, wie vorher, einige Menschen sehr unverständig dünken, zugleich aber ausgezeichnet tapfer? – Du scheinst, sagte er, etwas Besonderes darein zu setzen, Sokrates, daß ich dir antworten soll. So will ich dir denn gefällig sein und sagen, daß nach dem, was mir miteinander festgestellt haben, dieses unmöglich zu sein scheint.

40. Verweis auf die Frage nach der Tugend selbst

Keineswegs, sprach ich, frage ich alles dieses aus irgendeiner andern Absicht, als um zu ergründen, wie es sich wohl eigentlich verhält mit der Tugend und was sie wohl selbst ist, die Tugend. Denn soviel weiß ich, wäre dies nur erst ausgemacht, so würde auch jenes bald entschieden sein; worüber ich und du jeder eine lange Rede gehalten haben, ich behauptend, die Tugend sei nicht lehrbar, du, sie sei lehrbar. Und der jetzige Ausgang unseres Gesprächs scheint mir ordentlich wie ein Mensch uns anzuklagen und auszulachen und, wenn er reden könnte, sagen zu wollen: Ihr seid wunderliche Leute, Sokrates und Protagoras! Du, der du im vorigen behauptest, die Tugend sei nicht lehrbar, dringst jetzt auf das, was dir zuwider ist, indem du zu zeigen suchst, daß alles Erkenntnis ist, die Gerechtigkeit, die Besonnenheit und die Tapferkeit, auf welche Weise denn die Tugend am sichersten als lehrbar erscheinen würde. Denn wenn die Tugend etwas anderes wäre als die Erkenntnis, wie Protagoras zu behaupten unternahm, so wäre sie sicherlich nicht lehrbar. Jetzt aber, wenn sie sich als Erkenntnis offenbaren wird, worauf du dringst, Sokrates, wäre es ganz wunderbar, wenn sie nicht sollte lehrbar sein. Protagoras wiederum, der damals annahm, sie sei lehrbar, scheint jetzt das Gegenteil zu betreiben, daß sie eher fast alles andere sein soll, nur nicht Erkenntnis, und so wäre sie doch am wenigsten lehrbar. Ich nun, Protagoras, indem ich zusehe, wie schrecklich uns dieses alles durcheinandergeschüttelt wird, das Unterste zuoberst, bin voll Eifers, die Sache zur Klarheit zu bringen, und ich wünschte, nachdem wir dies durchgegangen, könnten wir auch weiter zurückgehen auf die Tugend selbst, was sie wohl ist, und dann wieder diese Untersuchung aufs neue anfangen, ob sie lehrbar ist oder nicht, damit nicht etwa jener Epimetheus, der Hintennachdenker, uns auch in unsern Untersuchungen hinterlistig betrüge, wie er uns

361a

b

c

schon in der Verteilung schlecht behandelt hat, wie du sagst. Auch   d
in jener Geschichte hat mir Prometheus, der Vorausdenker, besser
gefallen, und eben weil ich es mit ihm halte und auf mein ganzes
Leben im voraus Bedacht nehmen möchte, beschäftige ich mich
mit diesen Dingen, und wenn du nur wolltest, möchte ich sie, wie
ich auch gleich anfangs sagte, am liebsten mit dir gemeinschaftlich
untersuchen. –

Darauf sagte Protagoras: Ich meines Teils, Sokrates, lobe gar
sehr deinen Eifer sowohl als deine Art, das Gespräch durchzuführen; denn auch im übrigen denke ich kein übler Mensch zu sein,
neidisch aber zumal am wenigsten unter allen Menschen. Wie ich   e
denn auch von dir schon zu Vielen gesagt, daß unter allen, mit
denen ich zusammentreffe, ich dich ganz vorzüglich schätze, von
allen deines Alters zumal, und ich füge hinzu, es wird mich gar
nicht wundern, wenn du einst unter die wenigen ihrer Weisheit
Berühmten gehören wirst. Hierüber nun wollen wir, wenn du
willst, ein andermal weiter sprechen; jetzt ist es Zeit, auch zu
etwas anderem zu schreiten. – Gut, sagte ich, so wollen wir es   362a
halten, wenn du meinst. Denn auch für mich ist es schon lange
Zeit, dorthin zu gehen, wovon ich schon sagte, und nur, um Kallias dem Schönen gefällig zu sein, habe ich bis jetzt hier verweilt.

Diese Reden wurden gewechselt, und so gingen wir.

GORGIAS

A. Einleitung

B. Das Gespräch mit Gorgias

E. Mythos vom gerechten Gericht
im Jenseits

KALLIKLES. SOKRATES. CHAIREPHON.
GORGIAS. POLOS

1. Vorgespräch. Die Frage des Sokrates: Was ist Gorgias?

KALLIKLES: Zum Kriege und zur Schlacht, heißt es, o Sokrates, 447a
muß man so zurechtkommen.

SOKRATES: Also sind wir wohl, was man nennt, nach dem Fest
gekommen und verspätet?

KALLIKLES: Und nach einem gar herrlichen Fest! Denn viel
Schönes hat uns Gorgias vor kurzem zu hören gegeben.

SOKRATES: Daran, o Kallikles, ist also Chairephon schuld, der
uns nötigte, auf dem Markte zu verweilen.

CHAIREPHON: Keine große Sache, Sokrates, denn ich kann es b
auch wiedergutmachen. Gorgias ist mir freund und wird es uns
auch wohl hören lassen, wenn es beliebt, jetzt oder, wenn du lieber
willst, ein anderes Mal.

KALLIKLES: Wie doch, Chairephon, hat Sokrates Lust, den
Gorgias zu hören?

CHAIREPHON: Eben dazu ja sind wir gekommen.

KALLIKLES: Also wenn ihr zu mir kommen wollt nach Hause,
denn bei mir wohnt Gorgias: so wird er sich vor euch hören lassen.

SOKRATES: Schön, Kallikles. Aber ob er sich wohl mit uns unterreden möchte? Denn ich will gern von ihm erfahren, was doch c
die Kunst des Mannes eigentlich vermag und was das ist, was er
ausbietet und lehrt. Was er uns sonst zeigen will, mag er, wie du
auch sagst, ein andermal tun.

KALLIKLES: Nichts besser als ihn selbst fragen, Sokrates. Auch
gehörte ja das mit zu seiner Ausstellung; denn er hieß alle drinnen
fragen, was einer nur wollte, und auf alles verhieß er zu antworten.

SOKRATES: Sehr wohl gesprochen. Frage ihn also, Chairephon.

CHAIREPHON: Was soll ich ihn fragen?

d SOKRATES: Was er ist.

CHAIREPHON: Wie meinst du das?

SOKRATES: Wie wenn er nun einer wäre, der Schuhe verfertigte, er dir dann gewiß antworten würde, er wäre ein Lederarbeiter. Oder verstehst du nicht, was ich meine?

2. Intervention und rhetorische Antwort des Polos

CHAIREPHON: Ich verstehe und will ihn fragen. Sage mir doch, Gorgias, ist es wahr, was Kallikles sagt, daß du dich erbietest, zu beantworten, was dich einer nur fragt?

448a GORGIAS: Es ist wahr, Chairephon. Auch jetzt hatte ich mich eben dazu erboten, und ich sage dir, niemand hat mich mehr etwas Neues gefragt seit vielen Jahren.

CHAIREPHON: Du antwortest also gewiß sehr leicht, Gorgias.

GORGIAS: Darüber, Chairephon, kannst du ja einen Versuch machen.

POLOS: Beim Zeus, wenn du irgend willst, Chairephon, lieber mit mir. Denn Gorgias, dünkt mich, ist wohl müde, da er nur eben gar vieles vorgetragen hat.

CHAIREPHON: Wie doch, Polos, meinst du besser als Gorgias antworten zu können?

b POLOS: Wozu das? Wenn nur gut genug für dich.

CHAIREPHON: Zu nichts freilich. Also da du willst, so antworte.

POLOS: Frage nur.

CHAIREPHON: Ich frage also, wenn Gorgias ein Meister in eben der Kunst wäre, worin sein Bruder Herodikos, wie würden wir ihn dann recht benennen? Nicht ebenso wie jenen?

POLOS: Allerdings.

CHAIREPHON: Wenn wir also sagten, er wäre ein Arzt, so würden wir uns richtig ausdrücken.

POLOS: Ja.

CHAIREPHON: Wäre er aber mit Aristophon, dem Sohne des Aglaophon, oder mit dessen Bruder in einerlei Kunst erfahren, wie würden wir ihn dann wohl richtig nennen?

c POLOS: Offenbar einen Maler.

CHAIREPHON: Nun er aber in was für einer Kunst sachverständig ist, müssen wir ihn wie nennen, um ihn richtig zu nennen?

POLOS: O Chairephon, viele Künste sind unter den Menschen durch Geschicklichkeit geschickt erfunden. Denn Geschicklichkeit macht, daß unser Leben nach der Kunst geführt wird, Ungeschicktheit aber nach der Gunst. Von allen diesen nun ergreift je ein anderer eine andere und auf andere Weise, die Besten aber auch die besten, zu welchen dann auch Gorgias hier gehört und also Anteil hat an der vortrefflichsten unter den Künsten.

3. Gorgias Redner und Redelehrer. Methode des Gesprächs

SOKRATES: Trefflich gewiß, o Gorgias, scheint Polos gerüstet zu d sein auf Reden; allein was er dem Chairephon versprochen hat, leistet er nicht.

GORGIAS: Was doch, Sokrates?

SOKRATES: Was er gefragt ward, scheint er mir gar nicht zu beantworten.

GORGIAS: So frage du ihn, wenn du willst.

SOKRATES: Nicht, wofern du selbst antworten wolltest, sondern dann weit lieber dich. Denn vom Polos ist mir schon aus dem, was er gesagt hat, deutlich, daß er sich auf die sogenannte Redekunst weit mehr gelegt hat als auf die Führung des Gesprächs.

POLOS: Wieso, Sokrates? e

SOKRATES: Weil du, da Chairephon dich fragt, in welcher Kunst Gorgias ein Meister wäre, seine Kunst zwar rühmst, als ob jemand sie tadelte, was sie aber ist, doch nicht beantwortet hast.

POLOS: Habe ich denn nicht geantwortet, sie wäre die vortrefflichste?

SOKRATES: Jawohl. Aber niemand hat ja gefragt, was des Gorgias Kunst wert wäre, sondern was sie wäre, und wie man den Gorgias deshalb nennen müsse. Wie du nun, was dir vorhin Chairephon vorlegte, ihm kurz und gut beantwortet hast, ebenso sage 449a doch auch jetzt, welches seine Kunst ist und wie wir ihn zu nennen haben? Oder vielmehr, Gorgias, sage du uns selbst, wie wir dich nennen müssen, als Meister welcher Kunst?

GORGIAS: Der Redekunst, Sokrates.

SOKRATES: Einen Redner also müssen wir dich nennen?

GORGIAS: Und zwar einen vollkommenen, Sokrates, wenn du mich, was ich zu sein mich rühme, wie Homeros sagt, nennen willst.

SOKRATES: Das will ich freilich.

GORGIAS: So nenne mich demnach.

b SOKRATES: Sagen wir nicht auch, du vermögest auch andere dazu zu machen?

GORGIAS: Dazu erbiete ich mich ja, nicht nur hier, sondern auch anderwärts.

SOKRATES: Möchtest du wohl, Gorgias, wo wie wir jetzt miteinander reden, die Sache zu Ende bringen durch Frage und Antwort, die langen Reden aber, womit auch schon Polos anfing, für ein andermal versparen? Also was du versprichst, darum bringe uns nicht, sondern laß dir gefallen, in der Kürze das Gefragte zu beantworten.

GORGIAS: Es gibt zwar einige Antworten, Sokrates, die not-
c wendig durch lange Reden wollen erteilt sein; dennoch aber will ich sie versuchen aufs kürzeste. Denn auch dessen rühme ich mich ja, niemand könne kürzer als ich dasselbe sagen.

SOKRATES: Dies eben brauche ich, Gorgias. Eben hiervon gib mir ein Meisterstück, von der Kürze, vom Langreden aber ein andermal.

GORGIAS: Das will ich tun, und du sollst gestehen, du habest nie einen kürzer reden gehört.

4. a) Erste Definition: Die Rhetorik hat mit Reden zu tun

SOKRATES: Wohlan denn, da du behauptest, in der Redekunst ein Meister zu sein und auch einen andern zum Redner machen zu
d können, auf welches denn unter allen Dingen bezieht sich die Redekunst? So wie z. B. die Weberei auf Verfertigung der Gewänder, nicht wahr?

GORGIAS: Ja.

SOKRATES: Oder die Tonkunst auf Dichtung der Gesangsweisen?

GORGIAS: Ja.

SOKRATES: Bei der Hera, Gorgias, ich habe meine Freude an deinen Antworten, weil du wirklich antwortest so kurz als nur möglich.

GORGIAS: Das denke ich, Sokrates, auch gehörig zu tun.

SOKRATES: Wohl gesprochen. Antworte mir nun auch ebenso wegen der Redekunst, auf welches unter allen Dingen bezieht sie sich als Wissenschaft?

GORGIAS: Auf Reden.

SOKRATES: Auf was für Reden aber, Gorgias? Etwa auf die, e welche den Kranken erklären, bei welcher Lebensweise sie genesen könnten?

GORGIAS: Nein.

SOKRATES: Also doch nicht auf alle Reden bezieht sich die Redekunst?

GORGIAS: Freilich nicht.

SOKRATES: Aber doch macht sie tüchtig zum Reden.

GORGIAS: Ja.

SOKRATES: Nicht auch, worüber zu reden, darüber ebenfalls richtig zu urteilen?

GORGIAS: Wie anders?

SOKRATES: Macht nicht auch die eben angeführte Heilkunst 450a tüchtig, über Kranke sowohl richtig zu urteilen als auch zu reden?

GORGIAS: Gewiß.

SOKRATES: Auch die Heilkunst also, wie es scheint, bezieht sich auf Reden?

GORGIAS: Ja.

SOKRATES: Nämlich auf die über Krankheiten?

GORGIAS: Allerdings.

SOKRATES: Bezieht sich nun nicht auch die Turnkunst auf Reden, nämlich auf die über den guten oder schlechten Zustand des Leibes?

GORGIAS: Freilich.

SOKRATES: Und gewiß auch mit den übrigen Künsten, o Gorgias, verhält es sich so: jede hat es mit denjenigen Reden zu tun, b welche sich auf den Gegenstand beziehen, wovon sie die Kunst ist.

GORGIAS: Offenbar.

SOKRATES: Wie also, nennst du nicht auch die übrigen Künste Redekünste, da sie es doch auch mit Reden zu tun haben, wenn du diejenige die Redekunst nennen willst, welche es mit Reden zu tun hat?

GORGIAS: Weil, o Sokrates, bei den andern Künsten auf gewisse Handgriffe und dergleichen Verrichtungen, mit einem Wort gesagt, die ganze Wissenschaft geht; die Redekunst aber hat nichts dergleichen Handgreifliches, sondern ihre ganze Verrichtung und Vollführung geht durch Reden. Deshalb lasse ich die Redekunst es c mit Reden zu tun haben, ganz richtig erklärend, wie ich behaupte.

4. b) Ungenügen der Definition

SOKRATES: Merke ich nun etwa, wovon du sie benennen willst? Doch ich werde es wohl bald noch genauer wissen; antworte mir nur. Wir haben doch Künste, nicht wahr?

GORGIAS: Ja.

SOKRATES: Unter diesen nun, glaube ich, sind einige, bei denen das meiste Tätigkeit ist und die nur sehr wenig Rede bedürfen, einige auch gar keiner, sondern was die Kunst will, könnte auch schweigend verrichtet werden, dergleichen die Malerei und die Bildnerei sind, und viele andere. Solche scheinst du mir zu bezeich-

d nen als die, zu welchen, wie du behauptest, die Redekunst nicht gehöre. Oder nicht?

GORGIAS: Vollkommen richtig hast du es aufgefaßt, Sokrates.

SOKRATES: Wiederum andere gibt es unter den Künsten, welche alles durch Rede vollbringen und der Tat sozusagen ganz und gar nicht oder doch nur sehr wenig bedürfen, wie das Zählen und Rechnen und die Meßkunst und die Kunst des Brettspiels und viele andere Künste, bei deren einigen die Rede fast zu gleichen Teilen geht mit der Tat, bei vielen auch mehr beträgt, so daß ganz und gar

e ihre Verrichtung und ihr Vollbringen in Reden besteht. Von diesen nun, dünkst du mich zu meinen, sei eine auch die Redekunst.

GORGIAS: Ganz richtig.

SOKRATES: Aber doch wirst du, denke ich, auch von den genannten keine wollen Redekunst nennen, wiewohl du wörtlich so sagtest, die ihr Geschäft durch Reden vollendende wäre die Redekunst. Und es könnte wohl einer folgern, der dir die Worte zum Verdruß kehren wollte: also die Rechenkunst, Gorgias, nennst du Redekunst? Aber ich glaube nicht, daß du, sei es nun die Meßkunst oder die Rechenkunst, Redekunst nennst.

451 a GORGIAS: Und ganz recht glaubst du daran, Sokrates, und verstehst mich ganz richtig.

4. c) Verbesserung der ersten Definition: Die rhetorischen Reden beziehen sich auf die wichtigsten menschlichen Dinge

SOKRATES: Wohlan denn, so bringe mir nun auch die Antwort, nach der ich fragte, zu Ende. Denn da die Redekunst von diesen Künsten eine ist, welche sich überwiegend der Rede bedienen, es aber auch noch andere von derselben Art gibt: so versuche doch

zu sagen, woran denn diejenige ihr Geschäft durch Reden voll-
endet, welche die Redekunst ist? So, wie wenn mich jemand nach
irgendeiner Kunst von den eben angeführten fragte: O Sokrates,
was ist denn die Zahlenkunst? ich ihm sagen würde, wie du vor- b
hin, eine von den ihr Geschäft durch Reden vollbringenden, und
wenn er mich weiter fragte: Woran denn? ich sagen würde, am
Geraden und Ungeraden, wie groß jedes sei. Fragte er aber wieder:
Und welche Kunst nennst du denn die Rechenkunst? ich ihm sagen würde, auch sie ist eine von den alles durch Reden vollbringenden. Und wenn er weiter fragte: Woran denn? ich sagen
würde, wie es in der Volksversammlung heißt, alles andere wie c
zuvor, bei der Rechenkunst wie bei der Zahlenkunde, nur soviel
ist sie unterschieden, daß die Verhältnislehre auch betrachtet, wie
Gerades und Ungerades unter sich und gegen einander sich verhält
der Größe nach. Und wenn jemand nach der Sternkunde fragte,
und auf meine Erklärung, daß auch diese alles durch Reden vollbringe, spräche: Aber die Reden der Sternkunde, worauf beziehen
sich die? ich sagen würde, auf die Bewegung der Gestirne und der
Sonne und des Mondes, wie sie sich gegeneinander verhalten an
Geschwindigkeit.

GORGIAS: Und ganz recht sprächest du, Sokrates.

SOKRATES: Wohlan, ebenso tue also auch du, Gorgias! Die Re- d
dekunst ist doch eine von den alles durch Reden ausführenden und
vollbringenden. Nicht wahr?

GORGIAS: So ist es.

SOKRATES: Sage also, von den worauf gehenden ist sie eine?
Welches unter allen Dingen ist dasjenige eigentlich, worauf die
Reden sich beziehen, deren die Redekunst sich bedient?

GORGIAS: Die wichtigsten, o Sokrates, unter allen menschlichen Dingen, und die herrlichsten.

5. a) Zweite Definition: Die Rhetorik bewirkt Überredung

SOKRATES: Aber auch dies, Gorgias, ist ja wieder zweifelhaft und
noch gar nichts Bestimmtes. Du hast ja wohl, denke ich, bei Gast- e
mählern Leute jenes Trinklied singen gehört, worin sie aufzählen,
das Beste sei die Gesundheit, und das zweite, in Schönheit einher-
zugehn, und das dritte, wie der Dichter des Trinkliedes meint,
reich sein ohne Falsch.

GORGIAS: Wohl habe ich das gehört. Aber wozu führst du es an?

452a SOKRATES: Weil dir nun gleich die Meister in dem, was das Trinklied gelobt hat, werden in den Weg treten, der Arzt und der Turnmeister und der Erwerbsmann; und der Arzt zuerst würde sagen: O Sokrates, Gorgias hintergeht dich, denn nicht seine Kunst geht auf das wichtigste Gut für die Menschen, sondern die meinige. Wenn ich ihn nun fragte, und wer bist du, daß du das sagst? so würde er eben sagen: Ein Arzt. Wie meinst du, spräche ich dann. Also das Werk deiner Kunst wäre das größte Gut? – Wie sollte denn nicht, o Sokrates, würde er vielleicht sagen, die Gesundheit dies sein? Was für ein größeres Gut gibt es denn für die b Menschen als Gesundheit? Wenn nun nach diesem wiederum der Meister der Leibesübungen sagte: Es sollte mich wundern, Sokrates, wenn Gorgias dir ein größeres Gut von seiner Kunst aufzeigen könnte, als ich von der meinigen! so würde ich auch zu dem sagen: Und wer bist du denn, Mensch, und was ist dein Geschäft? – Ich bin der Turnmeister, spräche er, und mein Geschäft ist, die Menschen schön und stark zu machen am Leibe. Und nach diesem sagte dann der Erwerbsmann, wie ich denke recht mit Verachtung aller andern: Sieh doch zu, Sokrates, ob sich dir irgendein größe- c res Gut zeigt als der Reichtum beim Gorgias oder bei irgendwem sonst. – Und wie, sprächen wir dann zu ihm, du kannst den machen? – Er bejahte es. – Als wer denn? – Als Erwerbsmann. – Und wie? Du hältst also dafür, der Reichtum sei das größte Gut für den Menschen? sagten wir. – Wie sollte ich nicht! würde er antworten. – Aber Gorgias hier, sprächen wir, behauptet doch gegen dich, daß seine Kunst ein größeres Gut hervorbringe als die dei- d nige. – Offenbar würde er dann weiter fragen: Und was ist denn dieses Gut? Das beantworte Gorgias. – Wohlan denn, Gorgias denke dir, du werdest so von jenen sowohl als von mir gefragt, und beantworte uns, was doch das ist, wovon du behauptest, es sei das größte Gut für die Menschen und du der Meister davon.

GORGIAS: Was auch in der Tat das größte Gut ist, Sokrates, und kraft dessen die Menschen sowohl selbst frei sind als auch über andere herrschen, jeder in seiner Stadt.

SOKRATES: Was meinst du nun also hiermit?

e GORGIAS: Wenn man durch Worte zu überreden imstande ist,

sowohl an der Gerichtsstätte die Richter, als in der Ratsversammlung die Ratmänner und in der Gemeinde die Gemeindemänner,
und so in jeder andern Versammlung, die eine Staatsversammlung
ist. Denn hast du dies in deiner Gewalt, so wird der Arzt dein
Knecht sein, der Turnmeister dein Knecht sein, und von diesem
Erwerbsmann wird sich zeigen, daß er andern erwirbt und nicht
sich selbst, sondern dir, der du verstehst zu sprechen und die Menschen zu überreden.

5. b) *Mangel der zweiten Definition*

SOKRATES: Nun, Gorgias, dünkst du mich aufs genaueste erklärt
zu haben, für was für eine Kunst du die Redekunst hältst; und   453a
wenn ich anders etwas verstehe, so sagst du, der Überredung Meisterin sei die Redekunst, und ihr ganzes Geschäft und Wesen laufe
hierauf hinaus. Oder weißt du noch etwas weiteres zu sagen, was
die Redekunst vermöge, als Überredung in der Seele der Hörenden
zu bewirken?

GORGIAS: Keineswegs, Sokrates, sondern du scheinst sie mir
vollständig erklärt zu haben. Denn dies ist ihre Hauptsache.

SOKRATES: So höre denn, Gorgias. Denn ich, das wisse nur,
glaube gewiß, wenn irgendwer im Gespräch beabsichtigt, das   b
wirklich zu erforschen, wovon die Rede ist, bin ich gewiß auch ein
solcher, und ich denke, du auch.

GORGIAS: Was also weiter, Sokrates?

SOKRATES: Ich sage es gleich. Diese durch die Redekunst entstehende Überredung, von der du sprichst, was für eine die ist, und
in Bezug auf welche Gegenstände sie Überredung ist, dies, bedenke nur, weiß ich noch immer nicht recht. Ich ahne freilich
wohl, was für eine du, wie ich glaube, meinst, und wovon; nichtsdestoweniger aber werde ich dich doch weiter fragen, was für eine
Überredung du meinst, daß aus der Redekunst entstehe und auf
welche Gegenstände sie gehe. Weshalb aber, da ich es ja schon   c
ahne, ich dich noch fragen will und es nicht selbst sage? Nicht
deinetwegen, sondern unseres Gespräches wegen, damit es so fort-
gehe, daß uns das möglichst deutlich werde, wovon die Rede ist.
Denn überlege nur, ob dich nicht dünkt, ich habe recht, dich weiter zu fragen. Nämlich wie wenn ich dich gefragt hätte: Welcher
Maler ist Zeuxis, und du mir gesagt hättest, der Gemälde malt;

würde ich dich dann nicht mit Recht fragen, der was doch für Gemälde malt und wo?

GORGIAS: Gewiß.

d   SOKRATES: Etwa deshalb, weil es auch noch andere Maler gibt, die viele andere Gemälde malen?

GORGIAS: Ja.

SOKRATES: Wenn aber kein anderer als Zeuxis dergleichen malte, dann wäre deine Antwort gut gewesen.

GORGIAS: Wie sollte sie nicht?

SOKRATES: Wohlan denn, auch von der Redekunst sage mir, ob du denkst, die Redekunst allein bewirke Überredung oder auch andere Künste? Ich meine nämlich dies, wer irgend etwas lehrt, überredet der in dem, was er lehrt, oder nicht?

GORGIAS: Bewahre, sondern ganz gewiß überredet er.

e   SOKRATES: Wenn wir nun wieder auf dieselben Künste zurück-kommen wie oben, lehrt uns nicht die Zahlenkunde und der Zah-lenkünstler die Größe der Zahlen?

GORGIAS: Freilich.

SOKRATES: Und überredet uns also auch?

GORGIAS: Ja.

SOKRATES: Also auch die Zahlenkunde ist eine Meisterin der Überredung?

GORGIAS: So scheint es.

SOKRATES: Und wenn uns jemand fragt, in was für einer Über-redung und wovon? so werden wir ihm etwa antworten, in einer 454a belehrenden von dem Geraden und Ungeraden, wie groß es ist. Und auch von allen andern eben angeführten Künsten werden wir zeigen können, daß sie Meisterinnen der Überredung sind und was für einer und wovon. Oder nicht?

GORGIAS: Ja.

SOKRATES: Nicht also die Redekunst allein ist Meisterin der Überredung.

GORGIAS: Freilich nicht.

5. c) Verbesserung der zweiten Definition: Die rhetorische Überredung bewirkt Glauben, nicht Wissen, und zwar über das Gerechte und Ungerechte

SOKRATES: Da nun nicht sie allein dieses Werk hervorbringt, so

möchten wir wohl mit Recht, eben wie bei dem Maler, den, der
dies gesagt, hernach weiter fragen, die Kunst was für einer Überredung und wovon ist wohl die Redekunst? Oder hältst du es nicht
für recht, dies weiter zu fragen?   b

GORGIAS: Ich wohl.

SOKRATES: So antworte denn, Gorgias, wenn es dich auch so
dünkt.

GORGIAS: Jener Überredung also sage ich, Sokrates, welche an
den Gerichtsstätten vorkommt und bei den andern Volksversammlungen, wie ich auch schon vorhin sagte, und in Beziehung
auf das, was gerecht ist und ungerecht.

SOKRATES: Das ahnte ich auch schon, daß du diese Überredung
meintest, Gorgias, und in Beziehung hierauf. Wundere dich aber
nur nicht, wenn ich dich auch bald wieder einmal um so etwas
frage, was deutlich zu sein scheint, und ich frage doch erst danach. c
Denn wie gesagt, um in der Ordnung die Rede zu Ende zu bringen,
frage ich dergleichen, nicht deinetwegen, sondern damit wir uns
nicht gewöhnen, halbverstehend einander das Gesagte vorwegzu-
nehmen, sondern du deinen Satz ganz nach deiner Ansicht durchführen mögest, wie du selbst willst.

GORGIAS: Und ganz recht tust du daran, wie mich dünkt.

SOKRATES: So komm denn, laß uns auch dies überlegen: du
sagst doch bisweilen, man habe etwas gelernt?

GORGIAS: O ja.

SOKRATES: Auch man habe etwas geglaubt?

GORGIAS: Ich gewiß.

SOKRATES: Dünkt dich dies nun einerlei, gelernt haben und ge- d
glaubt, und erlerntes Wissen und Glauben, oder verschieden?

GORGIAS: Ich, o Sokrates, meine, es ist verschieden.

SOKRATES: Und gar recht meinst du das. Du kannst es aber
hieraus erkennen. Wenn dich jemand fragte, gibt es wohl einen
falschen Glauben und einen wahren? Das würdest du bejahen,
denke ich?

GORGIAS: Ja.

SOKRATES: Wie nun? Auch eine falsche Erkenntnis und eine
wahre?

GORGIAS: Keineswegs.

SOKRATES: Offenbar also ist nicht beides einerlei.

GORGIAS: Du hast recht.

e   SOKRATES: Doch aber sind sowohl die Wissenden überredet als die Glaubenden.

GORGIAS: So ist es.

SOKRATES: Willst du also, wir sollen zwei Arten der Überredung setzen, die eine, welche Glauben hervorbringt ohne Wissen, die andere aber, welche Erkenntnis?

GORGIAS: Allerdings.

SOKRATES: Welche von beiden Überredungen also bewirkt die Redekunst an der Gerichtsstätte und in den andern Volksversammlungen in Beziehung auf das Gerechte und Ungerechte? Aus welcher das Glauben entsteht ohne Wissen oder aus welcher das Wissen?

GORGIAS: Offenbar doch, Sokrates, aus welcher das Glauben.

SOKRATES: Die Redekunst also, Gorgias, ist, wie es scheint, 455a   Meisterin in einer glaubenmachenden, nicht in einer belehrenden Überredung in Bezug auf Gerechtes und Ungerechtes?

GORGIAS: Ja.

SOKRATES: Also belehrt auch der Redner nicht in den Gerichts- und anderen Versammlungen über Recht und Unrecht, sondern macht nur glauben. Auch könnte er wohl nicht einen so großen Haufen in kurzer Zeit belehren über so wichtige Dinge.

GORGIAS: Wohl nicht.

6. Wofür ist die Rhetorik zuständig?

SOKRATES: Wohlan denn, laß uns sehen, was wir doch eigentlich b   sagen von der Redekunst; denn ich selbst kann noch gar nicht recht verstehen, was ich sage. Wenn, um Ärzte zu erwählen, die Stadt sich versammelt oder um Schiffsbaumeister oder eine andere Art von Gewerbsleuten, nicht wahr, dann darf der Redner nicht Rat geben? Denn es ist klar, daß bei jeder Wahl der Kunstverständigste gewählt werden muß. Auch nicht, wenn von Erbauung der Mauern die Rede ist und davon, die Häfen instand zu setzen oder die Werften, sondern dann die Baumeister. Auch nicht, wenn die Beratschlagung die Wahl eines Heerführers bec   trifft oder die Stellung eines Heeres gegen den Feind oder die Besitznehmung einer Gegend; sondern die Kriegskünstler werden dann Rat erteilen, nicht die Redekünstler. Oder was meinst du,

Gorgias, hiervon? Denn da du behauptest, selbst sowohl ein Redner zu sein, als auch andere zu Redekünstlern zu machen: so ist es ja recht, was deine Kunst betrifft, von dir zu erfragen. Ja glaube nur, daß ich jetzt zugleich auch auf das Deinige bedacht bin; denn vielleicht ist mancher hier drinnen gesonnen, dein Schüler zu werden, wie ich denn fast mehrere glaube zu bemerken, die vielleicht sich scheuen, dich weiter zu fragen. Wie du also jetzt von mir befragt wirst, so denke dir, du würdest auch von jenen gefragt: Was, o Gorgias, wird uns dafür werden, wenn wir uns zu dir gesellen? Worüber werden wir vermögen, der Stadt Rat zu geben? Nur über Recht und Unrecht allein oder auch über das, was Sokrates eben anführte? Versuche also, ihnen zu antworten.

GORGIAS: So will ich denn versuchen, Sokrates, dir recht deutlich die ganze Kraft der Redekunst aufzudecken. Denn du selbst hast es sehr gut eingeleitet. Nämlich du weißt ja wohl, daß diese Werften und diese Mauern der Athener und dieser Bau ihrer Häfen auf den Rat des Themistokles entstanden sind, teils auch des Perikles, nicht aber jener Baumeister aller Art.

SOKRATES: So sagt man, o Gorgias, vom Themistokles; den Perikles aber habe ich noch selbst gehört, als er seine Meinung vortrug wegen der mittleren Mauer.

GORGIAS: Und wenn eine Wahl solcher Männer angesetzt ist, wie du erwähntest, so siehst du doch, daß die Redner die Ratgebenden sind und deren Meinung durchgeht in solchen Dingen.

SOKRATES: Eben weil ich mich hierüber wundere, Gorgias, frage ich so lange schon, was doch eigentlich das Wesen der Redekunst ist. Denn ganz übermenschlich groß dünkt sie mich, wenn ich sie so betrachte.

7. Macht der Rhetorik. Ihr rechtlicher und unrechtlicher Gebrauch

GORGIAS: Wie, wenn du erst alles wüßtest, Sokrates, daß sie mit einem Wort alle andern Kräfte zusammengenommen unter sich begreift! Einen auffallenden Beweis will ich dir hiervon geben. Nämlich gar oft bin ich mit meinem Bruder oder andern Ärzten zu einem Kranken hingegangen, der entweder keine Arznei nehmen oder den Arzt nicht wollte schneiden und brennen lassen, und da dieser ihn nicht überreden konnte, habe ich ihn doch überredet, durch keine andere Kunst als die Redekunst. Ja, ich behaupte, es möge in eine Stadt, wohin du willst, ein Redekünstler kommen und ein Arzt, und wenn sie vor der Gemeinde oder sonst einer Versammlung redend durchfechten müßten, welcher von beiden zum Arzt gewählt werden sollte: so würde nirgends an den Arzt

c gedacht werden; sondern der zu reden versteht, würde gewählt werden, wenn er wollte. Ebenso im Streit gegen jeden andern Sachverständigen würde der Redner eher als irgendeiner überreden, ihn selbst zu wählen. Denn es gibt nichts, worüber nicht ein Redner überredender spräche als irgendein Sachverständiger vor dem Volke. Die Kraft dieser Kunst ist also in der Tat eine solche und so große. Indessen muß man sich, o Sokrates, der Redekunst bedienen wie auch jeder andern Streitkunst. Denn auch andere

d Streitkunst muß man nicht deshalb gegen alle Menschen gebrauchen, weil einer den Faustkampf und das Ringen und das Fechten in Waffen so gut gelernt hat, daß er stärker darin ist als Freunde und Feinde, und muß deswegen nicht seine Freunde schlagen und stoßen und töten. Noch beim Zeus, wenn einer, der den Übungsplatz besucht hat und ein tüchtiger Fechter geworden ist, hernach Vater und Mutter schlägt oder sonst einen von Verwandten und Freunden, darf man deshalb die Turnmeister und die Fechtmeister verfolgen und aus den Städten vertreiben? Denn diese haben ihre Kunst mitgeteilt, damit man sich ihrer rechtlich bediene gegen Feinde und Beleidiger zur Verteidigung, nicht zum Angriff, und

457a nur jene kehren es um und bedienen sich der Stärke und der Kunst nicht richtig. Nicht also die Lehrer sind böse, noch ist die Kunst hieran schuld und deshalb böse, sondern die, glaube ich, welche sie nicht richtig anwenden. Dasselbe nun gilt auch von der Redekunst. Vermögend ist freilich der Redner, gegen alle und über

b alles so zu reden, daß er den meisten Glauben findet beim Volk, um es kurz herauszusagen, worüber er nur will. Deshalb aber soll er doch weder den Ärzten den Ruf entziehen, weil er das wohl auszurichten vermöchte, noch andern Sachverständigen den ihrigen, sondern rechtlicherweise sich auch der Redekunst bedienen, eben wie der Streitkunst. Und wenn einer, meine ich, ein Redner geworden ist und handelt hernach ungerecht vermöge dieser Kraft und Kunst: so muß man, denke ich, nicht seinen Lehrer hassen

c und aus der Stadt verweisen. Denn zu rechtlichem Gebrauch hat

dieser sie ihm übergeben; er aber bedient sich ihrer entgegengesetzt. Den also, der sie unrichtig anwendet, mag es recht sein zu
hassen und zu vertreiben, nicht aber den, der ihn unterrichtet hat.

8. Bedenken des Sokrates über die Fortführung des Gesprächs
SOKRATES: Ich denke, Gorgias, auch du wirst schon vielen Unterredungen beigewohnt und dieses dabei bemerkt haben, daß nicht
leicht eine Zusammenkunft so auseinandergehen kann, daß sie
dasjenige, worüber sie zu sprechen unternahmen, gemeinschaftlich bestimmt und so einander belehrt und voneinander gelernt
hätten; vielmehr, wenn sie über etwas uneins sind und einer den   d
andern beschuldigt, er rede nicht richtig oder nicht bestimmt, so
erzürnen sie sich und meinen, der andere sage so etwas aus Mißgunst gegen sie, weil er nämlich nur um seine Ehre sich ereifere
beim Gespräch, nicht aber den vorliegenden Gegenstand suche.
Ja, einige gehen zuletzt auf die schändlichste Art auseinander mit
Schimpfreden und indem sie dergleichen Dinge einander anzuhören geben, die es sogar den Anwesenden leid machen für sich
selbst, daß sie solcher Leute Zuhörer haben sein gewollt. Weshalb   e
nun sage ich dies? Weil mich dünkt, du sagst jetzt etwas nicht
Folgerechtes und nicht Zusammenstimmendes mit dem, was du
vorher sagtest von der Redekunst. Ich fürchte mich aber, dich zu
widerlegen, damit du nicht denkst, ich sage es nicht im Eifer auf
die Sache, daß sie uns offenbar werde, sondern auf dich. Bist du   458a
nun eben ein solcher als ich, so möchte ich dich gern durchfragen;
wo nicht, so würde ich es lassen. Und von welchen bin ich einer?
Von denen, die sich gern überführen lassen, wenn sie etwas Unrichtiges sagen, aber auch gern selbst überführen, wenn ein anderer etwas Unrichtiges sagt; nicht unlieber jedoch jenes als dieses.
Denn für ein größeres Gut halte ich jenes um soviel, als es ja besser
ist, selbst von dem größten Übel befreit zu werden, als einen andern davon zu befreien. Denn nichts, denke ich, ist ein so großes
Übel für den Menschen, als irrige Meinungen über das, wovon   b
jetzt die Rede ist unter uns. Behauptest nun auch du ein solcher zu
sein, so wollen wir weiter reden; dünkt dich aber, daß wir es lassen
müssen, so wollen wir es immerhin lassen und die Unterredung
aufheben.
GORGIAS: Allerdings behaupte auch ich ein solcher zu sein, wie

du jetzt vorzeigst. Vielleicht jedoch müssen wir auch auf die Anwesenden Bedacht nehmen. Denn schon lange ehe ihr gekommen seid, habe ich den Anwesenden vieles vorgetragen, und es mag sich leicht auch jetzt in die Länge ziehen, wenn wir Gespräch führen.

c Wir müssen also auch diese bedenken, damit wir nicht einige hindern, die lieber etwas anderes vornehmen wollten.

9. *Die rhetorische Überredungsfähigkeit ist mit sachlicher Unwissenheit vereinbar*

CHAIREPHON: Den Ungestüm dieser Männer hört ihr ja selbst, o Gorgias und Sokrates, wie sehr sie zu hören wünschen, wenn ihr etwas redet. Ich selbst aber möchte nie so in Geschäfte verwickelt sein, daß ich solche und so vorgetragene Reden hintansetzen müßte, weil mir dringender wäre, etwas anderes zu verrichten.

d KALLIKLES: Bei den Göttern, Chairephon, auch ich, der schon so vielen Unterredungen beigewohnt, weiß nicht, ob ich mich jemals so ergötzt habe als eben jetzt: so daß es mir, und wenn ihr euch den ganzen Tag unterreden wollt, immer lieb sein wird.

SOKRATES: Von meiner Seite, Kallikles, ist kein Hindernis, wenn Gorgias nur will.

GORGIAS: Unziemlich würde es ja nun sein, Sokrates, wenn ich nicht wollte, zumal ich selbst aufgefordert habe zu fragen, was

e einer nur Lust hätte. Also, wenn es diesen gefällt, so sprich und frage, was du willst.

SOKRATES: So höre denn, Gorgias, was mich wundert an dem von dir Gesagten. Denn vielleicht hast du es ganz recht gesagt, und ich habe nur nicht richtig aufgefaßt. Zum Redner, sagst du doch, könntest du einen machen, wenn er bei dir lernen will?

GORGIAS: Ja.

SOKRATES: Und zwar über jegliches, so daß er die Menge überredet, nicht belehrend jedoch, sondern nur Glauben erregend.

459a GORGIAS: Allerdings.

SOKRATES: Denn du sagtest eben, daß auch in Sachen der Gesundheit der Redner mehr Glauben finden würde als der Arzt.

GORGIAS: Das sagte ich auch; bei der Menge nämlich.

SOKRATES: Und nicht wahr, dieses «bei der Menge» heißt bei denen, die nicht wissen? Denn bei den Wissenden wird er doch nicht mehr Glauben finden als der Arzt?

GORGIAS: Darin hast du recht.

SOKRATES: Findet er nun mehr Glauben als der Arzt, so findet er mehr Glauben als der Wissende?

GORGIAS: Allerdings.

SOKRATES: Ohne ein Arzt zu sein, nicht wahr?   b

GORGIAS: Ja.

SOKRATES: Der Nichtarzt ist aber dessen unkundig, wessen der Arzt kundig ist?

GORGIAS: Offenbar.

SOKRATES: Der Nichtwissende also findet mehr als der Wissende Glauben unter den Nichtwissenden, wenn der Redner mehr Glauben findet als der Arzt. Folgt dies, oder etwas anderes?

GORGIAS: Dies folgt hier freilich.

SOKRATES: Verhält sich nun nicht auch gegen die andern Künste insgesamt der Redner ebenso und die Redekunst? Die Sachen selbst braucht sie nicht zu wissen, wie sie sich verhalten, sondern sie muß nur einen Kunstgriff der Überredung ausgefunden haben,   c
so daß sie das Ansehen bei den Nichtwissenden gewinnt, mehr zu wissen als die Wissenden.

10. *Zugeständnis des Gorgias, daß der Redner das Gerechte
    wissen muß*

GORGIAS: Ist das nun nicht ein großer Vorteil, Sokrates, daß man, ohne andere Künste gelernt zu haben, sondern nur diese einzige, um nichts zurücksteht hinter den Meistern in jenen?

SOKRATES: Ob der Redner, weil es sich so mit ihm verhält, zurücksteht oder nicht hinter jenen andern, das wollen wir hernach überlegen, wenn es uns zur Sache dient. Jetzt laß uns dieses zuerst bedenken: ob auch in Bezug auf das Gerechte und Ungerechte, das Schöne und Unschöne, das Gute und Üble der Redner sich ebenso   d
verhält wie in Hinsicht auf das Gesunde und die andern Gegenstände der andern Künste; nämlich, daß er von der Sache selbst nicht weiß, was gut ist oder übel, schön oder unschön, gerecht oder ungerecht, sondern nur Überredung sich erkünstelt hat, so daß er als Nichtwissender unter den Nichtwissenden dafür gilt, mehr zu wissen als ein Wissender. Oder ist es notwendig, das zu   e
wissen, und muß dessen schon vorher kundig zu dir kommen, wer die Redekunst von dir lernen soll? Wo aber nicht, wirst dann du,

der Lehrer der Redekunst, den Ankömmling dieses nicht lehren, weil es deine Sache nicht ist, sondern ihn nur dahin bringen, daß er der Menge auch dieses zu wissen scheine, ohne es zu wissen, und gut zu sein scheine, ohne es zu sein? Oder wirst du ganz und gar nicht imstande sein, ihn die Redekunst zu lehren, wenn er nicht hierüber vorher das Richtige weiß? Oder wie verhält es sich hiermit, Gor-
460a gias? Ja, um Zeus willen! Decke nur, wie du vorher sagtest, die ganze Kraft der Redekunst auf und sprich, worin sie besteht!

GORGIAS: Ich meine jedenfalls, Sokrates, wenn er jenes zufällig noch nicht weiß, so wird er auch das von mir lernen.

SOKRATES: Halt, denn das ist vortrefflich gesagt. Wenn du einen zum Redner machen sollst, muß er notwendig wissen, was gerecht ist und ungerecht, es sei nun zuvor schon, oder erst, nachdem er es von dir gelernt?

GORGIAS: Allerdings.

b   SOKRATES: Wie nun? Wer die Baukunst gelernt hat, ist der ein Baumeister oder nicht?

GORGIAS: Ja.

SOKRATES: Und wer die Tonkunst, ein Tonkünstler?

GORGIAS: Ja.

SOKRATES: Und wer die Heilkunde, ein Heilkundiger, und so auch im übrigen nach derselben Regel, wer etwas gelernt hat, ist ein solcher, wozu jeden diese Erkenntnis macht?

GORGIAS: Freilich.

SOKRATES: Also, nach demselben Verhältnis, wer das Gerechte gelernt hat, ist gerecht?

GORGIAS: Auf alle Weise freilich.

SOKRATES: Der Gerechte aber handelt doch gerecht?

GORGIAS: Ja.

c   SOKRATES: Also ist notwendig, daß der Redekünstler gerecht ist und daß der Gerechte gerecht handelt?

GORGIAS: So zeigt es sich ja.

SOKRATES: Und niemals wird doch der Gerechte wollen Unrecht tun?

GORGIAS: Natürlich.

SOKRATES: Der Rednerische aber ist unserer Rede zufolge notwendig gerecht.

GORGIAS: Ja.

SOKRATES: Niemals also wird der Rednerische wollen Unrecht tun.

GORGIAS: Nein, wie es ja scheint.

11. *Folgerung: Unmöglichkeit eines unrechtlichen Gebrauchs der Rhetorik*

SOKRATES: Erinnerst du dich nun, vor kurzem gesagt zu haben, man müsse den Turnmeistern nicht die Schuld geben noch sie aus d der Stadt verweisen, wenn der Faustkämpfer seine Kunst nicht schön gebraucht und unrecht tut? Ebenso wenn ein Redner die Redekunst ungerecht gebrauche, müsse man nicht dem Lehrer die Schuld geben noch ihn aus der Stadt verweisen, sondern dem Unrechttuenden und die Redekunst nicht richtig Anwendenden? Ist das gesagt worden oder nicht?

GORGIAS: Es ist gesagt worden.

SOKRATES: Nun aber zeigt sich, daß dieser nämliche, der Rede- e künstler, niemals unrecht tut. Oder nicht?

GORGIAS: So zeigt es sich.

SOKRATES: Auch in unsern ersten Reden, o Gorgias, wurde ja gesagt, die Redekunst habe es mit Reden nicht vom Geraden und Ungeraden zu tun, sondern vom Gerechten und Ungerechten. Nicht so?

GORGIAS: Ja.

SOKRATES: Ich nun, als du dies damals sagtest, verstand dich so, die Redekunst könne niemals etwas Ungerechtes sein, da ja immer ihre Reden von der Gerechtigkeit handeln. Als du aber bald darauf sagtest, der Redner könne wohl auch die Redekunst ungerecht gebrauchen: so habe ich, hierüber verwundert und in der 461 a Meinung, das Gesprochene stimme nicht zusammen, jenes gesagt, daß, wenn du es für einen Gewinn hieltest, überführt zu werden, wie ich es dafür halte, es dann lohnte, uns weiter zu besprechen, wo aber nicht, wir es besser unterließen. Und nun wir es noch einmal erwogen haben, siehst du auch selbst, ist wiederum festgestellt worden, daß es unmöglich sei, der Redner könne die Redekunst ungerecht gebrauchen oder Unrecht tun wollen. Dieses nun, wie es sich eigentlich verhalte, zu untersuchen, dazu, o Gorgias, mag, beim Hunde! eine gar nicht kurze Unterredung erfordert b werden.

12. *Protestierende Einmischung des Polos*

POLOS: Wie doch, Sokrates? Denkst du auch wirklich so über die Redekunst, wie du jetzt sprichst? Oder meinst du – weil Gorgias sich geschämt hat, dir darin nicht beizustimmen, daß ein Redner auch das Gerechte wissen müsse und das Schöne und das Gute und daß, wenn einer dies nicht wissend zu ihm käme, er es ihn lehren müsse, so ist hernach eben durch dieses Eingeständnis vielleicht

c etwas Widersprechendes in seine Reden gekommen –, woran du dann deine Freude hast, nachdem du zu solchen Fragen die Unterredung hingeleitet. Denn wer, meinst du wohl, würde leugnen wollen, daß er selbst nicht des Gerechten kundig sei und es auch andere lehren könne? Aber auf dergleichen die Rede hinzuführen, ist sehr ungesittet.

SOKRATES: Nun, schönster Polos, eben dazu ausdrücklich haben wir ja unsere Freunde und Söhne, damit, wenn wir selbst im höheren Alter uns irren, ihr Jüngeren bei der Hand seid und uns das Leben wieder berichtigt in Tat und Wort. Auch jetzt also,

d wenn ich und Gorgias in unserer Rede uns irren, bist du ja bei der Hand, berichtige uns also. Gebühren mag es dir wohl. Und ich bin bereit, wenn du glaubst, irgend etwas von dem Zugestandenen sei nicht mit Recht zugestanden worden, dir zurückzugeben, was du willst, wenn du mir nur eins beobachtest.

POLOS: Was meinst du damit?

SOKRATES: Die langen Reden, o Polos, wenn du die nur zurückhältst, deren du dich auch zuvor schon bedienen wolltest.

POLOS: Wie doch? Es soll mir nicht erlaubt sein zu reden wieviel ich will?

e SOKRATES: Das wäre freilich hart für dich, Bester, wenn du nach Athen gekommen bist, wo in ganz Hellas die größte Freiheit im Reden herrscht, und du allein solltest ihrer eben hier entbehren. Nur nimm auch den anderen Fall: wenn du weitläufig redest und das Gefragte nicht beantworten willst, wäre es dann nicht wiederum sehr hart für mich, wenn mir nicht erlaubt sein sollte, weg-

462a zugehen und dich nicht anzuhören? Also wenn du dich des aufgestellten Satzes annehmen und ihn berichtigen willst: so nimm, wie ich eben sagte, zurück, was dir beliebt, und dann, nach der Ordnung fragend und befragt wie ich und Gorgias, überführe mich und laß dich überführen. Denn du rühmst dich doch, auch selbst das zu verstehen, was Gorgias. Oder nicht?

POLOS: Das behaupte ich.

SOKRATES: Also auch du forderst wohl auf, daß man dich frage, was jeder jedesmal will, als einer, der wohl versteht zu antworten.

POLOS: Allerdings.

SOKRATES: So tue denn auch jetzt, welches von beiden du b willst; frage oder antworte.

13. Die Rhetorik als Geübtheit im Erzeugen von Lust

POLOS: Wohl, das will ich tun. Antworte mir also, Sokrates: Da du doch meinst, Gorgias wisse keinen Rat wegen der Redekunst, was meinst du denn, daß sie ist?

SOKRATES: Fragst du, welche Kunst ich behaupte, daß sie sei?

POLOS: Eben das.

SOKRATES: Gar keine, dünkt mich, o Polos, um doch zu dir die Wahrheit zu sagen.

POLOS: Sondern was dünkt dich denn die Redekunst zu sein?

SOKRATES: Dasjenige, woraus die Kunst hervorgeht, wie du sagst in der Schrift, die ich neulich gelesen. c

POLOS: Was meinst du damit?

SOKRATES: Eine gewisse Übung, meine ich.

POLOS: Also eine Übung dünkt dich die Redekunst zu sein?

SOKRATES: Ja, wenn du nicht etwas anderes sagst.

POLOS: Und eine Übung worin?

SOKRATES: In Bewirkung einer gewissen Lust und eines Wohlgefallens.

POLOS: Dünkt dich also nicht die Redekunst etwas Schönes zu sein, wenn man imstande ist, den Menschen gefällig zu sein?

SOKRATES: Wie doch, Polos? Hast du etwa schon von mir erfahren, was sie meiner Meinung nach ist, daß du schon das weitere fragst, ob ich sie nicht für etwas Schönes halte? d

POLOS: Habe ich denn nicht erfahren, daß sie deiner Meinung nach eine Übung ist?

SOKRATES: Willst du wohl, da du auf das Gefälligsein so viel Wert legst, mir auch in einer Kleinigkeit gefällig sein?

POLOS: Sehr gern.

SOKRATES: So frage mich doch, welche Kunst die Kochkunst mir zu sein scheint.

POLOS: Ich frage dich also, welche Kunst ist die Kochkunst?

SOKRATES: Gar keine, o Polos.

POLOS: Aber was denn? Sprich.

SOKRATES: Ich sage also, eine Übung.

POLOS: Was doch für eine? Sage an.

SOKRATES: Ich sage also, in Bewirkung einer gewissen Lust und
e eines Wohlgefallens, o Polos.

POLOS: Einerlei ist also Kochkunst und Redekunst?

SOKRATES: Keineswegs, sondern nur Teile desselben Bestre-
bens.

POLOS: Was doch für eines?

SOKRATES: Wenn es nur nicht unziemlich ist, die Wahrheit herauszusagen; denn ich trage wirklich Bedenken des Gorgias wegen,
es zu sagen, damit er nicht glaube, ich wolle sein eignes Bestreben
auf Spott ziehen. Indes, ob dies die Redekunst ist, was Gorgias
463a treibt, weiß ich ja nicht; denn eben jetzt aus dem Gespräch ist
uns nicht offenbar geworden, was er recht meint. Was ich aber die
Redekunst nenne, das ist ein Teil einer Sache, die gar nicht unter
die schönen gehört.

GORGIAS: Was doch für einer, Sokrates? Sage es nur, ohne
mich zu scheuen.

14. Die Rhetorik als Schmeichelei ist das Schattenbild eines Teils der Staatskunst

SOKRATES: Mich dünkt also, Gorgias, es gibt ein gewisses Bestreben, das künstlerisch zwar gar nicht ist, aber einer dreisten Seele
angehört, die richtig zu treffen weiß und von Natur stark ist in
b Behandlung der Menschen; im ganzen aber nenne ich es Schmeichelei. Diese Bestrebung nun scheint mir viele andere Teile zu haben, wovon einer auch die Kochkunst ist, welche für eine Kunst
zwar gehalten wird, wie aber meine Rede lautet, keine Kunst ist,
sondern nur eine Übung und Fertigkeit. Von derselben nun betrachte ich als einen Teil auch die Redekunst und die Putzkunst
und die Sophistik: vier Teile für vier Gegenstände. Wenn also Polos mich ausfragen will, so tue er es. Denn noch hat er mir nicht
c abgefragt, welcher Teil der Schmeichelei ich meine, daß die Redekunst sei; sondern, ohne zu bemerken, daß ich dies noch nicht
beantwortet, fragt er schon weiter, ob ich sie nicht für etwas Schö-

nes halte. Ich aber werde ihm nicht eher antworten, ob ich die
Redekunst für etwas Schönes oder etwas Unschönes halte, bis ich
ihm zuvor geantwortet habe, was sie ist. Denn das wäre nicht
recht, Polos. Also wenn du es erfahren willst, so frage, welcher
Teil der Schmeichelei ich dann meine, daß die Redekunst sei.

POLOS: So frage ich denn, und antworte du, was für ein Teil.

SOKRATES: Ob du auch wohl verstehen wirst, wenn ich ant- d
worte? Nämlich nach meiner Erklärung ist die Redekunst von
einem Teile der Staatskunst das Schattenbild.

POLOS: Wie nun? Sagst du, sie sei schön oder unschön?

SOKRATES: Unschön. Denn das Böse nenne ich unschön, da ich
dir doch antworten soll, als wüßtest du schon, was ich meine.

GORGIAS: Beim Zeus, Sokrates, verstehe ich doch selbst nicht,
was du meinst.

SOKRATES: Wohl glaublich, Gorgias. Denn ich sage auch noch e
nichts Bestimmtes. Dieser Polos aber ist gar jung und hitzig.

GORGIAS: Also laß nur diesen und sage mir, wie du denn
meinst, die Redekunst sei von einem Teile der Staatskunst das
Schattenbild.

SOKRATES: Wohl, ich will versuchen zu erklären, was mir die
Redekunst zu sein scheint, und wenn sie dies nicht sein sollte, so
mag mich Polos widerlegen. Du nennst doch etwas Leib und 464a
Seele?

GORGIAS: Wie sollte ich nicht.

SOKRATES: Und glaubst auch, daß es ein Wohlbefinden gibt für
jedes von diesen beiden?

GORGIAS: Auch das.

SOKRATES: Wie aber? Auch ein scheinbares Wohlbefinden, das
keines ist? Ich meine dergleichen: Viele haben das Ansehn, sich
ganz wohl zu befinden dem Leibe nach, denen nicht leicht jemand
abmerken würde, daß sie sich nicht wohl befinden, außer ein Arzt
etwa und einer von den Turnverständigen.

GORGIAS: Ganz recht.

SOKRATES: Dergleichen nun, sage ich, gibt es am Leibe und in
der Seele, welches macht, daß Leib oder Seele scheint sich wohl zu
befinden, befindet sich aber deshalb doch nicht so.

GORGIAS: Das gibt es. b

15. Schattenbild der Heilkunst die Kochkunst

SOKRATES: Wohlan denn, wenn ich kann, will ich dir nun deutlicher zeigen, was ich meine. Für diese zwei Dinge setze ich zwei Künste und nenne die für die Seele die Staatskunst; die aber für den Leib kann ich dir nicht so als eine benennen, sondern ich setze von dieser einen Besorgung des Leibes wiederum zwei Teile, die Turnkunst als den einen, die Heilkunst als den andern. So auch in der Staatskunst, gegenüberstehend der Turnkunst die Gesetzge-

c bung, gegenüberstehend aber der Heilkunst die Rechtspflege. So haben je zwei von diesen als auf denselben Gegenstand sich beziehend etwas miteinander gemein, die Heilkunde mit der Turnkunst und die Rechtspflege mit der Gesetzgebung, doch aber sind sie auch wieder verschieden. Diese vier nun, welche immer mit Hinsicht auf das Beste die Angelegenheiten, jene beiden des Leibes, diese beiden der Seele besorgen, bemerkt nun die Schmeichelei – nicht sie erkennt sie, sage ich, sondern sie spürt und trifft sie nur –, teilt sich nun selbst in vier Teile, verkleidet sich in jene Teile und stellt sich nun an, dasjenige zu sein, worin sie sich verkleidet; auf

d das Beste aber gar nicht denkend, fängt sie durch das jedesmal Angenehmste den Unverstand und hintergeht ihn so, daß sie ihm scheint, überaus viel wert zu sein. In die Heilkunst nun verkleidet sich die Kochkunst und stellt sich an zu wissen, welches die besten Speisen sind für den Leib, so daß, wenn vor Kindern oder auch vor Männern, die so unverständig wären wie die Kinder, ein Arzt und ein Koch sich um den Vorzug streiten sollten, wer von beiden sich auf heilsame und schädliche Speisen verstände, der Arzt oder der

e Koch, der Arzt Hungers sterben könnte. Schmeichelei nun nenne ich das und behaupte, es sei etwas Schlechtes, o Polos – denn zu dir

465 a sage ich dies –, weil es das Angenehme zu treffen sucht ohne das Beste. Eine Kunst aber leugne ich, daß es sei; sondern nur eine Übung, weil sie keine Einsicht hat von dem, was sie anwendet, was es wohl seiner Natur nach ist, und also den Grund von einem jeden nicht anzugeben weiß; ich aber kann nichts Kunst nennen, was eine unverständige Sache ist. Und bist du etwa hierüber anderer Meinung: so will ich dir Rede stehen.

16. Redekunst: Schattenbild der Rechtspflege und Gegenstück zur Kochkunst

In die Heilkunst also, wie gesagt, verkleidet sich die kochkundige b Schmeichelei, in die Turnkunst aber auf eben die Weise die putz- kundige, die gar verderblich ist und betrügerisch, unedel und un- anständig, und die durch Gestalten und Farben und Glätte und Bekleidung die Menschen so betrügt, daß sie, fremde Schönheit herbeiziehend, die eigne, welche durch die Kunst der Leibesübun- gen entsteht, vernachlässigen. Um nun nicht weitläufig zu werden, will ich es dir ausdrücken wie die Meßkünstler, denn nun wirst du ja wohl schon folgen können, nämlich daß, wie die Putzkunst zur c Turnkunst, so die Kochkunst zur Heilkunst, oder vielmehr so, wie die Putzkunst zur Turnkunst, so die Sophistik zur Gesetzgebung, und wie die Kochkunst zur Heilkunst, so die Redekunst zur Rechtspflege. Wie ich nun sage, so stehen sie ihrem Wesen nach auseinander; weil sie aber auch nahe sind, werden sie untereinan- der gemischt und mit demselben geben sich Sophisten und Redner ab und wissen selbst nicht, was sie mit sich, noch auch andere Menschen, was sie mit ihnen anzufangen haben. Denn auch wenn die Seele nicht dem Leibe vorstände, sondern dieser sich selbst und d also von jener nicht Kochkunst und Heilkunst verglichen und un- terschieden würden, sondern der Leib selbst nach Maßgabe des für ihn Wohlgefälligen urteilen müßte: so würde es mit jenem Anaxagoreischen gar weit gehen, lieber Polos, denn du bist dieser Dinge ja kundig, nämlich alle Dinge würden alles zugleich sein untereinandergemischt, und ungesondert bliebe das Gesunde und Heilkunstmäßige von dem Kochkunstmäßigen. Was ich nun meine, daß die Redekunst sei, hast du gehört, nämlich das Gegen- stück zur Kochkunst, für die Seele, was diese für den Leib. Viel- e leicht nun habe ich es widersinnig angefangen, daß ich dich nicht wollte lange Reden halten lassen und nun selbst die Rede ziemlich lang gedehnt habe. Billig aber muß man mir dies verzeihen. Denn als ich kurz redete, verstandest du mich nicht und wußtest nichts anzufangen mit der Antwort, die ich dir gab, sondern bedurftest einer Erörterung. Wenn nun auch ich mit deinen Antworten nichts werde anzufangen wissen, dann dehne auch du die Rede; weiß 466a ich es aber, so laß mich damit machen, denn so ist es billig. Auch jetzt also, wenn du mit dieser Antwort etwas zu machen weißt, so tue es.

17. Die angebliche Macht der Rhetorik. Frage, ob sie für den Redner gut ist

POLOS: Was sagst du also? Schmeichelei dünkt dich die Redekunst zu sein?

SOKRATES: Von der Schmeichelei, sagte ich, ein Teil. Hast du kein Gedächtnis in deinen Jahren, Polos? Was wirst du denn tun, wenn du alt wirst?

POLOS: Scheinen dir denn in den Staaten die ausgezeichneten Redner wie Schmeichler für schlechte Leute schlecht geachtet zu werden?

b   SOKRATES: Fragst du da eine Frage, oder ist es der Anfang einer Rede?

POLOS: Ich frage.

SOKRATES: Nun dann, gar nicht geachtet werden sie, meine ich.

POLOS: Wie, nicht geachtet? Haben sie nicht am meisten Macht in den Städten?

SOKRATES: Nein, wenn du unter dem Macht-Haben verstehst, daß es etwas Gutes ist für den Vermögenden.

POLOS: So verstehe ich es allerdings.

SOKRATES: Dann, dünkt mich, haben die Redner unter allen in der Stadt am wenigsten Macht.

POLOS: Wie? Töten sie nicht wie die Tyrannen, wen sie wollen,
c   und berauben des Vermögens und verweisen aus der Stadt, wen ihnen gut dünkt?

SOKRATES: Beim Hunde! Jedoch bin ich zweifelhaft, Polos, bei jedem, was du sagst, ob du selbst das sagst und deine Meinung darlegst oder ob du mich fragst.

POLOS: Freilich frage ich dich.

SOKRATES: Wohl, Lieber! Dann fragst du zweierlei zugleich.

POLOS: Wieso zweierlei?

SOKRATES: Sagtest du nicht eben etwa so, die Redner töteten,
d   wen sie wollen, und beraubten des Vermögens und verbannten aus der Stadt, wen ihnen gut dünkt?

POLOS: So sagte ich.

18. These des Sokrates, daß die Macht der Redner und Tyrannen am geringsten ist

SOKRATES: So sage ich dir denn, daß dies zwei Fragen sind, und daß ich dir auf beide antworten will. Ich behaupte nämlich, Polos, Macht haben Redner sowohl als Tyrannen eigentlich am wenigsten im Staat, weil sie nämlich nichts tun, was sie wollen, daß ich es geradeheraus sage; jedoch tun sie freilich, was ihnen dünkt, das e Beste zu sein.

POLOS: Dies ist ja doch eben das Macht-Haben, das Viel-Vermögen.

SOKRATES: Nein, wie Polos wenigstens sagt.

POLOS: Ich sagte Nein? Ich sage eben Ja.

SOKRATES: Nein wahrlich, du wohl nicht, da du ja sagtest, Macht haben, viel vermögen sei etwas Gutes dem, der es hat.

POLOS: Das sage ich freilich.

SOKRATES: Meinst du also, das sei gut, wenn, was ihn dünkt das Beste zu sein, einer ausrichtet, der keine Erkenntnis hat? Und nennst du das viel vermögen?

POLOS: Nein, das nicht.

SOKRATES: Also mußt du zeigen, daß die Redner Erkenntnis haben und daß die Redekunst eine Kunst ist, nicht bloße Schmei- 467a chelei, mich widerlegend. Wenn du mich aber unwiderlegt läßt, so werden die Redner, wenn sie in den Städten tun, was ihnen gut dünkt, und so auch die Tyrannen, hieran nichts Gutes besitzen. Und Macht haben soll doch, wie du behauptest, etwas Gutes sein. Ausrichten aber was einen bedünkt ohne Erkenntnis, das räumst auch du ein, sei ein Übel. Oder nicht?

POLOS: Das räume ich ein.

SOKRATES: Wie also sollten wohl Redner Macht haben im Staate oder auch Tyrannen, wenn nicht dem Sokrates zuvor vom Polos bewiesen wird, daß sie bewirken, was sie wollen?

POLOS: Das ist mir ein Mann! b

SOKRATES: Ich leugne, daß sie bewirken, was sie wollen. Widerlege mich.

POLOS: Hast du nicht eben zugegeben, daß sie bewirken, was ihnen dünkt das Beste zu sein?

SOKRATES: Das gebe ich auch noch zu.

POLOS: So bewirken sie ja, was sie wollen?

SOKRATES: Das leugne ich.

POLOS: Unerachtet sie bewirken, was ihnen gut dünkt?

SOKRATES: Ja.

POLOS: Erbärmliche Sachen sagst du und ganz ungewaschene.

SOKRATES: Ei, teures Freundchen, daß ich dich doch nach deiner Weise anrede, schelte nicht; sondern wenn du verstehst, mich
c zu fragen, so zeige, daß ich unrecht habe, wo nicht, so antworte selbst.

POLOS: Ich will auch antworten, um doch zu sehen, was du meinst.

19. Das Gute als das Worumwillen jedes Tuns

SOKRATES: Denkst du denn, daß die Menschen dasjenige wollen, was sie jedesmal tun, oder vielmehr jenes, um deswillen sie dasjenige tun, was sie tun? Wie etwa die Leute, die Arznei einnehmen von den Ärzten, denkst du, daß die dasjenige wollen, was sie tun, Arznei nehmen und Schmerzen haben, oder jenes, das Genesen, um deswillen sie sie nehmen?

POLOS: Offenbar das Genesen.

d SOKRATES: So auch bei den Schiffahrttreibenden und denen, die auf anderes Gewerbe ausgehen, ist, was sie wollen, nicht dasjenige, was sie jedesmal tun. (Denn wer will wohl zu Schiffe sein und in Gefahr schweben und Händel haben?) Sondern jenes, denke ich, um deswillen sie zu Schiffe gehen, das Reichwerden; denn um des Reichtums willen gehen sie zu Schiffe.

POLOS: Allerdings.

SOKRATES: Ist es nun nicht ebenso mit allem? Wenn jemand etwas um eines andern willen tut, so will er nicht das, was er tut, sondern das, um deswillen er es tut?

e POLOS: Ja.

SOKRATES: Gibt es nun wohl etwas, das nicht entweder gut wäre oder übel oder zwischen beiden, weder gut noch übel?

POLOS: Eins von diesen ganz notwendig, Sokrates.

SOKRATES: Sagst du nun nicht, daß gut die Weisheit ist und die Gesundheit und der Reichtum und das übrige der Art, übel aber das Gegenteil hiervon?

POLOS: Allerdings.

SOKRATES: Weder gut noch übel aber, meinst du, sei derglei-
468a chen, was bisweilen mit dem Guten zusammenhängt, bisweilen mit dem Übel, bisweilen mit keinem von beiden, wie Sitzen und Gehen, Laufen und Schiffen; und wiederum wie Stein und Holz

und anderes dergleichen. Meinst du nicht dies? Oder nennst du
etwas anderes weder gut noch böse?

POLOS: Nein, sondern dieses.

SOKRATES: Tun sie nun etwa dies Mittlere um des Guten willen, wenn sie es tun, oder das Gute um des Mittleren willen?

POLOS: Das Mittlere doch wohl um des Guten willen.

SOKRATES: Dem Guten also nachtrachtend gehen wir, wenn b
wir gehen, in der Meinung, daß es besser sei, und wenn wir im
Gegenteil stehen, so stehen wir um des nämlichen willen, des Guten. Oder nicht?

POLOS: Ja.

SOKRATES: Also töten wir auch, wenn wir jemand töten, und
vertreiben und berauben des Vermögens in der Meinung, es sei
uns besser, dieses zu tun als nicht?

POLOS: Allerdings.

SOKRATES: Um des Guten willen also tut alles dieses, wer es tut.

POLOS: Das gebe ich zu.

20. *Macht nur gewollt, sofern sie für den Ausübenden nützlich
ist*

SOKRATES: Haben wir nun nicht eingestanden, was wir um eines
andern willen tun, dieses selbst wollten wir eigentlich nicht, sondern nur jenes, um deswillen wir es eigentlich tun?   c

POLOS: Unbedenklich.

SOKRATES: Also wollen wir nicht hinrichten und des Landes
verweisen und des Vermögens berauben so schlechthin an sich;
sondern wenn uns dergleichen nützlich ist, wollen wir es tun, ist es
uns aber schädlich, dann nicht. Denn nur das Gute wollen wir, wie
du behauptest, das weder Gute noch Üble aber wollen wir nicht,
noch auch das Üble. Nicht wahr? Dünkt dich, daß ich recht habe,
Polos, oder nicht? Warum antwortest du nicht?

POLOS: Recht.

SOKRATES: Wenn wir also hierin einig sind, so wird, wenn je- d
mand einen hinrichten läßt oder aus dem Staate vertreibt oder
seines Vermögens beraubt, in der Meinung, es sei für ihn selbst
besser, es ist aber in der Tat schlimmer für ihn, dieser zwar allerdings tun, was ihn gut dünkt; nicht wahr?

POLOS: Ja.

SOKRATES: Aber etwa auch was er will, wenn es doch ein Übel für ihn ist? Was antwortest du nicht?

POLOS: Nein also; er scheint mir nicht zu tun, was er will.

SOKRATES: Kann man also wohl sagen, ein solcher habe Macht
e in diesem Staat, wenn doch mächtig sein, wie du einräumtest, etwas Gutes ist?

POLOS: Man kann es nicht sagen.

SOKRATES: Recht also hatte ich, als ich sagte, es könne gar wohl ein Mensch, der in der Stadt ausrichtet, was ihm bedünkt, dennoch nicht mächtig sein noch auch ausrichten, was er will.

POLOS: Also du, Sokrates, wünschtest nicht, daß dir freistände zu tun, was dich gut dünkt in der Stadt, lieber als es nicht zu können, und bist nicht neidisch, wenn du einen siehst, der ums Leben gebracht hat, wen es ihm beliebte, oder des Eigentums beraubt oder ins Gefängnis gesetzt?

SOKRATES: Meinst du rechtmäßig oder unrechtmäßig?

469a POLOS: Wie er es auch tue, ist es nicht in beiden Fällen zu beneiden?

SOKRATES: Sprich besser, o Polos!

POLOS: Wieso?

SOKRATES: Man soll ja wohl weder die nicht zu Beneidenden beneiden noch die Elenden, sondern sie bedauern.

POLOS: Und wie? So, meinst du, stehe es mit denjenigen, von welchen ich rede?

SOKRATES: Wie wohl anders?

POLOS: Wer also töten kann, wen es ihm beliebt, der dünkt dich, wenn er ihn mit Recht tötet, elend zu sein und bedauernswürdig?

SOKRATES: Nein, das nicht; aber auch nicht beneidenswert.

POLOS: Behauptetest du nicht eben, er sei ein Elender?

b SOKRATES: Von dem unrechtmäßig Tötenden, o Freund, und daß er bedauernswürdig wäre dazu; wer aber rechtmäßig, wäre auch nicht zu beneiden.

POLOS: Vielmehr, wer unrechtmäßigerweise sterben muß, ist bedauernswürdig und elend.

21. *These des Sokrates: Unrecht leiden ist besser als Unrecht tun*

SOKRATES: Weniger als der ihn tötet, Polos, und auch weniger, als der rechtmäßigerweise sterben muß.

POLOS: Wie das, Sokrates?

SOKRATES: So, wie ja Unrechttun das Größte aller Übel ist.

POLOS: Also dies ist das größte? Nicht Unrecht leiden größer?

SOKRATES: Keineswegs.

POLOS: Du also wolltest Unrecht leiden lieber als Unrecht tun?

SOKRATES: Ich wollte wohl keines von beiden; müßte ich aber c eines von beiden, Unrecht tun oder Unrecht leiden, so würde ich vorziehen, lieber Unrecht zu leiden als Unrecht zu tun.

POLOS: Du also möchtest nicht ein Tyrann sein?

SOKRATES: Nein, wenn du darunter dasselbe verstehst wie ich.

POLOS: Ich verstehe darunter eben das Vorige, daß man Macht habe, im Staate was einem gutdünkt auszurichten, zu töten, zu vertreiben und alles zu tun nach eignem Wohlgefallen.

22. *Beispiel vermeintlicher Macht. Das Rechtmäßige besser*

SOKRATES: O Bester, was ich dir jetzt sagen will, das nimm doch recht vor. Wenn ich auf vollem Markt mit einem Dolch unter dem d Arm zu dir spräche: O Polos, zu einer wunderbaren Gewalt und Herrschaft bin ich jetzt gelangt. Denn wenn es mir gefiele, daß irgendeiner von diesen Menschen, die du hier siehst, sogleich sterben sollte: so wird der tot sein, von dem es mir gefällt. Und wenn, daß einem der Kopf müßte eingeschlagen werden, so würde er sogleich eingeschlagen sein; und wenn einem das Kleid zu zerreißen, so wäre es zerrissen – soviel Macht habe ich in dieser Stadt. e Wenn du es dann bezweifeltest und ich dir den Dolch zeigte, so würdest du mir vielleicht sagen: Ja, auf diese Art, Sokrates, kann jeder Macht haben. Auf diese Weise müßte auch jedes Haus abbrennen, das dir einfiele, und der Athener Schiffswerften und Galeeren und alle Schiffe, die der Stadt oder einzelnen gehören. Aber das heißt nicht mächtig sein, auf diese Art tun, was einem gut dünkt. Oder meinst du?

POLOS: Nein, so freilich nicht.

SOKRATES: Kannst du nun wohl sagen, warum du eine solche 470a Macht tadelst?

POLOS: Das kann ich.

SOKRATES: Warum denn? Sprich.

POLOS: Weil notwendig, wer so zu Werke geht, zu Schaden kommt.

SOKRATES: Und ist das Schadenleiden nicht ein Übel?

POLOS: Freilich.

SOKRATES: Also, du Wunderlicher, zeigt es sich dir schon wieder: wenn einer tut, was ihm dünkt, und zugleich dies damit verbunden ist, daß er es zu seinem Vorteil tue, dann ist es gut, und dies, wie es scheint, ist das Mächtigsein; wenn aber nicht, dann ist
b es schlecht und Ohnmächtigsein. Erwägen wir aber auch dies. Gestehen wir nicht ein, daß es bisweilen besser ist, das zu tun, was wir eben anführten, Menschen zu töten und zu verbannen und des Eigentums zu berauben, bisweilen aber auch nicht?

POLOS: Freilich.

SOKRATES: Dies also, wie es scheint, wird von dir nicht minder als von mir eingestanden.

POLOS: Ja.

SOKRATES: Wann also, meinst du, daß es besser sei, dies zu tun? Sprich, welche Bestimmung setzt du fest?

POLOS: Du, o Sokrates, beantworte doch eben dieses.

c SOKRATES: Ich also behaupte, o Polos, wenn dir doch lieber ist, von mir dies zu hören, daß, wenn einer dieses rechtmäßig tut, es besser ist, wenn aber unrechtmäßig, dann schlimmer.

23. Gegenthese des Polos, daß Unrecht tun zur Glückseligkeit führt

POLOS: Ein schweres Stück ist es wohl, dich zu überführen, Sokrates; aber könnte nicht jedes Kind dich überführen, daß du nicht recht hast?

SOKRATES: So werde ich dem Kinde großen Dank wissen, und gleichen auch dir, wenn du mich überführst und der Torheit entledigst. Also laß dir's nicht beschwerlich sein, einem Freunde dich wohltätig zu erzeigen, sondern widerlege mich.

POLOS: Wohl denn, Sokrates, es ist gar nicht nötig, dich durch
d alte Geschichten zu widerlegen; sondern was gestern und ehegestern sich ereignet hat, ist hinlänglich, dich zu widerlegen und zu beweisen, daß viele Menschen, welche Unrecht tun, glückselig sind.

SOKRATES: Welche Ereignisse nur?

POLOS: Du siehst doch diesen Archelaos, des Perdikkas Sohn, über Makedonien herrschen?

SOKRATES: Wenigstens höre ich es.

POLOS: Dünkt dich nun der glückselig zu sein oder elend?

SOKRATES: Ich weiß nicht, Polos; denn ich habe nie Umgang gehabt mit dem Manne.

POLOS: Wie doch? Im Umgang würdest du es erkennen, anders e aber kannst du von selbst nicht einsehen, daß er glückselig ist?

SOKRATES: Beim Zeus, nicht recht.

POLOS: Offenbar also, Sokrates, wirst du auch nicht einmal vom Großkönige wissen wollen, daß er glückselig ist.

SOKRATES: Und ganz mit Recht werde ich das sagen. Denn ich weiß ja nicht, wie es um seine Einsicht und Gerechtigkeit steht.

POLOS: Wie? Darin also besteht alle Glückseligkeit?

SOKRATES: Wie ich wenigstens sage, Polos. Denn wer rechtschaffen und gut ist, der, behaupte ich, ist glückselig, sei es Mann oder Frau; wer aber ungerecht und böse, ist elend.

POLOS: Unglückselig also ist dieser Archelaos nach deiner 471a Meinung?

SOKRATES: Wenn er anders ungerecht ist, Freund.

POLOS: Wie sollte er denn nicht ungerecht sein, dem ja von der Herrschaft gar nichts gebührte, die er jetzt hat, indem er von einer Mutter geboren ist, welche dem Alketas, dem Bruder des Perdikkas, als Magd gehörte? Nach dem Recht also wäre er des Alketas Knecht, und wollte er gerecht handeln, so müßte er dem Alketas dienen und wäre dann glückselig nach deiner Rede. Nun aber ist es wunderbar, wie unglückselig er geworden, weil er so äußerst ungerecht gehandelt hat, indem er zuerst eben diesen seinen Herrn b und Ohm zu sich einlud, als wolle er ihm die Herrschaft übergeben, welche Perdikkas ihm geraubt hatte, dann ihn und seinen Sohn Alexandros, seinen eignen Vetter also, fast von gleichem Alter mit ihm selbst, beide bewirtete und trunken machte, dann sie, auf einen Wagen geworfen, bei Nacht fortschaffen und beide umbringen ließ, so daß niemand weiß, wo sie geblieben sind. Und nach solcher ungerechten Tat merkte er gar nicht, daß er selbst der unglückseligste Mensch geworden war, und es gereute ihn auch gar nicht, sondern er wollte noch immer nicht glückselig werden

c dadurch, daß er seinen Bruder, den vollbürtigen Sohn des Perdikkas, ein siebenjähriges Kind, dem nun nach dem Rechte die Regierung zukam, auferzogen und sie ihm übergeben hätte. Vielmehr
ließ er diesen bald darauf in eine Pfütze werfen und ertränken und
sagte zu seiner Mutter Kleopatra, er sei einer Gans nachgelaufen
und so hineingefallen. Demzufolge ist er nun, wie er gewiß unter
allen in Makedonien am ungerechtesten gehandelt hat, auch der
Elendste aller Makedonier und nicht der Glückseligste, und es
d möchte vielleicht mancher Athener, du voran, lieber jeder andere
Makedonier sein als Archelaos.

24. Sokrates über bloß rhetorische und wahre Widerlegung

SOKRATES: Schon am Anfang unserer Unterredung, o Polos, habe
ich dich gelobt, weil mir schien, du habest dich sehr gut in der
Redekunst gebildet, wiewohl die Kunst des Gesprächs darüber
vernachlässigt. Auch jetzt, nicht wahr, ist dies nun die Rede, womit jedes Kind mich widerlegen könnte, und ich bin also nun, wie
du meinst, durch diese Rede widerlegt mit meiner Behauptung,
daß, wer unrecht handle, nicht glückselig sein könne. Woher
doch, du Guter? Gebe ich dir doch nichts zu von allem, was du
sagst.

e POLOS: Du willst nämlich nicht, denkst aber doch gewiß eben
wie ich sage.

SOKRATES: Du Seliger gedenkst eben mich auf rednerische Art
zu überführen, wie sie auch an der Gerichtsstätte Beweis zu führen
sich einbilden. Denn auch da glaubt ein Teil den andern überführt
zu haben, wenn er für seine Behauptung, die er vorträgt, viele Zeugen aufstellen kann und angesehene, der Gegenpart aber etwa
einen aufstellt oder gar keinen. Ein solcher Beweis aber ist gar
472a nichts wert, wo es auf die Wahrheit ankommt. Denn gar manches Mal kann einer den falschen Zeugnissen vieler erliegen, die
für etwas Rechtes gehalten werden. So auch jetzt: in dem, was du
sagst, werden dir beinahe alle beistimmen, die Athener und die
Fremden; und wenn du gegen mich Zeugen aufrufen willst, daß
ich unrecht habe, so werden sich dir dazu hergeben, wenn du
willst, Nikias, der Sohn des Nikeratos, samt seinen Brüdern, von
denen die Dreifüße herrühren, die nebeneinander im Dionysion
b stehn, auch, wenn du willst, Aristokrates, des Skellias Sohn, von

welchem wiederum das schöne Weihgeschenk im pythischen Tempel kommt, und wenn du willst, das ganze Haus des Perikles, oder welches andere Geschlecht von den hiesigen du auswählen möchtest. Ich aber ganz allein gebe es dir nicht zu. Denn du beweist mir nichts; sondern nur durch Aufstellung vieler falscher Zeugen gegen mich versuchst du, mich aus meinem Gut und der Wahrheit hinauszuwerfen. Ich dagegen, wenn ich nicht dich selbst, der du einer bist, als Zeugen aufstellte, der mir beistimmen muß in dem, was ich sage, will mich dann gar nicht dünken lassen, daß ich etwas Tüchtiges ausgeführt habe über unsern Gegenstand. Ich glaube aber, auch du nicht, wenn nicht ich selbst allein dir c Zeugnis gebe und du die andern allesamt gehen läßt. Dies ist nun eine Beweisart, wie du dafür hältst und viele andere; es gibt aber auch eine andere, mit der ich es wiederum halte. Laß sie uns also nebeneinander stellen und achtgeben, ob sie sich in etwas von einander unterscheiden werden. Ist doch auch das, worüber wir streiten, nichts Kleines, sondern fast wohl dasjenige, welches zu wissen das Schönste, nicht zu wissen aber das Unschönste ist. Denn das Wesentliche davon ist doch entweder einsehen oder nicht einsehen, wer glückselig ist und wer nicht. Gleich zuerst also, wovon wir jetzt reden: du hältst dafür, es könne ein Mensch glückselig d sein, der unrecht handelt und ungerecht ist; wenn du doch dafür hältst, Archelaos sei ungerecht und dabei glückselig. Nicht wahr, wir sollen denken, daß du dies annimmst?

POLOS: Allerdings.

25. Der Ungerechte auf jeden Fall elend und unbestraft noch elender

SOKRATES: Ich aber erkläre dies für unmöglich. Über dieses eine sind wir im Streit. Wohl. Soll nun der Ungerechte etwa glückselig sein, wenn ihm Recht widerfährt und Strafe?

POLOS: Keineswegs. Denn so wäre er freilich der Elendste.

SOKRATES: Sondern, wenn ihm also nicht Recht widerfährt, e dann wird der Ungerechte nach deiner Rede glückselig sein.

POLOS: Das behaupte ich.

SOKRATES: Nach meiner Meinung aber, Polos, ist der Unrechttuende und Ungerechte auf jeden Fall zwar elend, elender jedoch, wenn ihm nicht sein Recht widerfährt und er keine Strafe erleidet für sein Unrecht, weniger elend aber, wenn ihm Recht widerfährt und er Strafe erleidet von Göttern und Menschen.

473a   POLOS: Ungereimtes, o Sokrates, unternimmst du zu behaupten.

SOKRATES: Ich will indes versuchen, auch dich, Freund, dahin zu bringen, daß du dasselbe mit mir behauptest. Denn du willst mir wohl, glaube ich. Worüber wir also uneins sind, das wäre dies. Sieh du nun selbst. Ich sagte doch irgendwo im vorigen, Unrecht tun wäre schlimmer als Unrecht leiden.

POLOS: Freilich.

SOKRATES: Du aber, Unrecht leiden?

POLOS: Ja.

SOKRATES: Und die Unrechttuenden, behaupte ich, wären unglückselig, und wurde von dir widerlegt.

POLOS: Ja, beim Zeus.

b   SOKRATES: Wie du wenigstens meinst, Polos.

POLOS: Und ganz richtig hoffentlich.

SOKRATES: Und du wiederum, die Unrechttuenden wären glückselig, wenn sie nämlich keine Strafe litten.

POLOS: Allerdings.

SOKRATES: Ich aber behaupte, daß gerade diese die Unglückseligsten sind, die aber Strafe leiden, weniger. Willst du auch dies widerlegen?

POLOS: Dies ist wohl noch schwerer zu widerlegen als jenes.

SOKRATES: Das nicht, Polos, sondern unmöglich. Denn das Wahre kann nie widerlegt werden.

POLOS: Wie meinst du? Wenn ein ungerechter Mensch darüber ergriffen wird, daß er etwa ungesetzmäßiger Gewalt nachstellt, c und dann gemartert und verstümmelt wird und ihm die Augen ausgebrannt, und nicht nur ihm selbst sonst noch große und vielfältige Qualen angetan werden, sondern er auch Weib und Kinder ebenso behandelt sieht und zuletzt ans Kreuz geschlagen oder mit Pech verbrannt wird, der soll glückseliger sein, als wenn er unentdeckt hernach als Tyrann aufsteht und den Staat beherrschend fortlebt, alles bewirkend, was er will, ein beneidenswerter Mann d und glückselig gepriesen von den Bürgern und allen andern? Dies, meinst du, sei unmöglich zu widerlegen?

26. Methodische Überlegung

SOKRATES: Nun schreckst du mich wieder, wackerer Polos, und widerlegst mich nicht; vorher riefst du Zeugen auf. Doch hilf mir ein wenig, mich zu erinnern, ob du sagtest, wenn unrechtmäßig nach der Gewalt strebend.

POLOS: So sagte ich.

SOKRATES: Glückseliger wird dann freilich keiner von beiden jemals sein, weder der die Herrschaft unrechtmäßig in Besitz nimmt, noch der die Strafe erleidet. Denn von zwei Elenden kann keiner glückselig sein; elender aber ist der unentdeckt Bleibende e und Herrschende. Was soll dieses, Polos? Du lachst? Ist auch dies wieder eine Beweisart, wenn jemand etwas sagt, es zu belachen und nicht zu widerlegen?

POLOS: Glaubst du denn nicht schon widerlegt zu sein, Sokrates, wenn du solche Dinge behauptest, die kein Mensch zugeben würde? Doch frage einen von diesen!

SOKRATES: O Polos, ich bin kein Staatsmann. Ja, im Vorjahr, als es mich traf, im Rat zu sitzen, und der Stamm den Vorsitz hatte und ich die Stimmen einsammeln sollte, bereitete ich mir Geläch- 474a ter und verstand gar nicht, die Stimmen zu sammeln. Also mute mir auch jetzt nicht zu, Stimmen zu sammeln von den Anwesenden. Sondern wenn du keinen bessern Beweis hast als diesen, wie ich schon vorhin sagte: so überlaß es nun mir meinerseits und versuche dich dann an dem Beweise, wie ich glaube, daß er sein muß. Nämlich ich verstehe für das, was ich sage, nur einen Zeugen aufzustellen, den, mit dem ich jedesmal rede, die andern alle laß ich gehn, und nur von dem einen weiß ich die Stimme einzufordern, mit den andern aber rede ich nicht einmal. Sieh also zu, ob b du nun auch willst an deinem Teil Rede stehn und das Gefragte beantworten. Ich nämlich glaube, daß ich und du und alle Menschen das Unrechttun für schlimmer halten als das Unrechtleiden und das Nicht-gestraft-werden als das Gestraft-werden.

POLOS: Ich aber glaube dies weder von mir noch sonst irgendeinem Menschen. Also du möchtest lieber Unrecht leiden als Unrecht tun?

SOKRATES: Auch du wohl und alle andern.

POLOS: Weit gefehlt, sondern weder ich noch du, noch sonst irgend jemand.

c SOKRATES: Willst du also antworten?

POLOS: Freilich. Denn mich verlangt recht zu wissen, was du nur sagen wirst.

SOKRATES: So sage mir denn, damit du es erfährst, wie wenn ich dich von vornherein fragte: welches von beiden, Polos, scheint dir schlimmer zu sein, das Unrechttun oder das Unrechtleiden?

POLOS: Mir das Unrechtleiden.

SOKRATES: Wie aber nun, welches von beiden häßlicher, das Unrechttun oder das Unrechtleiden? Antworte.

POLOS: Das Unrechttun.

27. Das Schöne und Häßliche ist so im Hinblick auf die Lust und das Gute

SOKRATES: Also auch schlimmer, wenn häßlicher.

POLOS: Keineswegs das.

SOKRATES: Ich verstehe. Du hältst dies nicht für einerlei, Schö-
d nes und Gutes und Schlimmes, Übles und Häßliches.

POLOS: Freilich nicht.

SOKRATES: Wie aber dies? Alles Schöne, wie Körper, Farben, Gestalten, Töne, Handlungen, nennst du das so ohne irgendeine Beziehung auf etwas schön? Wie zunächst schöne Körper, nennst du die nicht entweder in Beziehung auf den Gebrauch schön, wozu jeder nützlich ist, oder in Beziehung auf eine Lust, wenn sie beim Anschauen den Anschauenden ergötzen? Weißt du noch außer diesem etwas anzugeben über die Schönheit der Körper?

POLOS: Ich weiß nichts.

e SOKRATES: Und nennst du nicht ebenso alles andere, Gestalten und Farben, entweder einer Lust wegen schön oder eines Nutzens wegen oder beider?

POLOS: Ich gewiß.

SOKRATES: Nicht auch die Töne und alles, was zur Tonkunst gehört, ebenso?

POLOS: Ja.

SOKRATES: Und gewiß auch, was in Gesetzen und Handlungs-weisen schön ist, ist es nicht außerhalb dieser Beziehung, daß es entweder nützlich ist oder angenehm oder beides?

475 a POLOS: Mich wenigstens dünkt nicht.

SOKRATES: Ebenso ist es wohl mit der Schönheit der Erkennt-nisse?

POLOS: Freilich, und sehr schön erklärst du jetzt, Sokrates, indem du das Schöne durch die Lust und das Gute erklärst.

SOKRATES: Also das Häßliche im Gegenteil durch Unlust und Übel?

POLOS: Notwendig.

SOKRATES: Wenn also von zwei schönen Dingen eins schöner ist, so ist es, weil es entweder an einem von jenen beiden oder an beiden das andere übertrifft, schöner, entweder an Lust oder an Nutzen oder an beidem?

POLOS: Gewiß.

SOKRATES: Und ist von zwei häßlichen das eine häßlicher, so wird es, weil es entweder an Unlust oder Übel das andere übertrifft, häßlicher sein. Oder folgt dies nicht? b

POLOS: Ja.

SOKRATES: Wohl denn, was wurde eben gesagt über das Unrechttun und Unrechtleiden? Sagtest du nicht, das Unrechtleiden wäre zwar übler, das Unrechttun aber häßlicher?

POLOS: Das sagte ich.

SOKRATES: Wenn also das Unrechttun häßlicher ist als das Unrechtleiden: so ist es entweder unlustiger und wäre wegen eines Übermaßes von Unlust häßlicher oder durch ein Übermaß von Übel oder von beidem. Folgt nicht auch dies notwendig?

POLOS: Wie sollte es nicht.

28. Beweis, daß Unrecht tun schlechter und häßlicher ist als Unrecht leiden

SOKRATES: Zuerst laß uns sehen, tut etwa das Unrechttun es an c Unlust dem Unrechtleiden zuvor, und haben die Unrechttuenden mehr Pein als die Unrechtleidenden?

POLOS: Keineswegs, o Sokrates, doch wohl dieses.

SOKRATES: An Unlust also übertrifft es nicht?

POLOS: Wohl nicht.

SOKRATES: Also wenn nicht an Unlust, dann auch nicht mehr an beidem?

POLOS: Nein, wie sich zeigt.

SOKRATES: Es bleibt also nur noch übrig, an dem andern von beiden.

POLOS: Ja.

SOKRATES: Dem Übel.

POLOS: So scheint es.

SOKRATES: Übertrifft es aber an Übel, so wäre ja das Unrechttun übler als das Unrechtleiden.

POLOS: Offenbar wohl.

d   SOKRATES: War aber nicht von den meisten und auch von dir
im Vorigen zugegeben worden, das Unrechttun sei häßlicher als
das Unrechtleiden?

POLOS: Ja.

SOKRATES: Nun aber hat es sich doch als übler gezeigt.

POLOS: So scheint es.

SOKRATES: Würdest du also lieber das Üblere sowohl als Häß-
lichere wählen als das, was beides weniger ist? Zögere nicht zu
e   antworten, o Polos, denn es wird dir nichts zuleide geschehen,
sondern gib dich nur beherzt der Rede wie dem Arzte hin und
antworte und bejahe entweder oder verneine, was ich frage.

POLOS: Ich würde es also nicht wählen, o Sokrates.

SOKRATES: Etwa irgend sonst jemand?

POLOS: Nein, dünkt mich, nach dieser Rede.

SOKRATES: Recht also hatte ich, daß weder ich, noch du, noch
sonst ein Mensch lieber würde Unrecht tun wollen als Unrecht
leiden; denn es ist übler.

POLOS: So zeigt es sich.

SOKRATES: Siehst du nun wohl, Polos, wenn man den einen
Beweis neben den andern stellt, wie er ihm gar nicht ähnlich ist.
Denn dir stimmen alle andern bei, außer mir; mir aber ist es genug,
476a   daß einzig und allein du nur mir beistimmst und Zeugnis gibst,
und deine Stimme allein abfordernd, lasse ich die andern alle gehn.
So demnach verhält sich uns dies. Nächstdem laß uns nun das,
worüber wir zweitens uneinig waren, in Betrachtung ziehn: Wenn
man Unrecht getan und Strafe leidet, ist das das größte aller Übel,
wie du meintest, oder ein größeres, sie nicht zu leiden, wie ich
meines Teils meinte? Überlegen wir es aber so. Strafe leiden und
rechtmäßig gezüchtigt werden für begangenes Unrecht, ist dir dieses beides einerlei?

POLOS: Gewiß.

b   SOKRATES: Kannst du nun wohl sagen, daß nicht alles Gerechte
auch schön ist, sofern es gerecht ist? Überlege es wohl und sprich.

POLOS: Das dünkt mich allerdings, Sokrates.

29. Jede Art des Tuns bewirkt entsprechende Art des Leidens.
  Anwendung auf die Strafe

SOKRATES: Bedenke nun auch dies. Wenn jemand etwas tut, muß es dann nicht notwendig auch ein Leidendes geben von diesem Tuenden?

POLOS: Mich dünkt.

SOKRATES: Und zwar dasselbe leidend, was das Tuende tut, und auf solche Art, wie das Tuende tut? Ich meine nämlich so: wenn jemand schlägt, wird notwendig etwas geschlagen?

POLOS: Notwendig.

SOKRATES: Und wenn der Schlagende heftig schlägt oder ge- c schwind, wird auf dieselbe Weise auch das Geschlagene geschlagen?

POLOS: Ja.

SOKRATES: Ein solches ist also das Leiden in dem Geschlagenen, wie das Schlagende tut?

POLOS: Gewiß.

SOKRATES: Nicht auch, wenn jemand sengt, wird notwendig etwas gesengt?

POLOS: Wie anders?

SOKRATES: Und wenn er stark sengt oder schmerzlich, muß ebenso das Gesengte gesengt werden, wie das Sengende sengt?

POLOS: Allerdings.

SOKRATES: Nicht auch, wenn einer schneidet, gilt dasselbe, nämlich etwas wird geschnitten?

POLOS: Ja.

SOKRATES: Und wenn der Schnitt groß oder tief oder schmerzlich ist, allemal wird mit solchem Schnitt das Geschnittene ge- d schnitten, wie das Schneidende schneidet.

POLOS: Offenbar.

SOKRATES: Sieh also zu, ob du im allgemeinen, was ich eben sagte, von allem zugibst, daß, wie das Tuende tut, so das Leidende auch leidet.

POLOS: Das gebe ich zu.

SOKRATES: Dieses nun zugestanden, ist das Gestraftwerden ein Leiden oder ein Tun?

POLOS: Notwendig, Sokrates, ein Leiden.

SOKRATES: Also von einem Tuenden?

POLOS: Wie sonst? Von dem Strafenden.

SOKRATES: Und der richtig Strafende straft gerecht?

e   POLOS: Ja.

SOKRATES: Gerechtes daran tuend oder nicht?

POLOS: Gerechtes.

SOKRATES: Also der Gestrafte, dem Recht widerfährt, leidet Gerechtes.

POLOS: Offenbar.

SOKRATES: Das Gerechte aber, haben wir zugestanden, sei auch schön.

POLOS: Allerdings.

SOKRATES: Von diesen also tut der eine Schönes, der andere aber, der Gezüchtigte, leidet es?

POLOS: Ja.

30. *Der Gestrafte wird an der Seele besser und vom größten Übel befreit*

477a SOKRATES: Wenn aber Schönes, dann auch Gutes, denn es ist nämlich entweder angenehm oder nützlich?

POLOS: Notwendig.

SOKRATES: Gutes also leidet der, dem sein Recht widerfährt.

POLOS: So scheint es.

SOKRATES: Vorteil also erlangt er?

POLOS: Ja.

SOKRATES: Etwa den Vorteil, welchen ich mir vorstelle, daß er nämlich der Seele nach besser wird, wenn er doch rechtmäßig gezüchtigt wird?

POLOS: Wahrscheinlich wohl.

SOKRATES: Von der Schlechtigkeit der Seele also wird der Strafe Leidende entledigt?

POLOS: Ja.

b   SOKRATES: Wird er also etwa des größten Übels entledigt? – Überlege es nur so. Wenn man auf den Zustand des Vermögens sieht bei einem Menschen, gibt es da wohl eine andere Schlechtigkeit als die Armut?

POLOS: Nein, sondern Armut.

SOKRATES: Und wenn auf die Beschaffenheit des Leibes? Würdest du da die Schwäche Schlechtigkeit nennen und die Krankheit und die Häßlichkeit und dergleichen?

POLOS: Gewiß.

SOKRATES: Und du glaubst doch, daß es auch in der Seele eine Schlechtigkeit gibt?

POLOS: Wie sollte es nicht?

SOKRATES: Meinst du nun damit nicht die Ungerechtigkeit und den Unverstand und die Feigheit und dergleichen?

POLOS: Allerdings.

SOKRATES: Also für das Vermögen, für den Leib und für die Seele als drei verschiedene hast du drei verschiedene Schlechtigkei- c ten angegeben, Armut, Krankheit, Ungerechtigkeit?

POLOS: Ja.

SOKRATES: Welche nun unter diesen Schlechtigkeiten ist die häßlichste? Nicht die Ungerechtigkeit und überhaupt die Schlechtigkeit der Seele?

POLOS: Bei weitem.

SOKRATES: Wenn also die häßlichste, dann auch die übelste?

POLOS: Wie das, Sokrates?

SOKRATES: So. Allemal ist das Häßlichste, weil es am meisten entweder Unlust oder Schaden oder beides bewirkt, deshalb das Häßlichste nach dem vorhin Zugestandenen.

POLOS: Ganz recht.

SOKRATES: Und als das Häßlichste haben wir jetzt einstimmig die Ungerechtigkeit und die gesamte Schlechtigkeit der Seele angenommen?

POLOS: Dafür haben wir sie angenommen.   d

SOKRATES: Also ist sie entweder als das Schmerzhafteste durch ihren Überschuß an Pein das Häßlichste unter diesen, oder durch den an Schaden, oder an beidem.

POLOS: Notwendig.

SOKRATES: Ist nun etwa ungerecht und zügellos sein oder feige und unverständig schmerzhafter als arm sein und krank?

POLOS: Das scheint mir nicht auf diese Art.

SOKRATES: Also muß durch übermäßig großen Schaden und wunderbares Übel die Schlechtigkeit der Seele, über die andern hervorragend, das Häßlichste unter allen sein, wenn sie es doch e nicht vermöge der Unlust ist, wie du ja sagst.

POLOS: Offenbar.

SOKRATES: Was aber durch den größten Schaden, den es verursacht, sich auszeichnet, das wäre ja auch das größte Übel unter allen?

POLOS: Ja.

SOKRATES: Die Ungerechtigkeit also und die Ungebundenheit und was sonst noch zur Schlechtigkeit der Seele gehört, ist das größte unter allen Übeln.

POLOS: So zeigt es sich.

31. Die Rechtspflege als Befreiung von der Ungerechtigkeit. Ihr Nutzen

SOKRATES: Welche Kunst nun entledigt von der Armut? Nicht die Erwerbsamkeit?

POLOS: Ja.

SOKRATES: Welche aber von der Krankheit? Nicht die Heilkunde?

478a POLOS: Natürlich.

SOKRATES: Welche aber von der Schlechtigkeit und Ungerechtigkeit? – Kannst du es auf diese Art nicht finden, so betrachte es so. Wohin und zu wem führen wir die Kranken?

POLOS: Zum Arzte, Sokrates.

SOKRATES: Wohin aber die Unrechttuenden und Unbändigen?

POLOS: Zum Richter, meinst du wohl?

SOKRATES: Nicht wahr, damit er sie zur Strafe ziehe?

POLOS: So meine ich es.

SOKRATES: Die aber auf die rechte Art strafen, tun die es nicht mit einer gewissen Anwendung der Gerechtigkeit?

POLOS: Offenbar.

b SOKRATES: Die Erwerbsamkeit also befreit von der Armut, die Heilkunde von der Krankheit, die Anwendung der Gerechtigkeit von der Unbändigkeit und Ungerechtigkeit?

POLOS: So zeigt es sich.

SOKRATES: Welche ist nun wohl von diesen die schönste?

POLOS: Von welchen meinst du?

SOKRATES: Von Erwerbsamkeit, Heilkunde und Rechtspflege?

POLOS: Bei weitem, o Sokrates, hat die Rechtspflege den Vorzug.

SOKRATES: Also bewirkt sie entweder am meisten Lust oder am meisten Nutzen oder beides, wenn sie das Schönste ist?

POLOS: Ja.

SOKRATES: Ist es nun etwa angenehm, vom Arzte behandelt zu werden, und haben die Vergnügen, welche von ihm behandelt werden?

POLOS: Mich dünkt eben nicht.

SOKRATES: Aber nützlich ist es. Nicht wahr?

POLOS: Ja.

SOKRATES: Denn es befreit von einem großen Übel, so daß es c wohl lohnt, den Schmerz auszuhalten und dann gesund zu sein.

POLOS: Wie sollte es nicht?

SOKRATES: Ist nun so, was den Leib betrifft, einer am glückseligsten, wenn er vom Arzt geheilt wird oder wenn er gar nicht krank geworden ist?

POLOS: Offenbar, der gar nicht krank ist.

SOKRATES: Denn nicht das war Glückseligkeit, wie es scheint, Entledigung vom Übel, sondern von vornherein keine Gemeinschaft damit.

POLOS: So ist es.

SOKRATES: Und wie? Welcher ist der Elendere von zweien, die d ein Übel haben, sei es nun am Leibe oder an der Seele? Der vom Arzt behandelt und des Übels entledigt wird, oder der nicht vom Arzt behandelt wird, es aber hat?

POLOS: Mir scheint, der nicht vom Arzt behandelt wird.

SOKRATES: War nun nicht Bestraftwerden die Befreiung von dem größten Übel, der Schlechtigkeit der Seele?

POLOS: Das war sie.

SOKRATES: Denn die Strafe macht besonnener und gerechter, und ihre Verwaltung wird die Heilkunde für diese Schlechtigkeit.

POLOS: Ja.

SOKRATES: Der Glückseligste also ist, der keine Schlechtigkeit in der Seele hat, da diese sich als das größte Übel gezeigt hat. e

POLOS: Offenbar.

SOKRATES: Der zweite aber ist, der davon befreit wird.

POLOS: So scheint es.

SOKRATES: Das war aber der, dem man Ermahnungen gibt und Verweise und Strafe.

POLOS: Ja.

SOKRATES: Am schlechtesten also lebt, wer die Ungerechtigkeit hat und nicht davon befreit wird.

POLOS: So kommt es heraus.

SOKRATES: Ist das nun nicht der, welcher durch die größten Verbrechen und Ausübung der größten Ungerechtigkeit es dahin 479a gebracht hat, daß er weder Zurechtweisung noch Züchtigung noch Strafe bekommt, wie du eben sagst, daß Archelaos dieses erreicht habe und andere Tyrannen, Redner und Gewalthaber?

POLOS: So scheint es.

32. Zusammenfassung: Ungestraftheit beim Unrecht Tun das größte Übel

SOKRATES: Denn diese, o Bester, haben es beinahe eben dahin gebracht, als wenn einer, der mit den ärgsten Krankheiten behaftet ist, es dahin gebracht hätte, sich für diese Sünden an seinem Körper von den Ärzten nicht strafen und sich nicht von ihnen behandeln zu lassen, aus Furcht, wie ein Kind, vor dem Brennen und b Schneiden, weil es weh tut. Oder scheint es dir nicht auch so?

POLOS: Jawohl.

SOKRATES: Weil ihm nämlich unbekannt ist, wie es scheint, was es eigentlich mit der Gesundheit und Tüchtigkeit des Körpers auf sich hat. Etwas Ähnliches nun scheinen nach dem unter uns Ausgemachten, o Polos, auch diejenigen zu tun, welche die Strafe fliehen. Das Schmerzhafte davon nämlich sehen sie ein, gegen das Heilsame aber sind sie blind und wissen nicht, wieviel unseliger noch als ein ungesunder Leib das ist, keine gesunde Seele zu haben, sondern eine faulige, ungerechte und unheilige. Daher sie denn, c um nur ja nicht Strafe zu leiden und so von dem größten Übel befreit zu werden, alles mögliche tun, auf Geld bedacht sind und auf Freunde und auch darauf, immer möglichst Glauben zu finden, wenn sie reden. Wenn nun das richtig war, was wir vorher angenommen haben, Polos, merkst du wohl, was dann aus der Rede folgt, oder sollen wir es doch lieber zusammenrechnen?

POLOS: Wenn du nicht anders meinst.

SOKRATES: Folgt also, daß Ungerechtigkeit und Unrechttun das größte Übel ist?

d   POLOS: Offenbar.

SOKRATES: Und als eine Entledigung von diesem Übel zeigte sich doch das Strafe-Leiden.

POLOS: So scheint es.

SOKRATES: Das Nicht-Strafe-Leiden aber als ein Dableiben des Übels?

POLOS: Ja.

SOKRATES: Das zweite Übel der Größe nach ist also das Unrechttun; die Ungestraftheit aber beim Unrechttun ist das erste und größte unter allen Übeln.

POLOS: Das scheint so.

SOKRATES: Stritten wir nun nicht eben hierüber, Freund, indem du den Archelaos glücklich priesest, der das ärgste Unrecht getan und dennoch keine Art von Strafe erlitten hat; ich aber im Gegenteil meinte, daß, sei es nun Archelaos oder wer sonst für sein Unrechttun nicht gestraft werde, dieser ganz vorzüglich vor allen Menschen für elend zu halten sei, und immer der Unrechttuende für elender als der Unrechtleidende und der Nichtgestrafte als der Gestrafte. War es das nicht, was ich behauptete? e

POLOS: Ja.

SOKRATES: Und ist nicht bewiesen, daß dies mit Recht behauptet wurde?

POLOS: So scheint es.

33. Schlußfolgerungen für den Nutzen der Rhetorik

SOKRATES: Wohl. Wenn nun dieses wahr ist, o Polos, was ist 480a dann der große Nutzen der Redekunst? Denn nach dem jetzt Angenommenen muß jeder sich selbst zuvörderst am meisten davor hüten, daß er nicht Unrecht tue, indem er sonst Übel genug an sich haben wird. Nicht wahr?

POLOS: Freilich.

SOKRATES: Tut aber entweder er selbst Unrecht oder ein anderer von denen, die ihm wert sind: so muß er selbst freiwillig dahin gehn, wo er baldmöglichst bestraft werden kann, zum Richter hineilend, wie man zum Arzte pflegt, damit die Krankheit der Ungerechtigkeit nicht einwurzele und unter sich fresse in der Seele und b sie unheilbar angreife. Oder was sollen wir sagen, Polos, wenn doch unsere ersten Behauptungen bestehen sollen? Ist nicht gewiß, daß nur dieses mit ihnen übereinstimmt, alles andere aber nicht?

POLOS: Was wollten wir auch sagen, Sokrates!

SOKRATES: Um also Verteidigungen vorzubringen für die eigne Ungerechtigkeit oder die der Eltern, Freunde und Kinder oder auch für das unrecht handelnde Vaterland, dazu ist uns die Redekunst nichts nutz, o Polos; es müßte denn etwa jemand denken

c zum Gegenteil, um nämlich recht anzuklagen vornehmlich sich selbst, dann aber auch Verwandte und wer sonst von Freunden Unrecht tut, und ja nicht das Unrecht zu verbergen, sondern ans Licht zu bringen, damit der Täter Strafe leide und gesund werde, und um sich selbst und andere zu bewegen, daß man nicht feige werde, sondern sich mit zugedrückten Augen tapfer hinstelle wie vor den Arzt zum Schneiden und Brennen, immer dem Guten und Schönen nachjagend, das Schmerzhafte aber nicht in Rechnung bringend, wenn einer Unrechtes, was Schläge verdient, begangen

d hat, zum Schlagen sich hergebend, was Gefängnis, zum Einkerkern, was Geldbuße, zum Bezahlen, was Verbannung, zur Flucht, wer aber was den Tod, zum Sterben, jeder als erster Ankläger seiner selbst und der andern, die ihm zugetan sind, und eben dazu sich der Redekunst bedienend, um durch Bekanntmachung der Vergehungen von dem größten Übel entledigt zu werden, von der Ungerechtigkeit. Wollen wir dies sagen, Polos, oder nicht?

e   POLOS: Ungereimt zwar, o Sokrates, scheint es mir wenigstens; mit dem vorigen indes stimmt es vielleicht wohl zusammen.

SOKRATES: Also muß entweder auch jenes aufgegeben werden, oder dieses folgt notwendig.

POLOS: Ja, so verhält es sich allerdings.

SOKRATES: Und um nun auch den entgegengesetzten Fall vorzunehmen, wenn man jemandem soll Übles zufügen, sei es nun ein Feind oder wer sonst, und nur nicht selbst von ihm beleidigt wird – denn davor muß man sich hüten –, wenn aber dieser Feind einen andern beleidigt, muß man auf alle Weise tätig und durch

481a Reden dies bewerkstelligen, daß er ja nicht zur Strafe gezogen werde noch vor den Richter geführt; kommt er aber dennoch dahin, dann alles mögliche anwenden, daß der Feind entkomme und ja nicht Strafe leide; vielmehr, hat er viel Geld geraubt, dieses nicht zurückgeben müsse, sondern es behalte und für sich und die Seinigen ungerechter- und gottloserweise gebrauche; hat er etwas Todeswürdiges verbrochen, daß er ja nicht sterbe, womöglich nie,

sondern unsterblich sei als ein Böser, zum wenigsten aber so lange
irgend möglich lebe als ein solcher. Hierzu scheint mir, o Polos, die b
Redekunst nützlich zu sein. Denn für den, der überhaupt nicht
Unrecht tun will, dünkt mich ihr Nutzen eben nicht groß zu sein,
wenn sie anders irgendeinen Nutzen hat, wie sich denn im vorigen
nirgend einer gezeigt hat.

34. Verwunderung des Kallikles. Sokrates beruft sich auf die Philosophie

KALLIKLES: Sage mir, Chairephon, meint Sokrates dies im Ernst
oder scherzt er?

CHAIREPHON: Mir wenigstens scheint, o Kallikles, als sei es
ihm ausnehmend Ernst. Doch ist nichts so gut, als ihn selbst fragen.

KALLIKLES: Bei den Göttern, das will ich auch. Sage mir, Sokrates, sollen wir denken, du treibst jetzt Ernst oder Scherz? Denn c
wenn du es ernstlich meinst und das wahr ist, was du sagst, so
wäre ja wohl das menschliche Leben unter uns ganz verkehrt und
wir täten in allen Dingen das gerade Gegenteil, wie es scheint, von
dem, was wir sollten?

SOKRATES: O Kallikles, wenn nicht den Menschen, einigen so,
andern so, dasselbe begegnete, sondern einem etwas ganz Eigentümliches vor allen andern: so wäre es nicht leicht, einem andern d
seinen Zustand zu bezeichnen. Ich sage dies aber, weil ich bemerke, daß wir beide, ich und du, uns jetzt in gleichem Zustande
befinden. Wir lieben nämlich beide, jeder zwei, ich den Alkibiades, des Kleinias Sohn, und die Philosophie, du das Athenische
Volk und den Sohn des Pyrilampes. Ich bemerke nun allemal an
dir, so gewaltig du auch sonst bist, daß, was immer dein Liebling
behaupte und wie er behaupte, daß sich etwas verhalte, du ihm
niemals widersprechen kannst, sondern umwendest, bald so, bald e
so. Denn in der Gemeinde, wenn du etwas gesagt hast und das
Volk der Athener meint nicht, daß es sich so verhalte: so wendest
du wieder um und sprichst, wie jenes will; und mit dem Sohn des
Pyrilampes, dem schönen Jünglinge, geht es dir ebenso, nämlich
des Lieblings Beschlüssen und Reden vermagst du nicht zuwider
zu sein. So daß, wenn sich jemand darüber, was du jedesmal sagst
um dieser geliebten beiden willen, wundern wollte, wie ungereimt

es doch ist, du ihm vielleicht, wenn du die Wahrheit sagen wolltest, erwidern würdest, daß, wenn nicht jemand machen könnte, daß dein Liebling aufhöre, dergleichen zu sagen, du auch nicht 482a aufhören würdest, dasselbe zu sagen. Denke dir also, daß du nun auch dergleichen von mir hören müßtest, und wundere dich nicht, daß ich dir dies sage, sondern mache, daß die Philosophie, mein Liebling, aufhöre es zu sagen. Denn eben sie, lieber Freund, behauptet immer, was du jetzt von mir hörst, und sie macht mir weit weniger zu schaffen als jener andere Liebling. Denn dieser Sohn des Kleinias führt freilich bald solche Reden, bald solche; die Philosophie aber immer die nämlichen. Und eben sie sagt das, worb über du dich jetzt wunderst; du warst ja auch selbst dabei, als es gesagt wurde. Entweder also widerlege jener das, was ich eben behauptet, daß also Unrecht tun und nicht dafür bestraft werden das Ärgste aller Übel sei; oder wenn du dies unwiderlegt läßt, bei dem Hunde, dem Gott der Ägypter, so wird Kallikles niemals mit dir übereinstimmen, o Kallikles, sondern dir mißtönen das ganze Leben hindurch. Und ich wenigstens, du Bester, bin der Meinung, daß besser meine Lyra verstimmt sein und mißtönen möge oder c ein Chor, den ich anzuführen hätte, und daß eher die meisten Menschen nicht mit mir übereinstimmen, sondern mir widersprechen mögen, als daß ich allein mit mir selbst nicht zusammenstimmen, sondern mir widersprechen müßte.

35. a) Kallikles über den Grund der Widerlegung des Polos. Unterschied des durch Gesetz und des von Natur Häßlichen

KALLIKLES: O Sokrates, du scheinst blenden zu wollen mit deinen Reden, wie ein rechter Volksschwätzer; und jetzt willst du uns hiermit beschwatzen, da dem Polos dasselbe begegnet ist, was er vorher dem Gorgias von dir begegnet zu sein schuld gab. Er sagte nämlich, als du den Gorgias gefragt, wenn einer, um die Reded kunst von ihm zu lernen, zu ihm käme, der das Gerechte noch nicht verstände, ob er es ihn lehren würde, da habe Gorgias sich geschämt und bejaht, daß er es ihn lehren würde, lediglich wegen der Gesinnung der Menschen, weil sie unwillig werden würden, wenn jemand dies leugnete, und durch dieses Eingeständnis sei er hernach in die Notwendigkeit gekommen, sich selbst zu wider

sprechen, welches eben deine Freude wäre. Und hierüber hat er
dich damals, ganz mit Recht, wie mich dünkt, verspottet; jetzt
aber ist ihm seinerseits eben dasselbe begegnet. Und ich bin nun
wieder eben deshalb mit dem Polos unzufrieden, daß er dir eingeräumt hat, das Unrechttun sei häßlicher als das Unrechtleiden.
Denn gerade durch dieses Eingeständnis ist auch er wieder von dir e
verwickelt worden in den Reden und zum Schweigen gebracht,
indem er sich schämte, was er dachte auch zu sagen. Denn in der
Tat, Sokrates, führst du immer, ungeachtet du behauptest, die
Wahrheit zu suchen, die Rede auf solche verfänglichen Dinge, die
gut sind vor dem Volke vorzubringen, auf das nämlich, was von
Natur nicht schön ist, wohl aber nach dem Gesetz. Denn diese
beiden stehn sich größtenteils entgegen, die Natur und das Gesetz.
Wenn sich nun jemand schämt und nicht den Mut hat zu sagen,
was er denkt: so wird er gezwungen, sich zu widersprechen. Was 483a
auch du dir eben recht künstlich abgemerkt hast und andere damit
übervorteilst in den Reden; wenn jemand von dem Gesetzlichen
spricht, schiebst du in der Frage das Natürliche unter, wenn aber
vom Natürlichen, dann du das Gesetzliche. So gleich beim Unrechttun und Unrechtleiden, als Polos vom gesetzlich Unschöne-
ren sprach, verfolgtest du das Gesetzliche, als wäre es das Natürliche. Denn von Natur ist allemal jedes das Unschönere, was auch
das Üblere ist, also das Unrechtleiden, gesetzlich aber ist es das
Unrechttun. Auch ist dies wahrlich kein Zustand für einen Mann, b
das Unrechtleiden, sondern für ein Knechtlein, dem besser wäre zu
sterben als zu leben, weil er beleidigt und beschimpft nicht imstande ist, sich selbst zu helfen, noch einem andern, der ihm wert
ist. Allein ich denke, die die Gesetze geben, das sind die Schwachen
und der große Haufe. In Beziehung auf sich selbst also und das,
was ihnen nützt, bestimmen sie die Gesetze und das Löbliche, was
gelobt, das Tadelhafte, was getadelt werden soll; und um kräfti- c
gere Menschen, welche mehr haben könnten, in Furcht zu halten,
damit diese nicht mehr haben mögen als sie selbst, sagen sie, es sei
häßlich und ungerecht, für sich immer auf mehr auszugehn, und
das ist nun das Unrechttun, wenn man sucht, mehr zu haben als
die andern. Denn sie selbst, meine ich, sind ganz zufrieden, wenn
sie nur gleiches erhalten, da sie die Schlechteren sind.

35. b) Das Gerechte der Natur fordert das Mehrhaben des Besseren

Daher wird nun gesetzlich dieses unrecht und häßlich genannt, das Streben, mehr zu haben als die meisten, und sie nennen es Unrechttun. Die Natur selbst aber, denke ich, beweist dagegen,

d daß es gerecht ist, daß der Edlere mehr habe als der Schlechtere und der Tüchtigere als der Untüchtige. Sie zeigt aber vielfältig, daß sich dieses so verhält, sowohl an den übrigen Tieren als auch an ganzen Staaten und Geschlechtern der Menschen, daß das Gerechte so bestimmt ist, daß der Bessere über den Schlechteren herrsche und mehr habe. Denn nach welchem Recht führte Xerxes Krieg gegen Hellas, oder dessen Vater gegen die Skythen? Und tausend anderes der Art könnte man anführen. Also, meine ich,

e tun sie dieses der Natur gemäß, und, beim Zeus, auch dem Gesetz gemäß, nämlich dem der Natur; aber freilich nicht nach dem, welches wir selbst willkürlich machen, die wir die Besten und Kräftigsten unter uns gleich von Jugend an, wie man es mit dem Löwen macht, durch Besprechung gleichsam und Bezauberung knechtisch einzwängen, indem wir ihnen immer vorsagen, alle müssen

484a gleich haben, und dies sei eben das Schöne und Gerechte. Wenn aber, denke ich, einer mit einer recht tüchtigen Natur zum Manne wird: so schüttelt er das alles ab, reißt sich los, durchbricht und zertritt all unsere Schriften und Gaukeleien und Besprechungen und widernatürlichen Gesetze und steht auf, offenbar als unser

b Herr, er der Knecht, und eben darin leuchtet recht deutlich hervor das Recht der Natur. Auch Pindaros scheint mir das, was ich meine, anzudeuten in dem Liede, worin er sagt: «Das Gesetz, der Sterblichen König und Unsterblichen», dies also, sagt er, «führt von Natur herbei rechtfertigend das Gewaltsamste mit übermächtiger Hand. Ich zeige es an den Taten des Herakles; denn ungekauft» – so ungefähr lautet es, denn ich weiß das Lied selbst nicht, er meint aber, weder gekauft noch geschenkt habe jener des Geryones Stiere weggetrieben, als ob also dieses das von Natur

c Gerechte wäre, daß eben Stiere und alles andere Eigentum der Schlechteren und Geringeren dem Besseren gebühre, der mehr ist.

36. a) Philosophie eine Sache für Knaben
Dies ist also eigentlich das Wahre, und das wirst du auch einsehn,
wenn du zum Größeren fortschreitest und von der Philosophie
endlich abläßt. Denn diese, o Sokrates, ist eine ganz artige Sache,
wenn jemand sie mäßig betreibt in der Jugend; wenn man aber
länger als billig dabei verweilt, gereicht sie den Menschen zum
Verderben. Denn wie herrliche Gaben einer auch habe, wenn er
über die Zeit hinaus philosophiert, muß er notwendig in allem
dem unerfahren bleiben, worin erfahren sein muß, wer ein wohl- d
angesehener und ausgezeichneter Mann werden will. Denn sowohl in den Gesetzen des Staates bleiben sie unerfahren als auch in
der rechten Art, wie man mit Menschen umgehen muß bei allerlei
Verhandlungen, eignen und öffentlichen, und mit den Gelüsten
und Neigungen der Menschen und ihrer Gemütsart überhaupt
bleiben sie unbekannt. Gehen sie hernach an ein Geschäft, sei es
nun für sich oder für den Staat, so machen sie sich lächerlich, wie e
glaube ich, auch die Staatsmänner wiederum, wenn sie zu euren
Versammlungen und Unterredungen kommen, lächerlich werden.
Denn hier trifft die Rede des Euripides: «Darinnen wohl glänzt
jeder, drängt auch dazu sich vorzüglich hin, die meiste Zeit gern
widmend, solcherlei Geschäft, worin er selbst der Beste leicht erfunden wird»; worin er aber schlecht ist, das meidet er und 485 a
schmäht darauf, das andere hingegen lobt er aus Wohlmeinen mit
sich selbst, weil er glaubt, so sich selbst zugleich zu loben. Das
Richtigste aber, denke ich, ist, sich mit beidem einzulassen. Mit
der Philosophie nämlich, soweit es zur Bildung dient, sich einzulassen ist schön, und keineswegs gereicht es einem Jüngling zur
Unehre zu philosophieren. Wenn aber ein schon Älterer noch philosophiert, Sokrates, so wird das ein lächerlich Ding, und es geht b
mir mit dem Philosophieren gerade wie mit dem Stammeln und
Tändeln. Wenn ich nämlich sehe, daß ein Kind, dem es noch
ziemt, so zu sprechen, stammelt und tändelt: so macht mir das
Vergnügen, und ich finde es lieblich und natürlich und dem Alter
des Kindes angemessen. Höre ich dagegen ein kleines Kind ganz
bestimmt und richtig sprechen, so ist mir das zuwider, es peinigt
meine Ohren und dünkt mich etwas Erzwungenes zu sein. Hört
man dagegen von einem Manne unvollkommene Aussprache und c
sieht ihn tändeln, das ist offenbar lächerlich und unmännlich und

verdient Schläge. Ebenso nun geht es mir mit den Philosophieren-
den. Wenn ich Knaben und Jünglinge bei der Philosophie antreffe,
so freue ich mich; ich finde, daß es ihnen wohl ansteht, und
glaube, daß etwas Edles in solchen ist, den aber, der nicht philosophiert, halte ich für unedel und glaube, daß er es nie mit sich
d selbst auf etwas Großes und Schönes anlegen wird. Wenn ich dagegen sehe, daß ein Alter noch philosophiert und nicht davon loskommen kann, solcher Mann, o Sokrates, dünkt mich, müßte
Schläge bekommen. Denn wie ich eben sagte, es findet sich bei
solchem Menschen gewiß, wie schöne Gaben er auch von Natur
besitze, daß er unmännlich geworden ist, das Innere der Stadt und
die öffentlichen Orte flieht, wo doch erst, wie der Dichter sagt,
sich Männer hervortun, und daß er versteckt in einem Winkel mit
e drei bis vier Knaben flüsternd sein übriges Leben hinbringt, ohne
je edel, groß und tüchtig herauszureden.

36. b) Rat an Sokrates, die Philosophie zu lassen

Ich meines Teils, Sokrates, bin dir gut und gewogen; und es mag
mir beinahe jetzt mit dir gehen wie beim Euripides, dessen ich
vorhin schon gedacht, dem Zethos mit dem Amphion. Denn auch
ich habe Lust dir dergleichen zu sagen, wie jener seinem Bruder,
daß du, o Sokrates, versäumst, was du betreiben solltest, und ein
Gemüt so herrlicher Natur durch knäbische Gebärdung ganz ent-
486a stellst, daß weder wo das Recht beraten wird, du richtig vorzutragen weißt, noch scheinbar was und glaublich aufzustellen, noch
auch je für andere, wo Raten gilt, mutvollen Schluß beschließen
wirst. Und doch, lieber Sokrates – aber werde mir nicht böse, denn
ich sage es aus Wohlmeinen gegen dich –, dünkt es dich nicht
schmählich, in solchem Zustande zu sein, in welchem du bist, wie
ich glaube, und alle, die es immer weiter treiben mit der Philosophie? Denn wenn jetzt jemand dich oder einen andern solchen
ergriffe und ins Gefängnis schleppte, behauptend, du habest etwas
verbrochen, da du doch nichts verbrochen hättest: so weißt du
wohl, daß du nicht wissen würdest, was du anfangen solltest mit
b dir selbst, sondern dir würde schwindlig werden, und du würdest
mit offenem Munde stehn und nicht wissen, was du sagen solltest.
Und wenn du dann vor Gericht kämest und auch nur einen ganz
gemeinen und erbärmlichen Menschen zum Ankläger hättest: so

würdest du sterben müssen, wenn es ihm einfiele, auf die Todes-
strafe anzutragen. Und doch, wie könnte das wohl weise sein, Sokrates, wenn eine Kunst «den wohlbegabten Mann ergreifend, ihn
schlechter macht», so daß er weder sich selbst helfen und aus den
größten Gefahren erretten kann, noch sonst einen, wohl aber von
seinen Feinden aller seiner Habe beraubt werden kann und offen-   c
bar ehrlos im Staate leben muß? Einen solchen kann man ja, um es
derber zu sagen, ins Angesicht schlagen ungestraft. Darum, du
Guter, gehorche mir, «Hör auf zu lehren, üb' im Wohlklang lieber
dich von schönen Taten», in dem, wodurch du weise erscheinst,
«Laß andern jetzt dies ganze herrliche», soll ich es Possenspiel
nennen oder Geschwätz, «Weshalb dein Haus armselig, leer und
öde steht», und eifere nicht denen nach, die solche Kleinigkeiten
untersuchen, sondern die sich Reichtum erwerben und Ruhm und   d
viel anderes Gute.

36. c) Sokrates über die Eignung des Kallikles als Prüfstein zur Wahrheitsfindung

SOKRATES: Wenn ich etwa eine goldne Seele hätte, Kallikles,
glaubst du nicht, daß ich gar zu gern von jenen Steinen, an denen
sie das Gold prüfen, den trefflichsten möchte gefunden haben, gegen welchen ich sie dann halten könnte, und wenn der Stein mir
Zeugnis gäbe, daß meine Seele in gutem Stande wäre, nun ganz
gewiß wüßte, daß ich zufrieden sein könne und keiner weiteren
Prüfung bedürfe?

KALLIKLES: Weshalb fragst du das nur, o Sokrates?

SOKRATES: Das will ich dir gleich sagen. Ich glaube nämlich,
nun ich dich gefunden, ein solches Kleinod gefunden zu haben.

KALLIKLES: Wieso?

SOKRATES: Ich weiß gewiß, daß, was du mir zugibst von meinen Meinungen, dieses dann gewiß die Wahrheit selbst ist. Ich
denke mir nämlich, wer eine vollständige Prüfung anstellen soll   487a
mit einer Seele, ob sie recht lebt oder nicht, muß dreierlei haben,
welches du alles hast, Einsicht, Wohlwollen und Freimütigkeit.
Denn ich treffe auf gar viele, welche nicht imstande sind, mich zu
erproben, weil sie nicht weise sind wie du. Andere sind zwar weise,
wollen mir aber nicht die Wahrheit sagen, weil sie sich meiner
nicht so annehmen wie du. Und wiederum diese beiden Fremden,

b Gorgias und Polos, sind zwar weise und mir auch gewogen, ermangeln aber etwas der Freimütigkeit und sind verschämter als
billig. Oder wie kann es anders sein, daß sie es so weit treiben mit
der Verschämtheit, daß sie beide, weil sie sich schämen, es über
sich bringen, sich selbst angesichts vieler Menschen zu widersprechen, und das in den wichtigsten Dingen. Du aber hast dieses alles,
was die andern nicht haben. Denn unterrichtet bist du zur Genüge,
wie gewiß die meisten Athener eingestehn würden, und gegen

c mich bist du wohlmeinend. Woraus ich das schließe, will ich dir
sagen. Ich weiß, Kallikles, daß ihr vier eine Gemeinschaft der
Weisheit unter euch errichtet habt, du und Tisandros, der Aphid-
naier, und Andron, der Sohn des Androtion, und Nausikydes der
Cholarger. Und ich habe euch einmal behorcht, als ihr berat-
schlagtet, wie weit man sich mit der Wissenschaft abgeben müsse,
und weiß, daß eine solche Meinung unter euch die Oberhand be-
hielt, man müsse es nicht bis aufs Äußerste treiben wollen mit der
Philosophie, vielmehr ermahntet ihr euch untereinander, auf eurer

d Hut zu sein, damit ihr nicht weiser würdet als schicklich und dadurch unvermerkt in Unglück gerietet. Da ich nun höre, daß du
mir denselben Rat erteilst wie deinen Vertrautesten: so ist mir dies
ein hinreichender Beweis, daß du es wahrhaft wohl mit mir
meinst. Daß du aber frei heraus zu reden verstehst, ohne dich zu
schämen, sagst du ja selbst, und was du vorher sagtest, bezeugt es

e dir auch. Daher verhält es sich hiermit jetzt offenbar so: wenn du
mit mir über etwas in unseren Reden übereinkommst, das wird
alsdann hinlänglich erprobt sein durch mich und dich, und es wird
nicht nötig sein, es noch auf eine andere Probe zu bringen. Denn
du würdest es ja sonst nicht eingeräumt haben, weder aus Mangel
an Weisheit noch aus Überfluß an Scham; noch auch um mich zu
betrügen, würdest du es einräumen. Denn du bist mir freund, wie
du auch selbst sagst. Gewiß also wird, was ich und du eingestehen,
das höchste Ziel der Richtigkeit haben. Es gibt aber gewiß keine
schönere Untersuchung, o Kallikles, als darüber, weshalb du mir
eben Vorwürfe machtest, wie nämlich ein Mann sein muß und

488a wonach er zu streben hat und wie weit, im Alter sowohl als in
der Jugend. Denn wenn ich irgendwo nicht richtig handle in meinem Leben: so wisse nur, daß ich nicht freiwillig fehle, sondern in
meinem Unverstande. Wie du also schon angefangen hast, mich

zurechtzuweisen, so laß nicht ab; sondern zeige mir vollständig, was dasjenige ist, dessen ich mich bestreben soll, und auf welche Weise ich es wohl erlangen könnte. Und wenn du findest, daß ich dir jetzt zwar beistimme, in der Folge aber dasjenige nicht tue, worin ich dir beigestimmt: so halte mich nur ganz für einen Taugenichts und ermahne mich niemals wieder nachher, als einen, der nichts wert ist. Wiederhole mir aber noch einmal von Anfang an, wie du glaubst und Pindaros mit dir, daß es sich mit dem Gerechten verhalte, dem der Natur gemäßen? Daß der Würdigere gewaltsam wegführt, was dem Geringeren gehört, und der Bessere über den Schlechteren herrscht und der Edlere mehr hat als der Gemeinere? Ist nach deiner Rede das Gerechte etwas anderes, oder habe ich es richtig behalten?

37. Erste Erklärung des Kallikles: Würdiger, besser und stärker dasselbe

KALLIKLES: Eben das sagte ich damals und sage es auch jetzt noch.

SOKRATES: Meinst du aber dasselbe, wenn du sagst, einer ist besser, und wenn du sagst, einer ist würdiger? Denn das konnte ich auch schon damals nicht recht verstehn, wie du es meintest. Nennst du die würdiger, welche stärker sind, und soll der Schwächere auf den Stärkeren hören, wie mich dünkt, daß du auch damals zeigtest, daß die größeren Staaten nach dem natürlichen Recht die kleineren angriffen, weil sie nämlich würdiger sind und stärker, wonach dann würdiger und stärker und besser einerlei wäre? Oder kann man besser sein, aber geringer und schwächer, und würdiger, aber schlechter? Oder soll besser und würdiger einerlei besagen? Dieses gerade bestimme mir recht genau, ob das verschieden ist oder einerlei, würdiger und besser und stärker.

KALLIKLES: So sage ich dir denn ganz bestimmt, daß es einerlei ist.

SOKRATES: Sind nun nicht die Vielen von Natur stärker als der Eine, da sie ja auch die Gesetze geben für den Einen, wie du auch selbst vorher sagtest?

KALLIKLES: Wie anders?

SOKRATES: Was also den Vielen gesetzlich ist, ist es auch den Stärkeren.

KALLIKLES: Allerdings.

e   SOKRATES: Also auch den Besseren? Denn die Stärkeren sind
bei weitem die Besseren nach deiner Rede.

KALLIKLES: Ja.

SOKRATES: Also das bei diesen Gesetzliche ist von Natur schön,
da sie ja eben die Besseren sind?

KALLIKLES: Das gebe ich zu.

SOKRATES: Setzen nun nicht die Vielen eben dieses fest, wie du
auch selbst oben sagtest, es sei gerecht, das Gleiche zu haben, und
489a Unrecht tun sei unschöner als Unrecht leiden? Ist dies so oder
nicht? Und daß du hier nur ja nicht darauf ertappt wirst, daß du
dich auch schämst. Setzen die Vielen dieses fest oder nicht, daß,
das Gleiche zu haben und nicht mehr, gerecht sei? Nicht die Antwort hierauf mir vorenthalten, Kallikles, damit, wenn du mir beistimmst, ich dann befestigt werde durch dich, weil nun ein Mann,
der wohl imstande ist, es zu beurteilen, mir beigestimmt hat.

KALLIKLES: Ja, die Vielen setzen dies so fest.

SOKRATES: Also nicht nur dem Gesetze nach ist Unrecht tun
b unschöner als Unrecht leiden und das Gleiche haben gerecht, sondern auch der Natur nach. So daß du im vorigen nicht magst wahr
gesprochen, noch mir mit Recht schuld gegeben haben, als du sagtest, Gesetz und Natur wären einander entgegen, was ich wohl
wüßte und dadurch in meinen Reden den andern übervorteilte,
indem ich, wenn es jemand nach der Natur meinte, ihn auf das
Gesetzliche führte, wenn aber nach dem Gesetz, dann auf die Natur.

38. Zweite Erklärung: Der Bessere ist der Einsichtsvollere

KALLIKLES: Dieser Mann wird nie aufhören, leeres Geschwätz zu
treiben. Sage mir, Sokrates, schämst du dich nicht, in deinem Alter
auf Worte Jagd zu machen, und wenn jemand in einem Worte
c fehlt, dies für einen großen Fund zu achten? Glaubst du denn, daß
ich etwas anderes meine unter dem Besser-Sein als Würdiger-Sein?
Sage ich dir nicht schon immer, ich setze dies als einerlei, würdiger
und besser? Oder glaubst du, ich meine, wenn sich ein Haufen
Knechte versammelt oder allerlei andere Leute, an denen weiter
gar nichts ist, als daß sie vielleicht körperliche Kräfte haben, und
diese es behaupten, daß dann eben dieses das Gesetzliche sei?

SOKRATES: Wohl, du weisester Kallikles! So meinst du es?

KALLIKLES: Freilich so.

SOKRATES: Auch ich vermutete selbst schon lange, daß du so d
etwas meintest mit dem Würdiger-Sein, und fragte dich eben weiter, weil ich gern recht genau wissen wollte, wie du es meintest.
Denn du hältst doch wohl nicht allemal zwei für besser als einen,
noch deine Knechte für besser als dich, weil sie stärker sind als du.
Also sage mir noch einmal von Anfang an, was du denn eigentlich
verstehst unter den Besseren, wenn doch nicht die Stärkeren. Und,
du Wunderlicher, lehre mich etwas sanftmütiger, damit ich nicht
wegbleibe von dir.

KALLIKLES: Du spottest wieder, Sokrates.   e

SOKRATES: Nein, beim Zethos, vermittels dessen du vor kurzem soviel Spott mit mir getrieben hast. Also komm und sage mir,
wer du meinst daß die Besseren sind.

KALLIKLES: Die Edleren, meine ich.

SOKRATES: Siehst du nun, daß du selbst nur Worte vorbringst
und nichts erklärst? Willst du mir nicht sagen, ob du etwa unter
denen, die würdiger und besser sind, die Einsichtsvolleren meinst
oder andere?

KALLIKLES: Nun ja, eben diese meine ich, beim Zeus, ganz eigentlich.

SOKRATES: Oftmals also ist ein Einsichtsvoller besser als zehn- 490a
tausend, die ohne Einsicht sind, nach deiner Rede, und dieser muß
herrschen, jene aber beherrscht werden und der Herrschende
mehr haben als die Beherrschten. Denn dies, dünkt mich, willst du
sagen, und ich mache nicht Jagd auf Worte, wenn der eine besser
ist als die zehntausend.

KALLIKLES: Eben das ist es auch, was ich meine. Denn dies,
denke ich, ist das Gerechte von Natur, daß der Bessere und Einsichtsvollere herrsche und mehr habe als die Schlechteren.

39. Was bedeutet «mehrhaben», und wovon hat man mehr?

SOKRATES: Halt doch hier. Was sagst du nur wieder jetzt? Wenn, b
wie jetzt hier, unser sehr viele zusammen wären und hätten gemeinschaftlich hier vielerlei Speisen und Getränke, wären aber
durcheinander von allerlei Art, Kräftige und Schwächliche, einer
aber unter uns wäre der Einsichtsvollste hierin, weil er ein Arzt

wäre, wäre aber selbst, wie es ja wahrscheinlich ist, kräftiger als einige, schwächlicher als andere; nicht wahr, so wäre doch dieser, weil er einsichtsvoller wäre als wir, auch besser und stärker hierin?

KALLIKLES: Freilich.

c SOKRATES: Müßte er nun etwa von diesen Speisen mehr bekommen, weil er der Bessere ist? Oder müßte er, sofern er herrscht, eben alles verteilen, sofern er es aber genießt und verbraucht für seinen eignen Leib, nicht nach dem meisten streben, wenn er nicht Schaden leiden wollte, sondern mehr haben als einige und weniger als andere; und wenn er zufälligerweise der Schwächlichste wäre, dann gerade am wenigsten, Kallikles, unter allen, ungeachtet er der Beste wäre. Nicht so, mein Guter?

KALLIKLES: Von Speisen sprichst du und Getränk und Ärzten d und Possen, ich aber meine das gar nicht.

SOKRATES: Sagst du also nicht, daß der Einsichtsvollere der Bessere ist? Sprich doch ja oder nein.

KALLIKLES: Ja, sage ich.

SOKRATES: Aber nicht, daß der Bessere auch mehr haben müsse?

KALLIKLES: Nicht Speise und Trank.

SOKRATES: Ich verstehe. Aber vielleicht Kleider, und wer sich am besten auf das Weben versteht, muß auch das größte Kleid haben und am vollständigsten und schönsten angezogen umhergehn?

KALLIKLES: Was doch Kleider?

SOKRATES: Aber an Schuhen offenbar muß, wer der Einsichtse vollste und Beste hierin ist, auch mehr haben, und der Schuhmacher vielleicht auf die größten und meisten Sohlen treten?

KALLIKLES: Was für Geschwätz machst du nun wieder von Schuhen!

SOKRATES: Also, wenn du dergleichen nicht meinst, dann vielleicht dieses, wie: ein Landmann, der im Ackerbau einsichtsvoll ist und achtungswert, der muß vielleicht mehr Samen haben und möglichst vielen auf seinem Acker verbrauchen?

KALLIKLES: Wie du doch immer wieder dasselbe vorbringst, Sokrates!

SOKRATES: Nicht nur das, o Kallikles, sondern auch, wohl zu merken, von derselben Sache.

KALLIKLES: Bei den Göttern, du hörst auch gar nicht auf, im- 491 a
mer von Schustern und Gerbern und Köchen und Ärzten zu reden,
als wenn davon die Rede wäre unter uns.

SOKRATES: Willst du also sagen, worin denn der Einsichtsvollere und Bessere mehr haben soll, damit er es auch mit Recht
habe? Oder willst du weder leiden, daß ich dir etwas vorlege, noch
auch es selbst sagen?

KALLIKLES: Aber ich sage es ja schon lange, zuerst wer die Besseren sind, daß ich nicht Schuster meine noch Köche, sondern die
in den Angelegenheiten des Staates einsichtsvoll sind und wissen, b
wie er gut kann verwaltet werden, und nicht nur einsichtsvoll,
sondern auch tapfer, so daß sie imstande sind, was sie ersonnen
haben, auch auszuführen, und nicht dabei ermüden aus Weichlichkeit des Gemüts.

40. These des Kallikles: Tugend bedeutet, zur größten Zügello-
sigkeit imstande zu sein

SOKRATES: Siehst du, bester Kallikles, wie es gar nicht dasselbe
ist, was du mir vorwirfst, und was ich wiederum dir? Denn du
behauptest von mir, ich sagte immer dasselbe, und tadelst mich
deshalb. Ich aber beschuldige dich im Gegenteil, daß du nie dasselbe sagst von derselben Sprache; sondern bald erklärst du, die c
Besseren und die Würdigeren wären die Stärkeren, dann wieder
sind es die Einsichtsvolleren; nun aber bringst du schon wieder
etwas anderes, indem du gewisse Tapfere für die Besseren ausgibst
und die Würdigeren. Aber, du Guter, sage es doch einmal fertig
heraus, wer denn die Besseren sein sollen und worin?

KALLIKLES: Aber ich habe es ja schon gesagt, die in den Staatssachen einsichtsvoll sind und tapfer. Denn diesen kommt es zu, die
Staaten zu beherrschen, und das ist eben das Recht, daß diese d
mehr haben als die andern, die Herrschenden als die Beherrschten.

SOKRATES: Wie nun? Über sich selbst, Freund, wie? Zu herrschen oder beherrscht zu werden?

KALLIKLES: Wie meinst du das?

SOKRATES: Ich meine, daß doch jeder einzelne über sich selbst
herrscht. Oder ist das gar nicht nötig, sich selbst beherrschen, sondern nur die andern?

KALLIKLES: Wie meinst du, sich selbst beherrschen?

SOKRATES: Gar nichts besonders Schwieriges, sondern wie es die Leute meinen, besonnen sein und seiner selbst mächtig, die
e Lüste und Begierden, die jeder in sich hat, beherrschend.

KALLIKLES: Wie gutmütig du bist! Diese Einfältigen meinst du, die Besonnenen!

SOKRATES: Warum denn? Das kann ja jedermann wissen, daß ich das nicht meine.

KALLIKLES: Ganz gewiß doch, Sokrates. Denn wie könnte wohl ein Mensch glückselig sein, der irgendwem diente? Sondern das ist eben das von Natur Schöne und Rechte, was ich dir nun ganz freiheraus sage, daß, wer richtig leben will, seine Begierden muß so groß werden lassen als möglich und sie nicht einzwängen;
492a und diesen, wie groß sie auch sind, muß er dennoch Genüge zu leisten vermögen durch Tapferkeit und Einsicht und befriedigen, worauf seine Begierde jedesmal geht. Allein dazu, meine ich, sind eben die meisten nicht imstande, weshalb sie gerade solche Menschen tadeln aus Scham, ihr eigenes Unvermögen verbergend, und sagen, die Ungebundenheit sei etwas Schändliches, um, wie ich auch vorher schon sagte, die von Natur besseren Menschen einzuzwängen; und weil sie selbst ihren Lüsten keine Befriedigung zu verschaffen vermögen, so loben sie die Besonnenheit und die Ge-
b rechtigkeit ihrer eigenen Unmännlichkeit wegen. Denn denen, welche entweder schon ursprünglich Söhne von Königen waren oder welche kraft ihrer eigenen Natur vermochten, sich ein Reich oder eine Macht und Herrschaft zu gründen, was wäre wohl unschöner und übler als die Besonnenheit für diese Menschen, wenn sie, da sie des Guten genießen könnten und ihnen niemand im Wege steht, sich selbst einen Herrn setzten, nämlich des großen Haufens Gesetz, Geschwätz und Gericht. Oder wie sollten sie
c nicht elend geworden sein durch das Schöne der Gerechtigkeit und Besonnenheit, wenn sie nun ihren Freunden nicht mehr zuwenden als ihren Feinden, und das, ungeachtet sie herrschen in ihrem Staat! Sondern der Wahrheit nach, o Sokrates, die du ja behauptest zu suchen, verhält es sich so: Üppigkeit und Ungebundenheit und Freigebigkeit, wenn sie nur Rückhalt haben, sind eben Tugend und Glückseligkeit; jenes andere aber sind Zierereien, widernatürliche Satzungen, leeres Geschwätz der Leute und nichts wert.

41. Gegen-Mythologem des Sokrates über den Zustand der zügellosen Seele

SOKRATES: Gar nicht feigherzig, o Kallikles, machst du deinen d Ausfall mit großer Freimütigkeit. Denn ganz offen sagst du nun heraus, was die andern zwar auch denken, aber nicht sagen wollen. Ich bitte dich daher, ja auf keine Weise nachzulassen, damit nun in der Tat offenbar werde, wie man leben muß. Und sage mir: die Begierden, sprichst du, muß man nicht einzwängen, wenn man sein will wie man soll, sondern sie so groß wie immer möglich lassen und ihnen, woher es auch sei, Befriedigung bereiten, und e das sei die Tugend.

KALLIKLES: Das behaupte ich.

SOKRATES: Nicht richtig also sagt man, die nichts Bedürfenden wären glückselig.

KALLIKLES: Die Steine wären ja auf diese Art am glückseligsten und die Toten.

SOKRATES: Aber doch auch, so wie du es beschreibst, ist das Leben mühselig. Ich wenigstens wollte mich nicht wundern, wenn Euripides recht hätte, wo er sagt: «Wer weiß, ob unser Leben nicht ein Tod nur ist, Gestorbensein dagegen Leben?» Und vielleicht sind wir in der Tat tot. Was ich auch sonst schon von 493a einem der Weisen gehört habe, daß wir jetzt tot wären, und unsere Leiber wären nur unsere Gräber, der Teil der Seele aber, worin die Neigungen sind, wäre ein beständiges Anneigen und Abstoßen aufwärts und abwärts, welches ein stattlicher Mann, der Sinnbilder dichtet, einer aus Sizilien wohl oder Italien, mit dem Worte spielend wegen des Einfüllens und Fassenwollens ein Faß genannt hat, und die Ausgelassenen Ausgeschlossene, und bei diesen Ausgeschlossenen könnte nun der Teil der Seele, wo die Neigungen b sind, eben wegen der Ungebundenheit und Unhaltbarkeit nicht schließen, wie ein leckes Faß, womit er sie der Unersättlichkeit wegen verglich. Und ganz dir entgegengesetzt, o Kallikles, zeigt dieser, daß in der Schattenwelt, worunter er die Geisterwelt meinte, jene Ausgeschlossenen die Unseligsten wären und Wasser trügen in das lecke Faß mit einem ebenso lecken Siebe. Unter dem Siebe aber verstand er, wie der sagt, der es mir erzählte, die Seele, c und die Seele der Ausgelassenen verglich er mit einem Siebe, weil sie leck wäre und nichts festhalten könne aus Ungewißheit und

Vergeßlichkeit. Dies ist nun gewissermaßen hinreichend wunderlich; es macht aber doch deutlich, was ich dich gern, wenn ich es
dir irgend zeigen könnte, überreden möchte umzuwechseln und
anstatt des unersättlichen und ausgelassenen und ungebundenen
Lebens das besonnene und mit dem jedesmal Vorhandenen sich
begnügende zu wählen. Aber wie ist es nun? Überrede ich dich
d   wohl, und änderst du deine Behauptung dahin, daß die Sittlichen
glückseliger sind als die Ungebundenen; oder schaffe ich nichts,
sondern wenn ich auch noch soviel dergleichen dichtete, würdest
du doch deine Meinung nicht ändern?

KALLIKLES: Dies war richtiger gesprochen, Sokrates.

42. *Bildlicher Vergleich des zügellosen und des besonnenen*
    Lebens

SOKRATES: Wohlan, ich will dir noch ein anderes Bild erklären
aus derselben Schule wie das vorige. Gib acht, ob du wohl dies
richtig findest von jeder dieser beiden Lebensweisen, der besonnenen und der zügellosen, wie wenn zwei Menschen jeder viele Fässer hätte. Die des einen wären dicht und angefüllt, eins mit Wein,
e   eins mit Honig, eins mit Milch und viele andere mit vielen andern
Dingen; die Quellen aber von dem allen wären sparsam und
schwierig und gäben nur mit vieler Mühe und Arbeit etwas her.
Jener eine nun hätte seine Fässer voll und leitete nichts weiter hinein, dächte auch gar nicht weiter daran, sondern wäre hierüber
ganz ruhig. Der andere aber hätte eben wie jener solche Quellen,
die zwar etwas hergäben, aber mit Mühe, seine Gefäße aber wären
494a leck und morsch, und er müßte sie Tag und Nacht anfüllen oder
die ärgste Pein erdulden. Willst du nun, wenn es sich mit diesen
beiden Lebensweisen so verhält, dennoch sagen, die des Ungebundenen wäre glückseliger als die des Sittlichen? Überrede ich dich
etwa hierdurch zuzugeben, das sittliche Leben sei besser als das
zügellose, oder überrede ich dich nicht?

KALLIKLES: Du überredest mich nicht, Sokrates. Denn für jenen, wenn er seine Fässer voll hat, gibt es gar keine Lust mehr,
sondern das heißt eben, was ich vorher sagte, wie ein Stein leben,
b   wenn alles angefüllt ist, weder Lust mehr haben noch Unlust. Sondern darin besteht eben das Angenehm-Leben, daß recht viel hin-
einfließe.

SOKRATES: So muß doch notwendig, wenn viel einfließen soll, auch des Abgehenden viel sein und gar große Öffnungen für die Ausflüsse?

KALLIKLES: Allerdings.

SOKRATES: Das ist wiederum ein Leben wie einer Ente, was du meinst, freilich nicht das eines Toten oder eines Steins! Sage mir aber, du meinst es doch so, wie hungern, und wenn man hungert, essen?

KALLIKLES: Ja.

SOKRATES: Auch dursten, und wenn man durstet, trinken?

KALLIKLES: Auch; und ebenso alle andern Begierden soll man haben und befriedigen können und so Lust gewinnen und glückselig leben.

43. These des Kallikles: Das Angenehme und das Gute identisch

SOKRATES: Wohl, Bester! Bleibe nur dabei, wie du angefangen hast, und daß du ja nicht aus Scham abspringst. Wie es aber scheint, muß auch ich mich nicht schämen. Und so sage mir nur zuerst, ob Krätzig-Sein und das Jucken haben, wenn man sich nur genug schaben kann und so gekitzelt sein Leben hinbringen, ob das auch heißt glückselig leben?

KALLIKLES: Wie abgeschmackt du immer bist, Sokrates, und d offenbar schlechte Kunstgriffe gebrauchst.

SOKRATES: Darum eben habe ich auch den Polos und den Gorgias eingeschreckt und blöde gemacht. Du aber laß dich ja nicht einschrecken und schäme dich auch nicht, denn du bist ja ein entschlossener Mann, sondern antworte nur.

KALLIKLES: So sage ich denn, auch wer sich kratzt, wird angenehm leben.

SOKRATES: Also wenn angenehm, auch glückselig.

KALLIKLES: Freilich.

SOKRATES: Etwa wenn ihn nur der Kopf juckt, oder soll ich e dich noch sonst etwas fragen? Siehe wohl zu, Kallikles, was du antworten willst, wenn dich jemand, was hiermit zusammenhängt, alles der Reihe nach fragt. Und verhält es sich hiermit so, so kommt heraus, das Leben der Knabenschänder ist nicht abscheulich und schändlich und elend. Oder wirst du wirklich wagen zu behaupten, daß auch diese glückselig sind, wenn sie nur vollauf haben, wessen sie bedürfen?

KALLIKLES: Schämst du dich nicht, Sokrates, die Rede auf solche Dinge zu bringen?

SOKRATES: Bringe ich sie etwa darauf, Bester, oder der, welcher so ohne weiteres behauptet, wer nur Lust habe, gleichviel wie er 495 a Lust habe, der sei glückselig, und keinen Unterschied angibt, welche Lust gut ist und welche schlecht. Aber auch jetzt noch sage nur, behauptest du, das Angenehme und das Gute sei einerlei, oder es gebe Angenehmes, was nicht gut ist?

KALLIKLES: Damit ich also meinen Satz nicht aufgebe, wenn ich sage, es wäre verschieden, so sage ich, es ist einerlei.

SOKRATES: Aber, Kallikles, du verdirbst die ersten Reden und kannst nicht mehr gehörig mit mir das Wahre erforschen, wenn du anders redest, als du es selbst meinst.

b KALLIKLES: Auch dir gilt das, Sokrates.

SOKRATES: Also tue weder ich recht, wenn ich dies tue, noch du. Aber, Bester, bedenke doch, das ist wohl nicht das Gute, auf alle Weise nur Lust haben. Denn das eben angedeutete viele Schändliche folgt doch offenbar, wenn sich dies so verhält, und noch viel anderes.

KALLIKLES: Wie du wenigstens glaubst, Sokrates.

SOKRATES: Du aber, Kallikles, willst dies in der Tat durchsetzen?

KALLIKLES: Das will ich.

44. Erster Einwand: Lust und Unlust gleichzeitig möglich, Gutleben und Schlechtleben nicht

c SOKRATES: Sollen wir also auf den Satz losgehn, als wäre es dir Ernst damit?

KALLIKLES: Allerdings freilich.

SOKRATES: Wohlan, wenn es denn so sein soll, so bringe mir doch dieses in Ordnung. Du nennst doch etwas Erkenntnis.

KALLIKLES: Ja.

SOKRATES: Sagtest du nicht auch, daß es eine Tapferkeit gäbe mit Erkenntnis?

KALLIKLES: Das tat ich.

SOKRATES: Nicht wahr, doch als sei die Tapferkeit verschieden von der Erkenntnis, darum nanntest du sie zwei?

KALLIKLES: Allerdings.

SOKRATES: Und wie? Sind Lust und Erkenntnis einerlei oder verschieden?

KALLIKLES: Verschieden doch wohl, du weisester Mann.   d

SOKRATES: Auch die Tapferkeit verschieden von der Lust?

KALLIKLES: Wie anders?

SOKRATES: Wohlan, laß uns dies wohl behalten, daß Kallikles der Acharner gesagt hat, angenehm und gut zwar sei einerlei, Erkenntnis aber und Tapferkeit voneinander sowohl als von dem Guten verschieden.

KALLIKLES: Sokrates aber von Alopeka gibt dies nicht zu. Oder gibt er es zu?

SOKRATES: Er gibt es nicht zu. Ich glaube aber, auch Kallikles   e nicht, wenn er sich selbst erst recht betrachtet hat. Denn sage mir doch, die wohl leben und die schlecht leben, meinst du nicht, daß diese sich in einem entgegengesetzten Zustande befinden?

KALLIKLES: Freilich.

SOKRATES: Muß nun nicht, wenn beides wirklich einander entgegengesetzt ist, es sich so damit verhalten, wie es sich mit Gesundheit und Krankheit verhält? Nämlich ein Mensch ist doch nicht zu gleicher Zeit gesund und krank, verliert auch nicht zu gleicher Zeit die Gesundheit und die Krankheit.

KALLIKLES: Wie meinst du das?

SOKRATES: Nimm welches einzelne du willst am Leibe und betrachte es. Ein Mensch sei krank an den Augen, was man die Au-   496a genentzündung nennt.

KALLIKLES: Gut.

SOKRATES: So ist er doch nicht zugleich gesund an denselben?

KALLIKLES: Auf keine Weise.

SOKRATES: Wie aber, wenn er nun die Augenentzündung verliert, verliert er alsdann auch die Gesundheit der Augen und hat am Ende beides zugleich verloren?

KALLIKLES: Ganz und gar nicht.

SOKRATES: Es wäre auch, denke ich, wunderlich und widersinnig. Nicht wahr?   b

KALLIKLES: Gar sehr.

SOKRATES: Sondern abwechselnd, glaube ich, bekommt und verliert er jedes. Nicht wahr?

KALLIKLES: Gewiß.

SOKRATES: Auch Stärke und Schwäche ebenso?

KALLIKLES: Ja.

SOKRATES: Und Schnelligkeit und Langsamkeit?

KALLIKLES: Ebenso.

SOKRATES: Etwa auch das Gute und die Glückseligkeit und das Gegenteil davon, Übel und Elend, bekommt und verliert man immer eins um das andere?

KALLIKLES: Auf alle Weise.

c   SOKRATES: Wenn wir also etwas fänden, was der Mensch zugleich verliert und auch hat: so wäre dieses offenbar nicht das Gute und das Böse. Wollen wir dies annehmen? Bedenke es dir recht gut, ehe du antwortest.

KALLIKLES: Ja, ganz übermäßig nehme ich das an.

SOKRATES: So gehe mit mir auf das vorhin Eingestandene zurück. Sagtest du, hungern wäre angenehm oder schmerzlich? Ich meine das Hungern selbst.

KALLIKLES: Schmerzlich, sagte ich; das Essen jedoch, wenn man hungert, angenehm.

d   SOKRATES: Das denke ich auch. Aber doch das Hungern selbst schmerzlich?

KALLIKLES: Das gebe ich zu.

SOKRATES: Auch wohl das Dursten?

KALLIKLES: Gar sehr.

SOKRATES: Soll ich nun noch mehr fragen, oder gibst du zu, daß überall jedes Bedürfnis und Begehren schmerzlich ist?

KALLIKLES: Ich gebe es zu; frage nur nicht weiter.

SOKRATES: Wohl! Durstend aber trinken, sagst du nicht, das sei angenehm?

KALLIKLES: Das sage ich.

SOKRATES: In diesem nun, was du sagst, bedeutet doch das «durstend» Unlust habend.

KALLIKLES: Ja.

e   SOKRATES: Das Trinken aber die Befriedigung des Bedürfnisses und also Lust?

KALLIKLES: Ja.

SOKRATES: Sofern man also trinkt, sagst du, man habe Lust?

KALLIKLES: Gewiß.

SOKRATES: Durstend doch?

KALLIKLES: So meine ich's.

SOKRATES: Also Unlust habend?

KALLIKLES: Ja.

SOKRATES: Merkst du nun, was folgt, daß du nämlich sagst, der Unlust habende habe zugleich Lust, wenn du sagst, der Durstige trinkt? Oder geschieht dieses etwa nicht zugleich in einerlei Raum und Zeit, wie du willst, der Seele oder des Leibes? Denn das, denke ich, macht uns hier keinen Unterschied. Ist es so oder nicht?

KALLIKLES: Es ist so.

SOKRATES: Daß aber, wer wohl lebt, zugleich auch schlecht leben könne, das, sagtest du, wäre unmöglich. 497a

KALLIKLES: Das sage ich freilich.

SOKRATES: Daß aber ein Unlust habender zugleich Lust haben könne, hast du als möglich zugegeben.

KALLIKLES: So scheint es.

SOKRATES: Lust haben ist also nicht gut leben und Unlust haben nicht schlecht. So daß das Angenehme verschieden ist vom Guten.

KALLIKLES: Ich weiß nicht, was du herausklügelst, Sokrates.

SOKRATES: Du weißt es wohl, aber du sträubst dich, Kallikles. Und rücke nur noch etwas weiter heraus mit deinen Schwänken, damit du recht siehst, von welcher Weisheit herab du mich zurechtweisest. Hört nicht jeder von uns zugleich auf zu dursten und b zugleich, am Trinken Vergnügen zu haben?

KALLIKLES: Ich weiß nicht, was du willst.

SOKRATES: Nicht also, Kallikles, sondern antworte, auch unsertwegen, damit die Rede durchgeführt werde.

KALLIKLES: Aber Sokrates ist immer so, Gorgias, daß er geringfügige und nichtswürdige Dinge ausfragt und widerlegt.

GORGIAS: Aber was verschlägt dir das? Auf alle Weise kommt ja das nicht auf deine Rechnung, Kallikles; sondern laß du nur den Sokrates beweisen, wie er will.

KALLIKLES: So frage denn deine Kleinigkeiten und Jämmer- c lichkeiten, wenn es dem Gorgias so gut dünkt.

SOKRATES: Du bist glückselig, Kallikles, daß du die großen Weihen hast vor der kleinen; ich meinte, das ginge nicht an. Wo du also stehn bliebst, das beantworte, ob nicht jeder zugleich aufhört zu dursten und auch Lust zu haben.

KALLIKLES: Das gebe ich zu.

SOKRATES: Also auch mit dem Hunger und allen andern Begierden hört die Lust zugleich auf.

KALLIKLES: So ist es.

SOKRATES: Also hört auch die Unlust und die Lust zugleich auf?

d KALLIKLES: Ja.

SOKRATES: Aber das Gute und Böse hört nicht zugleich auf, wie du zugabst; gibst du es aber nun nicht zu?

KALLIKLES: O ja, und was weiter?

SOKRATES: Daß demnach, lieber Freund, das Gute nicht einerlei ist mit dem Angenehmen, noch das Böse mit dem Unangenehmen; denn diese hören beide zugleich auf, jene aber nicht, so daß also offenbar beide verschieden sind. Wie sollte also das Angenehme mit dem Guten einerlei sein und das Unangenehme mit dem Bösen?

45. Zweiter Einwand: Da man gut durch Einwohnen des Guten ist, die Lust aber auch den Schlechten einwohnt, folgt, daß auch der Schlechte gut ist

Wenn du lieber willst, betrachte es auch so. Denn ich denke, auch
e so wird es dir nicht herauskommen. Sieh nur zu. Nennst du die Guten nicht gut, weil ihnen Gutes einwohnt, wie diejenigen schön, denen Schönheit einwohnt?

KALLIKLES: Das tue ich.

SOKRATES: Und wie? Nennst du die Törichten und Feigherzigen Gute? Vorher wenigstens nicht, sondern die Tapfern und Einsichtsvollen nanntest du so. Oder nennst du nicht diese gut?

KALLIKLES: Allerdings.

SOKRATES: Und wie? Hast du schon ein unverständiges Kind vergnügt gesehn?

KALLIKLES: O ja.

SOKRATES: Einen unverständigen Mann hast du aber noch nicht vergnügt gesehn?

KALLIKLES: Ich glaube wohl, aber wozu das?

SOKRATES: Zu nichts; antworte nur.

498a KALLIKLES: Ich habe solche gesehn.

SOKRATES: Wie? Auch Verständige vergnügt und unlustig?

KALLIKLES: O ja.

SOKRATES: Welche haben nun mehr Lust und Unlust, die Vernünftigen oder die Unvernünftigen?

KALLIKLES: Ich glaube, das wird ziemlich dasselbe sein.

SOKRATES: Auch das ist mir genug. Hast du auch schon im Kriege einen Feigherzigen gesehn?

KALLIKLES: Wie sollte ich nicht.

SOKRATES: Wenn nun die Feinde abzogen, welche dünkten dich mehr Freude zu haben, die Feigen oder die Tapfern?

KALLIKLES: Sie dünkten mich beide mehr zu haben, wo nicht, b doch ziemlich gleichviel.

SOKRATES: Auch das verschlägt nichts. Es freuen sich also doch auch die Feigen?

KALLIKLES: Gar sehr.

SOKRATES: Und die Törichten, wie es scheint?

KALLIKLES: Ja.

SOKRATES: Kommen aber die Feinde angezogen, haben dann die Feigen allein Unlust, oder auch die Tapfern?

KALLIKLES: Beide.

SOKRATES: Auch gleich sehr?

KALLIKLES: Mehr vielleicht die Feigen.

SOKRATES: Und wenn sie abziehn, sollten sie nicht mehr Lust haben?

KALLIKLES: Vielleicht.

SOKRATES: Also Lust und Unlust haben die Törichten und die Einsichtsvollen, die Feigen und die Tapfern gleichmäßig, wie du behauptest, und wohl die Feigen mehr als die Tapfern. c

KALLIKLES: Das behaupte ich.

SOKRATES: Aber doch sind die Einsichtsvollen und die Tapfern gut, die Feigen und Törichten aber böse?

KALLIKLES: Ja.

SOKRATES: Gleichviel also haben die Guten und die Bösen Lust und Unlust?

KALLIKLES: Das behaupte ich.

SOKRATES: Sind nun etwa auch die Guten und die Bösen beides gleichviel, gut und böse, oder sogar die Bösen noch mehr gut?

KALLIKLES: Ja, beim Zeus, ich weiß nicht, was du willst. d

SOKRATES: Weißt du nicht, daß du sagtest, die Guten wären

gut, weil ihnen Gutes einwohnte, die Bösen böse, weil Böses; das
Gute aber wäre die Lust, das Böse die Unlust?

KALLIKLES: Das sagte ich.

SOKRATES: Also denen, die sich freuen, wohnt das Gute ein, die
Lust, wenn sie sich doch freuen.

KALLIKLES: Wie sollte es nicht.

SOKRATES: Also, da ihnen Gutes einwohnt, sind die gut, welche
sich freuen?

KALLIKLES: Ja.

SOKRATES: Und wie? Denen, die Schmerz empfinden, wohnt
denen nicht Böses ein, die Unlust?

KALLIKLES: Ja.

e   SOKRATES: Und wegen Einwohnung des Bösen, sagst du, sind
die Bösen böse. Oder sagst du es nicht mehr?

KALLIKLES: Noch immer.

SOKRATES: Gut also sind, die irgend Lust haben; böse, die irgend Schmerzen?

KALLIKLES: Freilich.

SOKRATES: Die mehr, sind es mehr, die weniger, weniger, und
die gleich sehr, sind es gleich sehr?

KALLIKLES: Ja.

SOKRATES: Nun sagst du doch, die Einsichtsvollen und Törichten und die Feigen und Tapfern hätten gleich sehr Lust und Unlust,
oder auch die Feigen noch mehr.

KALLIKLES: Das sage ich.

SOKRATES: So rechne nun gemeinschaftlich mit mir zusammen,
was aus dem Eingestandenen folgt. Denn auch zweimal und drei-
499a mal, sagen sie, dürfe man das Schöne vorbringen und erwägen.
Gut sei der Einsichtsvolle und Tapfere, sagen wir, nicht wahr?

KALLIKLES: Ja.

SOKRATES: Böse der Törichte und Feige?

KALLIKLES: Allerdings.

SOKRATES: Gut aber auch wiederum der Vergnügte?

KALLIKLES: Ja.

SOKRATES: Und schlecht der, welcher Pein hat?

KALLIKLES: Notwendig.

SOKRATES: Gepeinigt aber und vergnügt, sagst du, sei der Gute
und der Schlechte auf gleiche Weise, vielleicht auch der Schlechte
noch mehr?

KALLIKLES: Ja.

SOKRATES: Also wird der Schlechte ebenso wie der Gute gut und schlecht oder auch noch mehr gut? Folgt nicht dieses und auch jenes vorige, wenn jemand behauptet, Gutes und Angenehmes wäre dasselbe? Ist es nicht notwendig, Kallikles? b

46. Unterscheidung des Kallikles zwischen besserer und schlechterer Lust

KALLIKLES: Schon lange höre ich dir so zu, Sokrates, indem ich dir immer alles zugebe, weil ich merke, daß, wenn dir jemand, wäre es auch nur im Scherz, irgend etwas preisgibt, du dich damit freust wie ein Kind. Also glaubst du wirklich, daß ich oder sonst irgendein Mensch meine, es sei nicht einige Lust besser, andere schlechter?

SOKRATES: O! o! Kallikles! Wie boshaft bist du und gehst mit mir um, wie mit einem Kinde! Bald sagst du, die Sache verhalte c sich so, bald wieder anders, und hintergehst mich. Und doch glaubte ich anfangs nicht, daß ich absichtlich von dir würde hintergangen werden, da du mir ja wohlwillst; nun aber bin ich betrogen und muß schon, nach dem alten Spruch, nehmen, was ich bekommen kann, und aus dem, was du mir gibst, soviel machen als möglich. Es ist also, wie es scheint und du jetzt sagst, so, daß einige Lust gut ist, andere schlecht.

KALLIKLES: Ja.

SOKRATES: Sind nun gut etwa die nützlichen, schlecht aber die d schädlichen?

KALLIKLES: Freilich.

SOKRATES: Und nützlich sind doch, die etwas Gutes bewirken, schädlich aber, die etwas Schlechtes?

KALLIKLES: Das sage ich auch.

SOKRATES: Meinst du etwa diese? Wie in Beziehung auf den Leib, von der Lust, welche wir anführten am Essen und Trinken, wenn davon einige dem Leibe Gesundheit verschaffen oder Stärke oder irgendeine andere Vollkommenheit des Leibes, daß diese gut sind, die aber das Gegenteil hiervon, schlecht?

KALLIKLES: Freilich.   e

SOKRATES: Ist es nun auch mit der Unlust ebenso, daß einige heilsam ist, andere verderblich?

KALLIKLES: Wie sollte es nicht.

SOKRATES: Also die gute Lust und Unlust muß man wählen und bewirken?

KALLIKLES: Freilich.

SOKRATES: Die schlechte aber nicht?

KALLIKLES: Offenbar.

SOKRATES: Denn um des Guten willen müsse man alles tun, glaubten wir beide, wenn du dich noch erinnerst, ich und Polos. Glaubst du dies etwa mit uns, daß aller Handlungen Ziel das Gute ist, und daß um seinetwillen alles andre muß getan werden, nicht 500a aber dieses um des andern willen? Willst du auf unsre Seite treten als der dritte?

KALLIKLES: Das will ich.

SOKRATES: Um des Guten willen also muß man alles übrige und so auch das Angenehme tun, nicht aber das Gute wegen des Angenehmen.

KALLIKLES: Freilich.

SOKRATES: Ist es nun etwa jedermanns Sache, auszuwählen, was unter dem Angenehmen gut ist und was schlecht, oder bedarf es zu jedem eines Kunstverständigen?

KALLIKLES: Eines Kunstverständigen.

47. Rückgang auf die beiden Lebensformen und ihre Ziele

SOKRATES: Bringen wir uns nun in Erinnerung, was ich zum Polos und Gorgias sagte. Ich sagte nämlich, es gäbe Vorrichtungen, von b denen einige nur bis zur Lust gingen und diese allein bewirkten, vom Besseren und Schlechteren aber nichts wüßten, andere aber erkennten, was gut ist und was schlecht; und so setzte ich unter die auf die Lust gehenden, als die leibliche, des Kochs Geschicklichkeit, nicht Kunst, unter die aber auf das Gute gehenden ebenso die Kunst des Arztes. Und nun, beim freundlichen Zeus, o Kallikles, treibe weder selbst Scherz mit mir und antworte nicht gegen deine Meinung, was sich eben trifft, noch weniger aber nimm, was ich c sagen werde, so an, als scherzte ich. Denn du siehst, daß davon die Rede unter uns ist, worüber es gewiß für jeden Menschen, der nur ein wenig Vernunft hat, nichts Ernsthafteres geben kann, nämlich auf welche Weise er leben soll, ob auf diejenige, zu welcher du mich ermunterst, daß ich doch jenes dem Manne Geziemende betreiben möchte, im Volke auftreten, die Redekunst ausüben und den Staat verwalten auf die Art, wie ihr ihn eben jetzt verwaltet, oder ob er sich zu jener Lebensweise halten solle in der Philosophie, und worin wohl diese von der andern sich unterscheidet. Vielleicht wäre es nun am besten, wie ich schon vorher versuchte, abzuteilen und, nachdem wir abgeteilt haben und miteinander d übereingekommen sind, ob dies die beiden Lebensweisen sind, dann überlegen, worin sie sich unterscheiden und nach welcher man leben müsse. Vielleicht weißt du aber noch nicht, was ich meine?

KALLIKLES: Nicht recht.

SOKRATES: So will ich es dir noch deutlicher sagen. Nachdem wir übereingekommen, ich und du, es gebe ein Gutes und auch ein Angenehmes, und das Angenehme wäre verschieden von dem Guten, für jedes von beiden aber gebe es eine Bemühung und Vorrichtung, zu seinem Besitz zu gelangen, ein Jagen nach dem Angenehmen also und eins nach dem Guten. – Gleich dies aber gib mir zuerst entweder zu oder leugne es. e

KALLIKLES: Ich gebe es zu.

48. Kunstgemäße und schmeichlerische Beschäftigung mit der Seele

SOKRATES: Wohlan, auch darüber, was ich zu diesen sagte, erkläre dich mir, ob dich damals dünkte, daß ich recht hätte. Ich sagte nämlich, die Kochkunst schiene mir keine Kunst zu sein, sondern nur eine Geschicklichkeit, wohl aber die Heilkunst, wobei ich meinte, daß diese die Natur dessen erforscht hätte, was 501 a sie besorgt, und den Grund dessen, was sie tut, und von jedem einzelnen Rechenschaft geben kann; die andere aber an die Lust, auf welche ihre ganze Sorge gerichtet ist, offenbar ganz kunstlos herangeht, ohne weder die Natur der Lust erforscht zu haben noch ihren Grund, indem sie ganz vernunftlos, daß ich es geradeheraus sage, gar nichts berechnet, sondern nur durch Übung und Geschicklichkeit eine Erinnerung dessen erhält, was zu geschehen pflegt, wodurch sie eben die Lust herbeischafft. Dieses nun über- b lege zuerst, ob du glaubst, es sei mit Grund gesagt und es gebe wirklich auch ebenso verschiedene Beschäftigungen mit der Seele, einige kunstgemäße, welche Fürsorge tragen für das Beste der

Seele, andere, welche, dieses vernachlässigend, nur wie dort auf die Lust der Seele bedacht sind, welchermaßen ihr die entstehen könnte; darauf aber, welche Lust besser sei und welche schlechter, weder acht haben noch überhaupt um irgend etwas anderes sich c bekümmern, als nur wohlgefällig zu sein, gleichviel ob besser oder schlechter. Mich nun, o Kallikles, dünkt, es gebe solche, und ich wenigstens sage, dergleichen sei Schmeichelei, in Beziehung auf den Leib sowohl als die Seele und jedes andere, dem jemand nur durch Lust gütlich tun will, ohne nachgedacht zu haben über das Bessere und Schlechtere. Du aber, stellst du hierüber dieselbe Meinung auf wie wir, oder widersprichst du?

KALLIKLES: Ich nicht, sondern ich räume es ein, damit auch deine Rede zu Ende gebracht werde und ich dem Gorgias zu Willen sei.

d SOKRATES: Soll es nun dergleichen für eine Seele zwar geben, für zwei oder mehrere aber nicht?

KALLIKLES: Nein, sondern auch für zwei und viele.

SOKRATES: Also auch vielen zu Hauf kann man Wohlgefallen erregen, ohne auf das Beste bedacht zu sein.

KALLIKLES: Das glaube ich wohl.

49. *Musik und Tragödie gehen auf das Vergnügen aus. Dichtung als schmeichlerische Redekunst*

SOKRATES: Kannst du nun wohl sagen, welches die Beschäftigungen sind, die dieses tun? Oder vielmehr, wenn du willst, laß mich fragen, und welche dir nun zu diesen zu gehören scheint, von der bejahe es, welche nicht, von der verneine es. Zuerst laß uns die e Kunst des Flötenspielens betrachten. Dünkt sie dich nicht eine solche zu sein, Kallikles, daß sie nur unser Vergnügen sucht und auf nichts anderes bedacht ist?

KALLIKLES: Das dünkt mich.

SOKRATES: Nicht auch alle ähnlichen insgesamt, wie das Spiel auf der Lyra in den tonkünstlerischen Wettstreiten?

KALLIKLES: Ja.

SOKRATES: Und wie die Ausführung der Chöre und die Dichtung der Dithyramben, erscheint dir die nicht auch als eine solche? Oder meinst du, Kinesias, der Sohn des Meles, denke im mindesten darauf, wie er so etwas sagen will, wodurch seine Zuhörer

besser werden? Oder nur, wodurch er dem großen Haufen dersel- 502a
ben gefallen will?

KALLIKLES: Das letzte wohl ist deutlich genug, vom Kinesias
nämlich.

SOKRATES: Nun, und sein Vater Meles? Glaubst du, der habe
auf das Beste Rücksicht genommen bei seinem Spiel auf der Lyra?
Oder er ja wohl nicht einmal auf das Angenehmste; denn er quälte
mit seinem Gesang die Zuhörer. Aber überlege nur, scheint dir
nicht das ganze Spiel auf der Lyra und die dithyrambische Dichtkunst nur zum Vergnügen erfunden zu sein?

KALLIKLES: Das scheint mir.

SOKRATES: Und jene prächtige und bewundernswürdige Dich- b
tung der Tragödie, worauf wendet die so viel Fleiß? Meinst du, ihr
Zweck und ihre Bemühung sei nur darauf gerichtet, den Zuschauern Wohlgefallen zu erregen, oder auch darauf, durchzusetzen, daß, wenn ihnen etwas zwar angenehm ist und wohlgefällig,
aber verderblich, dieses nicht gesagt werde, und wenn dagegen
etwas ihnen widerlich ist, aber heilsam, daß sie dieses sage und
singe, mögen sie sich nun daran ergötzen oder nicht? Auf welches
von beiden scheint es dir die tragische Dichtkunst angelegt zu haben?

KALLIKLES: Es ist ja offenbar, Sokrates, daß sie mehr auf die
Lust ausgeht und darauf, den Zuschauern gefällig zu sein. c

SOKRATES: Dieses aber, o Kallikles, sagten wir eben jetzt, sei
Schmeichelei?

KALLIKLES: Allerdings.

SOKRATES: Wohlan, wenn jemand von jeder Dichtung den Gesang wegnimmt und den Tonfall und das Silbenmaß, werden
nicht, was übrigbleibt, Reden?

KALLIKLES: Notwendig.

SOKRATES: Und vor einem großen Haufen Volks werden diese
Reden gesprochen?

KALLIKLES: Freilich.

SOKRATES: Also ist die Dichtkunst auch eine Volksbearbeitung.

KALLIKLES: So scheint es. d

SOKRATES: Und nicht wahr, als Redekunst ist sie Volksbearbeitung. Oder scheinen dir nicht die Dichter auf der Schaubühne Redekunst zu treiben?

KALLIKLES: Wohl freilich.

SOKRATES: Jetzt also haben wir eine Redekunst gefunden an ein solches Volk, aus Kindern zugleich und Weibern und Männern bestehend, aus Knechten und Freien, mit welcher wir nicht sehr zufrieden sind; denn wir sagen, sie sei eine Schmeichelei.

KALLIKLES: Freilich.

50. Kein Redner hat das Volk zu bessern versucht, auch Themistokles und Perikles nicht

SOKRATES: Wie aber die vor dem Volk der Athener oder über-
e haupt in Städten vor andern Versammlungen freier Männer? Was ist uns doch diese? Scheinen dir etwa die Redner immer in Beziehung auf das Beste zu sprechen, dieses im Auge habend, daß die Bürger möglichst gebessert werden durch ihre Reden? Oder gehen auch diese nur darauf aus, sich den Bürgern gefällig zu machen, und behandeln, ihres eigenen Vorteils wegen den gemeinsamen vernachlässigend, das versammelte Volk wie Kinder, indem sie ihm nur Vergnügen zu machen suchen, ob es aber besser oder
503a schlechter werden wird dadurch, sich nicht kümmern?

KALLIKLES: Das ist nicht mehr so im allgemeinen zu beantworten; denn es gibt solche, die, was sie sagen, aus wahrer Vorsorge für die Bürger sagen, es gibt aber auch solche, wie du sagst.

SOKRATES: Das genügt mir. Denn wenn sich dieses auch teilt: so ist doch der eine Teil Schmeichelei und schlechte Volksbearbeitung; der andere aber wäre etwas Schönes, Besserung zu bewirken für die Seelen der Bürger und immer durchzusetzen, daß man nur das Beste rede, mag es angenehmer sein oder unangenehmer für
b die Hörer. Aber niemals gewiß hast du diese Redekunst gesehen; oder wenn du einen solchen angeben kannst unter den Rednern, warum hast du ihn mir nicht auch genannt, welcher es sei?

KALLIKLES: Ja, beim Zeus, ich weiß dir keinen zu nennen, wenigstens unter den jetzigen Rednern.

SOKRATES: Wie? Etwa unter den alten weißt du einen zu nennen, durch welchen besser geworden zu sein man den Athenern nachsagen kann, seit er angefangen, das Volk zu bearbeiten, da sie vorher schlechter waren? Denn ich weiß nicht, wer dieser ist.

c KALLIKLES: Wie? Hast du nicht gehört, was für ein vortrefflicher Mann Themistokles gewesen und Kimon und Miltiades und dieser Perikles, der erst neuerdings gestorben ist und den du noch selbst gehört hast?

SOKRATES: Ja, Kallikles, wenn nämlich die, welche du vorher meintest, die rechte Tugend ist, Begierden zu befriedigen, seine eignen und andrer; wenn aber nicht dies, sondern was wir in dem späteren Teil des Gesprächs genötigt wurden anzunehmen, nämlich welche Begierden, wenn sie befriedigt werden, den Menschen besser machen, diese zu erfüllen, welche aber schlechter, die nicht, d und daß es hierzu einer Kunst bedürfe; kannst du dann wohl sagen, daß irgendeiner von diesen Männern ein solcher gewesen sei?

KALLIKLES: Ich weiß nicht mehr, was ich sagen soll.

51. Ordnung und Anstand der Seele sind Gerechtigkeit und Besonnenheit

SOKRATES: Wenn du es nur aufrichtig untersuchst, wirst du es schon finden. Laß uns aber so ganz gemach betrachtend zusehn, ob einer von diesen ein solcher gewesen ist. Nicht wahr, der rechtschaffene Mann, der um des Besten willen sagt, was er sagt, der wird doch nicht in den Tag hinein reden, sondern etwas Bestimmtes vor Augen habend? So wie auch alle anderen Künstler jeder e sein eigentümliches Werk im Auge habend nicht aufs Geratewohl zugreifend jedesmal etwas Neues an ihr Werk anlegen, sondern damit jedem das, was er ausarbeitet, eine gewisse bestimmte Gestalt bekomme. Wie wenn du die Maler ansehn willst, die Baumeister, die Schiffbauer und alle anderen Arbeiter, welche du willst, so bringt jeder jedes, was er hinzubringt, an eine bestimmte Stelle und zwingt jedes, sich zu dem andern zu fügen und ihm angemessen zu sein, bis er das ganze Werk wohlgeordnet und ausgestattet 504a mit Schönheit dargestellt hat. So diese Künstler, und so auch jene andern, von denen wir eben sprachen, die es mit dem Leibe zu tun haben, die Ärzte und die Turnmeister, die bringen doch so den Leib zu Ordnung und Anstand. Nehmen wir an, daß es sich so verhalte, oder nicht?

KALLIKLES: Das mag immer so sein.

SOKRATES: Ein Hauswesen also, in welchem Ordnung und Anstand anzutreffen ist, das wäre ein vollkommenes, in welchem aber Unordnung, das ein schlechtes?

KALLIKLES: Das gebe ich zu.

SOKRATES: Ebenso auch ein Schiff?

b KALLIKLES: Ja.

SOKRATES: Und dasselbe sagen wir auch von unserm Leibe?

KALLIKLES: Freilich.

SOKRATES: Wie aber die Seele? Wird die vollkommen sein, wenn Unordnung in ihr anzutreffen ist, oder auch sie, wenn Ordnung und Anstand?

KALLIKLES: Notwendig ergibt sich aus dem vorigen auch dieses.

SOKRATES: Wie nennt man nun, was für den Leib aus Ordnung und Anstand sich bildet?

KALLIKLES: Du meinst wohl Gesundheit und Stärke?

c SOKRATES: Die meine ich. Wie aber nun, was der Seele eingebildet wird durch Ordnung und Anstand? Versuche doch auch dafür wie für jenes einen Namen zu finden und auszusprechen.

KALLIKLES: Warum sagst du es nicht selbst, Sokrates?

SOKRATES: Wenn es dir lieber ist, will ich es wohl sagen. Aber nur, wenn du glaubst, daß ich es richtig sage, stimme mir bei; wenn aber nicht, so widerlege mich und sieh mir ja nichts nach. Ich meine also, die Ordnungen für den Leib heißen Gesundheitsregeln, wodurch in ihm Gesundheit entsteht und jede andere Tugend des Leibes. Ist das so oder nicht?

KALLIKLES: Es ist so.

d SOKRATES: Die Ordnungen aber und Bildungsvorschriften für die Seele sind Recht und Gesetz, vermittels deren sie rechtlich werden und anständig, und das ist eben Gerechtigkeit und Besonnenheit. Bejahst du es oder nicht?

KALLIKLES: Es sei so.

52. *Hinblick des wahren Redners auf die Gerechtigkeit. Zucht für die Seele besser als Unbändigkeit*

SOKRATES: Mit Hinsicht hierauf also wird jener Redner, der rechtschaffene und kunstmäßige, sowohl alle seine Reden, die er der Seele anbringt, einrichten, als auch seine Handlungen, und was er gewährt, wird er gewähren, wo er etwas versagt und entzieht, wird er es versagen, darauf immer den Sinn gerichtet, wie

e Gerechtigkeit in die Seele seiner Mitbürger kommen möge, Ungerechtigkeit aber hinweggeschafft werden und so jede andre Tu-

gend hineinkommen möge, die Untugend aber abziehen. Räumst
du dies ein oder nicht?

KALLIKLES: Ich räume es ein.

SOKRATES: Denn was würde es auch helfen, einem kranken,
zerrütteten Leibe viele und noch so angenehme Speisen zu reichen
oder Getränke oder irgend etwas, was ihm bisweilen um nichts
mehr dient, oder im Gegenteil recht gesprochen, wohl noch weniger. Ist das so oder nicht?

KALLIKLES: Es sei.   505a

SOKRATES: Denn ich denke, es lohnt dem Menschen nicht, in
einem jämmerlichen Zustande des Leibes fortzuleben, weil er ja so
auch notwendig ein jämmerliches Leben führt. Oder ist es nicht
so?

KALLIKLES: Ja.

SOKRATES: Und nicht wahr, seine Begierden zu befriedigen,
wie wenn er hungert, essen soviel er will, und wenn ihn durstet
trinken, das gestatten die Ärzte dem Gesunden wohl meistenteils,
den Kranken aber lassen sie gerade niemals sich daran sättigen,
wonach ihn gelüstet. Dies gibst du doch auch wohl zu?

KALLIKLES: Ja.

SOKRATES: Und mit der Seele, Bester, ist es nicht ebenso? So-   b
lange sie noch schlecht ist, weil unvernünftig, unbändig, ungerecht und unfromm, muß man sie zurückhalten in ihren Begierden
und ihr nicht verstatten, irgend anderes zu tun, als wodurch sie
besser werden kann? Bejahst du oder nicht?

KALLIKLES: Ich bejahe.

SOKRATES: Denn so ist es ihr selbst wohl besser, der Seele.

KALLIKLES: Ja doch.

SOKRATES: Und zurückhalten von dem, was sie begehrt, das
heißt doch bändigen und in Zucht halten?

KALLIKLES: Ja.

SOKRATES: In Zucht gehalten werden, das ist also für die Seele
besser als die Unbändigkeit, wie du doch vorher meintest.

KALLIKLES: Ich weiß nicht, was du vorbringst, Sokrates! Frage   c
lieber einen andern.

SOKRATES: Dieser Mann will sich nicht gefallen lassen, gefördert zu werden durch eben dieses, wovon die Rede ist, daß man
ihn nämlich in Zucht halte.

KALLIKLES: Auch kümmert mich gar nichts von allem, was du sagst, und ich habe dir auch bis jetzt nur des Gorgias wegen geantwortet.

SOKRATES: Wohl! Was wollen wir also machen? Die Rede mitten abbrechen?

KALLIKLES: Das magst du selbst wissen.

SOKRATES: Sagen sie doch, es sei nicht recht, auch nur ein Märchen in der Mitte stecken zu lassen, sondern man solle ihm einen
d Kopf aufsetzen, damit es nicht ohne Kopf umhergehe. So beantworte nun noch das übrige, damit auch unser Gespräch seinen Kopf bekomme.

53. Aufgeben des Kallikles

KALLIKLES: Wie zudringlich du bist, Sokrates! Wenn du indes mir folgen wolltest, ließest du diese Rede fallen oder sprächst mit einem andern.

SOKRATES: Wer will wohl von den andern? Damit wir doch die Rede nicht unvollendet lassen.

KALLIKLES: Kannst du sie denn nicht allein zu Ende bringen, sei es nun, daß du zusammenhängend fortsprächest, oder daß du dir selbst antwortetest?

e SOKRATES: Damit mir noch das Epicharmische widerführe, was vorhin zwei Männer sprachen, daß dazu ich allein genug sei. Indes, es mag wohl so ganz notwendig sein. Wollen wir es jedoch so machen, so denke ich, wir müssen auch alle aus allen Kräften uns bemühen zu erfahren, was wahr ist in der Sache, wovon wir sprechen, und was falsch; denn es ist für alle insgemein gut, daß
506a dies ans Licht komme. Ich also will es durchgehen, wie ich glaube, daß es sich verhält. Wenn aber einen von euch dünkt, ich stimmte mir selbst bei, wo ich nicht sollte: so müßt ihr dazwischentreten und widerlegen. Denn nicht, als wüßte ich es, sage ich, was ich sage, sondern ich suche es gemeinschaftlich mit euch; so daß, wenn mir derjenige etwas zu sagen scheint, der mir widerstreitet, ich es zuerst einräumen werde. Ich sage jedoch dies nur, falls euch gut dünkt, daß die Rede zu Ende gebracht werde; wollt ihr aber das nicht, so lassen wir sie und gehen auseinander.

GORGIAS: Ich meines Teils denke nicht, daß wir schon auseinander gehen sollten, sondern daß du die Rede durchführst, und ich
b

sehe wohl, daß die andern eben dies wünschen. Denn auch ich
möchte gar gern hören, wie du das übrige allein durchnimmst.

SOKRATES: Freilich, Gorgias, hätte ich gern noch mit unserm
Kallikles weiter gesprochen, bis ich ihm könnte die Rede des Amphion wiedergegeben haben für die des Zethos. Da aber du, o Kallikles, die Rede nicht mit mir zu Ende führen willst: so merke wenigstens auf und weise mich zurecht, wenn du meinst, daß ich
etwas Unrichtiges sage. Und wenn du mich überführst, werde ich c
dir nicht zürnen, wie du mir, sondern als mein größter Wohltäter
wirst du bei mir angeschrieben stehen.

KALLIKLES: So sprich nur selbst, Guter, und mache ein Ende.

54. Wohlgeordnetheit der Seele ist Besonnenheit. Ihre Verbin-
dung mit Gerechtigkeit, Frömmigkeit und Tapferkeit

SOKRATES: Höre denn, wie ich von Anfang an alles wieder aufnehme. Ist wohl das Angenehme und das Gute einerlei? – Nicht
einerlei, wie ich und Kallikles übereingekommen sind. – Muß nun
das Angenehme um des Guten willen getan werden oder das Gute
um des Angenehmen? – Das Angenehme um des Guten willen. –
Angenehm aber ist das, durch dessen Anwesenheit wir ergötzt
werden; gut hingegen, durch dessen Anwesenheit wir gut sind? – d
Gewiß. – Gut aber sind wir, und alles andere, was gut ist, durch
irgendeiner Tugend Anwesenheit? – Dies dünkt mich wenigstens
notwendig, Kallikles. – Die Tugend eines jeglichen Dinges aber,
eines Gerätes wie eines Leibes und so auch einer Seele und jegliches Lebenden, findet sich nicht so von ungefähr aufs schönste
herzu, sondern durch Ordnung, richtiges Verhalten und durch die
Kunst, welche eben einem jeden angewiesen ist. Ist dies wohl so? –
Ich wenigstens bejahe es. – Durch Ordnung also wird die Tugend e
eines jeden festgesetzt und instand gebracht? – Ich würde es bejahen. – Eine gewisse eigentümliche Ordnung also, die sich in einem
jeden bildet, macht jeden und jedes gut? – So dünkt mich. – Auch
die Seele also, die ihre eigentümliche Ordnung und Sitte hat, ist
besser als die ungeordnete? – Notwendig. – Die aber Ordnung
und Sitte hat, das ist die sittliche? – Wie anders? – Und die sittliche
ist die besonnene? – Notwendig. – Die besonnene Seele also ist die 507a
gute? – Ich wenigstens weiß nichts anderes zu sagen als dies, lieber
Kallikles, weißt du aber etwas, so lehre es mich.

KALLIKLES: Sprich nur weiter, du Guter.

SOKRATES: Weiter also sage ich, wenn die besonnene die gute ist: so ist die von der entgegengesetzten Beschaffenheit die böse; diese war aber die besinnungslose und ungebundene? – Freilich. – Der Besonnene aber tut überall, was sich gebührt, gegen Götter und Menschen; denn er wäre ja nicht besonnen, wenn er das Un-

b gebührliche täte? – Das ist notwendig so. – Tut er nun, was sich gebührt gegen Menschen, so tut er das Gerechte; und wenn das-selbe gegen die Götter, dann das Fromme, und wer gerecht und fromm handelt, der ist notwendig auch gerecht und fromm? – So ist es. – Ja, auch tapfer wohl notwendig; denn dem Besonnenen ist es nicht eigen, zu suchen oder zu fliehen, was sich nicht gebührt, sondern diejenigen Ereignisse und Menschen, Lust und Unlust zu fliehen und zu suchen, welche er soll, und standhaft auszuharren,

c wo er soll. So daß notwendig, o Kallikles, der besonnene Mann, da er, wie wir gezeigt haben, auch gerecht und tapfer und fromm ist, auch der vollkommen gute Mann sein wird; der Gute aber wird schön und wohl in allem leben, wie er lebt, wer aber wohl lebt, wird auch zufrieden und glückselig sein; der Böse hingegen und der schlecht lebt, elend. Und dies wäre der, welcher dem Besonnenen entgegengesetzt sich verhält, der Zügellose, welchen du lobtest.

55. *Durch Gerechtigkeit und Besonnenheit sind die Glückseli-gen glückselig*

So setze ich wenigstens dieses und behaupte, daß es so wahr ist. Ist dies aber wahr, so muß, wie es scheint, wer glückselig sein will, die

d Besonnenheit suchen und üben, die Zügellosigkeit aber fliehen, jeder so weit und schnell er kann; und so dieses vor allen Dingen zu erlangen suchen, daß er keiner Züchtigung bedürfe, bedarf er ihrer aber entweder selbst oder einer von seinen Angehörigen, sei es ein Einzelner oder der Staat, dann Strafe auflegen und züchti-gen, wenn er glückselig sein will. Dies dünkt mich das Ziel zu sein, auf welches man hinsehen muß bei Führung des Lebens, und alles in eignen und gemeinschaftlichen Angelegenheiten darauf hinlen-kend so verrichten, daß immer Gerechtigkeit und Besonnenheit

e dem gegenwärtig bleibe, der glückselig werden will; nicht aber so, daß man die Begierden zügellos werden lasse und im Bestreben, sie zu befriedigen – ein überschwengliches Übel –, das Leben eines

Räubers lebe. Denn weder mit einem andern Menschen kann ein
solcher befreundet sein, noch mit einem Gott; denn er kann in
keiner Gemeinschaft stehen, wo aber keine Gemeinschaft ist, da
kann auch keine Freundschaft sein. Die Weisen aber behaupten, o
Kallikles, daß auch Himmel und Erde, Götter und Menschen nur   508a
durch Gemeinschaft bestehen bleiben und durch Freundschaft
und Schicklichkeit und Besonnenheit und Gerechtigkeit, und betrachten deshalb, o Freund, die Welt als ein Ganzes und Geordne-
tes, nicht als Verwirrung und Zügellosigkeit. Du aber, wie mich
dünkt, merkst hierauf nicht, wiewohl du so weise bist, sondern es
ist dir entgangen, daß die geometrische Gleichheit soviel vermag
unter Göttern und Menschen; du aber glaubst, alles komme an
auf das Mehrhaben, weil du eben die Meßkunst vernachlässigst.
Wohl! Entweder nun muß uns dieser Satz widerlegt werden, daß
durch Gerechtigkeit und Besonnenheit die Glückseligen glückselig   b
sind und durch Schlechtigkeit die Elenden elend, oder, wenn er
wahr bleibt, muß man sehen, was folgt. Nämlich jenes vorige, o
Kallikles, folgt alles, wovon du mich fragtest, ob ich es im Ernst
meinte, als ich sagte, daß man, wer nur etwas Unrechtes getan, den
anklagen müsse, sich selbst, seinen Sohn, seinen Freund, und dazu
die Redekunst gebrauchen. Und was Polos dir schien nur aus
Scham zugegeben zu haben, das war also wahr, daß nämlich das
Unrechttun um wieviel schändlicher, um soviel auch übler wäre
als das Unrechtleiden; und daß, wer ein rechter Redner werden   c
wolle, notwendig gerecht und des Rechts kundig sein müsse, was
wiederum Gorgias nach Polos' Rede nur aus Scham soll eingeräumt haben.

56. Ungerechtigkeit ist das größte Übel

Verhält sich nun dieses so: so laß uns sehn, wie es wohl mit dem
steht, was du mir vorwirfst, ob es wohl recht gesagt ist oder nicht,
daß ich nicht imstande bin, mir selbst noch irgendeinem meiner
Freunde und Angehörigen zu helfen oder sie aus den größten Gefahren zu erretten, sondern daß ich in eines jeden Gewalt bin, wie
die Ehrlosen, der nur Lust hat, und wenn er mich auch, was ja das
große Wort in deiner Rede war, ins Angesicht schlagen wollte   d
oder des Vermögens berauben oder aus der Stadt vertreiben oder
endlich gar töten; und sich in solchem Zustande zu befinden ist

das Schändlichste nach deiner Meinung. Meine Meinung dagegen, welche schon oft gesagt worden ist, mag sie aber doch immer
noch einmal gesagt werden, ist: Ich leugne, Kallikles, daß ungerechterweise ins Angesicht geschlagen zu werden das Schändlich-

e ste ist; ebenso auch nicht, wenn man mir schnitte, sei es den Leib
oder den Beutel, sondern eben das mich und das Meinige ungerechterweise Schlagen und das Schneiden ist sowohl schändlicher
als übler. Und Stehlen dazu und Entführung zur Knechtschaft und
gewaltsamer Einbruch und überhaupt jedes andere Unrecht gegen
mich und das Meinige ist für den, der es begeht, beides übler und
schändlicher als für mich, an dem es begangen wird. Dieses, was

509a sich uns auch schon dort in den früheren Reden so gezeigt hatte,
wie ich sage, bleibt fest und wohl verwahrt, sollte das auch zu derb
klingen, mit eisernen und stählernen Gründen, wie es ja nun
scheint, welche du oder ein noch Mutigerer entweder lösen muß,
oder es wird nicht möglich sein, anders, als ich getan, und doch
richtig über die Sache zu reden. Denn ich bleibe immer bei derselben Rede, daß ich zwar nicht weiß, wie sich dies verhält, daß aber
von denen, die ich angetroffen, wie auch jetzt, keiner imstande
gewesen ist, etwas anderes zu behaupten, ohne dadurch lächerlich
zu werden. Daher sage ich wiederum, daß es sich so verhält. Und

b wenn es sich so verhält, und das größte unter allen Übeln die Ungerechtigkeit selbst ist für den, der Unrecht tut, und noch ein größeres womöglich als dieses größte die Ungestraftheit des Unrecht-
tuns ist: welche Hilfe müßte dann ein Mensch sich selbst zu leisten
unfähig sein, um dadurch in Wahrheit zum Gespött zu werden?
Nicht diejenige, welche gerade den größten Schaden von uns ab-
wendet? Ganz notwendig doch muß es das Schmählichste sein,
gerade diese Hilfe sich selbst und seinen Freunden und Angehörigen nicht leisten zu können, nächstdem aber die gegen das zweite

c Übel und drittens die gegen das dritte; und so fort nach der eigentümlichen Größe eines jeden Übels ist es auch schön, gegen jedes
Hilfe leisten zu können, und schmählich, es nicht zu können. Verhält es sich anders, oder so, Kallikles?

KALLIKLES: Nicht anders.

57. Notwendigkeit eines Vermögens, das Unrecht zu meiden

SOKRATES: Unter den beiden nun, dem Unrechttun und Unrechtleiden, ist das größere Übel, sagen wir, das Unrechttun, das kleinere das Unrechtleiden. Was müßte sich nun jemand wohl verschaffen, um diese beiden Vorteile zu genießen, den, nicht Unrecht   d
zu tun, und den, nicht Unrecht zu leiden? Das Vermögen oder den
Willen? Ich meine nämlich so: Wenn einer nicht will Unrecht leiden, wird er schon deshalb wirklich nicht Unrecht leiden, oder
wird er nur dann, wenn er sich ein Vermögen erworben hat, nicht
Unrecht zu leiden, auch wirklich nicht Unrecht leiden?

KALLIKLES: Das ist ja wohl offenbar, wenn ein Vermögen.

SOKRATES: Und wie ist es mit dem Unrechttun? Ist es etwa hinreichend, wenn einer nur nicht Unrecht tun will; so daß er dann
auch nicht Unrecht tun wird; oder muß auch hierzu ein Vermögen   e
und eine Kunst erworben werden, weil, wenn einer diese nicht
lernt und übt, er doch Unrecht tun wird? Warum beantwortest du
mir nicht dieses wenigstens, Kallikles! Glaubst du, daß ich und
Polos durch eine wahre Notwendigkeit dahin gebracht worden
sind oder nicht, in unserm vorigen Gespräch dies einzugestehn,
was wir eingestanden, niemand täte mit Willen Unrecht, sondern
alle Unrechttuenden täten Unrecht wider Willen?

KALLIKLES: Auch das mag so sein, Sokrates, damit du deine   510a
Rede zu Ende bringst.

SOKRATES: Auch hierzu also, wie es scheint, muß ein Vermögen und eine Kunst erworben werden, um nicht Unrecht zu tun?

KALLIKLES: Ja doch.

SOKRATES: Welches ist nun die Kunst, durch welche man erreicht, daß man gar nicht oder so wenig als möglich Unrecht leidet? Sieh zu, ob du ebenso denkst wie ich. Ich denke nämlich so.
Entweder muß man selbst im Staate herrschen, sei es gesetzmäßig
oder gewalttätig, oder man muß der bestehenden Gewalt freund
sein.

KALLIKLES: Siehst du, Sokrates, wie bereit ich bin, dich zu loben, wenn du etwas Richtiges vorbringst? Dies scheinst du mir   b
sehr richtig gesagt zu haben.

58. Freundschaft mit der herrschenden Gewalt dazu dienlich?
SOKRATES: Erwäge dann auch dies, ob es dir gut gesagt scheint. Freund nämlich dünkt mich einem jeden derjenige am meisten zu sein, von dem es schon die Alten und Weisen sagen, der Ähnliche dem Ähnlichen. Meinst du nicht auch?

KALLIKLES: Auch ich.

SOKRATES: Wenn also ein roher und ungebildeter Mann irgendwo eigenmächtig herrscht, wird nicht ein solcher Tyrann, wenn es irgend in diesem Staate einen weit besseren Mann gibt, als
c er selbst ist, diesen fürchten und ihm nicht von ganzer Seele freund sein können?

KALLIKLES: So ist es.

SOKRATES: Ebensowenig aber auch, wenn einer weit schlechter wäre, dem auch nicht. Denn einen solchen würde der Tyrann verachten und ihm nicht solche Aufmerksamkeit wie einem Freunde beweisen können.

KALLIKLES: Auch das ist wahr.

SOKRATES: Es bleibt also nur der übrig als der rechte Freund für einen solchen, der ihm gleichgesinnt wäre, dasselbe lobend und tadelnd, und sich dennoch beherrschen lassen und dem Gewalthabenden unterworfen sein wollte. Dieser wird dann viel in solchem
d Staate vermögen, und niemand wird ihn ungestraft beleidigen. Steht es nicht so?

KALLIKLES: Ja.

SOKRATES: Wollte also in dieser Stadt einer von den jüngeren Leuten überlegen, auf welche Weise könnte ich wohl zu großer Macht gelangen, daß mich niemand beleidigte: so wäre dies, wie es scheint, der Weg für ihn, daß er sich gleich von Jugend an gewöhnte, dasselbe zu lieben und zu hassen wie sein Herr, und es darauf anlegte, diesem so ähnlich zu werden als möglich. Nicht so?

KALLIKLES: Ja.

SOKRATES: Also diesem wird das bewirkt sein in der Stadt, daß
e er nicht beleidigt werde und, wie ihr sprecht, viel vermöge?

KALLIKLES: Allerdings.

SOKRATES: Aber etwa auch dies, daß er selbst nicht Unrecht tue? Oder weit gefehlt, wenn er ja einem unrechten Gewalthaber ähnlich sein soll und bei diesem viel vermögen? Sondern, denke ich, im Gegenteil wird ja seine ganze Vorrichtung darauf gehn, daß er imstande sei, möglichst viel Unrecht zu tun und doch nicht bestraft zu werden. Nicht wahr?

KALLIKLES: Offenbar.

SOKRATES: Also das größte Übel wird er doch bei sich tragen, 511 a daß er sich nämlich um dieser Nachahmung seines Herrn und dieser Gewalt willen seine Seele zerrüttet und verstümmelt hat?

KALLIKLES: Ich weiß nicht, wie du jedesmal deine Reden windest und drehst, Sokrates, immer wieder das Unterste nach oben. Oder weißt du nicht, daß dieser Nachahmer jenen nicht Nachahmenden töten und ihm alles nehmen wird, was er hat?

SOKRATES: Das weiß ich, mein guter Kallikles, wenn ich etwa b nicht taub bin, da ich es ja von dir und Polos eben mehr als einmal gehört habe und auch sonst von fast allen in der Stadt. Aber höre du mich auch; er wird ihn freilich töten, wenn er will; aber er wird dies tun wie ein Böser an einem Guten und Rechtschaffenen.

KALLIKLES: Ist das nun nicht eben das Empörendste?

SOKRATES: Nicht für den Vernünftigen, wie unsere Rede andeutet. Oder soll der Mensch nur dafür sorgen, daß er die längstmögliche Zeit lebe, und sich nur der Künste befleißigen, die uns immer aus den Gefahren erretten, wie auch der Redekunst, deren c ich nach deinem Rate mich befleißigen soll, weil sie uns aushelfen kann vor Gericht?

KALLIKLES: Und gewiß, beim Zeus, sehr gut riet ich dir.

59. Bloße Rettung vorm Tod bedeutet nicht viel

SOKRATES: Wie doch, Bester? Hältst du auch die Kunst zu schwimmen für etwas sehr Großes und Vortreffliches?

KALLIKLES: Wahrlich, ich nicht.

SOKRATES: Aber doch rettet auch sie die Menschen vom Tode, wenn sie in solche Umstände geraten sind, wobei es dieser Kunst bedarf. Dünkt dich nun diese geringfügig, so will ich dir eine größere als sie nennen, die Kunst der Schiffahrt, welche nicht nur das d Leben, sondern auch Leib und Vermögen zugleich aus den äußersten Gefahren rettet, eben wie die Redekunst. Und diese hält sich doch sehr zurückgezogen und sittsam und macht gar nicht große Ansprüche in ihrem ganzen Betragen, als ob sie etwas Außerordentliches leistete. Sondern hat sie dasselbe geleistet, was die ge-

richtliche Verteidigung: so will sie doch, wenn sie einem aus Aigina glücklich hierher geholfen hat, glaube ich, zwei Obolen verdient haben, wenn aber aus Ägypten oder dem Pontos, wird sie
e für diese große Wohltat, nachdem sie einen mit Weib und Kind und Habe erhalten und in den Hafen gebracht hat, aufs höchste zwei Drachmen fordern, und er selbst, der diese Kunst besitzt und dies geleistet hat, steigt aus und geht am Ufer auf und ab neben seinem Schiffe gar bescheidenen Ansehns. Er weiß nämlich, so denke ich, zu berechnen, daß ihm unbewußt ist, welchen der Schiffsgesellschaft er wirklich Nutzen gestiftet hat, indem er sie nicht ertrinken ließ, und welchen vielleicht Schaden, da er ja weiß,
512a daß er sie um nichts besser ausgesetzt hat als sie eingestiegen waren, weder dem Leibe noch der Seele nach. Er berechnet also, daß doch unmöglich, wenn ein mit großen und unheilbaren Leibesübeln Bestrafter nicht ertrank, ein solcher zwar elend daran ist, daß er den Tod nicht gefunden hat, und diesem also gar kein Vorteil geschafft ist durch ihn, wenn aber einer mit großen und unheilbaren Übeln an der Seele, die soviel mehr als der Leib wert ist, behaftet ist, daß dem gut sein könne fortzuleben, und er ihm einen Nutzen verschafft habe, wenn er ihn, gleichviel ob aus der See oder vor Gericht oder wo nur sonst irgendher errettet habe; sondern er
b weiß, daß es für einen solchen elenden Menschen gar nicht besser ist zu leben, weil er eben schlecht leben muß.

60. *Streben nach Selbsterhaltung ist keine Tugend. Politischer Einfluß?*

Darum ist es auch nicht hergebracht, daß der Schiffer groß tut, ob er uns gleich beim Leben erhält. Und ebensowenig ja der Kriegsbaumeister, du Wunderlicher, der die Befestigungen besorgt, wiewohl er bisweilen kein geringerer Helfer ist als sogar der Heerführer, geschweige denn als der Schiffer und als sonst irgendeiner; denn er rettet ja wohl bisweilen ganze Städte. Meinst du nicht, der könnte sich ja wohl mit dem Sachwalter gleichstellen? Und freilich, Kallikles, wenn er reden wollte wie ihr und die Sache heraus-
c streichen, er würde euch ganz verschütten unter seinen Reden und Ermahnungen, daß ihr solltet Kriegsbaumeister werden, und daß alles andere nichts wäre. Zu sagen hätte er genug. Aber du achtest ihn dennoch gering samt seiner Kunst, ja ordentlich zum Schimpf

könntest du ihn den Kriegsbaumeister nennen und würdest weder seinem Sohn deine Tochter zur Ehe geben noch die seinige für deinen nehmen wollen. Und doch nach dem, weshalb du dein Geschäft lobst, mit welchem Rechte kannst du ihn und die übrigen, die ich erwähnt, gering achten? Ich weiß, du wirst sagen, du wärest ein Besserer und stammtest von Besseren her. Allein, wenn das Bessere nicht das sein soll, was ich so nenne, sondern eben dies die Tugend ist, nur sich selbst und das Seinige zu erhalten, wie einer auch sonst sein möge: so wird deine Verachtung lächerlich, gegen den Kriegsbaumeister und den Arzt und alle die andern Künste, welche der Erhaltung wegen ersonnen sind. Also, Bester, sieh zu, ob nicht das Edle und Gute etwas ganz anderes ist, als das Erhalten und Erhaltenwerden, und ob nicht ein Mann, der es wahrhaft ist, eben dieses, nur zu leben, so lange es irgend geht, muß dahingestellt sein lassen und keineswegs am Leben hängen, sondern, dieses Gott überlassend und mit den Weibern glaubend, daß doch keiner seinem Schicksal entgeht, nur auf das Nächste sehen, auf welche Weise er während der Zeit, die er nun zu leben hat, am besten leben möge, ob er sich wirklich soll der Regierung ähnlich machen, unter welcher er wohnt, und jetzt also auch du dem Volke der Athener sollst ähnlich zu werden suchen, so sehr als möglich, wenn du bei ihm willst beliebt sein und viel vermögen in der Stadt. Dies siehe zu, ob es dir wirklich nutzt und mir, damit es uns nicht gehe, wie man von den Thessalerinnen sagt, welche den Mond herunterholen, und auch wir mit dem Liebsten, was wir haben, uns dieses erwerben, viel zu vermögen im Staate. Glaubst du aber, irgendein Mensch könne dir eine solche Kunst mitteilen, welche dich vielvermögend machen kann in dieser Stadt, wenn du auch ihrer Verfassung unähnlich bist, gleichviel ob besser oder schlechter: so berätst du dich schlecht, o Kallikles, wie mich dünkt. Denn nicht einmal nur sein Nachahmer mußt du sein, sondern schon von Natur ihm ähnlich, wenn du etwas Ordentliches erlangen willst in der Freundschaft des athenischen Volks, und so auch wahrlich in der deines Jünglings. Wer dich also diesem recht ähnlich macht, der macht dich, wie du ein Staatsmann zu sein wünschst, zu einem solchen Staatsmann und Redner. Denn was nach seinem eignen Sinn gesprochen wird, daran freut sich ein jeder, was aber aus einem fremden, das ist ihm zuwider, wenn du nicht etwa anders meinst, edelster Freund. Haben wir etwas hiergegen zu sagen, Kallikles?

61. Besserung der Bürger Ziel des Staatsmanns

KALLIKLES: Ich weiß nicht, wie mir gewissermaßen gut vorkommt, was du sagst, Sokrates; es geht mir aber doch wie den
meisten, ich glaube dir nicht sonderlich.

SOKRATES: Jene zwiefache Liebe eben, die du in der Seele hast,
o Kallikles, zum Volk und zum Jüngling, steht mir entgegen; aber
d vielleicht, wenn wir öfter und besser dasselbe erwägen, wirst du
überzeugt werden. Erinnere dich also, daß wir sagten, es gäbe eine
zwiefache Vorrichtung, um jedes, den Leib und die Seele, zu behandeln, davon die eine nur um der Lust willen sich damit abgebe,
die andere mit Hinsicht auf das Beste nicht sich gefällig mache,
sondern durchsetze. War es das nicht, was wir voneinander unterschieden?

KALLIKLES: Allerdings.

SOKRATES: Und die eine, die es nur mit der Lust zu tun hat, war
unedel und nichts anderes ihrem Wesen nach als Schmeichelei.
Nicht wahr?

e   KALLIKLES: Es sei so, wenn du denn willst.

SOKRATES: Die andere aber, wenn wir nach Kräften das besser
zu machen suchen, was wir behandeln, sei es nun Leib oder Seele?

KALLIKLES: So war es.

SOKRATES: Sollen wir uns also auf diese Weise an die Stadt und
die Bürger wagen, daß wir sie behandeln, um sie, soviel möglich,
besser zu machen? Denn ohne dies, wie wir vorher fanden, ist es
unnütz, irgendeine andere Wohltat zu erweisen, wenn nicht die
514a Gesinnung derer gut und schön ist, welche entweder zu großem
Besitz gelangen sollen oder zur Herrschaft über andere oder zu
sonst irgendeinem Vermögen. Sagen wir, daß es sich so verhält?

KALLIKLES: Ja, wenn es dir lieber ist.

SOKRATES: Wenn wir nun, in die öffentlichen Geschäfte eingetreten, einander zuredeten, o Kallikles, uns unter den bürgerlichen
Angelegenheiten etwa mit dem Bauwesen zu befassen, mit den
Mauern, Schiffswerften oder den wichtigsten heiligen Gebäuden,
müßten wir uns dann nicht zuvor untersuchen und prüfen, zuerst
b ob wir wohl die Sache selbst verstehen oder nicht verstehen, die

Baukunst, und von wem wir sie gelernt haben? Müßten wir das oder nicht?

KALLIKLES: Freilich wohl.

SOKRATES: Und zweitens wohl auch dieses, ob wir schon je wenigstens zum häuslichen Gebrauch irgendein Gebäude aufgeführt haben für einen unserer Freunde oder für uns selbst, und ob dieses gut ist oder schlecht. Und wenn sich aus der Untersuchung ergibt, daß wir vortreffliche und berühmte Lehrer gehabt haben c und viele schöne Gebäude mit unsern Lehrern gemeinschaftlich aufgeführt, viele auch selbst allein, seitdem wir uns von den Lehrern getrennt: so ziemte es unter solchen Umständen vernünftigen Menschen, sich auch an die öffentlichen Werke zu wagen. Könnten wir aber keinen Lehrer aufzeigen und auch keine Gebäude oder viele zwar, aber nichts werte, dann wäre es doch gewiß unvernünftig, öffentliche Werke zu unternehmen und einander dazu d aufzumuntern. Wollen wir sagen, dies sei richtig gesprochen, oder nicht?

KALLIKLES: Freilich.

62. Erfordernis vorheriger Prüfung, ob man zum Bessermachen imstande ist

SOKRATES: Nicht auch ebenso mit allem übrigen, wenn wir uns zureden wollten, auch die öffentlichen Geschäfte der Ärzte zu übernehmen, als tüchtig in diesem Fach, würden wir uns nicht erst prüfen, ich dich und du mich, laß doch sehn, bei Gott, den Sokrates selbst, wie es steht mit seiner Gesundheit? Oder ob wohl schon jemand durch ihn von einer Krankheit ist befreit worden, sei es ein Knecht oder ein Freier? Und auf eben die Art würde auch ich dich prüfen, und fänden wir nicht, daß wir jemals jemanden gesünder gemacht hätten, weder Fremden noch Bürger, weder Mann noch e Weib, beim Zeus, Kallikles, wäre es nicht belachenswert, wenn dann Menschen noch so töricht sein könnten, ehe sie erst für sich allein, vieles zwar, wie es sich eben traf, vieles aber auch richtig und gut ausgeführt und die Kunst hinlänglich geübt hätten, gleich wie der Töpfer im Sprichwort beim Fasse anzufangen und sowohl sich selbst an die öffentlichen Geschäfte zu wagen, als auch andere eben solche dazu aufzumuntern? Dünkt es dich nicht unvernünftig, so zu handeln?

KALLIKLES: Mich wohl.

515 a   SOKRATES: Nun aber, bester Mann, da du selbst eben angefangen hast, Staatsgeschäfte zu betreiben, und mich ermahnst und
schiltst, daß ich sie nicht betreibe, wollen wir einander nicht prüfen, wohlan, hat Kallikles wohl schon einen Bürger besser gemacht? Ist einer, der zuvor schlecht war, ungerecht etwa, zügellos
und unvernünftig, durch den Kallikles gut und rechtlich geworden, Fremder oder Einheimischer, Knecht oder Freier? Sprich,
   b wenn dich jemand hierauf prüft, Kallikles, was wirst du sagen?
Wen wirst du behaupten besser gemacht zu haben durch deinen
Umgang? Bedenkst du dich zu antworten, wenn du doch ein solches Werk aufzuzeigen hast aus der Zeit, da du für dich lebtest,
ehe du dich ins öffentliche Leben wagtest?

KALLIKLES: Du willst immer recht behalten, Sokrates.

63. Prüfung des Perikles nach diesem Maßstab

SOKRATES: Keineswegs aus Rechthaberei frage ich, sondern in
Wahrheit, um zu erfahren, wie du denn meinst, daß der Staat bei
uns müsse verwaltet werden; ob du wohl auf etwas anderes deine
Sorgfalt zu wenden denkst, nun du dich der öffentlichen Angele-
   c genheiten annimmst, als darauf, daß wir Bürger immer besser
werden? Oder haben wir nicht schon oft eingestanden, daß dies
der öffentliche Mann bewirken müsse? Haben wir es eingestanden oder nicht? Antworte! Wir haben es eingestanden, will ich für
dich antworten. Wenn also dies der rechtliche Mann seiner Stadt
muß zu bewirken suchen: so besinne dich und sage mir noch einmal deine Meinung von jenen Männern, die du vorhin anführtest,
ob du noch glaubst, daß sie gute Staatsmänner gewesen sind, Pe-
   d rikles und Kimon und Miltiades und Themistokles?

KALLIKLES: Ich glaube es doch.

SOKRATES: Waren sie also gute Staatsmänner: so hat doch offenbar jeder die Bürger zu besseren gemacht aus schlechteren. Haben sie das getan oder nicht?

KALLIKLES: Sie haben es getan.

SOKRATES: Also da Perikles anfing, vor dem Volke zu reden,
waren die Athener schlechter, als da er zum letzten Male redete?

KALLIKLES: Vielleicht.

SOKRATES: Nicht doch vielleicht, Bester, sondern es folgt notwendig aus dem Eingestandenen, wenn anders jener ein guter Staatsmann war.

KALLIKLES: Und was weiter? e

SOKRATES: Nur dies sage mir noch, ob man wirklich der Meinung ist, die Athener wären durch den Perikles besser geworden, oder umgekehrt, sie wären verderbt worden durch ihn. Denn dazu, höre ich wenigstens immer, habe Perikles die Athener gemacht, zu einem faulen, feigen, geschwätzigen, geldgierigen Volk, indem er sie zuerst zu Söldlingen erniedrigt.

KALLIKLES: Das hörst du von denen mit den eingeschlagenen Ohren, o Sokrates.

SOKRATES: Aber dies doch höre ich nicht nur, sondern wir wissen es beide genau, ich und du, daß Perikles zuerst zwar in gutem Ruf stand und die Athener keine schimpfliche Klage gegen ihn erkannten, als sie noch schlechter waren, nachdem sie aber durch ihn gut und edel geworden, gegen das Ende seines Lebens, haben 516a sie auf Unterschleif gegen ihn erkannt und hätten ihn beinahe am Leben gestraft, offenbar doch als einen gefährlichen Mann.

64. Weder Perikles noch andere sind gute Staatsmänner

KALLIKLES: Nun? War etwa deshalb Perikles schlecht?

SOKRATES: Wenigstens ein solcher Aufseher über Esel, Pferde und Rinder würde für schlecht gehalten werden, der sie keineswegs so übernommen, daß sie schlugen, stießen und bissen, sie aber so hätte verwildern lassen, daß sie nun dieses alles tun. Oder dünkt dich nicht jeder solcher ein schlechter Aufseher über jede b Art von Lebewesen, der sie zahmer bekommt und sie wilder macht, als er sie bekommen hat. Dünkt es dich nicht?

KALLIKLES: Ja doch, damit ich dir nur den Willen tue.

SOKRATES: So tue mir auch noch den Willen, mir dies zu beantworten, ob der Mensch auch zu den Lebewesen gehört, oder nicht?

KALLIKLES: Wie sollte er nicht?

SOKRATES: Und Menschen regierte Perikles?

KALLIKLES: Ja.

SOKRATES: Wie also? Sollten sie nicht nach dem eben Festgesetzten gerechter unter ihm geworden sein aus Ungerechteren, wenn er sie doch als ein rechter Staatsmann regierte? c

KALLIKLES: Freilich.

SOKRATES: Nun aber sind die Gerechten zahm, wie Homeros sagt. Was sagst du aber? Nicht eben das?

KALLIKLES: Ja.

SOKRATES: Und doch hat er sie wilder gemacht, als er sie vorgefunden hatte, und zwar gegen ihn selbst, was er doch am wenigsten wollte.

KALLIKLES: Willst du, daß ich dir recht gebe?

SOKRATES: Wenn dich dünkt, daß ich recht habe?

KALLIKLES: So sei denn dieses so!

SOKRATES: Wenn also wilder, dann auch ungerechter und schlechter?

d KALLIKLES: Es sei.

SOKRATES: Also war Perikles kein guter Staatsmann nach dieser Rede.

KALLIKLES: Nein, behauptest du freilich.

SOKRATES: Beim Zeus, auch du, nach dem, was du mir zugegeben hast. Weiter auch wegen des Kimon sage mir doch, haben nicht eben die, deren Bestes er besorgte, ihn aus der Stadt verwiesen, um nur zehn Jahre lang seine Stimme gar nicht zu hören? Und haben sie nicht dem Themistokles dasselbe getan und ihn noch obendrein gänzlich verbannt? Den Miltiades aber, den Sieger bei

e Marathon, hatten sie schon beschlossen, in der Grube umkommen zu lassen, und wäre nicht der Prytane gewesen, so würde er auch hineingekommen sein. Und doch würde diesen, wären sie so vortrefflich gewesen, wie du behauptest, dergleichen nicht begegnet sein. Wenigstens einem guten Wagenführer geht es nicht so, daß er anfangs zwar nicht herunterfällt vom Wagen, wenn er aber seine Pferde erst eine Zeitlang behandelt hat und dadurch auch selbst ein besserer Wagenführer geworden ist, dann herabfällt. Dergleichen kommt nicht vor, weder beim Wagenführen noch bei irgendeinem andern Geschäft. Oder meinst du?

KALLIKLES: Nein freilich.

SOKRATES: So waren also, wie es scheint, unsere vorigen Reden

517a ganz richtig, daß wir keinen wissen, der ein tüchtiger Staatsmann gewesen wäre in dieser Stadt. Du aber räumtest zwar ein, es gebe keinen unter den jetzigen, unter den früheren aber meintest du doch, und hobst eben diese Männer heraus. Von diesen aber hat sich gezeigt, daß sie den jetzigen ganz gleich sind. So daß, wenn diese Redner waren, sie weder die wahre Redekunst verstanden haben, denn sonst würden sie nicht durchgefallen sein, noch auch die schmeichlerische.

65. Rückgriff auf die beiden Beschäftigungen mit dem Leib und mit der Seele

KALLIKLES: Aber es fehlt doch sehr viel, Sokrates, daß von den jetzigen einer solche Dinge ausrichtete, wie von jenen jeder, wer b du willst, ausgerichtet hat.

SOKRATES: O wunderlicher Kallikles, ich tadle ja auch diese Männer nicht, sofern sie Diener des Staats gewesen sind, vielmehr scheinen sie mir weit dienstbeflissener gewesen zu sein als die jetzigen und weit geschickter, dem Staate dasjenige zu verschaffen, wonach ihn gelüstete. Aber seine Gelüste umstimmen und ihnen nicht nachsehn, sondern durch Überredung und durch Gewalt ihn zu dem bewegen, wodurch die Bürger besser werden können, darin, daß ich es geradeheraus sage, waren diese nichts besser als c jene, und dies ist doch das einzige Geschäft des rechten und guten Staatsmannes. Allein Schiffe und Mauern und Werften zu schaffen und vielerlei dergleichen, darin gestehe auch ich dir gern, daß jene weit stärker gewesen sind als diese. Aber lächerlich machen wir uns, ich und du, in unsern Reden. Denn in der ganzen Zeit, seit wir miteinander sprechen, haben wir noch nicht aufgehört, immer auf dasselbe zurückzukommen und nicht zu wissen, was wir meinen. Ich nämlich denke, du hast oft genug zugestanden und eingesehen, daß es wirklich eine solche zwiefache Beschäftigung gibt, d um den Leib und um die Seele, deren die eine bloß eine dienstbare ist, daß einer imstande ist, wenn unsern Leib hungert, Speise herbeizuschaffen, wenn ihn durstet, Getränk, wenn er friert, Kleider, Decken, Schuhe und anderes, wozu sonst dem Leib Lust ankommt. Und wohlbedacht erläutere ich es dir durch dieselben Bilder, damit du es leichter begreifst. Wer nun dies zu verschaffen e weiß, als Krämer oder Kaufmann oder Verfertiger dieser Dinge, als Koch, Bäcker, Weber, Schuster, Gerber, kein Wunder, daß er sich selbst dünkt, der Versorger des Leibes zu sein, und auch den übrigen, jedem nämlich, der nicht weiß, daß es außer allen diesen eine Kunst gibt, die Heilkunst nämlich und die Turnkunst, welche

in Wahrheit die Versorgerin des Leibes ist und welcher auch gebührt, über alle jene Künste zu herrschen und sich ihrer Werke zu
bedienen, weil sie nämlich weiß, was das Zuträgliche ist und das
518a Verderbliche von Speisen und Getränk für die Vollkommenheit
des Leibes, die andern alle aber es nicht wissen. Daher auch jene
nur für knechtisch, dienstbar und unedel gelten in ihren Bemühungen um den Leib, diese aber, die Heilkunst und die Turnkunst, mit
Recht Herrinnen jener andern sind. Daß ich nun meine, daß dasselbe ebenso in Beziehung auf die Seele stattfinde, dünkst du mich
manchmal recht gut zu verstehen und gibst es zu, als wüßtest du,
was ich meine; bald darauf aber kommst du und behauptest, es
  b hätte doch gar tüchtige und treffliche Staatsmänner gegeben unter
uns, und als ich frage, welche denn, stellst du mir Menschen auf,
die sich zur Staatskunst vollkommen ebenso verhalten, als wenn
du mir auf die Frage wegen der Turnkunst, was für ausgezeichnete
Männer in Besorgung des Leibes wir wohl gehabt haben oder
noch haben, ganz ernsthaft antworten wolltest, Thearion der Bäk-
ker und Mithaikos, der die Sizilische Kochkunst geschrieben hat,
und Sarambos der Schenkwirt, diese wären vortreffliche Pfleger
  c des Leibes gewesen, denn der eine hätte wunderschönes Brot gelie-
fert, der andere Speisen, der dritte Wein.

66. Verurteilung der athenischen Politik
Vielleicht nun wärest du dann unwillig geworden, wenn ich dir
gesagt hätte, lieber Mensch, du verstehst nichts von der Leibes-
pflege, denn du nennst mir nur dienstbare Menschen, die für die
Begierden arbeiten und nichts Gutes und Schönes hiervon verstehen, die, wenn es sich so trifft, die Leiber der Menschen anfüllend
und aufschwemmend, wiewohl von ihnen gelobt, ihnen das alte
Fleisch auch noch verderben. Die Leute aber werden aus Unkunde
  d nicht diese, von denen sie so bewirtet wurden, beschuldigen, daß
sie Ursache an ihren Krankheiten wären und an dem Verlust ihrer
bisherigen Wohlbeleibtheit, sondern diejenigen, welche alsdann
gerade um sie sind und ihnen Rat geben, wenn nämlich die ehema-
lige Überfüllung ihnen lange hernach Krankheiten zuzieht, da sie
ihnen so ganz ohne alle Rücksicht auf die Gesundheit gewährt
wurde, diese werden sie beschuldigen und tadeln und ihnen Übles
zufügen, wenn sie es vermögen; jene früheren aber, die eigentlich

schuld an dem Übel sind, werden sie loben. Vollkommen ebenso
gehst auch du jetzt zu Werke, Kallikles, und lobpreist Menschen, e
welche jene auf solche Art bewirtet haben mit allem, wonach sie
nur gelüstete, vollauf, und von denen es nun heißt, sie hätten die
Stadt zu ihrer Größe erhoben; daß sie aber eigentlich nur aufge-
dunsen ist und innerlich anbrüchig durch das Verfahren jener
Alten, das merkt man nicht. Denn ohne auf Besonnenheit und 519a
Gerechtigkeit zu denken, haben sie nur mit ihren Häfen und Schiffswerften und Mauern und Zöllen und derlei Possen die Stadt angefüllt. Wenn nun der rechte Ausbruch der Krankheit erfolgen wird,
werden sie die derzeitigen Ratgeber anklagen, den Themistokles
aber, den Perikles und Kimon, die Urheber des Übels, werden sie
lobpreisen und sich dagegen vielleicht an dich halten, wenn du
dich nicht hütest, und an meinen Freund Alkibiades, wenn ihr ihnen mit dem Neuerworbenen auch noch das alte verliert, obwohl b
ihr doch gar nicht die Urheber des Übels seid, sondern vielleicht
nur Mitschuldige. Auch noch etwas ganz Unvernünftiges sehe ich
jetzt vorfallen und höre auch gleiches von den Alten. Wenn nämlich die Stadt einen von den öffentlichen Männern angreift als un-
rechttuend, dann höre ich sie murren und jammern, als müßten sie
Schreckliches erdulden; nachdem sie nämlich dem Staate so viele
Wohltaten erzeigt, würden sie nun von ihm ungerechterweise unglücklich gemacht, nach ihrer Rede. Das ist aber alles falsch. Denn
gar keinem Vorsteher eines Staates kann von eben diesem Staate, c
dem er vorsteht, irgend etwas Übles ungerechterweise widerfahren! Nämlich es ist wohl ganz dasselbe mit denen, welche sich für
Staatsmänner, wie mit denen, welche sich für Sophisten ausgeben.
Denn auch die Sophisten, wie weise sie übrigens sind, begehen
hierin Ungereimtes. Ungeachtet sie nämlich behaupten, Lehrer der
Tugend zu sein, beklagen sie sich doch oft über ihre Schüler, daß
diese ihnen Unrecht täten, indem sie ihnen Lohn vorenthielten und
sich sonst nicht dankbar gegen sie bewiesen, obwohl sie doch Gutes von ihnen empfangen haben. Und was kann wohl unvernünfti- d
ger sein als diese Rede, daß Menschen, die gut und gerecht geworden sind, denen die Ungerechtigkeit von ihren Lehrern ausgenommen und die Gerechtigkeit eingepflanzt worden, Unrecht tun sollten vermöge dessen, was sie gar nicht mehr haben? Dünkt dich das
nicht ungereimt, Freund? Ordentlich eine Rede zu halten hast du
mich gezwungen, Kallikles, weil du nicht antworten wolltest.

67. Unvernünftigkeit der Klage der Staatsmänner und Sophi-
sten über erlittenes Unrecht

KALLIKLES: Kannst du denn gar nicht reden, wenn dir nicht jemand antwortet?

e　　SOKRATES: Es scheint ja doch. Jetzt wenigstens habe ich ja
meine Reden ziemlich lang gestreckt, da du mir nicht antworten
willst. Aber, du Guter, sprich, so lieb du mich hast, dünkt es dich
nicht unvernünftig, wenn einer behauptet, er habe einen andern
gut gemacht, und doch eben diesem vorwirft, daß er, obgleich
durch ihn gut geworden und jetzt wirklich gut, dennoch auch
schlecht ist?

KALLIKLES: Das dünkt mich wohl so.

SOKRATES: Und hörst du nicht dieses eben diejenigen sagen,
welche sich rühmen, die Menschen zur Tugend zu bilden?

520a　　KALLIKLES: Freilich wohl. Aber was willst du auch nur sagen,
von Menschen, die gar nichts wert sind?

SOKRATES: Und was willst du nur von jenen sagen, welche behaupten, sie ständen dem Staate vor und sorgten dafür, daß er so
gut als möglich werde, und dann doch, wenn es sich trifft, ihn
wieder anklagen als wunder wie schlecht? Meinst du, daß diese
irgend besser sind als jene? Ganz dasselbe, o Bester, ist ein Sophist
wie ein Redner, oder ihm wenigstens sehr nahe und verwandt, wie
ich auch zum Polos sagte; du aber meinst aus Unkunde, die eine,

b　　die Redekunst, sei etwas gar Schönes, und die andere dagegen ver-
achtest du. Nach der Wahrheit aber ist die Sophistik noch um
soviel schöner als die Redekunst, wie die Gesetzgebung schöner ist
als die Rechtspflege und die Turnkunst schöner als die Heilkunst.
Und gerade den Volksmännern und den Sophisten, glaubte ich,
stehe es nicht zu, sich über das zu beklagen, was sie selbst unterrichten und bilden, als handle es schlecht gegen sie, oder sie müssen mit derselben Rede zugleich auch sich selbst anklagen, daß sie
denen nichts nutz gewesen sind, denen sie sich doch rühmen nützlich zu sein. Ist es nicht so?

c　　KALLIKLES: Freilich.

SOKRATES: Und gerade ihnen, wie sich zeigt, gebührte es, die
Dienste, welche sie leisten können, ohne Lohn zu erweisen, wenn
ich anders vorhin recht hatte. Denn wer in einer andern Sache
weiter gefördert ist von jemand, etwa wer schnellfüßiger gewor-

den ist durch den Turnmeister, der kann vielleicht mit dem Dank durchgehn, wenn der Turnmeister ihn freigestellt und nicht, über den Lohn mit ihm eins geworden, sobald er ihm die Schnelligkeit mitgeteilt, auch sein Geld an sich genommen hat. Denn die Langsamkeit ist nicht das, glaube ich, wodurch die Menschen unrecht tun, sondern die Ungerechtigkeit. Nicht wahr? d

KALLIKLES: Ja.

SOKRATES: Also wenn ihnen jemand eben dies abnimmt, die Ungerechtigkeit: so darf er ja gar nicht bange sein, daß ihm Unrecht getan werde; sondern der allein kann es wagen, seine Dienstleistung unbedingt hinzugeben, wer nur wirklich andere gut machen könnte. Nicht so?

KALLIKLES: Ich gebe es zu.

68. Schändlichkeit der Geldannahme für Bildung. Welche Staatskunst ist zu betreiben?

SOKRATES: Darum ist auch, wie es scheint, in andern Dingen seinen Rat für Geld zu erteilen, in Sachen der Baukunst etwa und andern Künsten, gar nichts Schändliches.

KALLIKLES: So scheint es. e

SOKRATES: In dieser Angelegenheit aber, auf welche Weise wohl jemand möglichst gut werden könnte und sein Hauswesen oder seinen Staat gut verwalten, darin wird es für schändlich angesehen, wenn jemand seinen Rat versagen wollte, sofern man ihm nicht Geld dafür gäbe. Nicht wahr?

KALLIKLES: Ja.

SOKRATES: Und offenbar ist doch dies die Ursache, daß unter allen Dienstleistungen diese allein dem Empfangenden das Verlangen erregt, wieder hilfreich zu sein. So daß dies ein ganz gutes Kennzeichen ist, wer diesen Dienst gut erwiesen hat, dem wird auch wieder gedient werden, wer aber nicht, dem nicht. Verhält sich dies wirklich so?

KALLIKLES: Ja. 521a

SOKRATES: Zu welcher von beiden Arten, den Staat zu behandeln, ermahnst du mich also, das bestimme mir. Zu der, welche es durchsetzen will, daß die Athener besser werden, wie es der Arzt macht; oder wie einer, der ihnen dienstbar sein muß und nur, wie es ihnen wohlgefällt, mit ihnen umgeht? Sage es mir aufrichtig,

Kallikles! Denn es gebührt dir, wie du dich freimütig gezeigt hast gegen mich von Anfang an, auch nun dabei zu beharren, daß du mir sagst, was du meinst. Rede also auch jetzt rein und dreist heraus.

KALLIKLES: So sage ich denn, du sollst ihnen dienstbar sein.

b   SOKRATES: Ein Schmeichler also zu werden, du edelster Mann, forderst du mich auf.

KALLIKLES: Wenn du lieber ein Mysier heißen willst, Sokrates. Denn wenn du dies einmal nicht tun willst –

SOKRATES: Sage nur nicht, was du schon so oft gesagt hast, daß mich alsdann töten wird, wer Lust hat, damit ich nicht auch wieder sage, ja, aber wie ein Schlechter einem Guten wird er mir das tun; auch nicht etwa, daß er mir nehmen wird, was ich habe, damit ich nicht wieder sage, ja, aber wenn er es genommen, wird er es nicht zu gebrauchen wissen, sondern wie er es ungerecht genom-

c   men hat, so wird er es auch ungerecht gebrauchen, und wenn ungerecht, auch schlecht, und wenn schlecht, auch zu seinem Schaden.

69. Sokrates allein der wahre Staatsmann und eben darum der Verurteilung ausgesetzt

KALLIKLES: Wie scheinst du mir doch, Sokrates, zu glauben, dir könne nichts dergleichen begegnen, als ob du weit aus dem Wege wohntest und nicht etwa könntest von dem ersten besten elenden und ganz schlechten Menschen vor Gericht gezogen werden.

SOKRATES: Dann wäre ich wohl ganz unvernünftig, Kallikles, wenn ich nicht glaubte, daß in dieser Stadt jedem jedes begegnen kann, wie es sich trifft. Aber das weiß ich auch, wenn ich vor Ge-

d   richt erscheinen muß und in solche Gefahr komme wie du sagst, so wird das ein schlechter Mensch sein, der mich vorgeladen hat – denn kein Guter würde einen unschuldigen Menschen belangen –, und es sollte mich gar nicht wundern, wenn ich sterben müßte. Soll ich dir sagen, weshalb ich das erwarte?

KALLIKLES: O ja.

SOKRATES: Ich glaube, daß ich, mit einigen wenigen anderen Athenern, damit ich nicht sage ganz allein, mich der wahren Staatskunst befleißige und die Staatssachen betreibe ganz allein

heutzutage. Da ich nun nicht ihnen zum Wohlgefallen rede, was
ich jedesmal rede, sondern für das Beste, gar nicht für das Angenehmste, und mich nicht befassen will mit den herrlichen Dingen,   e
die du mir anmutest: so werde ich nichts vorzubringen wissen vor
Gericht, und es wird mich dasselbe treffen, was ich zum Polos
sagte, ich werde nämlich gerichtet werden wie unter Kindern ein
Arzt, den der Koch verklagte. Denn bedenke nur, wie sich ein solcher Mensch auf solchen Dingen ertappt verteidigen wollte, wenn
ihn einer anklagte und spräche: Ihr Kinder, gar viel Übles hat dieser Mann euch zugefügt, und auch die jüngsten unter euch verdirbt er und ängstigt euch, daß ihr euch nicht zu helfen wißt, mit   522a
Schneiden und Brennen und Abmagern und Schwitzen und mit
den bittersten Getränken und läßt euch hungern und dursten; gar
nicht, wie ich euch immer mit so viel und vielerlei Süßigkeiten
bewirtete. Was, glaubst du, wird ein Arzt, wenn er in solcher Not
drinsteckt, wohl sagen können? Oder wenn er etwa die Wahrheit
sagte: Ihr Kinder, das alles tat ich zu eurer Gesundheit, was,
meinst du wohl, würden solche Richter für ein Geschrei erheben?
Nicht ein großes?

KALLIKLES: Fast sollte man es denken.

SOKRATES: Glaubst du also nicht, daß er in der größten Verlegenheit sein wird, was er wohl sagen soll?   b

KALLIKLES: Freilich.

70. *Wahrscheinliches Schicksal des Sokrates vor Gericht*
SOKRATES: Ebenso, weiß ich recht gut, würde es auch mir ergehen, wenn ich vor Gericht käme. Denn keine Lust, die ich ihnen
bereitet, werde ich ihnen anführen können, was sie doch allein als
Verdienst und Wohltat ansehn, ich aber beneide weder die, welche
sie ihnen verschaffen, noch die, denen sie verschafft werden. Und
wenn einer sagt, ich verderbe die Jugend, daß sie sich nicht zu
helfen wisse, oder ich schmähe die Alten durch bittere Reden über
ihr privates Leben und über ihr öffentliches: so werde ich weder
die Wahrheit sagen können, nämlich: Mit Recht sage und tue ich
das alles, nämlich als euer bestes, ihr Richter, noch sonst irgend   c
etwas anderes; so daß ich wahrscheinlich, was sich eben trifft,
werde leiden müssen.

KALLIKLES: Glaubst du nun wohl, daß es gut stehe um einen

Menschen, der sich in solcher Lage befindet im Staate und unvermögend ist, sich selbst zu helfen?

SOKRATES: Wenn es ihm nur daran nicht fehlt, was du oftmals zugegeben hast: wenn er sich nur dazu verholfen hat, nichts Und rechtes jemals gegen Menschen oder Götter zu reden und zu tun. Denn dies ist, wie wir oft einig geworden, die wichtigste Hilfe, die jeder sich selbst zu leisten hat. Wenn mich nun jemand überführen könnte, daß ich hierin unvermögend wäre, mir selbst und andern zu helfen, dann würde ich mich schämen, ich möchte dessen nun vor vielen oder vor wenigen überführt werden oder unter zweien; und wenn ich um dieses Unvermögens willen sterben müßte, das würde mich kränken. Wenn ich aber wegen Mangel an schmeichlerischer Redekunst sterben müßte: so würdest du sehn, das weiß
e ich gewiß, wie sehr leicht ich den Tod ertrüge. Denn das Sterben selbst fürchtet ja wohl niemand, wer nicht ganz und gar unverständig ist und unmännlich; das Unrechttun aber fürchtet man. Denn mit vielen Vergehungen die Seele angefüllt in die Unterwelt zu kommen ist unter allen Übeln das ärgste. Willst du, so will ich dir auseinandersetzen, daß sich dies wirklich so verhält.

KALLIKLES: Wohl, da du das andere beendigt hast: so füge auch noch dieses hinzu.

71. Einsetzung des gerechten Gerichts über die Toten durch Zeus

523a SOKRATES: So höre denn, wie sie zu sagen pflegen, eine gar schöne Rede, die du zwar für ein Märchen halten wirst, wie ich glaube, ich aber für Wahrheit. Denn als volle Wahrheit sage ich dir, was ich sagen werde.

Wie also Homeros erzählt, teilten Zeus, Poseidon und Pluton die Herrschaft, nachdem sie sie von ihrem Vater überkommen hatten. Nun war folgendes Gesetz wegen der Menschen unter dem Kronos schon immer, besteht aber auch noch jetzt bei den Göttern, daß, welcher Mensch sein Leben gerecht und fromm geführt
b hat, der gelangt nach seinem Tode zu den Inseln der Seligen und lebt dort sonder Übel in vollkommener Glückseligkeit; wer aber ungerecht und gottlos, der kommt in das zur Zucht und Strafe bestimmte Gefängnis, welches sie Tartaros nennen. Hierüber nun waren unter dem Kronos, und auch noch später, da schon Zeus

die Herrschaft hatte, Lebende der Lebenden Richter und saßen zu Gericht an dem Tage, da jemand sterben sollte. Schlecht wurden daher die Sachen abgeurteilt. Weshalb denn Pluton und die Vorsteher aus den Inseln der Seligen zum Zeus gingen und ihm sagten, wie beiderseits bei ihnen unwürdige Menschen ankämen. Da c sprach Zeus: Diesem will ich ein Ende machen. Denn jetzt freilich wird schlecht geurteilt, weil, sagte er, die zur Untersuchung Gezogenen verhüllt gerichtet werden; denn sie werden lebend gerichtet. Viele nun, sprach er, die eine schlechte Seele haben, sind eingehüllt in schöne Leiber und Verwandtschaften und Reichtümer, und wenn dann das Gericht ist, so stellen sich viele Zeugen ein, um ihnen Zeugnis zu geben, daß sie gerecht gelebt haben. Teils nun werden die Richter von diesen übertäubt, teils richten auch sie d selbst verhüllt, da ja ihre Seele ebenfalls hinter Augen, Ohren und dem ganzen Leibe versteckt ist. Dieses alles nun steht ihnen im Wege, ihre eigenen Verhüllungen und die der zu Richtenden. Zuerst also, sprach er, muß dieses aufhören, daß sie den Tod vorher wissen; denn jetzt wissen sie ihn vorher. Auch ist dies schon dem Prometheus angesagt, daß er es ändern soll. Ferner sollen sie gerichtet werden, entblößt von diesem allen. Wenn sie tot sind nämlich, soll man sie richten. Und auch der Richter soll entblößt sein, ein Toter, um mit der bloßen Seele die bloße Seele eines jeden anzuschauen, sogleich wenn jeder gestorben ist, entblößt von allen Verwandtschaften und nachdem sie allen jenen Schmuck auf der Erde zurückgelassen, damit das Gericht gerecht sei. Dies alles habe ich schon früher eingesehen als ihr und habe von meinen Söhnen zu Richtern ernannt zwei aus Asien, den Minos und Rhadamanthys, und einen aus Europa, den Aiakos. Diese also, sobald 524a sie nur werden gestorben sein, sollen Gericht halten auf der Wiese am Kreuzwege, wo die beiden Wege abgehn, der eine nach der Insel der Seligen, der andere nach dem Tartaros. Und zwar die aus Asien soll Rhadamanthys richten und die aus Europa Aiakos. Dem Minos aber will ich den Vorsitz übertragen, um die letzte Entscheidung zu tun, wenn jenen beiden etwas allzu bedenklich ist, damit das Urteil, welchen Weg die Menschen zu wandeln haben, vollkommen gerecht sei.

72. Zustand der Seele nach dem Tod

b Dies, o Kallikles, halte ich, wie ich es gehört habe, zuversichtlich
für wahr und erachte, daß daraus folgendes hervorgehe. Der Tod
ist, wie mich dünkt, nichts anderes als zweier Dinge Trennung
voneinander, der Seele und des Leibes. Nachdem sie nun voneinander getrennt sind, hat nichtsdestoweniger noch jedes von beiden
fast dieselbe Beschaffenheit, die es auch hatte, als noch der
Mensch lebte. Sowohl der Leib hat seine eigentümliche Natur und
alles, was er sich angeübt hat und was ihm zugestoßen ist, ganz
deutlich. Wie wenn jemand von Natur oder durch seine Lebens-
c weise oder durch beides einen großen Leib hatte, so ist auch sein
Leichnam noch groß, wenn er tot ist; war er fett, ist auch der
Leichnam fett, und alles andere ebenso; und mochte einer gern
langes Haar tragen, so ist auch der Leichnam langhaarig. Und wiederum, wenn einer ein Zuchthäusler war und bei seinen Lebzeiten
Spuren von Schlägen an seinem Leibe trug oder von Hieben und
andern Wunden, so wird man auch an dem Leichnam des Toten
dieses selbige finden können. Und hatte einer irgend zerbrochene
oder verrenkte Glieder im Leben, so zeigt sich dies auch bei dem
d Toten; mit einem Worte, wie der Leib beim Leben behandelt und
was ihm zugefügt wurde, das zeigt sich alles oder doch größtenteils auch nach dem Tode noch einige Zeit. Dasselbe nun dünkt
mich auch mit der Seele sich zu begeben, o Kallikles. Sichtbar ist
alles an der Seele, wenn sie vom Leibe entkleidet ist, sowohl was
ihr von Natur eignete als auch die Veränderungen, welche der
Mensch durch sein Bestreben um dies und jenes in der Seele bewirkt hat. Kommen sie nun vor den Richter, und zwar die aus
e Asien vor den Rhadamanthys: so stellt Rhadamanthys sie vor sich
hin und beschaut eines jeden Seele, ohne zu wissen, wessen sie ist,
sondern oft, wenn er den Großkönig vor sich hat oder andere Könige oder Fürsten, findet er nichts Gesundes an der Seele, sondern
durchgepeitscht findet er sie und voller Schwielen von Meineid
525a und Ungerechtigkeit und wie eben jedem seine Handlungsweise
sich in der Seele ausgeprägt hat, und findet alles verrenkt von Lügen und Hochmut und nichts Gerades daran, weil sie ohne Wahrheit aufgewachsen ist, sondern von aller Gewalttätigkeit und
Weichlichkeit, Übermut und Unmäßigkeit im Handeln zeigt sich
auch die Seele voll Mißverhältnis und Häßlichkeit. Hat er nun eine

solche erblickt: so schickt er sie ehrlos gerade ins Gefängnis, wo
sie, was ihr zukommt, erdulden wird.

73. Zwei Arten richtigen Strafens. Schicksal der ungerechten Mächtigen

Dies aber kommt jedem in Strafe Verfallenen zu, der von einem b
andern auf die rechte Art bestraft wird, daß er entweder selbst
besser wird und Vorteil davon hat oder daß er den Übrigen zum
Beispiel gereicht, damit andere, welche ihn leiden sehen, was er
leidet, aus Furcht besser werden. Es sind aber die, welchen selbst
zum Vorteil gereicht, daß sie von Göttern und Menschen gestraft
werden, diejenigen, welche sich durch heilbare Vergehungen ver-
gangen haben. Dennoch aber erlangen sie diesen Vorteil nur durch
Schmerz und Pein hier sowohl als in der Unterwelt, denn auf andere Weise ist nicht möglich, von der Ungerechtigkeit entledigt zu
werden. Welche aber das Äußerste gefrevelt haben und durch sol- c
che Frevel unheilbar geworden sind, aus diesen werden die Beispiele aufgestellt, und sie selbst haben davon keinen Nutzen mehr,
da sie unheilbar sind. Andern aber ist es nützlich, welche sehen,
wie diese um ihrer Vergehungen willen die ärgsten, schmerzhafte-
sten und furchtbarsten Übel erdulden auf ewige Zeit, offenbar als
Beispiele aufgestellt dort in der Unterwelt, im Gefängnis, allen
Frevlern, wie sie ankommen, zur Schau und zur Warnung. Von
diesen, behaupte ich, wird auch Archelaos einer sein, wenn Polos d
die Wahrheit sagt, und wer sonst noch ein solcher Gewalthaber
ist. Wie ich denn auch glaube, daß meistens diese Beispiele von den
Tyrannen genommen werden und den Königen und Fürsten und
denen, welche die öffentlichen Angelegenheiten verwaltet haben.
Denn eben diese begehen vermöge ihrer Macht die größten und
unheiligsten Verbrechen. Das bezeugt auch Homeros, denn Könige und Fürsten hat er in seinen Gedichten angeführt, als mit
immerwährenden Strafen in der Unterwelt belegt, den Tantalos e
und Sisyphos und Tityos. Vom Thersites aber und andern gerin-
gen Leuten, die auch böse waren, hat niemand gedichtet, daß er
mit schweren Strafen behaftet wäre, als ein Unheilbarer. Denn er
hatte nicht Macht genug, um ein solcher zu werden; deshalb war
er auch glücklicher als die, welche Macht dazu hatten. Sondern
unter den Mächtigen, o Kallikles, finden sich die Menschen, wel- 526a

che ausgezeichnet böse werden. Nichts hindert freilich, daß auch unter diesen rechtschaffene Männer sich finden, und gar sehr muß man sich ja freuen über die, welche es werden. Denn schwer ist es, o Kallikles, und vieles Lobes wert, bei großer Gewalt zum Unrechttun dennoch gerecht zu leben; und es gibt nur wenige solche. Gegeben aber hat es doch, hier sowohl als anderwärts, und wird auch, denke ich, noch künftig geben treffliche Männer in dieser Tugend, alles gerecht zu verwalten, was ihnen jemand anvertraut.

b Einer aber ist sogar vorzüglich berühmt, auch unter den andern Hellenen, Aristeides, der Sohn des Lysimachos.

74. Folgerungen für die Lebensführung. Zusammenfassung der Thesen des Sokrates

Die meisten aber unter den Mächtigen, o Bester, werden böse. Was ich also sagte, wenn jener Rhadamanthys einen solchen vor sich hat, so weiß er weiter gar nichts von ihm, nicht wer, noch aus welchem Geschlecht er ist, sondern nur, daß er ein Böser ist; und sowie er dies ersehen hat, schickt er ihn nach dem Tartaros, bezeichnet, je nachdem er ihn dünkt heilbar zu sein oder unheilbar, worauf dann jener bei seiner Ankunft das Gebührende leiden

c muß. Erblickt er aber bisweilen eine andere Seele, die heilig und in der Wahrheit gelebt hat, die eines zurückgezogen lebenden Mannes oder sonst eines, vornehmlich aber meine ich, o Kallikles, eines weisheitliebenden, der das Seinige getan und nicht vielerlei äußerlich betrieben hat: so freut er sich und sendet sie zu den Inseln der Seligen. Ebenso auch Aiakos. Und diese beiden richten mit einem Stab in der Hand. Nur Minos, die Aufsicht führend, sitzt allein,

d ein goldenes Zepter haltend, wie Odysseus beim Homeros sich rühmt, er habe ihn gesehn «mit goldenem Zepter geschmückt die Gestorbenen richtend». Ich meines Teils, Kallikles, habe mich durch diese Reden überzeugen lassen und trachte, wie ich mich mit möglichst gesunder Seele dem Richter darstellen will. Was also andern Menschen für Ehre gilt, lasse ich gern fahren und will der Wahrheit nachjagend versuchen, wirklich so sehr ich nur kann, als der Beste sowohl zu leben als auch, wenn ich dann ster-

e ben soll, zu sterben; ich ermuntere aber auch die übrigen Menschen alle dazu, soweit ich kann. Daher ich dann meinerseits auch dich ermuntere zu dieser Lebensweise und diesem Wettstreit, wel-

cher vor allem, was man hier so nennt, den Vorzug hat, und es dir
zum Schimpf vorrücke, daß du nicht vermögend sein wirst, dir
selbst zu helfen, wenn jenes Gericht und jenes Urteil dir bevorsteht, wovon ich jetzt eben gesprochen; sondern daß, wenn du vor
deinen Richter, den Sohn der Aigina, kommst und er dich vor-   527a
nimmt, du dort ebenso mit offnem Munde stehn und schwindeln
wirst, wie ich hier, und dort einer vielleicht dich sogar schmählich
ins Angesicht schlagen könnte und auf alle Weise beschimpfen.
Vielleicht nun dünkt dich dies ein Märchen zu sein, wie ein Mütterchen eins erzählen würde, und du achtest es nichts wert. Und es
wäre auch eben nichts Besonderes, dies zu verachten, wenn wir
nur irgendwie suchend etwas Besseres und Wahreres finden könnten. Nun aber siehst du ja, daß ihr drei, die Weisesten unter den
Hellenen heutzutage, nicht erweisen konntet, daß man auf eine   b
andere Weise leben müsse als auf diese, die sich auch dort noch als
zuträglich bewährt; sondern unter so vielen Reden, die alle widerlegt wurden, ist diese allein ruhig geblieben, daß man das Unrechttun mehr scheuen müsse als das Unrechtleiden, und daß ein Mann
vor allem andern danach streben müsse, nicht daß er scheine, gut
zu sein, sondern daß er es sei, in seinem besonderen Leben sowohl
als in dem öffentlichen. Wenn aber jemand schlecht wird in
irgendeiner Hinsicht, daß er dann muß gezüchtigt werden, und
daß dies das zweite Gut ist nächst dem Gerechtsein, es werden und
durch Bestrafung dem Recht Genüge leisten. Und daß man alle   c
Schmeichelei, sowohl gegen sich selbst als gegen andere, seien es
nun viele oder wenige, fliehen, und nur auf diese Art auch der
Redekunst sich bedienen müsse, immer für das Recht, und so auch
jedes andern Vermögens.

75. Schlußparänese

Gib also mir Gehör und folge mir dahin, wo angelangt du gewiß
glückselig sein wirst im Leben und im Tode, wie unsere Rede ver-
heißt, und laß dann immer einen dich verachten als unverständig
und dich beschimpfen, wenn er will, ja, beim Zeus, auch jenen
schimpflichen Schlag laß dir getrost zufügen, denn nichts Arges   d
wird dir daran begegnen, wenn du nur in der Tat edel und trefflich
bist und Tugend übst. Hernach erst, nachdem wir uns so gemeinschaftlich geübt, wollen wir, wenn es uns nötig dünkt, auch der

Staatsangelegenheiten uns annehmen, oder was es uns sonst gut
dünkt, wollen wir dann beschließen, wenn wir erst besser dazu
geschickt sind als jetzt. Denn schmählich ist es uns, so beschaffen,
wie jetzt offenbar geworden ist daß wir sind, noch groß zu prah-
len, als wären wir etwas, da wir doch nie einig sind mit uns selbst
e über dieselbe Sache, und zwar über die wichtigste; so ganz und gar
sind wir noch untauglich. Zum Führer also laß uns diese Rede
gebrauchen, welche uns jetzt klar geworden ist, welche uns an-
zeigt, daß dies die beste Lebensweise sei, in Übung der Gerechtigkeit und jeder andern Tugend leben und sterben. Dieser also wollen wir folgen und auch andere dazu aufrufen, nicht jener, welcher
du vertraust und mich dazu aufrufst; denn sie ist nichts wert,
o Kallikles.

MENON

A. Einleitung

B. Die Frage nach der Tugend

1. Frage des Menon nach der Lehrbarkeit der Tugend

MENON: Kannst du mir wohl sagen, Sokrates, ob die Tugend ge- 70a
lehrt werden kann? Oder ob nicht gelehrt, sondern geübt? Oder
ob sie weder angeübt noch angelernt werden kann, sondern von
Natur den Menschen einwohnt oder auf irgendeine andere Art?

SOKRATES: O Menon, vor diesem waren die Thessalier berühmt unter den Hellenen und wurden bewundert ihrer Reitkunst
wegen und ihres Reichtums, nun aber, wie mir scheint, auch der b
Weisheit wegen! Und nicht die letzten sind darin die Mitbürger
deines Freundes Aristippos des Larisäers. Daran nun ist euch Gorgias schuld. Denn als er in jene Stadt kam, gewann er zu Liebha-
bern, seiner Weisheit wegen, die ersten unter den Aleuaden sowohl, zu denen auch dein Liebhaber Aristippos gehört, als unter
den übrigen Thessaliern. Und so hat er euch auch diese Gewohnheit angewöhnt, daß ihr ohne Scheu und mit edler Zuversicht antwortet, wenn euch jemand etwas fragt, wie auch zu erwarten ist
von denen, welche wissen. Denn auch er selbst bot sich ja dar c
jedem Hellenen, was nur jeder wollte, ihn zu fragen, und nie ließ er
einen ohne Antwort. Hier aber, lieber Menon, steht es ganz entgegengesetzt; es ist ordentlich wie eine Dürre an Weisheit eingetreten, und sie scheint ganz aus unseren Gegenden fort zu euch gezogen zu sein, die Weisheit. Wenigstens wenn du hier jemand so 71a
fragen willst, wirst du nicht einen treffen, der nicht lachte und
sagte: O Fremdling, du scheinst mich ja für gar glückselig zu halten, daß ich von der Tugend doch wenigstens wissen soll, ob sie
lehrbar ist oder auf welche Art man sonst dazu gelangt; ich aber
bin so weit davon entfernt, zu wissen, ob sie lehrbar ist oder nicht
lehrbar, daß ich nicht einmal dieses, was die Tugend überhaupt
ist, ordentlich weiß.

2. Problem des Sokrates: Was ist die Tugend selbst?

b Auch mir selbst, Menon, geht es ebenso: ich teile die Armut in dieser Sache mit meinen Landsleuten und tadle mich genug darüber, daß ich gar nichts von der Tugend weiß. Wovon ich aber gar nicht weiß, was es ist, wie soll ich davon irgendeine besondere Beschaffenheit wissen? Oder dünkt dich das möglich, daß, wer den Menon gar nicht kennt, wer er ist, doch wissen kann, ob er schön ist oder reich oder auch vornehm, oder ob ganz das Gegenteil davon? Dünkt dich das möglich?

MENON: Nein freilich. Aber weißt du in der Tat nicht einmal,
c was die Tugend ist, Sokrates? Und soll ich das von dir auch zu Hause erzählen?

SOKRATES: Nicht nur das, Freund, sondern auch, daß mir auch noch kein anderer vorgekommen ist, der es gewußt hat, soviel mich dünkt.

MENON: Wie? Ist dir Gorgias gar nicht begegnet, als er hier war?

SOKRATES: O ja.

MENON: Nun, und es schien dir nicht, daß er es wisse?

SOKRATES: Ich habe kein sehr gutes Gedächtnis, Menon, so daß ich jetzt im Augenblick nicht zu sagen weiß, wie es mir damals schien. Allein, vielleicht weiß er es, und du, was er gesagt hat.
d Bringe mich also darauf, wie er sie erklärte; oder wenn du lieber willst, so sage es selbst. Denn du bist doch gewiß derselben Meinung wie er.

MENON: Das bin ich.

SOKRATES: So lassen wir jenen, da er ohnedies abwesend ist. Du selbst aber, Menon, um der Götter willen, was sagst du, daß die Tugend ist? Sprich, und enthalte es mir nicht vor, damit ich die glückseligste Lüge möge gelogen haben, wenn sich zeigt, daß du es weißt und Gorgias, ich aber gesagt habe, mir sei noch nie einer vorgekommen, der es wisse.

3. Erste Antwort des Menon: Aufzählung einer Reihe von Tugenden

e MENON: Das ist ja gar nicht schwer zu sagen, Sokrates. Zuerst, wenn du willst, die Tugend des Mannes: so ist es leicht zu sagen, daß dieses des Mannes Tugend ist, daß er vermöge, die Angelegen-

heiten des Staates zu verwalten und in seiner Verwaltung seinen
Freunden wohlzutun und seinen Feinden weh, sich selber aber zu
hüten, daß ihm nichts dergleichen begegne. Willst du die Tugend
des Weibes, so ist auch nicht schwer zu beschreiben, daß sie das
Hauswesen gut verwalten muß, alles im Hause gut im Stande haltend und dem Manne gehorchend. Eine andere wiederum ist die
Tugend eines Kindes, sowohl eines Knaben als eines Mädchens,
und eines Alten, sei er ein Freier, wenn du willst, oder ein Knecht. 72a
Und so gibt es noch gar viele andere Tugenden, so daß man nicht
in Verlegenheit sein kann, von der Tugend zu sagen, was sie ist.
Denn nach jeder Handlungsweise und jedem Alter hat für jedes
Geschäft jeder von uns seine Tugend, und ebenso auch, Sokrates,
glaube ich, seine Schlechtigkeit.

SOKRATES: Ganz besonders glücklich, o Menon, scheine ich es
getroffen zu haben, da ich nur eine Tugend suche und einen ganzen Schwarm von Tugenden finde, die sich bei dir niedergelassen.
Allein, Menon, um bei diesem Bilde von dem Schwarm zu bleiben,
wenn ich dich fragte nach der Natur einer Biene, was sie wohl ist, b
und du sagtest mir, es wären ihrer gar viele und mancherlei; was
würdest du mir antworten, wenn ich dich fragte: meinst du, insofern wären sie viele und vielerlei und voneinander unterschieden,
als sie Bienen sind? Oder sind sie hierin wohl nicht unterschieden,
sondern nur in etwas anderem, wie in Schönheit, Größe oder sonst
etwas dergleichen? Sage mir, was würdest du antworten auf diese
Frage?

MENON: Dieses, daß sie nicht verschieden sind, sofern sie Bienen sind, eine von der andern.

SOKRATES: Wenn ich nun hierauf weiter spräche: Sage mir c
denn eben dieses, worin sie nicht verschieden sind, sondern alle
einerlei, was doch dieses ist nach deiner Meinung: so würdest du
mir doch wohl etwas zu antworten wissen.

MENON: Das würde ich.

4. *Erläuterung der von Sokrates gesuchten wesentlichen Ein-
   heit der Tugend*

SOKRATES: So ist es nun auch mit den Tugenden, daß, wenn sie
auch viele und mancherlei sind, sie doch sämtlich eine und dieselbe gewisse Gestalt haben, um derentwillen sie eben Tugenden

sind, und eben hierauf wird derjenige hinzusehen haben, der in
seiner Antwort auf jene Frage richtig angeben will, was die Tu-
d gend eigentlich ist. Oder verstehst du nicht, was ich meine?

MENON: Ich glaube es zwar zu verstehen: aber doch habe ich
das, wonach gefragt ist, noch nicht so inne, wie ich wollte.

SOKRATES: Meinst du aber dieses etwa nur von der Tugend,
Menon, daß es eine andere gibt für den Mann und eine andere für
die Frau und so für die übrigen, oder auch von der Gesundheit und
von der Größe und Stärke ebenso? Dünkt dich eine andere Gesundheit die des Mannes zu sein und eine andere die der Frau?
Oder ist es überall derselbe Begriff, wenn es Gesundheit ist, mag
e sie in einem Manne sein oder in wem sonst immer?

MENON: Dieselbe dünkt mich wohl die Gesundheit des Mannes zu sein und die der Frau.

SOKRATES: Also auch wohl Größe und Stärke? Wenn eine Frau
stark ist, wird sie vermöge desselben Begriffs und derselben Stärke
stark sein. Dieses «derselben» meine ich aber so, daß es der Stärke
keinen Unterschied macht in dem Stärkesein, ob sie in einem
Manne ist oder in einer Frau. Oder scheint es dir einen Unterschied zu machen?

MENON: Mir nicht.

73a SOKRATES: Der Tugend aber soll es in dem Tugendsein einen
Unterschied machen, ob sie in einem Knaben ist oder in einem
Alten, in einem Manne oder in einer Frau?

MENON: Mir wenigstens schwebt irgendwie vor, daß dieses jenem übrigen nicht mehr ganz ähnlich ist.

SOKRATES: Wie doch? Sagtest du nicht, die Tugend des Mannes wäre, den Staat wohl zu verwalten, die der Frau aber, das
Hauswesen?

MENON: Ja.

SOKRATES: Ist es nun wohl möglich, Staat oder Hauswesen
oder was irgend sonst gut zu verwalten, wenn man es nicht besonnen und gerecht verwaltet?

MENON: Gewiß nicht.

b SOKRATES: Wenn sie es nun besonnen und gerecht verwalten:
so verwalten sie es doch mit Besonnenheit und Gerechtigkeit?

MENON: Notwendig.

SOKRATES: Desselben also bedürfen beide, wenn sie gut sein

sollen, das Weib und der Mann, der Gerechtigkeit nämlich und Besonnenheit?

MENON: Offenbar.

SOKRATES: Und wie? Ein Kind oder Greis, die zügellos wären und ungerecht, könnten die wohl gut sein?

MENON: Gewiß nicht.

SOKRATES: Wohl aber, wenn besonnen und gerecht?

MENON: Ja. c

SOKRATES: Alle Menschen also sind auf einerlei Art gut. Denn indem sie dasselbe an sich haben, werden sie gut.

MENON: So scheint es.

SOKRATES: Gewiß aber könnten sie, wenn ihre Tugend nicht eine und dieselbe wäre, nicht auf einerlei Art gut sein.

MENON: Nicht füglich.

5. Erster Definitionsversuch des Menon

SOKRATES: Da also die Tugend eine und dieselbe ist für alle: so versuche nun auszusprechen und mir in Erinnerung zu bringen, was doch Gorgias sagt, daß sie sei, und du mit ihm.

MENON: Was sonst, als daß man vermöge, über die Menschen zu herrschen, wenn du doch etwas suchst, was durch alle geht. d

SOKRATES: Das suche ich freilich. Aber ist eben dieses auch die Tugend eines Kindes, Menon, und eines Knechtes, daß er vermöge zu herrschen über seinen Herrn? Und dünkt sich noch ein Knecht zu sein, wer herrscht?

MENON: Das dünkt mich keineswegs, Sokrates.

SOKRATES: Es geht auch freilich nicht, Bester. Denn erwäge auch noch dieses. Du sagst, daß man vermöge zu herrschen. Sollen wir nicht hier gleich hinzusetzen, gerecht nämlich, ungerecht aber nicht?

MENON: Das glaube ich allerdings. Denn die Gerechtigkeit, o Sokrates, ist Tugend.

SOKRATES: Die Tugend, o Menon, oder eine Tugend? e

MENON: Wie meinst du das?

SOKRATES: Wie bei irgend etwas anderem. Zum Beispiel von der Rundung würde ich sagen, sie sei eine Gestalt, nicht so schlechthin die Gestalt. Deshalb nämlich würde ich so sagen, weil es auch noch andere Gestalten gibt.

MENON: Und ganz recht würdest du das sagen, denn auch ich nenne nicht die Gerechtigkeit allein Tugend, sondern auch noch viele andere.

74a　SOKRATES: Was für welche doch? Sprich. Wie auch ich dir andere Gestalten nennen könnte, wenn du es fordertest: so nenne auch du mir andere Tugenden.

MENON: Die Tapferkeit also dünkt mich Tugend zu sein, und die Besonnenheit, und die Weisheit, und die Großmut, und viele andere.

SOKRATES: Wiederum also ist uns dasselbe begegnet. Viele Tugenden nämlich haben wir gefunden, da wir nur eine suchen, nur auf eine andere Art als vorhin; die eine aber, die in allen diesen ist, können wir nicht finden.

6. Weitere Erklärung der sokratischen Frage am Beispiel von Gestalt und Farbe

MENON: Ich kann eben noch nicht, wie du, Sokrates, es suchst,
b　die eine Tugend in allen finden, so wie ich es bei den übrigen Dingen konnte.

SOKRATES: Ganz natürlich. Aber ich will einen Versuch machen, uns, wenn ich es vermag, weiter zu bringen. Denn du siehst doch ein, daß es sich so mit jedem verhält. Wenn dich jemand nach dem fragte, was ich eben anführte: «Was ist doch Gestalt, Menon?» und du ihm sagtest, das Runde, und er dann sagte, eben wie ich: «Ist das Runde die Gestalt oder eine Gestalt?» so würdest du wohl sagen, eine Gestalt?

MENON: Freilich.

c　SOKRATES: Nicht wahr, deswegen, weil es noch andere Gestalten gibt?

MENON: Ja.

SOKRATES: Und wenn er dich weiter fragte, was für welche: so würdest du sie nennen?

MENON: Das täte ich.

SOKRATES: Und wiederum, wenn er dich über die Farbe gleichermaßen befragte, was sie ist, und auf deine Antwort, das Weiße wäre Farbe, der Fragende dann erwiderte: «Ist das Weiße die Farbe oder eine Farbe?» so würdest du sagen, eine Farbe, weil es noch mehrere gibt?

MENON: Das würde ich sagen.

SOKRATES: Und wenn er dich hieße, andere Farben nennen: so würdest du ihm andere nennen, die nicht weniger Farben sind als das Weiße. d

MENON: Ja.

SOKRATES: Wenn er nun, wie ich, die Rede herumnähme und sagte: «Immer kommen wir auf vieles; aber nicht also, sondern da du doch dieses Viele insgesamt mit einem Namen benennst und behauptest, jedes davon sei Gestalt, und zwar ungeachtet sie einander entgegengesetzt sind: was ist doch dieses, was das Runde nicht minder unter sich begreift als das Gerade, was du eben Gestalt nennst, und behauptest, das Runde sei nicht minder Gestalt als das Gerade?» Oder meinst du es etwa nicht so? e

MENON: Freilich so.

SOKRATES: Wenn du nun so sagst, meinst du dann etwa, das Runde sei nicht mehr rund als gerade, und das Gerade nicht mehr gerade als rund?

MENON: Keineswegs, Sokrates.

SOKRATES: Aber Gestalt, sagst du, sei das Runde nicht mehr als das Gerade, und das eine nicht mehr als das andere.

MENON: Richtig.

7. Erste sokratische Definition der Gestalt: Was die Farbe begleitet

SOKRATES: Was ist nun also das, dem du diesen Namen Gestalt beilegst? Versuche es zu beschreiben. Wenn du nun dem, der so fragte, sei es nun über die Gestalt oder über die Farbe, sagtest: 75a «Ich verstehe gar nicht einmal, was du willst, lieber Mensch, noch weiß ich, was du meinst»: so würde er sich vielleicht wundern und sagen: «Verstehst du nicht, daß ich das suche, was in allen diesen dasselbe ist?» Oder wüßtest du es auch hierin nicht anzugeben, wenn dich jemand fragte, was doch im Runden und Geraden und dem übrigen, was du Gestalt nennst, in allem dasselbe ist? Versuche es anzugeben, damit du daran auch eine Übung hast für die Antwort über die Tugend.

MENON: Nein, sondern gib du es an, Sokrates. b

SOKRATES: Soll ich es dir zu Gefallen tun?

MENON: Freilich.

SOKRATES: Wirst du mir dann auch das von der Tugend sagen wollen?

MENON: Allerdings.

SOKRATES: So will ich mich daran geben; denn es lohnt.

MENON: Allerdings.

SOKRATES: Wohlan denn, ich will versuchen, dir zu sagen, was Gestalt ist. Sieh also zu, ob du annimmst, sie sei dieses. Dasjenige nämlich soll uns Gestalt sein, was allein unter allen Dingen überall die Farbe begleitet. Genügt es dir, oder begehrst du es noch anders? Denn ich meines Teils wollte mich schon begnügen, wenn du
c mir auch nur so die Tugend erklärtest.

MENON: Allein dies ist doch sehr einfältig, o Sokrates.

SOKRATES: Wie meinst du?

MENON: Daß nach deiner Erklärung dasjenige Gestalt sein soll, was überall der Farbe folgt, mag sein: Wenn nun aber einer leugnete zu wissen, was Farbe ist, sondern darüber ebenso im ungewissen wäre wie über die Gestalt, was meinst du dann geantwortet zu haben?

8. Zweite sokratische Definition der Gestalt: Die Grenze des Körpers

SOKRATES: Doch das Rechte, meine ich. Und wäre der Fragende einer von jenen Weisen, Streitkünstlern und Wortfechtern: so
d würde ich ihm sagen: «Ich habe nun gesprochen, und wenn ich nicht richtig erklärt habe, so ist es nun deine Sache, das Wort zu nehmen und mich zu widerlegen.» Wäre es aber, daß wir, wie du und ich jetzt, als Freunde miteinander uns zur Belehrung unterhalten wollten, so müßte ich dann freilich sanfter und kunstmäßiger antworten. Dies Kunstmäßigere mag aber wohl sein, daß man nicht nur das Rechte antworte, sondern auch nur durch solche Merkmale, welche der Fragende ebenfalls zu verstehen zugibt.
e Auf diese Art nun will ich auch versuchen, es dir zu erklären. Sage mir also, nennst du etwas Ende? Ich meine damit etwas wie eine Grenze und ein Letztes – alles dergleichen nehme ich hier für einerlei. Vielleicht nun würde Prodikos uns zuwider sein: du aber nennst doch auch etwas begrenzt sein und ein Ende haben? Nur dieses meine ich und keine krausen Unterschiede weiter.

MENON: O ja, ich nenne etwas so, und glaube zu verstehen, was du meinst.

SOKRATES: Auch Fläche nennst du etwas, und etwas anderes 76 a
wiederum Körper, eben wie die in der Meßkunst?

MENON: Ja, auch das.

SOKRATES: Hieraus wirst du vielleicht schon verstehen, was ich
meine unter der Gestalt. Denn in allen Gestalten sage ich, daß, was
den Körper begrenzt, eigentlich die Gestalt ist: so daß ich im allgemeinen sagen möchte, die Gestalt sei die Grenze des Körpers.

9. Sokratische Definition der Farbe nach Gorgias

MENON: Und was nennst du Farbe, Sokrates?

SOKRATES: Du bist übermütig, Menon! Einem alten Mann
legst du schwierige Sachen auf zu beantworten, du selbst aber
willst dir nicht zurückrufen und mitteilen, was Gorgias sagt, daß b
die Tugend sei.

MENON: Aber wenn du mir dies erklärt haben wirst, Sokrates,
will ich es dir auch gewiß sagen.

SOKRATES: Auch verhüllt, o Menon, kann jeder, sobald du nur
sprichst, merken, daß du schön bist und daß du noch Liebhaber
hast.

MENON: Wieso?

SOKRATES: Weil du immer nur befiehlst im Gespräch, wie jene
Verwöhnten es machen, die ja immer herrisch sind, solange die
Jugend währt. Und vielleicht hast du es auch mir schon abge- c
merkt, daß ich den Schönen nicht gewachsen bin. Ich will dir also
den Willen tun und antworten.

MENON: Allerdings tue mir den Willen.

SOKRATES: Ist es dir also genehm, daß ich dir nach des Gorgias
Weise antworte, der du doch am besten folgen wirst?

MENON: Allerdings ist mir das genehm. Wie anders?

SOKRATES: Nicht wahr, ihr nehmt nach Empedokles gewisse
Ausflüsse an aus allem, was ist?

MENON: Ganz recht.

SOKRATES: Und Gänge, in welche und durch welche die Ausflüsse gehen?

MENON: Allerdings.

SOKRATES: Und daß von den Ausflüssen einige einigen Gängen
angemessen sind, andere aber für dieselben zu groß oder zu klein? d

MENON: So ist es.

SOKRATES: Nun nennst du doch etwas Gesicht?

MENON: Allerdings.

SOKRATES: Hieraus nun «vernimm, was ich meine», sagt Pindaros. Nämlich Farbe ist der dem Gesicht angemessene und wahrnehmbare Ausfluß aus den Gestalten.

MENON: Ganz vortrefflich, Sokrates, dünkst du mich diese Antwort abgefaßt zu haben.

SOKRATES: Vielleicht ist sie nach einer dir gewohnten Weise abgefaßt. Und überdies, glaube ich, merkst du, daß du aus ihr

e zugleich erklären könntest, was der Schall ist und der Geruch und viel anderes dieser Art.

MENON: Allerdings.

SOKRATES: Es ist nämlich eine gar prächtige Antwort, Menon, darum gefällt sie dir besser als die von der Gestalt.

MENON: Mir wenigstens.

SOKRATES: Aber nicht sie, o Sohn des Alexidemos, wie ich meinesteils mich überzeuge, sondern jene ist die bessere. Und auch du, glaube ich, würdest sie nicht dafür halten, wenn du nicht, wie du gestern sagtest, genötigt wärest, vor den Weihungen fortzugehen, sondern hier bleiben könntest, um dich einweihen zu lassen.

77a MENON: Gern bliebe ich, Sokrates, wenn du mir viel dergleichen sagen wolltest.

10. Zweite Definition des Menon: Tugend ist Streben nach dem Guten

SOKRATES: Am guten Willen wollte ich es nicht fehlen lassen, sowohl deinetwegen als meinetwegen, dir dergleichen zu sagen; wenn ich nur nicht unvermögend sein werde, viel dergleichen zu sagen. Allein nun komm und versuche auch du, mir dein Versprechen zu erfüllen und im allgemeinen zu erklären, was die Tugend ist; und höre auf, vieles aus einem zu machen, wie man im Scherz zu denen sagt, die etwas zerstoßen; sondern gesund laß sie und

b ganz, und so sage, was die Tugend ist. Die Beispiele dazu hast du ja von mir erhalten.

MENON: So dünkt mich denn, o Sokrates, Tugend zu sein, wie der Dichter sagt, «sich erfreuen am Schönen und es vermögen». Und dies nenne ich Tugend, daß man, dem Schönen nachstrebend, es herbeizuschaffen vermöge.

SOKRATES: Meinst du mit dem, der dem Schönen nachstrebt, einen Streber nach Gutem?

MENON: Ganz eigentlich.

SOKRATES: Etwa als gäbe es einige, die das Böse begehren, und andere, die das Gute? Und scheinen dir, Bester, nicht alle das Gute c zu begehren?

MENON: Nein, mir nicht.

SOKRATES: Sondern einige das Böse?

MENON: Ja.

SOKRATES: In der Meinung, daß es gut sei, willst du sagen, oder sogar wissend, daß es böse ist, begehren sie es doch?

MENON: Beides, dünkt mich.

SOKRATES: Glaubst du denn also, Menon, daß jemand, das Böse kennend, daß es böse ist, es dennoch begehrt?

MENON: Allerdings.

SOKRATES: Und was, meinst du, begehre er? Daß es ihm werde?

MENON: Daß es ihm werde. Denn was sonst?

SOKRATES: Etwa glaubend, daß das Böse dem nützt, dem es d zuteil wird? Oder das Böse kennend, daß es dem schadet, dem es beiwohnt?

MENON: Einige wohl, indem sie glauben, das Böse nütze, andere auch, indem sie es kennen, daß es schadet.

SOKRATES: Und dünkt dich denn, daß diejenigen das Böse erkennen, daß es böse ist, welche glauben, das Böse nütze?

MENON: Das dünkt mich wohl nicht recht.

SOKRATES: Offenbar also begehren jene, welche es nicht erkennen, schon nicht mehr das Böse; sondern das vielmehr, was sie für e gut halten, es ist aber eben böse, so daß die, welche das Böse nicht erkennen, sondern glauben, es sei Gutes, offenbar das Gute begehren. Oder nicht?

MENON: Diese scheinen ja wohl.

SOKRATES: Und wie, die das Böse begehren, und doch dafür halten, wie du behauptest, daß das Böse dem schade, dem es zuteil wird, die erkennen ja doch, daß sie Schaden davon haben werden?

MENON: Notwendig.

SOKRATES: Und diese glauben nicht, daß die Geschädigten 78a elend sind, sofern sie geschädigt werden?

MENON: Auch das ist notwendig.

SOKRATES: Und nicht, daß die Elenden unselig sind?

MENON: Ich glaube wohl.

SOKRATES: Gibt es nun wohl irgendeinen, der elend sein will und unselig?

MENON: Nein, dünkt mich, Sokrates.

SOKRATES: Also, o Menon, will auch niemand das Böse, wenn er doch nicht ein solcher sein will. Denn was hieße wohl anders elend sein, als dem Bösen nachstreben und es erlangen?

b   MENON: Du scheinst recht zu haben, Sokrates, und niemand will das Böse.

11. Verbesserung der Definition: Tugend ist das Vermögen, das Gute herbeizuführen

SOKRATES: Sagtest du nun nicht eben, die Tugend wäre: das Gute wollen und es vermögen?

MENON: Das sagte ich.

SOKRATES: Ist nun dieses gesagt: so kommt das Wollen allen zu; und insofern ist keiner besser als der andere.

MENON: So scheint es.

SOKRATES: Sondern offenbar, wenn einer besser ist als der andere, so wäre er in Bezug auf das Können vorzüglicher.

MENON: Allerdings.

SOKRATES: Dies also ist, wie es scheint, nach deiner Rede die
c   Tugend, das Vermögen, das Gute herbeizuschaffen.

MENON: Auf alle Weise, Sokrates, dünkt mich, daß es sich so damit verhalte, wie du es eben vorstellst.

SOKRATES: Laß uns also auch dieses in Augenschein nehmen, ob du recht hast, denn vielleicht magst du recht haben. Daß man vermag, das Gute herbeizuschaffen, dies, sagst du, ist Tugend.

MENON: Das sage ich.

SOKRATES: Nennst du aber nicht Gutes so etwas wie Gesundheit und Reichtum? Ich meine auch, Gold und Silber besitzen, und Ansehen und Ämter im Staate. Nennst du etwa andere Dinge Gutes als dergleichen?

d   MENON: Nein, sondern alles dergleichen meine ich.

SOKRATES: Wohl! Gold also und Silber herbeischaffen ist Tugend, wie Menon behauptet, der angestammte Gastfreund des

Großkönigs! Setzt du nun zu diesem Verfahren etwa noch hinzu, auf gerechte und fromme Weise, oder macht dir dies keinen Unterschied, sondern auch, wenn es jemand ungerechterweise herbeischafft, nennst du das doch nicht minder Tugend?

MENON: Mitnichten, Sokrates.

SOKRATES: Sondern Schlechtigkeit?

MENON: Auf alle Weise.

SOKRATES: Es muß also, wie es scheint, bei diesem Erwerb Gerechtigkeit oder Besonnenheit oder Frömmigkeit dabei sein oder ein anderer Teil der Tugend; wo nicht, so wird er nicht Tugend e sein, obschon Gutes herbeischaffend.

MENON: Wie könnte er auch wohl ohne dies Tugend sein!

SOKRATES: Aber Gold und Silber nicht herbeischaffen, wenn es nicht gerecht wäre, weder für sich selbst noch für einen andern, wäre nicht auch dieser Nichterwerb und Mangel Tugend?

MENONS: Offenbar wohl.

SOKRATES: Der Erwerb solcher Güter also wäre um nichts mehr Tugend als ihr Nichterwerb auch; sondern, wie es scheint, was nur mit Gerechtigkeit geschieht, wird Tugend sein, was aber ohne alles dergleichen, das Schlechtigkeit. 79a

MENON: Es dünkt mich notwendig zu sein, so wie du sagst.

12. Unmöglichkeit, die ganze Tugend durch ihre Teile zu erklären

SOKRATES: Behaupteten wir nun nicht vor kurzem, jedes von diesen sei ein Teil der Tugend, die Gerechtigkeit und die Besonnenheit und alles dieses?

MENON: Ja.

SOKRATES: Also, o Menon, scherzt du mit mir?

MENON: Wieso, Sokrates?

SOKRATES: Weil, obwohl ich dich gerade eben gebeten, mir die Tugend weder zu zerbrechen noch zu zerkrümeln, und die Beispiele gegeben habe, wie du antworten solltest, du unbekümmert um dies alles mir sagst, das sei Tugend, wenn man vermöge, Gutes herbeizuschaffen mit Gerechtigkeit, welche, wie du selbst behaup- b test, ein Teil der Tugend ist.

MENON: Das behaupte ich.

SOKRATES: Also folgt ja aus dem, was du eingestehst, alles, was man tut, mit einem Teile der Tugend zu tun, das sei Tugend. Denn die Gerechtigkeit, sagst du, sei ein Teil der Tugend, und so jede von diesen.

Warum nun sage ich dies? Weil, obgleich ich dich gebeten, mir die ganze Tugend zu erklären, du weit entfernt bist, mir zu sagen, was sie ist, sondern nur sagst, jede Handlung sei Tugend, wenn sie

c mit einem Teile der Tugend verrichtet wird; als hättest du schon erklärt, was die Tugend ist im ganzen, und als würde ich sie nun schon erkennen, wenn du sie auch nach ihren Teilen zerstückelst. Also bedarf es, wie mich dünkt, noch einmal von Anfang an derselben Frage, o Menon, was ist denn die Tugend, wenn jede Handlung, in der sich ein Teil der Tugend findet, Tugend sein soll? Denn das sagt derjenige, welcher sagt, daß jede Handlung mit Gerechtigkeit Tugend ist. Oder dünkt dich nicht, daß es nochmals derselben Frage bedarf, sondern glaubst du, einer kenne einen Teil der Tugend, was er ist, der nicht weiß, was sie selbst ist?

MENON: Das denke ich wohl nicht.

d SOKRATES: Denn wenn du dich nur erinnern willst, als ich dir vorher antwortete wegen der Gestalt, verwarfen wir eine solche Antwort, welche durch noch zu Suchendes und noch nicht Eingestandenes antworten wollte.

MENON: Und mit Recht gewiß verwarfen wir sie, o Sokrates.

SOKRATES: Also meine auch du nicht, Bester, solange noch die ganze Tugend, was sie ist, gesucht wird, wenn du ihre Teile in die Antwort hineinbringst, sie dadurch irgend jemandem deutlich machen zu können, noch auch sonst irgend etwas, wenn du es auf

e eben die Weise wie dieses erklärst; sondern es wird immer die alte Frage zurückkehren, was denn die Tugend ist, von der du jenes sagst, was du sagst. Oder dünkt dich dies nichts gesagt?

MENON: Mich dünkt es allerdings richtig gesagt.

13. Sokrates als verwirrender Zitterrochen

SOKRATES: Antworte also nochmals von vorne, was du sagst, daß die Tugend sei, du und dein Freund!

MENON: O Sokrates, ich habe schon gehört, ehe ich noch mit

80a dir zusammengekommen bin, daß du allemal nichts als selbst in Verwirrung bist und auch andere in Verwirrung bringst. Auch jetzt kommt mir vor, daß du mich bezauberst und mir etwas an-

tust und mich offenbar besprichst, daß ich voll Verwirrung geworden bin, und du dünkst mich vollkommen, wenn ich auch etwas
scherzen darf, in der Gestalt und auch sonst, jenem breiten See-
fisch, dem Zitterrochen, zu gleichen. Denn auch dieser macht jeden, der ihm nahekommt und ihn berührt, erstarren. Und so,
dünkt mich, hast auch du mir jetzt etwas Ähnliches angetan, daß
ich erstarre. Denn in der Tat, an Seele und Leib bin ich erstarrt und
weiß dir nichts zu antworten; wiewohl ich schon tausendmal über b
die Tugend gar vielerlei Reden gehalten habe vor vielen, und sehr
gut, wie mich dünkt. Jetzt aber weiß ich nicht einmal, was sie überhaupt ist, zu sagen. Daher dünkt es mich weislich gehandelt, daß
du von hier nicht fortreist, weder zur See noch sonst. Denn wenn
du anderwärts dergleichen als Fremder tätest: So würde man dich
vielleicht als einen Zauberer abführen.

SOKRATES: Schlau bist du, Menon, und hättest mich beinahe
überlistet.

MENON: Wieso, Sokrates?

SOKRATES: Ich weiß wohl, weshalb du mich so abgebildet hast. c

MENON: Weshalb meinst du denn?

SOKRATES: Damit ich dich wieder abbilden möchte. Ich weiß
das von allen Schönen, daß sie gern mögen abgebildet werden.
Denn es gereicht ihnen zum Ruhme, weil auch die Bilder der Schönen, meine ich, schön sind. Aber ich werde dich nicht wieder abbilden. Ist nun dein Zitterrochen selbst auch erstarrt, wenn er andere erstarren macht, dann gleiche ich ihm; wenn aber nicht, dann
nicht. Denn keineswegs bin ich etwa selbst in Ordnung, wenn ich
die andern in Verwirrung bringe; sondern auf alle Weise bin ich
selbst auch in Verwirrung und ziehe nur so die andern mit hinein. d
So auch jetzt, was die Tugend ist, weiß ich keineswegs; du aber
hast es vielleicht vorher gewußt, ehe du mich berührtest, jetzt indes bist du einem Nichtwissenden ganz ähnlich. Dennoch will ich
mit dir erwägen und untersuchen, was sie wohl ist.

14. *Einwand des Menon: Kann man suchen, was man nicht
kennt?*

MENON: Und auf welche Weise willst du denn dasjenige suchen, Sokrates, wovon du überhaupt gar nicht weißt, was es ist?
Denn als welches Besondere von allem, was du nicht weißt, willst

du es dir denn vorlegen und so suchen? Oder wenn du es auch noch so gut träfest, wie willst du denn erkennen, daß es dieses ist, was du nicht wußtest?

e   SOKRATES: Ich verstehe, was du sagen willst, Menon! Siehst du, was für einen streitsüchtigen Satz du uns herbringst? Daß nämlich ein Mensch unmöglich suchen kann, weder was er weiß, noch was er nicht weiß. Nämlich weder was er weiß, kann er suchen, denn er weiß es ja, und es bedarf dafür keines Suchens weiter; noch was er nicht weiß, denn er weiß ja dann auch nicht, was er suchen soll.

81 a   MENON: Scheint dir das nicht ein schöner Satz zu sein, Sokrates?

SOKRATES: Mir gar nicht.

MENON: Kannst du sagen, weshalb?

SOKRATES: O ja! Denn ich habe es von Männern und Frauen, die in göttlichen Dingen gar weise waren.

MENON: Was sagten denn diese?

SOKRATES: Etwas sehr Wahres, meines Erachtens, und Schönes.

MENON: Aber was? Und wer waren die, die es sagten?

SOKRATES: Die es sagen, sind Priester und Priesterinnen, so viele es deren gibt, denen daran gelegen ist, von dem, was sie ver-
b walten, Rechenschaft geben zu können. Es sagt es auch Pindaros und viele andere Dichter, welche göttlicher Art sind. Und was sie sagen, ist folgendes – erwäge aber wohl, ob dich dünkt, daß sie wahr reden –: Sie sagen nämlich, die Seele des Menschen sei unsterblich, so daß sie zu einer Zeit zwar ende, was man Sterben nennt, zu anderer Zeit jedoch wieder werde, untergehe aber niemals. Und deshalb müsse man aufs heiligste sein Leben verbringen. Denn von welchen «Persephone schon die Strafen des alten Elends genommen, deren Seelen gibt sie der obern Sonne im neun-
c ten Jahre zurück, aus welchen dann ruhmvolle tatenreiche Könige und an Weisheit die vorzüglichsten Männer hervorgehn, und von da an als heilige Heroen unter den Menschen genannt werden».

15. Überwindung des Einwands durch die Lehre der Wieder-erinnerung

Weil nun die Seele unsterblich ist und oftmals geboren und, was hier ist und in der Unterwelt, alles erblickt hat: so ist auch nichts, was sie nicht in Erfahrung gebracht hätte, so daß nicht zu verwundern ist, wenn sie auch von der Tugend und allem andern vermag, sich dessen zu erinnern, was sie ja auch früher gewußt hat. Denn da die ganze Natur unter sich verwandt ist und die Seele alles inne- d gehabt hat: so hindert nichts, daß, wer nur an ein einziges erinnert wird, was bei den Menschen Lernen heißt, alles übrige selbst auffinde, wenn er nur tapfer ist und nicht ermüdet im Suchen. Denn das Suchen und Lernen ist demnach ganz und gar Erinnerung. Keineswegs also darf man jenem streitsüchtigen Satze folgen; denn er würde uns träge machen und ist nur den weichlichen Menschen angenehm zu hören; dieser aber macht uns tätig und for- e schend, welchem vertrauend, daß er wahr sei, ich eben Lust habe, mit dir zu untersuchen, was die Tugend ist.

MENON: Ja, Sokrates, aber meinst du dies so schlechthin, daß wir nicht lernen, sondern daß, was wir so nennen, nur ein Erinnern ist? Kannst du mich wohl belehren, daß sich dieses so verhält?

SOKRATES: Schon eben sagte ich, daß du schlau bist, Menon; auch jetzt fragst du, ob ich dich lehren kann, der ich doch be- 82a haupte, es gebe keine Belehrung, sondern nur Erinnerung, damit ich nur gleich mit mir selbst im Widerspruch erscheine.

MENON: Nein wahrlich, Sokrates, nicht in solcher Absicht sagte ich es, sondern aus Gewohnheit. Wenn du mir also irgendwie zeigen kannst, daß es sich so verhält, wie du sagst, so tue es.

SOKRATES: Freilich ist dies nicht leicht, ich will es aber doch unternehmen, dir zuliebe. Rufe mir also von den vielen Dienern hier, welche dich begleiten, irgendeinen her, welchen du willst, b damit ich es dir an diesem zeige.

MENON: Sehr gern. Du da, komm her.

SOKRATES: Er ist doch ein Hellene und spricht hellenisch?

MENON: Sehr gut; er ist im Hause aufgezogen.

SOKRATES: Merke also wohl auf, wie er dir erscheinen wird, ob, als erinnerte er sich oder als lernte er von mir.

MENON: Das will ich tun.

16. Beweis der Lehre der Wiedererinnerung durch Befragung eines Sklaven

SOKRATES: Sage mir also, Knabe, weißt du wohl, daß ein Viereck eine solche Figur ist?

KNABE: Das weiß ich.

c   SOKRATES: Gibt es also ein Viereck, welches alle diese Seiten, deren vier sind, gleich hat?

KNABE: Allerdings.

SOKRATES: Hat es nicht auch diese beiden, welche durch die Mitte hindurchgehen, gleich?

KNABE: Ja.

SOKRATES: Ein solcher Raum nun kann doch größer oder kleiner sein.

KNABE: Freilich.

SOKRATES: Wenn nun diese Seite zwei Fuß hätte und diese auch zwei; wieviel Fuß enthielte das Ganze? – Überlege es dir so: Wenn es hier zwei Fuß hätte, hier aber nur einen, enthielte dann nicht der ganze Raum einmal zwei Fuß?

KNABE: Ja.

d   SOKRATES: Da er nun aber auch hier zwei Fuß hat, wird er nicht von zweimal zwei Fuß?

KNABE: Das wird er.

SOKRATES: Zweimal zwei Fuß ist er also?

KNABE: Ja.

SOKRATES: Wieviel nun zweimal zwei Fuß sind, das rechne aus und sage es.

KNABE: Vier, o Sokrates.

SOKRATES: Kann es nun nicht einen andern Raum geben, der das doppelte von diesem wäre, sonst aber ein ebensolcher, in dem alle Seiten gleich sind, wie in diesem?

KNABE: O ja.

SOKRATES: Wieviel Fuß muß er enthalten?

KNABE: Acht Fuß.

SOKRATES: Gut! Nun versuche auch, mir zu sagen, wie groß
e   jede Seite in diesem Viereck sein wird. Nämlich die des ersten ist von zwei Fuß; die aber jenes doppelten?

KNABE: Offenbar, o Sokrates, zweimal so groß.

SOKRATES: Siehst du wohl, Menon, wie ich diesen nichts lehre, sondern alles nur frage? Und jetzt glaubt er zu wissen, wie groß die Seite ist, aus der das achtfüßige Viereck entstehen wird. Oder denkst du nicht, daß er es glaubt?

MENON: Allerdings.

SOKRATES: Weiß er es aber wohl?

MENON: Wohl nicht.

SOKRATES: Er glaubt aber doch, es entstehe aus der doppelten?

MENON: Ja.

17. Unvollkommene Lösungsversuche des geometrischen Problems

SOKRATES: Sieh nun zu, wie er sich weiter so erinnern wird, wie man sich erinnern muß. – Du aber sage mir, aus der doppelten 83a Seite, sagst du, entstehe das doppelte Viereck? Ich meine aber ein solches, nicht etwa eins, das hier lang ist, dort aber kurz; sondern es soll nach allen Seiten gleich sein, wie dieses hier, aber das Zwiefache von diesem, also achtfüßig: Sieh nun zu, ob du noch meinst, dies werde aus der zwiefachen Seite entstehen?

KNABE: So meine ich.

SOKRATES: Wohl! Dies wird doch die zwiefache von dieser, wenn wir hier noch eine ebenso große hinzusetzen?

KNABE: Allerdings.

SOKRATES: Und aus dieser, glaubst du, werde das achtfüßige Viereck entstehen, wenn wir vier solche nehmen? b

KNABE: Ja.

SOKRATES: So laß uns von ihr vier gleiche aufzeichnen. Nicht wahr also, dies wäre, was du für das achtfüßige hältst?

KNABE: Allerdings.

SOKRATES: Sind nun nicht in ihm diese vier, deren jedes diesem Vierfüßigen gleich ist?

KNABE: Ja.

SOKRATES: Wie groß ist es also? Nicht viermal so groß?

KNABE: Nicht anders.

SOKRATES: Ist nun das viermal so große das zwiefache?

KNABE: Nein, beim Zeus.

SOKRATES: Sondern das wievielfache?

KNABE: Das vierfache.

SOKRATES: Aus der zwiefachen Seite also entsteht uns nicht das
c zwiefache, sondern das vierfache Viereck.

KNABE: Du hast recht.

SOKRATES: Denn von vier ist das Vierfache sechzehn. Nicht?

KNABE: Ja.

SOKRATES: Das achtfüßige aber, von welcher Seite entsteht
das? Nicht wahr, aus dieser entsteht das vierfache?

KNABE: Das sage ich auch.

SOKRATES: Und das vierfüßige entsteht aus dieser halben?

KNABE: Ja.

SOKRATES: Wohl. Das achtfüßige aber, ist es nicht von diesem
hier das Zwiefache, von diesem aber die Hälfte?

KNABE: Allerdings.

SOKRATES: Muß es also nicht aus einer größeren Seite entstehen als diese und aus einer kleineren als diese? Oder nicht?
d KNABE: Ich wenigstens denke so.

SOKRATES: Schön! Denn immer nur, was du denkst, mußt du
antworten. Und sage mir, hatte nicht diese zwei Fuß, diese aber
vier?

KNABE: Ja.

SOKRATES: Also muß des achtfüßigen Vierecks Seite größer
sein als diese zweifüßige und kleiner als die vierfüßige?

KNABE: Das muß sie.

e SOKRATES: So versuche denn zu sagen, wie groß du meinst, daß
sie sei.

KNABE: Dreifüßig.

SOKRATES: Gut. Wenn sie dreifüßig sein soll, so wollen wir von
dieser noch die Hälfte dazunehmen, so wird sie dreifüßig; denn
dies sind zwei Fuß, und dies ist ein Fuß, und auf dieser Seite ebenso
sind dies zwei, dies einer. Und dies wird nun das Viereck, welches
du meinst.

KNABE: Ja.

SOKRATES: Wenn es nun hier drei Fuß hat und hier auch drei
Fuß: so wird das ganze Viereck von dreimal drei Fuß.

KNABE: Offenbar.

SOKRATES: Dreimal drei aber, wieviel Fuß sind das?

KNABE: Neun.

SOKRATES: Wieviel Fuß aber sollte das zwiefache enthalten?

KNABE: Acht.

SOKRATES: Auch nicht aus der dreifüßigen Seite also wird uns das achtfüßige Viereck.

KNABE: Freilich nicht.

SOKRATES: Von welcher also, das versuche doch uns genau zu bestimmen; und wenn du es nicht durch Zählen willst, so zeige uns nur, von welcher. 84a

KNABE: Aber beim Zeus, Sokrates, ich weiß es nicht.

18. Nutzen der im Sklaven erzeugten Verwirrung

SOKRATES: Siehst du wohl, Menon, wie weit er schon fortgeht im Erinnern? Denn zuerst wußte er zwar auch keineswegs, welches die Seite des achtfüßigen Vierecks ist, wie er es auch jetzt noch nicht weiß: allein er glaubte damals, es zu wissen, und antwortete dreist fort als ein Wissender und glaubte nicht, in Verlegenheit zu kommen. Nun aber glaubt er schon in Verlegenheit zu sein, und wie er es nicht weiß, so glaubt er es auch nicht zu wissen. b

MENON: Du hast recht.

SOKRATES: Steht es also nun nicht besser mit ihm in Bezug auf die Sache, die er nicht wußte?

MENON: Auch das dünkt mich.

SOKRATES: Indem wir ihn also in Verlegenheit brachten und zum Erstarren, wie der Zitterrochen, haben wir ihm dadurch etwa Schaden getan?

MENON: Mich dünkt nicht.

SOKRATES: Vielmehr haben wir vorläufig etwas ausgerichtet, wie es scheint, damit er herausfinden kann, wie sich die Sache verhält. Denn jetzt möchte er es wohl gern suchen, da er es nicht weiß; damals aber glaubte er, ohne Schwierigkeiten vor vielen oftmals gut zu reden über das zwiefache Viereck, daß es auch eine c zwiefach so lange Seite haben müsse.

MENON: So mag es wohl sein.

SOKRATES: Glaubst du nun, er würde sich vorher bemüht haben, das zu suchen oder zu lernen, was er nichtwissend glaubte zu wissen, ehe er, überzeugt, er wisse nicht, in Verwirrung geriet und sich nach dem Wissen sehnte?

MENON: Nein, dünkt mich, Sokrates.

SOKRATES: Nutzen hat ihm also das Erstarren gebracht?

MENON: So dünkt mich.

SOKRATES: Sieh nun aber auch zu, was er von dieser Verlegenheit aus mit mir suchend auch finden wird, indem ich ihn immer d nur frage und niemals lehre. Und gib wohl acht, ob du mich je darauf betriffst, daß ich ihn belehre und ihm vortrage und nicht seine eigenen Gedanken nur ihm abfrage.

19. Der Sklave findet die Lösung

Sage mir du, ist dies nicht unser vierfüßiges Viereck? Verstehst du?

KNABE: Ja.

SOKRATES: Können wir nun nicht hier noch ein gleiches daran setzen?

KNABE: Ja.

SOKRATES: Und auch dies dritte, das jedem von den beiden gleich ist?

KNABE: Ja.

SOKRATES: Können wir nun nicht auch das noch hier in der Ecke ausfüllen?

KNABE: Allerdings.

SOKRATES: Sind dies nun nicht vier gleiche Vierecke?

KNABE: Ja.

e SOKRATES: Wie nun? Das wievielfache ist wohl dies Ganze von diesen?

KNABE: Das vierfache.

SOKRATES: Wir sollten aber ein zweifaches bekommen; oder erinnerst du dich nicht?

KNABE: Allerdings.

85a SOKRATES: Schneidet nun nicht diese Linie, welche aus einem Winkel in den anderen geht, jedes von diesen Vierecken in zwei gleiche Teile?

KNABE: Ja.

SOKRATES: Und werden nicht dieses vier gleiche Linien, welche dieses Viereck einschließen?

KNABE: Allerdings.

SOKRATES: So betrachte nun, wie groß wohl dieses Viereck ist?

KNABE: Das verstehe ich nicht.

SOKRATES: Hat nicht von diesen vieren von je einem jede Seite die Hälfte nach innen zu abgeschnitten? Oder nicht?

KNABE: Ja.

SOKRATES: Wieviel solche sind nun in diesem?

KNABE: Vier.

SOKRATES: Wieviel aber in diesem?

KNABE: Zwei.

SOKRATES: Vier aber ist von zwei was doch?

KNABE: Das Zweifache.

SOKRATES: Wievielfüßig ist also dieses?

KNABE: Achtfüßig.   b

SOKRATES: Von welcher Linie?

KNABE: Von dieser.

SOKRATES: Von der, welche aus einem Winkel in den andern das vierfüßige schneidet?

KNABE: Ja.

SOKRATES: Diese nun nennen die Gelehrten die Diagonale; so daß, wenn diese die Diagonale heißt, alsdann aus der Diagonale, wie du behauptest, das zwiefache Viereck entsteht.

KNABE: Allerdings, Sokrates.

20. *Folgerung: Der Ursprung der Erkenntnis liegt im Lernenden selbst*

SOKRATES: Was dünkt dich nun, Menon? Hat dieser irgendeine Vorstellung, die nicht sein war, zur Antwort gegeben?

MENON: Nein, nur seine eignen.   c

SOKRATES: Und doch wußte er es vor kurzem noch nicht, wie wir gestanden?

MENON: Ganz recht.

SOKRATES: Es waren aber doch diese Vorstellungen in ihm. Oder nicht?

MENON: Ja.

SOKRATES: In dem Nichtwissenden also sind von dem, was er nicht weiß, dennoch richtige Vorstellungen.

MENON: Das zeigt sich.

SOKRATES: Und jetzt sind ihm nur wie im Traume diese Vorstellungen eben aufgeregt. Wenn ihn aber jemand oftmals um dies nämliche befragt und auf vielfache Art: so wisse nur, daß er am Ende nicht minder genau als irgendein anderer um diese Dinge d wissen wird.

MENON: Das scheint wohl.

SOKRATES: Indem ihn also niemand belehrt, sondern nur ausfragt, wird er wissen und wird die Erkenntnis nur aus sich selbst hervorgeholt haben?

MENON: Ja.

SOKRATES: Dieses nun, selbst aus sich eine Erkenntnis hervorholen, heißt das nicht sich erinnern?

MENON: Allerdings.

SOKRATES: Und hat etwa nicht dieser die Erkenntnis, die er jetzt hat, entweder einmal erlangt oder immer gehabt?

MENON: Ja.

SOKRATES: Hat er sie nun immer gehabt, so ist er auch immer wissend gewesen. Hat er sie aber einmal erlangt, so hat er sie wenigstens nicht in diesem Leben erlangt. Oder hat jemand diesen die
e   Geometrie gelehrt? Denn gewiß wird er mit der ganzen Geometrie ebenso verfahren und mit allen andern Wissenschaften auch. Hat nun jemand diesen dies alles gelehrt? Denn du mußt es ja wohl wissen, da er in deinem Hause geboren und erzogen ist.

MENON: Ich weiß sehr gut, daß niemand sie ihn jemals gelehrt hat.

SOKRATES: Er hat aber diese Vorstellungen; oder nicht?

MENON: Notwendig, wie man ja sieht.

21. Rückschluß auf die Unsterblichkeit

SOKRATES: Wenn er sie aber in diesem Leben nicht erlangt hat
86a und daher nicht wußte: so hat er sie ja offenbar in einer andern Zeit gehabt und gelernt.

MENON: Offenbar.

SOKRATES: Ist nun nicht dieses die Zeit, wo er kein Mensch war?

MENON: Offenbar.

SOKRATES: Wenn also in der ganzen Zeit, wo der Mensch ist, oder auch, wo er es nicht ist, richtige Vorstellungen in ihm sein sollen, welche, durch Fragen aufgeregt, Erkenntnisse werden, muß dann nicht seine Seele von jeher in dem Zustand es Gelernthabens sein? Denn offenbar ist er durch alle Zeit entweder Mensch oder nicht.

MENON: Das ist einleuchtend.

SOKRATES: Wenn nun von jeher immer die Wahrheit von al- b
lem, was ist, der Seele einwohnt, so wäre ja die Seele unsterblich,
so daß du getrost, was du jetzt nicht weißt, das heißt aber, dessen
du dich nicht erinnerst, trachten kannst zu suchen und dir zurück-
zurufen.

MENON: Du scheinst mir, ich weiß nicht wie, vortrefflich zu
reden, Sokrates.

SOKRATES: Auch mir selbst scheine ich es, o Menon. Und das
übrige freilich möchte ich nicht eben ganz verfechten für diese
Rede; daß wir aber, wenn wir glauben, das suchen zu müssen, was
wir nicht wissen, besser werden und mannhafter und weniger
träge, als wenn wir glauben, was man nicht wisse, sei nicht mög- c
lich zu finden, und man müsse es also auch nicht erst suchen, dafür
möchte ich allerdings streiten, wenn ich es könnte, mit Wort und
Tat.

MENON: Auch dies dünkt mich sehr richtig gesagt, Sokrates.

22. *Die Lehrbarkeit der Tugend zu untersuchen mit der hypo-
    thetischen Methode*

SOKRATES: Da wir nun einig darüber sind, daß gesucht werden
muß, was jemand noch nicht weiß: willst du, daß wir miteinander
unternehmen zu suchen, was wohl die Tugend ist?

MENON: Gar gern. Jedoch, Sokrates, möchte ich am liebsten
jenes, wonach ich zuerst fragte, untersuchen und hören, ob man
ihr als etwas Lehrbarem nachstreben muß oder so, als wenn von d
Natur oder auf sonst irgendeine Weise die Tugend den Menschen
einwohnte.

SOKRATES: Hätte ich zu gebieten, Menon, nicht nur über mich,
sondern auch über dich: so würden wir nicht eher überlegen, ob
die Tugend lehrbar ist oder nicht, bis wir zuvor, was sie ist, untersucht hätten. Allein da du über dich selbst zwar gar nicht begehrst
zu gebieten, um nämlich frei zu bleiben, über mich aber zu gebieten begehrst und auch wirklich gebietest: so muß ich dir nachgeben. Denn was will ich machen? Wie es scheint also, sollen wir
untersuchen, wie etwas beschaffen ist, wovon wir noch nicht wis- e
sen, was es ist. Wenn also auch nicht ganz, so laß mir doch ein
wenig nach von deinem Gebot und gestatte mir, von einer Voraussetzung aus dieses zu betrachten, ob sie lehrbar ist oder was sonst.

Dieses «von einer Voraussetzung aus» meine ich aber so, wie die Meßkünstler oft etwas zur Betrachtung ziehen, wenn ihnen jemand eine Frage vorlegt, wie etwa von einer Figur, ob es möglich ist, in diesen Kreis dieses Dreieck einzuspannen, darauf möchte
87a einer sagen: Ich weiß noch nicht, ob dieses ein solches ist, aber als eine Voraussetzung für die Sache glaube ich folgendes bei der Hand zu haben: Wenn dieses Dreieck ein solches ist, daß, wenn man um seine gegebene Grundlinie den Kreis herumzieht, noch ein ebensolcher Raum übrigbleibt, als der umspannte selbst ist, alsdann, dünkt mich, wird etwas anderes erfolgen, und wiederum etwas anderes, wenn dies unmöglich ist. In Beziehung auf diese Voraussetzung nun will ich dir sagen, wie es mit der Einspannung
b desselben in den Kreis steht, ob sie unmöglich ist oder nicht.

23. Ansatz: Wenn die Tugend Erkenntnis ist, ist sie lehrbar
So auch wir in Beziehung auf die Tugend; da wir gar nicht wissen, was sie ist, noch wie beschaffen, wollen wir eine Voraussetzung machend dieses erwägen, ob sie lehrbar ist oder nicht lehrbar, indem wir so sagen: Wenn sie was doch von dem in der Seele Vorkommenden ist, wird sie lehrbar sein oder nicht lehrbar? Zuerst also, wenn sie etwas ganz anderes ist als Erkenntnis, kann sie dann gelehrt werden oder nicht, oder, wie wir eben sagten, in Erinne-
c rung gebracht? Denn es soll uns gleich gelten, welches Wortes wir uns bedienen. Also ist sie dann lehrbar? Oder ist das wohl jedem klar, daß nichts anderes dem Menschen gelehrt werden kann als Erkenntnis?

MENON: Mir wenigstens scheint es so.

SOKRATES: Wenn nun die Tugend eine Erkenntnis ist, offenbar ist sie dann lehrbar.

MENON: Wie sollte sie nicht.

SOKRATES: Damit also sind wir bald fertig geworden, daß, wenn sie ein solches ist, so ist sie lehrbar; wenn nicht, so nicht.

MENON: Freilich.

SOKRATES: Nächstdem nun, wie es scheint, müssen wir untersuchen, ob die Tugend Erkenntnis ist oder etwas ganz Verschiedenes von der Erkenntnis.

d MENON: Allerdings müssen wir dies zunächst untersuchen.

SOKRATES: Wie nun, sagen wir nicht, daß die Tugend gut ist, und bleibt uns nicht diese Voraussetzung, daß sie gut ist?

MENON: Allerdings.

SOKRATES: Also, wenn es noch irgend anderes Gutes gibt, was gänzlich getrennt ist von der Erkenntnis, dann könnte vielleicht auch die Tugend nicht Erkenntnis sein; gibt es aber gar kein Gutes, was die Erkenntnis nicht unter sich begreift, so dürften wir, wenn wir vermuten, sie sei irgendeine Erkenntnis, ganz richtig vermuten.

MENON: Das mag so sein.

SOKRATES: Gewiß doch sind wir vermöge der Tugend gut?

MENSON: Ja.   e

SOKRATES: Und wenn gut, auch nützlich; denn alles Gute ist nützlich. Nicht so?

MENON: Ja.

SOKRATES: Also ist auch die Tugend nützlich?

MENON: Notwendig aus dem Eingestandenen.

24. Die Tugend ist aber Einsicht, denn sie nützt

SOKRATES: Betrachten wir also, das einzelne durchnehmend, was doch für Dinge es sind, die uns nützen. Gesundheit, sagen wir, und Stärke und Schönheit und Reichtum doch wohl. Dieses und dergleichen nennen wir doch nützlich. Nicht so?

MENON: Ja.

SOKRATES: Diese nämlichen Dinge aber, sagen wir, schaden   88a
auch bisweilen. Oder behauptest du es anders als so?

MENON: Nein, sondern ebenso.

SOKRATES: Bedenke also, was wohl alle diese Dinge regieren muß, wenn sie uns nützen sollen, und was, wenn sie uns schaden? Nicht so, wenn rechter Gebrauch, dann nützen sie, wenn unrechter, dann schaden sie?

MENON: Freilich.

SOKRATES: Auch das, was in der Seele ist, laß uns betrachten. Du nennst doch etwas Besonnenheit und Gerechtigkeit und Tapferkeit, und Fassungskraft und Edelsinn und alles dergleichen?

MENON: Jawohl.   b

SOKRATES: Betrachte nun hiervon, was dir nicht Erkenntnis zu sein scheint, sondern etwas anderes als Erkenntnis, ob das nicht bisweilen schadet und bisweilen nützt? Wie die Tapferkeit, wenn sie nicht Einsicht ist, sondern nur wie eine gewisse Kühnheit; nicht

so, wenn ein Mensch ohne Vernunft kühn ist, so hat er Schaden;
wenn mit Vernunft, dann Nutzen?

MENON: Ja.

SOKRATES: Sind nicht auch die Besonnenheit ebenso und die
Gelehrigkeit, wenn mit Vernunft gelernt und Ordnung gehalten
wird, nützlich, ohne Vernunft aber schädlich?

MENON: Ganz gewiß.

c SOKRATES: Also auch überhaupt alles, was die Seele unternimmt und aushält, endet, wenn Einsicht dabei regiert, in Glückseligkeit, wenn aber Torheit, in das Gegenteil?

MENON: So scheint es.

SOKRATES: Ist nun die Tugend etwas in der Seele, dem notwendig zukommt, nützlich zu sein: so muß die Einsicht sein, weil alles
übrige in der Seele an und für sich weder nützlich ist noch schäd-
d lich und nur durch Hinzukommen der Einsicht oder Torheit
schädlich und nützlich wird. Also diesem zufolge, wenn die Tugend nützlich ist, muß sie Einsicht sein.

MENON: So scheint es mir.

25. Die Guten entstehen also nicht von Natur

SOKRATES: So auch mit dem übrigen, Reichtum und dergleichen,
von dem wir vorhin erwähnten, daß es bisweilen gut, bisweilen
schädlich wäre: wird nicht, eben wie die Vernunft, wenn sie die
übrige Seele regiert, das in der Seele nützlich machte, die Unver-
e nunft aber schädlich, so wiederum die Seele diese Dinge, wenn sie
sie richtig gebraucht und regiert, nützlich machen, wenn aber unrichtig, dann schädlich?

MENON: Freilich.

SOKRATES: Recht aber regiert die vernünftige, fehlerhaft und
verkehrt die unvernünftige?

MENON: So ist es.

SOKRATES: Kann man nun nicht im allgemeinen sagen, daß
dem Menschen alles andere, ob es ihm gut sein wird, von der Seele
abhänge, was aber in der Seele selbst ist, dieses von der Vernunft?
89 a Und nach dieser Rede wäre überhaupt Vernunft das Nützliche.
Und wir sagen, die Tugend sei nützlich.

MENON: Freilich.

SOKRATES: Vernunft also, sagen wir, sei Tugend, entweder die
ganze oder ein Teil von ihr.

MENON: Mir scheint das Gesagte, o Sokrates, gut gesagt zu sein.

SOKRATES: Wenn sich nun dieses so verhält, so wären die Guten es wohl nicht von Natur.

MENON: Nein, dünkt mich.

SOKRATES: Auch dieses würde wohl der Fall sein: Wenn die b Guten es von Natur wären, so würde es auch welche unter uns geben, welche die von Natur Guten unter der Jugend zu unterscheiden wüßten, welche wir dann, sobald jene sie angezeigt hätten, aussondern und in der Burg verwahren würden, weit sorgfältiger sie besiegelnd als das Gold, damit niemand sie uns verderben könne, sondern, sobald sie das gehörige Alter erreicht hätten, sie dem Staat nützlich würden.

MENON: Ganz natürlich.

26. Zweifel, ob die Tugend Erkenntnis ist. Vorstellung des Anytos

SOKRATES: Werden nun etwa die Guten, wenn sie nicht von Natur gut sind, es durch Belehrung? c

MENON: Das dünkt mich nun schon notwendig, Sokrates, und es ist auch klar nach unserer Voraussetzung, wenn die Tugend Erkenntnis ist, daß sie lehrbar sein muß.

SOKRATES: Vielleicht, beim Zeus! Aber daß wir nur dieses nicht etwa mit Unrecht zugegeben haben!

MENON: Es schien uns ja doch noch eben sehr richtig gesagt.

SOKRATES: Wenn das nur nicht etwas zu wenig ist, daß es uns noch eben richtig dünkte, sondern es uns auch jetzt und hernach so dünken muß, sofern etwas Gesundes daran sein soll.

MENON: Was nun wieder? Was hast du vor Augen, weshalb es d dir nicht mehr recht ist und du bezweifelst, ob die Tugend Erkenntnis ist?

SOKRATES: Das will ich dir sagen, Menon. Daß die Tugend lehrbar ist, wenn sie Erkenntnis ist, das nehme ich nicht zurück, als wäre es nicht richtig gesagt; daß sie aber Erkenntnis ist, sieh zu, ob ich dir scheine, dies mit Recht zu bezweifeln. Nämlich sage mir nur dieses, wenn irgendeine Sache lehrbar ist, nicht nur die Tugend, muß es dann nicht auch Lehrer darin geben und Schüler?

MENON: Das denke ich wohl.

e SOKRATES: Und im Gegenteil wovon es weder Lehrer noch Schüler gibt, würden wir davon nicht ganz recht vermuten, wenn wir vermuteten, es sei auch nicht lehrbar?

MENON: Das ist wohl richtig. Aber dünkt dich, es gäbe keine Lehrer der Tugend?

SOKRATES: Oftmals schon habe ich gesucht, ob es Lehrer derselben gäbe, und habe alles mögliche getan und kann sie nicht finden, wiewohl ich sie mit vielen gemeinschaftlich suche, und zwar mit solchen vorzüglich, von denen ich glaube, daß sie am erfahrensten sind in der Sache. So sitzt auch jetzt, Menon, wohl ganz zur gelegenen Zeit dieser Anytos hier bei uns, dem wir Anteil
90a geben wollen an unserer Untersuchung. Und wohl mit Recht können wir ihn mit dazuziehen. Denn zuerst hat er selbst einen reichen und verständigen Vater, den Anthemion, welcher reich geworden ist nicht von ungefähr oder durch ein Geschenk, wie der Thebaner Ismenias, der erst neulich die Schätze des Polykrates bekommen hat; sondern durch eignen Verstand und Sorgfalt hat er ihn erworben. So auch im übrigen steht er nicht im Ruf, ein hochmütiger Bürger zu sein, aufgeblasen und gehässig, sondern in dem eines sittsamen und stattlichen Mannes. Nächstdem hat er auch diesen
b sehr wohl erzogen und gebildet, wie das athenische Volk glaubt; sie wählen ihn ja wenigstens zu den größten Würden. Billig also ist es, gerade mit solchen die Untersuchung anzustellen über die Lehrer der Tugend, ob es welche gibt oder nicht und wer sie sind.

27. Notwendigkeit, in der Medizin usw. zu den professionellen
   Lehrern zu gehen

Untersuche also mit uns, Anytos, mit mir und hier deinem Gastfreund Menon, was für Lehrer es wohl für diese Sache geben mag. Erwäge es aber so. Wenn wir wollten, dieser Menon sollte ein
c guter Arzt werden, zu was für Lehrern möchten wir ihn wohl schicken? Nicht zu den Ärzten?

ANYTOS: Freilich.

SOKRATES: Und wollten wir, er solle ein guter Schuhmacher werden, nicht dann zu den Schuhmachern?

ANYTOS: Ja.

SOKRATES: Und ebenso im übrigen?

ANYTOS: Freilich.

SOKRATES: Auch das sage mir noch hierüber. Wir sagen, wir würden recht daran tun, ihn zu Ärzten zu schicken, wenn wir wollten, er solle ein Arzt werden. Wenn wir dies sagen, meinen wir, es sei doch verständiger gehandelt, ihn zu denen zu schicken, d welche diese Kunst betreiben, als zu denen, die es nicht tun? Und zu denen, die eben hierfür Bezahlung nehmen und sich ankündigen als Lehrer einem jeden, der kommen und lernen will? Nicht wahr, deshalb würden wir gut tun, ihn hinzuschicken.

ANYTOS: Ja.

SOKRATES: Wird es nun nicht mit dem Flötenspiel und allem anderen ebenso sein, daß es großer Unverstand wäre, wenn man e einen zum Flötenspieler machen wollte, ihn doch zu denen, welche diese Kunst zu lehren versprechen und sich dafür bezahlen lassen, nicht schicken zu wollen, sondern irgend anderen beschwerlich zu fallen und bei denen Unterricht zu suchen, welche sich weder für Lehrer ausgeben noch irgend Schüler haben in der Kunst, worin wir den gern unterrichten ließen, den wir zu ihnen schicken? Dünkt dich das nicht großer Unverstand zu sein?

ANYTOS: Beim Zeus, mir gewiß, und große Ungeschicklichkeit dazu.

28. *Protest des Anytos gegen die professionellen Lehrer der Tugend, die Sophisten*

SOKRATES: Wohl gesprochen, und nun kannst du gemeinschaftlich mit mir Rat pflegen über diesen unsern Gastfreund Menon. 91 a Denn dieser, o Anytos, sagt schon lange zu mir, es verlange ihn nach derjenigen Weisheit und Tugend, vermöge der die Menschen ihr Hauswesen und ihren Staat gut verwalten, ihre Eltern und Verwandten pflegen und Bürger und Freunde aufzunehmen und zu entlassen wissen, wie es eines rechtlichen Mannes würdig ist. Überlege dir also, zu wem wir ihn dieser Tugend wegen am besten b hinschicken. Oder offenbar ja nach der vorigen Rede zu denen, welche sich für Lehrer der Tugend ausgeben und sich allen Hellenen insgemein dazu anbieten, wer nur lernen will, auch Bezahlung dafür festsetzen und annehmen?

ANYTOS: Und was für welche meinst du denn hierunter, Sokrates?

SOKRATES: Du weißt es ja wohl auch, daß es die sind, welche man Sophisten nennt.

c ANYTOS: Beim Herakles, Sokrates, sprich besser. Daß doch keinen Verwandten oder Angehörigen und Freund unter den Einheimischen oder Fremden solche Raserei ergriffe, zu diesen zu gehen und sich zu verderben. Denn diese sind doch das offenbare Verderben und Unglück derer, die mit ihnen umgehen.

29. Verwunderung des Sokrates über die behauptete Untauglichkeit der Sophisten

SOKRATES: Wie meinst du das, Anytos? Diese allein unter allen denen, welche sich dafür ausgeben, etwas Gutes erzeigen zu können, sollten so weit von allen übrigen verschieden sein, daß sie nicht nur dem keinen Vorteil, wie doch die andern, bringen, was d ihnen einer übergibt, sondern es ganz im Gegenteil verderben und sich dafür doch ohne Hehl Geld geben lassen? Das weiß ich meines Teils nicht, wie ich es dir glauben soll. Denn ich weiß, daß der einzige Protagoras mit dieser Weisheit mehr Geld erworben hat als Pheidias, der doch so ausgezeichnet schöne Werke verfertigte, und noch zehn andere Bildhauer dazu. Und wunderbar wäre doch, was du sagst, wenn von Schuhflickern und denen, die Kleider ausbessern, nicht einen Monat lang verborgen bleiben könnte, wenn sie Schuhe und Kleider schlechter zurückgäben, als sie sie empfangen haben, sondern diese, wenn sie es so machten, gewiß bald Hungers sterben müßten, vom Protagoras aber ganz Griechenland nicht gemerkt hätte, daß er seine Schüler verderbte und sie schlechter wegschickte, als er sie empfangen hatte, und das länger als vierzig Jahre. Denn, wie ich glaube, ist er nahe an siebzig Jahre alt gestorben und nachdem er vierzig Jahre seine Kunst ausgeübt. Und in dieser ganzen Zeit bis auf den heutigen Tag hat er nicht aufgehört, gepriesen zu werden. Und nicht nur Protagoras, 92a sondern noch gar viele andere, teils ältere, teils noch jetzt lebende. Sollen wir nun sagen nach deiner Meinung, daß diese wissentlich die Jünglinge hintergehen und verstümmeln, oder auch ohne es selbst zu wissen? Und so töricht sollen wir glauben, daß diejenigen sind, welche von einigen für die weisesten unter den Menschen angesehen werden?

30. Unbekanntschaft des Anytos mit den Sophisten

ANYTOS: Weit gefehlt, daß diese töricht wären, Sokrates; sondern nur die Jünglinge, welche ihnen Geld geben und noch mehr als diese ihre Angehörigen, die es ihnen gestatten. Am allermeisten b aber unter allen die Städte, welche sie hereinkommen lassen und nicht vielmehr jeden austreiben, welcher dergleichen zu tun unternimmt, mag es ein Fremder sein oder ein Bürger.

SOKRATES: Hat dir etwa einer von den Sophisten etwas zuleide getan, Anytos? Oder weshalb bist du ihnen so böse?

ANYTOS: Nein, beim Zeus, ich habe mich auch niemals mit irgendeinem von ihnen eingelassen und wollte es auch keinem von den Meinigen gestatten.

SOKRATES: Du bist also ganz und gar unbekannt mit den Männern?

ANYTOS: Und wünsche es auch zu bleiben.

SOKRATES: Wie kannst du denn aber, du Wunderlicher, von c dieser Sache wissen, ob sie etwas Gutes an sich hat oder nur Schlechtes, wenn du ganz unbekannt damit bist?

ANYTOS: Gar leicht. Diese kenne ich ja doch wohl, was für Menschen sie sind, mag ich auch selbst mit ihnen unbekannt sein oder nicht.

SOKRATES: Du bist eben vielleicht ein Wahrsager, Anytos. Denn wie du sonst etwas über diese wissen kannst, nach dem, was du selbst sagst, begreife ich nicht. Allein wir fragten ja gar nicht danach, wer diejenigen wären, durch die Menon, wenn er zu ihnen ginge, schlecht werden würde. Denn dies, wenn du willst, sollen d die Sophisten sein. Sondern jene nenne uns, und mache dich um diesen deinen väterlichen Gastfreund verdient durch Bezeichnung derer, zu welchen er gehen muß in dieser großen Stadt, um in der Tugend, welche ich eben beschrieb, etwas Würdiges zu leisten.

ANYTOS: Warum hast du sie ihm denn nicht bezeichnet?

SOKRATES: Die ich für Lehrer hierin hielt, habe ich genannt; aber es war nichts gesagt, wie du behauptetest, und darin hast du vielleicht recht. Nun sage du ihm aber doch deinerseits, zu wel- e chem unter den Athenern er gehen soll. Nenne ihm irgendeinen Namen, welchen du willst!

31. *Behauptung des Anytos, daß alle Athener besser erziehen als die Sophisten*

ANYTOS: Was braucht er dazu den Namen eines einzelnen Menschen zu hören! Denn auf welchen guten und rechtschaffenen Athener er auch treffe, da ist wohl keiner, der ihn nicht besser machen sollte als die Sophisten, wenn er ihm nur folgen will.

SOKRATES: Sind denn aber diese guten und rechtschaffenen es von selbst so geworden, ohne bei jemand gelernt zu haben: und

93 a doch imstande, andern dasjenige zu lehren, was sie selbst nicht gelernt haben?

ANYTOS: Auch sie, denke ich, haben es von den Früheren gelernt, die auch gut und rechtschaffen waren. Oder meinst du nicht, daß es viele rechtschaffene Männer gegeben hat in dieser Stadt?

SOKRATES: Ich meinesteils glaube, daß es hier noch jetzt solche gibt, die gut und tüchtig sind in bürgerlichen Dingen, und ehedem gewiß nicht minder gegeben hat als jetzt: sind sie aber etwa auch gute und tüchtige Lehrer gewesen in dieser ihrer Tugend? Denn das ist es ja eben, wovon jetzt unter uns die Rede ist; nicht, ob es hier rechtschaffene Männer gibt oder nicht, noch ob es derer vor-

b her gegeben hat, sondern ob die Tugend lehrbar ist, das untersuchen wir schon so lange. Und bei dieser Untersuchung untersuchen wir nun auch dieses, ob die rechtschaffenen Männer von jetzt und von ehedem diese Tugend, in welcher sie sich selbst auszeichneten, auch anderen mitzuteilen wußten; oder ob dies nicht mitteilbar ist und nicht übertragbar von einem auf den andern. Das ist es, wonach wir schon so lange fragen, ich und Menon.

32. *Sind tüchtige Politiker wie Themistokles fähig zu lehren?*

Und dies erwäge du nun nach deiner eigenen Rede so. Würdest du

c nicht vom Themistokles sagen, er sei ein tüchtiger Mann gewesen?

ANYTOS: Ganz vorzüglich.

SOKRATES: Also auch ein tüchtiger Lehrer, wenn irgendein anderer ein Lehrer in seiner eigenen Tugend war, sei er gewesen?

ANYTOS: Das glaube ich allerdings, wenn er gewollt hätte.

SOKRATES: Aber meinst du etwa, er habe nicht gewollt, daß auch andere gut und rechtschaffen werden sollten, vorzüglich sein eigener Sohn? Oder meinst du, er habe es ihm mißgönnt und ihm

d absichtlich die Tugend nicht mitgeteilt, in welcher er selbst voll-

kommen war? Und hast du nicht gehört, daß Themistokles seinen
Sohn Kleophantos gar trefflich im Reiten unterrichten ließ, so daß
er aufrecht auf dem Pferde stehen und so stehend auch vom Pferde
herab schießen und sonst viel wunderbar Künstliches machen
konnte, worin jener ihn unterrichten und vollkommen machen
ließ, soweit es nur irgend von guten Lehrern abhing. Oder hast du
dies nicht gehört von den Älteren?

ANYTOS: Ich habe es gehört.

SOKRATES: Also kann wohl niemand der Natur seines Sohnes
schuld geben, daß sie untauglich gewesen wäre.

ANYTOS: Vielleicht wohl nicht.   e

SOKRATES: Und wie nun? Daß Kleophantos, der Sohn des Themistokles, ein tüchtiger und weiser Mann geworden wäre darin,
worin sein Vater es war, hast du das je von irgend jemand, jung
oder alt, gehört?

ANYTOS: Freilich nicht.

SOKRATES: Sollen wir also glauben, er habe in jenen Dingen
zwar seinen Sohn unterrichten wollen, in der Weisheit aber, die er
selbst besaß, ihn um nichts besser machen als einen seiner Nachbarn, wenn doch die Tugend lehrbar wäre?

ANYTOS: Nicht füglich, beim Zeus.

SOKRATES: Ein solcher Lehrer in der Tugend ist also dieser, von
dem du doch gestehst, daß er zu den trefflichsten der älteren Zeit
gehöre! Laß uns noch einen andern betrachten, Aristeides, den   94 a
Sohn des Lysimachos. Oder stimmst du nicht darin bei, daß dieser
rechtschaffen gewesen?

ANYTOS: Ich auf alle Weise.

SOKRATES: Ließ nun nicht auch dieser seinen Sohn Lysimachos
in allem, wobei es nur auf Lehrer ankam, ganz vorzüglich unter
allen Athenern unterrichten: aber dünkt dich, er habe ihn zu
einem besseren Manne als irgendeinen gemacht? Denn mit diesem
bist du wohl selbst umgegangen und siehst, was für einer er ist.
Willst du den Perikles, diesen so herrlich weisen Mann, so weißt   b
du ja, daß er zwei Söhne erzogen hat, den Paralos und Xanthippos.

ANYTOS: Das weiß ich.

SOKRATES: Diese nun hat er, wie auch du weißt, im Reiten unterrichten lassen nicht schlechter als irgendein Athener, und die

Tonkunst und die Leibesübungen und was nur Kunst ist, ließ er sie lehren nicht schlechter als einer; aber zu tüchtigen Männern wollte er sie etwa nicht machen? Ich denke wohl, er wollte; aber das läßt sich vielleicht nicht lehren! Und damit du nicht glaubst, nur wenige und etwa die schlechtesten unter den Athenern wären

c unvermögend gewesen hierzu: so erinnere dich, daß Thukydides eben auch zwei Söhne erzogen hat, den Melesias und Stephanos, und auch diese übrigens gut unterrichtet, daß sie namentlich die besten Ringer waren in Athen. Denn den einen übergab er dem Xanthias, den andern dem Eudoros, welche damals für die vortrefflichsten Ringer galten. Oder erinnerst du dich dessen nicht?

ANYTOS: Gar wohl, vom Hörensagen.

33. Schluß: Die Tugend ist nicht lehrbar. Drohung des Anytos
SOKRATES: Ist nun nicht offenbar, daß dieser gewiß nicht seinen

d Söhnen nur darin, worin der Unterricht Aufwand erforderte, würde Lehrer gehalten haben, das aber, wozu es gar keines Aufwandes bedurfte, sie zu tüchtigen Männern zu machen, gerade dieses sie nicht würde gelehrt haben, wenn es lehrbar wäre? Aber vielleicht war Thukydides nur ein gemeiner Mann und hatte etwa nicht viel Freunde unter den Athenern und Bundesgenossen. Wohl war er aus einem großen Hause und vielvermögend in der Stadt und unter den andern Hellenen; so daß, wenn dies nur lehrbar wäre, er gewiß, um seine Söhne tugendhaft zu machen, einen ge-

e funden hätte unter den Einheimischen oder Fremden, wenn er selbst nicht Zeit hatte wegen der Geschäfte des Staates. Aber eben, lieber Anytos, die Tugend mag wohl nicht lehrbar sein.

ANYTOS: O Sokrates, du scheinst mir sehr leichthin schlecht von den Menschen zu reden. Ich nun möchte dir wohl raten, wenn du mir folgen willst, dich vorzusehen. Denn auch anderwärts mag es leichter sein, jemandem Böses anzutun als Gutes, hier in dieser

95a Stadt ist es gar vorzüglich leicht. Und ich denke, daß du das auch selbst weißt.

*34. Schwankende Meinung des Menon darüber, ob die Tugend
    lehrbar ist*
SOKRATES: O Menon, Anytos scheint mir böse zu sein. Das wundert mich auch nicht. Denn erstlich glaubt er, daß ich diese Män-

ner lästere, und dann hält er sich selbst auch für einen von ihnen. Allein, wenn er einmal einsehen wird, was es sagen will, Übles nachreden, dann wird er schon aufhören, böse zu sein, jetzt aber weiß er es nicht. Du aber sage mir, gibt es nicht auch bei euch gute und rechtschaffene Männer?

MENON: Allerdings.

SOKRATES: Wie nun? Werfen sich diese wohl zu Lehrern auf b für die Jugend und sagen, sie wären Lehrer und die Tugend lehrbar?

MENON: Nein, wahrlich nicht, sondern manchmal würdest du von ihnen hören, sie wäre lehrbar, manchmal auch wieder, sie wäre es nicht.

SOKRATES: Und die sollten wir als Lehrer in dieser Sache ansehen, die hierüber noch nicht einmal einig sind!

MENON: Nein, dünkt mich.

SOKRATES: Oder wie, diese Sophisten, die sich allein dafür ausgeben, dünken dich diese Lehrer der Tugend zu sein?

MENON: Eben das, Sokrates, bewundere ich so vorzüglich am c Gorgias, daß du ihn gewiß nie dergleichen versprechen hörst: vielmehr lacht er auch über die andern, wenn er sie es versprechen hört. Nur im Reden meint er andere stark machen zu können.

SOKRATES: Also auch du hältst die Sophisten nicht für Lehrer?

MENON: Ich kann nichts darüber sagen, Sokrates. Denn es ergeht mir wie den meisten; bisweilen glaube ich es, bisweilen auch wieder nicht.

SOKRATES: Und du weißt doch, daß nicht nur dir und andern Staatsmännern so bisweilen scheint, dies sei lehrbar, bisweilen auch wieder nicht; sondern auch der Dichter Theognis, weißt du d doch, sagt dasselbe.

MENON: In was für Versen?

35. Gegensätzliche Aussagen des Theognis über die Lehrbarkeit

SOKRATES: In den Elegien, wo er sagt:

Also zu denen beim Trunk und beim Mahle geselle dich, denen
Suche gefällig zu sein, welche die trefflichsten sind.
Denn von den Guten ist Gutes zu lernen, doch in der Gesellschaft

e   Schlechter verlierest du leicht auch den Verstand, den du hast.
     Merkst du wohl, daß er hier von der Tugend spricht, als wäre sie
     lehrbar?

MENON: Offenbar.

SOKRATES: Anderwärts aber weicht er davon ab und sagt:
«Ließ der Verstand sich machen und fest einpflanzen den Menschen, Großen und herrlichen Lohn trügen dann jene davon», die
dies verstünden; und «Nimmer aus gutem Geblüt würde dann
96a   einer verrucht, in heilbringender Zucht aufwachsend! Allein
     durch Belehrung schaffst du den schlechten Mann nimmer zum
     Guten dir um.» Siehst du, wie er hier über dieselbe Sache wie-
     derum das Gegenteil sagt?

MENON: Das ist klar.

SOKRATES: Kannst du nun wohl irgend etwas anderes nennen,
worin die, welche sich für Lehrer ausgeben, ich will nicht sagen:
nicht für Lehrer der andern anerkannt werden, sondern nicht einmal dafür, daß sie es selbst verstehen, vielmehr für untauglich in
b   eben der Sache, worin sie Lehrer zu sein behaupten? Und wie-
     derum wovon die, welche selbst für gut und tüchtig darin erkannt
     werden, bald sagen, die Sache sei lehrbar, bald wieder es leugnen?
     Und die in solcher Verwirrung wären über irgend etwas, die, wür-
     dest du behaupten, wären ganz eigentlich die Lehrer darin?

MENON: Beim Zeus, das möchte ich nicht.

36. Wenn es keine Lehrer der Tugend gibt, wie entstehen dann gute Menschen?

SOKRATES: Wenn also weder die Sophisten noch die, welche
selbst gut und rechtschaffen sind, Lehrer der Tugend sind: so gibt
es doch wohl offenbar auch keine anderen?

MENON: Nein, dünkt mich.

c   SOKRATES: Und wenn keine Lehrer, dann auch keine Schüler?

MENON: Das dünkt mich so zu sein, wie du sagst.

SOKRATES: Und darüber waren wir einig, daß etwas, worin es
weder Lehrer gäbe noch Schüler, auch nicht lehrbar wäre.

MENON: Darüber waren wir einig.

SOKRATES: Und es zeigen sich doch nirgends Lehrer der Tugend.

MENON: So ist es.

SOKRATES: Und wenn keine Lehrer, dann doch auch keine Schüler!

MENON: So scheint es.

SOKRATES: Also wäre die Tugend nicht lehrbar.

MENON: Es scheint nicht, wenn wir nämlich unsere Untersu- d chung richtig geführt haben. So daß ich mich wundere, Sokrates, ob es etwa überhaupt keine tugendhaften Männer gibt, oder welches wohl die Art und Weise ist, wie sie es werden.

SOKRATES: Wenigstens, Menon, scheint es fast, daß wir beide, ich und du, eben nicht sonderliche Leute sind und daß weder dich Gorgias gehörig unterrichtet hat noch mich Prodikos. Desto mehr also laß uns für uns selbst Sorge tragen und nachforschen, wer uns auf irgendeine Art doch besser machen kann. Ich sage dies näm- lich mit Bezug auf unsere bisherige Untersuchung, wobei uns lä- e cherlich genug entgangen ist, daß nicht dann allein, wenn die Er- kenntnis herrscht, die Angelegenheiten der Menschen richtig und gut gehen; weswegen uns vermutlich auch die Einsicht entgeht, auf welche Weise die Menschen tugendhaft werden.

MENON: Wie meinst du dies, Sokrates?

37. Die richtige Vorstellung (Meinung). Ihr Ausreichen zum Handeln

SOKRATES: So: Daß die tugendhaften Männer nützlich sein müs- sen, dieses haben wir doch wohl mit Recht zugegeben, daß es nicht 97 a anders sein könne. Nicht wahr?

MENON: Ja.

SOKRATES: Und daß sie nützlich sein werden, wenn sie richtig unsere Angelegenheiten leiten, auch das haben wir wohl mit Recht zugestanden?

MENON: Ja.

SOKRATES: Daß es aber einem nicht möglich ist, richtig zu lei- ten, der nicht Erkenntnis hat, dies mögen wir wohl nicht mit Recht festgesetzt haben.

MENON: Wie meinst du es dann mit dem «richtig»?

SOKRATES: Das will ich dir sagen. Wenn einer, der den Weg nach Larissa weiß, oder wohin du sonst willst, vorangeht und die andern führt, wird er sie nicht richtig und gut führen?

MENON: Gewiß.

b SOKRATES: Wie aber, wenn einer nur eine richtige Vorstellung davon hätte, welches der Weg wäre, ohne ihn jedoch gegangen zu sein oder ihn eigentlich zu wissen, wird nicht dennoch auch der richtig führen?

MENON: Allerdings.

SOKRATES: Und solange er nur eine richtige Vorstellung hat von dem, wovon der andere Erkenntnis: so wird er kein schlechterer Führer sein, er, der nur richtig vorstellt, als jener Wissende?

MENON: Freilich nicht.

SOKRATES: Wahre Vorstellung also ist zur Richtigkeit des Handelns keine schlechtere Führerin als wahre Einsicht. Und dies ist es nun eben, was wir vorhin übergangen haben bei unserer Untersuchung über die Tugend, wie sie wohl beschaffen wäre, als wir sag-
c ten, daß Einsicht allein führen müsse beim richtigen Handeln; dies tut aber auch richtige Vorstellung.

MENON: So scheint es.

SOKRATES: Richtige Vorstellung ist also nicht minder nützlich als Erkenntnis?

MENON: Außer jedoch um soviel, o Sokrates, daß, wer die Erkenntnis hat, immer zum Ziele trifft, wer aber die richtige Vorstellung, es bisweilen trifft, bisweilen auch fehlt.

38. Unterschied der richtigen Vorstellung von der Erkenntnis

SOKRATES: Wie sagst du? Wer immer die richtige Vorstellung hat, der sollte es nicht immer treffen, solange er doch richtig vorstellt?

MENON: Notwendig, das leuchtet ein; so daß ich mich wun-
d dere, o Sokrates, wenn sich dieses so verhält, weshalb denn doch die Erkenntnis um soviel höher geschätzt wird als die richtige Vorstellung, ja warum überhaupt die eine von ihnen etwas anderes ist und die andere wiederum etwas anderes.

SOKRATES: Weißt du auch schon, weshalb du dich wunderst? Oder soll ich es dir sagen?

MENON: Allerdings sage es mir.

SOKRATES: Weil du auf die Bildwerke des Daidalos nicht achtgegeben hast. Vielleicht aber habt ihr auch keine bei euch.

MENON: Worauf geht nur dieses?

SOKRATES: Weil auch diese, wenn sie nicht gebunden sind, davongehen und fliehen; sind sie aber gebunden, so bleiben sie.

MENON: Was also weiter? e

SOKRATES: Also ein losgebundenes Werk von ihm zu besitzen, das ist nicht eben sonderlich viel wert, gerade wie ein herumtreiberischer Mensch, denn es bleibt doch nicht, ein gebundenes aber ist viel wert, denn es sind gar schöne Werke. Worauf das nun geht? Auf die richtigen Vorstellungen. Denn auch die richtigen Vorstellungen sind eine schöne Sache, solange sie bleiben, und bewirken alles Gute; lange Zeit aber pflegen sie nicht zu bleiben, sondern 98a gehen davon aus der Seele des Menschen, so daß sie doch nicht viel wert sind, bis man sie bindet durch begründendes Denken. Und dies, Freund Menon, ist eben die Erinnerung, wie wir im vorigen zugestanden haben. Nachdem sie aber gebunden werden, werden sie zuerst Erkenntnisse und dann auch bleibend. Und deshalb nun ist die Erkenntnis höher zu schätzen als die richtige Vorstellung, und es unterscheidet sich eben durch das Gebundensein die Erkenntnis von der richtigen Vorstellung.

MENON: Beim Zeus, Sokrates, so etwas muß es auch sein.

39. Zusammenfassung: Die Tugend ist nicht lehrbar und nicht Erkenntnis

SOKRATES: Wiewohl ich auch dies keineswegs sage, als wüßte ich b es, sondern ich vermute es nur. Daß aber richtige Vorstellung und Erkenntnis etwas Verschiedenes sind, dies glaube ich nicht nur zu vermuten; sondern wenn ich irgend etwas behaupten möchte zu wissen, und nur von wenigem möchte ich dies behaupten, so würde ich als eines auch dies hierher setzen unter das, was ich weiß.

MENON: Und gewiß hast du recht daran, Sokrates.

SOKRATES: Und wie? Hierin nicht auch recht, daß nämlich, wenn richtige Vorstellung leitet, sie das Werk einer jeden Handlung nicht schlechter vollbringt als die Erkenntnis?

MENON: Auch das dünkt mich wahr zu sein.

SOKRATES: Also ist für das Handeln die richtige Vorstellung c um nichts schlechter oder weniger nützlich als die Erkenntnis, noch wer die richtige Vorstellung besitzt, als wer die Erkenntnis.

MENON: So ist es.

SOKRATES: Und der rechtschaffene Mann, das stand uns fest, ist nützlich?

MENON: Ja.

SOKRATES: Wenn nun nicht nur durch Erkenntnis die Menschen tugendhaft sind und den Staaten nützlich, die es eben sind, sondern auch durch richtige Vorstellung, und von beiden keines den Menschen von Natur beiwohnt, weder die Erkenntnis noch
d die richtige Vorstellung; auch keines von beiden erwerblich – oder denkst du, irgendeines von beiden sei schon von Natur vorhanden?

MENON: Nein, ich nicht.

SOKRATES: Wenn also nicht von Natur, so können auch die Guten es nicht von Natur sein?

MENON: Freilich nicht.

SOKRATES: Wenn aber nicht von Natur: so untersuchten wir demnächst, ob es lehrbar wäre.

MENON: Ja.

SOKRATES: Und lehrbar, glaubten wir, würde es, wenn die Tugend Einsicht wäre?

MENON: Ja.

SOKRATES: Und wenn sie lehrbar wäre, würde sie auch Einsicht sein?

MENON: Allerdings.

e SOKRATES: Und wenn es Lehrer für sie gäbe, würde sie lehrbar sein, wenn aber nicht, dann auch nicht lehrbar?

MENON: So war es.

SOKRATES: Allein wir kamen überein, es gäbe keine Lehrer für sie?

MENON: Richtig.

SOKRATES: Wir kamen also überein, daß sie weder lehrbar wäre noch Einsicht.

MENON: Allerdings.

SOKRATES: Aber daß sie gut wäre, stellten wir doch fest?

MENON: Ja.

SOKRATES: Und nützlich und gut wäre das richtig Leitende?

MENON: Freilich.

99a SOKRATES: Und richtig leiten könnten nur diese zwei allein, die wahre Vorstellung und die Erkenntnis, und der Mensch, der diese besitzt, leite richtig. Denn was durch Zufall wird, wird nicht durch menschliche Leitung; wodurch aber der Mensch Führer ist

zum Rechten, das seien nur diese beiden, die wahre Vorstellung
und die Erkenntnis?

MENON: So scheint es mir.

40. Göttlichkeit des vernunftlosen richtigen Handelns

SOKRATES: Wenn nun die Tugend nicht lehrbar ist: so ist sie auch
nicht mehr Erkenntnis.

MENON: Offenbar nicht.

SOKRATES: Von dem beiden, was gut und nützlich ist, löst sich b
also das eine ab, und im bürgerlichen Handeln wäre also die Erkenntnis nicht Führerin.

MENON: Nein, dünkt mich.

SOKRATES: Nicht also durch irgendeine Weisheit noch als
Weise haben diese Männer die Staaten geleitet, Themistokles und
die andern, die Anytos vorher anführte. Daher waren sie auch
nicht imstande, andere zu solchen zu machen, wie sie selbst sind,
da sie selbst nicht durch Erkenntnis solche waren.

MENON: Es scheint sich wohl so zu verhalten, Sokrates, wie du
sagst.

SOKRATES: Also wenn nicht durch Erkenntnis: so ist richtige
Vorstellung das Übrigbleibende, vermittels dessen die staatskun- c
digen Männer die Staaten verwalten, ohne, was wahre Einsicht
betrifft, besser daran zu sein als die Orakelsprecher und Wahrsager. Denn auch diese sagen viel Wahres, wissen aber nichts von
dem, was sie sagen.

MENON: So mag es wohl sein.

SOKRATES: Ist es nun nicht recht, Menon, diese Männer göttlich zu nennen, welche, ohne Vernunft zu gebrauchen, vielerlei
Großes richtig vollbringen von dem, was sie reden und tun?

MENON: Freilich.

SOKRATES: Mit Recht also würden wir sowohl die göttlich nennen, die wir eben erwähnten, die Orakelsprecher und Wahrsager, d
als auch alle Dichtenden: und auch den Staatsmännern könnten
wir nicht am unverdientesten unter diesen dasselbe beilegen, daß
sie göttlich sind und begeistert, angehaucht und bewohnt von dem
Gotte, wenn sie durch Reden viele große Geschäfte glücklich vollbringen, ohne etwas eigentlich zu wissen von dem, worüber sie
reden.

MENON: Allerdings wohl.

SOKRATES: Auch die Weiber, Menon, nennen ja tugendhafte Männer göttlich, und die Lakedaimonier, wenn sie einen preisen wollen als einen tugendhaften Mann, so sagen sie, das ist ein göttlicher Mann.

e MENON: Und es zeigt sich ja, daß es ganz recht gesagt ist, Sokrates; wiewohl Anytos dir vielleicht böse ist über die Rede.

41. Die Tugend als göttliche Schickung

SOKRATES: Das kümmert mich wenig. Und mit diesem, o Menon, wollen wir noch ein andermal reden. Wenn wir aber jetzt in unserer ganzen Untersuchung richtig zu Werke gegangen sind und geredet haben: so entstände die Tugend weder von Natur, noch wäre sie lehrbar, sondern durch göttliche Schickung wohnte sie

100a denen bei, und ohne Vernunft, denen sie beiwohnt. Es müßte denn einer von den staatskundigen Männern ein solcher sein, der auch vermöchte, einen andern zum Staatsmann zu machen. Gäbe es aber so einen, den möchte man fast als einen solchen unter den Lebenden beschreiben, wie Homeros sagt, daß Teiresias unter den Toten sei, daß er allein wahrnimmt, «denn andre sind flatternde Schatten». Denn gerade so verhielte sich auch dieser zu den andern, wie zu Schatten ein wirkliches Ding, in Beziehung auf die Tugend.

b MENON: Ganz vortrefflich, dünkt mich, redest du, Sokrates.

SOKRATES: Zufolge dieser Untersuchung also, o Menon, scheint die Tugend durch eine göttliche Schickung denen einzuwohnen, denen sie einwohnt. Das Bestimmtere darüber werden wir aber erst dann wissen, wenn wir, ehe wir fragen, auf welche Art und Weise die Menschen zur Tugend gelangen, zuvor an und für sich untersuchen, was die Tugend ist. Jetzt aber ist Zeit, daß ich wohin gehe. Du aber suche das, wovon du selbst überzeugt bist, auch deinem Gastfreund Anytos deutlich zu machen, damit

c er sanftmütiger werde. Denn wenn du ihn überzeugst, wirst du auch den Athenern nützlich sein.

HIPPIAS I
(Das größere Gespräch dieses Namens)

D. Schluß

1. *Vollkommenheit des Hippias in der Betreibung der Staatsgeschäfte*

SOKRATES: Hippias, du Herrlicher und Weiser, nach wie langer 281a
Zeit kommst du uns endlich einmal wieder nach Athen!

HIPPIAS: Ich hatte eben nicht Muße, Sokrates. Denn wenn Elis
irgend etwas auszurichten hat bei einer anderen Stadt, so kommt
sie immer unter allen Bürgern zuerst zu mir und wählt mich zum
Gesandten, weil sie mich für den besten Beurteiler und Berichter-
statter dessen hält, was von jeder Stadt vorgetragen wird. So bin b
ich schon oft auch zu andern Städten abgeschickt worden, am
meisten aber und in den meisten und wichtigsten Angelegenheiten
nach Lakedaimon. Daher komme ich denn, was dich wundert,
nicht häufig in diese Gegenden.

SOKRATES: Soviel hat es auf sich, Hippias, in der Tat ein weiser
und vollkommener Mann zu sein! Denn du kannst sowohl für
dich viel Geld von den jungen Leuten nehmen, wofür du ihnen
doch noch mehr leistest als du nimmst, als auch wiederum in öffentlichen Angelegenheiten vermagst du deiner Vaterstadt nütz- c
lich zu sein, wie es der muß, der nicht gering geschätzt werden
will, sondern in großem Ansehen stehen bei den Leuten. Jedoch, o
Hippias, was mag wohl die Ursache sein, daß jene Alten, deren
Namen so hoch berühmt sind ihrer Weisheit wegen, Pittakos und
Bias und Thales, der Milesier, und auch noch die späteren bis auf
den Anaxagoras herab entweder alle oder doch die meisten sich
aller Staatsgeschäfte enthalten zu haben scheinen?

HIPPIAS: Was anders meinst du wohl, Sokrates, als daß sie
nicht fähig dazu waren und nicht geschickt, beides mit ihrer Ein- d
sicht zu umfassen, die gemeinsamen Angelegenheiten und ihre besonderen?

2. *Fortschritt der sophistischen Kunst gegenüber der alten Weisheit*

SOKRATES: Also, beim Zeus, sollen wir, wie die anderen Künste zugenommen haben und mit den heutigen Meistern verglichen die alten nur schlecht sind, eben so auch von eurer, der Sophisten, Kunst sagen, daß sie fortgeschritten ist und daß die alten Weisen gegen euch nur schlecht sind?

HIPPIAS: Allerdings, vollkommen richtig ist das.

SOKRATES: Wenn uns also jetzt Bias wiederauflebte, so würde er lächerlich erscheinen neben euch; eben wie die Bildhauer sagen, daß, wenn Dädalos jetzt lebte und dergleichen Werke bildete, als durch welche er berühmt geworden ist, man ihn auslachen würde.

HIPPIAS: Es verhält sich allerdings, Sokrates, so wie du sagst. Indes pflege ich meinesteils die Alten und die vor uns waren, auch vor den jetzigen und mehr als sie zu preisen, aus Scheu vor der Abgunst der Lebenden und aus Furcht vor dem Zorn der Verstorbenen.

SOKRATES: Ganz richtig, o Hippias, meinst und bedenkst du es, wie mir scheint. Und ich muß es dir bezeugen, daß du Recht hast und daß eure Kunst wirklich so weit fortgeschritten ist, daß ihr nun auch die öffentlichen Angelegenheiten zu behandeln versteht neben euren eigenen. Denn da ist der Sophist Gorgias der Leontiner hierher gekommen von Staats wegen, von Hause als Gesandter, also doch als der tüchtigste unter allen Leontinern, um die öffentlichen Angelegenheiten zu betreiben, und hat sich sowohl den Ruhm erworben, vor dem Volke ganz vortrefflich gesprochen zu haben, als auch dadurch, daß er sich anderwärts hören läßt und den Jünglingen Unterricht gibt, viel Geld verdient und empfangen in dieser Stadt. Auch, wenn du willst, unser Freund Prodikos ist nicht nur sonst öfters in öffentlichen Angelegenheiten hier gewesen, sondern auch noch das letztemal kam er erst neulich von Staats wegen aus Kea und hat sich nicht nur durch eine Rede vor dem Rate großen Ruhm erworben, sondern ebenfalls auch vor andern sich hören lassen und die Jünglinge um sich versammelt und damit wer weiß wieviel Geld gewonnen. Von jenen Alten aber begehrte keiner, je Geld zu verdienen als Lohn, noch auch sich hören zu lassen vor allerlei Leuten mit seiner Weisheit. So einfältig waren sie und merkten nicht einmal, wieviel das Geld wert wäre. Diese beiden aber haben jeder mehr Geld mit ihrer Weisheit verdient als irgendein anderer Meister welcher Kunst du willst, und noch vor ihnen Protagoras ebenfalls.

3. Gelderwerb als Weisheitskriterium

HIPPIAS: Du weißt noch gar nicht das Rechte von dieser Sache, Sokrates. Denn wenn du wüßtest, wieviel Geld ich verdient habe, würdest du dich erst wundern. Anderes übergehe ich, aber ich kam einst nach Sizilien, als eben Protagoras sich dort aufhielt, der e sehr berühmt und älter war als ich, und dort habe ich, der viel jüngere, in ganz kurzer Zeit mehr als hundert und fünfzig Minen verdient, ja in einem einzigen, ganz kleinen Städtchen, Inykos, mehr als zwanzig Minen. Und dies brachte ich mit nach Hause, als ich zurückkam, und gab es meinem Vater, so daß er und alle meine Landsleute sich wunderten und erstaunten. Ja ich glaube, daß ich mehr Geld verdient habe als welche zwei Sophisten du sonst willst zusammen.

SOKRATES: Das ist ja ein herrlicher und großer Beweis der Weisheit, Hippias, deiner eigenen sowohl wie überhaupt der unserer jetzigen Männer, wie weit sie die Alten übertreffen. Denn die 283a früheren beschreibt man doch als sehr dumm nach deiner Rede. Gleich dem Anaxagoras, sagt man, sei ganz das Gegenteil begegnet wie euch; er habe nämlich ein großes Vermögen, was ihm hinterlassen worden, ganz vernachlässigt und alles verloren, so unverständig habe er die Weisheit getrieben. Und ähnliches erzählt man auch von andern unter den Alten. Dies dünkt mich also ein schöner Beweis, den du beibringst für die heutige Weisheit im Vergleich mit der früheren, und viele sind gewiß derselben Meinung, daß nämlich der Weise vorzüglich für sich selbst weise sein b müsse. Und davon ist ja die natürliche Erklärung, wer das meiste Geld verdient.

4. a) Problem der Ablehnung der sophistischen Kunst in Lakedaimon

Doch hiervon sei es nun genug. Das sage mir aber, wo hast du wohl das meiste Geld verdient unter allen Städten, in die du zu gehen pflegst? Doch wohl gewiß in Lakedaimon, wo du auch am häufigsten warst?

HIPPIAS: Nein, beim Zeus, Sokrates.

SOKRATES: Wie denn? Wohl gar am wenigsten?

c HIPPIAS: Ganz und gar nichts jemals.

SOKRATES: Wunderbar ist ja das und unbegreiflich, o Hippias.
Denn sage mir doch, ist deine Weisheit nicht eine solche, daß sie
die, welche mit ihr umgehen und sie erlernen, in der Tugend wei-
terbringt?

HIPPIAS: Gar sehr, Sokrates.

SOKRATES: Also der Inykiner Söhne konntest du wohl besser
machen, bei den Spartanern aber vermochtest du es nicht?

HIPPIAS: Das nun ganz und gar nicht.

SOKRATES: Also haben wohl die Sizilier Lust, besser zu werden,
die Lakedaimonier aber nicht?

d HIPPIAS: Auf alle Weise, o Sokrates, auch die Lakedaimonier.

SOKRATES: So vermieden sie wohl aus Geldmangel deinen Umgang?

HIPPIAS: Keineswegs; denn davon haben sie genug.

SOKRATES: Was kann das also wohl sein, daß, obschon sie Lust
haben und auch Geld und du im Stande bist, ihnen den größten
Nutzen zu schaffen, sie dich nicht mit Geld beladen entlassen?
Aber wie ist es damit, ob nicht die Lakedaimonier ihre Söhne
selbst besser als du unterrichten mögen? Oder wollen wir dies so
erklären, und gibst du es zu?

e HIPPIAS: Nicht im mindesten.

SOKRATES: Warst du nun in Lakedaimon nicht im Stande, die
jungen Leute zu überreden, daß sie durch den Umgang mit dir
bessere Fortschritte in der Tugend machen würden als durch den
mit den Ihrigen, oder vermochtest du nicht ihre Väter zu überreden, daß sie lieber dir ihre Söhne übergeben müßten, als sich ihrer
selbst annehmen, wenn ihnen irgend an ihnen gelegen wäre? Denn
mißgönnt werden sie es doch wohl ihren Söhnen nicht haben, daß
sie so vortrefflich würden als möglich?

HIPPIAS: Das glaube ich wohl nicht, daß sie es ihnen mißgönn-
ten!

SOKRATES: Und gut regiert ist doch Lakedaimon?

HIPPIAS: Wie sollte es nicht.

284a SOKRATES: Und in wohl regierten Staaten ist doch das Allerge-
achtetste die Tugend?

HIPPIAS: Freilich.

SOKRATES: Und eben sie verstehst du besser als irgend jemand anderen Menschen beizubringen?

HIPPIAS: Bei weitem besser, Sokrates.

4. b) Ist die fremde Erziehung in Sparta «ungesetzlich»?

SOKRATES: Wer nun am besten verstände, die Reitkunst zu lehren, würde der nicht unter allen hellenischen Ländern am meisten in Thessalien geehrt und belohnt werden, und so man sich sonst auf diese Sache vorzüglich legte?

HIPPIAS: Wahrscheinlich doch.

SOKRATES: Und wer diejenigen Kenntnisse beizubringen weiß, die am meisten förderlich sind zur Tugend, der wird nicht in Lakedaimon am meisten geehrt werden und das meiste Geld verdienen, wenn er will, und in anderen hellenischen Städten, welche gut regiert werden, sondern mehr, meinst du, in Sizilien, Freund, und in Inykos? Das sollen wir glauben, Hippias? Denn wenn du es befiehlst, muß man es glauben. b

HIPPIAS: Es ist eben nicht hergebracht bei den Lakedaimoniern, o Sokrates, an ihren Einrichtungen zu rühren oder anders als nach der bestehenden Weise ihre Söhne zu unterrichten.

SOKRATES: Wie sagst du? Es ist nicht hergebracht bei den Lakedaimoniern, richtig zu handeln, sondern Fehler zu begehen? c

HIPPIAS: Das möchte ich nicht behaupten, Sokrates.

SOKRATES: Würden sie denn nicht richtig handeln, wenn sie ihre jungen Leute besser und nicht schlechter unterrichteten?

HIPPIAS: Richtig allerdings: allein einen ausländischen Unterricht zu geben ist bei ihnen nicht gesetzlich. Denn das wisse nur, wenn irgend jemand jemals dort mit dem Unterricht der Jugend Geld verdient hätte, so würde ich bei weitem das meiste verdient haben. Sie mögen mich wenigstens sehr gern reden hören und loben mich. Aber wie gesagt, das Gesetz gestattet es nicht.

SOKRATES: Das Gesetz aber, Hippias, meinst du denn, das sei ein Verderben für den Staat oder ein Nutzen? d

HIPPIAS: Gegeben wird das Gesetz, glaube ich, allerdings des Nutzens wegen, bisweilen aber schadet doch, wenn es schlecht gegeben wird, auch das Gesetz.

SOKRATES: Wie? Die die Gesetze anordnen, setzen die sie nicht

ein als das größte Gut für den Staat, und ist es nicht ohne dieses
unmöglich, in guter Ordnung zu leben?
HIPPIAS: Ganz recht.
SOKRATES: Wenn also die, welche unternehmen, Gesetze zu
geben, das Gute verfehlen, so haben sie ja auch das Gesetz und das
Gesetzliche verfehlt. Oder wie meinst du?

e   HIPPIAS: Wenn man es recht genau nimmt, Sokrates, ist es al-
lerdings so; allein die Menschen pflegen doch nicht so zu reden.
SOKRATES: Welche, Hippias, die Kundigen oder die Unkundi-
gen?
HIPPIAS: Die Leute.
SOKRATES: Sind diese wohl des Wahren kundig, die Leute?
HIPPIAS: Wohl nicht.
SOKRATES: Aber die Kundigen werden doch wohl gewiß das
Nützlichere für in Wahrheit gesetzmäßiger als das Unnützere hal-
ten, und zwar für alle Menschen. Oder gibst du das nicht zu?
HIPPIAS: Für in Wahrheit gesetzmäßiger, ja das gebe ich zu.
SOKRATES: Und es ist doch und verhält sich wirklich so, wie die
Kundigen dafür halten?
HIPPIAS: Allerdings.

4. c) Anteilnahme der Spartaner an den Altertümern

SOKRATES: Nun ist es ja aber für die Lakedaimonier, wie du be-
285a   hauptest, nützlicher, nach deiner, obgleich ausländischen Anweisung erzogen zu werden, als nach der einheimischen.
HIPPIAS: Und darin habe ich gewiß recht.
SOKRATES: Und daß das Nützlichere auch das Gesetzmäßigere
ist, auch dieses behauptest du, Hippias?
HIPPIAS: Das sagte ich.
SOKRATES: Nach deiner Rede also ist es für die Söhne der Lakedaimonier auch gesetzmäßiger, von dem Hippias unterwiesen zu
werden, von ihren Vätern aber, das wäre das Gesetzwidrigere,
wenn sie doch in der Tat durch dich werden besser gefördert werden.
HIPPIAS: Das werden sie wahrlich besser, Sokrates.

b   SOKRATES: Gesetzwidrig also handeln die Lakedaimonier,
wenn sie dir nicht Geld geben und dir ihre Söhne überlassen.
HIPPIAS: Das gebe ich zu; denn du scheinst zu meinem Vorteil
zu reden, und dem darf ich ja nicht widersprechen.

SOKRATES: Als gesetzwidrige also finden wir die Lakedaimonier, und zwar in den wichtigsten Dingen, obwohl sie doch sonst für die Rechtlichsten gelten. Und dich also, bei den Göttern, loben sie, o Hippias, und hören dich gern reden, wovon doch? Oder gewiß davon, was du am besten verstehst, von den Sternen und c dem, was am Himmel vorgeht?

HIPPIAS: Keineswegs. Das mögen sie gar nicht leiden.

SOKRATES: Aber von der Meßkunst mögen sie gern etwas hören?

HIPPIAS: Mitnichten. Denn viele von ihnen, um es mit einem Worte zu sagen, können nicht einmal zählen.

SOKRATES: Daran ist also nicht zu denken, daß sie dir zuhören sollten, wenn du dich in schwierigen Rechnungen zeigtest?

HIPPIAS: Gar nicht, beim Zeus.

SOKRATES: Aber jenes, was unter allen Menschen du am genauesten zu bestimmen verstehst, von den Eigenschaften der d Buchstaben und Silben, der Tonverhältnisse und Silbenmaße?

HIPPIAS: Was sprichst du Guter von Tonverhältnissen und Buchstaben?

SOKRATES: Aber was ist es denn, wobei sie dir gern zuhören und weshalb sie dich loben? Sage es mir doch selbst, da ich es nicht finde.

HIPPIAS: Wenn ich ihnen spreche von den Geschlechtern der Heroen sowohl als der Menschen, und von den Niederlassungen, wie vor alters die Städte sind angelegt worden, und alles überhaupt, was zu den Altertümern gehört, das hören sie am liebsten; so daß ich um ihretwillen genötigt worden bin, dergleichen Dinge e zu erforschen und einzulernen.

SOKRATES: Beim Zeus, Hippias, da ist es ja ein Glück für dich, daß es den Lakedaimoniern nicht auch Vergnügen macht, wenn ihnen jemand alle unsere Archonten, vom Solon an, herzählt. Denn sonst hättest du viel Mühe, um sie zu lernen.

HIPPIAS: Woher, Sokrates? Wenn ich fünfzig Namen einmal höre, will ich sie behalten.

5. Beispiel einer Rede des Hippias über schöne Fertigkeiten

SOKRATES: Das ist wahr! Ich bedachte nicht, daß du auch die Gedächtniskunst besitzt, und merke nun wohl, daß die Lakedai-

286a monier recht haben, dich gern zu hören, da du soviel weißt, und
daß sie sich deiner bedienen, wie die Kinder der alten Mütterchen,
um ihnen allerlei Anmutiges zu erzählen.

HIPPIAS: Ja, aber beim Zeus, Sokrates, auch von allen löb-
lichen und schönen Kenntnissen und Fertigkeiten, deren sich die
Jugend befleißigen müsse, habe ich noch neulich dort mit großem
Ruhme gesprochen. Denn ich habe eine gar herrliche Rede darüber aufgesetzt, die auch sonst, besonders aber was die Worte betrifft, vortrefflich gestellt ist. Die Einkleidung und der Anfang der
Rede aber ist so: Nachdem Troja eingenommen worden, heißt es
b in der Rede, habe Neoptolemos den Nestor gefragt, welches die
rechten Übungen wären, die ein junger Mann üben müsse, um zu
großem Ruhme zu gelangen. Darauf wird denn Nestor redend ein-
geführt und gibt ihm gar viel Löbliches und gar Schönes an die
Hand. Diese Rede habe ich dort vorgetragen und werde sie auch
hier übermorgen vortragen in des Pheidostratos Schule, und noch
viel anderes Hörenswürdiges. Denn Eudikos, der Sohn des Apemantos, hat mich hierum gebeten. Stelle du dich nur auch ein und
c bringe noch andere mit, die auch imstande sind, was geredet wird
zu beurteilen.

6. Frage nach dem Wesen des Schönen
SOKRATES: Das soll geschehen, so Gott will, Hippias. Jetzt aber
beantworte mir nur ein weniges hiervon, was du mir gar zur schönen Stunde in Erinnerung gebracht hast. Denn neulich, bester
Mann, hat mich einer recht in Verlegenheit gesetzt, als ich an gewissen Reden einiges tadelte als schlecht, anderes lobte als schön,
indem er mich, und das ganz spöttisch, so etwa fragte: Aber
d woher, Sokrates, weißt du denn, was schön ist und was schlecht?
Denn sprich, könntest du wohl sagen, was das Schöne ist? Da
ward ich mit meiner Unfähigkeit verlegen und wußte nicht gehöri-
gerweise zu antworten. Wie ich nun weggegangen war aus der
Versammlung, schmähte und zürnte ich mir selbst und drohte,
daß, wo ich zuerst einem von euch Weisen begegnete, den wollte
ich hierüber hören, und wenn ich es wohl aufgefaßt und durchge-
dacht hätte, wollte ich wieder zu dem Frager hingehen, um die
Rede durchzufechten. Nun kamst du mir also, wie gesagt, ganz
gelegen, und belehre mich nur gründlich über das Schöne selbst,

was es ist, und suche es mir so genau als möglich zu beantworten,   e
damit ich nicht, wenn ich das zweite Mal wieder zu Schanden
werde, mir Gelächter bereite. Denn du weißt es gewiß genau, und
es ist wohl nur etwas Geringes unter den vielen Kenntnissen, die
du besitzt.

HIPPIAS: Etwas gar Geringes, o Sokrates, und nichts wert, muß
ich dir sagen.

SOKRATES: Also werde ich es leicht lernen, und niemand wird
mich mehr widerlegen.

HIPPIAS: Niemand gewiß, sonst stände es mit meiner Sache
schlecht und es wäre gar nichts damit.   287a

SOKRATES: Herrlich, bei der Hera, Hippias, wenn wir den
Mann bezwängen. Aber hindert es dich wohl nicht, wenn ich es
jenem nachtue und, wenn du mir geantwortet hast, der Rede
etwas anzuhaben suche, damit du es mir desto gründlicher beibringst? Denn vielleicht verstehe ich mich etwas auf Einwendungen; wenn es dir also keinen Unterschied macht, so will ich dir
Einwendungen machen, damit ich desto fester und sicherer werde
in der Sache.

HIPPIAS: Tue das nur. Denn, wie ich schon sagte, diese Frage
ist gar nichts Großes, und ich wollte dich viel Schwereres als dieses   b
beantworten lehren, so daß dich kein Mensch sollte widerlegen
können.

7. Erste Definition des Hippias durch Beispiele. Unterschied zwischen den Fragen «Was ist schön?» und «Was ist das Schöne?»

SOKRATES: O welche herrliche Verheißung! Wohlan denn, weil
du es so willst, so lasse mich so gut als möglich jenen vorstellen
und versuchen, dich zu fragen. Wenn du ihm also jene Rede vorgetragen hättest, deren du erwähnst, die von den schönen Übungen
und Kenntnissen; so würde er dich, wenn du geendigt hättest,
nach nichts anderem eher fragen als eben nach dem Schönen, denn
das ist so seine Art, und würde sagen: O Fremdling aus Elis, sind   c
nicht die Gerechten durch die Gerechtigkeit gerecht? Antworte
also, Hippias, als ob jener dich fragte.

HIPPIAS: Ich werde antworten, allerdings durch die Gerechtigkeit.

SOKRATES: Also ist dieses doch etwas, die Gerechtigkeit?

HIPPIAS: Freilich.

SOKRATES: Und die Weisen sind durch die Weisheit weise, und alles Gute durch das Gute gut?

HIPPIAS: Wie anders?

SOKRATES: So nämlich, daß dieses alles etwas ist, und keineswegs doch, daß es nichts wäre?

HIPPIAS: Freilich, daß es etwas ist!

SOKRATES: Ist also nicht auch alles Schöne durch das Schöne schön?

d   HIPPIAS: Ja, durch das Schöne.

SOKRATES: Welches also doch auch etwas ist?

HIPPIAS: Allerdings etwas. Aber was will er nur?

SOKRATES: So sage mir denn, Fremdling, wird er sprechen, was ist denn dieses, das Schöne?

HIPPIAS: Will der nun nicht wissen, wer dieses fragt, Sokrates, was schön ist?

SOKRATES: Nein, dünkt mich; sondern was das Schöne ist, Hippias.

HIPPIAS: Und wie ist denn dies verschieden von jenem?

SOKRATES: Dünkt es dich etwa gar nicht verschieden?

HIPPIAS: Nein, gar nicht.

SOKRATES: Du weißt es freilich gewiß besser. Indessen sieh nur,
e   Guter, er fragt dich ja nicht, was schön ist, sondern was das Schöne ist.

HIPPIAS: Ich verstehe, Guter, und will ihm beantworten, was das Schöne ist, und er soll gewiß nichts dagegen haben. Nämlich wisse nur, Sokrates, wenn ich es dir recht sagen soll, ein schönes Mädchen ist schön.

SOKRATES: Herrlich, o Hippias, beim Zeus, und sehr annehmlich hast du geantwortet. Also nicht wahr, wenn ich dies antworte,
288a   werde ich die Frage beantwortet haben, und zwar richtig, und werde nicht widerlegt werden?

HIPPIAS: Wie sollte dir wohl widerlegt werden, o Sokrates, was alle ebenso meinen und wovon dir alle, die es hören, bezeugen werden, daß es recht ist?

SOKRATES: Wohl! Freilich auch! Aber laß mich doch, Hippias, noch einmal für mich selbst überdenken, was du sagst. Jener wird mich so ungefähr fragen: Komm, Sokrates, und antworte mir. Alles das, was du schön nennst, wenn das Schöne selbst was doch ist, wird es schön sein? Und darauf werde ich antworten, wenn eine schöne Jungfrau schön ist, dann ist das, wodurch alles jenes schön ist.

HIPPIAS: Glaubst du also, er werde wagen, dich zu widerlegen, b daß das nicht schön ist, was du anführst, oder wenn er es wagte, werde er sich nicht lächerlich machen?

SOKRATES: Daß er es wagen wird, Bester, weiß ich gewiß, ob er sich aber, wenn er es wagt, lächerlich machen wird, das muß die Sache zeigen. Was er indessen sprechen wird, will ich dir wohl sagen.

HIPPIAS: So sage es denn.

8. Mannigfaltigkeit und Relativität des Einzelschönen

SOKRATES: Wie sinnreich du bist, Sokrates, wird er sagen. Eine schöne Stute aber, ist die nicht schön, die doch der Gott selbst im Orakel gelobt hat? Was sollen wir sagen, Hippias? Müssen wir c nicht sagen, auch eine Stute sei schön, eine schöne nämlich? Denn wie wollten wir es wagen zu leugnen, daß etwas Schönes schön sei?

HIPPIAS: Du hast recht, Sokrates, und ganz richtig hat auch der Gott dieses gesagt. Denn sehr schöne Stuten gibt es bei uns.

SOKRATES: Wohl, wird er also sagen. Aber wie eine schöne Leier, ist die nicht schön? Sollen wir es bejahen, Hippias?

HIPPIAS: Ja.

SOKRATES: Darauf – ich kann es mir recht denken, denn ich kenne seine Weise – wird er sagen: Aber, du Bester, wie eine schöne Kanne? Ist die nicht schön?

HIPPIAS: O Sokrates, wer ist der Mensch? Wie ungeschliffen d muß er sein, daß er so gemeine Dinge vorzubringen wagt bei einer ernsthaften Sache.

SOKRATES: Es ist eben so einer, Hippias, gar kein feiner Mann, sondern so aus dem Haufen, der sich um nichts kümmert als um das Wahre. Aber antworten müssen wir ihm doch schon, und also trage ich vor: Wenn die Kanne von einem guten Töpfer gedreht ist, hübsch glatt und rund, und dann schön gebrannt, wie es solche schönen zweihenkligen Kannen gibt, von denen, die sechs Maß

halten, welche sehr schön sind, wenn er eine solche Kanne meint,
e werden wir wohl gestehen müssen, daß sie schön ist, denn wie
sollten wir sagen, daß etwas Schönes nicht schön sei?

HIPPIAS: Das wollen wir auch nicht, Sokrates.

SOKRATES: Also, wird er sagen, auch eine schöne Kanne ist
schön? Antworte!

HIPPIAS: Allein, o Sokrates, es verhält sich, glaube ich, so.
Auch ein solches Gefäß ist freilich schön, wenn es schön gearbeitet
ist; aber die ganze Sache verdient nicht, mitgerechnet zu werden
als etwas Schönes im Vergleich mit Pferden, Mädchen und allem
sonstigen Schönen.

289a SOKRATES: Wohl! Nun verstehe ich, Hippias, daß wir dem,
welcher dergleichen fragt, so entgegnen müssen: Weißt du denn
nicht, Mensch, daß Herakleitos recht hat, daß der schönste Affe
häßlich ist, mit dem menschlichen Geschlecht verglichen? Und so
ist auch die schönste Kanne häßlich, mit Mädchen verglichen, wie
der weise Hippias sagt. Nicht so, Hippias?

HIPPIAS: Ganz vortrefflich, o Sokrates, hast du geantwortet.

SOKRATES: Höre nur. Hierauf nämlich, weiß ich gewiß, wird er
sagen: Wie aber, Sokrates, wenn jemand nun die Mädchen im
b allgemeinen mit den Göttinnen vergliche, wird es ihnen nicht
ebenso ergehen wie den Kannen im Vergleich mit den Mädchen?
Wird nicht das schönste Mädchen häßlich erscheinen? Oder sagt
nicht Herakleitos, den du selbst angeführt hast, gerade dieses, daß
der weiseste Mensch gegen Gott nur als ein Affe erscheinen wird,
sowohl an Weisheit als an Schönheit und allem übrigen? Sollen
wir das zugeben, Hippias, daß das schönste Mädchen, mit Göttinnen verglichen, häßlich ist?

HIPPIAS: Wer könnte dem wohl widersprechen, Sokrates?

c SOKRATES: Wenn wir ihm nun das zugeben, wird er lachen und
sagen: Besinnst du dich wohl, Sokrates, was du gefragt worden
bist? – Freilich, werde ich sagen, was nämlich das Schöne selbst
eigentlich ist. – Und also, wird er sagen, nach dem Schönen gefragt
antwortest du etwas, was, wie du selbst sagst, um nichts mehr
schön ist als häßlich? – Das scheint freilich, werde ich sagen. Oder
was rätst du mir, Lieber, daß ich sagen soll?

HIPPIAS: Dasselbe, rate ich. Denn daß das menschliche Geschlecht im Vergleich mit den Göttern nicht schön ist, darin hat er
ganz recht.

SOKRATES: Wenn ich dich nun von Anfang an gefragt hätte, wird er sagen, was ist wohl schön und auch häßlich, und du hättest d mir ebenso geantwortet, hättest du dann nicht recht geantwortet? Und dünkt dich noch immer das Schöne selbst, wodurch alles andere geschmückt wird und als schön erscheint, wenn jener Begriff ihm zukommt, dünkt dich das noch immer ein Mädchen zu sein oder ein Pferd oder eine Leier?

9. *Zweite Definition des Hippias: Bestimmung des Schönen durch ein allgemein schönes Material*

HIPPIAS: Aber, Sokrates, wenn er danach fragt, das ist ja am allerleichtesten zu beantworten, was das Schöne ist, wodurch alles geschmückt wird und, wenn jenes ihm zukommt, als schön erscheint. Der Mensch ist gewiß ganz einfältig und versteht nichts e von schönen Sachen. Denn wenn du ihm antwortest: Dieses Schöne, wonach du fragst, ist nichts anderes als das Gold, so wird er in die Enge gebracht sein und nicht weiter versuchen, dich zu widerlegen. Denn das wissen wir ja alle, daß, wo dieses nur hinkommt, alles, wenn es auch vorher noch so häßlich war, schön erscheint, wenn es durch Gold geschmückt ist.

SOKRATES: Du kennst den Mann nicht, Hippias, wie unartig er ist und nicht leicht etwas annimmt.

HIPPIAS: Wieso das, Sokrates? Denn was richtig gesagt ist, muß er doch annehmen, oder wenn er es nicht annimmt, macht er 290a sich lächerlich.

SOKRATES: Doch aber wird er gewiß diese Antwort, o Bester, nicht nur nicht annehmen, sondern mich gar verspotten und sagen: Du ganz Vernagelter, hältst du etwa den Pheidias für einen schlechten Meister? – Da werde ich, denke ich, sagen, das täte ich keineswegs.

HIPPIAS: Und daran wirst du ganz recht sagen, o Sokrates.

SOKRATES: Ganz recht freilich. Aber wenn ich dann zugegeben habe, daß Pheidias ein trefflicher Künstler ist, wird jener sagen: Und du glaubst also, daß Pheidias das Schöne, was du mir nennst, b nicht gekannt habe? – Da werde ich fragen, wieso? – Weil er, so wird er antworten, seiner Athene die Augen nicht golden gemacht hat, auch sonst weder das Angesicht noch Hände, noch Füße, wenn es doch golden am schönsten würde erschienen sein, sondern elfenbeinern. Offenbar hat er das aus Einfalt verfehlt, weil er nicht wußte, daß Gold das ist, was alles schön macht, wo es hinkommt. Wenn er nun das sagt, was sollen wir ihm antworten, Hippias?

c   HIPPIAS: Das ist nicht schwer. Wir wollen sagen, er hätte recht getan. Denn Elfenbeinernes, denke ich, ist auch schön.

SOKRATES: Weshalb aber, wird er dann sagen, hat er nicht das Innere der Augen auch elfenbeinern gemacht, sondern steinern, und einen soviel nur möglich dem Elfenbein ähnlichen Stein dazu aufgefunden? Ist etwa auch ein schöner Stein schön? Sollen wir das bejahen, Hippias?

HIPPIAS: Wir wollen es bejahen, wenn er nämlich schicklich ist.

SOKRATES: Wenn aber nicht schicklich, dann häßlich? Soll ich das zugeben oder nicht?

HIPPIAS: Gib es zu, wenn er nicht schicklich ist.

d   SOKRATES: Wie aber das Elfenbein und das Gold, wird er sagen, du Weiser, werden nicht auch diese nur, wenn sie sich schikken, machen, daß etwas schön erscheint, wenn aber nicht, häßlich? – Wollen wir das leugnen oder wollen wir gestehen, daran habe er recht?

HIPPIAS: Das können wir ja zugeben, das, was sich für jedes schickt, das macht jedes schön.

SOKRATES: Wenn nun aber jemand, wird er sagen, in der schönen Kanne, von der wir vorher sprachen, schönen Hirsebrei kocht, schickt sich dann ein goldener Quirl hinein oder einer von Feigenholz?

10. *Abhängigkeit des Schönen vom Schicklichen*

HIPPIAS: Herakles, was für ein Mensch ist das, Sokrates! Willst
e   du mir nicht sagen, wer er ist?

SOKRATES: Du kennst ihn ja doch nicht, wenn ich dir auch den Namen sage.

HIPPIAS: Dafür kenne ich ihn nun doch schon, daß es ein dummer Mensch ist.

SOKRATES: Krittelich ist er gar sehr, Hippias. Aber doch, welcher Quirl, wollen wir sagen, schicke sich für den Hirsebrei und die Kanne? Offenbar doch der von Feigenholz? Denn er gibt nicht nur dem Hirsebrei einen besseren Geruch, Freund, sondern zugleich sind wir auch sicher, daß er uns nicht die Kanne zerschlägt und den Hirsebrei verschüttet und das Feuer auslöscht und die, welche bewirtet werden sollen, um ein gar schönes Gemüse bringt. Der goldene aber könnte das alles tun, so daß mich dünkt, wir müssen sagen, der Quirl von Feigenholz schicke sich besser als der goldene, wenn du nicht etwas anderes meinst.   291 a

HIPPIAS: Freilich schickt sich der besser, Sokrates; aber ich möchte doch mit einem Menschen kein Gespräch führen, der nach solchen Dingen fragt.

SOKRATES: Da hast du auch recht, Lieber. Denn für dich schickt es sich wohl nicht, dich mit solchen Wörtern zu befassen, der du so schön bekleidet bist und so schön beschuht und berühmt in jeder Art von Weisheit unter allen Hellenen, mir aber macht es nichts aus, mich mit dem Menschen abzugeben. Lehre du mich b also nur ein und antworte mir zuliebe. – Wenn also der von Feigenholz sich besser schickt als der goldene, wird der Mensch sagen, so muß er ja wohl auch schöner sein, da du ja einmal zugegeben hast, o Sokrates, daß das Schickliche schöner ist als das nicht Schickliche? Also wollen wir zugeben, Hippias, der von Feigenholz sei schöner als der goldene?

HIPPIAS: Soll ich dir sagen, Sokrates, was du sagen mußt, daß das Schöne sei, um ihn von allen diesen Weitläufigkeiten abzubringen?

SOKRATES: Allerdings; nur ja nicht, bevor du mir erst gesagt c hast, welcher von den beiden Quirlen, von denen ich vorhin sagte, ich antworten soll, daß der schicklichere und der schönere sei?

HIPPIAS: Wenn du willst, so antworte ihm denn, der aus Feigenholz gearbeitete.

SOKRATES: Nun sage mir also, was du eben sagen wolltest. Denn aus dieser Antwort, die ich geben soll, daß das Schöne Gold sei, kommt mir, wie es scheint, heraus, daß Gold um nichts schöner ist als ein Stück Feigenholz. Jetzt aber, was willst du wiederum erklären, daß das Schöne sei?

11. *Dritte Definition des Hippias: Schön ist, was nach üblicher Vorstellung ein glückliches Leben ausmacht*

HIPPIAS: Das will ich dir sagen, denn du dünkst mich darauf aus- d zugehen, ein solches Schönes zu antworten, was niemals irgendwo irgend jemandem häßlich erscheinen kann.

SOKRATES: Eben das, Hippias, und jetzt hast du es recht getroffen.

HIPPIAS: So höre denn. Und merke dir, daß, wenn hiergegen jemand noch etwas einzuwenden hat, ich dann sagen will, daß ich gar nichts verstehe.

SOKRATES: Sage es nur geschwind, bei den Göttern.

HIPPIAS: Ich sage also, daß es immer für jeden und überall das schönste ist, wenn ein Mann, reich, gesund, geehrt unter den Hellenen, in einem hohen Alter und nachdem er seine verstorbenen

e Eltern ansehnlich bestattet, selbst wiederum von seinen Kindern schön und prachtvoll begraben wird.

12. Eine Antwort, die Schläge verdient?

SOKRATES: Ho ho! Hippias, wahrlich wunderbar und herrlich und deiner würdig hast du da gesprochen! Und, bei der Hera, ich freue mich über dich. Denn du scheinst mit dem besten Willen, soviel du nur vermagst, mir zu Hilfe zu kommen. Allein den Mann treffen wir doch nicht; sondern nun wird er uns erst am ärgsten auslachen, das wisse nur.

HIPPIAS: Das wäre doch ein schlechtes Lachen, Sokrates. Denn wenn er hiergegen zwar nichts zu sagen weiß, aber doch lacht, so

292a lacht er sich selbst aus und wird von allen, die zugegen sind, belacht werden.

SOKRATES: Vielleicht steht es so; vielleicht aber wird er mich, wie mir ahnt, über diese Antwort am Ende nicht nur auslachen –

HIPPIAS: Sondern was denn?

SOKRATES: Ja, wenn er zufällig einen Stock hat, und ich mich nicht hüte und ihm aus dem Wege gehe, so wird er suchen, mir tüchtig beizukommen.

HIPPIAS: Was sagst du? Ist der Mensch dein Herr, daß er so etwas tun kann, ohne daß es ihm übel bekomme und er Strafe

b leiden müsse? Oder gibt es kein Recht in eurer Stadt, sondern man leidet, daß die Bürger einander unrechtmäßigerweise schlagen?

SOKRATES: Gar nicht leidet man das.

HIPPIAS: So muß er ja gestraft werden, wenn er dich ohne Ursache schlägt.

SOKRATES: Das dünkt mich nun gar nicht, Hippias, wenn ich so antworte, sondern sehr mit Recht.

HIPPIAS: Nun, so glaube ich es denn auch, Sokrates, da du es ja selbst meinst.

SOKRATES: Soll ich dir nun sagen, weshalb ich glaube, daß ich mit Recht geschlagen würde, wenn ich so antwortete? Oder willst du mich auch ungehört schlagen? Oder willst du die Rede annehmen?

HIPPIAS: Das wäre ja arg, Sokrates, wenn ich das nicht täte. c Wie meinst du es also?

13. Kritik an der dritten Definition

SOKRATES: Ich will es dir sagen auf dieselbe Art wie eben, indem ich jenen nachahme, damit ich nicht zu dir so rede, wie er mich gewiß anlassen wird, in harten und bösen Worten. Denn wisse nur, so wird er sprechen: Sage mir doch, Sokrates, glaubst du ungerechterweise Schläge zu bekommen, der du mir einen so langen Dithyrambus vorsingst und dabei gar unmusikalisch von der Frage weit abspringst? – Wieso? werde ich fragen. – Wie? wird er sagen, kannst du dich denn nicht erinnern, daß ich nach dem Schönen selbst fragte, wodurch allem, bei dem es sich befindet, dieses d zukommt, daß es schön ist, sei es nun Stein oder Holz oder Mensch oder Gott oder auch jede Handlung und jede Fertigkeit? Denn nach der Schönheit selbst frage ich dich ja, Mensch, und ich könnte ja nicht mehr schreien, wenn du auch ein Stein wärest, der bei mir säße, und zwar ein Mühlstein ohne Ohren und ohne Hirn. – Würdest du wohl nicht böse werden, Hippias, wenn ich in Furcht gejagt hierauf dieses sagte? «Aber Hippias sagt doch, ungeachtet ich ihn ebenso gefragt habe, wie du mich, daß dieses das e Schöne sei, was immer und für alle schön ist.» Was sagst du nun? Wirst du böse werden, wenn ich dieses sage?

HIPPIAS: Das weiß ich doch gewiß, Sokrates, daß das, was ich sagte, für alle schön ist und so erscheinen wird.

SOKRATES: Ob es aber auch sein wird? wird jener sagen. Denn das Schöne ist doch immer schön?

HIPPIAS: Freilich.

SOKRATES: Also auch war? wird er sagen.

HIPPIAS: Auch war.

SOKRATES: Auch für den Achilles also, wird er fragen, sagte der Fremde aus Elis, daß es schön sei, nach seinen Ahnen begraben zu werden, und für seinen Großvater Aiakos und für die anderen, die

293a von den Göttern abstammen, und für die Götter selbst?

HIPPIAS: Was ist das wieder? In die Grube mit ihm! Die Fragen des Menschen sind ja ganz frevelhaft!

SOKRATES: Aber wie? Wenn ein anderer fragt, zu sagen, daß es sich so verhält, ist das nicht ebenso frevelhaft?

HIPPIAS: Vielleicht wohl.

SOKRATES: Vielleicht also bist du der, wird er sagen, der du ja behauptest, es sei immer und für alle insgesamt schön, von seinen Kindern begraben zu werden und seine Eltern zu begraben. Oder war nicht auch Herakles einer von diesen allen insgesamt und alle, die wir jetzt erwähnten?

HIPPIAS: Aber für die Götter habe ich nicht gemeint.

b   SOKRATES: Auch für die Heroen nicht, wie es scheint?

HIPPIAS: Nicht für die, welche Kinder der Götter waren.

SOKRATES: Aber für die, die es nicht waren?

HIPPIAS: Freilich.

SOKRATES: Also nach deiner Rede wiederum ist dies, wie es scheint, unter den Heroen für den Tantalos und Dardanos und Zethos böse, unheilig und schlecht; für den Pelops aber und die eine ähnliche Abstammung haben, schön?

HIPPIAS: So dünkt mich.

SOKRATES: Also meinst du nun, wird er sagen, was du eben vorhin nicht meintest, daß die Voreltern begraben zu haben und von den Kindern begraben zu werden manchmal und für manche

c   schlecht ist; ja, was noch mehr ist, wie mir scheint, daß dies unmöglich für alle könne schön sein und gewesen sein. So daß es diesem ja ergangen ist gerade wie vorher dem Mädchen und der Kanne, und noch lächerlicher ist dies für einige schön, für andere nicht schön. Und, wird er sagen, du wirst wohl auch heute noch nicht imstande sein, Sokrates, die Frage wegen des Schönen, was es ist, zu beantworten. Diese Vorwürfe und dergleichen mehr wird er mir mit Recht machen, wenn ich ihm so antworte. Meistenteils

d   freilich, Hippias, spricht er auf diese Weise mit mir; bisweilen aber erbarmt er sich gleichsam meiner Ungeschicktheit und Unwissenheit, so daß er mir selbst etwas vorlegt und fragt, ob mich etwa

dies dünkte das Schöne zu sein, oder wonach eben sonst geforscht
wird und wovon die Rede ist.

HIPPIAS: Wie meinst du das, Sokrates?

14. *Erste Definition des Sokrates: Das Schöne ist das Schick-*
    liche

SOKRATES: Das will ich dir erzählen. Du wunderlicher Sokrates,
spricht er dann, dergleichen und auf diese Weise zu antworten
höre nur auf; denn das ist gar zu einfältig und gar zu leicht zu
widerlegen. Sondern so etwas überlege dir, ob du etwa meinst,   e
schön sei das, worauf wir auch gestoßen sind bei unseren Antworten, als wir nämlich sagten, das Gold sei da schön, wo es sich
hinschicke, wohin aber nicht, da nicht, und so auch alles andere,
dem dieses zukomme. Eben dieses also betrachte dir, das Schickliche, und das Wesen des Schicklichen, ob etwa dieses das Schöne
ist. Ich nun pflege ihm bei dergleichen immer beizustimmen, denn
ich weiß nicht, was ich sonst sagen soll. Dir aber, deucht das
Schickliche schön zu sein?

HIPPIAS: Auf alle Weise, Sokrates.

SOKRATES: So laß uns zusehen, daß wir nicht auch wieder damit betrogen werden.

HIPPIAS: Das müssen wir freilich sehen.

SOKRATES: Sieh also zu. Sollen wir nun von dem Schicklichen
sagen, es sei das, was alles und jedes, bei dem es sich findet, schön   294a
scheinen macht, oder auch schön sein, oder keines von beiden?

HIPPIAS: Mir scheint das, was schön scheinen macht; wie zum
Beispiel, wenn einer angemessene Kleider und Schuhe antut, dann
erscheint er, wenn er auch ein lächerlicher Mensch ist, doch schöner.

SOKRATES: Wäre nun nicht, wenn das Schickliche etwas schöner scheinen macht als es ist, das Schickliche eine Täuschung in
bezug auf das Schöne und nicht das, was wir suchen, Hippias?
Denn wir suchen ja wohl jenes, wodurch alle schönen Sachen   b
schön sind – so wie das, wodurch alle großen Dinge groß sind,
durch Überragung. Denn dadurch ist alles groß, und auch wenn es
nicht so erscheint, ragt aber über anderes, so ist es notwendig
groß. Dasselbe wollen wir nun auch von dem Schönen sagen, wodurch alles schön ist, es mag nun so erscheinen oder nicht, was das

wohl sein mag. Denn das Schickliche kann es nicht sein, da ja dies
nach deiner Rede etwas schöner erscheinen macht, als es ist, und
es nicht so, wie es ist, auch erscheinen läßt. Sondern das schön sein
c Machende, wie ich eben sagte, mag etwas nun so erscheinen oder
nicht, das wollen wir versuchen zu beschreiben, was es wohl ist.
Denn dies suchen wir, wenn wir das Schöne suchen.

HIPPIAS: Aber das Schickliche, Sokrates, macht, wo es ist, sowohl schön sein als schön scheinen.

SOKRATES: Also wäre es unmöglich, daß etwas, was in der Tat
schön ist, nicht auch schön zu sein scheine, wenn es doch das
scheinen Machende an sich hat?

HIPPIAS: Unmöglich.

*15. Scheitern der Antwort an der Unvereinbarkeit des schön
sein und des schön scheinen Machens*

SOKRATES: Wollen wir das also zugeben, Hippias, daß alle in
Wahrheit schönen Einrichtungen und Handlungsweisen auch immer von allen dafür gehalten werden und so erscheinen? Oder
d vielmehr ganz im Gegenteil, daß sie verkannt werden, und daß
mehr als über irgend etwas über sie Streit und Zank ist sowohl
zwischen den Einzelnen als auch öffentlich zwischen den Staaten?

HIPPIAS: Das letztere vielmehr, Sokrates, daß sie verkannt
werden.

SOKRATES: Das könnten sie aber nicht, wenn sie auch das
Scheinen an sich hätten, und das hätten sie, wenn das Schickliche
das Schöne wäre und nicht nur schön sein machte, sondern auch
scheinen. So daß das Schickliche, wenn es das schön sein Machende ist, allerdings das Schöne sein wird, was wir suchen, dann
jedoch nicht zugleich auch das schön scheinen Machende. Wenn
aber wiederum das Schickliche das schön scheinen Machende ist:
e so wird es nicht das Schöne sein, welches wir suchen; denn das soll
schön sein machen. Beides aber, das Scheinen und das Sein zugleich, kann weder, wenn vom Schönen die Rede ist, eins und dasselbige bewirken, noch auch, wenn von irgend etwas anderem. So
laß uns demnach wählen, welches von beiden das Schickliche uns
zu sein dünkt, das schön scheinen Machende oder das schön sein?

HIPPIAS: Das scheinen Machende, wie mich dünkt, Sokrates.

SOKRATES: O weh! so ist es uns ja schon wieder entschlüpft,

Hippias, zu erfahren, was das Schöne ist, nun sich ja gezeigt hat, daß das Schickliche etwas anderes ist als das Schöne.

HIPPIAS: Ja, beim Zeus, Sokrates, und das zu meinem großen Erstaunen.

SOKRATES: Dennoch wollen wir es noch nicht fahren lassen, 295a Freund. Denn ich habe einige Hoffnung, daß es doch noch zum Vorschein kommen wird, was das Schöne denn ist.

HIPPIAS: Ganz gewiß, Sokrates! Es ist ja auch gar nicht schwer zu finden. Denn das weiß ich sicher, wenn ich nur auf kurze Zeit allein gehen und es bei mir selbst überlegen könnte, so wollte ich es dir auf ein Haar genau sagen.

16. Zweite Definition des Sokrates: Das Schöne ist das Nützliche

SOKRATES: Sprich ja nicht groß, Hippias! Du siehst ja, wieviel es uns schon zu schaffen gemacht; daß es uns nur nicht gar böse wird und uns noch weiter entflieht! Doch das ist nichts gesagt. Denn b du, das glaube ich wohl, wirst es leicht finden, wenn du allein bist. Aber um der Götter willen, finde es doch in meiner Gegenwart, oder suche es wie bis jetzt mit mir. Finden wir es dann, so ist das ganz vortrefflich; wo nicht, so werde ich mich wohl in mein Schicksal fügen müssen, du aber wirst fortgehen und es sehr leicht herausbringen. Und finden wir es jetzt, so werde ich dir offenbar hernach nicht beschwerlich fallen und dich fragen, was doch das gewesen ist, was du für dich selbst herausgebracht hast. Nun betrachte also einmal dieses, ob du meinst, es sei das Schöne. Ich c behaupte also es sei – aber überlege es ja und gib sehr wohl Achtung, daß ich nicht etwas Törichtes vorbringe. Nämlich das soll uns das Schöne sein, was brauchbar ist. Ich sagte das aber hierauf sehend. Schön sind doch, sagen wir, nicht die Augen, die so aussehen, als ob sie nicht sehen könnten, sondern die, welche es können und brauchbar sind zum Sehen. Nicht wahr?

HIPPIAS: Ja.

SOKRATES: Sagen wir nicht auch vom ganzen Leibe so, daß er schön sei, der eine zum Laufen, der andere zum Ringen, und so auch alle Tiere nennen wir schön, Pferde und Hühner und Wach- d teln und alle Gefäße und Fahrzeuge zu Lande und zur See, Frachtschiffe und Kriegsschiffe, und alle Werkzeuge, die für die Ton-

kunst und die für andere Künste, ja, wenn du willst, auch alle
Beschäftigungen und Einrichtungen, dies eben alles nennen wir
schön in demselben Sinne; darauf sehend bei jedem, wie es geartet
ist, wie es ausgearbeitet ist, in welchem Zustande es sich befindet,

e   sagen wir, das Brauchbare, inwiefern es brauchbar ist, und wozu
und wann, sei schön; was aber so überall unbrauchbar ist, das sei
häßlich. Dünkt dich das nicht auch so, Hippias?

HIPPIAS: O ja.

17. Einschränkung: Nicht das Brauchbare schlechthin ist das Schöne

SOKRATES: Richtig also erklären wir es nun, daß ganz gewiß das
Brauchbare das Schöne ist.

HIPPIAS: Ganz richtig sicherlich, Sokrates.

SOKRATES: Und nicht wahr, was etwas zu verrichten vermag,
das ist zu dem, was es vermag, auch brauchbar, das Unvermö-
gende aber unbrauchbar?

HIPPIAS: Freilich.

SOKRATES: Vermögen also ist schön, Unvermögen ist häßlich.

HIPPIAS: Gar sehr auch in anderen Dingen, o Sokrates; vor-
296a   züglich aber beweist uns, daß es sich wirklich so verhält, auch das
bürgerliche Leben. Denn in öffentlichen Dingen in seinem eigenen
Staat vermögend sein, das ist das Schönste von allem, unvermögend aber bei weitem das Schlechteste.

SOKRATES: Wohl gesprochen. Ist also etwa auch, bei den Göttern, Hippias, eben deshalb die Weisheit bei weitem das Schönste
und die Torheit das Häßlichste?

HIPPIAS: Was wolltest du anders meinen, Sokrates?

SOKRATES: Halt nur stille, lieber Freund, denn mir wird bange,
was wir schon wieder vorbringen.

b   HIPPIAS: Wieso ist dir wieder bange, Sokrates, da dir ja jetzt
die Rede herrlich vorwärts geht?

SOKRATES: Ich wünschte es wohl; aber überlege nur das mit
mir: könnte wohl einer etwas tun, was er weder verstünde noch
vermöchte?

HIPPIAS: Keineswegs! Denn wie sollte er tun, was er nicht vermöchte?

SOKRATES: Die also Fehler begehen und Schlechtes wider Willen verrichten und tun, nicht wahr, die würden doch dies nicht getan haben, wenn sie es nicht vermocht hätten?

HIPPIAS: Offenbar.

SOKRATES: Und nicht wahr, wer etwas vermag, vermag es durch ein Vermögen? Denn durch ein Unvermögen doch gewiß c nicht!

HIPPIAS: Freilich nicht.

SOKRATES: Es vermögen also doch alle, welche etwas tun, das zu tun, was sie tun.

HIPPIAS: Ja.

SOKRATES: Nun aber tun alle Menschen weit mehr Schlechtes als Gutes von Kindheit an und fehlen immer wider Willen.

HIPPIAS: So ist es.

SOKRATES: Wie also? Dieses Vermögen und dieses Brauchbare, was brauchbar ist, um etwas Schlechtes zu verrichten, sollen wir sagen, das sei schön, oder nichts weniger?

HIPPIAS: Nicht weniger freilich, dünkt mich. d

SOKRATES: Also nicht das Vermögende, Hippias, und das Brauchbare ist uns das Schöne.

HIPPIAS: Doch, Sokrates, wenn es Gutes vermag und dazu brauchbar ist.

18. Dritte Definition des Sokrates: Das Schöne ist das Nützliche als die Ursache des Guten

SOKRATES: Das ist also doch fort, daß das Vermögende und Brauchbare schlechthin schön ist; sondern das war es wohl eigentlich, Hippias, was unsere Seele sagen wollte, daß das Brauchbare und Vermögende, um etwas Gutes zu verrichten, das Schöne sei.

HIPPIAS: Das glaube ich auch. e

SOKRATES: Das ist aber doch das Nützliche. Oder nicht?

HIPPIAS: Freilich.

SOKRATES: So sind wohl auch die schönen Körper und die schönen Einrichtungen und die Weisheit und alles, was wir jetzt erwähnten, schön, weil nützlich?

HIPPIAS: Offenbar.

SOKRATES: Das Nützliche also zeigt sich uns nun das Schöne zu sein, o Hippias.

HIPPIAS: Auf alle Weise, Sokrates.

SOKRATES: Aber das Nützliche ist doch das Gutes Hervorbringende.

HIPPIAS: Das ist es.

SOKRATES: Das Hervorbringende aber ist doch wohl nichts anderes als die Ursache. Nicht wahr?

HIPPIAS: Richtig.

SOKRATES: Die Ursache des Guten also ist das Schöne.

297a HIPPIAS: So ist es.

SOKRATES: Aber die Ursache, Hippias, und dasjenige, wovon eine Ursache Ursache ist, sind zweierlei. Denn die Ursache ist doch wohl nicht der Ursache Ursache. Überlege es so. Zeigte sich die Ursache nicht offenbar als ein Wirkendes?

HIPPIAS: Allerdings.

SOKRATES: Von dem Wirkenden wird aber doch offenbar das Werdende bewirkt, nicht aber das Wirkende?

HIPPIAS: So ist es.

SOKRATES: Also ein anderes ist das Werdende, ein anderes das Wirkende?

HIPPIAS: Ja.

SOKRATES: Also ist die Ursache nicht der Ursache Ursache,
b sondern des durch sie Werdenden.

HIPPIAS: Freilich.

SOKRATES: Wenn also das Schöne die Ursache des Guten ist, so entstände aus dem Schönen das Gute; und wir bemühen uns deshalb, wie es scheint, um Einsicht und um alles andere Schöne, weil desselben Werk und Erzeugnis, nämlich das Gute, der Mühe wert ist, und so mag am Ende nach dem, was wir gefunden haben, das Schöne gleichsam den Vater des Guten vorstellen.

HIPPIAS: Allerdings sehr richtig, Sokrates.

19. *Ist also das Schöne nicht gut?*

SOKRATES: So ist auch wohl das sehr richtig, daß der Vater nicht
c Sohn ist, noch auch der Sohn Vater?

HIPPIAS: Richtig freilich.

SOKRATES: Ebensowenig also ist auch die Ursache Bewirktes noch das Bewirkte die Ursache.

HIPPIAS: Wahr gesprochen.

SOKRATES: Beim Zeus, Bester, so ist also auch das Schöne nicht

gut noch das Gute schön. Oder dünkt es dich möglich zufolge des
Gesagten?

HIPPIAS: Nein, beim Zeus, mir scheint es nicht.

SOKRATES: Kann uns nun wohl das gefallen, und möchten wir
es behaupten, daß das Schöne nicht gut ist noch auch das Gute
schön?

HIPPIAS: Nein, beim Zeus, mir gefällt es gar nicht.

SOKRATES: Wahrlich, beim Zeus, Hippias, mir gefällt es am
wenigsten unter allem, was wir gesagt haben.   d

HIPPIAS: So scheint es freilich.

20. Vierte Definition des Sokrates: Das Schöne ist das durch Gesicht und Gehör Lust Bereitende

SOKRATES: Also mag wohl keineswegs, wie uns eben dies die
schönste Erklärung schien, daß das Nützliche und das um etwas
Gutes zu bewirken Brauchbare und Vermögende das Schöne sei,
keineswegs mag es sich so verhalten, sondern diese noch lächerlicher sein womöglich als die vorigen, da wir glaubten, ein Mädchen wäre das Schöne, und was wir vorher nacheinander gesagt
haben.

HIPPIAS: So scheint es.

SOKRATES: Und ich meines Teils weiß nicht mehr, Hippias, wohin ich mich wenden soll, sondern bin ratlos. Hast du aber etwas
zu sagen?

HIPPIAS: Jetzt im Augenblick wohl nicht; aber, wie ich eben   e
sagte, wenn ich darüber nachdenke, weiß ich wohl, daß ich es
finden werde.

SOKRATES: Ich aber glaube, daß ich aus Begierde, es zu wissen,
gar nicht imstande bin, dein Zaudern abzuwarten. So glaube ich
jetzt auch schon wieder etwas ausgesonnen zu haben. Sieh nur,
wenn wir sagten, das, was uns Vergnügen macht, nicht jede Art
von Lust meine ich, sondern vermöge des Gehörs und des Gesichtes, das wäre das Schöne; wie würden wir dann wohl kämpfen? 298a
Weil doch schöne Menschen, o Hippias, und so auch alle Kunst-
werke, Gemälde und Bildnereien, wenn sie schön sind, uns ergötzen, wenn wir sie sehen; so auch schöne Töne, die gesamte Musik
und Reden und Dichtungen bewirken ebendasselbe. So daß, wenn
wir jenem verwegenen Menschen antworten: Teuerster, das

Schöne ist das durch Augen und Ohren uns zukommende Angenehme, meinst du nicht, daß wir dann seiner Verwegenheit etwas
Einhalt tun würden?

HIPPIAS: Mir wenigstens scheint jetzt das Schöne ganz vor-
b trefflich erklärt zu sein, was es ist.

SOKRATES: Aber wie? Sollen wir sagen, daß schöne Hand-
lungsweisen und Einrichtungen, weil sie uns durch Gehör oder
Gesicht vergnügen, schön sind, oder daß die unter einen anderen
Begriff gehören?

HIPPIAS: Vielleicht denkt der Mensch daran gar nicht, Sokrates.

SOKRATES: Beim Hunde, Hippias, von dem ist das nicht zu erwarten, vor dem ich mich am meisten scheuen würde, wenn ich
albern wäre und mir einbildete, etwas zu sagen, da ich doch nichts
sagte.

HIPPIAS: Wer ist denn das?

SOKRATES: Sokrates, der Sohn des Sophroniskos, der mir
c ebensowenig gestattet, etwas, ohne daß ich es gründlich erforscht
habe, obenhin zu sagen, als was ich nicht weiß, als wüßte ich es.

HIPPIAS: Mir scheint selbst dieses, nachdem du es gesagt hast,
etwas anderes zu sein mit den Gesetzen.

21. *Problem der Abtrennung des Angenehmen der anderen*
    Sinne

SOKRATES: Sachte, Hippias. Denn ich besorge, wir sind mit dem
Schönen in dieselben schlechten Umstände geraten wie vorher,
und glauben nur, uns in anderen guten zu befinden.

HIPPIAS: Wie meinst du das, Sokrates?

SOKRATES: Ich will dir sagen, wie es mir vorkommt, ob ich
d vielleicht Recht habe. Denn dieses mit den Handlungsweisen und
Gesetzen könnte vielleicht gar nicht außerhalb der Wahrnehmung
zu liegen scheinen, die uns durch das Gehör und das Gesicht
kommt. Sondern laß uns die Erklärung festhalten, daß das auf
diese Weise entstehende Angenehme schön sei, ohne etwas von
Gesetzen dabei vorzubringen. Aber wenn uns nun, sei es dieser,
den ich meine, oder irgendein anderer fragte: Warum aber, o Hippias und Sokrates, habt ihr doch von dem Angenehmen überhaupt
diese bestimmte Weise des Angenehmen abgesondert, welche

euch nun das Schöne sein soll, was aber durch andere Empfindungen entsteht bei Speise und Trank und der Geschlechtslust, und e alles andere dieser Art, sagt ihr, soll nicht schön sein? Sagt ihr denn auch, daß dies nicht angenehm ist und daß überhaupt keine Lust in dergleichen ist und auch nicht in irgend etwas anderm als dem Sehen und Hören? Was sollen wir sagen, Hippias?

HIPPIAS: Auf alle Weise müssen wir sagen, daß es auch in diesem andern sehr große Lust gibt.

SOKRATES: Warum also, wird er sagen, wenn sie ebensogut Lust sind als jene, beraubt ihr sie dieses Namens und sprecht ihnen ab, daß sie schön sind? – Weil uns, wollen wir sagen, jedermann ohne 299a Ausnahme auslachen würde, wenn wir sagten, Essen wäre nicht angenehm, sondern schön, und Wohlgeruch wäre nicht angenehm, sondern schön. Was aber die Liebes-Sachen betrifft: so würden alle dafür streiten, daß dieses das allerangenehmste sei, wenn aber jemand dergleichen tut, muß er es doch so tun, daß es niemand sieht, weil es das Schändlichste ist, dabei gesehen zu werden. – Wenn wir dies sagen, wird er vielleicht sprechen: Ich merke wohl, Hippias, daß ihr euch schon lange schämt zu sagen, solche Genüsse wären schön, weil die Menschen es nicht dafür halten; aber ich fragte danach gar nicht, was die meisten Menschen für b schön halten, sondern was schön ist. Dann werden wir wohl sagen, meine ich, was wir schon aufgestellt haben, daß wir behaupten, dieser Teil des Angenehmen, welcher durch Gesicht und Gehör entsteht, sei das Schöne. Aber weißt du hiermit etwas zu machen, oder sollen wir etwa noch sonst etwas sagen, Hippias?

HIPPIAS: Wir dürfen, wenigstens dem bisherigen gemäß, nichts anderes reden als dieses.

22. *Was macht das Schöne der beiden Sinne sowohl einzeln als auch beiderseits schön?*

SOKRATES: Schön! wird er dann sagen, wenn also das durch Gesicht und Gehör entstehende Angenehme schön ist, so muß das c nicht hierzu gehörige Angenehme offenbar nicht schön sein. Wollen wir das zugeben?

HIPPIAS: Ja.

SOKRATES: Ist also wohl das dem Gesicht zugehörige Angenehme durch das Gesicht und Gehör zugleich angenehm oder das

dem Gehör zugehörige durch das Gehör und Gesicht zugleich? –
Wir werden sagen, keineswegs entstehe ja das, was aus dem einen
entsteht, aus beiden, denn das scheinst du zu sagen; sondern wir
sagten, daß jedes einzelne von diesen für sich schön sei und also
auch beide. Wollen wir nicht so antworten?

d   HIPPIAS: Freilich.

SOKRATES: Dann wird er sagen: Ist denn ein Angenehmes vom
andern dadurch unterschieden, daß es angenehm ist? Ich frage
nicht, ob eine Lust wohl größer oder kleiner, stärker oder schwächer ist als die andere, sondern ob eine eben dadurch von der anderen unterschieden ist, daß die eine Lust Lust ist, die andere aber
nicht Lust? – Das dünkt uns wohl nicht, nicht wahr?

HIPPIAS: Nein, das dünkt mich freilich nicht.

SOKRATES: Also, wird er sagen, habt ihr aus einem andern
Grunde, als weil sie Lust sind, diese Arten der Lust aus den ande-
e   ren herausgehoben, weil ihr etwas an beiden entdeckt habt, was
sie unterscheidendes von den übrigen an sich haben, in Beziehung
worauf ihr eben sagt, sie wären schön? Denn nicht deshalb ist die
durch das Gesicht entstehende Lust schön, weil sie durch das Gesicht entsteht. Denn wenn dies die Ursache wäre, weshalb sie
schön ist: so wäre ja die andere aus dem Gehör entstehende nicht
schön; denn die ist ja nicht mehr die Lust durch das Gesicht. – Da
hast du Recht, werden wir sagen müssen. –

HIPPIAS: Das werden wir müssen.

300a   SOKRATES: Ebenso ist auch die Lust durch das Gehör nicht deshalb, weil sie durch das Gehör entsteht, schön; denn sonst wäre
die durch das Gesicht nicht schön, weil diese doch nicht mehr die
Lust durch das Gehör ist. Sollen wir nun sagen, Hippias, der
Mann habe Recht, wenn er dies sagt?

HIPPIAS: Gewiß.

SOKRATES: Aber beide sind doch schön, wie ihr sagt? Denn das
sagen wir doch.

HIPPIAS: Ja.

SOKRATES: Es ist also etwas einerlei in beiden, was eben macht,
daß sie schön sind, dies Gemeinsame, was ihnen beiden gemein-
b   schaftlich zukommt und jeder einzelnen für sich. Denn sonst wären sie nicht beide schön und auch jede einzeln. Antworte mir nun
wie jenem.

HIPPIAS: Ich antworte, es dünkt mich auch so zu sein, wie du sagst.

SOKRATES: Wenn also diesen Arten der Lust beiden etwas zukäme, jeder einzelnen aber nicht: so wären sie vermöge dieser Eigenschaft nicht schön.

HIPPIAS: Wie sollte das aber wohl zugehen, daß keiner von beiden einzeln irgend was es auch sei zukäme und dann doch ebendasselbe, was keiner von beiden zukommt, beiden zukäme?

SOKRATES: Das glaubst du nicht?   c

HIPPIAS: Ich müßte denn gar nichts verstehen, weder von der Natur dieser Dinge noch von den Ausdrücken unserer jetzigen Reden.

23. *Problematik von Qualitäten, die zwei Einzelwesen getrennt*
    nicht eigen sind, wohl aber beiden

SOKRATES: Das kann gern sein, Hippias, und vielleicht bilde ich mir nur ein, etwas zu sehen, womit es sich so verhält, wie du es für möglich erklärst, sehe es aber doch wirklich nicht.

HIPPIAS: Nicht nur vielleicht, sondern ganz offenbar mußt du falsch sehen.

SOKRATES: Und doch schwebt mir gar viel dergleichen vor der Seele, aber ich traue ihnen allen zusammen nicht, weil du es nicht auch siehst, der Mann, der unter allen Jetztlebenden am meisten Geld mit der Weisheit verdient hat, sondern nur ich, der ich nie das   d
mindeste verdient habe. Nur besinne ich mich, ob du nicht Spott mit mir treibst und mich wissentlich hintergehst, so deutlich und so zahlreich erscheint es mir.

HIPPIAS: Niemand kann ja sicherer erfahren als du, Sokrates, ob ich Scherz treibe oder nicht, wenn du nur versuchen willst zu sagen, was dir denn so erscheint. Denn so wirst du gleich sehen, daß es nichts ist. Denn gewiß wirst du niemals finden, daß, was weder mir zukommt noch dir, dieses doch uns beiden zukomme.

SOKRATES: Was sagst du, Hippias? Vielleicht hast du recht,   e
und ich verstehe es nur nicht. Höre aber noch deutlicher von mir, was ich sagen will. Denn mir scheint, was mir nicht zukommt zu sein und ich nicht bin und auch du nicht bist, doch uns beiden zukommen zu können, und anderes wiederum, was uns beiden zugeschrieben werden kann, daß wir es wären, jedem einzelnen nicht zuzukommen.

HIPPIAS: Noch größere Wunder hast du da wieder ausgesprochen, als du eben vorher aussprachst. Denn bedenke nur, wenn wir beide gerecht sind, müßte es dann nicht auch jeder von uns beiden sein, oder wenn jeder von uns ungerecht wäre, wären wir es dann nicht auch beide, oder wenn beide gesund, dann nicht auch
301 a jeder? Oder wenn jeder von uns beiden krank wäre, verwundet, geschlagen, oder was sonst jedem von uns müßte begegnet sein, käme dann nicht auch dasselbe uns beiden zu? Ebenso, wenn wir beide golden wären oder silbern oder elfenbeinern oder, wenn du willst, edel, weise, geehrt, alt, jung, oder was du sonst willst, was Menschen sein können, wenn wir das beide wären, ist nicht ganz notwendig, daß auch jeder von uns es sein müßte?

b　　SOKRATES: Allerdings freilich.

HIPPIAS: Aber niemals, Sokrates, siehst du auf das Ganze, und ebensowenig die, mit denen du zu reden gewohnt bist, sondern ihr nehmt euch das Schöne und so auch jedes andere abgesondert vor, um daran zu klopfen in euren Reden, und zerlegt es. Darum entgehen euch ganz große Hauptstücke in dem Wesen der Dinge. Und jetzt bist du so unbedacht gewesen, daß du meinst, es könne irgendeine Beschaffenheit oder Eigenschaft geben, die zwei Dingen zusammen wohl zukomme, jedem einzelnen aber nicht, oder
c wieder jedem einzelnen zwar von zweien, beiden zusammen aber nicht. So unnachdenklich und unüberlegt und einfältig und unverständig seid ihr.

24. Aufzeigung der Möglichkeit solcher Qualitäten

SOKRATES: So müssen wir uns behelfen, o Hippias, wie die Leute im Sprichwort zu sagen pflegen, nicht wie einer will, sondern wie er kann. Aber du besserst uns jedesmal um vieles, wenn du uns zurechtweist. So auch jetzt, soll ich dir noch deutlicher zeigen, wie einfältig wir waren, ehe du uns zurechtgewiesen hast, indem ich
d dir sage, was wir über die Sache denken; oder soll ich es dir nicht sagen?

HIPPIAS: Neues wirst du mir freilich nicht sagen, Sokrates. Denn ich weiß schon von allen, die sich mit Reden abgeben, wie es mit ihnen steht. Wenn es dir aber lieber ist, so sage es nur.

SOKRATES: Lieber ist es mir freilich. Wir nämlich, Bester, waren, ehe du uns das gesagt hattest, so weit zurück, daß wir in der

Meinung standen von mir und dir zum Beispiel, daß jeder von uns beiden einer wäre, und daß dieses, was jeder von uns wäre, beide zusammen nicht wären – denn wir sind nicht einer, sondern zwei – so einfältig waren wir. Nun aber sind wir von dir belehrt, e daß, wenn wir beide zwei sind, auch jeder von uns beiden zwei sein muß, und wiederum, wenn jeder von uns beiden einer ist, auch notwendig beide nur einer sind. Denn nach den Hauptstücken vom Wesen der Dinge, wie Hippias sagt, kann es sich unmöglich anders verhalten, sondern was beide sind, das ist auch jeder von beiden, und was jeder, das sind auch beide. Davon also jetzt durch dich überzeugt, sitze ich hier. Nur das zeige mir noch zuvor, Hippias, ob wir beide, ich und du, nur einer sind, oder ob du zwei bist und ich auch zwei?

HIPPIAS: Was meinst du nur, Sokrates?

SOKRATES: Eben dieses, was ich sage. Denn ich fürchte mich, vor dir deutlich zu reden, weil du mir böse bist, da du recht zu 302 a haben glaubtest. Aber doch sage mir das noch, ist nicht jeder von uns einer und hat dies wirklich an sich, einer zu sein?

HIPPIAS: Freilich.

SOKRATES: Und nicht wahr, wenn einer, so ist auch jeder von uns ungerade? Oder hältst du eins nicht für ungerade?

HIPPIAS: Ich gewiß.

SOKRATES: Sind wir also auch beide zusammen ungerade, da wir doch zwei sind?

HIPPIAS: Unmöglich, Sokrates.

SOKRATES: Sondern gerade sind wir beide. Nicht wahr?

HIPPIAS: Freilich.

SOKRATES: Ist nun etwa, weil wir beide gerade sind, deshalb auch jeder von uns beiden gerade?

HIPPIAS: Wohl nicht. b

SOKRATES: Also ist es wohl nicht ganz notwendig, wie du doch eben sagtest, daß, was beide sind, auch jeder einzelne, und was jeder einzelne, auch beide sein müssen.

HIPPIAS: In solchen Dingen nicht, aber in allem, was ich anführte.

25. Ist Grund des Schönen der beiden Sinne etwas beiden Ge-
meinsames? Folge: Einzeln sind sie nicht schön

SOKRATES: Das ist mir genug, Hippias. Denn ich bin auch mit
diesen Dingen schon zufrieden, wenn nur einiges sich so zu verhalten scheint, anderes aber auch nicht. Denn ich sagte ja selbst, wenn
du dich noch erinnerst, woher uns diese Rede gekommen ist, daß
die Lust durch das Gesicht und die durch das Gehör nicht vermöge

c desjenigen schön sein könnten, was jeder von beiden zwar zukäme, beiden zusammen aber nicht, noch auch vermöge dessen,
was beide zusammen zwar wären, jede einzeln aber nicht, sondern
vermöge dessen, was beiden zusammen und auch jeder einzeln
zukäme, weil du doch zugabst, daß sie beide schön wären und
auch jede einzeln. Darum meinte ich, daß sie vermöge des ihnen
beiderseits einwohnenden Wesens schön wären, da sie doch beide
schön sein sollen, nicht aber vermöge des einer von ihnen fehlenden; und das glaube ich auch noch. Also sage mir wie von Anfang:

d Wenn die Lust durch das Gesicht und die durch das Gehör beide
schön sind und auch jede, muß nicht das, was sie schön macht,
beiden gemeinschaftlich einwohnen und auch jeder?

HIPPIAS: Freilich.

SOKRATES: Können sie nun etwa deshalb schön sein, weil beide
und auch jede einzeln Lust sind? Oder müßten nicht alsdann die
übrigen alle ebensogut schön sein als diese? Denn für Lust erkannten wir sie doch ebensosehr, wenn du dich erinnerst.

HIPPIAS: Ich erinnere mich.

SOKRATES: Sondern weil sie durch das Gesicht und durch das

e Gehör kommen, deshalb, ward gesagt, wären sie schön.

HIPPIAS: Das wurde gesagt.

SOKRATES: So überlege denn, ob ich recht habe. Wir sagten
nämlich, wie ich in Gedanken habe, dieses Angenehme wäre
schön, nicht alles, sondern was durch das Gesicht und durch das
Gehör käme.

HIPPIAS: Richtig.

SOKRATES: Ist nun dies nicht etwas, was beiden gemeinschaftlich zukommt, jeder von beiden aber nicht? Denn wie wir auch
schon vorher sagten, jede von beiden entsteht doch nicht aus beiden, sondern beide aus beiden, jede von beiden aber nicht. Ist es
nicht so?

HIPPIAS: So ist es.

SOKRATES: Nicht also dadurch ist doch jede von beiden schön, was nicht auch jeder von beiden zukommt. Die Entstehung aus beiden kommt aber nicht jeder für sich zu. So daß man von dieser Erklärung aus zwar sagen darf, daß beide zusammen schön sind, daß aber jede von beiden, darf man nicht. Oder was sollen wir 303a sagen? Folgt das nicht?

HIPPIAS: Es scheint wohl.

26. Unmöglichkeit der Folgerung und Scheitern der Erklärung

SOKRATES: Sollen wir also sagen, beide zusammen seien zwar schön, jede von beiden aber nicht?

HIPPIAS: Was hindert uns?

SOKRATES: Dieses, dünkt mich, wird uns hindern, Lieber, weil es einiges gab, was den Dingen so zukommt, daß, wenn es beiden zukommt, es auch jedem einzelnen zukommen muß, und wenn jedem einzeln, auch beiden, alles nämlich, was du anführtest. Nicht wahr?

HIPPIAS: Ja.

SOKRATES: Was ich aber anführte, damit verhielt es sich nicht so, wozu eben dieses, das «einzeln» und «beides» selbst, auch gehörte. Ist es so?

HIPPIAS: So ist es.

SOKRATES: Zu welchem von beiden, o Hippias, dünkt dich nun b das Schöne zu gehören? Zu denen, welche du anführtest, wie wenn ich und du stark sind, wir es auch beide sind, und wenn ich und du gerecht, auch beide, und wenn beide, dann auch jeder einzeln, ist es so auch, wenn ich und du jeder schön sind, daß wir es dann auch beide sind, und wenn beide, dann auch jeder von beiden? Oder hindert nichts, daß, sowie wenn zwei Dinge zusammen gerade sind, doch jedes von ihnen sowohl ungerade sein kann als gerade, und wenn von zwei Dingen jedes einzeln unbestimmbar ist, doch beide zusammen sowohl bestimmbar sein können als auch ebenfalls unbestimmbar, und viel anderes dergleichen, was c mir, wie ich dir sagte, vorschwebte. Zu welchen von beiden willst du nun das Schöne rechnen? Kommt es dir etwa ebenso vor wie mir? Denn mir scheint es sehr unvernünftig, daß wir beide sollten schön sein können und doch jeder von uns einzeln nicht, oder jeder von uns einzeln wohl, beide zusammen aber nicht. Wählst du also dieselbe Seite wie ich oder die andere?

HIPPIAS: Ich gewiß dieselbe, Sokrates.

SOKRATES: Daran tust du sehr wohl, Hippias, damit wir noch
d von einer weiteren Untersuchung loskommen. Denn wenn das Schöne zu diesen Dingen gehört, so kann nicht das durch Auge und Ohr kommende Angenehme schön sein. Denn dieses durch Auge und Ohr macht nur beides schön, jedes für sich aber nicht. Dies war aber unmöglich, wie wir beide übereingekommen sind, Hippias.

HIPPIAS: Darin sind wir übereingekommen.

SOKRATES: Unmöglich also ist das durch Auge und Ohr kommende Angenehme schön, weil, wenn dies schön sein soll, etwas Unmögliches folgt.

HIPPIAS: So ist es.

27. *Rückfall der These zur schon widerlegten dritten Definition. Unmut des Hippias*

SOKRATES: So sagt denn, wird er sprechen, noch einmal von An-
e fang, weil ihr doch dies verfehlt habt, was behauptet ihr denn, daß dieses Schöne sei in den beiden Arten der Lust, weshalb ihr diese vor andern ehrt und sie schön nennt? – Mich dünkt, Hippias, wir müssen sagen, daß sie die unschädlichsten und besten Arten der Lust sind, sowohl beide als jede für sich. Oder weißt du etwas anderes zu sagen, wodurch sie sich von den übrigen unterscheiden?

HIPPIAS: Gar nicht, denn sie sind in der Tat die besten.

SOKRATES: Das also, wird er sprechen, sagt ihr, sei das Schöne, die nützliche Lust? – So scheint es, würde ich sagen. Und du?

HIPPIAS: Auch ich.

SOKRATES: Aber das Nützliche, wird er sagen, ist das Gutes Bewirkende, und das Bewirkende und Bewirkte hatte sich uns als verschieden gezeigt, und so kommt uns die Rede wieder auf die
304a vorige zurück. Denn weder das Gute kann schön sein noch das Schöne gut, wenn jedes von ihnen etwas anderes ist. – Das werden wir auf alle Weise zugeben müssen, Hippias, wenn wir vernünftig sind. Denn es ist unerlaubt, was einer richtig sagt, ihm nicht einzuräumen.

HIPPIAS: Aber, Sokrates, was soll doch dies alles sein? Das sind ja nur Brocken und Schnitzel von Reden, wie ich schon vorher sagte, ganz ins kleine zerpflückt. Aber das ist sowohl schön als viel wert, wenn man im Stande ist, eine ganze Rede gut und schön vorzutragen vor Gericht oder im Rat oder vor einer anderen öffentlichen Gewalt, an welche die Rede sich wendet, und diese so zu b überreden, daß man zuletzt nicht etwa unbedeutende, sondern die höchsten Preise davonträgt, nämlich Sicherheit für sich selbst und für sein Eigentum und seine Freunde. Darauf mußt du dich legen und diese Kleinigkeiten fahrenlassen, damit du dich nicht allzu unverständig ausnimmst, wenn du dich wie jetzt immer mit Possen und leerem Geschwätz abgibst.

28. Die Lage des Sokrates

SOKRATES: Ja, lieber Hippias, du bist freilich glücklicher dran, daß du nicht nur weißt, worauf ein Mensch Fleiß wenden soll, sondern auch schon Fleiß genug darauf gewendet hast, wie du sagst. Mich aber, wie es scheint, hat ein böses höheres Geschick in c seiner Gewalt, so daß ich immer irre und immer verlegen bin, und wenn ich meine Verlegenheit euch Weisen zeige, wieder von euch mit Worten gemißhandelt werde, wenn ich sie euch gezeigt habe. Denn ihr sagt mir immer, was du mir auch jetzt sagst, daß ich mich mit albernen und geringfügigen und nichtswürdigen Dingen abgebe. Wenn ich aber, von euch überzeugt, dasselbe sage wie ihr, daß es bei weitem vortrefflicher ist, wenn man versteht, eine gut und schön gesetzte Rede vorzutragen vor Gericht oder sonst einer öffentlichen Versammlung, so habe ich wiederum von einigen an- d dern hier, vorzüglich aber von diesem Menschen, der mich immer züchtigt, alles Üble zu hören. Denn er ist mir gar nahe verwandt und wohnt mit mir zusammen. Wenn ich nun zu mir nach Hause komme und er hört mich sprechen, so fragt er mich, ob ich mich denn nicht schäme, davon, was man Schönes lernen und treiben soll, zu reden, der ich so offenbar überführt worden bin, daß ich eben dieses Schöne selbst gar nicht einmal weiß, was es ist. Wie willst du also wohl wissen, spricht er, ob jemand eine Rede schön ausgeführt hat oder nicht, oder irgendeine andere Handlung, der e du von dem Schönen selbst nichts weißt? Und wenn es so um dich steht, meinst du, daß es dir besser sei, zu leben als tot zu sein? So

geht es mir also, wie gesagt, von euch werde ich bescholten und
beschimpft und von jenem auch. Aber ich werde wohl eben das
alles ertragen müssen, und es wäre auch gar nicht merkwürdig,
wenn es mir nützte. Ich nun, Hippias, glaube allerdings Nutzen zu
haben von euer beider Umgang. Was wenigstens das Sprichwort
meint, daß das Schöne schwer ist, das glaube ich nun zu verstehen.

EUTHYDEMOS

A. Rahmengespräch.
Kriton fragt Sokrates nach seinen gestrigen Gesprächspartnern

B. Sokrates erzählt Kriton

C. Schluß des Rahmengesprächs

1. Herkunft des Euthydemos und des Dionysodoros und Größe ihrer Weisheit

KRITON: Wer war doch der, Sokrates, mit dem du gestern im Ly- 271a keion Gespräch führtest? Wahrlich, eine so große Menge Menschen stand um euch her, daß, als ich auch hinzuging, um zu hören, ich nichts deutlich verstehen konnte. Doch beugte ich mich über, um wenigstens zu sehen, und da dünkte es mich ein Fremder zu sein, mit dem du sprachst. Wer war es?

SOKRATES: Welchen magst du nur meinen? Denn nicht einer, sondern zwei waren es.

KRITON: Der, den ich meine, saß als der dritte von dir zur Rechten, und zwischen euch saß des Axiochos Jüngling. Der schien mir b gar sehr gewachsen zu sein, o Sokrates, und den Jahren nach wohl nicht sehr unterschieden von meinem Kritobulos; aber der ist nur schmächtig, jener aber ganz vollständig und von gar hübschem Ansehen.

SOKRATES: Der also, o Kriton, nach welchem du fragst, ist Euthydemos, und der neben mir zur Linken saß, sein Bruder Dionysodoros, der auch seinen Teil hat am Gespräch.

KRITON: Ich kenne keinen von beiden, Sokrates. Auch dies sind wieder, wie es scheint, ganz neue Sophisten. Aber woher? Und c was für Weisheit bringen sie?

SOKRATES: Ursprünglich sind sie, soviel ich weiß, hier wo her aus Chios; sie waren aber mit zu den Thuriern gezogen, und seitdem sie von dort geflüchtet sind, halten sie sich schon mehrere Jahre in diesen Gegenden auf. Was aber ihre Weisheit betrifft, nach der du fragst, o Kriton, so ist es zu verwundern, was für Alleswisser sie sind. So daß ich meinesteils bis jetzt noch gar nicht wußte, was ein wahrer Kunstfechter wäre. Diese aber sind die

rechten Unüberwindlichen in jeder Art, gar nicht wie jene Akarna-
d nischen Brüder, die sich auch im Fechten zeigten. Denn die verstanden nur körperlich zu fechten. Jene aber sind zuerst körperlich
ganz vollkommene Meister, und zwar in der Art zu fechten, die
vor allen andern den Vorzug hat, indem sie vortrefflich verstehen,
in der Rüstung zu fechten und auch einen andern, wer nur bezah-
272a len will, geschickt darin zu machen. Dann aber auch im Kampf vor
Gericht verstehen sie ganz vollkommen selbst den Streit auszu-
fechten und auch andere zu unterrichten im Reden und auch Reden zu schreiben zum Gebrauch an der Gerichtsstätte. Bis jetzt
nämlich waren sie nur hierin Meister, nun aber haben sie ihrer
kunstfechterischen Meisterschaft die Krone aufgesetzt. Denn
auch in dem Kampf, der ihnen noch unversucht war, haben sie
sich jetzt so eingeübt, daß auch nicht einer sich gegen sie auch nur
wird erheben können, solche Meister sind sie geworden, im Gespräch zu streiten und zu widerlegen, was jedesmal gesagt wird,
b gleichviel ob es falsch ist oder wahr. Daher nun, Kriton, bin ich
auch willens, mich den Männern in die Lehre zu geben; denn sie
versprechen, daß sie in kurzer Zeit auch jeden andern eben hierin
auslehren wollen.

KRITON: Wie, Sokrates? Fürchtest du nicht deine Jahre, ob du
nicht schon zu alt bist?

SOKRATES: Nichts weniger, Kriton! Denn ich habe genug, worauf ich mich berufen und verlassen kann, um mich nicht zu fürchten. Denn diese beiden selbst haben sozusagen erst als alte Leute
den Anfang gemacht in dieser Kunst, nach der ich strebe, in dieser
Streitkunst, vor einem Jahr aber oder vor zwei Jahren waren sie
c noch gar nicht weise. Nur vor dem einen ist mir bange, daß ich den
Männern nicht etwa selbst Spott zuziehe, wie dem Lyraspieler
Konnos, der mir noch jetzt Unterricht gibt im Lyraspielen. Denn
die Knaben, die mit mir zur Schule gehen, lachen immer über
mich, und den Konnos nennen sie den Altenmannslehrer. Wenn
also nur nicht auch den Fremden jemand einen ebensolchen Spott-
namen gibt und sie, sich vielleicht eben davor fürchtend, mich deshalb nicht annehmen wollen! Dort nun beim Konnos habe ich
d schon noch einige andere Alte überredet, mit mir zum Unterricht
zu gehen, und hier möchte ich es gern ebenso machen. Komm du
also doch auch mit, und als Lockspeise können wir vielleicht deine

Söhne dazunehmen; denn gewiß, um nur die zu bekommen, werden sie uns auch schon unterrichten.

KRITON: Warum das nicht, Sokrates, wenn du meinst! Zuvor aber erzähle mir doch, worin denn der Männer Weisheit besteht, damit ich sehe, was wir eigentlich lernen werden.

2. Glückliches Zusammentreffen. Die Lehre der Tugend als das Geschäft der beiden

SOKRATES: Das soll dir nicht fehlen zu hören; denn ich dürfte wahrlich nicht sagen, daß ich nicht acht auf sie gegeben hätte. Sondern gar sehr habe ich acht gegeben und alles wohl behalten, so daß ich versuchen will, dir von Anfang an alles zu erzählen. Nämlich gewiß durch eines Gottes Gunst saß ich noch da, wo du e mich sahst, wo sie sich zu entkleiden pflegen, allein, und war schon im Begriff gewesen aufzustehen; indem ich es aber tun wollte, kam mir das gewohnte Zeichen, das göttliche. Also setzte ich mich wieder, und bald darauf traten diese beiden herein, Eu- 273a thydemos und Dionysodoros, und mit ihnen noch viele andere, Schüler glaube ich. Wie sie gekommen waren, gingen sie im bedeckten Gange umher, und sie mochten kaum zwei oder drei Gänge gemacht haben, als Kleinias kam, von dem du sagst, er habe sich so sehr herausgewachsen, was auch ganz richtig ist. Hinter diesem nun kamen viele von seinen Verehrern, unter andern auch Ktesippos, ein junger Mann aus der Paianischen Zunft von ganz schönen Naturgaben, nur etwas übermütig, wie die Jugend pflegt. Als nun Kleinias am Eingange sah, daß ich allein saß, ging b er gerade durch und setzte sich rechts zu mir, wie du auch sagst. Und als Dionysodoros und Euthydemos seiner ansichtig wurden, blieben sie zuerst stehen und sprachen miteinander, wobei sie von Zeit zu Zeit nach uns hinsahen – denn ich gab gar genau Achtung auf sie; endlich kamen sie, und der eine, Euthydemos, setzte sich zu dem Knaben, der andere zu mir, linker Hand, die andern, wie es sich gerade traf. Ich begrüßte sie also als solche, die ich seit langer c Zeit nicht gesehen, und sagte dann zum Kleinias: Diese Männer, o Kleinias, sind große Meister, hier Euthydemos und Dionysodoros, und das gar nicht in kleinen Dingen, sondern in sehr wichtigen. Alles nämlich, was zum Kriege gehört, verstehen sie, was nur einem, der ein großer Feldherr werden will, nötig ist, die Anord-

nung und Führung der Heere und was, wer in Waffen fechten will,
lernen muß. Auch sind sie imstande, einen dahin zu bringen, daß
er vermöge, sich selbst zu helfen vor Gericht, wenn ihm jemand
d unrecht tut. Wie ich nun dieses gesagt, wurde ich von ihnen ver-
achtet; wenigstens lachten sie sich einander zu, und Euthydemos
sprach: Das ist gar nicht mehr unser Hauptgeschäft, o Sokrates,
sondern nur noch beiläufig betreiben wir es. – Darüber verwunderte ich mich und sagte: Dann müßt ihr ja ein ganz herrliches
Geschäft haben, wenn solche Dinge euch nur noch das Beiläufige
sind. Bei den Göttern also, sagt mir, was ist dieses Herrliche? – Die
Tugend, o Sokrates, sagte er, glauben wir einem jeden aufs beste
und schnellste mitteilen zu können.

3. Aufforderung an die beiden, ihre Weisheit zu zeigen

e O Zeus, sprach ich, was für ein großes Wort redet ihr! Wie seid ihr
zu diesem Funde gekommen? Ich dachte noch immer von euch,
wie ich eben sagte, daß ihr hierin vorzüglich Meister wäret, in
Waffen zu fechten, und rühmte das auch von euch. Denn als ihr
beim vorigen Mal euch hier aufhieltet, erinnere ich mich, daß ihr
dies ankündigtet. Wenn ihr aber jetzt in der Tat diese Wissenschaft besitzt: so seid mir gnädig und barmherzig. Denn ordentlich als Götter muß ich euch anreden und euch bitten, das vorher
274a Gesagte zu verzeihen. Aber seht doch zu, Euthydemos und Dionysodoros, ob ihr auch wahr gesprochen habt. Denn die Verheißung ist so groß, daß es kein Wunder ist, ungläubig zu sein. – Sei
nur ganz gewiß, Sokrates, sagten sie, daß sich dies so verhält. –
Dann preise ich euch glückselig wegen dieses Besitzes, weit mehr
als den Großkönig wegen seiner Macht. Das aber sagt mir nur, ob
ihr gesonnen seid, euch mit dieser Weisheit zu zeigen, oder was ihr
hierüber beschlossen habt? – Eben dazu sind wir gekommen, o
b Sokrates, um sie zu zeigen und zu lehren, wenn jemand lernen
will. – Daß dieses alle wollen werden, welche sie noch nicht besitzen, dafür leiste ich euch Bürgschaft, zuerst ich, dann dieser Kleinias und nächst uns Ktesippos hier und diese andern auch, sprach
ich, indem ich auf die Liebhaber des Kleinias zeigte, die sich schon
um uns her gestellt hatten. Denn Ktesippos hatte weit vom Kleinias gesessen, wie mich dünkt; wie aber Euthydemos, indem er
mit mir sprach, sich vorbeugte, weil nämlich Kleinias zwischen

uns saß, benahm er dem Ktesippos die Aussicht auf ihn. Ktesippos c
also, der teils seinen Liebling sehen wollte, teils auch gern genau
zuhören mag, sprang zuerst auf und stellte sich uns gerade gegenüber. Das taten denn hernach auch die übrigen, die Liebhaber des
Kleinias sowohl als die Freunde des Dionysodoros und Euthydemos. Diese also zeigte ich dem Euthydemos und sagte, sie alle hätten Lust zu lernen. Ktesippos nun bekannte sich sehr bereitwillig d
dazu und auch die übrigen, und alle insgesamt redeten ihnen zu, zu
zeigen, was ihre Weisheit eigentlich vermöge.

4. *Versprechen, an Kleinias eine Probe ihrer Fähigkeiten zu
  geben*

Darauf sagte ich: O Euthydemos und Dionysodoros, auf alle
Weise seid doch sowohl gegen diese gefällig, als auch mir zuliebe
gebt uns eine Probe. Zwar alles Wesentliche der Sache selbst uns
hier vorzutragen wäre offenbar kein kleines Geschäft; allein soviel
sagt mir wenigstens, ob ihr nur den, welcher schon überzeugt ist,
daß er es von euch lernen muß, zu einem tugendhaften Manne zu
machen vermögt, oder auch jenen, der noch nicht davon über- e
zeugt ist, weil er entweder überhaupt die ganze Sache nicht glaubt,
daß die Tugend lehrbar ist, oder doch nicht, daß ihr Lehrer derselben seid? Sprich, ist dies das Geschäft derselben Kunst, auch den
so Denkenden zu überzeugen, daß sowohl die Tugend lehrbar ist
als auch ihr diejenigen seid, bei denen einer sie am besten lernen
könnte, oder einer andern? – Eben derselben, o Sokrates, sprach
Dionysodoros. – Ihr also, sprach ich, o Dionysodoros, verstädet
unter den jetzt lebenden Menschen am besten, zum Streben nach 275 a
Weisheit und zum Fleiß in der Tugend aufzumuntern? – Das glauben wir allerdings, Sokrates. –

Von allem übrigen also, sagte ich, mögt ihr uns ein andermal
eine Probe ablegen; nur eben dies eine zeigt uns jetzt. Überzeugt
uns diesen Jüngling hier, daß man die Weisheit suchen und Fleiß
auf die Tugend wenden müsse, und werdet dadurch mir und allen
diesen gefällig. Denn so steht es mit diesem Knaben: ich und alle
diese tragen gar großes Verlangen, daß er ein recht vortrefflicher
Mann werde möge. Er ist nämlich des Axiochos Sohn, ein Enkel
also des älteren Alkibiades und ein leiblicher Vetter des jetzigen, b
und heißt Kleinias. Nun ist er noch jung; also tragen wir Sorge für

ihn, wie billig für die Jugend, daß nicht etwa jemand früher sein Gemüt zu andern Bestrebungen hinlenke und er uns verderbt werde. Ihr beide kommt uns daher höchst gelegen; also wenn ihr nichts dawider habt, so macht einen Versuch mit dem Knaben und unterredet euch mit ihm in unserer Gegenwart. – Als ich ungefähr eben dieses gesagt, sprach Euthydemos ganz beherzt und zuversichtlich: Gewiß, wir haben nichts dawider, Sokrates, wenn der

c junge Mensch nur wird antworten wollen. – Daran, sagte ich, ist er uns ja schon gewöhnt. Denn gar oft reden ihn diese an und fragen ihn vielerlei und besprechen sich mit ihm, so daß er schon ziemlich furchtlos ist im Antworten.

5. Die Dummen lernen; die Klugen lernen

Was also nun folgt, o Kriton, wie soll ich dir das nur gut genug erzählen? Denn wahrlich, es ist keine kleine Sache, so unerdenklich tiefe Weisheit ordentlich und gehörig wieder vortragen zu können: so daß ich, wie die Dichter, wohl nötig habe, beim An-

d fang der Erzählung die Musen anzurufen und die Mnemosyne. – Euthydemos also begann damit ungefähr, wie ich glaube: O Kleinias, welche von beiden unter den Menschen sind denn die, welche lernen, die Klugen oder die Dummen? – Der Knabe aber, wie es denn eine schwere Frage war, errötete und sah mich verlegen an. Und da ich merkte, daß er verwirrt war, sprach ich: Nur Mut,

e Kleinias, und antworte wacker eins von beiden, welches dir einleuchtet; denn wahrscheinlich wirst du großen Nutzen davon haben. – Indem bückte sich Dionysodoros zu mir und sagte mir leise ins Ohr mit ganz lächelndem Angesicht: Ganz sicher, Sokrates, sage ich dir vorher, was der junge Mensch auch antwortet, er wird zuschanden gemacht werden. – Und noch indem er mir das sagte, hatte auch Kleinias schon geantwortet, so daß ich nicht ein-

276a mal dem Jüngling zurufen konnte, sich vorzusehen. Er hatte aber geantwortet, die Klugen wären die Lernenden. – Da fragte Euthydemos weiter: Gibt es auch Lehrer, oder nicht? – Das gab er zu. – Und die Lehrer sind doch der Lernenden Lehrer, wie zum Beispiel der Musikmeister und der Schreibmeister doch deine und der anderen Knaben Lehrer waren, und ihr wart Schüler? – Das bejahte er. – Nicht wahr nun, als ihr lerntet, wußtet ihr das noch nicht, was ihr lerntet? – Nein, sagte er. – Wart ihr nun etwa klug damals,

als ihr das nicht wußtet? – Nein freilich, sagte er. – Wenn also b
nicht klug, dann dumm? – Freilich wohl. – Ihr also, als ihr lerntet,
was ihr nicht wußtet, lerntet als Dumme? – Der Knabe winkte
zu. – Die Dummen also lernen, o Kleinias, und nicht die Klugen,
wie du meinst. –

Als er dies gesagt hatte, erhoben, wie ein Chor, wenn der, welcher es einübt, das Zeichen gegeben hat, so einmütig alle jene, die
den Euthydemos und den Dionysodoros begleitet hatten, ein großes Getümmel und Gelächter. – Und ehe noch der junge Mensch c
wieder gehörig zu Atem kommen konnte, nahm Dionysodoros
das Wort auf und sagte: Wie doch, Kleinias, wenn euch nun der
Lehrer etwas vorsagte, welche Knaben lernten dann das Vorge-
sagte, die Klugen oder die Dummen? – Die Klugen, sprach Kleinias. – Die Klugen also lernen und nicht die Dummen, und nicht
richtig hast du eben dem Euthydemos geantwortet.

6. *Man lernt, was man weiß; man lernt, was man nicht weiß*

Auch hier wiederum lachten und lärmten die Verehrer der beiden d
Männer, und zwar ganz ausnehmend, aus Bewunderung ihrer
Weisheit. Wir andern aber waren ganz betäubt und schwiegen. –
Als nun Euthydemos merkte, daß wir so betäubt waren, ließ er,
damit wir ihn noch mehr bewundern sollten, den Knaben noch
nicht los, sondern fragte weiter, und wie gute Tänzer drehte er die
Frage zweimal auf derselben Stelle herum und sagte: Welches von
beiden lernen denn aber die Lernenden, was sie wissen oder was
sie nicht wissen? – Da flüsterte mir Dionysodoros abermals ganz
leise zu und sagte: Auch das, Sokrates, ist wiederum ein solches e
Stück wie das vorige. – O Zeus, sprach ich, auch das vorige ja
schien uns eine gar herrliche Frage! – Ja, Sokrates, sagte er, wir
fragen lauter solche unausweichlichen Fragen. – Daher, sprach
ich, habt ihr auch, wie man sieht, großen Ruhm unter euren Schülern. – Unterdessen nun hatte Kleinias dem Euthydemos geantwortet, die Lernenden lernten, was sie nicht wüßten. – Jener aber
fragte ihn nach derselben Weise, wie beim vorigen: Wie, sagte er, 277a
weißt du nicht die Buchstaben? – Ja, sprach er. – Und zwar alle? –
Das bejahte er. – Wenn nun jemand etwas vorsagt, was es auch
sei, sagt er nicht Buchstaben vor? – Das gestand er ein. – Von dem
also, was du weißt, sagt er etwas vor, wenn du sie doch alle

weißt? – Auch das gestand er ein. – Wie also, sprach er, lernst
denn du etwa nicht, was einer vorsagt, wer aber die Buchstaben
nicht weiß, der lernt es? – Nein, antwortete er, sondern ich lerne
b es. – Also was du weißt, sprach er, lernst du, wenn du doch sämtliche Buchstaben weißt? – Das gab er zu. – Also hast du nicht richtig geantwortet, sagte er.

Und noch hatte Euthydemos dieses nicht völlig ausgesprochen,
als Dionysodoros die Rede wie einen Ball abfing und wieder nach
dem Knaben hinwarf und sagte: Euthydemos hintergeht dich, o
Kleinias; denn sage mir, heißt nicht lernen eine Erkenntnis desjenigen bekommen, was man lernt? – Das gab Kleinias zu. – Und
wissen, sprach er, heißt das etwas anderes, als eine Erkenntnis
c schon haben? – Darin stimmte er ein. – Nicht wissen also heißt
noch nicht Erkenntnis haben? – Das gestand er ihm ein. – Welche
von beiden nun sind die, die etwas bekommen? Die es schon haben oder die nicht? – Die es nicht haben. – Und du hast doch eingestanden, daß zu diesen auch die Nichtwissenden gehören, zu
den Nichthabenden? – Er winkte zu. – Und zu den Bekommenden
gehören doch die Lernenden, aber nicht zu den Habenden? – Das
bejahte er. – Die Nichtwissenden also, sprach er, lernen, o Kleinias, aber nicht die Wissenden.

*7. Auflösung der Zweideutigkeit durch Sokrates. Seine Ableh-
nung des dialektischen Spiels*

d Hierauf nun fiel Euthydemos, gleichsam den dritten Gang begin-
nend, noch einmal gegen den Jüngling aus. Ich aber, da ich sah,
wie der Knabe schon ganz zugedeckt war, wollte ihm einige Ruhe
verschaffen, damit er nicht verzagte; ich redete ihm daher zu und
sagte: Wundere dich nicht, Kleinias, wenn diese Reden dir ungewohnt scheinen. Denn du merkst vielleicht nicht, was eigentlich
die Fremden mit dir vornehmen, dasselbe nämlich, was bei der
Weihung der Korybanten geschieht, wenn sie die Einthronung mit
demjenigen vornehmen, den sie einweihen wollen. Denn auch dabei ist doch ein Tanz und Scherz, wenn du anders schon einge-
e weiht bist. So tun auch diese beiden jetzt nichts, als daß sie den
Chor um dich herumführen und gleichsam im Scherz dich umtan-
zen, bis sie dich hernach einweihen. Jetzt also denke dir, daß du
nur den ersten Anfang der sophistischen Heiligtümer hörst. Denn

das erste muß sein, wie Prodikos sagt, daß man den richtigen Gebrauch der Worte erlerne, wie dir die Fremden nun eben zeigen,
daß du nicht wußtest, wie die Menschen das Wort Lernen zwar
davon gebrauchen, wenn einer, der bis dahin noch gar keine
Kenntnis eines Gegenstandes hatte, die Kenntnis davon nun be- 278a
kommt, wie sie aber auch dasselbe gebrauchen, wenn einer, der
diese Kenntnis schon hat, mit dieser Kenntnis eben diesen Gegenstand betrachtet, wenn er behandelt oder besprochen wird. Zwar
nennt man dies häufiger erfahren als lernen, bisweilen aber doch
auch lernen. Dies nun, wie sie dir zeigen, ist dir entgangen, daß
dasselbe Wort auf ganz entgegengesetzt beschaffene Menschen
geht, auf Wissende und Nichtwissende. Fast ebenso war auch das
bei der zweiten Frage, als sie dich fragten, welches von beiden b
wohl die Menschen lernten, ob was sie wissen oder was nicht.
Dergleichen nun ist in der Beschäftigung mit Kenntnissen nur
Spiel; darum sage ich auch, daß diese mit dir spielen. Spiel nenne
ich es aber deshalb, weil, wenn einer auch vieles und alles dergleichen lernte, er doch von den Gegenständen selbst um nichts besser
wüßte, wie sie sich verhalten; sondern er würde nur geschickt sein,
sein Spiel mit andern zu treiben, indem er ihnen durch die Vieldeu-
tigkeit der Worte ein Bein unterschlagen und sie umwerfen
könnte; wie wenn jemand einem, der sich setzen will, den Sessel
unten wegzieht, und sich dann freut und lacht, wenn er ihn rück-
lings hinfallen sieht. Dieses also denke dir, daß die Männer dir nur c
zum Scherz angetan haben.

Nun aber nach diesem werden sie dir gewiß auch das rechte
Ernsthafte zeigen. Und das will ich ihnen jetzt vorzeichnen, damit
sie mir leisten, was sie mir versprochen haben. Sie sagten nämlich,
sie wollten uns etwas zeigen von ihrer Kunst, das Gemüt anzutrei-
ben; nun aber, dünkt mich, haben sie eben geglaubt, erst mit dir
scherzen zu müssen. Dieses also möge von euch gescherzt gewesen
sein, o Dionysodoros und Euthydemos, und vielleicht ist es zur d
Genüge. Nun aber nach diesem zeigt uns auch wirklich eure
Kunst, indem ihr den jungen Menschen aufmuntert, wie man auf
Weisheit und Tugend Fleiß verwenden muß. Zuvor aber will ich
euch zeigen, wie ich es mir denke und in welcher Art ich es von
euch zu hören wünsche. Wenn euch nun dünkt, daß ich mich als
ein Unkundiger auf eine lächerliche Art dabei anstelle: so lacht

mich dennoch nicht aus. Denn nur aus Verlangen, eure Weisheit zu hören, will ich mir ein Herz fassen, vor euch aufs Geratewohl und unvorbereitet zu reden. Nehmt euch also zusammen und hört
e mich ohne Gespött an, ihr selbst und eure Schüler, und du, Sohn des Axiochos, antworte mir.

8. Aufstellung der menschlichen Güter. Die Weisheit als Ursache des Glücks

Wollen wohl wir Menschen alle uns wohl befinden? Oder gehört schon diese Frage zu dem, wovor mir eben bange war, dem Belachenswerten? Denn unverständig ist es ja wohl, dergleichen auch nur zu fragen; denn welcher Mensch wollte sich nicht wohl befin-
279a den? – Gewiß keiner, antwortete Kleinias. – Gut, sprach ich. Nun aber weiter, da wir uns also wohl befinden wollen, wie können wir es denn? Etwa wenn wir viel Gutes hätten? Oder ist dies noch einfältiger als jenes? Denn auch das ist ja deutlich genug, daß es sich so verhält. – Darin stimmte er mir bei. – Wohlan denn, was aber unter allen Dingen ist uns wohl gut? Oder ist auch das nicht schwer und gehört keineswegs ein außerordentlicher Mann dazu, um es zu finden? Denn jeder würde uns ja wohl sagen, reich sein wäre gut. Nicht wahr? – Freilich, sagte er. – Nicht auch gesund
b sein und schön sein und das übrige, was den Leib betrifft, in gutem Stande haben? – Das dünkte ihn ebenfalls. – Aber ausgezeichnete Geburt und Macht und Ansehen in seinem Vaterlande ist doch offenbar auch etwas Gutes? – Das gab er zu. – Was, sprach ich, ist uns nun wohl noch Gutes übrig? Denn was ist wohl besonnen sein und gerecht und tapfer? Wie, um Zeus' willen, glaubst du, Kleinias? Werden wir das Richtige setzen, wenn wir auch dies als Gutes setzen, oder wenn nicht? Denn dies könnte vielleicht manchem
c zweifelhaft sein. Du aber, wie meinst du? – Gut ist es, sagte Kleinias. – Wohl, sprach ich, und die Weisheit, in welche Reihe wollen wir die stellen? Unter das Gute, oder wie meinst du? – Unter das Gute. – Besinne dich nun, daß wir ja nicht vielleicht etwas Gutes auslassen, das der Rede wert wäre. – Ich denke ja nicht, sagte Kleinias. – Da besann ich mich noch und sprach: Beim Zeus, hätten wir doch bald das größte unter allen Gütern ausgelassen. – Welches doch? fragte er. – Das gute Glück, o Kleinias, welches alle, auch die ganz Schlechten, für das größte unter allem Guten hal-

ten. – Du hast recht, sprach er. – Da besann ich mich wieder anders und sagte: Beinahe hätten wir uns lächerlich gemacht vor d diesen Fremden, ich und du, Sohn des Axiochos! – Wieso denn? sprach er. – Weil wir das Glück schon im vorigen gesetzt hatten und nun noch einmal von demselben reden wollten. – Wie ist nur wieder dieses? – Das ist ja doch lächerlich, sagte ich, was schon lange dasteht, noch einmal hinstellen wollen und zweimal dasselbe sagen. – Wie meinst du das aber? sprach er. –

Die Weisheit ist ja eben gutes Glück, das kann ja jedes Kind einsehen. – Darüber wunderte er sich, so jung und arglos ist er noch. – Und ich, da ich merkte, daß er sich wunderte, sprach: Weißt du etwa nicht, Kleinias, daß im guten Flötenspielen die Flö- e tenspieler die glücklichsten sind? – Das gab er zu. – Und, sprach ich, im Schreiben und Lesen der Buchstaben die Schulmeister? – Freilich. – Und wie in Gefahren zur See, glaubst du, daß irgendein anderer glücklicher ist als ein weiser Steuermann, so im ganzen gesehen? – Gewiß nicht. – Und wie, wenn du zu Felde gezogen wärest, mit welchem von beiden möchtest du am liebsten Gefahr und Glück teilen, mit einem weisen Heerführer oder mit einem 280a ungeschickten? – Mit einem weisen. – Und wenn du krank wärest, mit wem möchtest du es lieber wagen, mit einem weisen Arzt oder mit einem ungeschickten? – Mit einem weisen. – Nicht wahr, weil du glaubst, besseres Glück zu haben, wenn du mit einem weisen zu schaffen hast als wenn mit einem ungeschickten? – Das gab er zu. – Die Weisheit also macht, daß die Menschen in allen Dingen Glück haben. Denn nie wird die Weisheit etwas verfehlen, sondern immer richtig handeln und es erlangen. Denn sonst wäre es ja keine Weisheit mehr.

9. Weisheit und Wissen als das Gute an sich

Und so wurden wir uns am Ende einig darüber, ich weiß nicht wie, b überhaupt verhielte es sich immer so: wenn Weisheit da wäre, bei wem sie wäre, der bedürfe weiter keines guten Glückes. Nachdem wir nun hierin übereingekommen, befragte ich ihn noch einmal um das vorher eingestandene, wie es wohl damit stände. Wir hatten nämlich eingestanden, sprach ich, wenn wir viel Gutes hätten, dann würden wir glückselig sein und uns wohl befinden. – Das gab er zu. – Würden wir also glückselig sein vermöge des vorhan-

denen Guten, wenn es uns nützte oder wenn es uns nicht nützte? –
Wenn es uns nützte, sprach er. – Und würde es uns wohl nützen,
c wenn wir es nur hätten und es nicht gebrauchten? Wie wenn wir
viel Speisen hätten, äßen aber nicht, oder Getränke und tränken
nicht, hätten wir dann einen Nutzen davon? – Nicht füglich,
sprach er. – Und wie? Alle Künstler, wenn ihnen alle Erfordernisse
zur Hand wären, jedem zu seinem Werk, sie bedienten sich deren
aber nicht, würden sich diese dann wohl befinden und wohl handeln vermöge dieses Besitzes, weil sie doch alles haben, was ein
Künstler haben muß? Wie zum Beispiel der Zimmermann, wenn
er alle Werkzeuge in Bereitschaft hätte und auch Holz genug, zim-
merte aber nicht; hätte er wohl irgend Nutzen von seinem Be-
d sitz? – Ganz und gar keinen, sprach er. –

Wie nun, wenn jemand Reichtum besäße und alles Gute, dessen
wir vorhin erwähnten, gebrauchte es aber nicht; würde der glückselig sein durch den Besitz dieses Guten? – Nicht eben, Sokrates. –
Wer also glückselig sein soll, sprach ich, der muß, wie es scheint,
dergleichen Güter nicht nur besitzen, sondern auch gebrauchen,
oder der Besitz wird ihm zu nichts nutz. – Du hast recht. – Ist nun
e dieses etwa schon hinlänglich, Kleinias, um jemand glückselig zu
machen, daß er das Gute habe und gebrauche? – Mich dünkt ja. –
Etwa nur, sprach ich, wenn er es recht gebraucht, oder auch wenn
nicht? – Wenn recht. – Wohl gesprochen, sagte ich. Denn weit
ärger, denke ich, ist es, wenn jemand irgend etwas unrecht gebraucht, als wenn er es ganz beiseite läßt. Denn jenes ist übel,
281 a dieses aber weder gut noch übel. Oder wollen wir nicht so sagen? – Er räumte es ein. – Wie nun? In jener Behandlung und
jenem Gebrauch der Hölzer, gibt es da etwas anderes, was den
rechten Gebrauch bewirkt, als die Wissenschaft des Zimmerns? –
Wohl nicht, sagte er. – Ebenso auch wohl in der Behandlung der
Gefäße ist es das Wissen, was die Richtigkeit bewirkt. – Das
dünkte ihn auch. – Also auch wohl, sprach ich, im Gebrauch der
zuerst angeführten Güter, des Reichtums, der Gesundheit und
Schönheit, war es das Wissen, was zum richtigen Gebrauch aller
b dieser Dinge die Behandlung derselben anführt und leitet, oder
etwas anderes? – Das Wissen, sagte er. – Nicht nur gut Glück also,
sondern auch gut Geschäft, wie es scheint, gewährt die Erkenntnis
dem Menschen bei jedem Besitz und Betrieb. – Er gestand es ein. –

Ist also wohl, beim Zeus, sprach ich, irgendein anderer Besitz etwas nutz ohne Einsicht und Weisheit? Würde wohl ein Mensch Vorteile haben, wenn er auch noch so viel besäße und täte, der keine Vernunft hat, oder mehr, wenn er weniges besitzt, aber Vernunft hat? Überlege es nur so. Würde er nicht, wenn er weniger c täte, auch weniger fehlen, und wenn er weniger fehlte, sich auch weniger schlecht befinden, und wenn er weniger schlecht lebte, auch weniger elend sein? – Gewiß, sagte er. – In welchem Falle nun würde einer wohl weniger tun, wenn er arm wäre oder reich? – Wenn arm, sagte er. – Und wenn er schwach wäre oder wenn stark? – Wenn schwach. – Und wenn angesehen oder unangesehen? – Wenn unangesehen. – Und würde wohl ein Tapferer und Besonnener weniger tun oder ein Feiger? – Ein Feiger. – Auch ein Träger täte wohl eher weniger als ein Tätiger? – Das räumte er ein. – Und ein Langsamer als ein Behender, und wer schlecht sieht und hört, eher als wer scharf? – Dergleichen alles gaben wir einan- d der zu. Im allgemeinen also, sprach ich, scheint es, o Kleinias, daß von allem insgesamt, was wir zuerst Güter nannten, nicht in der Art könne die Rede sein, als ob es an und für sich von Natur gut wäre. Sondern, wie es scheint, verhält es sich so: Wenn Torheit darüber gebietet, sind diese Dinge um so größere Übel als ihr Gegenteil, je mehr sie imstande sind, dem Gebietenden, welcher schlecht ist, Dienst zu leisten; wenn aber Einsicht und Weisheit, dann sind sie größere Güter; an und für sich aber sind weder die einen noch die andern irgend etwas wert. – Offenbar, sprach er, e scheint es sich zu verhalten, wie du sagst. – Was folgt uns nun aus dem Gesagten? Etwas anderes, als daß von allem übrigen nichts weder gut ist noch übel, von diesen zweien aber die Weisheit das Gute ist und die Torheit das Übel? – Das gestand er zu.

10. *Notwendigkeit, vor allem nach Weisheit zu streben*
So laß uns, sagte ich, nun auch noch das übrige betrachten. Da 282 a wir nämlich glückselig zu sein alle streben und sich gezeigt hat, daß wir dies werden durch den Gebrauch der Dinge, und zwar den richtigen Gebrauch, diese Richtigkeit aber und das glückliche Gelingen uns die Erkenntnis zusichert: so muß demnach, wie man sieht, auf jede Weise ein jeder Mensch dafür sorgen, daß er so weise werde als möglich. Oder nicht? – Ja, sagte er. – So daß er

glaubt, hiermit gebühre ihm weit mehr von seinem Vater versorgt
zu werden als mit Geld, und von seinen Vormündern und Freun-
b den, andern sowohl als solchen, die sich seine Liebhaber nennen,
und von Fremden sowohl als Bürgern, und daß er also bittet und
fleht, ihm Weisheit mitzuteilen, und es für nichts Schändliches
oder Strafbares hält, o Kleinias, um deswillen dienstbar und unterworfen zu sein dem Liebhaber sowohl als jedem andern Menschen, freiwillig zu jedem ehrenvollen Dienst bereit, um nur weise
zu werden. Oder, sprach ich, dünkt es dich nicht so? – Allerdings,
sagte er, dünkt mich vollkommen richtig, was du sagst. –
c   Wenn nämlich, o Kleinias, sprach ich, die Weisheit lehrbar ist
und sich nicht etwa nur von selbst bei den Menschen einstellt.
Denn dies haben wir noch zu erwägen, und es ist noch nichts darüber festgesetzt zwischen dir und mir. – Ich wenigstens, o Sokrates, denke, daß sie lehrbar ist. – Darüber war ich erfreut und sagte:
Sehr schön gesprochen, bester Mann, und sehr wohl hast du daran
getan, mich einer großen Untersuchung eben dieses Gegenstandes
zu überheben, ob nämlich die Weisheit lehrbar ist oder nicht. Nun
also, da du sowohl glaubst, daß sie lehrbar ist, als auch, daß sie
allein unter allen Dingen den Menschen selig und glücklich macht,
d kannst du wohl anders als behaupten, daß man die Weisheit
suchen müsse, und selbst auch gesonnen sein, dieses zu tun? – Allerdings, sagte er, so sehr als irgend möglich. –
    Als ich nun dieses zu meiner Freude vernommen, sprach ich:
Dies also wäre mein Beispiel, o Dionysodoros und Euthydemos, wie ich wünsche, daß eine ermahnende Rede sein soll, ganz
unkünstlerisch vielleicht und nur mit Not gar weitläufig zustande
gebracht. Welcher von euch beiden nun aber will, der zeige sich
uns, indem er eben dieses nach der Kunst tut. Oder wenn ihr das
nicht wollt: so zeigt dem jungen Menschen, was nun zunächst
e darauf folgt, wobei ich stehengeblieben bin, ob er nämlich jede
Erkenntnis erwerben muß oder ob es irgendeine einzelne gibt, welche er bekommen und dadurch glückselig und zu einem trefflichen
Manne werden muß und welche dies ist. Denn wie ich schon am
Anfang sagte, gar viel ist uns daran gelegen, daß dieser Jüngling
weise und gut werde.

11. Neugier des Sokrates auf die Reaktion der Sophisten. Erzeugung neuer Verwirrungen

Dies also sagte ich, o Kriton, und war sehr begierig zu sehen, was 283 a
nun hierauf folgen würde, und gab recht acht, auf welche Art sie
die Rede angreifen und wobei sie anfangen würden, dem Jüngling
zuzureden, daß er Weisheit und Tugend üben solle. Der ältere von
ihnen also, Dionysodoros, begann zuerst die Rede, und wir alle
sahen auf ihn in der Erwartung, ganz wunderbare Dinge sogleich
zu vernehmen. Was uns denn auch begegnete; denn eine ganz be- b
wundernswürdige Rede, o Kriton, begann der Mann, welche dir
wohl lohnen wird zu hören, wie anregend zur Tugend die Rede
war. Sage mir doch, sprach er, Sokrates und ihr übrigen, die ihr zu
wünschen äußert, daß dieser junge Mensch weise werden möge,
scherzt ihr nur, indem ihr dieses sagt, oder meint und wünscht ihr
es wirklich im Ernst? – Da dachte ich, sie hätten wohl auch zuerst
schon geglaubt, daß wir scherzten, als wir sie beide aufforderten,
sich mit dem Knaben zu unterreden, und daß sie eben deshalb mit
ihm gescherzt und nichts Ernstliches getrieben hätten. Weil ich c
nun dies dachte, beteuerte ich noch kräftiger, daß wir es im
höchsten Ernste meinten. – Da sagte Dionysodoros: Bedenke dir
es wohl, Sokrates, damit du nicht hernach verleugnen mußt, was
du jetzt sagst. – Ich habe es schon bedacht, sprach ich, und es hat
keine Not, daß ich es jemals ableugnen sollte. – Was sagt ihr also?
sprach er; ihr wollt, daß er weise werde? – Allerdings. – Jetzt aber,
sprach er, was ist wohl Kleinias, weise oder nicht? – Nein, sagte er
ja selbst, er ist aber, sprach ich, eben kein Prahler. – Und ihr,
sprach er, wollt, er soll weise werden und nicht unweise sein? – d
Das gestanden wir ein. – Also der er nicht ist, wollt ihr, daß er
werde; der er aber jetzt ist, daß er nicht mehr sei? – Als ich das
hörte, geriet ich schon ganz in Verwirrung. Er aber benutzte sogleich meine Verwirrung und sagte weiter – Aber wenn ihr wollt,
daß er nicht mehr sei, der er ist: so wollt ihr ja, wie es scheint, daß
er untergehe. Und das sind mir doch vortreffliche Freunde und
Liebhaber, welche so über alles darauf ausgehen, daß ihr Liebling
untergehe.

12. *Entrüstung des Ktesippos. Kann man lügen?*

e Und als Ktesippos das hörte, verdroß es ihn seines Lieblings wegen, und er sagte: Du Thurischer Fremdling, wenn es nicht zu
unfein wäre zu sagen: so wollte ich dir auf den Kopf zusagen, was
für eine Absicht du dabei hast, mir und den andern das anzulügen,
was, wie ich meine, schon zu sagen frevelhaft ist, daß ich wollte,
dieser käme um! – Wie doch, Ktesippos, sprach Euthydemos,
glaubst du, es sei möglich zu lügen? – Beim Zeus, ja, antwortete
er, wenn ich nicht toll bin. – Indem man den Gegenstand ausspricht, von dem die Rede ist, oder indem man ihn nicht aus-
284 a spricht? – Indem man ihn ausspricht, sagte er. – Indem er ihn nun
ausspricht, spricht er doch nicht etwas anderes aus von dem, was
ist, sondern eben jenes, was er ausspricht? – Wie anders? sprach
Ktesippos. – Und jenes, was er ausspricht, gehört doch auch zu
dem, was ist, und ist eins davon, abgesondert von dem Übrigen? –
Allerdings. – Wer also jenes ausspricht, spricht aus, was ist, und
wer spricht, was ist, der spricht auch Wahres, so daß Dionysodoros, wenn er spricht was ist, auch wahr spricht und dir nichts an-
b lügt. – Ja, sagte Ktesippos, aber wer das sagt, o Euthydemos, der
sagt nicht, was ist. – Darauf sagte Euthydemos: Aber das Nichtseiende, nicht wahr, ist nicht? – Es ist nicht. – Nicht wahr also, das
Nichtseiende ist nirgend seiend? – Nirgend. – Kann nun wohl jemand mit diesem Nichtseienden irgend etwas tun, so daß er jenes
mache, wer es auch sei, das nirgend Seiende? – Mich dünkt wohl
nicht, sprach Ktesippos. – Wie nun? Die Redner, wenn sie vor
dem Volke sprechen, tun sie nichts? – Sie tun allerdings etwas. –
Und wenn sie tun, so machen sie auch? – Ja. – Das Sprechen ist
c also ein Tun und Machen? – Das gab er zu. – Also spricht auch
niemand das, was nicht ist, denn er machte es alsdann; du aber
hast eingestanden, daß niemand das Nichtseiende machen könne.
So daß nach deiner Rede niemand Falsches spricht, sondern
spricht Dionysodoros, so spricht er auch Wahres und was ist. –
Beim Zeus, Euthydemos, sagte Ktesippos, gewissermaßen spricht
er freilich von dem, was ist, aber nicht so, wie es sich verhält. –
Was sagst du, Ktesippos, sprach Dionysodoros, gibt es welche, die
d von den Dingen so sprechen, wie sie sich verhalten? – Freilich,
sagte jener, alle Rechtlichen, und die wahr sprechen. – Wie nun?
Verhält sich nicht das Gute und das Schlechte schlecht? – Das gab

er zu. – Und rechtliche Leute, behauptest du, sprechen von den Dingen, wie sie sich verhalten? – Das behaupte ich. – Also schlecht sprechen die Guten vom Schlechten, wenn sie davon sprechen, wie es sich verhält? – Ja, beim Zeus, sprach jener, gar sehr, von allen schlechten Menschen, unter welche du, wenn du mir folgst, dich hüten wirst zu gehören, damit die Guten nicht schlecht e von dir sprechen. Denn das wisse nur, daß die Guten allerdings von den Schlechten schlecht sprechen. – Sprechen sie, sagte Euthydemos, etwa auch von den Großen groß und den Warmen warm? – Allerdings freilich, sprach Ktesippos; und gewiß sprechen sie auch von den Frostigen frostig und sagen auch, daß ihre Unterhaltung so ist. – Du schimpfst, Ktesippos, sprach Dionysodoros, du schimpfst. – Beim Zeus, Dionysodoros, ich nicht, sprach Ktesippos; denn ich bin dir gut. Sondern ich ermahne dich nur als Freund und gebe mir Mühe, dich zu bewegen, daß du nie wieder in meiner Gegenwart so ungeschliffen sagen mögest, ich wollte, daß diejenigen umkämen, die ich am höchsten achte. 285 a

13. Vermittelndes Eingreifen des Sokrates

Da mir nun schien, als würden sie zu heftig gegeneinander: so machte ich einen Scherz mit dem Ktesippos und sagte: Mich dünkt, Ktesippos, wir sollten von den Fremden annehmen, was sie sagen, wenn sie uns davon mitteilen wollen, und uns nicht um Worte streiten. Denn wenn sie verstehen, Menschen auf solche Weise untergehen zu lassen, daß sie sie aus schlechten und unvernünftigen zu guten und vernünftigen machen; mögen sie nun einen solchen Tod und Untergang selbst erfunden oder von an- b dern gelernt haben, daß sie einen als einen Schlechten untergehen und als einen Guten wieder hervorkommen lassen; wenn sie dies verstehen, und offenbar verstehen sie es, denn sie sagten ja, dies wäre ihre neuerdings erfundene Kunst, die Menschen aus Schlechten zu Guten zu machen: so wollen wir ihnen beiden dies zugestehen. Mögen sie uns den Knaben umbringen und ihn dann vernünftig machen und uns übrige insgesamt dazu. Wenn aber ihr Jüngeren euch fürchtet: so mag wie am Karier an mir der Versuch c gemacht werden. Denn ich, da ich ohnedies schon alt bin, bin bereit, die Gefahr zu bestehen, und übergebe mich hier dem Dionysodoros wie der Kolchischen Medeia; er bringe mich um, ja er

koche mich, wenn er will, und alles, was er will, soll ihm freiste-
hen, nur bringe er mich als einen Guten wieder zum Vorschein. –
Darauf sagte Ktesippos: Auch ich, o Sokrates, bin bereit, mich den
Fremden hinzugeben, sogar, wenn sie wollen, mich zu gerben, ärger als sie es schon jetzt tun, wenn nur am Ende nicht aus meinem
d Fell wie aus dem des Marsyas ein Schlauch wird, sondern Tugend.
Dionysodoros glaubt freilich, ich wäre ihm böse; ich bin ihm aber
gar nicht böse, sondern ich widerspreche ihm nur auf das, was er,
gar nicht schön, wie mich dünkt, gegen mich gesagt hat. Also Dionysodoros, fuhr er fort, nenne das Widersprechen nicht Schimpfen; denn Schimpfen ist ganz etwas anderes.

14. *These des Sophisten, daß ein Widersprechen nicht möglich
    ist*
    Darauf fiel Dionysodoros ein: Also, Ktesippos, du redest, als gäbe
e es wirklich ein Widersprechen? – Allerdings, sagte er, gar sehr.
Und du, Dionysodoros, glaubst etwa nicht, daß es ein Widersprechen gibt? – Du wirst doch gewiß nicht zeigen können, sagte jener,
daß du je einen andern hast widersprechen hören! – Meinst du
wirklich? sagte er; laß uns doch hören, ob ich dir nicht jetzt zeige,
daß Ktesippos dem Dionysodoros widerspricht. – Willst du mir
also hierüber Rede stehen? – Gern, sagte er. – Wie also, sprach
jener, man kann doch über alle Dinge sprechen? – Allerdings. –
286a Doch wie jedes ist, oder auch wie es nicht ist? – Wie es ist. – Denn,
wenn du dich erinnerst, wir haben auch eben gezeigt, daß niemand
spricht, wie etwas nicht ist. Es zeigte sich nämlich, daß niemand
das Nichtseiende ausspricht. – Und was soll das? sprach Ktesippos, widersprechen wir einander deshalb weniger, ich und du? –
Etwa dann, fragte jener, werden wir einander widersprechen,
wenn wir beide die Rede über dieselbe Sache machen? Oder würden wir in diesem Falle doch gewiß einerlei sagen? – Das räumte er
ein. – Aber wenn keiner von uns sagt, was über die Sache zu sagen
b ist, würden wir dann einander widersprechen? Oder würde ja so
überhaupt die Sache gar nicht erwähnt, von keinem von uns? –
Auch das gab er ebenfalls zu. – Also etwa, fuhr er fort, wenn ich
sage, was über diese Sache zu sagen ist, du aber, was über eine
andere, widersprechen wir dann wohl einander? Oder spreche ich
dann zwar von der Sache, du aber sprichst ganz und gar nicht

davon? Und wie kann nun wohl, wer gar nicht von etwas spricht, dem widersprechen, der davon spricht?

15. Frage des Sokrates: Wenn es Irrtum und Unwissenheit nicht gibt, wieso gibt es Lehrer?
Hierauf schwieg Ktesippos. Ich aber war verwundert über die Rede und sprach: Wie meinst du das, Dionysodoros? Denn ich habe diese Rede schon von gar vielen gehört und wundere mich c immer darüber. Denn schon die Schule des Protagoras bediente sich dieses Satzes gar sehr, und noch Ältere. Mich aber dünkt es immer eine ganz wunderliche Sache damit zu sein, und daß er nicht nur alle andern umstößt, sondern auch sich selbst. Ich glaube aber, daß ich die eigentliche Bewandtnis davon durch dich am besten erfahren werde. Nicht wahr, man kann nicht Falsches sprechen, dies besagt eigentlich der Satz? Nicht so? Sondern man spricht entweder, und dann auch Wahres, oder man spricht nicht? – Er gab zu, daß es so wäre. – Soll nun etwas Falsches zu sprechen zwar nicht möglich sein, vorzustellen aber wohl mög- d lich? – Auch nicht vorzustellen, sagte er. – Also, sprach ich, gibt es auch überhaupt keinen Unverstand und keine unverständigen Menschen? Oder wäre nicht eben das der Unverstand, wenn es welchen gäbe, das Sich-Irren an den Gegenständen? – Freilich, sagte er. – Dies aber findet nicht statt? fragte ich. – Nein, sagte er. – Sagst du nun dies etwa nur, um zu reden, Dionysodoros, und um etwas Wunderliches zu sagen? Oder denkst du in der Tat, daß kein Mensch unverständig ist? – So widerlege du es, sagte er. – e

Findet das denn statt nach deiner Meinung, sprach ich, Widerlegen, wenn sich doch niemand irrt? – Das findet nicht statt, sagte Euthydemos. – So hieß also nicht, sagte ich, gerade jetzt Dionysodoros mich widerlegen? – Wie könnte auch jemand etwas fordern, was nicht ist? Forderst du es? – O Euthydemos, sprach ich, diese überweisen und vortrefflichen Dinge lerne ich freilich nicht recht, sondern ich sehe sie nur im Groben ein. Vielleicht werde ich dich daher etwas Plumpes fragen, allein verzeihe mir; sieh aber. 287a Denn wenn man weder Unwahres sprechen kann, noch Unrichtiges vorstellen, noch unverständig sein, nicht wahr, so kann man ja auch nicht fehlen, wenn man etwas tut? Denn was einer tut, das kann er doch nicht verfehlen, indem er es tut. Meint ihr es nicht

so? – Freilich, sagte er. – Und hier kommt nun, sprach ich, meine beschwerliche Frage. Denn wenn wir gar nicht fehlen, weder im Handeln noch im Reden noch Denken, wenn sich dies so verhält: so sagt doch, beim Zeus, ihr, als wessen Lehrer seid ihr denn hierher gekommen? Oder sagtet ihr nicht eben, ihr verständet am
b besten jedem Menschen, der nur lernen wollte, Tugend mitzuteilen?

16. *Aufzeigung des bei Leugnung des Irrtums entstehenden Widerspruchs*

Also, Sokrates, nahm Dionysodoros das Wort, so altväterisch bist du, daß du jetzt wieder vorbringst, was wir vorher sagten? Auch wenn ich vor einem Jahr etwas gesagt hätte, würdest du es wieder vorbringen; mit dem aber, was gegenwärtig gesprochen wird, weißt du nichts anzufangen? – Es ist eben sehr schwer, sagte ich. Ganz natürlich; wird es doch von weisen Männern gesprochen. Denn auch mit diesem letzten ist sehr schwer etwas anzufangen, was du eben sagtest. Nämlich eben dieses «Ich weiß nichts damit anzufangen», wie meinst du dies, Dionysodoros? Offenbar doch
c wohl so, daß ich es nicht zu widerlegen weiß? Oder sage, was diese Redensart dir sonst sagen will, nicht wissen, was man mit einer Rede anfangen soll? – Aber was du da sagst, sprach er, damit ist nicht schwer etwas anzufangen. Antworte mir! – Ehe du geantwortet hast? fragte ich. – Antwortest du nicht? sprach er. – Ist das wohl recht so? sprach ich. – Ganz recht, antwortete er. – Aus welchem Grunde doch? sprach ich. Oder offenbar aus dem, daß du jetzt als ein hochweiser Mann im Reden zu uns gekommen bist
d und gar wohl weißt, wann man antworten muß und wann nicht; und eben daher auch jetzt nicht das mindeste antwortest, wohl wissend, daß du es jetzt nicht mußt. – Du schwätzt, sagte er, und denkst nicht ans Antworten. Allein, du Guter, gehorche hübsch und antworte, da du doch zugibst, daß ich weise bin. – Ich werde wohl müssen, wie es scheint, sprach ich; denn du hast zu befehlen, also frage nur. –

Also, was etwas sagen will, muß das eine Seele haben, oder will auch das Unbeseelte etwas sagen? – Es muß eine Seele haben. – Beim Zeus, ich nicht. – Wie konntest du also eben fragen, was mir
e wohl die Redensart sagen wollte? – Wie anders, sprach ich, als

daß ich gefehlt habe aus Dummheit! Oder habe ich nicht gefehlt, und war auch das recht gesagt, daß die Redensart etwas sagen wollte? Was meinst du, habe ich gefehlt oder nicht? Denn habe ich nicht gefehlt, so wirst du mich auch nicht widerlegen, wiewohl du sehr weise bist, und weißt dann auch nichts mit der Rede anzufangen. Habe ich aber gefehlt: so hast du auch so nicht recht, indem du ja behauptest, man könne nicht fehlen. Und das geht nicht gegen etwas, was du vor einem Jahr gesagt hast. Also, o Dionysodoros und Euthydemos, scheint dieser Satz immer auf demselben Fleck zu bleiben und noch immer, wie vor alten Zeiten, indem er umwirft, mitzufallen; und dagegen, daß ihm dies nicht begegne, scheint nicht einmal eure Kunst ein Mittel ausgefunden zu haben, die doch so ganz bewundernswürdig ist in der Genauigkeit des Redens. – Darauf sagte Ktesippos: Wunderliche Dinge redet ihr thurischen Männer oder chiischen, oder woher und wie ihr sonst am liebsten genannt werden mögt, denen so gar nichts darauf ankommt, Unsinn zu reden. – Da besorgte ich, es möchte ein Zank entstehen, und besänftigte den Ktesippos wieder und sagte: O Ktesippos, was ich eben zum Kleinias sagte, eben dasselbe sage ich auch zu dir, du begreifst nur die Weisheit dieser Fremdlinge nicht, wie bewundernswürdig sie ist und wie sie nur noch nicht Ernst machen wollen, sie uns zu zeigen, sondern den Proteus nachahmen, den ägyptischen Sophisten, und uns bezaubern. Wir also wollen den Menelaos nachahmen und nicht ablassen von den Männern, bis sie uns das sehen lassen, womit es ihnen Ernst ist. Denn ich glaube, sie werden uns etwas gar Herrliches erscheinen lassen, wenn sie erst anfangen, Ernst zu machen. Also wollen wir sie bitten und flehen und ihnen zureden, daß sie es uns sehen lassen.

Daher, denke ich, will ich ihnen selbst noch einmal vorzeichnen, wie ich wünsche, daß sie uns erscheinen mögen. Wo ich nämlich vorher stehenblieb, von da will ich versuchen ihnen das Folgende, so gut ich kann, durchzunehmen, ob ich sie etwa damit herauslocke, daß sie aus Mitleid und Erbarmen mit mir, wie ich mich anstrenge und es ernstlich nehme, auch selbst Ernst machen.

288a

b

c

d

17. *Fortführung der Überlegung des Sokrates: Das Wissen vom rechten Gebrauch*

Du aber, Kleinias, sprach ich, erinnere mich doch, wo wir vorher stehenblieben. Wie ich glaube, dabei: man müsse die Weisheit suchen und philosophieren, wurde zuletzt festgesetzt. Nicht wahr? – Ja, sagte er. – Die Philosophie aber ist der Besitz einer Erkenntnis. Nicht so? sprach ich. – Ja. – Was für eine Erkenntnis müssen wir aber wohl haben, um die rechte zu haben? Ist nicht soviel wenig-
e stens ganz unbedingt gewiß, daß es diejenige sein muß, die uns etwas nützt? – Freilich, sagte er. – Würde es uns nun etwas nützen, wenn wir verständen herumzugehen und zu erkennen, wo das meiste Gold vergraben ist? – Vielleicht, sagte er. – Aber vorher, sprach ich, haben wir doch dieses erwiesen, daß es uns nichts hülfe, wenn auch ohne weiteres und ohne erst in der Erde zu graben, uns alles zu Gold würde; so daß, wenn wir auch die Steine zu
289a Gold zu machen wüßten, diese Erkenntnis uns nichts wert wäre. Denn wenn wir nicht auch wüßten, das Gold zu brauchen: so würde es uns, wie sich gezeigt hatte, gar nichts nutz sein. Oder erinnerst du dich dessen nicht? sprach ich. – Sehr wohl, sagte er, erinnere ich mich dessen. – Ebensowenig, wie es scheint, werden die übrigen Erkenntnisse uns zu etwas nutz sein, weder die Er-werbkunst noch die Heilkunst, noch sonst irgendeine, welche etwas hervorzubringen weiß, nicht aber auch das zu gebrauchen, was sie hervorgebracht hat. Nicht so? – Er stimmte ein. – Ja, auch
b nicht einmal, wenn es eine Kunst gäbe, unsterblich zu machen, ohne daß man wüßte, die Unsterblichkeit zu gebrauchen: so scheint, auch nicht einmal diese würde etwas nutz sein, wenn man aus dem Eingestandenen schließen darf. – Über alles dieses kamen wir überein. –

Einer solchen Erkenntnis also bedürfen wir, schöner Knabe, sprach ich, in welcher das Hervorbringen und das Gebrau-chenwissen des Hervorgebrachten beides zusammenfällt. – Das scheint wohl, sagte er. – Weit gefehlt also, daß wir müßten Kitha-renmacher sein und nach einer solchen Erkenntnis trachten. Denn
c hier ist bei demselben Gegenstand die hervorbringende Kunst für sich und die gebrauchende auch für sich, jede abgesondert von der andern. Denn die Kunst, eine Kithara zu machen, und die, sie zu spielen, sind ganz verschieden voneinander. Nicht so? – Er be-

jahte es. – Auch des Flötenmachens also bedürfen wir wohl nicht; denn damit ist es wieder ebenso? – Das dünkte ihn auch. – Aber bei den Göttern, sprach ich, wenn wir nun die Kunst, Reden zu machen, lernten, ob diese es etwa ist, durch welche wir glückselig sein müßten, wenn wir sie besäßen? – Das denke ich wohl nicht, fiel mir Kleinias ein. – Aus welchem Grund? sprach ich. – Ich sehe, d sagte er, einige Redenmacher, welche ihre eigenen Reden, die sie machen, nicht zu gebrauchen wissen, eben wie die Kitharenmacher ihre Kitharen; sondern auch hier sind andere geschickt, das, was jene verfertigt haben, zu gebrauchen, welche selbst ihrerseits des Redenmachens unkundig sind. Offenbar also ist auch bei den Reden die Kunst des Verfertigens abgesondert von der des Gebrauchs. – Du scheinst mir einen hinlänglichen Grund angegeben zu haben, sprach ich, daß die Kunst der Redenmacher nicht diese sein kann, durch deren Besitz einer glückselig würde. Wiewohl ich dachte, hier würde sich uns gewiß die Erkenntnis zeigen, die wir so e lange schon suchen. Denn die Männer selbst, die Redenschreiber, o Kleinias, wenn ich unter ihnen bin, dünken mich immer gar weise, und ihre Kunst eine gar göttliche und erhabene. Und das ist auch kein Wunder; denn sie ist ein Teil der Beschwörungskunst, nur um ein weniges beschränkter als jene. Denn die Beschwörungskunst ist eine Besänftigung der Schlangen, Spinnen, Skorpione und anderer Tiere und Übel, jene aber ist für Richter und 290a Gemeindemänner und andere Versammlungen die Besänftigung und Besprechung. Oder, sprach ich, dünkt es dich anders? – Nein, sagte er, sondern so leuchtet es mir ein, wie du es vorträgst. –

Wohin also, sprach ich, können wir uns noch wenden, zu welcher Kunst? – Ich weiß keinen Rat, sagte er. – Aber ich, sprach ich, glaube sie gefunden zu haben. – Was für eine? fragte Kleinias. – Die Kriegskunst nämlich dünkt mich vor jeder andern die zu sein, b deren Besitz glückselig macht. – Das scheint mir doch nicht. – Wieso? fragte ich. – Sie ist ja wohl eine Kunst, Jagd zu machen auf Menschen? – Nun? Und weiter? sprach ich. – Keine Art der Jagd aber, sprach er, geht doch auf etwas weiteres als eben auf das Erjagen und Einfangen. Haben sie aber eingefangen, was sie jagten: so sind sie selbst nicht imstande, es zu gebrauchen; sondern die Jäger und Fischer übergeben es den Köchen, die Meßkünstler aber und Rechner und Sternkundigen – denn auch diese sind Jagende, weil c

sie ja ihre Figuren und Zahlenreihen nicht machen, sondern diese
sind schon, und sie finden sie nur auf, wie sie sind —; wie also nun
diese auch nicht selbst verstehen, sie zu gebrauchen, sondern nur
zu jagen: so übergeben sie, so viele ihrer nicht ganz unverständig
sind, ihre Erfindungen den Dialektikern, um Gebrauch davon zu
machen. – Wohl, sprach ich, du schönster und weisester Kleinias!
Verhält sich dies so? – Freilich, sagte er, und die Heerführer, wenn
d sie eine Stadt erjagt haben oder ein Heer, übergeben es ja auf dieselbe Weise den Staatsmännern. Denn sie selbst wissen das nicht
zu gebrauchen, was sie erjagt haben, eben wie die Wachtelfänger,
meine ich, den Wachtelmästern ihren Fang übergeben. Wenn wir
also, fuhr er fort, eine solche Kunst gebrauchen, welche, was sie, es
sei nun hervorbringend oder auffindend, erworben hat, auch
selbst zu gebrauchen weiß, und eine solche nur uns glückselig machen kann: so müssen wir, sprach er, eine andere suchen als die
Kriegskunst.

18. a) Zwischenfragen des Kriton

e KRITON: Was sagst du, Sokrates? So hätte dieser Knabe gesprochen?

SOKRATES: Glaubst du es nicht, Kriton?

KRITON: Nein, beim Zeus, denn ich denke, wenn er das gesagt
hätte, bedürfte er weder des Euthydemos noch sonst irgendeines
Menschen zu seiner Unterweisung.

SOKRATES: Ob etwa, beim Zeus, der Ktesippos es war, der es
sagte, und ich entsinne mich nur nicht recht?

291a KRITION: Was!

SOKRATES: Aber das weiß ich doch, daß es weder Dionysodoros war noch Euthydemos, der das sagte. Oder, bester Kriton, war
auch etwa ein ganz anderer dabei, der dies gesprochen hat? Denn
daß ich es gehört habe, weiß ich doch ganz gewiß.

KRITON: Ja, beim Zeus, Sokrates, ein ganz anderer muß es
wohl gewesen sein, und ein weit Besserer. Aber was für eine Kunst
suchtet ihr nun noch nach diesen? Und habt ihr jene gefunden
oder habt ihr sie nicht gefunden, nach der ihr suchtet?

b SOKRATES: Woher, Bester, sollten wir sie gefunden haben?
Sondern wir machten uns ganz lächerlich. Wie die Kinder, welche
den Schwalben nachlaufen, glaubten wir, jede Wissenschaft nun

gleich zu fangen, und dann flogen sie uns immer weg. Was soll ich dir von den andern erst erzählen? Aber als wir an die königliche Kunst kamen und diese in Betrachtung zogen, ob sie etwa die wäre, welche Glückseligkeit gewährt und bewirkt: so gerieten wir eben da erst in ein neues Labyrinth, und wo wir glaubten, am Ende zu sein, mußten wir wieder umwenden und befanden uns wie am Anfang der Untersuchung, indem uns noch immer ebensoviel c fehlte, als da wir zuerst die Frage aufwarfen.

18. b) *Zirkel bei der Frage, ob die Staatskunst oder die könig-*
       liche Kunst den rechten Gebrauch von allem leiten und
       die Glückseligkeit bewirken

KRITION: Wie ist euch das doch begegnet?

SOKRATES: Das will ich dir erklären. Eine und dieselbe schienen uns diese beiden zu sein, die Staatskunst und die königliche Kunst.

KRITION: Und weiter?

SOKRATES: Und daß dieser Kunst die Kriegskunst und die übrigen die Werke, welche sie verfertigen, in ihre Gewalt übergeben, als welche allein wisse, sie zu gebrauchen. Ganz klar also schien sie uns die zu sein, die wir suchten, und die Ursache alles Richtighandelns im Staate, ja recht nach des Aischylos Vers alles lenkend sie d allein am Steuer zu sitzen des Staats und über alles herrschend alles nützlich zu machen.

KRITON: Und war das nicht ganz recht gedacht, Sokrates?

SOKRATES: Du sollst es richten, Kriton, wenn du auch hören willst, wie es uns nach diesem erging. Wir überlegten es nämlich auch wiederum so. Wohlan, diese alles beherrschende königliche Kunst, was für ein Werk bewirkt sie uns denn? Oder etwa keines? e Ganz gewiß doch eins, sagten wir zueinander. Hättest du nicht auch so gesagt, Kriton?

KRITON: Ich gewiß.

SOKRATES: Was, würdest du also sagen, wäre ihr Werk? Wie wenn ich dich fragte, indem die Heilkunst nun alles regiert, was sie zu regieren hat, was für ein Werk schafft sie uns? Würdest du nicht antworten, die Gesundheit?

KRITON: Ich gewiß.

SOKRATES: Und eure Kunst, die Landwirtschaft, wenn die alles

292a regiert, was sie zu regieren hat, was bewirkt sie uns? Würdest du nicht sagen, sie verschaffe uns die aus der Erde hervorgehende Nahrung?

KRITON: Ja.

SOKRATES: Wie also die königliche Kunst? Wenn sie alles regiert, worüber sie zu regieren hat, was bewirkt sie? Vielleicht weißt du nicht sonderlich etwas zu sagen.

KRITON: Nein, beim Zeus.

SOKRATES: Auch wir nicht, Kriton. Allein soviel weißt du doch, daß, wenn sie die ist, die wir suchen, sie uns nützlich sein muß?

KRITON: Gewiß.

SOKRATES: Also muß sie uns doch etwas Gutes verschaffen?

KRITON: Notwendig, Sokrates.

b SOKRATES: Und gut, waren wir übereingekommen, ich und Kleinias, sei nichts anderes als eine gewisse Erkenntnis.

KRITON: Ja, so sagtest du.

SOKRATES: Und nicht wahr, alles andere, was man als Werke der Staatskunst nennen könnte, und deren wären nun viele, als die Bürger reich zu machen und frei und ruhig, alles dieses hatte sich gezeigt als weder gut noch böse. Weise aber mußte sie uns machen und Erkenntnis mitteilen, wenn sie die nutzenschaffende sein soll
c und die glückselig machende.

KRITON: So ist es. Wenigstens damals hattet ihr dies festgesetzt, nach dem, was du von dem Gespräch erzählt hast.

SOKRATES: Macht also wohl die königliche Kunst die Menschen weise und gut?

KRITON: Warum nicht, Sokrates?

SOKRATES: Aber etwa alle und gut zu allem? Und ist sie es etwa, die alle Erkenntnis, auch die von der Lederbereitung und vom Zimmern und alle die anderen, verleiht?

KRITON: Das glaube ich nicht, Sokrates.

d SOKRATES: Also was denn für eine Erkenntnis? Mit der wir was doch anfangen? Denn auf alle jene Werke soll sie sich nicht verstehen, die weder gut noch böse sind, und auch keine andere Erkenntnis mitteilen als nur sich selbst. So müssen wir doch sagen, was sie ist und was wir mit ihr anfangen? Sollen wir also etwa sagen, sie sei die, wodurch wir andere gut machen?

KRITON: Gewiß.

SOKRATES: Und wozu sollen uns diese gut sein und wozu nützlich? Oder sollen wir noch weiter sagen, diese sollen wieder
andere gut machen, und die wieder andere? Worin sie aber gut
sind, das wird uns nirgends zum Vorschein kommen, da wir ja   e
alles, was für ein Werk der Staatskunst gehalten wird, verworfen
haben. Also wird dies offenbar, wie man sagt, das ewige Einerlei,
und, wie ich sagte, es fehlt uns noch ebensoviel oder gar mehr als
zuvor daran, daß wir wüßten, welches doch jene Erkenntnis ist,
die uns glückselig machen würde.

KRITON: Beim Zeus, Sokrates, wie es scheint, seid ihr in große
Verlegenheit geraten?

SOKRATES: Deshalb auch, Kriton, weil ich in diese Verlegenheit
geraten war, ging ich durch alle Töne und bat die Fremdlinge und 293 a
flehte sie an wie die Dioskuren, uns zu retten, mich und den jungen
Menschen, aus dieser Brandung unseres Gesprächs, und nun auf
alle Weise Ernst zu machen und uns im Ernst zu zeigen, welches
doch die Erkenntnis ist, die wir erlangen müßten, um das übrige
Leben schön zu verbringen.

KRITON: Und wie? Verstand Euthydemos sich dazu, sich hierüber hören zu lassen?

SOKRATES: Wie sollte er nicht? und begann gar vornehm seine
Rede so.

19. These der Sophisten: Jeder weiß alles

Soll ich dich, o Sokrates, diese Erkenntnis, über welche ihr schon b
so lange in Verlegenheit seid, lehren, oder soll ich dir zeigen, daß
du sie hast? – O Glückseliger, sprach ich, hängt denn dies von dir
ab? – Freilich, sagte er. – Nun, so zeige mir, beim Zeus, sprach ich,
daß ich sie schon habe; denn das ist ja weit leichter, als wenn ich
alter Mann sie erst noch lernen sollte. – Wohlan denn, so antworte
mir, sprach er. Weißt du wohl etwas? – Freilich, sagte ich, und
recht viel, Kleinigkeiten wenigstens. – Das genügt, sprach er.
Dünkt dich nun möglich, daß irgend etwas das, was es ist, zugleich
auch nicht sei? – Nein, sondern unmöglich. – Und du, sprach er, c
weißt doch etwas? – Ja. – Also bist du wissend, wenn du weißt? –
Ja freilich, in diesem. – Einerlei. Aber bist du nicht gezwungen,
alles zu wissen, wenn du wissend bist? – Nein, bei Gott, sagte ich,
da ich ja so vieles andere nicht weiß. – Also, wenn du etwas nicht

weißt, bist du nichtwissend? – Ja, in jenem wohl, Lieber, sprach ich. – Bist du deshalb weniger nichtwissend? Und eben sagtest du, du wärest wissend: und so bist du, was du bist, und bist es auch wieder nicht, ganz auf dieselbe Weise? – Wohl, sprach ich, Euthydemos. Denn bei dir ist doch einmal alles schön gesprochen, wie man zu sagen pflegt. Wie besitze ich also jene Erkenntnis, welche wir suchten, weil nun also unmöglich ist, daß man dasselbe sei und nicht sei? Nämlich wenn ich eins weiß, weiß ich alles; denn ich kann ja nicht zugleich wissend sein und nichtwissend. Wenn ich aber alles weiß: so habe ich also auch jene Erkenntnis? Meinst du es so, und ist das die Weisheit davon? – Du widerlegst dich ja selbst, Sokrates, sagte er. – Und wie, Euthydemos? sprach ich, befindest du dich nicht ganz in demselben Falle? Ich meinesteils, was mir auch immer begegne mit dir gemeinschaftlich und mit unserm Dionysodoros, dem teuren Haupte, das soll mich gar nicht verdrießen. Sage mir doch, wißt ihr nicht auch einiges und anderes nicht? – Keineswegs, Sokrates, sagte Dionysodoros. – Wie meint ihr? sprach ich. Also wißt ihr etwa nichts? – O wohl, sprach er. – Alles also, sprach ich, wißt ihr, wenn doch irgend etwas? – Alles, sagte er, und du ebenfalls, wenn du auch nur eines weißt, weißt alles. – O Zeus, sprach ich, was sagst du Wunderbares, und welch großes Gut kommt da ans Licht! Und wissen etwa auch alle andern Menschen alles oder nichts? – Sie können ja doch nicht, sagte er, einiges wissen und anderes nicht wissen und so zugleich wissend sein und nichtwissend. – Sondern wie ist es nun? fragte ich. – Alle, sagte er, wissen alles, sobald sie eins wissen. – Oh, um der Götter willen, Dionysodoros, sprach ich, denn nun sehe ich offenbar, daß ihr es im Ernst meint und daß ich euch endlich dahin gebracht habe, Ernst zu machen, ihr zwei also wißt in der Tat alles; zum Beispiel Zimmern und Gerben? – Freilich, sagte er. – Auch Schustern? – Auch, beim Zeus, und Schuhflicken dazu. – Etwa auch dergleichen, wieviel Sterne es gibt und wieviel Sand? – Freilich, sagte er. Also du glaubtest wohl, wir würden dies nicht bejahen?

20. Unglaube des Ktesippos und des Sokrates an diese Allwissenheit

Da nahm Ktesippos das Wort und sagte: Um Zeus' willen, Diony-

sodoros, zeige mir doch einen Beweis hiervon, woran ich erkennen c
kann, daß ihr die Wahrheit redet. – Was soll ich dir zeigen? sprach
er. – Weißt du, wieviel Zähne Euthydemos hat, und Euthydemos,
wieviele du? – Ist es dir nicht genug, sprach nun jener, zu hören,
daß wir alles wissen? – Keineswegs, sagte er, sondern dieses eine
wenigstens beantwortet und zeigt, daß ihr die Wahrheit redet.
Und wenn ihr jeder sagt, wieviel der andere hat, und es sich zeigt,
daß ihr es wußtet, wenn wir sie hernach zählen: so wollen wir
euch dann auch das übrige glauben. – Da sie nun dachten, er triebe d
Spott, so wollten sie nicht, sondern blieben nur immer dabei, sie
wüßten alle Dinge, als Ktesippos sie einzeln darum befragte. Denn
der ging nun ganz unverhohlen vor, und ich weiß nicht, wonach er
sie zuletzt nicht fragte, auch nach dem Allerunschicklichsten, ob
sie es auch wüßten. Sie aber gingen immer ganz dreist auf die Fragen los, eingestehend, sie wüßten es, wie die wilden Schweine, die
auf das Messer auflaufen. So daß auch ich, o Kriton, zuletzt aus
Unglauben mich nicht enthalten konnte, zu fragen, ob Dionysodoros auch das Tanzen verstände? – Und er sagte, allerdings. – e
Doch nicht auch den Messertanz, fragte ich, und das Scheibendre-
hen, in deinem Alter? So weise bist du? – Nichts, sprach jener, was
er nicht könnte. – Und, sprach ich, wußtet ihr etwa nur jetzt alles
oder auch immer? – Auch immer. – Auch als ihr kleine Kinder
wart und gleich nach eurer Geburt wußtet ihr es? – Auch da alles,
sagten sie beide zugleich. – Und uns dünkte das Ding unglaublich 295a
zu sein. Da sagte Euthydemos: Du glaubst es wohl nicht, Sokrates? – Nur, sprach ich, das sehe ich wohl, daß ihr weise Männer
seid. – Aber, sagte er, wenn du mir antworten willst, will ich zeigen, daß auch du diese wunderbaren Dinge von dir eingestehst. –
Oh, sprach ich, das wird mir große Freude machen, dessen überführt zu werden. Denn wenn ich, ohne es gewußt zu haben, weise
bin und du mir dieses zeigen kannst, daß ich alles weiß und immer,
was für einen größeren Fund könnte ich tun in meinem ganzen
Leben?

21. *Mit Schwierigkeiten verbundener Beweis des Euthydemos,*
    daß Sokrates immer alles weiß
Antworte also, sagte er. – Frage nur, sprach ich, ich will gewiß b
antworten. – Bist du irgend um einiges wissend, Sokrates, oder

nicht? – Das bin ich. – Und womit du wissend bist, eben damit
weißt du auch? Oder mit etwas anderem? – Eben damit, sagte ich.
Denn ich denke doch, du meinst die Seele, oder meinst du die
nicht? – Schämst du dich nicht, Sokrates? sprach er, du bist der
Gefragte und machst Gegenfragen? – Gut, sprach ich. Aber wie
soll ich es machen? Ich will es gern so machen, wie du befiehlst.
Wenn ich also nicht weiß, was du fragst, befiehlst du, daß ich dann
c dennoch antworten soll und nicht nachfragen? – Du denkst dir
doch etwas bei dem, was ich frage? sagte er. – O ja. – Nun so
antworte, sprach er, nach dem, was du dir dabei denkst. – Wie
aber, fragte ich, wenn du nun etwas anderes bei deiner Frage im
Sinne hattest und ich wieder etwas anderes dabei denke und in
Beziehung hierauf antworte, wirst du dann zufrieden damit sein,
wenn ich, was gar nicht zur Sache gehört, antworte? – Ich wohl,
sprach er, aber du freilich nicht, wie ich glaube. – Nun, so will ich,
beim Zeus, nicht eher antworten, sprach ich, bis ich es gehörig
erforscht habe. – Du willst, sagte er, nur deshalb nicht so antworten, wie du es jedesmal verstanden hast, weil du faselst und alber-
d ner bist, als sich schickt. – Da merkte ich, daß er mir böse war,
weil ich das Gesagte auseinandersetzte, da er mich mit Worten
umstellen und fangen wollte. Und ich dachte an den Konnos, wie
der mir auch jedesmal böse ist, wenn ich ihm nicht folge, und sich
dann weniger Mühe mit mir gibt, weil er mich für ungelehrig hält.
Da ich nun im Sinne hatte, auch bei diesen zur Schule zu gehen: so
glaubte ich folgen zu müssen, damit sie mich nicht für widerspen-
stig hielten und mich abwiesen. Ich sagte also: Nun, wenn du
e meinst, Euthydemos, daß ich es so machen soll: so will ich es so
machen. Denn wie man die Untersuchung im Gespräch führen
muß, verstehst ja auf alle Weise du kunstreicher Mann besser als
ich Ungelehrter. Frage mich also noch einmal von Anfang. –
So antworte noch einmal, sprach er, ob du mit etwas weißt, was
du weißt, oder nicht? – Ja, sagte ich, mit der Seele. – Schon wieder,
296a sagte er, setzt der Mann etwas hinzu zur Antwort auf die Frage.
Ich frage ja nicht, womit du weißt, sondern nur, ob mit etwas? –
Da habe ich schon wieder, sprach ich, mehr als ich sollte geantwortet aus Ungeschick. Aber verzeihe es mir, ich will auch nun
ganz schlicht antworten, daß ich immer mit etwas weiß, was ich
weiß. – Auch immer, sprach er, mit demselbigen, oder bisweilen

mit diesem, bisweilen mit etwas anderem? – Immer, wenn ich weiß, sprach ich, mit diesem. – Wirst du denn niemals, sagte er, aufhören hinzuzusetzen? – Daß uns sonst nur nicht dieses «Immer» einen Streich spiele. – Uns gewiß nicht, sagte er; sondern wenn ja, so geschieht es dir. Also antworte! Weißt du immer mit b demselbigen? – Immer, sprach ich, da doch nun das «Wenn» weg soll. – Also immer weißt du hiermit; und immer wissend weißt du etwa einiges hiermit, womit du weißt, anderes mit etwas anderem? Oder alles hiermit? – Hiermit, sprach ich, alles insgesamt, was ich nur weiß. – Da haben wir es! sagte er, schon wieder kommt derselbe Zusatz. – Ich nehme es schon wieder zurück, sprach ich, dieses «Was ich nur weiß». – Gar nichts, sagte er, sollst du davon zurücknehmen; ich verlange es gar nicht. Antworte mir nur. Könntest du wohl alles insgesamt wissen, wenn du nicht alles c wüßtest? – Das wäre freilich ein Wunder! sagte ich. – Darauf sagte er: Nun setze immer hinzu, was du nur willst! Hast du doch eingestanden, daß du alles wüßtest. – So scheint es, sprach ich; wenn nämlich dies gar nichts bedeuten soll, das «Was ich nur weiß», so weiß ich freilich alles. – Also hast du auch eingestanden, daß du immer weißt mit demselbigen, womit du weißt, sei's nun, wenn du weißt oder wie du sonst willst, du hast doch eingestanden, daß du immer weißt und auch alles. Also ist offenbar, daß du d auch wußtest, als du ein Kind warst und als du geboren und gezeugt wurdest, ja auch ehe du warst und ehe Himmel und Erde war, wußtest du alles insgesamt, wenn du immer weißt. Und wirst auch, beim Zeus, immer wissen, und alles insgesamt, wenn ich nur will.

22. Weiß Sokrates auch, daß rechtschaffene Männer ungerecht sind?

Möchtest du es dann immer wollen, du vielverehrter Euthydemos! sagte ich, wenn du anders in der Tat recht hast. Aber ich traue dir nicht recht, daß du dazu imstande bist, wenn nicht auch dieser dein Bruder Dionysodoros mit will; dann aber vielleicht wohl. Sagt mir aber doch, sprach ich, – denn im übrigen weiß ich freilich e nicht, wie ich euch das bestreiten soll, die ihr solche Wunder von Weisheit seid, daß ich nicht alles weiß, da ihr es ja sagt; dergleichen aber, Euthydemos, wie soll ich sagen, daß ich das weiß, daß rechtschaffene Männer ungerecht sind? Komm, sage mir, weiß ich das auch, oder weiß ich es nicht? – Du weißt es freilich, sagte er. – Wie denn? fragte ich. – Daß die Rechtschaffenen nicht ungerecht sind. – Das freilich, sagte ich, schon lange. Aber das frage ich nicht, sondern daß die Rechtschaffenen ungerecht sind, wo ich das gelernt habe? – Nirgends, sagte Dionysodoros. – Also, sprach ich, weiß ich doch dieses nicht. – Du verdirbst uns alles, sagte nun Euthydemos zum Dionysodoros. Denn nun wird herauskommen, daß er nicht weiß und daß er zugleich wissend ist und nichtwissend. – Da errötete Dionysodoros. – Aber du, sprach ich, wie meinst du, Euthydemos? Dünkt dich, daß er nicht richtig spreche, dieser Bruder, der alles weiß? – Geschwind nahm Dionysodoros hier das Wort und fragte: Also bin ich etwa des Euthydemos Bruder? – Laß das, Bester, sprach ich, bis Euthydemos mich gelehrt hat, daß ich weiß, die Rechtschaffenen sind ungerecht, und mißgönne mir das Kunststück nicht. – Du entläufst, Sokrates, sagte Dionysodoros, und willst nicht antworten. – Ganz natürlich, sprach ich. Denn ich bin schon schwächer als einer von euch, so daß ich vor beiden zugleich wohl nicht umhin kann zu fliehen. Denn ich bin ja um vieles schlechter als Herakles, der ja nicht imstande war, gegen die Hydra zu kämpfen, diese Sophistin, die so klug war, wenn ihrem Satz ein Kopf abgeschnitten wurde, viele neue statt des einen herauszustecken, und zugleich auch gegen den andern Sophisten, den Seekrebs, der eben erst, dünkt mich, seewärts her angeschwommen gekommen war; sondern als dieser ihn nun auch noch ängstigte und ihn so von links her ansprach und biß, rief Herakles seinen Brudersohn Joleos zu Hilfe. Und der half ihm freilich genug; wenn aber mein Joleos käme, der würde nur Übel ärger machen.

23. Verwandtschaftsverhältnisse

Antworte also, sagte Dionysodoros, da du doch dieses selbst vorgebracht hast, ob wohl Joleos mehr des Herakles Brudersohn war als der deinige? – Es wird wohl das beste sein, Dionysodoros, sprach ich, daß ich dir antworte; denn du läßt doch nicht ab mit Fragen, wiewohl ich fast weiß, du tust es nur aus Neid, um zu hindern, daß Euthydemos mich jenes Kunststück lehren soll. – Antworte also, sprach er. – So antworte ich denn, daß Joleos des

Herakles Brudersohn allerdings war, der meinige aber, meines
Erachtens, ganz und gar nicht ist. Denn nicht Patrokles, mein Bru- e
der, war sein Vater, sondern der seinige hieß freilich ähnlich genug
Iphikles, des Herakles Bruder. – Patrokles aber, sprach er, ist der
deinige? – Ja, sagte ich, von mütterlicher Seite, nicht aber von vä-
terlicher. – Also ist er dein Bruder und auch nicht dein Bruder? –
Von Vaterseite nämlich nicht, Bester; denn sein Vater war Chairedemos, der meinige aber Sophroniskos. – Vater also, sprach er,
war Sophroniskos und auch Chairedemos? – Allerdings, sprach
ich, jener der meinige und der andere seiner. – Also, fragte er, war 298 a
Chairedemos ein anderer als Vater? – Als der meinige, ja, sprach
ich. – War er also etwa Vater, da er doch ein anderer war als Vater? Oder bist du einerlei mit einem Stein? – Ich fürchte wohl,
sprach ich, unter deinen Händen könnte ich es werden; ich denke
aber doch nicht. – Also bist du ein anderer als der Stein? – Ein
anderer. – Und nicht wahr, weil du ein anderer bist als der Stein,
bist du nicht Stein? – Und weil ein anderer als Gold, bist du nicht
Gold? – Richtig. – Also auch Chairedemos, sagte er, wenn er ein
anderer ist als Vater, ist nicht Vater. – Er scheint, sprach ich, nicht
Vater zu sein. – Und wenn Chairedemos Vater ist, nahm Euthydemos das Wort, so ist wiederum Sophroniskos ein anderer als Vater b
und nicht Vater, so daß du, o Sokrates, vaterlos wärest. – Da fiel
Ktesippos ein und sagte: Eurem Vater aber begegnet wohl nicht
das nämliche? Ist er nicht ein anderer als mein Vater? – Weit gefehlt, sprach Euthydemos. – Also, fragte jener, derselbe? – Derselbe freilich. – Das wollte ich nicht gar gern. Aber, Euthydemos,
fuhr er fort, ist er etwa nur mein Vater oder auch der übrigen c
Menschen? – Auch der übrigen, antwortete er. Oder meinst du,
derselbe sei Vater und auch nicht Vater? – Das meinte ich freilich,
sagte Ktesippos. – Wie, fragte jener, also wäre auch Gold zugleich
nicht Gold, und ein Mensch nicht Mensch? – Wenn du nur nicht,
sagte Ktesippos, Gerissenes wieder mit Gerissenem zusammen-
knüpfst. Denn das ist auch eine üble Sache, wenn dein Vater aller
Vater ist. – Das ist er aber doch, sagte jener. – Etwa nur der Menschen, fragte Ktesippos, oder auch der Pferde und aller übrigen
Tiere? – Aller, sagte er. – Auch deine Mutter ebenso die Mutter d
von allem? – Auch die Mutter. – Also ist deine Mutter auch die
Mutter der Schweinigel? – Auch deine, sagte er. – Und du bist also

der Bruder der Stinte und der jungen Hunde und der Ferkel? –
Aber auch du, sagte er. – Ein Eber also ist dein Vater und ein
Hund? – Auch deiner, sagte er. – Sogleich, Ktesippos, wenn du
mir antworten willst, sagte Dionysodoros, sollst du das zugestehen. Sage mir, hast du einen Hund? – Und das einen recht bösen,
e sprach Ktesippos. – Hat er auch Junge? – Ja, sprach er, eben solche. – Deren Vater ist also doch der Hund. – Jawohl, sprach er, ich
habe selbst gesehen, wie er die Hündin beschwängerte. – Wie nun,
ist der Hund nicht dein? – Freilich, sagte er. – Und so wie dein, ist
er auch Vater; so daß der Hund dein Vater wird, und du der jungen Hunde Bruder.

24. Ktesippos im Kampf gegen weitere Weisheitsstücke
Und sogleich fuhr Dionysodoros weiter fort, damit Ktesippos
nicht zuvor etwas sagen könnte, und sprach: Und noch dies einzige beantworte mir: Schlägst du wohl diesen Hund? – Da lachte
Ktesippos und antwortete: Ja, bei den Göttern, denn dich kann
299a ich nicht. – Also schlägst du deinen Vater? – Mit weit besserem
Recht, sagte Ktesippos, möchte ich wohl euren Vater schlagen,
was er sich doch gedacht hat, so weise Söhne zu zeugen. Aber
gewiß, o Euthydemos, hat wohl euer und der Hündchen Vater
schon sehr viel Gutes dieser eurer Weisheit zu verdanken? – Er
braucht gar nicht viel Gutes, Ktesippos, weder er noch du. – Noch
auch du selbst, Euthydemos? – Noch auch irgendein anderer
Mensch. Denn sage mir nur, Ktesippos, ob du es einem Kranken
b für gut hältst, Arzenei zu nehmen, wenn er ihrer bedarf, oder
nicht? Oder wenn einer in den Krieg zieht, lieber mit Waffen zu
gehen als unbewaffnet? – Ich denke so, antwortete er, wiewohl ich
glaube, du wirst wieder etwas Herrliches sagen. – Das wirst du am
besten wissen, sagte er, antworte nur. Denn da du zugibst, daß es
einem Menschen gut ist, wenn er ihrer bedarf, Arzenei zu nehmen:
so muß er also recht viel von diesem Guten nehmen, und es wird
ihm vortrefflich bekommen, wenn ihm einer ein ganzes Fuder voll
Nieswurz klein stieße und eingäbe? – Gar vortrefflich, Euthyde-
c mos, wenn der Einnehmende so groß wäre wie die delphische Bild-
säule. – Und, fuhr jener fort, wenn es im Kriege gut ist, Waffen zu
tragen: so muß man ja wohl so viel als nur möglich Spieße und
Schilde haben, wenn es ja gut ist? – Gewiß, sagte Ktesippos. Und

du, Euthydemos, glaubst das wohl nicht, sondern nur einen, und einen Spieß? – Ja, so glaube ich. – Würdest du etwa auch den Geryones und Briareus so bewaffnen? Hierauf, hatte ich geglaubt, verständest du dich besser, da ihr ja Fechtmeister seid, du und dieser Freund. –

Da schwieg Euthydemos; Dionysodoros aber fragte den Ktesippos in bezug auf das vorher Geantwortete: Dünkt es dich nicht d auch gut, Gold haben? – Freilich, und zwar viel, antwortete Ktesippos. – Und bist du nicht der Meinung, daß man gute Sachen immer haben muß und überall? – Gar sehr. – Und das Gold hältst du doch auch für gut? – Das habe ich freilich zugegeben. – Also muß man es immer haben und überall, und vornehmlich bei sich. Und der wäre also der glückselige, der drei Talente Gold im Bauch e hätte und ein Talent im Schädel und einen Stater in jedem Auge. – Sagt man doch auch, sprach Ktesippos, daß das die glücklichsten und trefflichsten Männer sind unter den Skythen, die recht viel Gold haben in ihren Schädeln, auf die Art, wie du vorher den Hund meinen Vater nanntest; und was das wunderbarste ist, sie trinken auch aus diesen ihren eignen vergoldeten Schädeln und sehen inwendig hinein, indem sie ihren eignen Schopf in der Hand halten. – Was für Dinge sehen aber wohl die Skythen und alle 300 a anderen Menschen, fragte Euthydemos, die sich zeigen lassen oder die sich nicht zeigen lassen? – Die sich zeigen lassen, offenbar. – Also auch du? – Auch ich. – Siehst du wohl unsere Kleider? – Ja. – Lassen sich die nun wohl zeigen? – Allerdings, ganz ungemein, sprach Ktesippos. – Was denn, fragte jener, lassen sie sich zeigen? – Nichts. Du aber glaubtest, es ginge ganz und gar nicht, so gut bist du. Aber, Euthydemos, mich dünkt, du träumst, ohne zu schlafen, und wenn es irgend möglich ist, zu reden, ohne etwas zu sagen, so tust du es gewiß.

25. Schweigend reden und redend schweigen. Triumph des Ktesippos

Ist das etwa, sprach Dionysodoros, nicht möglich für Schwei- b gende zu reden? – Ganz und gar nicht, sagte Ktesippos. – Auch nicht für Redende zu schweigen? – Noch weniger. – Wenn du also für Steine, Holz oder Eisen redest, redest du da nicht für Schweigende? – Keineswegs, antwortete er, wenn ich dabei in der

Schmiede herumgehe; denn da schreit das Eisen gewaltig, wenn man es anrührt, so daß dir hier doch aus übergroßer Weisheit entgangen ist, daß du nichts sagst. Aber zeigt mir nun auch das andere, wie es wiederum für Redende möglich ist, zu schweigen. Und

c Ktesippos schien mir sehr in Eifer zu sein wegen seines Lieblings. – Wenn du schweigst, sprach Euthydemos, schweigst du nicht für alle? – Ja. – Also auch für Redende zugleich schweigst du, wenn doch die Redenden unter den allen begriffen sind. – Wie, fragte Ktesippos, schweigen denn nicht alle? – Nein doch, sagte Euthydemos. – Also, Bester, reden etwa alle? – Ja, die Redenden. – Aber, sagte jener, danach fragte ich ja nicht, sondern alle, ob die reden oder schweigen? – Keines von beiden, und beides, sagte hur-

d tig einfallend Dionysodoros, denn mit der Antwort, das weiß ich gewiß, wirst du nichts anfangen können. – Da lachte, wie er pflegt, Ktesippos laut auf und sagte: o Euthydemos, dein Bruder hat die Frage doppelt genommen und ist verloren und überwunden. – Da freute sich Kleinias sehr und lachte, so daß dem Ktesippos noch mehr als zehnfach der Mut wuchs. Wie mich aber dünkt, hatte der schlaue Ktesippos schon von ihnen selbst eben dieses abgehört. Denn es gibt nirgend sonst noch solche Weisheit unter den Menschen.

26. *Verschiedenheit des Verschiedenen und was jedem zukommt*

e Und ich sagte darauf: Warum lachst du doch, Kleinias, über so wichtige und schöne Dinge? – Hast du denn schon jemals ein schönes Ding gesehen, Sokrates? fragte Dionysodoros. – O ja,

301a sagte ich, viele. – Waren die verschieden von dem Schönen, sprach er, oder einerlei mit dem Schönen? – Da war ich nun wieder auf jeden Fall in der Klemme und dachte, mir geschähe Recht dafür, daß ich gemuckst hätte. Dennoch aber sagte ich: Verschieden von dem Schönen selbst; aber jedes hat doch eine gewisse Schönheit bei sich. – Also sprach er, wenn du einen Ochsen bei dir hast, bist du ein Ochs? Und weil du jetzt mich bei dir hast, bist du Dionysodoros? – Sprich wenigstens nichts Ruchloses, wie das letzte, sagte ich. – Aber auf welche Weise, sprach er, kann denn, wenn nun ein verschiedenes Ding zu einem verschiedenen hinzukommt, dies verschiedene das verschiedene sein? – Also dagegen,

sagte ich, findest du Bedenken? Denn nun unterfing ich mich b
schon, den Männern ihre Weisheit nachzuahmen, weil ich so großes Vergnügen daran fand. – Wie, sprach er, sollte ich nicht Bedenken haben, ich und alle andern Menschen, gegen das, was
nicht ist? – Wie meinst du, sprach ich, ist nicht das Schöne schön
und das Häßliche häßlich? – Wenn ich es dafür halte, sprach er. –
Hältst du es also dafür? – Freilich, sagte er. – Also ist doch auch
das Einerlei einerlei und das Verschiedene verschieden. Denn das
Verschiedene ist doch wohl nicht das Einerlei. Dagegen, dachte
ich, würde kein Kind Bedenken finden, daß das Verschiedene ver- c
schieden ist! Doch, Dionysodoros, dies hast du nur mit Willen so
übersehen. Denn übrigens dünkt mich, daß, wie jeder ausgelernte
Künstler, was ihm zu fertigen zukommt, so auch ihr das Gespräch
ganz vortrefflich ausarbeitet. – Weißt du also, sprach er, was jedem Künstler zukommt? Zuerst, wem kommt das Schmieden
zu? – Ich weiß, dem Schmied. – Wem Töpfe machen? – Dem Töpfer. – Und schlachten und abledern, und das kleine Fleisch zerle-
gen, kochen und braten? – Dem Koch, sprach ich. – Wenn man
nun einem tut, was ihm zukommt, so tut man doch recht? – Ge- d
wiß. – Und dem Koch, sagst du, kommt Schlachten und Abledern
zu? Hast du das zugegeben oder nicht? – Freilich habe ich es zugegeben, aber sieh es mir nur nach. – Offenbar also, fuhr er fort,
wenn jemand den Koch schlachtet, zerlegt, kocht und brät: so tut
er ihm, was ihm zukommt. Und wenn jemand den Schmied
schmiedet und den Töpfer auf der Scheibe dreht: so tut er ihm,
was ihm zukommt.

27. *Was ist tierisches Eigentum? Völlige Überwindung des Sokrates*

O Poseidon! rief ich aus, jetzt hast du deiner Weisheit die Krone e
aufgesetzt! Werde ich die wohl je so gewinnen, daß sie mir eigen
wird? – Würdest du sie wohl erkennen, Sokrates, wenn sie dir eigen geworden wäre? – Wenn du es willst, sprach ich, dann gewiß. – Und wie, sprach er, du glaubst zu erkennen, was dein ist? –
Wenn du nicht etwa anders meinst, sagte ich; denn mit dir muß
man anfangen und mit dem Euthydemos endigen. – Glaubst du
also etwa, daß das dein ist, worüber du zu gebieten hast und wo- 302 a
mit du anfangen kannst, was du willst? Zum Beispiel, würdest du

glauben, diejenigen Ochsen und Schafe wären dein, welche du verkaufen, verschenken und schlachten dürftest, welchem Gott du
wolltest? Und mit denen es sich nicht so verhielte, die wären nicht
dein? – Da merkte ich schon, daß hieraus wieder eins von jenen
herrlichen Fragestücken herausspringen würde, und da ich es gern
baldmöglichst hören wollte, antwortete ich: Allerdings, so verhält
es sich, dergleichen allein ist mein. – Und wie? Tiere nennst du
doch das, was eine Seele hat? – Ja, sprach ich. – Du gibst also zu,
b von den Tieren seien allein diejenigen dein, womit du Macht hast,
alles das zu tun, was ich eben erwähnte? – Das gebe ich zu. – Darauf hielt er spöttisch verstellterweise inne, als ob er auf etwas Großes sänne, und fragte dann: Sage mir, Sokrates, hast du einen väterlichen Zeus? – Da ahnte mir schon, daß es kommen würde, wie
es zuletzt auch kam, und ich drehte und wendete mich ratlos und
vergeblich wie im Netze gefangen und sagte: Nein, den habe ich
nicht, Dionysodoros. – So bist du ja ein ganz erbärmlicher
c Mensch und gar nicht ein Athener, wenn du weder väterliche Götter hast, noch Heiliges, noch sonst etwas Schönes und Gutes. –
Halt, sagte ich, Dionysodoros, sprich besser und laß mich nicht so
hart an als Lehrer. Denn ich habe ja allerdings Altäre und Heiligtümer, häusliche und väterliche, und alles, was andere Athener
von der Art haben. – Also andere Athener haben keinen väterlichen Zeus? – Nein, sagte ich, diesen Namen führt er bei keinen
Ioniern, weder bei denen, die von dieser Stadt aus anderwärts hin-
d gezogen sind, noch bei uns selbst. Sondern väterlich heißt uns
Apollon wegen Erzeugung des Ion. Zeus aber wird bei uns nicht
väterlich genannt, sondern der Zeus des Gehöftes und der Brüder-
schafts-Zeus, und so auch Athene, die Athene der Brüderschaf-
ten. – Das ist ja genug, sprach Dionysodoros; so hast du doch, wie
es scheint, einen Apollon und Zeus und Athene. – Jawohl, sagte
ich. – Also sind doch auch diese deine Götter? – Ja, Ahnherrn,
sagte ich, und Gebieter. – Immer doch deine, sprach er, oder hast
du nicht eingestanden, daß sie dein sind? – Ich habe es eingestanden, sagte ich, denn was will ich machen? – Nun sind doch diese
e Götter Tiere? Denn du hast eingestanden, was eine Seele habe, sei
Tier. Oder haben diese Götter keine Seele? – Sie haben, sprach
ich. – Also sind sie doch auch Tiere? – Das sind sie. – Und von
Tieren, gestandest du, wären nur diejenigen dein, welche du

Macht hättest zu verschenken, zu verkaufen und zu schlachten
welchem Gott du wolltest. – Ich habe es eingestanden, sprach ich.
Denn ich kann ja doch nicht entschlüpfen, Euthydemos. – So
komm denn, fuhr er fort, und sage mir gleich, da du bekennst,
Zeus sei dein und die andern Götter, ob du sie wohl verschenken   303a
oder verkaufen dürftest oder was du sonst mit ihnen anfangen
wolltest wie mit andern Tieren? –

Da lag ich nun, Kriton, von der Rede getroffen, sprachlos da.
Ktesippos aber wollte mir zu Hilfe kommen und sagte: Der Popanz Herakles! Was für ein schönes Stück! – Wie doch, sprach
Dionysodoros, ist Herakles der Popanz, oder der Popanz Herakles? – Da rief Ktesippos aus: O Poseidon! Was für gewaltige Reden! Ich lasse ab; denn die Männer sind unbezwinglich.

28. Preisung der Sophisten durch Sokrates

Und hier, lieber Kriton, war auch nicht einer unter den Anwesen-   b
den, der die Rede nicht über die Maßen gelobt hätte, und die beiden erlagen fast dem Lachen und dem lauten Beifall und der
Freude. Denn beim vorigen entstand zwar auch schon jedesmal
gar schönes Getümmel, jedoch allein unter den Freunden des Euthydemos. Hierbei aber wollten fast die Säulen im Lykeion mit
einstimmen in das Getümmel und sich freuen an den Männern.
Und ich selbst war so ergriffen, daß ich gestehen mußte, nie so   c
weise Männer gesehen zu haben, und ganz bezwungen und gefangen von ihrer Weisheit, wendete ich mich dazu, sie beide zu preisen und zu verherrlichen, und sagte: O ihr glückseligen beiden
über eure wunderbaren Gaben, daß ihr eine so große Sache so
leicht und in so weniger Zeit zustande gebracht! Denn unter vielem andern Schönen, das sich in euren Reden findet, o Euthydemos und Dionysodoros, ist dieses fast das Erhabenste, daß ihr
euch um die meisten Menschen, und um die ernsthaften zumal
und die für etwas gehalten werden, nicht kümmert, sondern um   d
die, welche euch gleichen, nur. Denn das weiß ich gewiß, daß mit
diesen Reden nur wenig Menschen recht zufrieden sein möchten,
die euch gleichen; die andern aber haben wohl so wenig Verstand
davon, daß ich gewiß weiß, sie würden sich mehr schämen, mit
solchen Reden andere zu widerlegen, als selbst dadurch widerlegt
zu werden. Auch dies ist noch etwas recht Leutseliges und Gutmü-

tiges in euren Reden, daß, wenn ihr nun behauptet, es sei überall
gar nichts schön oder gut oder auch weiß und was irgend von der
Art, oder auch, es sei überall nichts vom andern verschieden, ihr
e dann freilich recht ordentlich den Leuten den Mund zusammen-
näht, wie ihr auch selbst sagt; aber nicht nur anderer ihrem scheint
ihr dies anzutun, sondern auch eurem eignen, das ist eben das
Hübsche dabei und benimmt diesen Reden alles Verhaßte. Das
Größte aber ist, daß diese Sache so beschaffen und von euch recht
kunstreich so ausgedacht ist, daß es in gar weniger Zeit jeder
Mensch lernen kann. Das habe ich bemerkt und recht acht gehabt
auf den Ktesippos, wie schnell er aus dem Stegreif imstande war,
euch nachzuahmen. Diese künstliche Eigenschaft eures Geschäf-
304 a tes ist nun für das schnellere Überliefern freilich gar schön, aber
vor vielen Menschen betrieben zu werden, eignen sich diese Reden
deshalb weniger; sondern, wenn ihr mir wenigstens folgen wollt,
werdet ihr euch hüten, vor vielen so zu reden, damit sie nicht die
Kunst allzu schnell erlernen und euch dann wenig Dank dafür wissen. Sondern redet hübsch meist nur unter euch so; oder wenn ja
vor jemand anderm, nur vor dem, der euch bezahlt. Und eben dies
müßt ihr auch, wenn ihr verständig handeln wollt, euren Schülern
b raten, ja nie vor einem andern Menschen, sondern immer nur vor
euch und unter sich diese Kunst zu treiben. Denn es ist nun einmal
so, Euthydemos, das Seltene ist das Geltende, und das Wasser ist
das Allerwohlfeilste, unerachtet es das Vortrefflichste ist, wie Pindaros sagt. Aber kommt, sprach ich, damit ihr auch mich und
diesen Kleinias hier gleich aufnehmt.

29. Kritons Bedenken gegen das Verhalten des Sokrates
Dies, o Kriton, und einiges wenige andere sprachen wir noch und
gingen dann. Sieh also nun zu, wie du auch zu den beiden kommst,
c da sie verhießen, daß sie es jeden lehren könnten, der nur bezahlen
wollte, und daß sie keine Gemütsart noch Alter ausschließen wollten. Ja, was dir besonders wichtig sein muß, sie sagten, auch den,
der mit dem Erwerb beschäftigt wäre, hindere nichts, ihre Weisheit sich sehr leicht anzueignen.
    KRITON: Gewiß, Sokrates, bin ich ein großer Redefreund und
mag gern etwas lernen. Indes scheint es fast, daß auch ich einer
von denen bin, die dem Euthydemos nicht gleichen; sondern von

jenen, von denen du auch sagtest, daß sie lieber durch solche Reden widerlegt werden möchten als selbst widerlegen. Und ob- d schon es mir gar lächerlich vorkommt, dich zurechtzuweisen: so muß ich dir doch, was ich gehört habe, wieder erzählen. Höre also, daß einer von denen, die von euch gingen, mir begegnete, als ich umherging, ein Mann, der sich sehr klug dünkt, von jenen einer, die stark sind in den gerichtlichen Reden, der fragte mich; Nun, Kriton, du hörst nicht zu bei dieser Weisheit? – Nein, beim Zeus, sagte ich, denn auch als ich dabei stand, konnte ich nichts verstehen wegen des Gedränges. – Schade! sprach er, es lohnte wohl, es zu hören. – Wieso? fragte ich. – So hättest du, sagte er, Männer reden gehört, welche jetzt die weisesten sind in derglei- e chen Reden. – Darauf sagte ich: Wie sind sie dir denn vorgekommen? – Wie anders, antwortete er, als wie man diese Leute immer hört Possen treiben und sich um nichtswerte Dinge eine unwürdige Mühe geben. – So sagte er wörtlich. Da sprach ich: Aber es ist doch eine schöne Sache um die Philosophie. – Wie doch schön, sagte er, du Guter? Gar nichts wert. Vielmehr wenn du jetzt auch 305 a zugegen gewesen wärest, würdest du dich, glaube ich, recht geschämt haben für deinen Freund, so abgeschmackt war er, sich solchen Menschen hingeben zu wollen, denen gar nichts daran liegt, was sie sagen, die sich aber an jedes Wort hängen. Und diese, wie ich eben sagte, sind von den besten jetzt. Aber eben, lieber Kriton, die Sache selbst und die Menschen, die sich damit abgeben, sind ganz schlecht und lächerlich. – Mich indes, o Sokrates, dünkt, die Sache selbst könne wohl weder dieser mit Recht tadeln b noch wer sie sonst tadelt. Allein mit solchen Menschen sich vor vielen andern einlassen zu wollen, das schien er mir mit Recht zu mißbilligen.

30. Sokrates über die Weisheit der Männer, die zwischen Staatskunst und Philosophie die Mitte halten wollen
SOKRATES: O Kriton, wunderlich sind solche Menschen. Allein, ich weiß noch nicht, was ich sagen soll. Zu welchen gehörte der, der dir begegnete und die Philosophie tadelte? War er einer von denen, die selbst vor Gericht zu streiten verstehen, ein Redner? Oder von denen, die solche hinschicken, ein Verfertiger der Reden, mit denen die Redner streiten?

c KRITON: Keineswegs ein Redner, beim Zeus, ich glaube nicht, daß er jemals die Gerichtsstätte betreten hat. Aber man sagt, daß er die Sache versteht und stark darin ist und vortreffliche Reden ausarbeitet.

SOKRATES: Ich verstehe schon, und eben von diesen wollte ich auch selbst reden. Das sind die Leute, von denen Prodikos sagt, sie ständen auf der Grenze zwischen Philosophen und Staatsmännern. Sie glauben aber die Weisesten unter allen zu sein und außer dem, daß sie es sind, auch bei den meisten dafür zu gelten, so daß, wenn sie nicht bei allen diesen Ruhm davontrügen, ihnen hierbei

d niemand im Wege stehe, als die sich mit der Philosophie beschäftigen. Sie glauben daher, wenn sie diese nur in den Ruf bringen könnten, daß man sie für nichts wert hielte, daß alsdann sie selbst unbestritten überall den Sieg davontragen müßten im Rufe der Weisheit. Denn die Weisesten wären sie doch in der Tat; wenn sie aber in der Unterhaltung den kürzeren zögen, so wären es die aus des Euthydemos Schule, von denen sie eingeengt würden. Für weise aber halten sie sich mit großem Scheine des Rechtes, weil sie sich nämlich mäßig mit der Philosophie einließen und mäßig mit

e den Staatsgeschäften, und das aus einem recht scheinbaren Grunde; denn sie ließen sich mit beiden soviel ein als nötig und könnten ohne alle Gefahr und Streit die Früchte der Weisheit ernten.

KRITON: Und wie? Dünkt dich etwas damit gesagt zu sein, Sokrates? Denn gewiß doch hat der Männer Rede einen recht stattlichen Schein.

SOKRATES: Das hat sie auch in der Tat, Kriton, mehr Schein als
306a Gedeihn. Denn es ist nicht leicht, sie zu überzeugen, daß ein Mensch oder was irgend sonst in der Mitte steht zwischen zwei Dingen und an beiden teilhat, wenn diese aus einem Gut und einem Übel zusammengesetzt ist, alsdann besser als das eine sein wird, aber schlechter als das andere; wenn aber aus zweierlei Gutem, das sich nicht auf denselben Gegenstand bezieht, dann schlechter als jedes von beiden dazu, wozu jedes einzelne von jenen, woraus es besteht, gut ist; und daß nur, was aus zwei Übeln bestehend, die es nicht in derselben Beziehung sind, sich in der Mitte zwischen beiden befindet, besser sein wird als jedes von bei-
b den, woran es teilhat. Ist nun also die Philosophie gut und die

ausübende Staatskunst auch, aber jede in einer andern Beziehung, und diese wollen in der Mitte zwischen beiden stehen: so ist nichts damit gesagt; denn sie sind alsdann schlechter als beide. Ist aber die eine etwas Gutes und die andere dagegen etwas Übles: so sind sie freilich besser als die einen, aber auch schlechter als die andern. Und nur wenn beide etwas Schlechtes wären, in diesem Falle allein hätten sie recht; sonst aber auf keine Weise. Allein, ich glaube nicht, daß sie eingestehen werden, weder daß beide schlecht sind, c noch daß die eine schlecht ist und nur die andere gut. Also sind in der Tat diese, welche an beiden Anteil haben wollen, schlechter als jeder von beiden darin, in Beziehung worauf eben Staatskunst und Philosophie ihren Wert haben; und unerachtet sie der Wahrheit nach die dritten sind, suchen sie doch als die ersten zu erscheinen. Verzeihen muß man ihnen nun wohl dieses Verlangen und ihnen nicht darum zürnen, sie aber doch nur für das ansehen, was sie wirklich sind. Denn man muß mit jedem vorliebnehmen, der nur irgend etwas Vernünftiges behandelt und mit wackerem Ernst d durcharbeitet.

31. Schlechte Philosophen und echte Philosophie

KRITON: Wegen meiner Söhne nun, o Sokrates, bin ich ja gewiß, wie ich dir auch jedesmal sage, in rechter Verlegenheit, was ich mit ihnen beginnen soll. Der jüngere zwar ist noch klein, Kritobulos aber wächst schon heran und bedarf eines Mannes, der ihm forthilft. Sooft ich nun mit dir zusammenkomme, ist mir so zumute, daß es mich große Torheit dünkt, meiner Söhne wegen für viele andere Dinge soviel Sorge getragen zu haben, sowohl für meine Verheiratung, um sie mit einer recht wohlgearteten Mutter zu er- e zeugen, als auch für mein Vermögen, um sie so wohlhabend als möglich zu machen, wenn ich nun nicht auch für ihren Unterricht sorgen wollte. Sooft ich aber auf einen von denen hinsehe, die sich dafür ausgeben, Jünglinge zu unterrichten und zu bilden: so werde ich ganz irre, und sie dünken mich insgesamt, wenn ich sie recht betrachte, ganz verkehrt zu sein, damit ich dir doch die Wahrheit 308a geradeheraus sage, so daß ich nicht weiß, wie ich den jungen Menschen zur Philosophie aufmuntern kann.

SOKRATES: Lieber Kriton, weißt du denn nicht, daß in jedem Geschäft der Schlechten viele sind, und diese nichts wert, der

Trefflichen hingegen nur wenige, diese dann aber auch alles wert? Oder hältst du die Turnkunst nicht für etwas Schönes, und die Haushaltungskunst, und die Redekunst, und die Kriegskunst?

KRITON: Jawohl, recht sehr.

SOKRATES: Und wie nun? Siehst du nicht die meisten zu jedem
b Geschäft sich ganz erbärmlich und lächerlich anstellen?

KRITON: Ja, beim Zeus, da sprichst du sehr wahr.

SOKRATES: Und wolltest nun deshalb du selbst dich allen diesen Geschäften entziehen und sie auch deinen Söhnen nicht gestatten?

KRITON: Das wäre wohl keineswegs recht, Sokrates!

SOKRATES: Tue also ja nicht, was sich nicht gebührt, Kriton! Sondern die laß ganz beiseite, die sich der Philosophie befleißigen, ob sie gut sind oder schlecht, und nur die Sache selbst prüfe recht
c gut und gründlich; und erscheint sie dir als schlecht, so mahne jedermann davon ab, nicht nur deinen Söhnen, erscheint sie dir aber so, wie sie auch mir vorkommt, so gehe ihr getrost nach und übe sie, du selbst, wie man zu sagen pflegt, und deine Kinder.

MENEXENOS

C. Abschluß des Gesprächs
mit Menexenos

SOKRATES. MENEXENOS

1. Vor der Wahl eines Leichenredners

SOKRATES: Vom Markte, Menexenos, oder woher sonst?

MENEXENOS: Vom Markte, o Sokrates, und aus der Ratsversammlung.

SOKRATES: Was hast du doch bei der Ratsversammlung? Oder offenbar, daß du mit deiner Unterweisung und Wissenschaft fertig zu sein glaubst und, weil du weit genug bist, dich nun zu dem Höheren zu wenden gedenkst und unternimmst, du Wundervoller, über uns Alte zu herrschen in solcher Jugend, damit euer Haus b nicht ermangele, uns immer einen Berater zu geben.

MENEXENOS: Wenn du es zugibst, o Sokrates, und mir auch rätst, an der Regierung teilzunehmen, so will ich danach streben, sonst aber nicht. Jetzt jedoch ging ich in die Ratsversammlung, weil ich erfahren, daß der Rat einen wählen würde, der den Gebliebenen die Standrede halten sollte. Denn du weißt, daß sie eine öffentliche Bestattung feiern wollen.

SOKRATES: Freilich! Aber wen haben sie gewählt?

MENEXENOS: Keinen; sondern sie haben es auf morgen verschoben. Ich glaube indes, Archinos oder Dion wird gewählt werden.

2. Preisung der bezaubernden Macht der Redner durch Sokrates

SOKRATES: Es ist doch in vieler Hinsicht eine herrliche Sache, c Menexenos, im Kriege zu bleiben. Denn ein schönes und prachtvolles Leichenbegängnis bekommt, wer auch als ein armer Mann gestorben ist, und gelobt wird ebenfalls, wer auch nichts taugt, und das von kunstreichen Männern, die nicht aufs Geratewohl loben, sondern schon lange vorher ihre Rede angeordnet haben

235a und die so vortrefflich loben, daß sie, was jeder an sich gehabt hat und auch was nicht, ihm nachrühmend, mit dem herrlichsten Schmuck der Worte verziert, unsere Seelen bezaubern, indem sie sowohl den Staat auf alle Weise verherrlichen als auch die im Kriege Gebliebenen und unsere Vorfahren insgesamt, ja auch uns selbst preisen, die wir noch leben. So daß mir wenigstens, o Menexenos, ganz erhaben zumute ist, wenn ich von ihnen gerühmt

b werde, und ich stehe jedesmal ganz versunken im Zuhören und bezaubert, meinend, ich sei zusehends größer und edler und trefflicher geworden. Und wie denn größtenteils manche Fremde mich begleiten und mit mir zuhören, werde ich gegen die zusehends vornehmer; denn auch ihnen, dünkt mich, begegnet dasselbe mit mir und der ganzen Stadt, daß sie ihnen viel wundervoller erscheint als zuvor, weil sie von dem Redner beredet sind. Und dieses Selbstgefühl bleibt mir wohl länger als drei Tage; so einsiedeln kann sich

c die Rede und der Ton des Redners in den Ohren, daß ich mich kaum am vierten oder fünften Tage wieder besinne und merke, wo in der Welt ich bin, solange aber fast glaube, in der Seligen Inseln zu wohnen, so geschickt sind unsere Redner.

3. Redebefähigung des Sokrates als Schüler der Aspasia

MENEXENOS: Immer bespöttelst du die Redner, o Sokrates. Diesmal indes, denke ich, wird der Gewählte nicht allzu wohl daran sein. Denn mit der Wahl ist es so plötzlich gekommen, daß, wer reden soll, es fast unvorbereitet wird tun müssen.

d SOKRATES: Woher doch, Bester? Jeder von diesen hat ja seine Rede immer schon fertig; und dergleichen wäre ja auch unvorbereitet nicht einmal schwer. Ja, wenn man Athener sollte vor Peloponnesiern rühmen oder Peloponnesier vor Athenern, da bedürfte es wohl eines guten Redners, um zu überreden und Beifall zu finden; wenn einer aber vor denen seine Kunst geltend zu machen hat, die er zugleich rühmt, da ist es nichts Großes, wenn man gut zu reden scheint.

MENEXENOS: Meinst du nicht, o Sokrates?

SOKRATES: Gar nicht, beim Zeus.

e MENEXENOS: Glaubst du wohl selbst imstande zu sein zu reden, wenn du müßtest und der Rat dich wählte?

SOKRATES: Von mir wäre es wohl gar nicht zu wundern, Menexenos, daß ich imstande wäre, die Rede zu halten, der ich eine gar nicht schlechte Lehrerin habe in der Redekunst, sondern eine, die auch viele andere treffliche Redner gebildet hat, einen aber, der es allen Hellenen zuvortut, den Perikles.

MENEXENOS: Wer ist die? Oder du meinst wohl gewiß die Aspasia?

SOKRATES: Die meine ich, und dann auch Konnos, den Sohn des Metrobios. Denn dies sind meine zwei Lehrer, er in der Ton- 236a kunst, sie in der Redekunst. Von einem so erzogenen Manne ist wohl nicht zu verwundern, wenn er gewaltig ist im Reden. Aber wer auch minder gut unterrichtet wäre als ich, etwa von Lampros in der Tonkunst und in der Redekunst von Antiphon dem Rham- nusier, auch ein solcher müßte immer noch, wenn er Athener un- ter Athenern lobte, Beifall finden.

4. Ankündigung einer von Aspasia aufgesetzten Leichenrede

MENEXENOS: Und was würdest du wohl zu sagen wissen, wenn du die Rede halten müßtest?

SOKRATES: Ich von mir selbst vielleicht nichts. Aber der Aspa- sia habe ich noch gestern zugehört, wie sie eine Standrede für eben b diesen Fall vortrug. Sie hatte nämlich gehört, eben was du sagst, daß die Athener einen Redner dazu wählen wollten; da hat sie mir dann vorgetragen, einiges aus dem Stegreif, wie man es sagen müßte, anderes auch wohl früher Überlegtes, als sie, denke ich, jene Standrede ausarbeitete, welche Perikles hielt, so daß sie hier einiges dort Übriggelassene zusammenkittete.

MENEXENOS: Könntest du dich wohl erinnern, was Aspasia sagte?

SOKRATES: Wenn ich nicht ganz schlecht bin; denn ich habe ja bei ihr gelernt und beinahe Schläge bekommen, weil ich vergeßlich c war.

MENEXENOS: Warum trägst du es also nicht vor?

SOKRATES: Daß mir die Meisterin nur nicht zürnt, wenn ich ihre Reden ausbringe.

MENEXENOS: Gewiß nicht, o Sokrates; sondern sprich nur. Du wirst mir den größten Gefallen erweisen, magst du nun eine Rede der Aspasia vortragen oder wessen sonst; allemal sprich nur.

SOKRATES: Aber du wirst mich auslachen, wenn ich alter Mann dir vorkomme, als triebe ich noch Kinderei.

MENEXENOS: Keineswegs, Sokrates, sondern sprich nur auf jede Weise.

5. Art und Aufbau der Rede

SOKRATES: Dir muß ich freilich gefällig sein; und es fehlt wenig,
d wenn du haben wolltest, ich sollte mich entkleiden und tanzen, daß ich es täte: da wir ja allein sind. So höre denn. Sie redete nämlich, wie ich glaube, indem sie ihre Rede anhub von den Verstorbenen selbst, also.

Was Tat betrifft, so haben diese zwar, was ihnen gebührt, und gehen, nachdem es vollbracht ist, ihren bestimmten Weg, geleitet alle gemeinsam von der Stadt und jeglicher insbesondere von den Seinigen. Durch Rede aber gebietet das Gesetz den Männern die
e noch fehlende Ehre zu erzeigen, und das gebührt sich. Denn nach wohlverrichteten Taten erwirbt wohlgesprochene Rede den Tätern Gedächtnis und Ehre bei den Hörern. Es bedarf also eines solchen Vortrages, welcher den Verstorbenen selbst rühmlich nachrede, den Lebenden aber gelinde zurede; Kinder nämlich und Brüder, es jenen in der Tugend nachzutun, ermahnend, Väter aber und Mütter und, wenn ihnen noch höhere Vorfahren zurückge-
237a blieben sind, diese beruhigend. Welches wäre uns nun wohl ein solcher Vortrag, oder womit könnten wir am besten anfangen, wackere Männer zu loben, welche im Leben den Ihrigen zur Freude gereichten durch ihre Tugend und nun für das Heil der Lebenden den Tod überkommen haben? Mich dünkt nun, man müsse der Entstehung nach, wie sie gut geworden sind, so auch sie loben. Gut aber sind sie geworden wegen ihrer Abkunft von Guten. Ihre Wohlgeborenheit also laßt uns zuerst verherrlichen, zum zweiten dann ihre Auferziehung und Unterweisung; und nach die-
b sem wollen wir ihrer Taten Verrichtung darstellen, wie herrlich und des allen würdig sich diese bewährt.

6. Herkunft der Athener aus dem Lande selbst

Zu ihrer Wohlgeborenheit nun gehörte zuerst die Herkunft ihrer Vorfahren, welche nicht eine auswärtige ist noch diese ihre Nachkommen ausweist als Fremdlinge in diesem Lande, weil jene anderwärts hergekommen, sondern als wahrhaft Eingeborene und solche, die in der Tat in ihrem Vaterlande wohnen und leben, nicht als von einer Stiefmutter Auferzogene wie andere, sondern als von einer Mutter von dem Lande, in welchem sie wohnten, und die c jetzt nach ihrem Ende in dem verwandten Schoß ihrer Gebärerin und Ernäherin wieder aufgenommen liegen. Darum ist es am billigsten, zuerst die Mutter selbst zu preisen, denn so findet sich von selbst auch die Wohlgeborenheit jener gepriesen.

7. Ausgezeichnetheit des Landes

Wert aber ist dieses Land sogar von allen Menschen gepriesen zu werden, nicht allein von uns, und zwar auch auf vielerlei andere Weise, zuerst aber und um des Größten willen, weil es von den Göttern geliebt ist; und dieser Rede gibt Zeugnis der über sie entzweiten Gottheiten Streit und Vergleich. Welches also die Götter d gerühmt haben, wie sollte das nicht billig von allen Menschen insgesamt gerühmt werden? Und der zweite Ruhm desselben wäre mit Recht dieser, daß in jener Zeit, in welcher jegliches Land hervorbrachte und erzeugte allerlei Lebendiges, fleischfressende Tiere und grasfressende, in dieser das unsrige wilde Tiere nicht erzeugte und sich rein von ihnen erhielt, von allen Lebendigen aber sich auswählte und erzeugte den Menschen als dasjenige, welches an Verstand alle übrigen übertrifft und Recht und Götter allein annimmt. Für diese Rede aber, daß dieses Land hier ihre und unsere Vorfahren erzeugt hat, ist dieses ein großer Beweis. Jedes e Gebärende nämlich hat angemessene Nahrung für das Geborene; woran auch jede Frau zu erkennen ist, ob sie in der Tat geboren hat oder nicht, sondern das Kind sich nur unterschiebt, wenn sie nicht Quellen der Nahrung hat für das Erzeugte. Und eben hierdurch legt unser Mutterland einen deutlichen Beweis ab, daß es Menschen gezeugt hat. Denn dies allein brachte schon damals und zuerst menschliche Nahrung hervor, die Frucht des Weizens und 238 a der Gerste, wovon sich das menschliche Geschlecht am schönsten und besten nährt; so daß gewiß dieses Geschlecht der Lebendigen von ihm selbst erzeugt ist. Und mehr noch von der Erde als von einer Frau muß man solche Beweise annehmen. Denn die Erde hat nicht den Frauen nachgeahmt Schwangerschaft und Geburt, sondern diese ihr. Diese Frucht aber hat es nicht vorenthalten, sondern sie auch den übrigen mitgeteilt. Nächstdem hat es auch die Erzeugung des Öls, dieses Balsams für Mühen, seinen Sprößlingen

b hinterlassen. Und nachdem es sie so ernährt und aufgezogen zur
Mannbarkeit, hat es ihnen zu Herrschern und Lehrern Götter her-
beigeführt, deren Namen uns hier ziemt zu übergehen. Denn wir
wissen, welche von ihnen unser Leben angeordnet haben sowohl
für das tägliche Bedürfnis durch die erste Anweisung in Künsten,
als auch für die Beschützung des Landes durch Unterricht in Verfertigung und Gebrauch der Waffen.

8. Angemessenheit und Grund der aristokratischen Gleich-
heitsverfassung

Also nun erzeugt und unterrichtet, haben die Vorfahren dieser eine
Staatsverfassung angeordnet und befolgt, deren billig ist hier mit
c wenigem zu erwähnen. Denn die Staatsverfassung ist die Erziehung
der Menschen, die gute trefflicher, die entgegengesetzte schlechter.
Wie nun in einer trefflichen Verfassung unsere Vorfahren aufgezogen worden, ist notwendig zu zeigen, vermöge deren sowohl jene
gut wurden als auch die heutigen es sind, zu denen auch diese
Verstorbenen gehören. Denn die Verfassung war dieselbe damals
wie jetzt, aristokratisch, auf welche Weise wir uns jetzt regieren und
auch die ganze Zeit von damals an größtenteils; es nennt sie aber
d der eine die Volksherrschaft, der andere anders, wie es jedem beliebt, in Wahrheit aber ist sie eine Herrschaft der Besseren mit dem
guten Willen des Volkes. Denn Könige haben wir ja immer, nur
bald erbliche, bald gewählte, das meiste hängt aber ab in der Stadt
von dem Volke, welches Ämter und Gewalt denen gibt, die ihm
jedesmal dünken die Besten zu sein, und weder durch Schwächlich-
keit noch durch Armut noch durch der Väter Unberühmtheit ist
irgendeiner ausgeschlossen noch auch begünstigt durch das Gegenteil wie in anderen Staaten, sondern nur die eine Bestimmung gibt
es, wer im Rufe steht, weise und tüchtig zu sein, der hat den Vorzug
e und regiert. Ihren Grund aber hat bei uns diese Verfassung in der
Gleichheit der Geburt. Denn andere Staaten sind aus vielerlei und
ungleichen Menschen gebildet, weswegen auch ihre Verfassungen
die Ungleichheit darstellen in willkürlicher Herrschaft eines einzelnen oder weniger. Sie sind daher so eingerichtet, daß einige die
239a andern für Knechte und diese jene für Herren halten. Wir aber und
die unsrigen, von einer Mutter alle als Brüder entsprossen, begehren nicht, Knechte oder Herren einer des andern zu sein; sondern

die natürliche Gleichbürtigkeit nötigt uns, auch Rechtsgleichheit
gesetzlich zu suchen und um nichts anderen willen uns einander
unterzuordnen als wegen des Rufes der Tugend und Einsicht.

9. a) Der Perserkrieg. Größe der persischen Macht

Daher denn unsere und dieser Verstorbenen Väter, so wie diese
selbst in aller Freiheit auferzogen und edel schon geboren, viele und
schöne Taten ausgeübt haben vor allen Menschen, sowohl jeder für
sich als im öffentlichen Leben, indem sie sich immer für verpflichtet   b
hielten, um der Freiheit willen sowohl mit Hellenen für Hellenen zu
streiten als auch mit Barbaren für alle Hellenen insgesamt. Wie sie
nun den Eumolpos und die Amazonen, als diese das Land feindlich
überzogen, und noch frühere abgewehrt, und wie sie den Argeiern
geholfen gegen die Kadmeer und den Herakliden gegen die Argeier,
dies nach Würden durchzugehen, ist die Zeit zu kurz, und auch
Dichter haben schon aufs herrlichste die Tugend jener Zeiten, mit
der Tonkunst Hilfe sie besingend, allen kundgemacht. Wollten wir
nun unternehmen, dasselbe in bloßer Rede darzustellen, so dürften   c
wir wohl nur als die zweiten erscheinen. Dieses also glaube ich
deshalb übergehen zu dürfen, da es auch ohnedies schon seine Gebühr hat. Was aber Hohes noch keinem Dichter hohen Ruhm gebracht hat und noch in Gefahr der Vergessenheit schwebt, hiervon
dünkt mich Erwähnung tun zu müssen, lobpreisend und andere
anwerbend, daß sie es in Gesängen und anderer Dichtung niederle-
gen, würdig der Täter. Das erste aber von dem, was ich meine, ist
dieses. Den Perser, der über Asien herrschte und Europa unterjochen wollte, haben die Abkömmlinge dieses Landes und unsere
Voreltern abgehalten, welches billig zuerst zu erwähnen und ihre
Tugend zu preisen ist, und so will ich es auch. Man muß sie aber
betrachten, wenn man sie gehörig rühmen will, in jene Zeit sich in
der Rede versetzend, als ganz Asien schon dem dritten Könige gehorchte, von welchen der erste, Kyros, nachdem er die Perser, seine
Landsleute, befreit, durch seine Klugheit zugleich die Meder, ihre   e
Herren, unterwarf und das übrige Asien bis gen Ägypten be-
herrschte, sein Sohn aber auch Ägypten und Libyen, soviel davon
durchzogen werden konnte, der dritte aber, Dareios, durch seine
Landmacht das Reich bis zu den Skythen ausdehnte, mit seinen
Schiffen aber das Meer und die Inseln beherrschte, so daß auch   240a

keiner mehr gedachte, sein Widersacher zu sein, sondern aller Menschen Sinne in Knechtschaft gehalten waren. So viele und große und streitbare Geschlechter hatte der Perser Macht sich unterworfen.

9. b) Unglück der Eretrier und Sieg bei Marathon

Dareios nun, welcher uns und die Eretrier beschuldigte wegen des Überfalls von Sardes, nahm diesen zum Vorwand, und indem er fünfzig Myriaden in Schiffen sandte und dreihundert Kriegsschiffe und den Datis als Anführer, befahl er ihm, die Eretrier und Athener

b gefangen mitzubringen, wenn er seines Kopfes sicher sein wolle. Der nun schiffte nach Eretria gegen Männer, welche unter den Hellenen damals zu den vorzüglichsten gehörten im Kriegswesen und nicht schwach waren an Zahl; diese bezwang er in drei Tagen und durchsuchte ihr ganzes Land, damit ihm keiner entkäme, auf folgende Weise. Seine Kriegsmänner nämlich, nachdem sie die Grenzen von Eretria erreicht hatten, stellten sich von einem Meere zum andern auseinander und dann, mit den Händen sich verbindend, durchzogen sie so das ganze Land, damit sie dem König sagen

c könnten, daß ihnen keiner entkommen sei. Mit demselben Vorhaben nun zogen sie von Eretria gen Marathon, als könne es ihnen nicht fehlen, auch die Athener auf die gleiche Weise wie die Eretrier bezwungen fortzuführen. Hierbei nun, wie jenes vollbracht und dieses begonnen wurde, half weder den Eretriern irgendein Hellene noch den Athenern, die Lakedaimonier ausgenommen, diese aber kamen erst den Tag nach der Schlacht. Alle andern waren in Schrekken gesetzt und hielten sich ruhig, mit der Sicherheit des Augen-

d blicks zufrieden. Und dieses vor Augen habend, kann nun jemand erkennen, welche Tugend in denen muß gewesen sein, welche zu Marathon der Macht der Barbaren sich entgegenstellten, den Übermut des ganzen Asien züchtigten und, zuerst Siegeszeichen von den Barbaren aufrichtend, allen übrigen Vorgänger und Lehrer hierin wurden, daß die Macht der Perser nicht unüberwindlich sei, sondern daß jegliche Zahl und jeglicher Reichtum doch der Tugend weiche. Daher behaupte ich nun, daß jene Männer nicht allein

e unsere leiblichen Väter sind, sondern auch die Väter der Freiheit, unserer und aller insgesamt in diesem Festlande. Denn auf jene Tat sehend, wagten die Hellenen auch die nachherigen Schlachten durchzufechten für ihr Heil, als Lehrlinge derer von Marathon.

9. c) Der Seesieg bei Salamis und seine Bedeutung

Der erste Preis also ist jenen zu weihen, der zweite aber denen, 241 a
welche bei Salamis und Artemision zur See gefochten und gesiegt
haben. Denn auch von diesen Männern wäre viel zu sagen, welche
Angreifer sie zu Lande und zur See bestanden und wie sie sie abgewehrt. Was mir aber das Trefflichste zu sein scheint auch an ihnen,
will ich erwähnen, daß sie nämlich zu der Tat der Marathonier das
nächste vollbracht haben. Denn die Marathonier hatten den Hellenen nur dieses bewiesen, daß es zu Lande möglich sei, die Barbaren abzuwehren, mit wenigen viele; zu Schiffe aber war es noch b
unklar, und die Perser standen im Ruf, unüberwindlich zu sein zur
See durch Zahl und Reichtum, Geschick und Stärke. Dieses also
ist des Lobes wert an jenen damals zur See fechtenden Männern,
daß sie die Furcht, welche an den Hellenen noch haftete, lösten,
daß sie sich nun nicht mehr fürchteten vor der Menge der Schiffe
und Männer. Von beiden also, denen, die bei Marathon, und denen, die bei Salamis gefochten, sind die übrigen Hellenen unter- c
richtet worden, von den einen zu Lande, von den andern zur See,
und haben gelernt und sich gewöhnt, sich nicht zu fürchten vor
den Barbaren.

9. d) Plataä und Krönung durch die Schlacht am Eurymedon

Die dritte Tat aber der Zahl und der Trefflichkeit nach für das Heil
der Hellenen ist jene schon den Lakedaimoniern und Athenern
gemeinsame bei Plataä. Das Größte und Schwerste also haben
diese sämtlich abgewehrt und werden dieser Tugend wegen jetzt
von uns gepriesen und in der künftigen Zeit noch von den Nach- d
kommen. Nach diesem aber hielten es noch viele hellenische
Städte mit den Barbaren, und von dem Könige selbst erfuhr man,
daß er im Sinne habe, aufs neue gegen die Hellenen auszuziehen.
Darum ist es billig, auch derer zu gedenken, welche jenen Taten
der Früheren zur Befreiung die Krone aufsetzten, indem sie alles,
was nur barbarisch war, aus dem Meere aufjagten und vertrieben.
Dies waren nämlich die, welche die Seeschlacht beim Eurymedon
fochten und den Feldzug nach Kypros unternahmen, und die nach e
Ägypten schifften und an viele andere Orte; deren man gedenken
muß und es ihnen Dank wissen, daß sie den König dahin brachten,
eingeschreckt auf sein eignes Heil Bedacht zu nehmen und nicht
auf das Verderben der Hellenen zu sinnen.

10. Freiheitskämpfe für Hellenen gegen Hellenen

Diesen ganzen Krieg nun hatte die Stadt zu bestehen für sich selbst
242a und ihre Sprachgenossen gegen die Barbaren. Nachdem aber der
Friede geschlossen und die Stadt zu solchen Ehren gekommen
war, entstand gegen sie, was wohl den Glücklichen pflegt von den
Menschen zu widerfahren, zuerst Eifersucht und aus der Eifersucht Haß, was auch diese Stadt wider Willen in Krieg gegen die
Hellenen verwickelte. Als nun hierauf der Krieg ausbrach, trafen
sie zuerst bei Tanagra für die Freiheit der Böotier mit den Lakedaimoniern fechtend zusammen; und da das Gefecht zweifelhaft
b blieb, so entschied die Folge, indem jene abzogen, die, denen sie zu
Hilfe gekommen waren, im Stich lassend, die unsrigen aber, nachdem sie am dritten Tag bei den Weinbergen gesiegt, diejenigen
dem Recht gemäß wieder zurückführten, welche ungerechterweise waren vertrieben worden. Diese also sind die ersten nach
dem persischen Kriege, welche, nun schon Hellenen in Sachen der
Freiheit zu Hilfe kommend gegen Hellenen, nachdem sie sich als
c wackre Männer erwiesen und die, denen sie zu Hilfe kamen, befreit hatten, geehrt von der Stadt in diesem Grabmal zuerst beige-
setzt worden sind. Da aber nach diesem ein gewaltiger Krieg ausbrach und alle Hellenen zu Felde zogen und das Land verwüsteten
und der Stadt einen Dank erstatteten, wie sie ihn nicht verdient
hatte, besiegten die unsrigen sie zur See; und nachdem sie ihre
Anführer, die Lakedaimonier, bei Sphagia gefangen genommen
und es in ihrer Gewalt stand, sie zu verderben, schonten sie ihrer
d und gaben sie zurück und schlossen Frieden, in der Meinung, daß
man gegen Stammesgenossen nur bis zum Siege Krieg führen
müsse und nicht wegen besonderen Zornes einer Stadt das allge-
meine Wesen der Hellenen verderben, mit den Barbaren hingegen
bis zur Zerstörung. Diese Männer verdienen, daß man sie preise,
welche, nachdem sie in jenem Kriege gefochten, hier liegen, weil
sie gezeigt haben, wenn etwa einer noch zweifelte, ob nicht in dem
ersten Kriege, dem gegen die Barbaren, irgend andere trefflicher
gewesen wären als die Athener, daß der mit Unrecht zweifele.
Denn diese, indem sie, als Hellas in sich selbst entzweit war, im
e Kriege obsiegten, haben gezeigt, da sie die Anführer der übrigen
Hellenen überwältigten, daß sie diejenigen, mit denen sie vorher
gemeinschaftlich gesiegt hatten, nun allein besiegten.

11. Ruhmvolles Verhalten im und unmittelbar nach dem Peloponnesischen Krieg

Ein dritter heftiger Krieg aber entstand unerwartet nach diesem Frieden, in welchem viele wackere Männer geblieben sind und hier liegen. Viele sind gefallen in Sizilien, nachdem sie schon viele Siegeszeichen errichtet hatten in der Sache der Freiheit der Leontiner, zu deren Beistand sie dem geschworenen Bündnisse gemäß in jene Gegenden geschifft waren; da aber wegen Länge der Fahrt die Stadt in Verlegenheit geriet und ihnen nicht mehr Hilfe leisten konnte, mußten sie es deshalb aufgeben und verunglückten, sie, deren Feinde und Gegner mehr das Lob ihrer Besonnenheit und Tapferkeit verkünden als anderer Freunde. Viele auch in den Seetreffen am Hellespont, wo sie an einem Tage alle Schiffe der Feinde nahmen und auch an vielen andern den Sieg davontrugen. Was ich aber sagte, daß dieser Krieg so gewaltig und unerwartet gewesen, damit meine ich, daß die übrigen Hellenen in ihrer Eifersucht gegen die Stadt so weit gehen konnten, daß sie sich nicht scheuten, den feindseligsten König durch Gesandte zu begrüßen, um jenen, den sie gemeinschaftlich mit uns vertrieben, wieder herbeizuholen, den Barbaren gegen Hellenen, und so gegen die Stadt zu vereinigen alle Hellenen und Barbaren. Woran nun eben recht deutlich wurde der Stadt Stärke und Tugend. Denn da jene sie schon für bezwungen hielten und die Flotte bei Mytilene abgeschnitten war: da kamen zu Hilfe in sechzig Schiffen, welche sie selbst bestiegen hatten, die anerkannt tapfersten Männer, besiegten die Feinde, befreiten die Freunde, und nachdem ein unglückliches Geschick sie betroffen und sie nicht aus dem Meere gezogen worden, liegen sie hier. Dieser muß man immer gedenken und sie preisen; denn durch ihre Tapferkeit waren wir die Überwinder nicht nur in jenem Seegefecht, sondern in dem Kriege überhaupt, weil die Stadt durch sie den Ruf erhielt, daß sie nie könne ganz bezwungen werden, auch nicht von allen Menschen. Und mit Recht erhielt sie ihn; durch unsere eigene Uneinigkeit aber wurden wir besiegt, nicht von den andern. Denn unbesiegt sind wir auch jetzt noch von jenen; wir selbst aber untereinander haben uns besiegt und sind überwunden worden. Als aber hernach Ruhe war und Friede mit den andern, wurde dieser häusliche Krieg auf eine solche Weise geführt, daß, wenn einmal den Menschen bestimmt

243 a

b

c

d

e

sein soll, in bürgerlichen Unruhen zu leben, keiner wohl wünschen
kann, daß eine Stadt die Krankheit auf eine andere Weise bestehen
möge. Denn wie gelinde und brüderlich trafen nicht die Bürger aus
dem Hafen und die aus der Stadt zusammen, ganz gegen die Erwartung der übrigen Hellenen, und mit welcher Mäßigung ende-
244a ten sie nicht den Krieg gegen die in Eleusis! Und hiervon ist nichts
anderes Ursache als die wahre und rechte Verwandtschaft, welche
eine dauerhafte Stammesfreundschaft nicht nur dem Worte, sondern auch der Tat nach stiftet. Und auch der in diesem Kriege von
beiden Seiten Gebliebenen muß man gedenken und sie versöhnen,
wie wir können, durch Gebete und Opfer bei solchen Feiern, zu
denen, welche über sie Gewalt haben, betend, da ja auch wir ver-
söhnt sind. Denn nicht aus Bosheit sind sie aneinandergeraten
noch aus Feindschaft, sondern durch Unglück. Dessen sind wir
b selbst Zeugen, die wir leben. Denn als dieselbigen mit jenen dem
Geschlechte nach, verzeihen wir einander, was wir getan und ge-
litten haben.

12. Die Gesinnung Athens nach dem Krieg

Als wir nun hierauf einen vollkommenen Frieden genossen, verhielt sich die Stadt ruhig, den Barbaren verzeihend, daß sie, was
ihnen Übles von ihr widerfahren war, nicht schlecht vergolten hatten, gegen die Hellenen aber erzürnt, da sie bedachte, wieviel Gu-
c tes diese von ihr genossen und welchen Dank sie nun mit den Barbaren verbündet bezahlt hatten, ihrer Schiffe sie beraubend, durch
welche sie selbst gerettet worden waren, und ihre Mauern einrei-
ßend dafür, daß wir verhindert, daß die ihrigen zerstört würden.
Die Stadt beschloß also, nicht mehr zu helfen, wenn Hellenen in
Knechtschaft gerieten, weder einer in des andern noch in die der
Barbaren, und so hielt sie sich. Da nun wir so gesinnt waren und
die Lakedaimonier uns, die Verteidiger der Freiheit, für gefallen
und es nun für ihr Geschäft hielten, die übrigen zu unterjochen,
d taten sie dieses.

13. Zuflucht und Unterstützerin der Bedrängten

Und was soll ich weitläufig sein? Denn nicht wie alte Geschichten
vor Menschengedenken her brauche ich zu erzählen, was nun
folgt. Denn wir selbst wissen, wie ganz zerrüttet wiederum zu der

Hilfe der Stadt ihre Zuflucht nehmen mußten die ersten unter den Hellenen, die Argeier, Böotier und Korinthier, und was das Göttlichste ist, daß auch der König in solche Verlegenheit geriet, daß er glaubte, nirgend anders her könnte ihm Heil kommen als von dieser Stadt, welche zu verderben er so begierig gewesen war. Ja, e wenn nun jemand die Stadt mit Recht beschuldigen wollte, so könnte er nur dieses vorbringen zur Beschuldigung, daß sie immer zu sehr mitleidig ist und des Schwächeren Dienerin. So konnte sie sich auch damals nicht zurückhalten noch durchsetzen, was sie beschlossen hatte: keinem Unterjochten mehr zu helfen gegen seine Unterdrücker, sondern sie ließ sich herumbringen und kam 245a zu Hilfe. Und den Hellenen zwar half sie selbst und errettete sie von der Knechtschaft, so daß sie frei blieben, bis sie sich selbst wieder unterjochen ließen; dem Könige aber selbst zu helfen wagte sie nicht aus Scheu wegen der Siegeszeichen von Marathon, Salamis und Plätää, sondern ließ nur Flüchtlinge und Freiwillige ihm helfen, mit denen sie ihn eingestandenermaßen rettete. Sie selbst aber baute ihre Mauern und Schiffe, den Krieg erwartend, und als sie dazu genötigt wurde, führte sie der Parier wegen Krieg b gegen die Lakedaimonier.

14. Weitere Standhaftigkeit gegen die Barbaren

Der König aber, der sich vor der Stadt fürchtete und, als er sah, daß die Lakedaimonier sich im Kriege zur See nicht mehr halten konnten, gern abfallen wollte, forderte die Hellenen auf dem festen Lande, welche die Lakedaimonier ihm schon vorher preisgegeben hatten, wenn er im Bunde sein sollte mit uns und den andern Bundesgenossen, in der Meinung nämlich, sie würden nicht wollen, damit er einen Vorwand hätte zum Abfalle. Was nun die andern Bundesgenossen betrifft, so betrog er sich; denn sie willigten c ein, ihm jene herauszugeben, und schlossen Vertrag, und es schworen Korinthier, Argeier, Böotier und die übrigen Verbündeten, wenn er Gelder geben würde, ihm die Hellenen auf dem festen Lande zu überliefern, nur wir allein gewannen es nicht über uns, weder sie abzutreten noch zu schwören. So edel und frei ist der Sinn dieser Stadt und so kräftig und gesund und von Natur die Barbaren hassend, weil wir ganz rein hellenisch sind und unver- d mischt mit Barbaren. Denn kein Pelops und Kadmos oder Aigyp-

tos und Danaos oder sonst andere, die von Natur Barbaren und
nur durch Gesetz Hellenen sind, wohnen mit uns, sondern als
reine Hellenen und nicht als Mischlinge wohnen wir hier. Daher
ist der Stadt ein ganz reiner Haß eingegossen gegen fremde Natur.
So blieben wir also doch wieder allein stehen, weil wir nicht ein-
e willigten, ein so schändliches und unheiliges Werk zu vollbringen, Hellenen an Barbaren auszuliefern. Eben dahin also wieder
zurückgebracht, von wo wir zuerst bekriegt wurden, endigten wir
doch mit Gott den Krieg besser als damals. Denn mit Beibehaltung
unserer Schiffe und Mauern und unserer eigenen Pflanzstädte
wurden wir des Krieges entledigt. Und ebenso billig wurden seiner
auch die Feinde entledigt. Wackere Männer aber haben wir auch
in diesem Kriege verloren, die bei Korinth durch Nachteil des Bo-
dens und die beim Lechaion durch Verräterei. Wacker waren auch
246a die, welche alle ich euch jetzt ins Andenken bringe, euch aber
ziemt, solche Männer mit mir zu preisen und zu ehren.

15. Die Verpflichtung der Hinterbliebenen

Solches nun sind die Taten der hier liegenden Männer und der
übrigen, welche für den Staat gestorben sind, viele schon und
schöne die angeführten, noch mehrere aber und schönere die über-
b gangenen. Denn viele Tage und Nächte würden dem nicht hinrei-
chen, der alles erzählen wollte. Dieser nun gedenkend, muß ihre
Nachkommen jedermann ermahnen wie im Kriege, die Ordnung
der Vorfahren nämlich nicht zu verlassen noch rückwärts zu weichen aus Feigheit. Also auch ich, ihr Söhne wackerer Männer, ermahne euch jetzt und werde auch künftig, wo ich einen von euch
c antreffe, ihn erinnern und antreiben, daß er strebe, sich aufs beste
zu halten. Jetzt aber ist noch meine Schuldigkeit zu sagen, was die
Väter uns, falls ihnen selbst etwas begegnen würde, den Hinter-
bliebenen zu bestellen aufgetragen haben, als sie der Gefahr entge-
gengingen. Ich will euch also sagen, was ich von ihnen selbst gehört und wie sie euch gewiß jetzt gern anreden möchten, wenn es
ihnen vergönnt würde, wie ich aus dem, was sie damals sagten,
schließen kann. Ihr müßt also glauben, von jenen selbst zu hören,
was ich jetzt vortrage. Sie sprachen aber so.

16. *Ermahnungen der Gefallenen an die Söhne*

O Söhne, daß ihr von wackeren Vätern seid, zeigt schon dieser   d
jetzige Erfolg. Denn obwohl wir leben konnten, nur nicht ehrenvoll, haben wir vorgezogen, ehrenvoll zu sterben eher als euch und
den Späteren Schmach zu bereiten, und eher als unsern Vätern und
dem ganzen früheren Geschlechte Schande zu bringen, überzeugt,
daß dem, der den Seinigen Schande macht, nicht lohnt zu leben
und daß ihm kein Mensch Freund ist und kein Gott weder auf der
Erde noch unter der Erde, wenn er gestorben ist. So gebührt nun
euch, unserer Reden eingedenk, was ihr auch immer treiben möget, wacker zu treiben, wissend, daß ohne dieses alle Besitzungen   e
und alle Bestrebungen nur schlecht sind und verächtlich. Denn
auch der Reichtum gereicht dem nicht zur Zierde, der ihn als ein
Feiger besitzt, denn nur für einen andern ist ein solcher reich, nicht
für sich; noch auch erscheint Schönheit und Stärke des Leibes in
dem Feigen und Schlechten wohnend als etwas Günstiges, sondern ungünstig sind sie, weil sie den Besitzer in helleres Licht stellen und seine Feigheit offenbaren. Und jede Erkenntnis, wenn sie   247a
von Gerechtigkeit und den übrigen Tugenden getrennt ist, zeigt
sich nur als Verschlagenheit, nicht als Weisheit. Deshalb nun versucht zuerst und zuletzt überall und auf alle Weise alle Mühe an-
zuwenden, damit ihr ja uns und die Früheren übertrefft durch euern Ruhm; wo nicht, so wißt, daß uns, wenn wir euch an Tugend
besiegen, der Sieg Schande bringt, der Verlust aber, wenn wir gegen euch verlieren, Glück und Heil. Am meisten aber würden wir
besiegt werden und ihr siegen, wenn ihr euch darauf rüsten wolltet, der Vorfahren Ruhm weder zu mißbrauchen noch zu verbrau-   b
chen, wohl wissend, daß es für einen Mann, der etwas zu sein
glaubt, nichts Unwürdigeres gibt, als sich ehren zu lassen, aber
nicht seiner selbst wegen, sondern wegen des Ruhmes der Vorfahren. Denn Ehre zu haben von den Vorfahren her ist für die Nachkommen ein schöner und köstlicher Schatz. Einen Schatz aber von
Geld oder Ehre verbrauchen und nicht wieder den Nachkommen
hinterlassen, das ist unwürdig und unmännlich wegen Mangels
selbsteigner Besitztümer und Preiswürdigkeiten. Und strebt ihr   c
nun hiernach, so werdet ihr als Freunde zu Freunden zu uns kommen, wenn auch euch euer bestimmtes Geschick herbringt; seid
ihr aber sorglos gewesen und verweichlicht, so wird euch niemand
freundlich aufnehmen. Dieses nun sei den Kindern gesagt.

17. Tröstung und Rat für die Väter und Mütter

Unsern Vätern aber, wer noch einen hat, und Müttern muß man immer tröstlich zusprechen, recht leicht diesen Unfall zu tragen, wenn er ihnen begegnet, nicht aber mit ihnen wehklagen; denn sie
d können nicht noch eines bedürfen, der die Trauer vermehre, weil dieses schon der ihnen zugestoßene Unfall selbst hinlänglich zuwege bringt; sondern um sie auszuheilen und zu sänftigen, muß man sie erinnern, daß von dem, was sie gefleht, die Götter das Größte ihnen erhört haben. Denn nicht unsterbliche Kinder, baten sie, möchten ihnen geboren werden, sondern wackere und wohlberühmte, welche sie auch erlangt haben als eines der größten Güter. Denn alles kann nicht leicht einem sterblichen Menschen nach seinem Sinne ausschlagen in seinem Leben. Tragen sie nun das Unglück tapfer, so wird man sehen, daß sie in der Tat tapferer Söhne Väter sind und selbst solche; unterliegen sie aber, so wer-
e den sie den Verdacht erregen, daß sie entweder nicht die Unsrigen sind oder daß diejenigen, die uns gelobt, nicht nach der Wahrheit geredet haben. Keines von beiden aber darf sein, sondern sie selbst müssen mehr als alle unsere Lobredner sein durch die Tat, indem sie selbst sich zeigen als Männer und Väter von Männern. Denn schon lange hält man das «Nichts zuviel» für richtig gesagt, und es ist auch wirklich gut gesagt. Denn welchem Menschen alles oder doch das meiste von ihm selbst abhängt, was zu seiner Glückselig-
248a keit führt, und nicht an andern Menschen haftet, so daß, je nachdem diese sich wohl oder übel befinden, auch seine Angelegenheiten notwendig schwanken, dieser ist aufs beste ausgestattet zum Leben, dieser ist der Besonnene, dieser der Tapfere und Verständige; und dieser, mag er Besitzungen und Kinder haben oder verlieren, wird am meisten jenem Spruche folgen. Denn weder erfreut noch betrübt wird er zu sehr erscheinen, weil er sich selbst ver-
b traut. Solche aber mögen wir, daß auch die Unsrigen seien, und wollen und behaupten es, als auch uns selbst zeigen wir jetzt als solche, indem wir weder unwillig sind noch uns sehr fürchten, wenn wir etwa gegenwärtig sterben müssen. Daher bitten wir auch Väter und Mütter, in demselben Sinn ihr übriges Leben zu verbringen und zu wissen, daß nicht durch Jammern und Wehklagen sie uns am meisten zu Gefallen leben; sondern wenn die Gestorbenen irgend etwas wissen um die Lebenden, werden sie uns

so am meisten zuwider sein, wenn sie sich selbst Übles zufügen c
und schwer die Unfälle ertragen, wenn aber leicht und gemäßigt,
dann werden sie uns Freude machen. Denn wir werden nun ein
solches Ende nehmen, welches für die Menschen das schönste ist,
so daß sie uns mehr verherrlichen sollten als bejammern. Sorgen
sie aber für unsere Weiber und Kinder und erziehen die und wenden darauf ihren Sinn: so werden sie am leichtesten das Geschick
vergessen und schöner und richtiger leben und auch uns mehr zur
Freude. Dieses nun ist genug, den unsrigen von uns zu melden. Der d
Stadt aber möchten wir auftragen, daß sie sowohl für unsere Väter
als für unsere Kinder sorge, diese sittig erziehend, jene würdig
pflegend im Alter; nun aber wissen wir, daß, wenn wir es ihr auch
nicht auftragen, sie doch dafür gehörig sorgen wird.

18. Schlußverweis auf die helfende Tätigkeit des Staates

Dieses also, ihr Väter und Kinder der Gebliebenen, haben jene uns
aufgegeben euch zu vermelden, und ich, so treu ich kann, ver- e
melde es euch und bitte selbst noch in jener Namen, die einen, daß
sie die Ihrigen nachahmen, die andern, daß sie unbesorgt sind für
sich, weil wir schon jeder für sich und von Staats wegen euer Alter
pflegen und versorgen werden, wo nur jeder irgendeinen antreffen
möge, der jenen angehört. Die Vorsorge des Staates aber kennt ihr
ja selbst, wie er Gesetze gegeben hat wegen der Kinder und Erzeu-
ger der im Kriege Gebliebenen und sich ihrer annimmt, und wie 249a
vor allen übrigen Bürgern eine Obrigkeit, welche die höchste ist,
den Auftrag hat zu verhüten, daß den Vätern und Müttern von
diesen etwas Unrechtes widerfahre; die Kinder aber hilft er selbst
erziehen und sorgt dafür, daß ihnen ihr Waisentum mindest möglich fühlbar werde, indem er sich selbst an Vaters Stelle setzt, solange sie noch Kinder sind, hernach aber, wenn sie zur Mannbarkeit gelangt sind und er sie in ihr Eigentum entläßt, ihnen dann
eine vollständige Rüstung verehrt, um sie hinzuweisen und zu
erinnern an des Vaters Bestrebungen, indem er auch ihnen die
Werkzeuge der väterlichen Tugend darreicht und zugleich der guten Vorbedeutung wegen sie anfangen läßt, den väterlichen Herd b
kräftig zu beherrschen, mit Waffen geschmückt. Die Gebliebenen
selbst aber hört er nie auf zu ehren, indem er jegliches Jahr für sie
alle gemeinsam das Gebräuchliche vollzieht, was auch jeder ein-

zelne besonders für sich erlangt, und überdies Kampfspiele ein-
setzt in der körperlichen Stärke und der Reitkunst und der gesamten Musenkunst und sich ordentlich den Gebliebenen selbst an
c Erben und Kindes Statt darstellt, den Söhnen aber an Vaters Stelle
und den Eltern und dergleichen als Versorger, allen allezeit alle
Sorgfalt erweisend. Dieses bedenkend, müßt ihr das Schicksal milder ertragen; denn den Toten und den Lebenden werdet ihr so am
liebsten sein und werdet am leichtesten pflegen sowohl als gepflegt
werden. Nun aber, ihr sowohl als die übrigen insgesamt, nachdem
ihr gemeinsam dem Gesetz gemäß die Gebliebenen betrauert habt,
tretet ab.

19. Bewunderung der Rede und Dank des Menexenos

d Dieses also, o Menexenos, ist die Rede der Milesierin Aspasia.

MENEXENOS: Beim Zeus, o Sokrates, glücklich ist Aspasia,
wenn sie als eine Frau solche Reden imstande ist auszuarbeiten!

SOKRATES: Wenn du es nicht glaubst, so komm mit mir, dann
kannst du sie selbst vortragen hören.

MENEXENOS: Ich bin schon oft mit der Aspasia zusammenge-
wesen, o Sokrates, und weiß recht gut, was für eine Frau sie ist.

SOKRATES: Wie also? Bewunderst du sie nicht und weißt ihr
jetzt Dank für die Rede?

MENEXENOS: Gar vielen Dank, o Sokrates, weiß ich für diese
e Rede, ihr oder ihm, wer immer sie dir mitgeteilt hat, und außerdem vor vielen andern Dank dir, der sie mir gesagt hat.

SOKRATES: Das wäre gut, aber daß du es mir nur nicht nach-
sagst, damit ich dir auch in Zukunft noch viele schöne Staatsreden
von ihr mitteilen kann.

MENEXENOS: Sei ruhig, ich werde nichts nachsagen, bringe sie
mir nur.

SOKRATES: Das soll geschehen.

BIBLIOGRAPHIE

1. Gesamtausgaben

Platonis opera, hrsg. von J. Burnet, Oxford 1899–1907, 5 Bde. (Oxford Classical Text)

Platon, Œuvres complètes, hrsg. und übers. von E. Chambry u. a., Paris 1920–1956, 13 Bde. (z. T. jetzt in neuen Bearbeitungen) (Coll. Budé)

Platon, Sämtliche Dialoge, 7 Bde., übers. von O. Apelt, (Nachdruck) Hamburg 1988.

Platon, Studienausgabe, 8 Bde., griech./deutsch, hrsg. von G. Eigler, Darmstadt 1970–1983.

Platon, Sämtliche Werke, 10 Bde., griech./deutsch, hrsg. von K. Hülser, Frankfurt a. M. 1991.

Platon, Werke. Übersetzung und Kommentar, hrsg. von E. Heitsch und C. W. Müller, Göttingen 1993 ff.

2. Hilfsmittel, Literaturberichte etc.

Ast, F., Lexikon Platonicum sive vocum Platonicarum Index, Leipzig 1835–1838.

Brandwood, L., A word index to Plato, Leeds 1976.

Brandwood, L., The chronology of Plato's dialogues, Cambridge 1990.

Deschoux, M., Comprendre Platon. Un siècle de bibliographie platonicienne de langue francaise 1880–1980, Paris 1981.

Ledger, G. R., Re-counting Plato: A computer analysis of Plato's style, Oxford 1989.

MacKirahan jr., R. D., Plato and Socrates. A comprehensive bibliography 1958–1973, New York/London 1978.

Manasse, E. M., Bücher über Platon, I dt. Lit., II engl. Lit., III franz. Lit., in: Philos. Rundschau Beihefte 1 (1957), 2 (1961) und 7 (1976).

3. Einführungen und Gesamtdarstellungen

Bormann, K., Platon, Freiburg/München [3]1993 (1973).

Bröcker, W., Platos Gespräche, Frankfurt a. M. [2]1967.

Field, G. C., The Philosophy of Plato, Oxford 1949; dt.: Die Philosophie Platons, Stuttgart 1952.

Friedländer, P., Platon, 3 Bde., Berlin [3]1964–1975.

Gosling, J. C. B., Plato, London 1973.

Guthrie, W. K. C., A History of Greek Philosophy, Bd. IV und V: Plato, Cambridge 1975, 1978.

Hare, R. M., Plato, Oxford 1982; dt.: Platon. Eine Einführung, Stuttgart 1990.

Kraut, R. (Hrsg.), The Cambridge Companion to Plato, Cambridge 1992.

Leisegang, H., Platon, in: Pauly-Wissowas Realenzyklopädie, Stuttgart 1950, Bd. 20, 2, Sp. 2342–2537.

Martin, G., Platon. Mit Selbstzeugnissen und Bilddokumenten, Reinbek 1969.

Patzig, G., Platon, in: Klassiker des philosophischen Denkens Bd. 1, hrsg. von N. Hoerster, München 1992, 9–52.

Ritter, C., Platon. Sein Leben, seine Schriften, seine Lehre, 2 Bde., München 1910, 1923.

Robin, L., Platon, Paris 1935.

Ryle, G., Plato, in: The Encyclopedia of Philosophy, hrsg. von P. Edwards, New York 1967, Bd. 6, 314–333.

Shorey, P., What Plato Said, Chicago 1933.

Taylor, A. E., Plato. The Man and His Work, London 1926.

4. Monographien und Sammelbände zu Platons Philosophie im ganzen

Crombie, I. M., An Examination of Plato's Doctrines, 2 Bde., London 1962–1963.

Findlay, J. N., Plato. The Written and Unwritten Doctrines, New York 1974.

Gadamer, H.-G., Die Idee des Guten zwischen Plato und Aristoteles, Heidelberg 1978.

Gaiser, K:, Platons ungeschriebene Lehre. Studien zur systemati-
    schen und geschichtlichen Begründung der Wissenschaften in
    der Platonischen Schule, Stuttgart ²1968.
Gundert, H., Dialog und Dialektik. Zur Struktur des platonischen
    Dialogs, Amsterdam 1971.
Havelock, E., Preface to Plato, Cambridge (Mass.) 1963.
Jaeger, W., Paideia. Die Formung des griechischen Menschen,
    Bd. 2 und 3, Berlin 1944, 1947.
Krämer, H. J., Arete bei Platon und Aristoteles. Zum Wesen und
    zur Geschichte der platonischen Ontologie, Heidelberg 1959.
Moravcsik, J. M. E. (Hrsg.), Patterns in Plato's Thought, Dor-
    drecht/Boston 1973.
Randall, J. H., Plato. Dramatist of the Life of Reason, New York
    1970.
Reale, G., Zu einer neuen Interpretation Platons. Eine Auslegung
    der Metaphysik der großen Dialoge im Lichte der «ungeschrie-
    benen Lehren», Paderborn u. a. 1993.
Shorey, P., The Unity of Plato's Thought, Chicago 1903.
Szlezák, Th. A., Platon und die Schriftlichkeit der Philosophie,
    Berlin/New York 1985.
Vlastos, G. (Hrsg.), Plato. A Collection of Critical Essays, 2 Bde.,
    Garden City (NY) 1971.
Vlastos, G., Platonic Studies, Princeton 1973.
Wieland, W., Platon und die Formen des Wissens, Göttingen
    1982.

5. Literatur zu den frühen Dialogen

5.1 Allgemein

Boder, W., Die sokratische Ironie in den platonischen Frühdialo-
    gen, Amsterdam 1973.
Detel, W., Zur Argumentationsstruktur im ersten Hauptteil von
    Platons Aretedialogen, Archiv für Geschichte der Philoso-
    phie 55 (1973), 1–29.
–, Die Kritik an den Definitionen im zweiten Hauptteil der Plato-
    nischen Aretedialoge, Kantstudien 65 (1974), 122–134.

Erler, M., Der Sinn der Aporien in den Dialogen Platons, Berlin 1987.

Irwin, T., Plato's Moral theory: The Early and Middle Dialogues, Oxford 1977.

Kapp, E., The Theory of Ideas in Plato's Earlier Dialogues (nach 1942), in: E. Kapp, Ausgewählte Schriften, Berlin 1968, 55–150.

Kube, J., Techne und Arete. Sophistisches und Platonisches Tugendwissen, Berlin 1969.

Puster, R. W., Zur Argumentationsstruktur Platonischer Dialoge. Die «Was ist X?»-Frage in Laches, Charmides, Der größere Hippias und Euthyphron, Freiburg/München 1983.

Robinson, Plato's Earlier Dialectic, Oxford ²1953 (1941).

Santas, G., Socrates: Philosophy in Plato's Early Dialogues, London 1979.

Stemmer, P., Platons Dialektik. Die frühen und mittleren Dialoge, Berlin 1992.

Teloh, H., Socratic Education in Plato's Early Dialogues, Notre Dame 1986.

5.2 Die Rolle des Sokrates

Benson, H. H. (Hrsg.), Essays on the Philosophy of Socrates, Oxford 1992.

Guardini, R., Der Tod des Sokrates. Eine Interpretation der platonischen Schriften Euthyphron, Apologie, Kriton und Phaidon, Hamburg 1956.

Kelly, E. (Hrsg.), New Essays on Socrates, Lanham 1984.

Kuhn, H., Sokrates. Ein Versuch über den Ursprung der Metaphysik, München 1959.

Martens, E., Die Sache des Sokrates, Stuttgart 1992.

Martin, G., Sokrates. Mit Selbstzeugnissen und Bilddokumenten, Reinbek 1967.

Patzer, A., Bibliographia Socratica. Die wissenschaftliche Literatur über Sokrates von den Anfängen bis auf die neueste Zeit in systematisch-chronologischer Anordnung, Freiburg/München 1985.

Patzer, A. (Hrsg.), Der historische Sokrates, Darmstadt 1987.

Vlastos, G., Socrates: Ironist and Moral Philosopher, Cambridge 1991.

5.3 Zu den einzelnen Dialogen

5.3.1 *Apologie und Kriton*

Allen, R. E., Socrates and Legal Obligation, Minneapolis 1980.

Brickhouse, Th. C. und Smith, N. D., Socrates on Trial, Princeton 1989.

Kahn, Ch., Problems in the Argument of Plato's Crito, Apeiron 22 (1989), 29–43.

Kraut, R., Socrates and the State, Princeton 1984.

Reeve, C. D. C., Socrates in the Apology: An Essay on Plato's Apology of Socrates, Indianapolis 1989.

Stone, I. F., The Trial of Socrates, London 1988, dt.: Der Prozeß gegen Sokrates, Wien/Darmstadt 1990.

Weber, F. J., Apologie des Sokrates, mit einer Einf., textkrit. App. und Komm., Paderborn 1971.

West, T. G., Plato's Apology of Socrates: An Interpretation with a New Translation, Ithaca (N. Y.)/London 1979.

Woozley, A. D., Law and Obedience: The Arguments of Plato's Crito, London 1979.

5.3.2 *Ion und Hippias Minor*

Apelt, O., Die beiden Hippiasdialoge, in: Platonische Aufsätze, Aalen 1975, 203–237.

Blundell, M. W., Character and Meaning in Plato's Hippias Minor, in: J. C. Klagge und N. D. Smith (Hrsg.), Methods of Interpreting Plato and His Dialogues, Oxford 1992, 131 bis 173.

Diller, H., Probleme des platonischen Ion, in: Diller, Kleine Schriften zur antiken Literatur, München 1971.

Flashar, H., Der Dialog Ion als Zeugnis platonischer Philosophie, Berlin 1958.

Hoerber, R. G., Plato's Lesser Hippias, Phronesis 7 (1962), 121–131.

Jantzen, J., Platon, Hippias Minor oder Der Falsche Wahre, Weinheim 1989.

Müller, G., Platonische Freiwilligkeit im Dialoge Hippias Elatton, in: Platonische Studien, Heidelberg 1986, 34–52.

Zembaty, J. S., Socrates' Perplexity in Plato's Hippias Minor, in: J. P. Anton und A. Preuss (Hrsg.), Essays in Ancient Greek Philosophy III, Albany 1989, 51–69.

5.3.3 Theages und Alkibiades I

About, P. J., L'Alcibiade majeur (Einl., Übers., Kommentar), Paris 1980.

Friedländer, P., Der große Alkibiades, Teil I und II, Bonn 1921, 1923.

–, Platon, Berlin 1964, Bd. 2, Kap. 11.

Vink, L., Plato's Eerste Alcibiades. Een onderzoek naar zijn authenticiteit, Amsterdam 1939.

5.3.4 Laches

Kahn, Ch., Plato's Methodology in the ‹Laches›, Revue internationale de philosophie 156/7 (1986), 7–21.

O'Brien, M. J., The Unity of the Laches, in: J. P. Anton und G. L. Kustas (Hrsg.), Essays in Ancient Greek Philosophy I, Albany 1971, 303–315.

Pfannkuche, W., Platons Ethik als Theorie des guten Lebens, Freiburg/München 1988.

Santas, G., Socrates at Work on Virtue and Knowledge in Plato's Laches, in: G. Vlastos (Hrsg.), The Philosophy of Socrates, New York 1971, 177–208.

Schmid, W. T., On Manly Courage. A Study of Plato's Laches, Carbondale/Edwardsville 1992.

5.3.5 Charmides

Ben, N. van der, The Charmides of Plato. Problems and Interpretations, Amsterdam 1985.

Brown, H., Plato's Charmides: Sophrosyne and Philosophy, Ann Arbor 1979.

Ebert, Th., Meinung und Wissen in der Philosophie Platons. Untersuchungen zum «Charmides», «Menon» und «Staat», Berlin 1974.

Tuckey, G., Plato's Charmides, Cambridge 1951 (Nachdruck Amsterdam 1968).

Witte, B., Die Wissenschaft vom Guten und Bösen. Interpretationen zu Platons ‹Charmides›, Berlin 1970.

5.3.6 Euthyphron

Allen, R. E., Plato's ‹Euthyphro› and the Earlier Theory of Forms, London 1970.

Geach, P. T., ‹Plato's Euthyphro›. An Analysis and Commentary (1966), in: Geach, Logical Matters, Oxford ²1981, 31–44.

Kidd, I., The Case of Homicide in Plato's Euthyphro, in: ‹Owls to Athens›. Essays on Classical Subjects Presented to Sir K. Dover, hrsg. von E. M. Craik, Oxford 1990.

Versenyi, L., Holiness and Justice: An Interpretation of the Euthyphro, Washington 1982.

Walker, I., Plato's Euthyphro. Introduction and Notes, Chico 1984.

5.3.7 Protagoras

Coby, P., Socrates and the Sophistic Enlightenment. A Commentary on Plato's Protagoras, New York 1987.

Goldberg, L., A Commentary on Plato's Protagoras, New York 1983.

Gosling, J. C. B. und Taylor, C. C. W., The Greeks on Pleasure, Oxford 1982.

Hubbard, B. A. F. und Karnofsky, E., Plato's Protagoras. A Socratic Commentary, Chicago 1982.

Levi, A., The Ethical and Social Thought of Protagoras, Mind 49 (1940), 284–302.

Loenen, D., Protagoras and the Greek Community, Amsterdam 1941.

Lombardo, St. und Bell, K., Plato: Protagoras. Transl. with Notes. Introduced by M. Frede, Indianapolis/Cambridge 1991.

Nill, M., Morality and Self-interest in Protagoras, Antiphon and Democritus, Leiden 1985.

Nussbaum, M., The Fragility of Goodness. Luck and Ethics in Greek Tragedy and Philosophy. Cambridge 1986.

Penner, T., The Unity of Virtue, Philos. Rev. 82 (1973), 35–68; auch in Benson (Hrsg.), s. 5.2.

Taylor, C. C. W., Plato, Protagoras. Transl. with Notes, Oxford 1976.

Vlastos, G., Protagoras (1956), in: C. J. Classen (Hrsg.), Sophistik, Darmstadt 1976, 271–289.

5.3.8 Gorgias

Bernadete, S., The Rhetoric of Morality and Philosophy. Plato's Gorgias and Phaedrus, Chicago 1991.

Dodds, E. R., Plato, Gorgias. A Rev. Text with Introd. and Comm., Oxford 1979.

Irwin, T., Plato, Gorgias. Translated with Notes, Oxford 1979.

Kahn, Ch., Drama and Dialectic in Plato's Gorgias, Oxford Studies in Ancient Philosophy 1 (1983), 75–121.

Müller, A. W., Unrecht-Tun, Unrecht-Leiden und Utilitarismus, in Ratio 19 (1977), 105–120.

Plochmann, G. K. und Robinson, F. E., A Friendly Companion to Plato's Gorgias, Carbondale (Ill.) 1988.

Stemmer, P., Unrechttun ist schlechter als Unrecht leiden. Zur Begründung moralischen Handelns im platonischen ‹Gorgias›, Zeitschrift für philosophische Forschung 39 (1985), 501–522.

White, F. C., The Good in Plato's Gorgias, Phronesis 35 (1990), 117–127.

5.3.9 Menon

Brown, M. (Hrsg.), Plato's Meno, engl. Übers. mit Essays, New York 1971.

Canto Sperber, M. (Hrsg.), Les Paradoxes de la Connaissance. Essais sur le Ménon de Platon, Paris 1991.

Day, J. M. (Hrsg.), Plato's Meno in Focus, London 1994.

Ebert, T., Meinung und Wissen in der Philosophie Platons, s. 5.3.4.

Eckstein, J., The Platonic Method. An Interpretation of the Dramatic-philosophical Aspects of the Menon, New York 1968.

Klein, J., A Commentary on Plato's Meno, Chapel Hill 1965.

Sharples, R. W., Plato, Meno, ed. with Translation and Notes, Warminster 1985.

Thomas, J. E., Musings on the Meno. A New Translation with Commentary, The Hague 1980.

5.3.10 Hippias I (Der größere Hippias-Dialog)

Ludlam, J., Hippias Major. An Interpretation, Stuttgart 1991.

Soreth, M., Der platonische Dialog Hippias Major, München 1953.

Tarrant, D., The Hippias Major, Attributed to Plato. With Introductory Essay and Commentary, Cambridge 1928 (Neudruck New York 1976).

Woodruff, P., Plato, Hippias Major. Trans. with Comm. and Essay, Oxford 1982.

5.3.11 Euthydemos

Canto, M., L'intrigue philosophique. Essai sur l'Euthydème de Platon, Paris 1987.

Chance, Th. H., Plato's Euthydemus. Analysis of What Is and Is Not Philosophy, Berkeley 1992.

Hawtrey, R. S. W., A Commentary on Plato's Euthydemos, Philadelphia 1981.

Keulen, H., Untersuchungen zu Platons «Euthydem», Wiesbaden 1971.

Narcy, M., Le philosophe et son double. Un commentaire de l'Euthydème de Platon, Paris 1984.

Sprague, R. K., Plato's Use of Fallacy. A Study of the Euthydemus and Some Other Dialogues, London 1962.

5.3.12 Menexenos

Clavand, R., Le Ménexène de Platon et la rhetorique de son temps, Paris 1980.

Coventry, L., Philosophy and Rhetoric in the Menexenus, Journal of Hell. Stud. 109 (1989), 1–15.

Huby, P. M., The Menexenus Reconsidered, Phronesis 2 (1957), 104–114.

Loewenclau, I. von, Der platonische Menexenos, Stuttgart 1961.

Scholl, N., Der platonische Menexenos, Rom 1959.